감정의 문화정치

감정의 문화정치

THE CULTURAL POLITICS OF EMOTION

Sara Ahmed

감정은 세계를 바꿀 수 있을까

사라 아메드 지음
시우 옮김

오월의봄

신자유주의적 현재에 대한
독보적 연구

박미선 | 한신대학교 영미문화학과 교수

감정의 문화정치: 권력, 폭력, 차별의 주체가
피해자로 둔갑하는 통치술

2004년에 출간된 《감정의 문화정치》는 사라 아메드가 1999
년부터 2003년에 걸쳐 작업한 책이다. 정동 이론과 감정 연구에
서도 필독서로 꼽히는 이 책은 "정동 경제"라는 흥미로운 개념을
제시한다. 이 개념을 가지고 아메드는 영국, 호주, 미국에서 증오,
공포, 혐오감, 수치심 등 부정적 감정의 표출이 소수자를 규율함
으로써 주류 집단을 재형성하고 사회 규범을 재생산하는 접면으
로 작동하는 방식을 분석한다. 즉 부정적 감정이 공적으로 표출
되어 사회적으로 퍼지는 과정에 주목해서 현재의 정치를 분석하
면, 부정적 감정을 느끼는 주체는 타자를 그 감정의 원인으로 지
목함으로써 주체 자신은 타자의 (어떤 행위가 아니라) 존재로 인해

피해를 입은 자로 둔갑된다. 주체가 타자의 피해자로 재형성되는 과정은 감정을 통해서 일어난다. 식민주의와 인종차별을 포함한 역사적 폭력의 주체와 위계적 권력구조를 지배하는 집단이 위험에 처한 피해자로 둔갑됨에 따라 사회적 소수자를 억압하는 폭력이 정당화된다. 이러한 정치는 감정의 공적 표출과 순환을 통한 정동 정치를 통해서 작동한다는 것이 이 책의 핵심 주장이다.

'감정의 문화정치'는 타자를 주체가 느끼는 부정적 느낌의 원인으로 지목함으로써 그 타자에게 부정적 감정을 일으키는 속성이 원래 있었던 것처럼 여겨지게 만든다. 부정적 감정을 타자 탓으로 돌리는 원인은 주류 집단이 주변부 타자들에게 가한 폭력과 차별의 역사 및 불평등한 권력구조이다. 감정의 문화정치는 바로 이러한 역사와 권력구조를 은폐한다. 이 은폐의 지점에서 타자가 부정적 감정의 원인으로 생산된다. (이것을 아메드는《행복의 약속》에서 "정동적 전환" 개념으로 발전시켜 논의한다.) 예컨대 주류 정치가 타인의 고통을 '우리'의 고통이라고 말할 때 타인의 고통은 '우리'를 묶어주는 고통으로 전유될 뿐이다. 타자의 고통에 대해 느끼는 '우리'의 감정이 타자의 고통에 대한 공적 인정과 보상을 대신하며 그 고통을 야기한 역사에 대한 반성은 사라진다. 이것이 문화정치가 하는 일이다.

예컨대 삶의 터전을 빼앗긴 호주 원주민의 고통을 호주의 국가적 고통으로 전유할 때 국가는 고통받는 몸으로, 상처가 난 국가로 둔갑된다. 그리하여 치유를 향해 가는 국가는 원주민의 고통의 자리를 꿰차면서 그 고통을 삭제하고 그 고통을 발생시킨 역사를 망각한다(1장). 이러한 삭제와 망각은 호주 원주민에게 폭력을 가한 역사에 대한 국민적 수치심을 공개적으로 표현함으로써도 일어난다(5장). 과거의 역사와 화해하자면서 다른 사람들 앞에서 수치심을 표현하는 발언은 과거에 자행된 폭력은 현재의 '우리'가 저지른 일이 아님을, 그러므로 '우리'는 사과할 것이 없음을 강조하는 행위이다. 5장의 제목대로 '다른 이들 앞에서 수치심'을 표현하는 일은 현재의 인종차별과 소수자에 대한 폭력이 식민주의적 과거 역사에서 이어져온 것임을 망각하게 만든다. 이 수치심은 '우리'를 폭력의 역사에 부끄러움을 느끼는 국민으로 묶어주지만 이 결속이 호주의 빼앗긴 원주민 세대의 증언을 경청하는 것과는 연결되지 않는다. 호주 원주민의 고통이 '우리'의 수치심의 대상으로 활용됨으로써 '우리'를 만들어낸다.

감정은 대상을 전유하여 권력구조를 은폐하고 그리하여 사회 규범과 폭력의 역사를 재생산하는 문화정치적인 일을 한다. 1장 첫 부분에서 아메드는 지뢰 제거 후원 캠페인 웹사이트의 뉴스레터를 인용하여 감정을 문화정치로 접근하자고 제안한다. 이 캠페인은 전쟁 지역에 남겨진 지뢰 때문에 부상을 당한 이라크인 아동의 고통을 바라보는 '우리'의 슬픔과 분노를 강조한다. 여기서 타인의 고통은 '우리'를 묶어주는 접착제로 이용된다. '우리'를 감정의 주체로 강조할 때 감정은 '우리'를 끈끈하게 접착시켜준다. 이러한 접착을 통해 '우리'가 재형성되는 과정에서 아동이 경험한 고통의 원인(전쟁과 글로벌 권력구조)은 사라진다. 타자의 고통은 영국인 주체를 연민을 품고 자선을 베풀며 폭력 속에서도 사랑의 마음을 지닌 존재임을 드러내는 데 활용된다.

감정의 사회적 모델과 정동 경제

《감정의 문화정치》는 감정이 주체와 집단을 재구성하고 시민권을 규율하는 문화정치의 핵심 기제임을 자세히 논증한다. 타인의 고통과 폭력의 역사에 대해 백인 주체가 느끼는 감정(1장)과 수치심(5장)은 주체/국민의 이상을 실현하지 못한 실패를 드러낸다. 그렇지만 그 실패로 인해서 '우리'는 이상을 실현 중인 국민으로 재형성되며, 이 '우리'에 고통을 경험하는 타자는 포함되지 않는다. 주류 집단이 표출하는 증오(2장), 공포(3장), 혐오감(4장)은 비백인을 이러한 부정적 감정의 원인으로 생산한다. 이를 통해 백인 중심의 국민/국가는 타자가 저지를지도 모른다고 상상되는 위험으로부터 수호해야 할 "소프트 터치"(〈들어가는 글〉)로 재구성된다. 사회적 소수자에 대한 증오와 혐오감을 정당화하는 일은 '우리'에 대한 사랑의 이름으로 행해진다(6장). 퀴어가 9·11 사건으로 죽은 이들을 애도하고자 국민 공동체로 상상되는 '우리'에 대한 사랑의 표현에 동참할 때 그것은 퀴어와 소수자 억압에 공모하는 것이 될 수 있다(7장). '우리'도 애도한다는 퀴어의 주장은 '우리'의 상실을 '전국'적 애도의 대상에 포함시키려는 정치이다. 그러나 여기서 퀴어인 '우리'는 '전국'적 국민인 '우리'에 포함되지 않은 타자로 가정된다. 퀴어인 '우리'의 애도는 가시화를 통한 편입과 동화의 전략과 수사를 활용하기에, 여전히 슬퍼할 수 없는 것인 채 남아 있는 다른 죽음을 지워버리거나 은폐하는 데 가담한다. 〈페미니스트 애착〉(8장)은 이 책의 전체 논의를 나오게 한 이론적 정동적 배경을 설명한다.

아메드는 감정과 정동을 구분하지 않는다. (이에 대한 아메드 자신의 설명은 2014년에 쓴 〈후기〉 참조.) 감정과 정동의 구분은 분석 차원에서만 가능할 뿐 실제로는 명확히 구분하기 어렵다는 것이다. 대신 감정의 역사성과 사회성을 강조하는 아메드는 (증오, 공포, 혐오감, 수치심, 사랑 등) 감정이 무엇인가를 묻는 대신 감정은 무슨 일을 하는가에 주목한다. 아메드는 감정이 사람들을 묶어주는 접착적 기능과 과정에 주목함으로써, 감정 정치를 통해 국민 및 주류 공동체가 재형성되는 과정이 곧 소수자에 대한 폭력이 정당화되는 과정이자 사회 규범이 재생산되는 과정임을 규명한다.

아메드의 정동 이론에서 감정은 사람이나 사물(주체나 대상) 혹은 어떤 상황에 본질적으로 존재하는 특성이나 실체가 아니다. 이것이 바로 아메드가 감정/정동을 경제의 틀로 접근·분석하는 이유이다. 아메드는 현상학, 정신분석학, 마르크스주의의 통찰에 기대어 감정을 정동 경제로 분석하는 대안적 모델을 제시한다. 감정의 문화정치는 폭력의 역사와 현재 진행 중인 폭력을 감추고 대신 그 폭력의 피해자를 사람들이 부정적 감정을 느끼는 원인으로 둔갑시킨다. 이러한 전환에 대한 관찰은 정신분석학과 마르크스주의의 통찰에 바탕해서 나온 것이다. 정동을 실체가 아니라 순환을 통한 가치 축적 체계(경제)로 접근하는 것은 마르크스주의의 통찰을 활용한 것이다. 정신분석학은 주체의 행동과 감정이 주체의 것이 아니라 사회 규범과 역사가 잔뜩 쌓여 있는 것이자 주체는 대상, 세계, 타자와의 특정한 방향으로의 접촉 및 관계성을 통해 구성된 것임을 알려준다. 현상학적 접근은 몸과 세계의 접면에서 주체가 감지하게 되는 것(인상)과 인상의 효과에 주목한다. (현상학적 접근은 이 책뿐만 아니라 아메드의 전체 저작을 관통한다.)

감정은 우리 사이에서만, 주체와 대상 사이에서만 움직이는 게 아니다. 감정은 기호와 대상을 순환하며 몸을 다른 몸, 대상, 상황, 기호에 들러붙게 하거나 어떤 대상을 끈적이는 것으로 만든다. "감정은 움직임에 관한 것일 뿐만 아니라 애착 혹은 우리가 무언가와 연결되는 일과도 관련이 있다. 움직임과 애착 간의 관계는 우리에게 많은 것을 알려준다. 우리를 움직이는 것, 우리에게 어떤 느낌을 주는 것은 우리를 어떤 장소에 붙잡는 것, 우리에게 머물 장소를 주는 것이기도 하다. 이처럼 움직임은 몸이 머무는 '장소'와 몸을 단절하는 것이 아니라 몸과 다른 몸을 연결한다. 애착은 움직임을 통해서, 타자와의 거리가 줄어듦에 따라 움직여지는 것을 통해서 발생한다. …… 감정은 타자를 특정한 속성을 '가진' 존재로 고착함으로써 타자가 아닌 이들을 향해 '움직여지는 일'을 수반하기도 한다. 이처럼 감정의 대상이 순환하는 것은 타자를 감정의 대상으로 전환하는 일을 수반한다"(43~44쪽). 감정은 여러 몸들 사이를 순환하며 사람들을 정서적으로 묶어주며 정치적 사회적으로 결집시키는 일을 한다.

아메드의 감정 연구 모델은 정동 경제로 이론화된다. 정동 경제란 감정/정동이 특정 대상이나 기호에 실증적으로 내재하지 않음을, 정동이 기호와 대상들의 순환의 효과임을 강조하는 개념이다. 정동 경제의 틀로 보면 "감정을 통해서 혹은 다르게 표현하자면 우리가 대상이나 타자에게 반응하는 과정을 통해서 표면과 경계가 만들어진다"(41쪽). 감정에는 사람들이 그렇게 느끼도록 만드는 특정한 기억의 반복, 역사, 서사가 있다. 아메드는 감정을 개인의 내면성(심리학 모델)이나 외부의 영향으로 인한 심리적 반응(사회학적 모델)으로 접근하지 않고, 대신 대상을 향한 방향성과 기호의 순환, 기호의 순환에 따른 인상(주체의 몸이 세상/대상과 만나는 접면)으로 접근한다. 감정은 주체가 다른 몸, 대상, 세계와 접촉함에 따라 "몸의 표면은 오랜 기간 행동이 반복됨으로써, 타자를 향하거나 타자에게서 멀어지는 방향 설정을 통해서 모양을 갖춘다"(30쪽). 감정은 본질적 실체나 지시 대상 없이 기호들, 대상들 사이를 순환한다는 점에서 사회적 관계성을 지닌다. "감정은 감정이 만들어내는 대상에 관한 것이며 이와 동시에 대상과의 접촉을 통해 형성된다. 대상에 대한 이러한 이해는 대상을 물리적 실체로 가정하지 않는다"(35쪽). 감정은 특정 방향으로의 움직임을 수반하는 접촉 그리고 접촉에 대한 해석의 효과라는 것이다.

아메드의 감정 연구 모델(정동 경제 혹은 감정의 사회적 모델)은 어떤 감정이 어떤 대상을 향해 어떤 기호나 표현으로 명명되어 사람들 사이를 순환할 때 일어나는 과정을 설명한다. 이 모델은 감정의 실체가 있다고 가정하지 않는다. 감정의 실체는 없으며 그것은 주체에게도 대상에게도 기호에도 내재하지 않는다. "감정의 대상은 개인적인 혹은 사회적인 긴장이 발생하는 현장에서 끈적이거나 정동으로 가득 차게 된다"(43쪽). 감정은 "시간이 흐름에 따라 정동적 가치의 형태로 축적된다"(44쪽). 여기서 시간의 흐름은 기억의 반복(역사와 서사), 특정 방향으로의 행동의 반복(수행성)을 뜻한다. 반복은 대상의 치환과 순환을 따라 일어난다.

감정의 문화정치

바로 이것이 아메드가 말한 정동 경제이다. 감정은 자본처럼 경제로 작동한다. 자본이 실체나 실증적 가치를 지니지 않은 채 상품의 교환과 순환(교환의 반복)을 통해 가치를 축적하듯이, 감정은 자본처럼 대상의 순환을 통해 작동하며 정동적 가치를 축적한다. "정동은 기호나 상품에 실증적으로 내재하는 것이 아니라 기호나 상품의 순환에 따른 효과로 생산된다"(107쪽). 감정이 어떤 대상 속에 실재하는 것이 아니기 때문에 그 감정을 가리키는 기호들이 더 많을수록, 그 감정에 가까이 부착시킬 수 있는 대상들이 더 많이 순환할수록 더 많은 정동적 가치가 발생한다.

예를 들어 증오단체가 스스로를 사랑의 단체라고 우기면서 소수자를 핍박하는 일은 우리 사회에서도 종종 일어난다. 퀴어 퍼레이드 때마다 극우 기독교인 단체들은 퀴어를 증오의 대상으로 만들어 '결혼의 신성함'과 이성애 가족을 지켜내야 할 것으로 만든다. 영국의 우파 단체는 난민과 이주민에 대한 증오를 백인 민족주의에 대한 '깊고 깊은 사랑'이라고 우긴다(2장). 이들은 백인이 입을지도 모르는 피해를 막는다는 명분을 내세워 증오를 '평범한 백인'을 방어하는 수단으로 활용한다. 증오의 감정은 백인을 '진짜' 피해자라고 주장하는 데 활용된다. 증오의 감정은 난민 신청인과 이주민은 백인을 위협하는 존재로 지목하는 것으로 표출되며 그에 따라 백인은 '위협에 처한 주체'로 둔갑된다. 증오의 정동 경제는 진짜로 위협적인 난민/이주민을 식별할 수 없기 때문에, 위협의 실체를 특정할 수 없다는 점 때문에, 비백인 외국인이라면 누구나 위협적인 존재로 몰아가는 순환의 경제를 증폭시킨다. 증오의 원인이라 특정할 수 있는 고정된 대상 없이 끝없이 순환하는 정동 경제에서 증오가 우리와 그들을 구분해주는 것이 되며 우리의 증오는 그들 때문이라고 정당화된다.

정동 경제 개념이 핵심인 아메드의 정동 이론은 감정이 권력의 규율 기제이자 사회적 접착제임을 규명한다. 감정은 타자를 위협, 공포, 불안, 증오를 유발하는 주체로 생산함으로써 '우리'를 방어해야 할 주체로 모아주는 접착제 역할을 한다. 아메드는 공포와 혐오감의 정치 역시 정동 경제의 틀에서 분석한다(3장, 4장). 공포는 공포를 느끼는 주체가 위기에 처했다고 선언함으로써 주체를 보호한다. 여기서도 공포의 원인은 타자로 규정된다. 예컨대 백인이 흑인을 보고 공포심이나 혐오감을 느낄 때 그 감정의 원인은 식민주의와 인종차별의 기나긴 역사와 권력구조에 기인하지만, 백인이 느끼는 공포심/혐오감의 대상은 흑인의 몸에 특정된다. 공포심과 혐오감의 정동은 주체로 하여금 그 대상이 되는 몸들로부터의 거리도 수반하기에, 대상이 되는 몸들은 사회적 공간 이동에 제약을 받는다. 9·11 이후 미국과 유럽에서 증오받는 몸들과 혐오스러운 몸들은 국가 안보를 명분으로 한 배제와 축출, 시민의 일상까지 파고드는 사회적 감시의 표적이 된다. 이런 배제와 감시는 종종 정당한 절차를 거치지 않고 행해진다. 정동은 권력구조, 지배 이데올로기, 역사를 숨기면서 경제처럼 작동한다. 정동 정치는 권력의 작동을 비가시화하면서 작동한다.

정동 이론과 신자유주의적 현재

아메드가 이 책에서 분석하는 감정 정치의 배경은 신자유주의적 현재이다. 현대 비판 이론의 역사에서 보면, 감정 연구와 정동 이론은 신자유주의와 더불어 위태로운 삶이 전면화된 최근 상황에서 억압구조의 정동적 재생산을 탐구한다. (주디스 버틀러는 이러한 연구를 "권력의 정신적 삶"을 연구하는 것이라 부른다.) 정동 이론과 감정 연구는 특히 퀴어 페미니스트들이 탁월하게 기여했다. (먼저 언급해두자면, 페미니즘과 퀴어 이론은 몸과 감정을 붙들고 씨름해온 오랜 이론적 역사가 있다. 아메드는 이 전통에서 작업한다.) 예컨대 아메드는 《감정의 문화정치》(2004)와 《행복의 약속》(2010)에서 감정 정치를 통해 사회 불평등이 유지되는 방식, 국가의 이상적 시민상에 부합한다면 행복한 삶을 살 것이라 약속하는 다문화주의 담론을 통해 시민권이 규율되는 방식, 감정과 행복을 통해 사회 규범이 재생산되는 방식을 분석한다. 주디스 버틀러는 《위태로운 삶》(2004)에서 2000년 이후 증가한 사회적 위태로움과 전 지구적 생명 관리 정치를 분석한다. 로렌 벌랜트는 《잔인한 낙관》(2011)에서 이제는 거의 불가능해진 좋은 삶에 대한 애착을 신자유주의적 구조변동에 적응하는 정동적 기제라고 분석한다.

이 세 퀴어 페미니스트들은 애착을 주체가 신자유주의적 세상과 관계 맺는 패턴이라고 접근한다. 신자유주의적 구조변동은 서구에서는 대략 1980년대에 국내의 정치경제 질서를 조정하면서 이루어졌고 1990년대 이후에는 전 지구적으로 확산된다. 자본의 자유로운 흐름을 도모하는 전 지구화에는 노동과 사람들이 여러 경계를 넘어 이동하는 것도 포함된다. 사람들의 이동이 증가한다는 것은 뿌리내리지 못한 채 살아가야 하는 삶이 증가함을 뜻하며 기존의 친밀성 제도 역시 무너지거나 급변함을 뜻한다. 이런 삶을 지배하는 정동은 (친밀성이나 연대가 아니라) 애착 attachment이다.

1990년대 후반 이후 애착은 사람들이 변화 중인 상황에 적응하는 강력한 정동이다. 벌랜트에게 신자유주의적 현재에서 애착은 구조적 변화를 희망하는 움직임이 아니라 사회 규범에 가까이 있으려는 근접성에 대한 욕망으로 치환되어 표출된다. 아메드에게 애착은 예컨대 이상적 시민상에 주체가 가까이 붙어 있으려는 움직임을 수반하는데, 이런 움직임은 주체가 이상으로 삼는 것을 파괴하는 타자를 상상적으로 만들어내 공개적으로 지목함으로써 일어난다. 가까이 있으려는 마음은 규범을 욕망의 대상이자 이상으로 만든다. 근접성의 영역에서 애착은 주체를 지배 질서에 적응시키며 지배 질서를 강화한다. 벌랜트는 애착이 신자유주의적 현재에 적응하려는 심리 기제일 때, 애착은 종종 "잔인한 낙관"으로 이어진다고 논의한다.

아메드도 논의한 대로, 신자유주의적 구조변동의 한가운데에서 사람들은 무언가에 가까이 있으려고 하거나 무언가에 애착을 품는다. 신자유주의적 구조변동 속에서 삶이 더 위태로워짐에 따라 이 애착은 사회 규범에 가까이 있는 것에서 잠시나마 안도하는 대상을 찾는 상태이기도 하다. 이 애착은 맥락과 대상에 따라 고통, 증오, 공포, 혐오감, 수치심, 사랑을 표출하며 끈질기게 정상, 규범, '좋은' 삶이라 상상되는 것에 가까이 붙어 있으려고 한다. 우리 시대의 위태로운 삶, 사회적 위태로움을 가장 잘 보여주는 것은 바로 사람들이 환상이 파괴되는 것을 가장 두려워한다는 점이다. 아메드는 이 책에서 사람들이 환상을 지키려 할 때 부정적 감정이 정치적인 일을 한다는 점을 보여준다. 다른 한편 아메드는 특히 퀴어 정치와 페미니즘에서 애착이 사회변혁의 정동으로도 작동한다는 점도 논의한다. 어떤 것을 마음속에 붙들어 두는 퀴어/페미니스트 애착은 주체를 그 무엇에서 떼어내려는 단절과 부인의 폭력에 저항하는 주체의 행위성도 담고 있다(7장, 8장).

《감정의 문화정치》는 2000년 이후 정동 연구의 발흥과 페미니즘 및 비판 이론의 확장에 기여한 탁월한 저서이다. 자본의 자유로운 흐름을 위한 각종 규제 철폐를 단행한 신자유주의적 구조변동은 노동 안정성을 포함한 사회적 안정장치의 파괴와 복지 축소를 통해서도 이루어졌다. 이러한 변동은 노동과 일상의 안전성을 파괴하는 것, 즉 각개격파를 통한 각자도생의 강요로 요약할 수 있다. 그 결과 현재 세상은 사회와 공동체는 파괴되고 위태로움과 재난으로 가득 찬 세상이 되었다. '위태로운 삶'으로 요약되는 이러한 변동을 사람들이 받아들이고 적응하도록 하는 것이 바로 우리 시대의 가장 강력한 문화정치다. 신자유주의적 정치경제 변동은 신자유주의적 문화정치를 통해서 관리되고 강화된다. 바로 이 지점에서 감정과 정동은 현대 비판 이론의 초점으로 등장한다. 전 지구적 차원에서 일어난 신자유주의적 구조변동은 현대 비판 이론에서 정동 연구가 발흥한 주요 맥락이다.

아메드가 이 책에서 분석하는 시기(1990년대~2000년대 초)에

서구의 통치술의 핵심은 개인에게 모든 것을 전가하는 것이었다. 모든 책임의 개인화는 지금도 강화되고 있다. 신자유주의적 구조 변동에 대한 개인의 적응은 감정 규율과 정동 정치를 통해서 작동한다. 1990년대 긍정 심리학의 발흥, 뒤이은 온갖 테라피 및 자기계발 산업, 도시 명상을 비롯한 온갖 자기 치유 사업의 번창, 심지어 번영 신학의 발흥과 행복 산업의 팽창은 신자유주의 구조 변동이 우울한 인구를 양산하고 있음을 뜻한다. (이러한 상황은 아메드가《행복의 약속》에서 제시한 논의의 맥락이기도 하다.) 또한 이 산업들이 우리 시대의 우울한 인구를 관리하는 문화적 통치 기제의 일부임을 뜻한다. 아메드가 증오, 공포, 혐오감, 수치심, 주류 집단이나 규범에 대한 사랑을 키워드로 삼아 이 책에서 논증하는 것이 바로 신자유주의적 정동 정치이다. 정치경제적 구조의 재생산은 정동 정치를 통해서 일어난다.

1990년대 이후 신자유주의와 전 지구화에 대한 주류 연구가 대체로 정치경제적 변화에 집중한 경향을 고려하자면, 이 책은 신자유주의적 현재에 대한 독보적 연구라고도 할 수 있다. 울리히 벡이 "위험 사회"라고 분석한 현재 상황, 지그문트 바우만이 "액체 현대"라고 명명한 현재 상황에서 벌어지는 일(위기, 재난, 테러, 생명 정치, 시민권 규율 등)을 사람들의 일상적 발화와 감정의 표출에서 분석한다는 점에서 이 책은 현대 비판 이론과 페미니즘 이론에 새로운 방향과 분석틀을 제시한다.

마지막으로, 이 책은 1장부터 7장까지 구조가 거의 비슷하다. 각 장의 전반부에서는 감정 정치가 담긴 텍스트를 제시하고 그 장이 다루는 감정을 이론화하는 논의를 제시한다. 후반부에서는 그 장이 다루는 정동이 문화정치로 작동하는 구체적인 사례들을 정동 경제로 자세히 분석한다. 페미니스트 애착을 다룬 8장은 이런 구조를 따르지 않는다. 이 책에서 아메드가 분석하는 텍스트는 웹사이트 게시물, 정치인의 연설, 신문 기사, 정부 보고서 등 공적 영역에서 유통되는 발화이며, 논의되는 사례는 과거사를 둘러싼 화해 문제에 관한 호주의 사례(1장, 5장), 9·11 테러리즘에 대한 반응(3장, 4장, 7장), 난민과 이주민에 대한 영국의 사례(〈들어가는 글〉, 2장, 6장)이다. 이 책은 증오, 공포, 혐오감, 수치심을 느끼는 주체들이 이 느낌을 통해서 하게 되는 일을 분석한다. 이 부정적 감정의 대상으로 지목된 타자들을 주체로 한 정동 분석은 (부분적으로 《행복의 약속》에서 제시한다) 우리 몫으로 남아 있다.

차례

감정은 무엇을 하는가

PAIN
HATE
FEAR
DISGUST
SHAME
LOVE
QUEER
FEMINISM
JUSTICE

매년 불법 이주자와 가짜 난민 신청인이 온갖 수단을 가리지
않고 떼지어 영국으로 끊임없이 들이닥치고 있다. …… 이유가
무엇인가? 영국의 '소프트 터치soft touch'* 정책 때문이다. 영국이
만만하기 때문에 손쉽게 공짜로 편의와 혜택을 누리는 것이다.
당신이 국민이라서 낸 세금으로! (영국국민전선British National Front
포스터)¹

국가는 어떻게 '소프트 터치'를 지닌 곳으로 여겨지는가? 국

---

*   '소프트 터치'는 쉽게 설득당하는 사람, 골탕 먹이기 쉬운 사람, 상대하기 만
만한 사람 등을 뜻하는 표현이다. 2013년 11월 당시 영국 총리였던 데이비드
캐머런David Cameron은 동유럽 국가에서 영국으로 이주한 노동자에게 제공하
는 주거급여나 실업급여 등의 "혜택"을 축소할 것임을 밝히면서 "영국은 '소
프트 터치'가 아니다"라고 강조했다.

가가 무언가를 '지니고 있다$_{having}$'는 것은 어떻게 국가의 '모습 $_{being}$' 혹은 특성이 되는가? 이 책에서 나는 감정이 개인과 집단의 몸을 형성하는 방식으로 작동하는 과정을 살펴보려고 한다. 개인과 집단의 몸은 대상이나 타자와의 접촉으로 형성된다. 이어서 나는 공적 영역에서 유통되는 텍스트가 '타자'를 우리가 경험하는 느낌의 '이유'로 삼는 지점을 분석할 것이다. 이와 같은 텍스트는 주체와 집단을 연동시키는 것을 통해 특정한 효과를 발생시킨다. 앞서 인용한 영국국민전선 포스터에서 불법 이주자와 가짜 난민 신청인이라고 불린 '타자'는 영국에 밀려 들어와 영국을 집어삼키려고 위협하는 이들로 재현된다. 물론 이러한 주장은 익숙한 서사를 담고 있으며, 익숙한 서사가 익히 그러하듯이 꼼꼼하고 섬세하게 해석할 필요가 있다. 이와 같은 서사는 타자화를 통해 작동한다. "불법 이주자"와 "가짜 난민 신청인"은 '우리가 아닌' 이들이며, 우리가 아니라는 점에서 우리가 소유한 것을 위태롭게 만든다. 이들 타자는 국가의 적법한 주체이자 국가가 제공하는 혜택의 진정한 수혜자인 "당신"이 지닌 것을 빼앗으려고 위협한다. 이러한 서사는 서사를 마주한 이들의 감정에 영향을 끼침으로써 이들이 [포스터에 명시된] "당신"이라는 이름을 받아들이도록 이끈다. 그렇게 "당신"이 된다는 것은 적법하지 않은 타자, 벌레처럼 "떼지어" 국가에 들이닥친다고 재현되는 타자에게 분노하는 것을 의미한다. 즉 국가를 사랑한다는 것은 당신이 소유한 것을 '빼앗아가는' 타자로 인해 상처받았다고 느끼는 것을 뜻하게 된다. 사랑은 ("세금"을 내는 당신이 [국가로부터]) 되돌려받아야 하는 투자이기 때문이다.

그러나 국가 안에 머무는 누구나 이러한 의미의 "당신"으로
살 수 있는 것은 아니다. 인용문은 백인 주체를 국가의 주권적 존
재로 보호해온 발화의 역사에 의존한다. 인용문은 짧지만 발화의
역사는 길다. 동시에 인용문은 백인 주체가 국가를 형상화하는
과정에서 "당신"으로 불리는 이들을 서로 연동하는 효과를 발생
시킨다. 다시 말해서 인용문에서 말하는 "당신"은 상처를 입은 사
람으로 자신을 드러냄으로써 상처를 입은 국가와 동일시할 수 있
는 주체의 집합인 "우리"를 암시적으로 불러일으킨다. 영국국민
전선에 의하면 오직 백인 아리아인만이 국가를 구성하는 "우리"
가 될 수 있다. "우리는 인종적 친족관계에 따라 구분된 삶을 사
는 일의 중요성을 회복할 것이다. 우리는 청년에게 국가란 가족
이자 역사이며 숭고한 인종 자체임을 알려줄 것이다. …… 우리가
사는 이 나라는 원래부터 아리아인의 것이었다."[2] 여기서 가족,
역사, 인종이 연동되는 일은 강력한 효과를 발생시킨다. 이는 백
인성whiteness을 가족 간의 결속이자 일종의 인종적 친족관계로 바
꿔내며, 모든 비백인 타자를 이방인이자 '[백인] 국가에 적합하지
않은 몸'으로 인식하도록 한다(Ahmed 2000).[3] 백인 아리아인을
수신인으로 하는 서사에서 백인 국가의 취약성과 백인 몸의 취
약성은 같은 것이 된다. "'당신'은 만만하지 않다! 아니면 만만해
질 텐가?"

이와 같은 서사에서 '소프트 터치'가 국가의 특성이 되는 과
정은 매우 흥미롭다. 이는 파시즘 담론에만 국한되지 않는다. 난
민 정책을 주제로 영국에서 벌어지는 논쟁에서 가장 흔히 나타
나는 서사는 영국이 "만만하다"라는 것이다. 영국에서 "손쉽게 편

안한" 생활을 하려는 이들이 영국으로 "들어오려" 한다는 주장이다.[4] 영국 정부는 '소프트 터치'의 서사를 '영국은 만만해지지 않을 것'이라며 단언하는 주장으로 바꿔냈고, 난민 정책을 엄격하게 만드는 정책 변화를 정당화했다. '소프트 터치'라는 은유는 국가의 경계와 방어체계가 피부와 같은 것임을 시사한다. 보드랍고 연약하며 파고 들어갈 틈새가 있어서 타자가 접근함에 따라 원래 모습을 잃어버리거나 더 나아가 멍이 들 것만 같은 느낌을 주는 것이다. 결국 국가는 타자에게 개방적인 태도를 나타내는 바람에 쉽게 망가지는 곳이 된다. 만만한 국가는 지나치게 감정적이고, 지나치게 타자의 요구대로 움직이며, 난민 신청이 타자가 입은 상처에 대한 증명이자 진실을 담은 서사일 것이라고 간주하면서 지나치게 쉽게 속아 넘어가버린다. '받아들이는 일'이 '점령당하는 일'이 될 때, 가짜 신청인은 자신을 받아들인 '만만한 국가'를 점령하고 말 것이다. 이에 국가는 타자에게 문을 열어주어서는 안 된다는 요구를 받게 된다. 국가가 이주자를 비롯한 타자의 요구에 응답하기보다 국민을 위해서 나서야 한다는 주장이다. 이는 국가가 덜 감정적이고 덜 개방적이며 쉽게 마음을 쓰지 말아야 한다는 것, 즉 '단단하고' '냉정해야' 한다는 함의를 지닌다. '무른 것'과 '단단한 것'이라는 은유가 활용되는 방식은 감정이 집단의 특성이 되는 과정을 보여준다. '느낌'을 통해 집단의 '모습'으로 구성되는 이러한 특성은 어김없이 젠더화되어 있다. 보드라운 몸으로 형상화된 국가는 타자가 '삽입하고' '침입하는' 여성화된 몸으로 의미화된다.

　　'정념passion'이란 단어와 '수동적passive'이란 단어가 모두 '괴로움passio'을 뜻하는 라틴어 단어에서 비롯했다는 점은 중요한 의미가 있다. 수동적이라는 것은 어떤 일이 주체에게 일어난다는 뜻으로, [주체성의] 부정은 그 자체로 괴로움으로 느껴진다. 수동적인 상태를 두려워하는 것은 감정적인 상태emotionality를 두려워하는 것과 밀접한 연관이 있다. 연약함이 타자에 의해 다른 모습으로 바뀔 수 있다는 함의를 지닐 때, 무르다는 것은 상처를 입기 쉬운 상태로 이야기된다. 정념과 수동성이 서로 연결된다는 점은 '감정'이 사고나 이성이 지닌 힘보다 '열등한' 것으로 치부된다는 사실을 떠올리게 한다. 감정적이라는 것은 다른 무언가가 개인의 판단에 영향을 준다는 의미로, 능동적이고 자율적인 것이 아니라 반응하고 의존하는 것을 가리킨다. 페미니스트 철학자들은 감정을 사고나 이성보다 경시하는 일이 여성적인 것과 몸을 경시하는 방식으로도 작동함을 지적한다(Spelman 1989; Jaggar 1996). 여성이 자연에 '더 가까운' 것, 욕망에 지배받는 것, 사고, 의지, 판단을 통해 몸을 초월하기 힘든 것으로 재현되는 상황에서 여성과 감정이 연관된다.

이러한 설명 방식은 진화론적 사고가 감정을 이해하는 방식에 중대한 영향을 미쳤음을 알려준다. 감정은 역사 이전 시기의 것, 원시적인 것이 여전히 '우리'에게 남아 있다는 것을 나타내는 기호로 의미화된다. 이를테면 찰스 다윈Charles Darwin은 감정이 남성적인 것/인간적인 것보다 '열등하고' '뒤떨어진' 것이자 더 이전 시기, 더 원시적인 시기를 가리키는 기호라고 주장한다. 다윈은 다음과 같이 이야기한다.

극도의 두려움에 휩싸일 때 머리털이 쭈뼛 서는 것, 격렬한 분
노에 사로잡힐 때 치아를 드러내는 것 등 인간이 보이는 몇몇
반응을 이해하는 방법은 단 하나뿐이다. 바로 인간이 한때 열
악하고 동물과 같은 환경에서 살았다는 것이다. (Darwin 1904:
13-14)

진화론적 설명은 감정으로 인한 '위기'에 다시 주목하도록
우리를 이끈다. '소프트 터치'가 국가의 특성이 될 때, 감정은 위
기를 촉발하는 것으로 간주된다. 국가 혹은 몸으로 형상화된 국
가가 '만만하다'라는 것은 국가가 여성적으로 바뀔지 모른다는
위기를 의미한다. 이는 인종적 타자로 여겨진 이들이 몸의 표면
을 파고들도록 용인함으로써 '하얀색이 옅어질' 위기이기도 하
다. 이러한 서사에서 하얀색이 옅어진다는 것은 원시적인 사회생
활 또는 "열악하고 동물과 같은 환경"에 더 가까워진다는 의미에
서 과거로 후퇴한다는 것을 시사한다.

물론 감정과 사고/이성의 위계는 감정 사이의 위계로 전치
되기도 한다. 어떤 감정은 문명을 나타내는 기호로 '승격되는' 반
면, 어떤 감정은 연약함을 나타내는 기호로 '열등한' 위치에 놓인
다. 진화에 관한 이야기는 이성이 승리한 이야기일 뿐만 아니라
감정을 통제하고 시간과 장소에 따라 '적합한' 감정을 느끼는 능
력을 갖춘 이야기로 서사화된다(Elias 1978). 현대사회에서 감정
이 좋은 것 혹은 이성보다 더 나은 것으로 재현되는 경우는 감정
이 일종의 지능으로 혹은 생애 기획과 경력 관리에 활용될 만한
'도구'로 제시될 때뿐이다(Goleman 1995). 어떤 감정이 좋은 감정

감정의 문화정치

으로 계발되고 사람들이 공들여서 추구하는 것이 된다고 하더라도 이는 유능한 자아의 형성을 방해하는, 계발되지 못하고 무질서한 다른 감정과 대비되는 것으로 규정되는 데 그치고 만다. 감정을 지능으로 설명하는 모델에 비춰보면 나 혹은 우리와 '다른' 이들, 우리를 타자로 만들려고 위협하는 이들은 나쁜 느낌의 원천으로 머무르게 된다. 감정이 '열등한' 것과 '우월한' 것을 몸의 특징으로 바꿔내는 방식으로 작동하며 몸의 속성이 된다고 할 때, 감정이 사회적 위계를 수호하는 일과 밀접한 관련이 있음을 알아차리는 일은 그리 어렵지 않다.

감정적 속성은 특정한 주체 혹은 집단에 **관한** 설명으로 [기능하며] '타자'에게 의미와 가치를 부여하는 권력관계에 확실히 의존한다. 그러나 나는 이 책에서 감정적 속성이 개인이나 집단의 몸이 지닌 특성이 아님을 이야기할 것이다. 나는 특정한 몸이 애초부터 '특정한 감정'을 지니고 있다고 여겨지는 과정을 탐색하려고 한다. 이를 위해서는 감정이 몸을 '만들고' '형성'해낸다는 점에서 행동의 형태로 작동하는 방식과 타자에 대한 방향 설정에 영향을 미치는 방식에 주목할 필요가 있다. 영국국민전선의 사례에서 감정은 몸으로 형상화된 국가가 만만해 보일 위험을 초래하는 것으로 제시된다. 그러나 이러한 서사는 그 자체로 감정적이다. 타자를 이른바 가짜 난민으로 해석하는 것 역시 타자의 존재에 대한 반응이기 때문이다. **냉정함은 감정의 부재가 아니라 타자를 향하는 또 다른 감정이다.** 냉정함을 보이는 백인의 몸은 타자에 대한 백인의 반응으로 형성된다. 타자에 대한 분노는 타자와 멀리 거리를 두려는 몸으로 표면화된다. 우리는 보드라운 몸

'안'에 감정이 있다고 생각하지 말아야 한다.[5] 감정은 바로 몸의 표면을 형성한다. 몸의 표면은 오랜 기간 행동이 반복됨으로써, 타자를 향하거나 타자에게서 멀어지는 방향 설정을 통해서 모양을 갖춘다. 우리와 타자가 접촉하는 일이 우리가 하는 행동을 형성한다는 점에서 감정에 주목하는 일은 모든 행동actions은 반응 reactions임을 알려준다. 바뤼흐 스피노자Baruch Spinoza의 표현을 빌리자면 감정은 "몸에 가해지는 행동의 힘이 늘거나 줄어듦에 따라 몸이 변화하는 것"으로서 몸이 무엇을 할 수 있는지를 형성한다 (Spinoza 1959: 85).

이에 나는 감정이란 무엇인지 묻기보다 감정은 무엇을 하는지 물으려고 한다. 이 질문에 답하기 위해 감정에 대한 단일한 이론을 제시하거나 감정이 하는 일에 대한 단순한 설명을 제시하지는 않을 것이다. 오히려 감정이 어떻게 움직이고 '달라붙는지' 탐색하면서 감정이 몸과 몸을 순환하는 과정을 추적하고자 한다. 나는 〈들어가는 글〉에서 감정의 '문화정치'에 관해 논의하면서 이를 감정에 대해 사유해온 전체 역사 가운데 위치시키려고 한다. 물론 전체 역사를 살피는 일은 불가능하다는 점에서 내가 설명하는 역사는 매우 일부일 것이다.[6] 감정이 다른 능력보다 덜 중요한 것으로 간주되기는 했지만, 감정은 여전히 지성사의 핵심을 차지하고 있다. 나는 이러한 역사를 마주하면서 '감정'이 철학자, 문화이론가, 심리학자, 사회학자 등 여러 분야의 연구자에게 매우 '풀기 어려운 주제'였음을 깨닫고는 압도되는 감정을 느꼈다. 그러나 이는 놀라운 일이 아니다. 해체주의가 알려준 것처럼 주변부로 밀려난 것은 때로 가장 중심에 놓여 있다. 전체 역사에 비하자

감정의 문화정치

면 내가 한 작업은 소박한 것이다. 나는 감정에 대한 나의 논의가 다른 이들이 진행한 작업과의 접촉을 통해 이루어졌음을 드러내려고 한다.

감정과 대상

감정에 대한 사유의 역사를 되짚어보는 한 가지 방법은 감정, 신체적 감각bodily sensation, 인지 과정cognition 사이의 관계를 둘러싼 논쟁을 살펴보는 것이다.[7] 감정 이론은 감정이 기본적으로 신체적 감각과 연관된다는 설명과 인지 과정과 연관된다는 설명으로 크게 '구분된다'. 감정과 신체적 감각의 관계에 주목하는 관점은 대체로 르네 데카르트René Descartes와 데이비드 흄David Hume에게서 비롯했다고 여겨진다. 이는 윌리엄 제임스William James의 글에서도 잘 드러난다. 제임스는 다음과 같은 공식을 제시했다. "흥미를 일으키는 사실을 지각하면 그 즉시 신체적 변화가 일어난다. …… 우리에게 일어난 신체적 변화를 느끼는 것이 **바로** 감정이다"(James 1890: 449). [제임스에 따르면] 감정은 신체적 변화에 대한 느낌이다. 신체적 변화에 대한 느낌이 '바로' 감정이라는 것은 감정이 이성, 해석, 판단의 과정과 무관함을 보여준다. 이를테면 심장이 빨리 뛰고 식은땀이 나기 **때문에** 공포를 느낀다는 것이다. 한편 아리스토텔레스와 그의 견해를 따르는 많은 사상가는 인지주의 관점을 대변한다(Nussbaum 2001: 10). 인지주의 이론가들은 감정이 평가, 판단, 태도, "세계를 이해하는 특정한 방식"(Sartre 1962: 9)과 관련 있기에 신체적 감각으로 환원될 수 없다고 주장한다. 이들은 감정 자체를 판단으로 설명하기도 하고(Solomon 1995), 감정이 판단을 수반하는 지점에 주목하기도 한다. 예컨대 화가 나는 감정은 무언가가 잘못됐다는 판단을 내포하며, 여기에는 그릇된 판단을 내렸을 가능성도 포함된다(Spelman 1989: 266). 물론 많은 이론가는 감정이 감각이나 신체적 느낌과 인지 과정을 모두 포함한다고 이야기한다. 그러나 앨리슨 재거Alison M. Jaggar가 지적하듯이 인지주의에 점차 무게가 실리는 변화는 종종 신체적 감각에 주목하는 일을 소홀히 다루는 일로 이어지기도 했다(Spelman 1989: 170). 감정이 감각과 인지 과정 모두와 연관된 것으로 논의되더라도 감각이 감정의 다른 측면을 뜻하는 것으로 이해되는 경향은 여전히 있다(Jaggar 1996: 170).

　　신체적 감각, 감정, 판단 사이의 관계를 다시 살피는 일은 데카르트의 《정념론The Passions of the Soul》을 읽는 데서 시작해볼 수 있다. 이 작은 책이 마음과 몸을 구분하는 문제 많은 설명으로 가득 차 있기는 하지만, 감정에 대한 데카르트의 논의는 매우 시사적이다. 데카르트에 따르면 대상이 여러 정념을 일으키는 이유는 대상 역시 여러 개이기 때문이 아니라 대상이 우리에게 해를 끼치거나 도움을 주는 방식이 다양하기 때문이다(Descartes 1985: 349). 데카르트의 주장은 흥미를 불러일으킨다. 몇몇 비평가는 대상이 감정을 유발한다는 데카르트의 주장에 대해서 그가 감정을 감각으로 환원했다고 지적한다(Brentano 2003: 161; Greenspan 2003: 265). 그러나 데카르트는 우리가 대상에 대해 갖는 느낌이 대상의 본질에 의한 것이 아니라고 이야기하면서 대상에서 인과적 특성을 찾는 접근을 비판했다. 데카르트에게 느낌은 우리와 대상이 만나는 접촉의 '형태'를 취한다(1장 참조). 데카르트의 주장처럼 우리가 무언가를 좋아하거나 싫어하는 이유는 대상이 좋거나 나쁜지가 아니라 "유익하거나 해롭게" 보이는지에 있다(Descartes 1985: 350). 무언가가 유익한지 해로운지 지각하는 방식은 내가 대상에 어떠한 영향을 받는지에 분명히 기대고 있다. 대상을 지각하는 방식이 대상이 주는 영향에 기댄다는 점은 느낌이 결정되는 과정에서 간극을 만들어낸다. 무언가가 유익한지 해로운지는 이성과 판단뿐만 아니라 몸으로 '느껴지는' 것과도 관련이 있기 때문이다. 대상을 유익하거나 해로운 것으로 생각하는 과정은 대상을 좋거나 나쁜 것으로 판단하는 과정으로 이어지기도 하는데, 이는 우리가 대상과의 접촉을 특정한 방식으로 해석하는 일을 수반한다. 1장에서 논의하겠지만 무언가를 좋거나 나쁘다고 느끼는 일은 대상에 의미를 부여한다는 점에서 **이미** 해석의 과정을 거친 것이다. 이처럼 접촉은 주체와도, 주체에 선행하는 역사와도 연관된다. 감정이 대상에 의해 유발되는 것이 아니라 대상과의 접촉을 통해 형성된다고 할 때, 감정은 단지 주체나 대상 '안'에 있지 않다. 그렇다고 해서 감정이 주체나 대상에 '내재한' 것으로 느껴지지 않는다는 의미는 아니다. 나는 이 책에서 주체가 대상에 대한 방향을 설정하는 과정에서 대상이 종종 감정의 원인으로 여겨진다는 점을 드러내려고 한다.

대상과의 접촉이 느낌을 발생시킨다는 점에서 감정과 감각은 쉽게 분리되지 않는다. 감정과 감각은 흔히 동반자관계로 묘사된다. 예를 들어 아리스토텔레스는 즐거움과 고통이 사랑과 증오가 엮인 짝이라고 설명했다(2003: 6. Spinoza 1959: 85 참조). 하지만 '동반자'라는 말에는 감각과 감정이 서로 갈라설 수 있다는 함의가 있다는 점에서 엄밀하게는 정확한 표현은 아니다. 나는 감각과 감정의 구별이 분석의 차원에서만 존재하며, 이에 개념의 물화에 기초한다고 주장하려고 한다. 대신 우리는 "인상impression"이라는 표현을 살펴볼 필요가 있다. 데이비드 흄은 감정에 대한 논의를 전개하면서 "인상"이라는 표현을 활용한 바 있다(Hume 1964: 75). 인상을 형성하는 일은 지각이나 인지 과정뿐만 아니라 감정과도 관련되며, 대상이 우리에게 인상을 남기는 방식에 기댄다. 인상은 주체가 어떤 느낌을 경험하는 데 작용한 효과일 수도 있고('영향을 주다'), 생각일 수도 있다('어떠한 생각을 하게 되다'). 모방이나 이미지일 수도 있으며('흉내를 내다'), 표면에 새겨진 표시일 수도 있다('흔적을 남기다'). **우리는 인상에 남겨진 '자국press'을 기억할 필요가 있다.** 인상에 남겨진 자국은 감정을 가지는 경험과 하나의 표면이 다른 표면에 미치는 영향이 서로 연결되도록 한다. 이때의 영향은 표시나 자취를 남긴다. 즉 내가 타자에 대한 인상을 지닐 뿐만 아니라 타자 역시 내게 인상을 남긴다. 타자는 내게 영향을 주고 흔적을 남긴다. 나는 '인상' 개념을 활용해서 신체적 감각, 감정, 사유를 분석적으로 구별하는 일을 넘어서려고 한다. 우리가 신체적 감각, 감정, 사유를 인간 '경험'의 구별된 영역으로 '체험하지' 않기 때문이다.

우리는 인상을 어떻게 형성하는가? 느낌의 대상이 놓인 자리를 다시 살피는 작업은 감각과 감정의 관계를 새롭게 생각하

감정의 문화정치

도록 돕는다. 현상학에서는 감정의 지향성intentionality을 강조함으로써 엘리자베스 스펠먼Elizabeth V. Spelman이 "둔한 견해Dumb View"라고 부른 것에서 벗어나려는 시도가 있었다. 감정은 무언가에 '관한' 것이라는 점에서 무언가를 향한다. 다시 말해서 감정은 대상을 향한 지향이나 방향을 수반한다(Parkinson 1995: 8). 여기서 감정이 '무언가에 관한 것'이라는 말은 감정이 세계에 대한 견해 혹은 세계를 이해하는 방식과 연관된다는 뜻이다. 나는 감정을 대상에 '관한' 것으로 해석하는 모델과 데카르트의 논의에 암시된 접촉 모델을 서로 연결하려고 한다.[8] 감정은 감정이 만들어내는 대상에 관한 것이며 이와 동시에 대상과의 접촉을 통해 형성된다. 대상에 대한 이러한 이해는 대상을 물리적 실체로 가정하지 않는다. 내가 "관련을 맺은" 대상은 상상의 것일 수도 있다(Heller 1979: 12). 예컨대 무언가에 대해 내가 지닌 기억은 어떤 느낌을 촉발할 수도 있다(Pugmire 1998: 7). 기억은 두 가지 측면 모두에서 느낌의 대상이 될 수 있다. 먼저 내가 기억과 접촉함으로써 어떤 느낌이 형성된다는 점에서 기억은 느낌의 대상이 된다. 또한 느낌이 내가 기억하고 있는 것에 대해 특정한 방향을 설정하도록 한다는 점에서 기억은 느낌의 대상이 된다. 따라서 나는 무언가를 기억하면서 고통을 느끼기도 하고, 다른 한편으로 그렇게 기억함으로써 기억하는 대상을 고통스러운 것으로 여기기도 한다.

다른 예를 살펴보자. 아이와 곰은 감정에 대한 심리학 논의에서 자주 사용되는 예다.[9] 곰을 보고 두려워하며 달아나는 아이가 있다고 하자. "둔한 견해"는 곰이 아이를 두렵게 만들었고, 곰에 대한 공포로 인해 심장이 빨리 뛰고 식은땀이 나는 신체적 증상이 저절로 일어난다고 해석할 것이다. 진화론에 근거한 기능주의 모델은 공포가 아이를 위험한 상황에서 보호하고 살리는 역할을 한다고 해석할 것이다. 위험한 상황에서 공포는 성공적인 적응과 그로 인한 자연선택을 가져오는 **본능적 반응**이라고 할 수 있다.[10] 또한 아이가 무언가를 하도록 이끄는 것에 '관한' 것이라는 점에서 공포는 행동이기도 하다.[11] 그러나 이 이야기는 핵심 내용만 간추려도 그리 간단하지 않다. 바로 '아이는 왜 곰을 두려워하는 것인가'라는 질문이 있다. 아이는 곰이 무서운 대상임을 '이미 알고' 있어야 한다. 곰을 두려운 대상으로 판단하는 일은 반드시 아이가 스스로 한 것일 필요가 없으며, 더 나아가 아이의 과거 경험과도 무관할 수 있다. 아이는 이번에 곰을 '처음' 만났을지도 모르지만, 그럼에도 곰을 피해 달아난다. 그렇다면 아이는 무엇으로부터 도망친 것인가? 아이가 곰과 만났을 때 본 것은 무엇인가? 우리에게는 문화적 역사와 기억이 형성한 곰에 대한 이미지가 있다. 곰은 **두려워해야 하는** 동물이라는 것이다. 우리는 곰과 마주치기 전에 이미 곰과 마주치는 일이 위험하다는 인상을 지니고 있다. 곰에 대한 인상은 피부 표면에서 느껴지며, 위험에 대한 지식은 명백히 신체적이다. 아이는 생각할 겨를도 없이 도망칠 것이다. 그러나 반응이 '즉각적'이라고 해서 매개되지 않았다는 뜻은 아니다. 곰은 이를테면 '그 자체로' 무서운 **존재**가 아니라 누군가**에게** 무서운 것이다. 공포는 곰은 물론이고 아이에게도 존재하지 않는다. 공포는 아이와 곰이 어떻게 접촉했는가에 대한 문제다. 곰을 무서운 대상으로 여기게 만드는 접촉의 과거 역사는 아이와 곰의 접촉을 형성하지만, 현재 시점에서는 접촉할 수 없

감정의 문화정치

다. 다만 아이와 곰이 만난 이야기가 모두 같은 결론에 이르는 것은 아니다. 다른 아이라면, 다른 곰이라면, 어쩌면 우리가 곰과 마주친다면 다른 이야기가 펼쳐질 수도 있다.

우리가 곰에 대한 일반적인 인식을 가질 수도 있지만, '특정한 곰' 역시 우리에게 어떤 생각을 하게 하고 인상을 남긴다. 공포는 대상과의 관계에서 몸의 표면을 형성한다. 감정이 행동(반응)을 수반한다는 점, 그리고 특정한 대상과의 관계에서 대상을 '향해 있음' 혹은 대상에서 '멀어짐'과 같은 관계 맺음을 수반한다는 점에서 감정은 관계적이다. 이때 곰은 두 가지 의미에서 대상이 된다. 하나는 우리가 곰과 접촉한다는 점에서, 다른 하나는 우리가 곰에 대한 특정한 방향을 지닌다는 점에서 곰은 대상이 된다. 더 구체적으로 말하면 공포가 대상에 '관한 것'이라는 점은 대상과의 접촉을 해석하는 일을 수반한다. 아이는 곰과의 접촉을 위험하다고 해석했고, 이는 곰을 무서운 것으로 이해하도록 만들었다. 우리는 곰과의 접촉에 대한 '해석'이 곰을 [공포라는] 느낌의 원인으로 인식하도록 한다는 점에 주목할 필요가 있다. 아이는 무서워하게 되고 곰은 무서워진다. ('내가 두려움을 느끼는 이유는 당신이 무서운 사람이기 때문이다'라는 말처럼) 느낌의 원인을 대상에서 찾는 일은 마주침의 효과이며, 이는 주체를 대상에서 멀어지게 한다. 이처럼 감정은 정동적인 차원에서 대상에 대한 방향을 다시 설정하는 일을 수반한다.

물론 곰을 [다른 동물인] 말로 바꿔서 생각해본다면, 우리는 아버지에 대한 논의와 만날 수 있다.[12] 만약 느낌의 대상이 감정을 형성하는 동시에 감정에 의해서 형성된다면, 느낌의 대상이 단순히 주체에 선행해서 존재한다고 할 수 없다. 대상이 우리에게 영향을 주고 인상을 남기는 일은 역사에 의존한다. 역사가 우리에게 대상에 대한 특정한 인상을 이미 선사하는 한, 역사는 여전히 살아 있다. 대상은 다른 대상을 대신할 수도, 다른 대상에 가까이 있을 수도 있다. 느낌은 대상에 달라붙을 수도 있고, 대상 위에서 미끄러질 수도 있다.[13] 나는 이 책에서 느낌이 주체나 대상 안에 존재하지 않고 순환의 효과로 생산된다는 측면에서 정동 경제에 대해 분석할 것이다(2장 참조). 이러한 대상의 순환은 우리에게 감정의 '사회성'에 대해 생각하도록 한다.

안에서 밖으로, 밖에서 안으로

감정의 사회성이 무슨 의미인지 이해하려면 먼저 우리에게 당연해 보이는 것부터 낯설게 바라볼 필요가 있다. 바로 감정에 대한 일상 언어가 내면성을 전제로 한다는 것이다. 감정을 살펴본다고 할 때, 우리는 흔히 '지금 내게 어떤 느낌이 들지?'라고 질문하면서 내면을 들여다봐야 한다고 생각한다. 이처럼 감정을 내면의 것으로 정의하는 모델은 심리학에서 두드러지게 나타난다. 학문 분과로서 심리학의 등장은 감정 이론에 중대한 변화를 일으켰다. 심리학이 감정을 '객관적 연구 대상'으로 삼으면서 감정이 심리적인 문제가 된 것이다(White 1993: 29). 심리학 모델에서 개인은 느낌을 소유한 존재가 되고, 느낌은 개인의 소유물이 된다. K. T. 스트롱먼K. T. Strongman의 표현을 빌리자면 "감정은 무엇보다 주관적인 느낌으로 내면 깊숙이 자리해 있다"(Strongman 2003: 3). 나는 웃고 울고 고개를 저으며 내가 소유한 느낌을 표현한다. 안에 있는 것을 밖으로 드러내는 방식으로 느낌을 표현할 때, 내가 소유한 느낌은 상대의 것이 될 수도 있고 상대가 내가 지닌 느낌에 반응할 수도 있게 된다.[14] 만약 상대가 나와 공감한다면 우리는 "같은 느낌fellow-feeling"을 지니게 된다(Denzin 1984: 148). 하지만 상대가 나의 감정을 이해할 수 없다면, 우리는 서로 동떨어져 있다고 느낄 것이다(Scheff 1994: 3).[15] 이를 다음과 같이 정리할 수 있다. 느낌은 나에게서 시작한 **이후에** 대상과 타자를 향해 밖으로 이동하고 내게 다시 돌아온다. 나는 이를 감정이 '안에서 밖으로inside out' 향하는 모델이라고 부를 것이다.

　　나는 감정을 심리적 상태가 아니라 사회적·문화적 실천으로 이해해야 한다는 사회학과 인류학 논의를 따라 안에서 밖으로 향하는 모델을 비판하려고 한다(Lutz and Abu-Lughod 1990; White 1993: 29; Rosaldo 1984: 138, 141; Hochschild 1983: 5; Kemper 1978: 1; Katz 1999: 2; Williams 2001: 73; Collins 1990: 27). 그 대신 나는 감정의 사회성 모델을 제시하고자 한다. 감정의 사회성 모델은 감정을 사회적·문화적 실천으로 이해한 기존의 연구에 기대면서도 이들 연구와 구분된다. 감정에 대한 에밀 뒤르켐Émile Durkheim의 고전적인 설명을 살펴보자. 뒤르켐은 《사회학적 방법의 규칙들The Rules of Sociological Method》에서 사회학은 제약을 인정하는 것이라고 주장했다. "우리가 지닌 생각과 성향은 대부분 우리가 스스로 발전시킨 것이 아니라 외부에서 비롯한 것이다. 생각과 성향이 외부에서 주어지지 않고서 어떻게 우리의 일부가 될 수 있었을까?"(Durkheim 1966: 4) 이때 "외부"에서 개별 주체에게 주어진 것이 사회학의 영역으로 규정된다. 이처럼 '사회학적인 것'을 구별하려는 노력은 감정을 개인의 자기표현이 아니라 사회적 형태에 관한 것으로 이론화했다. 뒤르켐은 느낌의 "거대한 움직임"이 "특정 개인의 의식에서 기원하지 않는다"고 주장하면서 군중 안에서 부상하는 감정에 주목한다(Durkheim 1966: 4). 느낌이 그 자체로 외부에서 비롯했다면 개인은 더 이상 느낌의 원천이 아니다. 다만 뒤르켐은 종교에 관한 후기 저작에서 느낌이 주체의 "외부"에만 머무르지 않는다고 주장했다. "이 힘은 우리를 관통하며 우리 안에서 스스로 구성된다. 힘은 우리 존재를 이루는 일부가 되며, 그로 인해 승격되고 강해진다"(Durkheim 1976: 209). 뒤르켐에 따르면 감정은 개인의 몸에서 비롯하는 것이 아니며 몸으로 형상화된 사회적 단위를 뭉치게 하고 결속한다(Collins 1990: 27).

감정의 사회성에 대한 논의는 심리학 모델과 비슷하게 보이지만, 감정의 방향은 확연히 달라진다. '안에서 밖으로' 향하는 모델이 '밖에서 안으로outside in' 향하는 모델로 바뀌는 것이다. 그러나 두 가지 모델 모두 안과 밖, 개인과 사회, '나'와 '우리'가 객관적으로 구분된다고 전제한다. '밖에서 안으로' 모델에서 감정은 내부에서 외부로 움직이는 것이 아니라 **외부에서 내부로 움직인다**고 간주된다. '밖에서 안으로' 모델은 '군중심리학'에서 두드러지게 나타난다. 군중심리학에서 군중은 감정을 **가지고** 있으며, 개인은 군중의 느낌을 자기 자신의 것처럼 느낌으로써 군중에 이끌린다고 여겨진다. 그레이엄 리틀Graham Little은 다음과 같이 설명한다. "감정은 다른 방향으로도 작동한다. 때로는 '바깥쪽'에서 시작된 감정이 우리 안의 무언가와 연결되면서 우리가 끌림을 느끼게 되고 개인적으로 관심을 보이게 된다. 다이애나 웨일스 왕세자비의 사망 사건은 전형적인 사례라고 할 수 있다"(Little 1999: 4). 다이애나 왕세자비의 사망 사건은 밖에서 안으로 향하는 모델을 이해하는 데 유용하다. 밖에서 안으로 향하는 모델은 슬픔의 느낌이 먼저 군중 안에 존재했고 이후에 개인에게 옮겨갔다고 설명한다. 그러나 감정을 밖에서 '전해진' 것으로 해석하는 일은 개인이 느끼는 슬픔에는 진정성이 없다고 비판하는 일로 이어지기도 했다.[16]

　　'밖에서 안으로' 모델의 문제는 감정을 '우리가 소유한' 것으로 전제한다는 데 있다. 군중이 개인과 마찬가지로 '느낌을 가진' 존재가 될 때, 개인이 느낌을 통해서 자아의 존재를 표현하듯이 집단은 느낌을 통해서 사회적 존재를 표현한다고 여겨진다. 나는 감정의 사회적 모델에 기대어, 우리가 애초에 안과 밖을 구분하도록 만드는 표면과 경계가 형성되는 효과를 감정이 만들어낸다고 주장하고자 한다. 감정은 단순히 '나' 혹은 '우리'가 가진 것이 아니다. 감정을 통해서 혹은 다르게 표현하자면 우리가 대상이나 타자에게 반응하는 과정을 통해서 표면과 경계가 만들어진다. 즉 '나' 혹은 '우리'는 타자와의 접촉으로 형성되고 더 나아가 접촉의 모습을 취한다. 앞서 말한 것처럼 몸의 표면surfaces은 타자가 남긴 인상의 효과로 인해서 '이루어진다surface'. 나는 타자가 남긴 인상을 통해서 개인의 몸의 표면뿐만 아니라 몸으로 형상화된 집단의 표면이 어떻게 모습을 갖추는지 이야기할 것이다. 다만 감정이 안과 밖을 만들어내는 효과를 발생시킨다고 해서 감정이 그저 심리적인 **동시에** 사회적이라거나 개인적인 **동시에** 집단적이라고 주장하려는 것은 아니다. 내가 제시하는 감정의 사회성 모델은 '동시에'라는 말로 에두르는 것과 거리가 멀다. 내가 이야기하려는 것은 정신적인 것과 사회적인 것이 대상으로 구성되는 과정에서 감정이 핵심적인 역할을 한다는 것이다. 이는 정신적인 것과 사회적인 것이라는 '객관적 실재'가 [감정의] 원인이 아니라 효과임을 시사한다.

다시 말해서 감정은 개인이나 사회의 '안'에 있는 것이 아니라 개인적인 것과 사회적인 것을 마치 대상인 것처럼 구분해내는 표면과 경계 자체를 생산한다. 나는 감정이 여러 대상을 서로 구분해내는 경계와 표면을 만들어내는 과정을 분석할 것이다. 감정의 대상은 순환에 따른 효과로 인해 모습을 갖춘다. 감정을 순환하는 것으로 이해하는 모델은 감정을 전염되는 것으로 이해하는 모델과는 다르다(Izard 1977: 106 참조). 전염 모델은 주로 실번 톰킨스Silvan S. Tomkins의 영향을 받은 것으로 감정이 단순히 개인 안에 있지 않고 사람 사이를 움직인다는 점을 강조한다는 측면에서 유용성이 있다.[17] 기본적으로 '전염'이란 단어는 '접촉'을 뜻하는 라틴어 단어를 어원으로 한다. '당신이 슬프니 나도 슬프다' '당신이 창피한 일을 해서 나도 창피하다'처럼 전염 모델에서 전달되는 것은 감정 자체로서 개인이 가진 감정은 다른 누군가에게서 전해진 감정과 같은 것으로 간주된다. 그러나 '감정의 전염' 모델은 감정을 개인이 가질 수 있고 다른 누군가에게 전달할 수 있는 소유물로 만들 위험이 있다. 이 모델은 단순히 이론적 측면에서만 위험한 것이 아니다. 내 경우에는 내가 상대와 똑같은 것을 느끼고 있고 그 느낌이 마치 '공간을 채우고 있다'고 생각했지만, 실제로는 상대가 나와 상당히 다른 감정을 느꼈음을 깨달았던 사회적 경험이 많이 있다. 이와 같은 공간은 '강화된intense' 곳이라고 부를 수 있다. 여기서 핵심은 느낌을 공유한다는 것으로 이는 짙게 깔린 공기나 분위기처럼 강화된 공간에 있는 이들을 감싸는 듯 보인다. 그러나 이러한 느낌은 **긴장감을 높일** 뿐 아니라, **긴장 상태에** 있다. 우리가 서로 같은 느낌을 공유한다고 느낄 때도 그 느낌과 동일한 관계를 맺지 않는다는 점에서 강화된 감정은 의사소통이 어긋나는 일을 수반하기도 한다. 느낌을 공유하는 것이 같은 느낌을 느끼는 것 혹은 함께 느낌을 느끼는 것이 아니라고 할 때, 감정이 아니라 감정의 대상이 순환한다는 점을 알 수 있다. 나는 감정이 대상의 움직임이나 순환을 통해 움직이는 과정을 탐색하려고 한다. 감정의 대상은 개인적인 혹은 사회적인 긴장이 발생하는 현장에서 끈적이거나 정동으로 가득 차게 된다.

감정은 분명 움직이며, 감정의 움직임은 단지 우리 사이에서 발생하는 데 그치지 않는다. 우리는 '감정emotion'이라는 단어가 '움직이다' '나가다'를 뜻하는 라틴어 단어emovere에서 유래했다는 점에 주목할 필요가 있다. 물론 감정은 움직임에 관한 것일 뿐만 아니라 애착 혹은 우리가 무언가와 연결되는 일과도 관련이 있다. 움직임과 애착 간의 관계는 우리에게 많은 것을 알려준다. 우리를 움직이는 것, 우리에게 어떤 느낌을 주는 것은 우리를 어떤 장소에 붙잡는 것, 우리에게 머물 장소를 주는 것이기도 하다. 이처럼 움직임은 몸이 머무는 '장소'와 몸을 단절하는 것이 아니라 몸과 다른 몸을 연결한다. 애착은 움직임을 통해서, 타자와의 거리가 줄어듦에 따라 움직여지는 것을 통해서 발생한다. 움직임은 서로 다른 이들에게 서로 다른 영향을 주기도 한다. 이 책에서 내내 이야기하겠지만, 감정은 타자를 특정한 속성을 '가진' 존재로 고착함으로써 타자가 아닌 이들을 향해 '움직여지는 일'을 수반하기도 한다. 이처럼 감정의 대상이 순환하는 것은 타자를 감정의 대상으로 전환하는 일을 수반한다.

나는 정신분석학과 마르크스주의에 기대어 대상의 순환에 대한 논의를 전개하고자 한다(2장 참조). 이를테면 나는 주체가 자신이 어떤 감정을 느끼는지 항상 이해하지는 못한다는 점을 살펴보려고 한다. 주체는 자기 완결적인 존재가 아니며, 감정은 존재 경험이 여러 결로 나뉘는 일에 따른 효과다(Terada 2001: 30). 지그문트 프로이트 Sigmund Freud 이후로 존재의 자기 완결성이 가닿지 못하는 영역은 '무의식'으로 불렸다. 나는 프로이트 정신분석학을 활용해서 대상이 어떻게 전치되는지 드러내고 대상을 '끈적이게' 만드는 데 억압이 어떤 역할을 하는지 이야기하려고 한다. 다만 동시에 존재가 자기 완결성을 실현하는 데 실패하는 일이 정신분석학 이론이 과도하게 의존하는 트라우마의 '장면'(거세)이나 주체의 문제로 다시 돌아올 필요는 없다고 생각한다. 대신 나는 카를 마르크스 Karl Marx의 논의를 참조해서 시간이 흐름에 따라 감정이 정동적 가치의 형태로 축적된다고 주장할 것이다(4장 참조). 대상은 노동과 생산의 역사가 지워질 때에야 비로소 가치를 지닌다. 다만 마르크스가 사물이 지닌 가치로 인해 감정이 지워지는 지점에 주목하는 것과 달리(노동자가 몸으로 느낀 괴로움은 상품의

형태를 띤 생산물에서는 보이지 않는다) 나는 감정이 생산되는 과정
에 주목하려고 한다.[18] 지워지는 것은 이미 존재한다고 여겨지는
감정이 아니라 감정이 생산되고 '만들어지는' 과정이다. 다시 말
해서 느낌의 생산과 순환의 역사가 지워질 때에야 비로소 '느낌'
은 '물신'이 되고 대상 안에 존재하는 속성이 된다.

　　서로 다른 전통을 지닌 이론을 함께 엮는 작업은 쉬운 일이
아니었다.[19] 아마도 이들 이론을 연결하는 단 하나의 열쇠는 '무엇
이 끈적이는가'라는 질문일 것이다. 바로 이 질문이 책 전체에 녹
아 있다. 이 질문은 어떤 면에서 더욱 익숙한 질문, 그러니까 '왜
사회적 변화를 성취하기 어려운가' '왜 권력관계는 집단적인 저
항에도 완고하게 지속되는가'라는 질문을 다시 제기하는 것이기
도 하다. 이 책에서 나는 우리가 사회적 규범에 투자하는 모습을
분석함으로써 이러한 질문에 부분적으로나마 답하고자 한다. 내
게 가장 많은 도움을 준 연구는 우리가 종속적인 상태에 처하게
되는 이유를 감정을 통해 설명한 페미니즘 연구와 퀴어 연구였다
(Butler 1997b; Berlant 1997; Brown 1995). 이들 연구는 (가족, 이성애,
국가, 더 나아가 문명 자체와 같은) 사회적 형태가 반복의 효과임을
우리에게 알려준다. 주디스 버틀러Judith Butler가 주장한 것처럼 세
계가 물질성을 띠는 것도, "경계, 고정, 표면"이 만들어지는 것도
규범의 반복을 통해서 이루어진다(Butler 1993:9). 규범은 규범의
반복이라는 노동이 감춰질 때에야 비로소 삶의 형식으로 나타난
다. 페미니즘 연구와 퀴어 연구는 권력이 몸과 세계의 표면을 형
성하는 과정을 감정을 통해서 알 수 있다는 점에서 감정이 '중요
한' 정치적 문제임을 우리에게 이야기해왔다. 어떤 면에서 우리

는 '우리가 몸과 세계를 살아내는 방식을 감정을 통해 찬찬히 살펴볼 수 있다feel our way'.

　　이와 같은 접근은 감정을 일종의 문화정치 혹은 세계 만들기로 이해한다. 나는 감정을 문화정치로 살펴보는 작업을 진행함으로써 한편으로는 감정을 개인적이고 심리적인 것으로 다루는 방식을 비판하고,[20] 다른 한편으로는 감정이 강화되는 지점을 무시한 채 사회구조를 설명하는 방식을 비판하려고 한다. 사회구조는 강화된 감정 없이 존재 양식으로 물화될 수 없다. 감정에 주목하는 일은 개인이 특정한 구조에 **투자하게** 되는 문제에 답하도록 이끈다. 주체는 특정 구조가 해체되는 일을 자신이 죽는 것과 다름없는 일로 느끼기도 한다. 우리는 앞서 인용한 영국국민전선 포스터에서도 이러한 투자를 발견할 수 있다. 국가는 타자와의 거리가 줄어드는 일을 상실, 상처, 빼앗김과 연결함으로써 주체가 사랑하는 대상이 된다(6장 참조). 더 나아가 영국국민전선은 비백인 타자의 존재를 죽음과 연결한다. "영국이 죽어가고 있다. 당신은 언제까지 지켜보고만 있을 것인가?"[21] 이 서사에서 언급되는 "당신"이 된다는 것은 국가의 '혜택'을 빼앗아 가져갈 뿐만 아니라 '국가'를 파괴하겠다고 위협하는 이들, 다시 말해서 삶 자체의 종말을 가리키는 이들에게 분노한다는 의미다. 국가에는 동조하고 국가를 빼앗아가려고 위협하는 타자에게는 맞서라는 초대에 응함으로써 우리는 "당신"이 된다. 이처럼 감정은 특정한 각본을 분명히 제공한다.

텍스트의 감정적 속성

아직 살펴봐야 할 것이 더 남아 있다. 어떤 면에서 감정과 신체적 감각이 분리될 수 없다고 주장하는 이 책이 [몸이 아니라] 텍스트만 파고드는 것처럼 보일 수 있다.[22] 나는 이 책에서 특히 환유와 비유에 중점을 두고 텍스트를 꼼꼼히 분석하면서 '비유적 표현figures of speech'이 텍스트의 감정적 속성에 핵심이 된다는 것을 드러내고자 한다. 여기서는 특히 두 가지를 살펴보려고 한다. 하나는 서로 다른 '형상figures'이 달라붙는 방식이다. 다른 하나는 형상이 달라붙는 일이 주로 은폐를 통해 '작동하는' 과거 역사, 즉 연상 작용을 구조화하는 과거 역사에 의존하는 방식이다. 텍스트의 감정적 속성에 주목하는 작업은 텍스트가 어떻게 '움직이는지', 어떻게 효과를 만들어내는지 설명하는 한 가지 방법이 된다.

이와 더불어 텍스트가 여러 감정을 명명하거나 나타내는 방식을 조명하면서 텍스트의 감정적 속성을 탐색하려고 한다. 감정에 이름을 붙이는 일은 대개 느낌의 주체와 대상을 구별하는 일을 수반한다. 우리가 감정에 이름을 붙이는 방식을 헤아려보면 우리가 단지 우리 '내면'에 있는 느낌에 이름을 붙이지 않음을 알수 있다. 그렇기에 '국가가 슬픔에 잠겨 있다the nation mourns'라고 이야기하는 일도 가능하다. 우리는 국가가 느끼는 주체 혹은 '느낌을 소유한' 주체로서 '개인처럼' 변화되는 지점을 포착하면서 '안에서 밖으로/밖에서 안으로' 향하는 모델이 작동한다고 생각해볼수 있다. 그러나 우리는 한 가지 질문을 던질 필요가 있다. **'국가가 슬픔에 잠겨 있다'라고 말하는 것은 무엇을 하는가?** 이는 국가가 느낌을 지니고 있다는 주장일 뿐 아니라(느낌의 주체인 국가) 국가를 '우리의 느낌'의 대상으로 만들어내는 주장이다(국가를 대신해서 슬픔에 잠긴 우리). 느낌은 발화에 선행해서 존재하지 않으며, 서로 다른 행동과 방향을 형성하면서 효과로서 실재한다. 이를테면 '국가가 슬픔에 잠겨 있다'라는 말은 국가를 **애도하는 주체인 것처럼** 만들어낸다. '국가'는 우리가 국가를 향하도록 만드는 일을 통해서 공유된 '느낌의 대상'이 된다. 이처럼 감정은 수행적이며(4장 참조) 발화 행위를 수반한다(5장 참조). 즉 감정은 과거 역사에 기대고 있으며 효과를 발생시킨다.

　　감정의 대상이 서로 전치되는 현상을 이해하기 위해서 우리는 감정을 나타내는 말이 순환하는 과정에 주목할 필요가 있다. 예컨대 '슬픔에 잠기다'라는 표현은 특정한 주체와(특정한 몸이 슬픔에 잠긴 국가를 대표한다) 특정한 대상에(특정한 상실이 국가를 위한 희생으로 여겨진다) 달라붙는다. 또한 이 표현은 분노, 증오, 사랑처럼 감정을 나타내는 다른 표현과 연결되고는 한다. 감정을 나타내는 어떤 표현이 다른 표현으로 바뀌는 일은 서사를 만들어낸다. 예컨대 우리의 사랑은 우리가 슬퍼하는 원인을 제공하기도 하고, 우리의 상실은 우리가 증오하는 원인이 되기도 한다(6장 참조). 사랑하는 대상을 상실한 '이유'가 타자에게 있다고 해석하는 일은 슬픔의 느낌을 증오의 느낌으로 쉽게 바꿔낸다(7장 참조). 정리하면 감정은 대상을 [특정한 방식으로] '해석함'으로써 작동한다.

　　나는 감정을 텍스트 '안'에 존재하는 것이 아니라 감정에 이름을 붙임으로써 나타나는 효과로 설명할 것이다.[23] 감정에 이름을 붙이는 작업은 인과관계를 설정하는 것을 통해 작동하기도 한다. 감정을 나타내는 개별 단어가 감정의 원인으로 식별된 대상에 대한 특정한 방향 설정을 수반한다는 점에서 감정을 어떠한 단어로 담아내는지에 따라 다른 효과가 발생하게 된다. 일종의 아카이브인 이 책 또한 많은 단어로 가득 차 있다. 그러나 단어는 몸과도, 삶을 가리키는 다른 기호와도 쉽게 단절되지 않는다. 나는 감정이 하는 일이 기호가 몸에 '달라붙는' 일과 관련 있다고 생각한다. 예를 들어 타자가 '혐오스럽게' 여겨질 때, '증오'의 행동은 타자를 겨냥해서 이루어진다(2장 참조). 이 책은 감정에 대한 나의 아카이브라고 할 수 있다. 다만 이는 앤 츠베트코비치Ann Cvetkovich가 아름답게 표현한 "느낌의 아카이브"와는 다른 결을 지닌다. 츠베트코비치는 "문화적 텍스트를 느낌과 감정이 담긴 장소로 살펴보는 작업"을 방법론으로 삼는다(2003b: 7). 하지만 내 아카이브에는 느낌이 텍스트 '안'에 담겨 있지 않다. 그 대신 느낌을 나타내는 단어와 느낌의 대상이 어떻게 순환하는지, 어떻게 효과를 만들어내는지 추적하면서 단어와 대상이 움직이고 달라붙으며 미끄러지는 과정을 조명하려고 한다. 우리는 느낌의 단어 및 대상과 함께 움직이고 달라붙으며 미끄러진다.

이 책에서 나는 웹사이트 게시물, 정부 보고서, 정치 연설문, 신문 기사 등 공적 영역에서 유통되는 텍스트를 분석할 것이다. 여러 텍스트에 대한 섬세한 해석이 이루어지지만, 그렇다고 이 책이 개별 텍스트에 '관한' 책은 아니며 개별 텍스트가 텍스트로만 등장하는 것도 아니다. 나는 이 책에서 우리가 흔히 '사건'이라고 부르는 것을 떠올리게 하는 텍스트를 선택했다. 아래의 세 가지 사례는 내가 어떠한 텍스트를 선택했는지를 알려준다. 화해 문제에 관한 호주의 사례(고통을 다룬 1장과 수치심을 다룬 5장), 테러에 대한 반응(공포를 다룬 3장과 역겨움을 다룬 4장), 난민 신청과 이주에 관한 영국의 사례(증오를 다룬 2장과 사랑을 다룬 6장)는 감정이 공적인 속성을 지닌다는 점과 대중이 감정적 속성을 지닌다는 점을 보여준다.[24] 이들 사건은 내가 세계와 접촉하는 데 영향을 미친 중요한 사례이기도 하다.

　　누군가의 아카이브에 어떤 이름을 붙인다는 것은 아주 위험한 일이다. 아카이브에 담긴 여러 텍스트가 서로 '짝을 이루는 것'은 아니며, 짝을 이루는 경우에도 텍스트가 아카이브를 만든 개인의 존재를 가리키는 것은 아니기 때문이다. 내가 이야기하는 아카이브는 개인을 텍스트의 집합으로 바꿔내는 것이 아니라 '접촉 지대'를 의미한다. 아카이브는 (도서관, 책, 웹사이트 같은) 제도적 형태의 접촉뿐만 아니라 (친구, 가족 등과의) 일상적인 형태의 접촉을 아우르는 다양한 접촉의 효과로 나타난다. 어떤 형태의 접촉은 저술(혹은 참고문헌에 실리는 것)을 통해서 알려지고 공인되지만, 어떤 형태의 접촉은 자취를 남기는 데 성공하더라도 어느새 사라지고 삭제되기도 한다. 이 책에도 일상적 형태의 접촉에 관한 이야기가 실려 있다. 개인적인 것처럼 보이는 이야기도 있고, '내 느낌'을 다룬 이야기도 있다. '접촉하는 글쓰기' 혹은 접촉에 관한 글쓰기로서 내가 하는 작업은 단지 사적인 것과 공적인 것, 개인적인 것과 사회적인 것을 엮는 일이 아니다. 오히려 사적인 것과 공적인 것, 개인적인 것과 사회적인 것이 서로를 통해 형성되는 과정, 더 나아가 서로가 서로를 형성하는 과정을 보여주는 일이다. 그런 점에서 이 책에 내가 타자와의 접촉을 통해서 어떻게 형성됐는지에 관한 이야기가 어지러이 흩어져 있다고 하더라도 '내 느낌'이 이 책 안에 있는 것은 아니다.[25]

물론 이 책은 나름대로 구성을 갖추고 있다. 나는 각각의 사례를 가지고 책을 구성하기보다 다양한 감정을 논의의 출발점으로 삼았다. 서사가 전개되는 과정에서 책에 실린 각각의 사례가 어떤 대상이나 순간으로 전환될 수 있는 것처럼 보일 때도 있고, 감정이 단지 '내면'이나 '외부'에 '존재'한다는 주장에 동의하지도 않지만, 여기서는 감정에 이름을 붙이는 작업이 감정이 구성하는 대상을 향한 다양한 방향 설정을 수반하는 과정을 탐구하려고 한다. 이러한 의미에서 감정은 지시 대상이 없으며, 다만 감정에 이름을 붙이는 작업이 특정한 대상을 가리키는 효과를 발생시킨다고 할 수 있다. 이에 이 책의 각 장은 다양한 감정을 논의의 시작점이자 출발점으로 삼고, 감정이 아니라 감정이 하는 일로 '마무리된다'.

이 책은 보통 신체적 감각으로 묘사되는 고통에 관한 이야기로 시작한다. 이를 통해 피부 표면에 생긴 '상처'에서 느껴지는 즉각적인 느낌마저도 고통을 겪는 주체가 소유한 느낌이 아니라 타자에게 몸을 여는 느낌이라는 점을 드러내려고 한다. 나는 '강화intensification'라는 개념을 통해서 분석을 진행할 것이다. 강화 개념은 고통이 어떻게 몸의 표면에 흔적을 남기는지 알려준다. 나는 또한 고통의 이야기가 공적 영역에서 유통되는 방식을 살펴봄으로써 고통이 몸으로 표면화되는 세계를 형성하는 과정에 주목하고자 한다. 이를 위해서 호주의 '빼앗긴 세대stolen generation'에 대한 보고서 《이제는 이들을 집으로Bringing Them Home》를 구체적인 사례로 분석할 것이다. 증오를 다루는 2장에서는 상처를 입었다는 느낌이 어떻게 '우리에게 상처를 줬다'고 간주되는 타자를 향한 증오로 바뀌는지 추적한다. 나는 이러한 전환 과정에 주목하면서 증오가 기호를 통해 순환되는 과정을 설명하는 개념으로 '정동 경제'를 제시하려고 한다. 또한 난민이나 이주에 관한 담론에서 증오가 '증오의 형상'을 서로 달라붙게 하고 이를 공공의 위협으로 만들어내면서 작동하는 방식을 드러낼 것이다. 더불어 증오범죄가 법 체계에서 어떻게 작동하는지, 증오의 언어가 증오의 대상으로 지목된 이들에게 어떠한 영향을 미치는지 탐색한다.

이어진 네 개의 장에서는 [강화와 정동 경제와 같은] 감정에 대한 개념을 체현과 언어의 측면에서 다듬고 발전시킬 것이다. 공포, 역겨움, 수치심, 사랑은 대상과 타자에 대한 서로 다른 방향을 설정하게 만드는 감정으로 작동하며, 이를 통해 개인의 몸뿐만 아니라 몸으로 형상화된 집단 역시 형성한다. 3장에서는 공포의 원인을 타자의 몸에서 찾는 방식에 주목하면서 공포의 대상이 우리 곁을 지나갈 가능성으로 인해 공포가 강화되는 과정을 다룬다. 공포에 대한 분석은 공포의 공간 정치를 살피는 일로 이어진다. 공포는 어떤 몸의 이동성은 제한하고 어떤 몸의 이동성은 확장한다. 테러에 대한 반응은 일종의 '공포 경제'로 작동한다. 공포 경제에서 테러리스트 형상은 한편으로 (다른 누군가가 아닌) 특정한 몸과 연결되기도 하지만, 다른 한편으로 누구나 테러리스트'일 수 있다' 혹은 어디에나 테러리스트가 '있을 수 있다'라는 주장과도 연결된다. 4장에서는 역겨움이 '역겨운 것', 다시 말해서 공동체가 내쫓아야 하는 몸을 생산하는 방식을 살펴본다. 나

　감정의 문화정치

는 역겨움을 끈적임으로 이해하는 모델을 제시하는 한편, 역겨움이 서로 다른 대상을 달라붙게 만드는 것을 통해서 역겨움을 느끼는 이들로 이루어진 공동체(일종의 몸)를 형성하는 과정을 설명할 것이다. 또한 9·11 테러에 대해 '역겨워!'라고 말하는 발화 행위를 분석하면서 밀착하는 일(서로 달라붙기)이 고정되는 일(무언가에 달라붙기)을 필요로 하는 이유는 무엇인지, 역겨움의 대상이 더 이상 끈적이지 않을 방법은 무엇인지 탐색한다.

수치심을 다룬 5장과 사랑을 다룬 6장은 감정의 대상이 순환할 뿐만 아니라 '나의 것'이나 '우리의 것'으로 '받아들여지고' '이해되는' 과정에 주목한다. 5장에서는 '사과'를 전하는 발화 행위를 통해 수치심을 드러내는 일이 일종의 국가 만들기로 작동하는 과정을 살핀다. 수치스럽다고 말하는 것은 그 자체로 과거의 수치스러운 일을 덮어버린다. 이로 인해 집단적 이상을 실천으로 옮기는 데 실패했음을 수치심이 드러내는 순간에도 수치심은 집단적 이상을 구성해낼 수 있다. 또한 5장에서는 화해 문제에 관한 호주의 사례와 노예제 및 식민주의 역사에 대한 정부의 사과를 요구한 사례를 통해 수치심이 매우 양가적이라는 점을 논의할 것이다. 즉 과거에 입은 상처를 드러내는 일은 수치심이 하는 일의 핵심이 되기도 한다. 6장에서는 사랑이 타자는 실현할 수 없는 국가 이상을 구성하는 방식을 살핀다. 다문화주의가 차이를 사랑해야 한다는 정언명령으로 작동하는 과정에 주목하는 것을 통해, 사랑이 타자의 자기애를 상처와 방해의 원인으로 지목함으로써 국가를 형상화하는 주체를 승격시킨다는 것을 드러낼 것이다. 사랑이 조건적이라고 할 때, 사랑의 조건은 국가를 살아낼 수 있는 이들과 [국가 이상의 실현을] 방해하는 이들을 가른다. 5장과 6장에서 나는 감정의 대상이 '이상'이 될 수 있음을 지적하고, 몸으로 형상화된 국가를 비롯해서 몸이 이상에 가까이 다가감으로써 모습을 갖추게 되는 과정을 탐색할 것이다.

마지막 두 장은 퀴어 정치와 페미니즘 정치에서 감정이 작동하는 방식을 논의한다. 퀴어 정치와 페미니즘 정치에서 감정은 우리가 사회적 이상과 맺는 관계를 다시 설정하도록 하고, 이상이 사회적 열망으로 승격하는 규범과 맺는 관계를 다시 설정하도록 한다. 이 두 장에서는 불편함, 슬픔, 즐거움, 분노, 경이, 희망과 같은 여러 느낌이 춤을 추는 듯 보인다. 퀴어 정치와 페미니즘 정치에서 애착에 주목한다는 것은 그 자체로 [세계를] 변화시키는 일이 [권력관계를] 초월하는 것이 아님을 시사한다. 감정은 '끈적이며' 우리가 투자를 철회하려고 할 때도 우리는 끈적이는 감정에 달라붙을 수 있다. 다만 끈적임이 사라질 수 있다는 희망은 당연히 존재한다.

이 책은 감정에 주목하지만, 그렇다고 해서 감정이 가장 중요하다고 주장하지는 않는다. 감정은 세계가 움직이도록 만들지는 못한다. 그러나 어떠한 변화를 분명히 만들어내기도 한다. 속담과는 다르게 우리가 언제나 뿌린 대로 거두지는 못할 것이다. 감정에 주목하는 작업은 이처럼 뿌린 대로 거두지 못하는 불균등한 결과가 왜 일어났는지 살펴보도록 할 것이다.

1 장

고통의 우연성

PAIN
HATE
FEAR
DISGUST
SHAME
LOVE
QUEER
FEMINISM
JUSTICE

지뢰. '지뢰'라는 말은 당신에게 어떠한 의미로 다가가나요? 아마도 끔찍한 상처를 입거나 사고를 당한 수많은 이들이 떠올라 마음에 어두운 그림자가 드리워질 것이라고 생각합니다. 밀려오는 분노와 차오르는 슬픔을 느끼실 수도 있겠습니다. **그런 당신이라면 지뢰를 성공적으로 제거했다는 소식을 반기시리라 확신합니다. 이 모든 일은 당신의 정기후원 덕분에 가능했습니다.** …… **지뢰.** 지뢰가 세계 곳곳에서 고통과 괴로움을 일으키는 한, 크리스천 에이드Christian Aid는 전 세계에서 활동하는 파트너와 함께 지뢰를 제거하기 위해 앞장설 것입니다. …… **지뢰.** '지뢰'라는 말이 이번에는 당신에게 어떠한 의미로 다가가고 있나요? [저희의 활동을 통해] 이제는 해낼 수 있다는 마음이 드셨기를 바랍니다. (2003년 6월 9일 크리스천 에이드 소식지).[1]

고통은 어떻게 정치적인 문제가 되는가? 생생한 고통의 경험은 어떻게 타자와의 접촉을 통해 형성되는가? 고통은 주로 개인적이며 더 나아가 외로운 경험으로, 다시 말해서 당사자를 제외하고는 누구도 가질 수도 느낄 수도 없는 것으로 묘사되고는 한다(Kotarba 1983: 15). 그럼에도 타자의 고통은 개인과 집단 모두의 반응을 요구하는 것으로서 공적 담론 가운데 자주 등장한다. 앞서 인용한 크리스천 에이드 소식지에서 타자의 고통은 먼저 '지뢰'라는 단어를 통해 제시된다. 단어에 대한 별다른 설명이나 역사는 함께 제시되지 않는데, 이는 지뢰라는 단어 자체만으로 독자에게 고통과 괴로움의 이미지를 연상시키기에 충분하다고 여겨지기 때문이다.[2] 지뢰라는 단어가 반복적으로 사용되면서 '기호'였던 지뢰는 상처를 일으키는 '행위자'로 바뀐다. "지뢰가 세계 곳곳에서 고통과 괴로움을 일으키고 있습니다." 물론 이러한 서술은 얼마간 진실을 반영한다. 하지만 지뢰를 고통과 괴로움의 '원인'으로 지목하는 일은 지뢰와 연결된 여러 사건을 살피는 것을 지나치게 이른 시점에 멈추는 일이다. 지뢰는 한 인간이 다른 인간을 다치게 하고 불구로 만들기 위해 매설한 것으로서 그 자체로 전쟁의 역사가 남긴 결과다. 지뢰라는 단어는 이러한 역사를 떠올리게 할 뿐만 아니라 전쟁, 괴로움, 부정의의 역사를 의미한다. 단체의 소식지는 고통의 언어가 기호를 통해서 작동하는 방식을 우리에게 알려준다. 기호는 어떤 몸이 부상당한 역사를 알려주는 동시에 어떤 몸의 존재나 '노동'은 감춰버린다.

이 소식지는 크리스천 에이드를 후원하는 '친구들'을 수신인으로 한다. 소식지는 "당신"으로 호명되는 독자의 감정에 초점을 맞추고 있다. "당신"은 "아마도" 타자의 괴로움과 고통에 대한 분명한 느낌을 받을 것이다. 그렇기에 아마도 밀려오는 "분노"와 차오르는 "슬픔"을 느낄 것이다. 독자는 타자가 겪은 부정의로 인해 마음이 움직일 것으로 기대되는데, 바로 이러한 움직임이 크리스천 에이드를 후원하게 한다. 그런 점에서 이 소식지는 타자가 아니라 독자에 대한 것이라고 할 수 있다. 소식지에서 이야기되는 것은 독자의 느낌이고 소식지의 '주인공'도 독자다. 타자의 고통을 마주했을 때 독자가 당연히 느꼈을 "분노"와 "슬픔"은 독자가 타자와 무관심이 아니라 너그러움에 기초한 관계를 맺도록 이끈다. 분노나 슬픔과 같은 부정적인 감정이 독자가 지닌 감정으로 환기되면서 타자의 고통은 '우리의 것'이 된다. 이와 같은 전유는 타자의 고통을 우리의 슬픔으로 바꾸는 것을 넘어 어떤 면에서 지워버리고 만다. 슬픔을 느낀다고 해서 우리가 '그들과 함께' 있지는 않다. 언뜻 공유된 것처럼 보이는 부정적인 느낌은 독자와 피해자를 동등한 관계에 두지도, (엘리자베스 스펠먼의 표현을 빌리자면) "괴로움을 함께 나누는co-suffering" 관계에 두지도 않는다(Spelman 1997: 65). 우리는 그들의 괴로움에 **대해서** 슬픔을 느낀다. 우리의 슬픔이 그들의 괴로움에 '대한 것'이라는 점은 타자를 '우리가 경험하는 느낌'의 대상으로 머물게 만든다. 이에 한편으로 타자의 괴로움에 슬픔을 느껴야 한다는 정언명령을 받아들인 독자는 타자와 연동된다. 그러나 다른 한편으로 이러한 연동은 독자와 타자를 구분함으로써 이루어진다. 타자의 느낌은 '내가 경험하는 느낌'의 대상으로 남게 되며, 내가 경험하는 느낌은 언제나 그들의 느낌에 가까워질 뿐 같아지지 않는다.

소식지가 전하는 이야기가 희망적이라는 점은 무언가를 알려준다. 소식지는 분명 많은 것을 약속한다. 소식지가 약속하는 것은 타자가 겪는 고통이 극복되는 일이 아니라 독자가 해낼 수 있다는 마음이 드는 일이다. "이제는 해낼 수 있다는 마음이 드셨기를 바랍니다." 타자의 고통이 극복된다고 하더라도 이는 소식지가 전하는 이야기에서 희망의 대상으로 등장하지 않는다. 타자의 고통은 독자에게 해낼 수 있다는 마음이 들게 만드는 수단이 된다. 이에 아마도 '서구 주체'라고 간주할 수 있는 독자는 개인이 변화를 겪은 이야기, 즉 고통을 극복하고 공동체가 회복됐다는 이야기를 들으며 더 좋은 기분을 느끼게 된다. 이러한 이야기는 구원받은 개개인의 삶에 관한 것이다. "지뢰 폭발 사고로 한쪽 다리를 잃어버린 챔룽은 자신이 속한 공동체를 더욱 안전한 장소로 만들겠다는 의지를 분명히 했다." 용기를 내고 고통을 극복하는 이야기는 분명 감동을 주지만, 흥미롭게도 이 이야기의 주인공은 타자가 아니라 자선단체, 그리고 단체와 마음을 함께하는 독자다. "이 모든 일은 당신의 정기후원 덕분에 가능했습니다." 소식지에 담긴 이야기는 독자가 "해낼 수 있다는 마음"을 느끼는 것으로 마무리된다. 소식지에 함축된 의미를 헤아려볼 때, "지뢰"라는 말은 이제 "당신"을 화나게 하거나 슬프게 하는 것이 아니라 당신에게 해낼 수 있다는 마음을 갖도록 만든다.

작게는 이 단체의 소식지가, 넓게는 연민에 호소하고 자선에 기대는 담론이 우리에게 알려주는 것은 고통의 이야기가 복잡한 권력관계와 맞닿아 있다는 점이다. 엘리자베스 스펠먼이 《슬픔의 열매Fruits of Sorrow》에서 지적하듯이 "여느 돌봄과 마찬가지로 연민은 괴로움이 발생한 원인이 되는 경제적, 정치적 종속의 구조를 강화할 위험이 있다"(Spelman 1997: 7). 소식지에 등장하는 독자는 타자의 고통에 분노하고 슬퍼하면서 해낼 수 있다는 마음을 갖게 된다. 또한 독자는 타자를 후원한다는 점에서 고통이 극복될 가능성을 '뒷받침하는' 존재로서 타자에게 권력을 행사하는 지위로 승격된다. 타자의 고통이 과잉 재현되는 일은 중요한 의미를 지닌다. 고통의 과잉 재현은 타자를 고통을 '지닌' 존재로서, 서구의 주체가 후원을 결심할 만큼 마음이 움직였을 때 비로소 고통을 극복할 가능성에 이르는 존재로 고정시킨다. 소식지에서 너그러움은 개인의 특성, 더 나아가 어떤 면에서 국가의 특성으로 변한다. 너그러움은 '나' 혹은 '우리'가 소유한 것으로, 우리가 타자로 인해 마음이 움직이는 과정에서 드러난다. 너그러움이 개인이나 국가의 특성으로 전환되는 것은 물신주의와 연관된다. 타자에게서 받은 선물도(Diprose 2002 참조), 이전부터 존재했고 시간이 흐르며 누적되는 채무관계도 잊어버리기 때문이다. 서구는 애초에 타자에게 무언가를 줄 수 있는 **능력**을 자신에게 가져다준 것, 다시 말해서 서구가 이미 타자의 것을 빼앗아버렸다는 사실을 잊어버렸기 때문에 비로소 타자를 후원한다. 고통과 괴로움이라는 느낌은 실제로는 폭력과 빈곤을 둘러싼 사회경제적 관계로 인한 것임에도 소식지는 바로 그러한 사회경제적 관계로 인해 서구가 지닐 수 있던 너그러움이 고통과 괴로움을 줄일 수 있다고 설명한다. 즉 서구는 먼저 빼앗고 난 뒤에 베푸는 셈이다. **서구는 타자에게 무언가를 주는 순간에 타자의 것을 가져가버리는 일을 되풀이하고 동시에 이를 감춘다.**

그렇다면 이 이야기는 고통에 '관한' 것일까? 고통은 때로는 '우리가 느끼는 슬픔'의 모습으로, 때로는 타자가 겪는 괴로움의 모습으로 나타나는 것일까? 소식지를 살펴보면서 나는 슬픔과 괴로움을 넘어서 고통을 느낀다고 **주장**하는 일에 주목하게 됐다. 그런데 고통 **가운데** 있다는 것, 고통을 **지닌다는** 것은 무엇을 의미하는가? 고통의 경험을 이야기하는 일은 쉽지 않다. 일레인 스캐리Elaine Scarry가 강렬한 메시지를 전한 책《고통받는 몸 The Body in Pain》에서 설명한 것처럼 고통은 신체적 트라우마일 뿐만 아니라 언어와 소통을 거부하고 더 나아가 이를 "산산이 부숴버리는" 것이다(Scarry 1985: 5). 욱신거리는 느낌으로 자신의 존재감을 생생하게 드러내는 고통은 이야기를 전하고 증언하는 순간에도 자신의 존재를 드러내기를 거부하고 어느새 도망쳐버린다. 그럼에도 우리가 앞에서 살핀 것처럼 고통과 괴로움을 겪고 있다는 것을 자기 스스로 혹은 다른 이를 대신해서 주장하는 일은 말하기나 글쓰기와 같은 형식을 통해 반복된다. 고통의 과잉 재현과 고통의 재현 불가능성 사이에는 연관성이 있다. 예컨대 고통을 느끼는 사람은 고통스럽다는 느낌을 '적절하게' 표현할 방법을 찾지 못하더라도 고통을 자신에게 있는 것으로 계속해서 떠올린다. '고통'이나 '아픔'이라는 단어를 되풀이하는 이유는 바로 고통스럽다는 느낌을 언어로 표현하거나 옮기기 어렵기 때문인지도 모른다. 고통을 의학 용어를 통해 글로 서술하든(Burns, Busby and Sawchuk 1999: xii 참조) 무언가에 빗대어 비유로 표현하든(Scarry 1985 참조) 고통을 묘사하는 데 사용되는 말들은 정작 고통 앞에서는 부족해 보인다.

고통스럽다는 주장이 무슨 일을 하는가에 대한 질문은 어떤 면에서 고통이 이를 경험하는 몸에 무엇을 하는지에 대한 질문과 연결해 살펴봐야 한다. 이 장에서는 고통이 재현 불가능하다고 간주하기보다 고통이 하는 일과 고통을 표현하는 언어가 몸들 사이의 차이에 구체적이고 분명한 영향을 미치는 방식으로 작동하는 과정을 조명하려고 한다. 나는 생생한 고통의 경험을 살펴본 후에 고통이 정치적 사안이 되는 과정에 대한 질문으로 되돌아올 것이다.

고통의 표면

고통에 대한 논의를 시작하면서 우리는 한 가지 질문을 마주한다. '고통은 무엇이며, 고통 가운데 있다는 것은 무엇을 의미하는가?' 고통은 보통 감각이나 느낌으로 표현된다(Cowan 1968: 15). 고통은 특정한 종류의 감각이다. 세계통증연구학회The International Association for the Study of Pain는 고통을 다음과 같이 정의했다.

> (a) 고통은 주관적이다. (b) 고통은 기초적인 감각을 느끼는 사건보다 복합적이다. (c) 고통의 경험은 감각을 경험하는 요소와 혐오감이 드는 상태가 서로 얽히는 일을 수반한다. (d) 불쾌한 감각을 느끼는 사건에 의미를 부여하는 일은 고통의 경험에서 본질적인 부분이다. (Chapman 1986: 153)

통증학회의 정의는 고통이 불쾌하고 부정적인 감각이지만 동시에 단순히 감각으로 환원될 수 없음을 강조한다. 우리가 고통을 경험하는 방식은 서로 다른 부정적이고 혐오스러운 느낌이 얽히는 일과 경험을 통해 고통에 의미를 부여하는 일을 수반한다. 따라서 고통은 그저 신체적 손상에 뒤따르는 느낌이 아니다. 언뜻 고통은 자명한 것처럼 보인다. 우리는 모두 우리 각자의 고통을 알고, 고통은 우리를 몸부림치게 만든다. 그러나 고통을 경험하는 일, 고통을 **고통으로** 인식하는 일은 감각과 '느낌 상태'가 얽히는 복잡한 과정을 수반한다.

의학 담론은 외부에서 감각이 주어지는 것과 고통을 감각하는 것 사이에 복잡한 관계가 있음을 인정하면서도 두 가지가 즉각적으로 상응하지는 않는다는 점을 당연한 사실로 받아들인다 (이는 관문 통제 이론the gateway theory of pain이 발전하는 계기로 이어지기도 했다)(Melzack and Wall 1996 참조). 고통은 질병이나 상처로 인한 증상 이상의 것으로 이해된다. 예컨대 만성 통증은 나름의 역사가 있는 질병으로 다뤄져왔다(Kotarba 1983). 고통의 강도와 부상의 위중함이 비례하지 않다는 것을 보여주는 사례도 많다 (Melzack and Wall 1996: 1). 로널드 멜잭Ronald Melzack과 패트릭 월Patrick D. Wall은 고통에 관한 고전적인 의학 서적인 《고통의 도전The Challenge of Pain》에서 다음과 같이 이야기한다.

고통은 단순히 신체에 손상이 얼마나 가해졌는지 알려주는 작용에 그치지 않는다. 우리가 느끼는 고통의 양과 질은 우리가 이전에 어떤 경험을 했는지, 그러한 고통을 얼마나 잘 기억하는지, 고통이 발생한 이유와 그로 인한 결과를 얼마나 이해하는지에 따라서 결정된다. (Melzack and Wall 1996: 15)

고통이 신체적 손상에 따른 결과 이상을 의미한다면, 우리는 고통을 어떻게 이해해야 할까?

고통스럽다는 느낌이 어떻게 정해지는지(예컨대 이전의 경험이 고통을 결정한다고) 생각하는 대신에 우리는 고통의 느낌이 무엇을 **하는지** 생각해볼 수 있다. 고통의 정동적 속성은 물적 개체이자 체험하는 개체로서 몸이 형성되는 데 핵심적인 역할을 한다. 프로이트는 《자아와 이드The Ego and the Id》에서 자아란 "다른 무엇보다도 신체적"이라고 주장한다(Freud 1964b: 26). 중요한 점은 신체적 자아의 형성이 표면과 밀접한 관련이 있다는 것이다. "자아는 단순히 표면을 지닌 개체가 아니라 그 자체가 표면의 투사다"(Freud 1964b: 26). 프로이트는 표면이 생기는 과정이 고통과 같은 신체적 감각 경험에 달려 있다고 설명한다. 고통은 그 원인이 외부 세계에 있을 때도 마치 내부 지각처럼 작동한다는 점에서 **"외부적이면서 내부적인 지각"**으로 묘사된다(Freud 1964b: 22, 원저자 강조). 우리는 고통과 같은 감각 경험을 통해서 피부에 대한 감각을 지니게 된다. 이때 피부는 신체 표면으로(Prosser 1998: 43), 우리와 타자를 구분하는 것으로, 내부와 외부, 안과 밖의 관계를 '매개하는' 것으로 감각된다.

하지만 그렇다고 해서 고통이 표면의 형성을 **일으키지는** 않는다. 그러한 해석은 고통(과 더 넓게는 감각)을 존재 자체를 '추동'하는 것으로 이해한다는 점에서 고통을 존재론적 문제로 만들어버린다.³ 여러 표면이 생기는 일은 고통이나 즐거움 등으로 의식하게 **되는** 감각과 느낌의 흐름을 통해서 이루어진다. 예를 들어 책상에 발가락을 부딪혔다고 할 때, 책상은 부정적인 인상을 준다. 책상이 피부 표면에 흔적을 남기고 나면 나는 어김없이 '아야' 하고 소리치고 욕을 하면서 책상에서 물러난다. 몸과 대상, 또는 몸과 다른 몸 사이의 고통스러운 마주침을 통해서 '표면'은 처음부터 '존재했던 것'처럼 느껴진다. 더 정확히 설명하자면 **표면에 새겨진 인상은 느낌이 강화되면서 나타난 효과다.** 나는 불편함(가시로 찌르는 것 같은 감각이나 경련)을 느끼는 경우에야 내 몸에 표면이 있음을 의식하게 된다. 이러한 불편한 느낌은 해석과 인식을 통해서 고통으로 전환되며('발가락이 아파!') 일종의 판단이 된다('저 책상은 안 좋아!'). 어떤 감각을 고통스러운 것으로 인식하는 일('아파!'에서 '안 좋아!'로, 다시 책상에서 '물러나는 일'로 이어지는 일)은 고통의 원인으로 지목된 것과 몸이 맺는 관계를 재설정한다는 의미에서 신체적 공간의 재구성을 수반하기도 한다. 책상에 발가락을 부딪힌 경우, 피부 표면이 아프다고 '느낀' 나는 발가락을 책상 표면에서 먼 쪽으로 움직인다. 고통의 원인이라고 느낀 것에서 멀어질 때, 마치 고통으로부터 멀어진다는 느낌을 받는다.

이는 주디스 버틀러가 "경계, 고정, 표면의 효과"라는 의미에서 "물질화materialisation"(Butler 1993: 9)라고 설명한 것과 내가 **강화intensification**라고 부르는 것에 밀접한 관계가 있음을 보여준다. 몸과 세계가 물질성을 띠고 형태를 갖추는 일, 다르게 표현하면 경계, 표면, 고정의 효과가 발생하는 일은 고통의 강화를 통해 이루

감정의 문화정치

어진다. 표면과 경계가 형성되는 데 느낌이 핵심적인 역할을 한다는 이야기는 그러한 경계를 '만드는' 것이 경계를 허물기도 한다는 점을 시사한다. 즉 우리를 타자와 분리하는 것이 우리를 타자와 연결하기도 한다. 피부 표면에 대해 생각해보는 일은 이러한 역설을 분명히 드러낸다. 피부 표면은 우리를 담아내는 것처럼 보이는 동시에 타자가 우리에게 **인상을 남기는** 지점이기도 하다. 피부가 그저 원래 존재한다는 가정에서 벗어난다면, 타자와 마주치면서 '인상이 남는' 사건이 발생했을 때에야 표면으로서 느껴진다는 점을 이해한다면, 이러한 피부의 모순적인 기능이 이해된다. 로즐린 레이Roselyne Rey가 이야기하듯이 "자아와 세계를 구분하는 경계인 피부를 통해 …… 모든 인간 존재는 수많은 인상을 받게 된다"(Rey 1995: 5).

몸의 표면화는 감각의 지각, 감정, 판단의 과잉결정을 수반한다. 몸의 표면은 감각에 대한 인식이나 해석을 통해서 형성된다. 이때 감각에 대한 인식과 해석은 대상과 타자가 남기는 인상에 대한 반응이다. 그러나 감정과 감각은 서로 다르다. 내가 이야기하려는 것은 강렬한 감각을 지각하는 일이 종종 감각에 대한 특정한 인식이나 해석에서 다른 인식이나 해석으로 미끄러지는 일로 이어진다는 것이다. 이렇게 미끄러지는 일은 연이어, 순차적으로 일어난다. 따라서 감각과 감정이 서로 같다고 할 수는 없지만, 생생한 경험의 차원에서 살펴볼 때 쉽게 분리된다고 할 수도 없다.[4] 감각은 우리에게 즉각적으로 인상을 남기는 것처럼 보이지만 실제로는 매개된다. 우리가 느낌을 해석한다는 점에서도, 애초에 그러한 느낌이 어떻게 느껴지는지가 해석을 둘러싼 과거 역사와 관련 있다는 점에서도 감각은 매개된 것이다. (다양한 느낌을) **인식하는** 과정은 우리가 **이미 알고 있는** 것과 밀접한 관련을 맺는다. 예컨대 고통의 감각은 기억으로부터 강한 영향을 받는다. 누군가와 마주쳤을 때 과거의 트라우마가 떠올라 고통을 느낄 수도 있다. 고통을 느끼는 상황에서 과거에도 비슷한 경험이 있는지 기억을 더듬어보면서 익숙한 것과 낯선 것을 구분하기도 한다. 어쩌면 기억을 더듬어보기 전에 고통의 감각은 이미 의식을 우회해서 특정한 방식으로 인상을 남겼을지도 모른다. 때로는 상처가 '아프게' 다가오는 **원인**을 나중에야 깨달을 수도 있다. 많은 이들은 고통이 특정한 지향을 지니지 않으며 무언가에 '관한' 것도 아니라고 설명하지만, 고통은 과거에 겪은 신체적 경험이 모인, 지각의 대상으로부터 영향을 받는다. 루시 벤딩Lucy Bending은 고통이 어떤 것에 관한 것은 아니지만 "어떤 원인"으로 인해 발생한 것이라고 설명한다(Bending 2000: 86). 벤딩에 따르면 고통에 "원인"이 있다는 점은 고통의 이유를 찾고 이해하며 고통에 서사를 부여하는 행동을 수반하며, 이러한 행동은 고통의 대상으로 기능한다. 이처럼 우리는 고통을 무언가를 나타내는 기호로 해석한다. 더 나아가 과거에 생긴 인상은 현재 우리가 고통을 느끼는 방식에 영향을 미친다. 그러나 이를 의식하기는 쉽지 않다. 우리가 느끼는 고통이 어떠한지 이야기할 때 사용하는 단어나 표현이 그 자체로 새로운 인상을 만들어내면서 우리의 몸을 새롭게 형성하는 방식으로 작동하기도 한다. 고통의 감각이 다른 '부정적인 느낌 상태'와 서로 미끄러지는 일은 몸의 표면을 만들어내는 고통의 작용과 밀접한 관련이 있다.

감정의 문화정치

우리가 표면을 알아차리면서 몸이 형성된다고 할 때, 몸의 형성에서 고통이 핵심적인 역할을 한다는 이야기는 쉽게 와닿지 않는다. '아프다'라고 느끼기 **전에** 이미 몸에 대한 감각이 있는 것이 아닌가? 몸에 대한 인식 없이 몸 곳곳에서 느껴지는 고통을 고 **통으로** 느끼는 일이 가능한가? 그렇지 않고서 어떻게 '발가락에서 고통이 느껴진다'라고 말할 수 있는가? 물론 어떤 면에서 우리는 이미 몸의 표면에 대한 감각을 분명히 갖고 있다. 결국 삶의 경험이란 대상 및 타자와 수없이 부딪치는 일의 연속이다. 그런 부딪침을 통해 (어느 정도) 타자와 구별되는 자기 자신에 대한 감각을 형성하고, 몸의 표면에 대한 감각도 형성한다. 우리는 나와 타자가 구별된다는 감각을 저마다 다른 방식으로 느끼지만, 이 감각이 생존에 매우 중요하다는 사실은 분명하다(고통을 느끼지 못하는 이들에게 세상은 매우 위험하다).[5] 그런 점에서 대상과 마주치기 전에 자신의 몸에 대한 감각을 가진다고 할 수도 있다. 그러나 우리가 주목해야 하는 것은 매번 새로운 마주침이 일어나기 전에 몸에 대한 감각이 내게 있다고 하더라도 몸이 **없는** 것처럼 보인다는 점이다. 다른 것에 집중하다 보면 몸에 대한 감각은 자주 잊힌다.

드루 레더Drew Leder는 《부재하는 몸 The Absent Body》에서 이런 과정을 아름답게 묘사했다. 레더는 "몸이 언제나 자신의 외부에 있다는 점에서, 즉 다른 사람과 맞닿는 일이 셀 수 없이 많이 발생할 수밖에 없다는 점에서 몸은 '부재한다'"고 주장했다(Leder 1990: 4). 이에 (고통과 같은) 역기능적 상태를 겪는 일은 몸으로 되돌아오는 일로서 부재했던 몸에 대한 의식이 현존하는 일로 경험된다. "문제 없이 기능할 때는 없는 것처럼 보인다는 점에서 몸이 역기능적인 상태에 있을 때 우리는 몸에 가장 집중하게 된다"(Leder 1990: 4). 고통과 같은 강렬한 느낌은 신체 표면을 상기하도록 한다. 고통은 우리를 몸에 다시 붙잡아놓는다. 레더에 따르면 즐거움은 몸을 다른 이들에게 열려 있게 하는 반면, 고통은 **자기 자신에게 몰두하게 한다**(Leder 1990: 74-5. 7장 참조). 고통을 겪는 몸은 자기 자신에게 몰두하는 과정에서 몸을 인식하게 되는데, 이처럼 몸의 '형태가 만들어지는 일'은 '형태가 다시 만들어지는 일'이기도 하다. 몸의 표면이 재형성되는 일은 상처를 입히는 대상에서 멀어지려는 상황뿐만 아니라 **자신의 몸을 향해서는 움직이고 고통에서는 멀어지려는** 과정에서도 나타난다. 예컨대 월경통[6]을 겪는 동안 나는 나를 웅크리게 만드는 묵직한 욱신거림을 느낀다. 나는 가능한 한 작아지려고 애쓴다. 몸을 끌어안고 이쪽저쪽으로 몸을 돌리기도 한다. 고통은 나를 압박한다. 내 몸은 고통에서 멀어지기 위해 다양한 자세를 취해보지만, 내가 멀어지려고 하는 것은 내 몸 안에서 느껴진다.

그러나 나는 레더처럼 '부재'나 '실재'와 같은 용어를 사용해서 몸의 경험을 설명하지는 않을 것이다. 이러한 용어가 몸이 마치 쉽게 생기거나 없어질 **수 있다**는 가능성을 암시하기 때문이다. 나는 강화의 경제적 속성에 주목하면서 개인이 신체적 경험의 범위나 강도에 따라 몸의 표면을 어느 정도 의식하게 된다고 주장하려고 한다. 고통이라는 강렬한 감각은 몸의 표면을 의식하도록 만들고, (몰두하기, 외면하기, 무언가를 향하거나 무언가로부터 멀어지기 등으로 나타나는) **표면화 자체의 역동적 속성**을 드러낸다. 고통과 같은 강렬한 감각은 부정을 통해서 몸의 표면에 인상을 남기기도 한다. 표면에 무언가가 '부딪혔다'라는 느낌이 들 때, 우리는 표면을 느낀다. 일레인 스캐리가 이야기한 것처럼 고통의 경험은 주로 무언가를 부정하는 것으로서 느껴진다. 외부의 무언가가 나를 압박하고 더 나아가 나의 내부로 들어오는 것처럼 느껴지는 것이다(Scarry 1985: 15). 외부의 대상이 없을 때도 우리는 대상의 빈자리를 채우기 위해 고통을 가하는 대상이나 무기를 상상으로 만들어서 "칼에 찔린 것 같은 느낌이야"라고 표현한다 (Scarry 1985: 55). 다른 어떤 것이 몸으로 침입해오는 것 같은 느낌은 경계를 새로 설정하려는 욕구, 즉 우리가 고통 혹은 고통의 '원인'이라고 생각하는 (상상의 또는 물리적인) 대상을 몰아내려는 욕구를 일으킨다. 고통은 내부와 외부를 나누는 경계를 침범하고 넘어서는 일을 수반한다. 애초에 우리가 내부와 외부를 나누는 경계의 존재를 느낄 수 있는 이유는 고통이 경계를 침범하기 때문이다.

앞서 이야기한 월경의 사례를 살펴보자. [월경통을 겪을 때면] 나 역시 상상의 대상을 만들어낸다. 이미 정말 많이 겪었기 때문에 월경통은 너무나 친숙하다. 월경이 시작될 때마다 고통을 새로이 떠올린다. 월경이 시작돼서 고통이 찾아온다는 것을 아는 일은 내가 월경통을 느끼는 방식에 영향을 미친다. 지식이 고통에 영향을 주는 것이다. 월경통의 경우 월경혈은 나를 밀어붙이고 짓누르는 '대상'이 된다. 마치 이질적인 것이 안에 있다는 듯이 월경혈을 밖으로 밀어내는 상상을 하기도 한다. 고통이 내게서 사라지기를 바라는 것은 고통이 이를 느끼는 내 몸 안에 있음에도 나의 일부는 아니기 때문이다. 이에 고통은 '내' 안에 있는 '내가 아닌' 어떤 것처럼 느껴지기도 한다. **'무언가가 아닌 것'이 남기는 인상은 중요한 의미를 지닌다.** 고통의 감각이 시각적으로도 서사에서도 (멍들거나 베인 피부 표면과 같이) '상처'를 통해 재현되는 일은 우연이 아니다. 상처는 (상상의 존재든 아니든) 다른 존재의 표면이 내 몸에 남긴 흔적의 자취로 기능한다. 여기서 몸에 남겨진 흔적은 나를 부정하는 폭력으로 느껴지고 이해된다.

몸은 내가 세계에서 머무는 장소이며, 몸을 감싸는 일상적인 표면의 테두리를 결정하는 것은 이러한 강화의 순간이다. 강화의 순간에 나타나는 차이는 표면에 새겨진다.[7] 고통의 감각은 내가 몸을 지닌 존재라는 사실에 **주의를 기울일 것**을 내게 요구한다. 이에 나는 세계의 표면을 특정한 방식으로 살아내게 된다. 쑤시고 찌르는 경련과 같은 고통의 감각은 내게 경계와 끝 마디에 대한 감각을 선사함으로써 내가 몸으로 다시 돌아오도록 만든다. 여기서 경계와 끝 마디에 대한 '감각'을 느낀다는 것은 강화를 경험했다는 뜻이자 평범한 삶으로부터 멀어졌다는 뜻이다. 그런 점에서 일상은 몸의 부재가 아니라 지각의 부재와 연결된다(8장 참조). 엘리자베스 그로츠 Elizabeth Grosz는 고통에 대해 다음과 같이 이야기한다. "몸의 모습을 떠올려볼 때, 고통이 미치는 부위는 점점 커지고 확대되는 것처럼 보인다"(Grosz 1994: 76). 이처럼 몸의 경계에 대한 감각이 확장되는 일은 몸이 시공간을 차지하는 **구체적인** 방식에 관한 인상과 맞닿아 있다. 다시 말해서 고통을 겪을 때 나는 내가 세계에서 머무는 장소**로서** 몸의 경계를 의식하게 된다. 그러므로 고통은 우리가 세계를 어떻게 살아내는지, 우리가

감정의 문화정치

세계에서 머무는 장소를 구성하는 표면, 몸, 대상과 어떠한 관계를 맺으며 살 것인지의 문제와 밀접한 관련을 맺는다. 이에 우리는 '고통은 **무엇인가**'가 아니라 '고통은 **무엇을 하는가**'를 질문하게 된다.

특히 장 폴 사르트르Jean-Paul Sartre는 고통이 "세계에 대한 우연한 애착"(Sartre 1996: 333)이라고 설명한다. 사르트르에게 '현존'을 느끼는 생생한 고통의 경험은 **몸이 배열되는 방식**에 대해서 몸이 어떤 일을 하는지(읽기, 쓰기, 자기, 걷기)에 달려 있다. 이를 나의 표현으로 변주해보면 고통의 감각은 몸을 재배열한다. 고통을 느끼는 몸은 움츠러들거나 몸서리치면서 여러 모습으로 나타나고, 몸의 여러 모습은 다양한 곳에서 형성된다. 따라서 고통의 경험은 몸을 [세계와] 단절시키는 것이 아니라 고통을 겪는 몸을 다양한 몸이 이루는 세계와 연결한다. 이러한 연결은 생생한 고통의 경험에 부재한 요소들에 달려 있다.

고통의 우연성은 다른 요소에 의존해 있다는 점과 관련이 있다. 우연성은 접촉과도 연관된다. '우연성contingency'이란 단어와 '접촉하다contact'라는 단어는 동일한 라틴어 단어'contingere'를 어원으로 한다. 이 라틴어 단어는 '함께com'라는 뜻과 '만지다tangere'라는 뜻을 담고 있다. 이처럼 우연성은 타자와 '함께' 있는 것, 타자를 만질 수 있을 만큼 가까이 있는 것이라는 의미에서 존재의 사회성과 연관이 있다. 하지만 우리는 모든 애착이 반드시 사랑과 관계있는 것은 아님을 기억할 필요가 있다. 서로 다른 타자는 서로 다른 방식으로 우리와 접촉한다(Ahmed 2000: 44-50). 이는 몸에 서로 다른 흔적이 남겨진다는 뜻이자 즐거움의 경험과 고통의 경험에서 나타나는 강렬함이 서로 다르다는 뜻이다. 우리는 우리를 붙드는 것, 여러 장소나 타자와 **우리를 연결하는** 것에서 가장 큰 감동을 느낀다. 그러한 애착에서 우리가 느낌을 경험하기 때문이다. 애착의 의미를 구별하는 일은 어떠한 타자와는 함께하고 어떠한 타자와는 맞서도록 우리를 이끈다. 이는 우리에게 즐거움을 안겨준다고 여겨지는 이들을 우리가 바라보거나 이들에게 다가가는 과정 혹은 우리에게 고통을 안겨준다고 여겨지는 이들을 우리가 외면하거나 이들에게서 멀어지는 과정 가운데 이루어진다.

예를 들어 누군가와 마주치면서 특정한 방식으로 감동을 받거나 마음이 움직이는 일은 마주침의 의미를 해석하는 일뿐만 아니라 **마주친 상대가 특정한 속성을 지녔다**고 해석하는 일을 수반한다. 상대가 우리에게 상처를 줬다고 느낄 때면 그러한 느낌은 상대에 대한 해석으로 빠르게 전환된다. 이에 **상대**는 상처를 일으킨 존재가 되거나 **부정적인 인상**으로 해석된다. 다시 말해서 '아파'가 '네가 내게 상처를 줬어'로, '너 때문에 상처가 생겼어', 혹은 더 나아가 '너는 나빠'로 이어지는 것이다. 이러한 정동적 반응은 일종의 해석으로, 자아와 타자의 경계를 만들어낼 뿐만 아니라 경계를 분명하게 구분하는 행동을 통해서 타자에게 의미와 가치를 '부여한다'. 타자에게 의미와 가치를 부여하는 일은 정동적 반응으로 인해 일어난 움직임을 통해서 타자를 일시적으로 고정한다. 이러한 정동적 반응은 분명히 매개된 것이다. 물질화는 정동의 '매개'를 통해서 발생하고, 이는 타자의 몸에 대한 해석으로 기능한다.[8]

감정의 문화정치

고통의 사회성

강화의 과정을 통해서 우리가 타자에게 애착을 갖는다는 고통의 우연성 모델은 쉽게 와닿지 않을 수도 있다. 이 장을 시작하면서 지적했듯이 서구 문화에서 고통은 대개 외로운 감정으로 재현되고는 했다(Kleinman, Das and Lock 1997: xiii). 예를 들어 조지프 코타바Joseph A. Kotarba는 고통은 "본질적으로 사적인" 경험이며, "고통으로 괴로워하는 모습을 능동적으로 드러낼 때에야 다른 이들이 비로소 알아차릴 수 있다"라고 주장한다(Kotarba 1983: 15). 그러나 고통을 사적인 경험으로 이야기할 때조차 이러한 사적인 경험은 타자와 함께하는 경험과 맞닿아 있다. 다시 말해서 고통은 일견 외로운 것처럼 보이지만, 바로 그러한 고통이 드러나기 위해서는 목격자가 필요하다. 멜잭과 월은 다음과 같이 이야기한다. "고통은 은밀하고 개인적인 경험이기 때문에 다른 사람이 느끼는 고통이 정확히 어떠한지 알 방법은 없다"(Melzack and Wall 1996: 41). 우리는 이를 이렇게 이해해볼 수 있다. 다른 사람의 몸을 살아낼 수 없다는 점은 '다른 사람이 느끼는 고통이 어떠한지' 알고 싶은 욕망을 일으킨다. 바꿔 말하자면 내가 느끼는 고통을 알 수 있는 사람이 없다는 점이야말로 내가 사랑하는 사람들이 내가 고통을 느끼고 있음을 인정해주기를 바라게 만든다. 고통의 고독함은 고통이 함의하는 타자와의 관계성과 밀접하게 연관된다.

따라서 고통은 고독한 경험일 수는 있어도 결코 사적인 경험일 수는 없다. 전적으로 사적인 고통이란 유서 한 장 없이 자살한 사람에게 해당하는지도 모른다. 하지만 이러한 경우도 삶을 끝내는 사람은 목격자를 찾는다. 목격자가 죽음이라는 예견된 사건 이후에 등장하더라도 그러하다. 고통의 고독함에 지나치게 투자하는 일은 우리가 고통을 언제나 '나의 것'이라고 전제하기 때문이다. 이와 같은 가정은 고통에 관한 현상학과 실존주의 연구에서 분명하게 나타난다(Merleau-Ponty 1962; Sartre 1996). 그러나 우리는 루트비히 비트겐슈타인Ludwig Wittgenstein(1964)이 던진 질문을 제기해볼 수도 있다. 타인의 고통은 어떠한가? 다른 사람의 고통을 마주하는 나는 상대의 고통으로부터 어떠한 영향을 받는가? 우리가 다른 사람의 몸을 살아낼 수 없다는 사실은 다른 사람의 고통과 우리가 아무런 상관이 없다는 것을 의미하는가? 이러한 질문은 내 개인적인 경험과도 맞닿아 있다. 내가 고통과 더불어 살아온 경험의 주된 부분은 엄마의 고통과 더불어 살아온 일과 관련 있다고 할 수 있다. 엄마는 내가 태어난 직후에 다발성 경화증 진단을 받았다. 의사는 엄마가 죽음을 앞두고 있다고 믿었고, 나는 파키스탄으로 보내졌다. 엄마가 회복하는 동안 나는 1년 넘게 파키스탄에서 지냈다(지금은 할머니, 할아버지와 함께 찍은 사진을 보며 흐릿한 기억을 떠올릴 뿐이다). 엄마는 살아냈고, 여전히 살아 계신다. 진단 이후 수십 년이 지나서야 의사는 애초의 진단이 틀렸음을 깨달았고, 진단은 횡단성 척수염으로 바뀌었다. 이는 엄마가 퇴행성 질환을 앓고 있지 않다는 의미였다. 하지만 그렇다고 해서 엄마의 고통이 없어졌다는 것은 아니다. 진단의 변화는 엄마에게 다른 고통을 줬다.

내가 엄마의 고통과 '더불어 살아왔다'고 이야기한 것에 의

아해할지도 모르겠다. 고통을 겪은 건 [내가 아니라] 엄마라고, 고통과 더불어 살아가야 하는 사람은 엄마라고 말할지도 모르겠다. 그러나 내게는 엄마와 함께 살아온 경험이 엄마의 고통과 함께 살아온 경험이기도 했다. 고통을 제외하고 엄마의 삶을 이야기할 수 없기 때문이다. 엄마를 바라볼 때면 엄마의 고통 역시 마주하고는 했다. 엄마의 호소는 나를 향해 전해졌고, 그런 점에서 나는 증인이었다. 엄마가 고통을 호소하는 일은 단지 어떤 행동을 기대하는 것이 아니었다. (때로는 내가 할 수 있는 게 아무것도 없기도 했다.) 엄마가 내게 호소한 것은 그저 지켜봐달라는 것, 자신이 고통을 겪고 있음을 인정해달라는 것이었다. 고통을 목격함으로써 나는 엄마의 고통이 일종의 사건임을, 이 세계에서 실제로 일어나는 일임을 인정하게 된다. 고통은 단순히 엄마가 느끼는 '무언가', 어느새 있다가도 없어지는 '무언가'가 아니다. 고통을 목격함으로써 나는 엄마의 고통에 생명을 부여한다. 그렇게 엄마의 고통은 취약한 상태에 놓인 몸, 동시에 많은 보살핌을 받은 몸을 둘러싼 부서지기 쉬운 경계를 넘어서게 된다. 엄마의 고통은 우리를 한데 묶은 사건이었다. (우리는 고전 영화를 보면서 밤을 지새우기도 했다. 엄마와 같이 보낸 시간은 감상적인 느낌으로 물들어 있다.) 그럼에도 엄마의 고통은 내가 헤아리지 못하는 것이었다. 나는 내가 살아낼 수 없는 것과 함께 살았다.

고통은 주로 '이미 있는 것'으로 경험된다. 고통은 이해하기도 설명하기도 어렵다. 과거의 고통이든 현재의 고통이든 설명하기 쉽지 않다. 고통을 겪은 경험을 이야기할 때면 우리는 이를 '나의 고통'으로 간주한다. 타인의 고통을 느낄 수 없기 때문이다. 내가 느끼는 고통은 너무나도 생생하게 존재하는 것으로, 타인의 고통은 너무나도 생생하게 부재하는 것으로 다가온다. 그러나 타인이 겪는 고통은 존재한다. 내가 상대의 몸에서 고통을 **읽어낼** 수 있기 때문이다. 찡그리는 표정, 창백하고 핼쑥한 얼굴, 웅크리고 움츠러드는 모습을 안타까운 마음으로 바라본다. 상대에게 다가가 어루만져주고 싶다는 생각을 한다. 사랑은 주로 사랑하는 이의 고통을 느끼기를 원하는 마음으로, 상대를 대신해서 고통을 겪기를 바라는 마음으로 표현되기도 한다(사랑에 대한 분석은 6장 참조). 사랑하는 이의 고통을 내가 감당함으로써 상대는 고통을 겪지 않고 고통에서 벗어나기를 바라는 것이다. 사랑하는 상대가 느끼는 감정을 그대로 느끼기를 바랄 뿐 아니라 **상대를 대신해서** 고통을 느낄 수 있기를 바란다는 점에서 이때 사랑은 공감을 의미한다. 하지만 그렇게 바라는 이유는 그럴 수 없기 때문이다. 상대를 대신하려는 욕망은 이미 고통 가운데 '있는' 사람 혹은 고통을 '지닌' 사람과 고통을 겪게 '될' 사람 사이의 간극을 지속한다. 그렇게 공감은 공감을 통해 극복하려는 바로 그 차이를 유지하며 '바람'으로 남는다. 상대가 무엇을 느끼는지 느낄 수 있다고 생각하는 바로 그 순간 주체는 상대가 느끼는 것과는 다른 것을 '느낀다'.[9]

다른 사람의 고통을 느낄 수 없다는 점은 고통이 그저 고통을 느끼는 사람의 것이라는 뜻도 이들의 고통이 나와는 무관하다는 뜻도 아니다. 여기서 조심스럽게 한 가지를 이야기해보자면 고통에 응답하는 윤리는 개인이 알 수 없고 느낄 수 없는 것이 영향을 미치도록 자신을 열어두는 것이다. 이런 의미에서 고통

감정의 문화정치

에 응답하는 윤리는 고통의 사회성 혹은 고통 자체의 '우연한 애착'과 밀접한 관련이 있다. 그간 고통에 관한 사유는 대부분 이해할 수 있는 나의 고통과 이해할 수 없는 타인의 고통을 대비하고는 했다. 예컨대 일레인 스캐리는 고통과 고문을 분석하는 과정에서 이와 같은 대비를 보여준다(1985: 4). 물론 타인의 고통에는 이해할 수 없는 부분이 있지만, 이는 내가 타인의 고통을 느낄 수 없기 때문만은 아니다. 더욱이 나의 고통 역시 내가 실제로 느낄 때도 언제나 이해할 수 있는 것은 아니다. 우리는 상대의 뺨을 어루만지며 상대의 고통에 응답하면서 우리가 알 수 없는 것을 느끼게 된다. 존재감이 선명한 나의 고통과 달리 이해할 수 없는 상대의 고통은 우리를 의심으로 내던지지만, 우리가 의심하는 것은 상대의 고통이 아니다. 우리는 상대가 고통을 느낀다는 것을 점점 더 믿게 된다. 고통에 대한 강렬한 믿음에 사로잡힌다. 오히려 불확실해지는 것은 나의 고통이다. 나와는 다른 몸의 세계에 던져진 타인은 내게는 존재감이 선명한 나의 고통을 살아낼 수 없다는 것을 깨닫게 되기 때문이다. 다른 사람의 고통을 이해할 수 없다는 점은 내 몸에 다시 주의를 기울이도록 만든다. 내가 고통 가운데 있지 않을 때조차 몸을 느끼고 몸의 표면을 살피며 몸을 살아내도록 한다. 다시 말해서 다른 사람의 고통을 이해할 수 없다는 것은 우리가 우리 자신의 고통을 이해할 수 없다는 사실을 드러낸다. 이처럼 다른 사람의 고통에 응답하는 일은 그저 우리가 우리 자신에게 다시 몰두하는 일도(다른 사람이 느끼는 고통을 헤아릴 수 없다면 내가 느끼는 고통 역시 알 수 없다) 극단적인 자기중심주의도 아니다. 나의 고통에 담긴 타자성을 마주할 때, 나의 경계는 상대 앞에서, 상대를 위해서 무너진다.

고통의 사회성, 즉 타자 곁에 머무는 '우연한 애착'은 한 가지 윤리에 기초한다. 이 윤리는 상대의 고통에서 시작해서 상대를 향해 움직이며 상대를 어루만질 수 있을 만큼 가까이 다가간다. 어쩌면 고통으로 인해 상대의 피부에 맺힌 땀을 느낄 만큼 가까이 다가갈 수도 있다. 고통의 윤리가 이 지점에서 시작한다면, 상대가 인식의 지평으로 떠오르는 방식을 기억한다면, 우리에게 주어진 윤리적 요구는 우리가 이해하기 때문에 행동하는 것이 아니라 이해할 수 없는 것에 대해서 행동해야 한다는 것이다. 우리에게 속하지 않은 것이 우리를 움직인다. 상대가 어떻게 느끼는지 이해했을 때만 상대를 대신해서 행동한다는 이야기는 상대의 고통을 나의 고통으로 전유할 때만 행동하겠다는 의미다. 이는 결국 우리가 느낄 수 없는 것을 전유하는 일이 된다. 이 장의 앞부분에서 다룬 내용과 포개어보면 우리가 타자의 감정을 이해할 수 있다고 믿는 일은 타자의 고통을 우리의 슬픔으로 만들어버린다.

고통의 정치

고통은 대상의 표면을 비롯한 신체 표면의 사회적 속성과 관계가 있다. 이들 표면은 다른 이들과의 관계 속에서 '떠오른다'. 표면과 표면의 접촉은 부딪힘의 순간으로 나타나기도 하며, 이때 표면은 대상과 타자가 남기는 강렬한 '인상'으로 느껴진다. 모든 고통이 이와 같은 상처를 입히는 것은 아니지만, (정신적 고통처럼)

감정의 문화정치

겉으로 보이는 상처를 남기지 않는 고통 역시 다른 이들과의 관계에서 '떠오른다'. 이때 상대는 고통을 목격하고 고통이 실재한다는 것을 증언하는 존재가 된다.

하지만 이렇게 일반적인 용어로 생생한 고통의 경험을 논의하는 것은 문제가 많은 듯 보인다. 고통을 경험하는 방식의 차이를 '납작하게' 만들지 않을까? 고통의 사회성을 새로운 형태의 보편성으로 바꿔버릴 위험은 없을까? 이 절에서는 **불균등한** 효과가 발생하는 일과 고통이 맞물리는 지점을 살펴보면서 고통의 정치를 다루려고 한다. 고통은 고통을 함께 겪는 이들을 동질적인 집단으로 만들지 않는다. (핵심을 이야기하자면) 고통의 정치적 모델은 서로 다른 고통 경험을 하나로 모으지 못한다. 무엇보다 나는 고통의 정치 모델을 '상처'와의 관계에서 살피는 데 집중할 것이다. 또한 외부 대상이 상처를 남기는 다소 일반적인 경험과 [특정한] 타자가 상처를 남겼다고 느끼는 경험을 연결해서 살펴보려고 한다.

고통은 어떻게 정치적인 문제가 되는가? 고통은 고통을 증언하는 말하기 혹은 고통에 대한 보상을 요구하는 주장을 통해서만 정치적인 문제가 되는가? 몇몇 이들은 고통이 정치를 구성하는 매우 문제 많은 '토대'라고 주장해왔다. 예를 들어 웬디 브라운 Wendy Brown은 프리드리히 니체Friedrich Nietzsche의 르상티망ressentiment 개념을 활용해서 하위주체 정치가 상처에 대한 물신화에 기대고 있음을 지적한다(Brown 1995: 55; Nietzsche 1969 참조). 하위주체가 상처에 투자하게 되면서 상처가 그 자체로 정체성을 상징하게 된다는 설명이다. 정치적으로 주장하는 내용이 상처를 받았다는 호소로 바뀜에 따라 정치적 주장은 (사회, 국가, 중산층, 남성, 백인 등) 어떤 대상이나 사람에게 맞서거나 이를 부정하는 반응에 머물게 된다(Brown 1995: 73). 니체의 논의를 따르는 브라운은 상처에 반응하는 방식을 정치의 기반으로 삼는 것은 부적절하다고 비판한다. 반응이 행동을 불가능하게 만들기 때문이다. "'반응한다'는 의미에서 복수는 행동에 나서는 역량을 대체한다. 복수는 정체성 또한 만들어낸다. 복수가 만들어내는 정체성은 정체성을 생산하는 역사에 얽매인 것이자 그러한 역사가 체화된 현재를 비판하는 것으로서 생산된다"(Brown 1995: 73).[10] 니체의 논의를 다시 살피는 브라운의 작업은 상처에 지나치게 투자하는 일이 "상처에 대한 투자를 끝내야 할 필요와 충돌"하는 맥락을 보여준다(Brown 1995: 73).

나는 상처를 정체성으로 바꾸는 일이 상처를 물신으로 만든다는 점에서 문제라는 주장에 동의한다. '상처를 입고' 피해를 겪는 일에는 역사가 있다. 그러나 상처를 정체성으로 바꾸는 일은 상처를 그러한 역사로부터 단절시킨다. 결국 상처는 특정한 시간과 공간에서 발생한 사건이 아니라 단순히 '존재하는' 것이 된다. 상처가 정체성을 나타내는 기호가 된다는 것은 상처가 물신화된다는 뜻이다. 이와 같은 상처의 물신화는 "증언 문화"의 핵심을 차지한다(Ahmed and Stacey 2001). 증언 문화는 고통과 상처의 서사가 급증하는 현상을 가리킨다. 사건을 자극적으로 다루는 이야기를 통해서 상처는 언론의 구경거리로 전락하고, 다른 이들의 고통은 슬픔과 분노가 아니라 웃음과 흥미를 자아낸다. 더욱이 집단적 고통에 관한 서사는 점차 전 세계적으로 확산되고 있다.

아서 클라인먼Arthur Kleinman, 비나 다스Veena Das, 마거릿 로크Margaret Lock가 지적하듯이 "집단적 고통은 전 지구적 정치경제의 핵심적 구성 요소이다. 고통을 사고파는 시장에서 피해자의 위치는 상품이 된다"(Kleinman, Das and Lock 1997). 다만 고통이 상품화된다고 해서 고통에 관한 서사가 모두 가치를 지니는 것은 아니며, 가치를 지닌다고 하더라도 동등한 가치를 지니지는 않는다. 주디스 버틀러(2005)의 논의에 기대어 6장과 7장에서 설명하겠지만, 어떤 고통은 '우리의 상실'로 더욱 쉽게 전유될 수 있다는 점에서 다른 고통보다 자주 언급된다. 이야기되는 고통과 그렇지 않은 고통이 갈리고, 이야기되는 고통 가운데서도 서사의 형태가 나뉘는 일은 권력을 분배하는 메커니즘에서 중요한 의미를 지닌다.

이 지점에서 우리는 보상 문화를 비판적으로 살펴볼 필요가 있다. 보상 문화는 모든 피해가 유무죄를 따지는 문제와 연관된다고 간주하고, 피해에 대한 책임을 특정 개인이나 집단에 물을 수 있다고 전제한다. 법은 고통을 수치로 나타낼 수 있는 상태로 바꾸고, 이는 보상을 요구하는 근거로 쓰인다. 상처를 물신으로 만드는 일이 문제인 이유는 서로 다른 피해를 동등한 것으로 전제한다는 데 있다. 모든 피해를 동등한 것으로 가정할 때, 피해는 자격의 문제가 된다. 모두가 피해를 겪은 당사자로서 똑같은 자격이 있다고 여겨지는 상황에서 규범적 주체가 피해의 서사를 통해 보호받는 일이 벌어지는 것은 결코 우연이 아니다. 예컨대 국가 담론에서 백인 남성 주체는 피해를 겪은 집단이 된다(2장 참조). 국가를 타자에게 개방함으로써 '상처를 받았다'는 것이다. 모든 주체가 동등한 자격을 인정받지 못한다는 점에서 결국 더 많은 특권을 지닌 주체가 피해의 서사를 더 많이 활용하게 된다. 즉 공적 자원에 더 많이 접근할 수 있는 주체일수록 공적 영역에서 피해의 서사를 활용할 역량도 더 많이 지닌다.

상처가 특권을 보장하는 자격으로 바뀌는 문제에 어떻게 대응해야 할까? 나는 우리가 단지 피해나 상처의 수사를 사용하는 것을 비판하는 것이 아니라 '상처'가 정치적 문제가 되는 여러 방식에 주목해야 한다고 생각한다. 고통과 피해에 관한 모든 서사가 자격을 약속하지는 않기 때문이다. 이를테면 백인 남성의 피해 이야기를 하위주체의 피해 이야기와 같은 것으로 해석하는 일은 부당하다. 이와 같은 차이가 본질적이라고 가정하거나 주체가 권력과 맺는 관계가 '모든 것'을 결정한다고 주장할 수는 없지만, 마찬가지로 차이를 부수적인 것으로 다루거나 권력관계와 무관한 것으로 여길 수도 없다. 상처의 문화에 대한 비판은 모든 상황에 적용할 수 있는 비판이 될 수 없다. 이는 서로 다른 증언을 일종의 증상으로 '해석'해야 한다는 뜻이다. 칼 구티에레즈존스Carl Gutiérrez-Jones가 지적한 것처럼 피해에 대한 비판은 각기 다른 형태의 피해를 불균등하고 서로 충돌하는 역사를 나타내는 기호로 인식하는 일을 필요로 한다(Gutiérrez-Jones 2001: 35).

브라운의 비판에 대한 적절한 응답은 상처를 잊어버리는 일도 상처가 발생한 현장인 과거를 잊어버리는 일도 아닐 것이다. 브라운은 상처를 "잊어버리라는 조언"이 종속적인 상태에 놓인 이들, 자신의 고통을 여전히 인정받지 못한 이들에게는 "잔인하다고 할 수는 없더라도 부적절하다고 할 수는 있다"라고 지적하면서 니체와 "결별한다"(Brown 1995: 74). 나는 이를 더욱 강하게

감정의 문화정치

밀고 나가려고 한다. 상처를 잊어버리는 일은 폭력과 피해를 반복하는 일이 될 수 있다. 상처를 잊어버리는 일이 상처의 물신화에 이미 내재해 있다는 점에서 잊어버리는 일은 물신화를 반복하는 일이 될 수 있다. 우리가 해야 하는 일은 애초에 몸의 표면이 어떻게 상처를 입게 됐는지를 기억하는 일에 가까울 것이다(몸으로 형상화된 공동체의 표면 역시 마찬가지다. 관련된 내용은 이후에 다루려고 한다). 상처에 대한 증언을 해석하는 일은 현재와 과거의 관계를 다시 생각하는 작업을 수반한다. 다만 과거를 무게감 있게 살핀다고 해서 과거를 그대로 보존한다거나 과거에 얽매여 있다는 의미는 아니다(8장 참조).[11] 벨 훅스bell hooks의 이야기를 새기자면 우리가 해야 하는 일은 "과거를 잊어버리는 것이 아니라 과거에서 자유로워지는 것이다"(hooks 1989: 155). 과거의 속박으로부터 자유로워지려면, 우리를 아프게 하는 굴레에서 벗어나려면, 우선 고통을 정치적 행동의 영역으로 가져와야 한다. 고통을 정치적 영역으로 가져오는 작업은 상처의 물신화를 그만둘 것을 우리에게 요청한다. 이는 과거에 대한 서로 다른 기억을 놓지 않음으로써 가능해진다. 과거는 죽은 것이 아니라 살아 있다. 지금도 여전히 아물지 않은 상처 속에 과거가 살아 있기 때문이다.

다시 말해서 피해에는 역사가 있다. 물론 피해의 역사는 종종 우리를 놀라게 만드는 요소의 결합으로 이루어져 있으며, 이들 요소를 하나로 묶어서 이야기하는 일은 불가능하다. 고통은 단지 피해의 역사가 만들어낸 결과가 아니라 **피해의 역사가 몸에 살아 있는 것**이다. 고통이 작동하는 방식을 찬찬히 살피면서 보고서 《이제는 이들을 집으로》를 읽으려고 한다. 이 보고서는 '애보리진 및 토레스해협 주민의 아이들이 원가족과 분리된 사건에 관한 조사위원회National Inquiry into the Separation of Aboriginal and Torres Strait Islander Children from their Families'가 1996년에 발간했다. 《이제는 이들을 집으로》는 '빼앗긴 세대'에 관한 보고서로, 빼앗긴 세대는 잔인하고 끔찍한 동화 정책의 일환에서 원가족과 강제로 분리된 원주민 아이들을 가리킨다. 여러 세대의 원주민 아이들은 원가족과 사실상 아무런 연락도 주고받지 못한 채 성장했고, 원주민 공동체나 문화와도 단절됐다. 이들이 원가족과 강제로 분리되는 과정에서 폭력이 자주 뒤따르기도 했다.*

원주민의 몸에 가해진 피해는 개인의 피부뿐만 아니라 공동체의 피부에도 새겨졌다. 폭력은 원가족과 강제로 분리된 개인의 몸에도, '산산조각이 난' 원주민 공동체의 몸에도 가해졌다. 공동체는 사랑하는 이들과의 '연결'이 끊어졌다는 점에서 아픔을 겪었다. 카이 에릭슨Kai Erikson이 이야기하듯이 집단적 트라우마는

---

* 호주 정부, 교회, 사회복지 단체는 원주민 어린이를 원가족 및 원주민 공동체로부터 강제로 분리시켜 백인 가정에 보내는 일에 앞장선 역사가 있다. 강제 분리 정책은 이른바 열등한 원주민으로부터 어린이를 보호해야 한다는 명목으로 정당화됐으며, 원주민 어린이를 백인 사회에 동화시키고 궁극적으로 원주민을 말살하려는 계획을 바탕으로 추진됐다. 1910년대부터 1970년대까지 약 70년 동안 계속된 강제 분리 정책으로 인해 최소 10만 명의 원주민 어린이가 고통을 겪은 것으로 알려져 있다. 원주민 활동가들의 오랜 노력 끝에 강제 분리 정책에 대한 사회적 문제의식이 확산됐고, 1997년에는 '호주 인권·기회 평등 위원회'가 보고서 《이제는 이들을 집으로》를 발간하며 정부의 공식 사과를 권고했다. 그러나 당시 총리였던 존 하워드는 사과 권고를 거부했으며, 임기 내내 역사적 부정의 문제에 미온적으로 대처한다는 비판을 받았다. 국가 차원의 공식 사과는 정권이 교체되고 새로운 총리인 케빈 러드가 집권한 후 2008년에야 이루어졌다.

"사회적 생활의 바탕을 이루는 기반을 무너뜨림으로써 사람들이 서로 연결될 때 만들어지는 유대를 파괴한다"(Erikson 1995: 187). 공동체의 피부에 남겨진 상처는 공동체를 이루는 개인의 피부에서 느껴진다. 《이제는 이들을 집으로》에는 헤어지는 고통, 상처, 작별, 상실을 이야기하는 개인의 증언이 담겨 있다. 회복하기 너무나 어려운 경험을 이야기하는 증언이 하나둘 모여 보고서를 이룬다.

이와 같은 고통의 이야기는 반드시 전해져야 한다. 그렇다면 고통의 이야기는 어떠한 조건이 갖춰질 때 전해지는 것일까? 호주의 정치적 맥락을 고려하면 보고서가 발간됐다고 해서 반드시 고통의 이야기가 전해졌다고 하기 어렵다. 이야기가 전해졌다고 하더라도 정의로운 경청이 이루어졌다고 보기 어렵다. 《이제는 이들을 집으로》는 영국의 침략으로 인한 "상처"와 빼앗긴 세대의 비극이 치유되는 회복의 과정과 관계가 있다. "과거에 일어난 사건에 관한 이야기를 호주 공동체의 모든 이들이 열린 마음과 생각으로 들을 때, 비로소 대대적인 파괴가 벌어졌던 문제를 다룰 수 있게 된다."[12] 보고서는 과거의 트라우마를 잊어버리는 것이 아니라 트라우마로부터 회복하는 일이 중요하다는 점을 강조한다. 이때 트라우마는 '개인적인' 것인 동시에 '국가적인' 것으로 규정된다.

우리는 보고서가 원주민의 증언을 소개하면서 개인이 죄책감을 느끼는 것이 아니라 국가가 수치심을 느껴야 한다고 주장한다는 점에 주목할 필요가 있다.

과거에 벌어진 일에 가담하지 않았던 호주인들이 개인적으로 죄책감을 느끼거나 자신의 책임을 인정해야 한다고 말하는 것은 아니다. 다만 우리가 하나의 국가를 이루고 있다는 정체성을 확고히 하는 한편, 우리나라가 과거에 했던 일과 해야 했지만 하지 않았던 일 가운데는 자랑스러운 일과 부끄러운 일이 모두 있다는 마땅한 사실을 지적하는 것이다. (호주 총독, 《이제는 이들을 집으로》, 1997)

여기서 치유하는 사람은 누구이고 치유받는 사람은 누구인지를 둘러싼 문제는 간단하지 않다. 보고서는 호주 원주민의 고통에 대해 백인 국가가 부끄러워해야 한다고 주장하지만, 역설적이게도 백인 국가에는 백인들만 살지 않는다. 보고서가 말하는 책임은 불균등하게 부여된다. 호주 원주민은 자신이 겪은 이야기를 전하지만, 백인 청자는 과거에 벌어진 일에 가담하지 않았다는 이유로 폭력의 역사에서 사라진다. 이와 같은 서사에서 화해는 수치심을 드러냄으로써 과거를 청산한 백인 국가에 원주민 개개인이 포함되는 일이 되고 만다(5장 참조). 피오나 니콜Fiona Nicoll(1998)이 지적하듯이 여기서 화해는 두 가지 의미를 지닌다. 한편으로 화해는 인정하는 일을 뜻하지만, 다른 한편으로 타자를 수동적으로 만드는 일(자신에게 벌어진 일을 어쩔 수 없는 일로 받아들이도록 하는 일)과도 연관된다. 호주 정치에서 화해의 서사(와 타자의 고통을 경청해야 한다는 서사)는 원주민 타자를 백인 국가와 백인 공동체에 포함시키는 일로 지나치게 자주 이어지고는 한다.

원주민이 아닌 이들이 원주민의 증언을 들으면서 마음에 떠오르는 감정적 반응을 표현하는 일은 일종의 전유가 될 수도 있다. 보고서의 표현을 빌리자면 빼앗긴 세대의 상처를 인정하는 일은 "우리가 하나의 국가를 이루고 있다는 정체성"을 마련한다. 그들의 고통을 인정하는 일이 우리가 국가적 고통을 주장하는 일로 쉽게 미끄러지면서 상처의 치유가 국가의 치유로 재현되는 것이다. 아이들을 빼앗아가면서 원주민에게 입힌 상처를 덮음으로써 국가는 [하얀] 피부가 감싸는 하나의 몸이 된다. 몸으로 형상화된 국가는 이와 같은 방식으로 고통에 반응하면서 원주민의 몸을 대신한다. 원주민의 고통을 자신의 고통으로 내세우는 것이다. 이미 지적했듯이 타자의 고통을 나의 고통으로 해석하는 일, 타자의 몸(여기서는 국가의 몸)을 회복시킨다는 이유로 타자에게 공감하는 일은 폭력을 수반한다. 그러나 타자의 고통이 국가의 고통으로 전유되고 타자의 상처가 국가의 손상된 피부로 물신화되는 일에 대해 타자의 고통을 잊어버리는 방식으로 대응하지 말아야 한다. 오히려 우리가 해야 하는 일은 **불가능한 것을 듣는 법을 배우는 일**이다. 이는 우리가 우리의 것이라고 주장할 수 없는 고통에 응답할 때 비로소 가능해진다. 원주민이 아닌 청자는 (고통을 일으킨 역사의 일부라는 점에서) 원주민의 고통을 자신의 일로 분명히 받아들여야 한다. 하지만 그것이 원주민의 증언을 원주민에게서 빼앗아버리는 방식이어서는 안 된다. 그들의 증언은 우리의 느낌에 관한 것도, 그들의 느낌을 느낄 수 있는 우리의 능력에 대한 것도 아니기 때문이다.

나는 보고서를 처음부터 끝까지 읽었다. 보고서를 읽는 동안 마음이 하릴없이 아려왔다. 이들의 이야기는 내가 계속 나아가고 움직이도록 했다. 너무나도 많은 이야기가 슬픔을 노래했고 산산이 부서진 세계를 비췄다. '이 세계는 너무나도 잔혹하구나. 내가 이런 세계에서 살고 있구나.' 그러나 나는 동시에 매우 다른 세계에 살고 있기도 했다. 이야기는 그러한 나를 이야기가 그리는 세계로 이끈다. 갑작스럽게 이끌린 세계에서 벗어나려고 애쓰지만, 이야기는 나를 계속 사로잡는다. 이야기는 헤어짐과 상실, 그리고 고통을 말한다. 나는 이야기를 읽으며 여러 감정을 느낀다. 불편하고 화가 나며 믿기지 않는다. 믿을 수 없는 이야기, 그러나 너무나 믿어지는 이야기. 살아낼 수 없을 듯한 이야기, 그러나 누군가가 살아낸 이야기가 나를 강타하고 내게 돌진한다.

내가 이와 같은 역사의 일부임을 깨닫는 일은 어떤 느낌이 들게 한다. 역사는 내게 인상을 남기고 [새로운] 인상을 형성한다. 물론 이러한 인상이 그저 개인적인 것에 머물지만은 않는다. 역사를 마주하는 사람이 나 한 명인 것도, 역사가 나에 관해 이야기하는 것도 아니기 때문이다. 그러나 동시에 나는 '그러한 역사 안에' 있다. 다시 말하면 나는 '그러한 역사 안에 있지 않은' 것이 아니다. 나는 이미 특정한 세계에 머물러서 존재하며, 이미 어떠한 이들과는 가까이 있고 어떠한 이들과는 멀리 있다. 내가 어떤 세계에 있다는 것은 그 세계를 만든 역사에도 있다는 뜻이다. 내가 우리나라라고 생각하도록 배웠던 곳은 보고서에 실린 이야기를 만들어냈다. 내가 역사에 **연루됐음**을 이해하는 '지식'은 쉽게 다가오지도 명쾌하게 보이지도 않는다. 역사를 내가 연루된 것으로 이해하는 지식은 역사를 다르게 느낄 때, 몸과 세계의 표면을 다르게 살아낼 때 비로소 지식으로 인정되고 '받아들여진다'. 내가 연루된 역사를 알고 나면, 즉 역사를 잊어버리는 일을 그만두게 되면, 나는 이전과 같을 수 없다. 고통의 역사에 연루됐다는 것을 깨닫는 일은 '집이 없어지는' 폭력적인 상황을 받아들인다는 뜻이다. 내가 어릴 때 살던 집은 원주민 지역에 있었다. 그 집은 여전히 기억 속에 남아 있다. 어릴 때 살던 곳에 대해 다르게 '느끼는' 것, 그곳이 다른 이들에게 속한 곳임을 깨닫는 것은 관용적인 태도와는 무관하다. 이는 집에 대한 소유권을 포기하는 문제가 아니라 내가 살던 곳이 애초에 내가 포기하거나 누군가에게 넘겨줄 수 있는 내 집이 아님을 인정하는 문제이기 때문이다(Ahmed 2000: 190). 결국 보고서에 실린 이야기를 마주하며 내게 어떤 느낌이 드는지는 핵심적인 문제가 될 수 없다. '집이 없어지는' 이야기에 영향을 받는다는 것은 '내 것'으로 '가져갈' 수도 '되돌려받을' 수도 없는 것에 영향을 받는다는 것이다.

고통을 증언하는 이야기는 보고서의 형태로 한데 묶여 있지만, 하나의 이야기로 수렴되지는 않는다. 서로의 곁에 선 각각의 이야기가 보고서를 함께 엮을 뿐이다. 각자가 저마다 고유한 이야기를 전한다는 점에서 보고서에 담긴 이야기는 [전체를 아우르는] '단일한' 이야기로 환원되지 않는다. 그러나 누군가의 이야기는 또 다른 누군가가 전하는 고통과 괴로움의 이야기와 공명한다. 여기서 나는 하나의 이야기를 같이 살펴보고자 한다. 그러나 이 이야기를 하나의 사례로 살피지는 않을 것이다. 이 이야기는 피오나Fiona의 이야기다.[13]

피오나. 우선 당신의 이름을 부르는 것부터 시작하려고 해요. 조용한 목소리로 부드럽게 당신의 이름을 소리 내어 불러볼

게요. 피오나. 다시 한번, 조금 더 살며시. 피오나. 당신이 전한 이야기에는 가장 먼저 연도가 적혀 있어요. "1936년. 아마 다섯 살 무렵이었을 거예요." 당신은 나를 과거로 안내해요. 내가 이전에 살아본 적 없는 시공간으로요. 당신은 "다섯 살이었어요"가 아니라 "다섯 살 무렵이었을 거예요"라고 적었죠. 아마 그랬을 거라는 말. 당신이 살아낸 과거를 정확한 언어로 옮길 수 없다는 뜻이겠죠. **피오나, 만약 가족과 강제로 헤어지지 않았다면 당신에게는 어떤 삶이 펼쳐졌을까요?** 질문을 던지면서도 서늘한 마음이 들어요. 과거가 단지 지나간 시간이 아니라 또 다른 미래를 빼앗긴 시간이었으니까요. 당신에게는 어떤 삶이 펼쳐졌을까요? 마음한 편이 묵직한 상태로 멈출 수 없는 이야기를 살펴봅니다. "평범하지만 행복했던 마을이었어요. 모두 다 같이 사이좋게 어울리고는 했어요. 하지만 경찰이 들이닥쳤던 그날, 사람들의 비명이 마을을 뒤덮었어요. 엄마들은 아이들을 숨기기 바빴어요. 아이들의 얼굴을 검게 칠하고는 동굴에 몸을 숨겼어요." 그날의 사건이 제 앞에 펼쳐져요. 눈을 감으면 그 장면이 아른거려요. 그러면 아이들을 빼앗기지 않기 위해 할 수 있는 것이 아무것도 없던 엄마의 마음이 제 눈앞에 아른거리는 장면을 파고들어 이내 흐릿하게 만들어버리죠. 감았던 눈을 떠봅니다. 눈을 뜬다고 볼 수 있는 건 아니겠죠. 눈을 다시 감으면 소리가, 비명이 들려와요. 들려오는 비명에 몸에서는 떨림이 느껴져요. 피오나, 당신이 외치는 소리도, 당신의 어머니가 울부짖는 소리도 멀리 사라져가네요. 당신이 시적인 언어로 증언한 내용에는 당신 어머니의 모습이 그려져 있어요.

감정의 문화정치

엄마는 우리와 함께 가야 했어요. …… 트럭에 함께 올라탄 엄마
가 배 속의 아이처럼 몸을 웅크리고 있던 모습이 생각나요. 우
리가 이해할 수 있을까요? 아이들을 한 명도 빠짐없이 모두 빼
앗길 것이라는 현실을 마주한 트라우마를요. 우리는 우리가 겪
은 트라우마를 가지고 엄마가 겪은 트라우마에 대해 생각해요.
엄마가 어땠을지 헤아려보고 싶어서요. 그런데 엄마가 겪은 트
라우마를 이해할 수 있는 사람이 정말 있을까요?

엄마에 관해 말하는 딸의 이야기에는 딸이 이해하지 못하는
고통에 관한 내용이 담겨 있다. 엄마가 겪은 트라우마가 어떤 것
이었는지 엄마의 위치에서 이야기할 수 없기 때문이다. 더욱이
딸은 엄마와 떨어지고 말았다. 이 간극은 공감으로는 극복할 수
없다. 이야기에 등장하는 이들도, [피오나와 같이] 어머니와 사랑
으로 연결된 이들도 극복할 수 없다. 자신의 고통이 이야기에 녹
아 있는 딸, 욱신거리는 고통을 느끼며 자신이 전하는 이야기가
실제로 살아낸 고된 삶임을 다시 체감하는 딸 역시 예외가 아니
다. 상실을 겪은 마음이 서로에게 가닿을 수 없다는 사실은 고통
을 겪는 몸들, 다른 모습을 지닌 몸의 세계에 들어가면서 웅크리
게 되는 몸들, 상실로 나타나는 강렬한 고통에 떨림을 느끼는 몸
들이 살아내는 삶에서 울려 퍼진다("배 속의 아이처럼 몸을 웅크리고
있던 모습"). 강제로 분리된 몸들은 서로에게서, 이야기를 마주한
이들에게서 멀어진다. "우리가 도착했을 때는 이미 날이 저문 뒤
였어요. 그 이후로 엄마를 다시 만날 수 없었어요. 엄마가 어둠 속
으로 사라져버린 것만 같았어요." 엄마가 사라져버린 고통은 압

도하는 어둠의 모습으로 나타난다. 여기서 어둠은 이야기가 더 나아갈 수 없는 경계선이자 이야기를 접한 이들이 인식할 수 없는 영역을 가리킨다.

딸의 시점에서 피오나가 전하는 이야기는 몸이 다른 모습으로 새롭게 바뀌어가는 이야기이기도 하다. 피오나는 기존과는 다르게 하얀 표면을 이루게 됐다. 이는 또 다른 폭력이었다. "그곳에서 우리는 낯선 음식을 먹는 법을 배워야만 했어요. 머리카락도 모두 잘려나갔죠." 피오나의 이야기는 신체를 도구로 삼는 폭력을 드러낸다. 대표적으로 피오나가 영어로 말한다는 사실에는 언제나 폭력의 흔적이 서려 있다. "당신들은 우리가 우리의 언어로 말하지 못하게 했죠." 그러나 피오나의 이야기가 적대감으로 가득 차 있지는 않다. 실제로 선교사나 국가처럼 원주민 공동체의 몸과 피오나의 몸에 폭력을 행사한 이들은 주의 깊게 묘사된다. 이 부분을 읽어 내려가기란 결코 쉽지 않다. "선교사들이 어마어마한 비판을 받는다는 것은 당신들도 알고 있을 테죠. 그러나 선교사의 가정에서 자라지 않았다면 우리가 교육받을 기회는 없었을 거예요. 선교사들은 슬픔, 상처, 고통, 괴로움을 극복할 다른 방법을 알려줬고, 그로 인해 슬픔이 조금은 가실 수 있었어요." 피오나, 당신이 전하는 이야기를 마주하면서 나는 분노가 솟구쳤다가 가라앉아요. 나는 당신이 분노에 차서 소리 지르기를 바라요. 폭력을 저지른 이들을 향해 화를 내달라고 말해주기를 원해요. '저 사람들 짓이에요. 저 사람들 짓이라고요!' 그러나 내가 안전하게 분노를 표출할 '그들'은 보이지 않네요. 나는 그들이 당신에게 상처를 입혔다고 생각하지만, 당신은 그들에 대한 비난을 거부하는군요. 다만 비난을 거부하면서도 용서한다는 이야기는 하지 않는다는 것을 알아요. 당신은 그저 책임이 있는 이들에 대해 말할 뿐이에요. 맞아요, 당신은 그들에게 책임이 있다고 말하죠. 하지만 당신은 당신을 고통스럽게 만든 일에 대한 책임이 그들에게 있다고 말하는 것을 넘어서 당신이 고통스러운 경험에서 벗어날 힘을 얻게 된 것도, 경험과 자신을 분리할 힘을 얻게 된 것도 당신을 강제로 데려온 그들과 관련 있다는 점을 이야기하죠. 피오나, 당신이 겪은 이야기를 들으면서 이런 일이 어떻게 실제로 일어날 수 있었는지 화가 나지만, 누구에게 분노해야 할지 모르겠어요. 어떤 사람에게만 책임이 있는 것이 아니니까요. 비난할 '그들'을 찾지 못한 채 화가 나는 마음은 바깥으로 새어 나오고 말죠. 이러한 일이 벌어지도록 만든 모든 것을 향해서요.

고통을 일으킨 책임이 있는 이들에게 당신이 느끼는 마음은 특별한 모습일 수밖에 없을 거예요. 슬픔을 대신하지도 해소하지도 않는 애착이죠. 당신은 상처를 잊어버리지 않아요. 그러나 당신은 고통의 책임이 있는 이들에게 맞선다는 것을 정체성으로 삼는 것도 아니에요. 이들이 지금 당신이 살아내는 몸 일부를 이루고 있으니까요. 당신은 어렸을 때와는 다른 몸, 다른 공동체를 살아내고 있어요. 당신이 살아내는 공동체에는 과거와는 다른 이들이 특정한 방식으로 머물러 있죠. 당신이 살아내는 몸은 '또 다른 미래'가 사라졌음을 알려주지만, 당신이 살아남았다는 것을 말하기도 해요. 하지만 당신의 엄마는 그 몸과 함께하지 않죠. 당신이 살아남았다는 것은 상실의 고통과 폭력을 겪었다는 의미니까요. 피부에 남겨진 상처는 상실을 겪은 과거로도 살아남은 미래로도 이끌어요. 치유라고 할 수는 없겠죠. 그러나 당신은 지금까지 걸어왔어요.

그래서 처음부터 끝까지 엄마가 겪은 상실을 이야기한 것이군요. 강제로 떨어진 사건이 남긴 상처가 여전히 아물지 못하는 이유는 엄마가 겪은 상실이 해결되지 않고 있기 때문이니까요.

정부가 나쁜 의도를 가지고 벌인 일은 아니라고 할 수도 있지만, 엄마를 슬픔을 느끼는 한 명의 인간으로 대한 것도 아니었어요. 엄마가 아이들을 아끼는 마음은 당연한 거잖아요. 그런 엄마에게서 아이들을 빼앗아가다니. 그 고통을 헤아릴 사람은 아무도 없을 거예요. 엄마를 다시 만난 건 1968년이었어요. 엄마는 여전히 슬픔에 잠겨 있었어요.

엄마가 느낀 마음. 이 느낌은 이제는 누군가의 엄마가 된 딸의 시점에서 전해진다. 부정의를 저지른 이들은 이 느낌을 부정했지만, 이는 피오나의 엄마가 겪었던 부당한 일이 왜 부당한지를 알려준다. 엄마를 마주한 피오나는 타인의 느낌을 느낄 수 없다는 한계를 인정한다. "그 고통을 헤아릴 사람은 아무도 없을 거예요." 여기서 피오나의 엄마가 느낀 고통은 그의 곁에 있는 이들에게도, 이야기를 접하는 이들에게도 헤아릴 수 없는 것으로 재현된다. 우리는 그의 고통과 아픔을 느낄 수 없다. 다만 우리는 이야기를 접하면서 마음이 움직인다. 우리가 마주한 상처는 우리가 서로 멀어지지 못하게 만들면서도 우리를 하나로 묶지는 않는다. 나는 자신이 이해할 수 없는 한계가 어디인지 아는 고통에 대해 충분히 잘 알고 있다. 특정한 시공간에 있는 나는 지금 여기에 놓인 몸으로 그 한계를 헤아린다. 이야기는 계속된다. "당신은 지나온 시간 동안 어떻게 살았는지 하나도 빠짐없이 알고 싶어 했어요. 그러나 그 시간을 되찾을 방법은 우리에게 없었죠. 그건 마치 누군가 갑자기 나타나 나를 칼로 찌른 것만 같은 고통이었어요." 고통의 경험, 다시 말해서 무언가에 찔려 피부가 찢어지고 몸이 조각으로 잘게 쪼개지는 느낌은 회복될 수 없는 것, 이미 빼앗겨버려서 되찾을 수 없는 것과 밀접하게 연관된다. '우리'라는 관계가 매일 나누는 대화와 평범한 일상을 통해서 만들어지고 특정한 시간과 장소에서 펼쳐진다고 할 때, 상실은 어떤 면에서 '우리'의 상실이며 공동체의 상실을 뜻한다. "매일 아침 해가 뜰 때면 온 가족이 흐느꼈을 거예요." 과거에 살아냈던 몸과 분리되고 공동체와 단절되면서 강렬한 고통이 형성한 다른 몸이 떠오른다. 공동체를 이루는 이들은 함께 모여 눈물을 흘린다. 이들은 **상실을 겪은 경험을 함께 모인 자리에서 몸짓과 표정으로 나타내고**, 빼앗긴 이들이 곁에 없다는 고통스러운 느낌을 나누며 같이 모인다. 이처럼 고통의 언어는 서로의 몸을 연결한다. 마음으로 상실을 살피는 사건을 통해서 사람들은 공동체의 표면을 다르게 살아내게 된다.

고통에 관한 호주 원주민의 증언은 연민에 호소하는 방식으로 작동하지 않는다. 이들의 증언은 다른 사람이 느낄 수 없는 느낌에 숨결을 불어넣는다. 보고서에 담긴 고통의 이야기는 되돌릴 수 없는 헤어짐과 상실의 이야기다. 피오나의 증언에는 엄마가 딸과 헤어지고 딸이 엄마와 헤어지는 고통이 드러난다. 이들 여성의 고통은 공동체를 짓누르는 커다란 문제로 재현되거나 감상적으로 묘사되지 않았다. 고통은 이들의 이야기가 헤어짐과 상실을 겪은 순간에 멈춰 있지 않도록 만들었고, 이미 헤어졌음에도 끈질기게 연결되어 있다는 사실을 알려주는 기호이자 서로 다른 이들을 잇는 고리가 됐다. 이와 같은 애착은 우리가 같은 느낌을 가지는 것도, 타인의 고통을 느끼는 것도 아니다. 이들이 겪은 고통은 가장 친밀한 이들도 느낄 수 없는 것으로 재현된다. '같은 마음'을 가질 수 없다는 것은 그 자체로 누군가가 상처를 입었다는 것을 알려준다. 공감을 통해서도 전해질 수 없는 고통이 우리에게 요구하는 것은 주의 깊게 경청하는 일이 아니라 [몸, 역사, 공동체를] 다르게 살아내는 일이다. 이는 행동을 요구하고 집단적 정치를 요청한다. 고통은 화해가 이루어질 수 있다는 가능성에 기초한 정치가 아니라 화해할 수 없다는 사실과 함께 살아가는 법을 배우는 정치, 다른 이들과 함께, 다른 이들 곁에서 살면서도 우리가 하나가 아님을 배우는 정치를 우리에게 요청한다.

2 장

증오의 조직화

PAIN
HATE
FEAR
DISGUST
SHAME
LOVE
QUEER
FEMINISM
JUSTICE

진정한 백인 민족주의자의 영혼과 정신에 아로새겨진 것은 깊고 깊은 사랑이다. 이 사랑은 '증오'라고 불릴 만한 어떤 것과도 비할 수 없다. 적어도 합당한 근거가 없는 증오는 아니다. 백인과 비백인이 어울리는 모습을 본 평범한 백인 남성이 혐오감에 휩싸여 얼굴을 찌푸리는 일은 증오가 아니다. 법원이 부패한 나머지 아동 성범죄자와 성폭력 범죄자가 1~2년의 짧은 징역형을 선고받는 일이 또다시 일어났고 그마저도 결국 가석방됐다는 기사를 읽은 백인 주부가 불쾌감을 느끼고 화가 나서 신문(물론 신문은 이미 유대인들이 장악했다!)을 집어던지는 일은 증오가 아니다. 우리나라 해안가에 쓰레기처럼 쏟아지는 이방인이 이 땅을 일군 백인 시민보다 더 쉽게 일자리를 구할 수 있다는 사실에 백인 노동자가 욕설을 퍼붓는 일은 증오가 아니다. 외국인에게는 어마어마한 '지원금'을 퍼주면서도 스러져가는 농장을 일으켜보려는 백인 그리스도인 농부에게는 한 푼조 차 내어주지 않는 잔인한 정부를 바라보며 농부의 마음에 분노 가 차오르는 일은 증오가 아니다. 그건 증오가 아니라 사랑이 다. (아리안 네이션스The Aryan Nations 웹사이트)[1]

증오와 같은 감정은 어떻게 집단을 수호하는 방식으로 작동 하는가? 이 과정에서 감정은 어떻게 타자의 몸을 해석하는가? 증 오는 어떻게 주체가 어떤 타자와는 동조하고 어떤 타자와는 적대 하도록 만드는가? 이 장에서 나는 증오가 몸과 세계를 형성한다 는 점을 살피려고 한다. 증오는 피해를 막는다는 명목으로 증오 의 대상을 만들어낸다. 증오를 방어의 수단으로 사용하는 방식은 파시즘 담론에서 찾아볼 수 있다. 이른바 증오단체라고 불리는 곳에서 스스로를 사랑의 단체라고 인터넷에 홍보하는 일은 흔히 나타난다. 겉으로 드러나는 모습을 뒤바꾸는 일("우리는 혐오하지 않습니다. 우리는 사랑하기 때문에 반대합니다")은 활동을 정당화하 고 사람들을 설득하는 데 핵심적인 역할을 한다. 인용문에서 증 오의 대상이 되는 이들, 법과 제도로 인해 위기에 처하고 피해를 받는 이들(백인 민족주의자, 평범한 백인 남성, 백인 주부, 백인 노동자, 백인 시민, 백인 그리스도인 농부)은 정당과 국가를 이루는 주체라고 여겨진다. 여기서 증오는 그저 이야기에 등장하는 인물이 느끼는 감정이 아니라(**이야기의 바탕을 이루는 것**은 증오가 아니다) 이야기 를 접한 사람들이 느낄 감정으로, 이야기가 정동적인 효과를 발 휘하도록 만드는 감정으로 제시된다.

이와 같은 서사는 상상된 타자로 인해 위협을 받는 주체의 모습을 그리는 것을 통해 작동한다. 타자가 주체 가까이 있다는 사실은 타자가 주체의 소유물(일자리, 안전, 건강)을 빼앗아갈 뿐만 아니라 주체의 자리마저 대체할 것이라는 위협으로 의미화된다. 상상된 타자의 존재는 주체가 사랑하는 대상 역시 위협한다고 여겨진다. 이러한 서사는 백인 주체가 "이 땅을 일궜다"라는 환상을 통해 (이주자나 노예 등) 타자의 노동을 감추는 방식으로 역사를 다시 써 내려간다.[2] 백인 주체는 "잔인한 정부"로 인해 고통받는 피해자의 위치와 주인의 자리("우리나라 해안가")를 동시에 주장한다. 결국 국가를 '빼앗는 타자', 더 나아가 역사를 빼앗고 미래를 빼앗는 타자에게 백인 아리아인이 증오를 느끼는 이유는 국가를 사랑하기 때문이라는 서사가 완성된다.

우리는 타자를 혐오스러운 존재로 이해하는 감정적 해석 방식이 상상된 주체를 권리와 연동하고 상상된 국가를 영토와 연동하는 지점에 주목할 필요가 있다. 이러한 연동은 주체의 권리와 국가의 영토가 위협받고 있다고, "스러져간다"고 재현되는 일과 관계가 있다. 즉 **타자를 혐오스러운 존재로 이해하는 감정적 해석을 통해 상상된 주체와 백인 국가가 하나로 결속하는 것이다.** 평범한 백인 남성은 "두려움과 혐오감"에 휩싸이고, 백인 주부는 "불쾌감과 화"를 느끼며, 백인 노동자는 "욕설을 퍼붓고", 백인 그리스도인 농부는 마음에 "분노가 차오른다". 타자에게 부정적 애착을 느끼는 증오의 정념은 동시에 '백인'이라는 거대한 기표 아래 모여든 상상된 주체에 대한 긍정적 애착으로 이어진다. 어쩌면 백인 혹은 백인으로 인식되는 이들의 사랑이야말로 증오하는 반응을 끌어낸다. 이들이 마음 깊은 곳에서 '집단으로' 표출하는 증오 반응이 사랑에 근거한다는 것이다. **우리는 사랑하기 때문에 증오하며, 증오를 통해 하나가 된다.**

나는 이러한 서사가 결코 예외적이지 않으며 오히려 '평범한 것'이 생산되는 과정을 보여준다고 생각한다. 여기서 평범한 것은 환상의 영역에 속한다. 평범한 백인이라는 주체는 증오를 동원함으로써 만들어지는 환상이다. 이 평범한 주체가 느끼는 증오는 사랑과 밀접한 관계를 맺는 열정적인 애착을 의미한다. 증오의 감정은 평범한 것이 위험에 처해 있다고, 평범한 이들이 **진짜 피해자**라고 주장함으로써 평범한 주체라는 환상을 탄생시키고 그러한 환상에 숨결을 불어넣는다. 평범한 것은 상상된 타자로 인해 **이미** 위기에 처한 것이 되며, 상상된 타자가 가까이 있다는 점은 상상된 주체와 장소 모두에 가해지는 범죄가 된다. 1장에서 살펴본 것처럼 평범한 주체 혹은 규범적인 주체는 피해를 받은 존재로 새로이 만들어진다. '침범한' 타자로 인해서 '상처'를 입고 손상된 존재로 등장하는 것이다. 이에 타자의 몸은 주체가 타자로 인해 고통을 받는다는 담론을 통해 '증오받는 대상'으로 바뀌게 된다. 이들은 평범한 백인 주체가 입은 피해의 '원인'으로 간주되고, 이들이 가까이 있다는 점은 주체가 불쾌한 기분을 느끼는 이유로 해석된다. 이를 풀어서 설명하면 다음과 같다. 백인 주체는 사랑이라는 선한 마음으로 타자를 대하지만, 타자는 주체의 사랑을 악용하고 '빼앗아간다'.

그렇다면 피해의 서사에서 증오의 대상이 되는 이들은 누구인가? 한 가지 분명한 것은 증오가 다양한 형상을 가로질러 **퍼져 있다**는 점이다(인용문에서는 연인관계인 백인과 비백인, 아동 성범죄자, 성폭력 범죄자, 이방인, 외국인이 언급된다). 이들 형상은 일자리, 돈, 영토를 잃어버릴 수 있다는 주체의 위협감을 가리키고, 순수 혈통이 더러워지고 뒤섞이는 일, 순수 혈통을 타자가 자신의 것으로 주장하는 일과 같은 위험을 상징한다. 이들은 순수한 몸을 위협하는 존재로도 여겨지는데, 사실 순수하다고 상상된 몸은 이를 위협하는 타자라는 환상을 끊임없이 되풀이하지 않고서는 존재할 수 없다. 우리는 이처럼 환유를 통해 의미가 미끄러질 때 무슨 일이 벌어지는지 주목할 필요가 있다. [한편으로] 몸으로 형상화된 국가를 침탈한다는 의미에서 백인과 비백인의 연인관계나 비백인의 이주는 (마치) 일종의 성폭력이나 성추행으로 해석할 수 있는 사건이 된다. 이때 국가는, 피해를 받고 취약한 상태에 놓인 백인 여성과 아이의 몸으로 표상된다. [다른 한편으로] 서로 다른 형상이 미끄러지는 일은 형상 사이에 유사성의 관계를 만들어낸다. '우리'와 '같지 않다'는 점에서 그들은 모두 '서로 똑같은' 존재가 된다. 이러한 서사에서 증오는 한 가지 형상에서 발견되지 않는다. 증오가 작동하는 방식은 증오받는 다양한 형상과 대상을 아울러서 그 외형을 어렴풋이 그려내는 것이기 때문이다. 증오가 형상과 대상의 외형을 그려내는 일은 서로 다른 형상과 대상을 강력하게 연동하고 '공동의 위협'으로 구성해낸다. 결과적으로 증오는 특정한 주체나 대상에 **내재하지** 않는다. 바로 이 지점이 중요한 의미를 지닌다. 증오가 차이와 전치의 관계에 놓인 여러 기표 사이를 순환한다는 점에서 증오는 경제적 속성을 지닌다. 2장에서는 증오의 정동 경제를 이해하기 위해서 증오의 '기호'가 작동하는 방식과 증오의 '기호'와 몸이 맺는 관계를 살펴보려고 한다. 특히 인종차별을 증오 정치의 맥락에서 조명하면서 인종차별에 법적으로 대응하는 방식인 증오범죄를 분석할 것이다.

정동 경제

증오가 일련의 전치를 수반하며 이러한 전치가 특정한 기호나 형상에 실증적으로 내재하지 않는다면, 증오는 개인의 심리에서 비롯하지 않는다고 할 수 있다. 증오가 의식에 실증적으로 내재하지 않기 때문이다. 이처럼 무의식의 수준에서 작동하는 증오는 충만함으로 여겨지는 의식에 저항하고 '실증적 내재'라고 표현할 수 있는 것을 거부한다. 증오를 '무의식'을 통해 설명한다는 것은 내가 정신분석학의 관점에서 주체를 살핀다는 것을 알려준다. 이 지점에서 내가 무의식이라는 개념을 어떻게 활용하는지 명확히 할 필요가 있다. 프로이트는 무의식적 감정이라는 개념을 제시한 바 있다(Freud 1964a: 177). 프로이트에 따르면 주체는 정동적 충동을 지각하지만 잘못 해석하며, 정동적 충동은 또 다른 아이디어와 연결된다. 의식에서 억압된 것은 정동적 충동과 같은 느낌이 아니라 느낌과 이미(그러나 잠정적으로) 연결된 아이디어다. 정신분석학은 증오와 같은 감정이 움직임과 연상의 과정을 수반한다는 점을 우리에게 알려준다. 이를 통해 **느낌은 우리가 다양한 수준의 의미화 과정을 가로지르도록 한다. 다만 현재 시점에서 모든 여정을 즉각적으로 인식할 수 있는 것은 아니다.** 나는 이를 감정의 '잔물결' 효과라고 부르려고 한다. 감정은 (기호,

형상, 대상 사이의 '끈적이는' 연상을 통해) 같은 시간대를 공시적으로 오가는 한편, 과거와 현재를 통시적으로도 오간다(억압이 언제나 자취를 남긴다는 점에서 '끈적이는 것'은 역사성의 부재하는 현존과 밀접하게 연결된다). 위에서 인용한 아리안 네이션스 웹사이트의 글에는 증오가 공시적인 차원에서 형상 사이를 미끄러지는 모습도, 연상 작용을 구조화하는 과거 역사를 다시 불러일으키면서 통시적인 차원에서 미끄러지는 모습도 나타난다. 증오는 이러한 미끄러짐을 통해 특정한 몸을 '우리가 느끼는 증오'의 원인으로 여기도록 만든다.

정신분석학이 현재 시점에서 결핍을 겪는 주체에 관한 이론이라는 점에서 정신분석학은 감정을 경제로, **실증적인 가치를 지니지 않은 채 차이와 전치의 관계를 수반하는 것**으로 이해하는 이론을 제시한다고 할 수 있다. 다시 말해서 감정은 일종의 자본으로 작동한다. 정동은 기호나 상품에 실증적으로 내재하는 것이 아니라 기호나 상품의 순환에 따른 효과로 생산된다. 나는 감정의 대상이 순환한다는 의미에서, 혹은 감정의 대상이 정신적인 영역뿐만 아니라 사회적인 영역을 가로질러 퍼져 있다는 의미에서 '경제적인 것'이라는 표현을 사용하려고 한다. 이는 자본의 논리에 대한 마르크스주의의 비판에서 통찰을 얻은 것이다. 마르크스는 《자본론》에서 상품과 화폐의 움직임이 잉여가치를 만들어내는 과정을 논의한다. 화폐가 상품으로, 상품이 다시 화폐로 이어지는 도식에서 화폐는 유통과 교환을 통해 더 많은 가치를 획득한다(Marx 1976: 248). 마르크스는 다음과 같이 설명한다. "따라서 최초로 투하한 가치는 유통 과정에서 그대로 남을 뿐만 아니라 원래의 가치를 증대하고 잉여가치를 더한다. 즉 가치의 증식이 일어난다. **바로 이러한 움직임이 가치를 자본으로 전환한다**"(Marx 1976: 252, 원저자 강조). 나는 기호 혹은 대상 사이의 움직임이 정동으로 전환되는 지점에서 비슷한 논리를 발견했다. 마르크스가 제시한 자본주의자와 구두쇠라는 형상은 가치와 정동이 연결된다는 점을 명시적으로 드러낸다. "부유함을 향한 끝없는 욕심, 열정적인 [교환]가치 추구는 자본주의자와 구두쇠의 공통점이다"(Marx 1976: 254). 이처럼 정념은 자본의 축적을 추동한다. 다만 자본가가 관심을 가지는 것은 상품의 사용가치가 아니라 "가치의 끊임없는 증식을 달성하는 일"이다(Marx 1976: 254). 나는 정념을 (가치든 권력이든 의미든) 무언가를 축적하려는 추동이 아니라 시간이 흐름에 따라 축적되는 것으로 이해해야 한다고 생각한다. 정동은 대상이나 기호에 내재하지 않으며, 대상과 기호 사이의 움직임에 따른 효과(즉 정동적 가치의 축적)로 나타난다. 기호 사이의 움직임이 활발해질수록 기호는 더 많은 정동적 가치를 지닌다. 기호가 더 많이 순환할수록 더 많은 정동적 가치가 발생하는 것이다.

물론 이와 같은 유비는 사용가치와 교환가치를 구분한 마르크스주의의 중요한 논의를 반영하지 않는다는 점에서 한계가 있다. 어떤 면에서 나의 주장은 정신분석학과 더 많은 공통점이 있다. 앞서 설명했듯이 정신분석학은 무의식의 형태 또는 언어로서 차이와 전치를 중요하게 다룬다. 그러나 정신분석학이 이러한 경제를 정신적인 것으로 이해하고 차이와 전치의 관계를 '주체'라는 기표로 되돌리는 것에 동의하지 않는다는 측면에서 정

감정의 문화정치

동 경제 모델과는 분명한 차이가 있다(그렇다고 해서 그러한 경제가 정신적인 것이 아닌 것 역시 **아니다**). 주체로 '되돌아가는' 방식은 프로이트의 작업뿐만 아니라 '주체'를 부재와 상실의 고유한 장소로 상정하는 자크 라캉Jacques Lacan의 논의에서도 분명하게 나타난다(Ahmed 1998: 97-8 참조). 이에 반해 증오를 정동 경제로 조명하는 접근에 따르면 감정은 어떤 **대상**이나 **존재**에 실증적으로 내재하지 **않는다**. 즉 '주체'는 정동 경제의 근원이나 목적지가 아니라 하나의 교점에 지나지 않는다. 이는 매우 중요한 의미를 담고 있다. 증오를 비롯한 감정이 공시적이고 통시적으로 움직이는 일이 주체의 테두리에 갇히지 않는다는 뜻이기 때문이다. 따라서 무의식은 주체의 것이 아니라 주체, 대상, 기호, 타자의 관계성을 구성하는 것이 실체화되지 않은 상태 혹은 관계성이 드러나지 못한 상태를 가리킨다. 이러한 점에서 정동 경제는 정신적인 것인 동시에 사회적이고 물질적이다. 앞서 설명했듯이 정동의 움직임이 '내면'과 '외부'를 구분하는 일에서 핵심적인 역할을 한다면 정신적인 것과 사회적인 것을 각각 고유한 대상으로 가정할 수 없다. 나는 물질화가 강화의 과정을 수반한다는 점을 논의할 것이다(1장 참조).

　　더 구체적으로 말하자면 몸으로 형상화된 집단의 '표면'은 여러 형상 사이에서 이루어지는 증오의 순환을 통해 물질화된다. 여기서는 영국보수당 전 대표 윌리엄 헤이그William Hague가 난민 신청인에 관해 이야기한 내용을 살펴보려고 한다. 2000년 4월부터 6월까지 영국 사회에서 통용된 여러 이야기는 난민 신청인에 관한 발화에 '달라붙고' '붙들렸다'. 이는 난민 이슈가 당시 화두였기 때문이지만, [난민 이슈를 묘사하는] **끈적이는 표현**과 언어가 약간의 차이를 지닌 채 반복됐기 때문이기도 하다. 난민 신청인에 대해 헤이그가 어떤 이야기를 했는지는 얼마간 예측할 수 있다. 헤이그는 "뒤덮는다" "밀려든다"와 같은 표현을 사용하면서 난민 신청과 통제 불가능성 사이에 연상 체계를 형성한다. 이는 실제로든 상상으로든 가까이 다가온 타자를 감당하지 못할 것이라는 불안과 공포를 불러일으킨다(3장 참조). 내무부 장관 데이비드 블런킷David Blunkett 역시 비슷한 표현을 사용했다. 2003년 블런킷은 난민 신청인의 아이들이 영국 학교에 다닐 때 발생할 파장을 가리키면서 "밀려든다swamped"라는 표현을 썼다. 비판에 직면한 블런킷은 "밀려든다"라는 표현을 "감당하지 못한다overwhelmed"라는 표현으로 바꾸었다. 여기에는 부정적 함의를 없애려는 의도가 있지만, 우리가 알 수 있듯이 바뀐 표현 역시 들이닥친 타자가 우리의 것을 차지할 것이라는 감각을 불러일으킨다. 이는 국가를 일종의 주체로, 타자의 존재를 '당해내지 못하는' 인물로 구성한다. 이들 표현이 발생시키는 특정한 효과로 인해 결국 타자는 주체로 형상화된 국가의 공간을 침범하고 존립을 위협하는 이들이라는 이미지를 갖게 된다.

앞선 발화에서 헤이그는 진짜 난민 신청인과 가짜 난민 신청인을 구별함으로써 환영받는 타자와 그렇지 못한 이들을 구별한다. 몇몇 타자를 받아들인다는 점에서 이는 주체로 형상화된 국가가 스스로를 관용적인 존재로 여기도록 만든다. [이른바] 진짜 난민 신청인에게 머물 기회를 제공하며 이들을 환대한다는 것이다. 그러나 동시에 국가는 환대의 한계와 **조건**을 규정하기 위해서 다른 타자를 애초에 (사기꾼이자) 혐오스러운 존재로 구성해낸다(6장 참조). 가짜 난민 신청인을 증오의 대상으로 만들어내는 일은 불확실성과 위기의 서사를 수반한다. [그러나 증오의 대상이 불확실성과 위기의 서사를 촉발하는 것이 아니라] 불확실성과 위기가 **증오의 대상이 더욱 강한 영향력을 발휘하도록 만든다.** 진짜 난민 신청인과 가짜 난민 신청인을 구별할 방법이 우리에게 있을까? 우리가 차이를 구별하지 못할 가능성, 사기꾼이 우리 공동체에 들어왔을 가능성은 언제나 있다. 바로 이 가능성이 우리가 계속 주위를 살피도록, 타자의 몸을 침범하는 것을 정당한 일로 받아들이도록(다시 말해서 이를 우리의 권리라고 믿고 단호한 의지를 드러내도록) 우리에게 지시한다.

차이를 구별할 방법이 없을 수 있다는 가능성은 이주하는 **모든** 이들이 사기꾼일 수 있다는 가능성으로 빠르게 전환된다. 이들은 도착하기 전부터 몸으로 형상화된 국가에 피해를 주는 이들로 여겨진다. 가짜 난민 신청인이라는 형상은 유령bogey man의 형상을 떠올리게 한다. 국가에 잠입한 유령은 국가가 경계를 수호하지 못하도록 만든다. '유령'과 같은 이들은 어디에나 있을 수 있고 누구든지 될 수 있다. 유령처럼 보이는 이들은 우리에게 앞으로 발생할 피해를 시사하고 암울한 미래를 선사한다. 우리는 이 '남자' 유령을 거듭 마주하게 된다. 이와 비슷한 증오의 형상은 널리 퍼져 있다. 증오의 형상은 이들이 구체적으로 가리키는 대상이 없다는 점에서 정동적 가치를 축적한다. 이에 가짜 난민 신청인이라는 형상은 구체성을 지닌 몸과 분리된다. '이주자는 누구든지 사기꾼**일 수 있다**'는 이야기는 '끊임없이' 이주하는 이들로 인해 '우리가 피해를 받는 일'이 벌어질 것이라는 예감으로 이어진다.[3] 증오를 특정한 몸으로 환원하는 일이 불가능하게 됨에 따라 증오는 경제적인 의미에서 순환하게 된다. 순환하는 증오는 타자를 [진짜 난민 신청인과 가짜 난민 신청인으로] 구별해내는데, 아직 도착하지 않은 이들이 있다는 점에서 타자를 구별하는 일은 결코 '끝나지' 않는다. 이른바 '사기꾼 기다리기' 담론은 국가를 수호한다는 명목으로 타자의 몸에 폭력을 반복해서 가하는 것을 정당화한다.

헤이그의 발화는 비슷한 시기에 발생한 토니 마틴 살인 사건과의 관계에서 또 다른 효과를 발생시켰다. 토니 마틴은 자신의 집에 잠입해 도둑질을 하려던 두 명 가운데 한 명인 열여섯 살 청소년을 살해한 혐의로 종신형을 선고받았다. 헤이그는 마틴이 유죄 선고를 받은 이후 (살인 사건을 직접 언급하지 않은 채) "법은 도둑질당한 사람의 권리보다 범죄자의 권리를 지키는 데만 급급하다"고 발언했다. 이 말은 사람들 사이에 널리 유통됐다. **헤이그의 발화는 발화에서 분명하게 명시되지 않은 역사를 떠올리게 한다.** 이는 [특정한 대상(여기서는 마틴)에 대한] 애착이 표면에 드러난 말에는 전체 의미를 담지 않는 발화로 작동할 수 있음을 알려준다. 분명하게 명시되지 않은 역사는 끈적이며, 마틴을 범죄자가 아니라 피해자로, 누군가의 생명을 빼앗은 사람이 아니라 도둑질을 당한 사람으로 위치시킨다. 그렇게 살인 사건의 피해자는 범죄자가 되고, 살인으로 인해 일어나지 않은 범죄(도둑질)는 살인을 대신해서 진짜 범죄이자 진짜 부정의가 된다.

'집을 지키려고 했을 뿐인데 살인 사건의 가해자가 되고 말았다'는 주장은 토니 마틴이 2003년 8월에 풀려나면서 더 큰 힘을 얻게 됐다. 타블로이드 신문은 토니 마틴을 "평범한 농부"라고 소개하면서 수감 생활 동안 집이 폐허가 됐다고 주장했다 (McGurran and Johnston 2003: 4). 《데일리 미러Daily Mirror》는 살인 사건을 1면 기사로 다루면서 다음과 같이 요약했다. "집을 지키기 위한 살인 …… 집에 대한 그리움만 남아"(《데일리 미러》, 2003년 8월 9일). 사건의 비극은 '10대 도둑'의 사망이 아니라 토니 마틴이 집을 잃어버렸다는 쪽으로 옮겨진다. "한때 집이었던 이곳은 이제 껍데기에 불과하다"(McGurran and Johnston 2003: 4). 공허하고 황폐한 장소라는 의미에서 "껍데기"는 마틴에게 선고된 징역형이 부당함을 가리키는 기호가 된다. 결국 이 사건이 전하는 메시지는 이렇게 정리된다. '법은 자신의 것을 지키려는 사람을 지켜야 한다.' 피해자와 범죄자의 관계를 뒤바꾸는 일은 자신의 집을 무단으로 침입한 사람을 살해할 권리가 소유자에게 있음을 암시적이고 암묵적인 방식으로 옹호한다.

이는 윌리엄 헤이그의 주장과도 맞아떨어진다. "법은 도둑질 당한 사람의 권리보다 범죄자의 권리를 지키는 데만 급급하다"는 이야기는 난민 이슈와 연결되면서 정동적인 효과를 발휘한다. 특정한 지시 대상을 명시하지 않는 말하기는 토니 마틴 살인 사건과 난민 이슈를 서로 달라붙게 하고 소유물을 지킬 권리가 쟁점이 되도록 만든다. 더 구체적으로 이야기하자면 난민 신청인의 형상과 도둑의 형상이 연동되는 것이다. 난민 신청인이 국가로부터 무언가를 '빼앗고 있음'을 시사한다는 점에서 두 형상의 연동은 핵심적인 역할을 한다. 하나의 형상이 다른 형상을 대체하고 하나의 형상이 지닌 특성이 다른 형상에게 전이되면서, 즉 형상 사이의 연상 체계가 마련되면서 형상은 '살아 움직이게' 된다. 마치 정동적 속성을 지닌 것처럼 바뀌는 것이다. 결국 도둑은 외국인이 되고, 난민 신청인은 범죄자가 된다. 이와 동시에 가까이 다가온 타자로 인해 재산과 행복을 빼앗길 위험에 처해 있다는 의미에서 (피해자라는 새로운 이름을 얻은) 살인자의 몸은 국가의 몸이 된다. 서로 다른 사건을 이어붙이는 발화는 한 가지 주장으로 이어진다. 바로 토니 마틴처럼 국가는 국가로부터 무언가를 빼앗으려고 하는 도둑과 같은 난민 신청인을 (무슨 수를 써서라도) 내쫓을 권리가 있으며, 그렇게 하지 않을 때 국가가 "껍데기"로 전락한다는 것이다. 따라서 두 사건이 전하는 메시지는 이렇게 정리된다. 그들을 받아들이면 그들은 국가를 "껍데기"로 만들어버리고 "우리가 일궈온" 이 땅을 차지할 것이다.

이처럼 방어적인 서사는 명시적인 설명을 제시하기보다 형상 사이의 움직임을 통해 작동한다. 여기서 순환은 중요한 역할을 한다. 순환은 '우리'와 '그들'을 구분해내고, '우리'가 느끼는 증오가 '그들' 때문이라고 설명한다. 특정한 대상에 애착을 느끼는 일은 고통과 증오가 서로 미끄러지는 현상을 수반한다. 타자(도둑/가짜 난민 신청인)가 가까이 있다는 것이 개인(농부)의 몸과 국가의 몸 모두를 부정하는 폭력으로 느껴질 때, 피해를 받았다는 인식이 생겨난다. 타자의 존재를 피해의 원인이자 일종의 침해로 '느낌'으로써 몸의 표면이 형성되는 것이다. 마찬가지로 증오의 기호는 위험과 위기의 감각을 일깨움으로써 표면을 형성한다. 다만 이때의 증오는 그저 특정한 지점에 위치하는 것도 특정한 대상에 국한되는 것도 아니다. 분명한 위치를 설정하기 어렵다는 점은 증오가 왜 특정한 방식으로 작동하는지를 알려준다. 증오가 어떤 대상을 향하는 것 자체가 가능하지 않다는 뜻이 아니라 분명한 위치를 설정하지 못하게 만드는 방식으로 작동한다는 것이다. 증오는 특정한 대상이나 형상에 위치하지 않기 때문에 서로 다른 몸으로 이루어진 세계에서 표면을 만들어낸다.

증오받는 몸

이 절에서는 증오가 몸에, 몸을 통해 작동하는 방식을 살펴보려고 한다. 증오는 어떻게 몸이 공간적으로 재조정되는 일을 수반하는가? 우리는 우리가 증오의 '원인'으로 여기는 타자에게서 멀어짐으로써 공간을 재조정한다. 먼저 증오가 어떤 경험인지 생각해볼 필요가 있다. 증오는 강렬한 감정으로 '적대하는' 느낌과 관련이 있다. 현상학에서 사용하는 표현을 빌리자면 증오는 언제나 지향성을 보인다. 증오는 언제나 무언가 혹은 누군가에 대한 감정이지만, 증오의 대상이 반드시 주체가 증오를 느끼기 전부터 존재하는 것은 아니다. 물론 누군가가 어떤 행동을 했거나 어떤 모습을 지녔다는 이유에서 상대를 증오하기도 한다. 이는 잘 알고 지내던 사람에게 '당신이 싫어요!'라고 말하며 상대에게서 멀어지고 분노하는 증오처럼 특별한 관계에 놓인 사람에 대한 증오라고 할 수 있다. 로버트 베어드Robert M. Baird와 스튜어트 로젠바움은Stuart E. Rosenbaum은 이를 "격정에 사로잡혀 다른 인간에 대해 분노하면서 속이 부글부글 끓는 것"이라고 표현한다(Baird and Rosenbaum 1992: 9). 그러나 아리스토텔레스의 고전적인 설명을 참조하자면 분노와 증오는 구분된다. "분노는 대개 개인을 향하지만, 증오는 집단 전체를 향하기도 한다"(Allport 1992: 31에서 재인용). 증오가 특정한 개인에 대한 반응일 수도 있지만, 그 반응은 특정한 개인을 일반적인 집단과 연동함으로써 이루어진다. '당신이 어떤 사람이기 때문에 당신이 싫어요'라는 말에서 '어떤 사람'이라는 표현은 개인이 **대표**하거나 **대신**하는 집단을 가리킨다. 증오가 특정한 타자를 어떤 집단의 구성원으로 위치 지음으로써 타자에게 어떤 의미나 힘을 부여한다는 점에서 증오는 일종의 투자로 작동한다. 하지만 증오가 타자에게 부여한 의미나 힘은 실증적 현존으로, 다시 말해서 타자에게 실증적으로 존재하는 특성으로 간주된다.

투자라는 의미에서 증오는 주체와 상상된 타자 사이의 밀접한 관계를 조율하는 과정을 수반한다. 여기서 타자는 주체 외부로 밀려날 수 없는 존재가 된다. 같은 맥락에서 정신분석학은 증오를 투사로 설명하고는 했다. 타자를 증오하는 주체는 바람직하지 않은 모든 것을 상대에게 투사하고, 이러한 투사의 흔적을 모두 감춘 후에 타자가 원래 그러한 존재인 것처럼 보이도록 만든다(Laplanche and Pontalis 1988: 352 참조). 멜라니 클라인Melanie Klein의 투사적 동일시 모델 역시 이 지점에 주목한다. 이언 크레이브Ian Craib는 투사적 동일시가 "더 심층적인 형태의 투사"이며 "주체가 특정한 방식으로 행동함으로써 상대가 자신에게 어떤 속성이 있는 것처럼 느끼도록 만드는 일"이라고 설명한다(Bird and

Clarke 1999: 332에서 인용). 그러나 투사 혹은 투사적 동일시 모델은 증오가 안에서 밖으로 움직인다는 통념(주체는 바람직하지 않은 것을 밖으로 밀어낸다)을 반복한다는 점에서 한계가 있다. 물론 이들 모델은 안과 밖의 명료한 구분을 흩트리지만, 부정적 느낌이 주체 안에 존재한다고 전제한다. 주체 안의 부정적 느낌이 타자를 향하는 증오의 '원인'이 된다고 해석하는 것이다. 이러한 주장에는 일리가 있다(나쁜 느낌은 주체가 형성되는 양식에 핵심을 차지한다). 그러나 주체 '안'에 있는 부정적 느낌 역시 효과일 수 있으며, [더 나아가] 안과 밖을 구분하는 것 자체가 증오에 따른 효과일 수 있다. 자신에게 있는 바람직하지 않은 것을 타자에게 밀어내는 일을 증오라고 생각하는 것을 넘어서 우리는 이렇게 질문해볼 수 있다. **왜 증오는 주체 안에서 시작되어 독립된 존재인 타자를 향해 나가는 것처럼 느껴지는가?**

증오를 일종의 친밀성으로 이해하는 일은 증오의 양가적 속성을 드러낸다. 증오는 (증오의) 대상에 투자하는 일이다. 대상이 일으키는 위협은 주체 밖에서 시작된 것처럼 인식되지만(혹은 그렇게 인식되기 때문에) 대상은 주체의 일부가 된다. 이에 증오는 사랑의 반대편에 놓일 수 없다. 다시 말해서 주체는 증오를 통해서 타자에게 애착을 형성하고 주체 자신에게 되돌아온다. 실제로 편견에 관한 심리학 이론은 증오가 사랑과 밀접한 관련이 있다고 설명한다. 더 구체적으로 이야기하자면 사랑은 증오의 전제조건으로 제시된다. 고든 올포트Gordon W. Allport는 고전이 된 책 《편견 The Nature of Prejudice》에서 다음과 같이 주장한다. "협력과 사랑의 관계는 언제나 증오에 선행한다. 사실 오래 지속된 좌절과 실망감

없이 증오가 생길 수 없다"(Allport 1979: 215). 올포트는 이언 수티Ian Suttie의 《사랑과 증오의 기원The Origins of Love and Hate》에 기대어 논의를 전개하는데, 수티는 증오가 "한마디로 사랑을 요구하는 것"(Suttie 1963: 3)이며 자아가 아닌 것을 발견하는 불안과 밀접한 관련이 있다(Suttie 1963: 40)고 주장한다. 물론 프로이트 또한 작업 전체에 걸쳐 사랑과 증오의 밀접한 관계를 대상에 대한 사랑으로 설명한다. 《쾌락 원칙을 넘어서Beyond the Pleasure Principle》에서 프로이트는 아이가 어머니를 대체하는 대상을 가지고 하는 '포르트 다fort da' 놀이에 주목한다. 포르트 다는 실이 감긴 패를 멀리 던진 다음 다시 가까이 가져오는 놀이다. 프로이트에 따르면 아이는 [어머니에 대한] 적대감을 나타내는 놀이를 통해 어머니에 대한 사랑을 '표현한다'. 포르트 다 놀이에 대해서 프로이트는 사랑하는 타자가 사라지는 사건을 마주한 아이가 '좋아, 가버려!'라고 외치며 적대적이고 공격적인 반응을 보임으로써 사랑의 수동성을 뒤집으려 한다고 해석한다(Freud 1964c: 16). 사랑을 요구하는 것이 [언제나] 함께하기를 요구하는 것이라고 할 때, 그리고 그러한 요구가 필연적으로 실현될 수 없기 때문에 좌절을 피할 수 없다고 할 때, 존재와 부재 사이에서 치열한 협상이 벌어지고 증오와 사랑이 긴밀하게 엮이게 된다.

모든 증오가 아이와 (아이가 가장 먼저 사랑하는 대상으로 제시되는) 어머니의 관계에서 나타나는 역동에 기인한다고 주장하는 것은 타당하지 않다(6장 참조). 이는 감정을 심리적 문제로 만드는 사례에 명백히 해당할 뿐만 아니라 다양한 감정을 원초적 장면으로 환원해서 설명한다는 한계가 있다. 다만 프로이트의 논

감정의 문화정치

의는 대상에 대한 애착이 지닌 복합성을 이해하는 실마리가 될 수 있다. 즉 대상에 대한 애착은 긍정적인 느낌이 부정적인 느낌으로 전환되는 일을 통해 **지속된다**. 데이비드 홀브룩David Holbrook은 《증오의 가면The Masks of Hate》에서 다음과 같이 지적한다. "무관심하다는 것은 우리에게 대상이 필요하지 않다는 뜻이다. 반면 증오한다는 것은 대상을 **과도하게 욕망한다**는 뜻이다"(Holbrook 1972: 36). 다시 말해서 증오의 반대편에는 무관심이 있다. 증오의 대상은 주체에게 중요한 의미를 지니지만, 주체를 만족시킬 수는 없다. 주체의 욕망이 대상을 넘어서기 때문이다. 하지만 주체가 대상 자체를 바라는 것도, 대상이 그저 결정 요소인 것도 아니다. 주체는 대상과의 파괴적인 관계를 바란다. 그렇게 주체는 증오가 만들어낸 애착에 붙들린다. 크리스토퍼 볼러스Christopher Bollas(1995)는 파괴하는 증오와 "사랑하는 증오"를 구분한다. 볼러스에 따르면 사랑하는 증오는 대상을 보존하려는 감정이다. 파괴적인 애착과 보존하려는 감정은 서로 포개어진다. **대상과의 파괴적인 관계가 유지되려면 대상 자체는 어떠한 형태로든 남아 있어야 하기 때문이다.** 증오는 상대를 추방하거나 통합해야 하는 대상으로 바꿔낸다. 대상을 추방하든 통합하든 대상이 계속 존재하려면 대상 자체는 보존할 필요가 있다. 이는 대상에 대한 사랑이 대상에 대한 증오에 언제나 선행한다는 주장이 아니다(증오가 사랑으로 바뀌는 일은 가능한 것이지 필연적인 것이 아니다). 다만 증오는 애착이라는 양식을 통해 대상이 계속 존재하도록 만들며, 그 방식은 사랑과 유사한 역학과 다른 지향을 지닌다. 미켈 보르슈자콥생Mikkel Borch-Jacobsen이 이야기한 대로 "증오는 타자를 **손아귀에**

사로잡으려고 한다. 타자를 파괴하려고 할 때조차 타자와 접촉하려고 하기 때문이다"(Borch-Jacobsen 1993: 10).

증오는 자아와 타자, 공동체와 공동체 사이의 경계를 긋는 일과 관련이 있다. '타자'는 나 혹은 우리가 존재하는 영역에 위협으로 찾아온다. 여기서 타자는 다른 타자를 대표하거나 다른 타자 곁에 있는 존재로, 나를 **짓누르고** 나의 생존을 위협한다. 타자가 가까이 다가와 주체와 접촉하는 일은 주체의 영역을 부정하는 것으로 느껴진다. 증오는 타자에게서 멀어지는 일을 수반하며, 이는 주체 자신을 향하는 일로 경험된다. 여기서 우리는 증오의 이야기가 **애초에** 사랑의 이야기로 번역되는 이유를 발견할 수 있다. 물론 '나'와 '나'가 아닌 것 사이의 구분이 모두 증오에서 비롯하는 것은 아니지만, 어떤 구분은 증오를 통해서 생겨난다. 증오는 주체 안에서 시작해서 타자를 향해서 움직이는 것처럼 느껴진다. 증오가 내게 있는 것인 동시에 타자가 일으킨 것으로 느껴진다고 할 때, (상상의 존재든 아니든) 타자는 '나' 혹은 '우리'의 존재가 지속하는 데 필요한 것이 된다. 바로 이러한 측면에서 경계를 형성하는 문제는 불안과 밀접한 관련을 맺는다. 불안은 주체나 집단 안에서 자연적으로 발생하는 감각이 아니라 주체나 집단의 '예외성'을 꾸준히 만들어나가는 과정에서 발생하는 효과다(3장 참조).

하지만 '나'에 관한 이야기와 '우리'에 관한 이야기가 서로 유사하거나 비슷하다고 설명하는 것으로는 충분하지 않다. 타자와의 부정적 애착이라는 의미에서 강렬한 증오의 핵심이 되는 것은 증오가 '나'와 '우리'를 연동함으로써 나와 우리를 동시에 발화

감정의 문화정치

가능한 것으로 만든다는 점이다. 한편으로 타자를 증오하는 사람으로 자신을 드러내는 '나'('나'는 증오를 행동으로 표출할 수도 그렇지 않을 수도 있다)라는 [위치는] 상상된 타자가 위험에 빠뜨리는 대상(국가, 공동체 등)을 향한 사랑을 나타냄으로써 탄생한다. 그러나 다른 한편으로 우리는 '우리'라는 것이 애착 자체에 따른 효과로 [탄생한다는] 점에 주목할 필요가 있다. 주체는 '우리'에게 애착을 지니는데, 여기서 '우리'는 주체가 자기 자신과 사랑하는 타자에게 지닌 애착으로 만들어진다. 다시 말해서 상대를 증오하는 주체는 자기 자신을 사랑하는 주체다. 주체가 '우리'를 함께 구성하는 여러 얼굴 속에서 자신의 모습을 계속 찾는 일에 투자한다고 할 때, 증오는 환상적 투자라는 의미에서 자기애로 이루어진 감정적 삶을 구조화한다. 주체는 다른 '나'들, 즉 **마치 나 자신인 것처럼** 내가 사랑하는 타자가 구성하는 공동체의 얼굴을 상상한다. 이 과정을 통해 타자에 대한 애착은 부정적인 것과 긍정적인 것(증오와 사랑)으로 나뉘게 된다.

    프로이트는 《집단심리학Group Psychology》과 《자아와 이드》에서 우리는 우리가 사랑하는 이들과 동일시한다고 이야기한다. 이는 자아 형성과 공동체 사이의 관계를 살피는 데 얼마간의 단서를 제공한다. [프로이트에 따르면] 자아 형성은 상실한 사랑의 대상을 모방함으로써 이루어지며, 이 과정은 닮음, 비슷함, **똑같아지는 일**에 관한 원칙에 기초한다(더 자세한 논의로는 6장 참조). 하지만 나는 사랑이 동일시에 선행해서 존재하지 않는다고 주장하려고 한다(마찬가지로 증오 역시 비동일시에 선행해서 존재하지 않는다). 사랑하는 이들에게 동일시하고 증오하는 이들에게 비동일시하는 것이 아니라 동일시를 통해서 주체와 대상이 연동되고 사랑하는 이들의 **특성**이 주체와 애초에 '닮은 것'으로 생산된다. 동일시를 일종의 연동으로(우리 자신과 일치를 이루는 것으로, 혹은 주체가 '동조하는' 것으로) 사유하는 일은 동일시가 비동일시를, 혹은 다른 동일시를 적극적으로 "포기하는 일"을 수반함을 알려준다(Butler 1997b 참조). 다시 말해서 주체는 어떤 타자와 동조함으로써 다른 타자와는 적대한다. 다른 동일시를 "포기하는 일"은 증오의 대상이 지닌 속성을 자신과 '닮지 않은 것'으로 만들어내기도 한다. 이에 사랑과 증오의 감정이 강화되는 일에서 핵심은 주체와 닮은 모습 혹은 닮지 않은 모습을 타자의 몸에 속한 특성으로 여기도록 만드는 효과가 생산되는 과정에 있다. 이처럼 감정은 대상을 사랑**할 만한** 타자와 증오**할 만한** 타자로 구분한다. 비/동일시는 감정의 이유를 제공하지도 감정에 선행해서 존재하지도 않는다. 우리는 나와 닮았기 **때문에** 사랑하고 나와 다르기 **때문에** 증오한다. 증오의 대상이 순환됨에 따라서 역으로 타자는 증오의 원인으로 간주된다('나와 다르기 **때문에** 싫어'). 증오는 증오가 생산하는 적대감의 '원인'을 [타자의 모습에서] 찾아내는 방식을 통해 작동한다. 증오는 주체와 닮은 특성과 닮지 않은 특성을 생산함으로써 작동하고, 우리는 타자가 우리와 닮거나 닮지 않은 이유를 설명할 때 증오가 생산해낸 특성을 인용한다. 타자를 혐오스러운 '존재'로 바라보는 주체는 증오에 휩싸이고, 주체가 느끼는 증오는 타자를 혐오스러운 존재로 해석하는 것이 '진실하다'는 기호가 된다.

앞서 설명한 것처럼 감정은 타자가 가까이 있는 상태에 대한 반응이며, 감정이 반응하는 방식은 타자의 본질적 특성에 기인하지 않는다. 우리는 타자가 사랑스러워서 타자를 사랑으로 대하는 것이 아니며, 타자가 혐오스러워서 타자를 증오로 대하는 것이 아니다. 대상 또는 타자와의 정동적 마주침은 대상과 타자에게 어떤 속성이 있는 것처럼 인식하게 만든다. 이는 주체에게 타자와 구분되는 정체성('진짜 피해자' 혹은 '위협받는 국가' 등)을 '부여한다'. 타자에게서 감정의 원인을 찾으려는 시도는 몸에, 몸을 통해 어떻게 작동할까? 흑인 페미니스트 오드리 로드Audre Lorde는 지하철에서 어떤 백인 여성과 마주쳤던 경험을 다음과 같이 묘사한다.

> 할렘으로 향하는 지하철 A선. 나는 엄마의 소매를 꼭 붙잡고 있었다. 엄마는 크리스마스 선물이 담긴 쇼핑백을 양손 가득 들고 있었다. 휘청이는 지하철 안에서 겨울옷에 밴 축축한 냄새가 전해졌다. 엄마는 틈새 자리를 발견하고는 방한복을 입은 나를 데려다 앉혔다. 내 양옆에는 신문을 읽는 남자와 털모자를 쓴 여자가 있었다. 여자는 나를 쳐다보더니 입술을 삐쭉였다. 여자의 시선이 위에서 아래로 향했고, 나 역시 그를 따라 시선을 아래로 향했다. 그는 가죽 장갑을 낀 손으로 그가 입고 있던 윤이 나는 털옷과 내가 처음 입고 나온 파란색 방한복이 맞닿은 부분을 홱 하고 잡아채며 입고 있던 코트를 잽싸게 몸 가까이 잡아당겼다. 나는 그런 그의 모습을 지켜봤다. 우리가 나란히 앉은 자리에서 그가 발견한 끔찍한 게 무엇인지 알아차리지 못한 나는 아마도 바퀴벌레가 있나 보다 하고 생각했다. 그

는 자신이 느낀 공포를 내게 전하고 있었고, 그의 표정으로 짐작하건대 매우 이상한 것이 틀림없을 것이라고 여긴 나는 그이상한 것이 닿지 않도록 그와 똑같이 방한복을 가까이 잡아당겼다. 고개를 들어 그를 바라본 나는 그가 나를 계속 쳐다보고 있다는 것을, 코를 벌름거리고 눈을 크게 떴다는 것을 알아챘다. 불현듯 그와 나 사이를 기어 다니는 것은 아무것도 없다는 사실을 깨달았다. 그가 옷이 닿는 게 싫었던 것은 바로 나였다. 몸서리치며 일어난 그는 빠르게 움직이는 지하철의 손잡이를 잡았다. 그가 입은 털옷이 내 얼굴을 스쳐 지나갔다. 뉴욕에서 태어나서 자란 아이답게 나는 재빨리 움직여서 엄마가 앉을자리를 만들었다. 어떠한 말도 하지 않았다. 엄마한테 무슨 말을 해야 할지 자신이 없었다. 내가 무슨 행동을 했는지 몰랐기때문이다. 조심스레 방한복을 살펴봤다. 옷에 뭐가 있었을까? 무슨 일이 벌어졌는지 이해하지는 못했지만 결코 잊지는 못할 것이다. 크게 뜬 눈을. 벌름거리는 코를. 증오를. (Lorde 1984: 147-8).

백인 여성과 마주쳤던 경험을 전하는 로드는 '증오'라는 말로 글을 마무리한다. 몸과 무관한 감정처럼 보이는 증오는 현장을 폭력으로 에워싼다. '증오'라는 말은 몸의 표면에 작동하는 방식으로 작용한다. '증오'로 끝나버린 몸의 마주침은 신체적 공간이 다시 형성되는 일로도 이어진다. 한자리에 모인 몸들은 서로가닿아 함께 어우러질 만큼 가까워지지만, 이내 서로에게서 미끄러지며 거리감을 다시 경험하게 된다. 서로 멀어지는 몸들은 신체적 온전함과 사회적 온전함의 의미를 새로이 규정한다. '증오'라는 감정은 몸으로 형상화한 공동체와 특정한 백인의 몸을 연동한다. 이때 증오는 한 집단을 대표하고 대신한다고 여겨지는 특정한 타자의 몸이 공동체를 침범하고 오염시킬 것이라는 위협을 실체화하는 것으로 기능한다. 다시 말해서 증오의 마주침은 '나'와 '우리'(백인 몸과 백인 국가)를 연동할 뿐만 아니라 '당신'과 '그들'(흑인 몸과 흑인 집단)을 연동한다.

　　로드의 이야기에는 로드가 자신을 증오받는 존재로 스스로 인식하는 것도 담겨 있을까? 다시 말해서 로드는 자신을 증오할까? 한 가지 분명한 점은 백인 여성이 몸을 움직인 이유를 이해하려는 로드의 시도가 오해였다는 것, 그리고 그 오해가 대상을 만들어냈다는 것이다. 바퀴벌레는 '증오'의 이유를 대표하고 대신한다. 바퀴벌레는 두 사람 사이를 기어 다닌다. 오염의 매개체인 바퀴벌레는 두 사람이 갈라지고 서로 멀어지도록 만든다. 로드는 "이상한 것이 닿지 않도록 그와 똑같이" 방한복을 가까이 잡아당긴다. 그러나 두 사람 사이를 가르는 '것'은 바퀴벌레가 아니었다. 로드는 "그가 옷이 닿는 게 싫었던 것은 바로 나"였음을 깨닫는다. 백인 여성의 옷에 닿지 말아야 하는 것은 두 사람 사이를 기어 다니는 바퀴벌레가 아니라 로드 자신이었다. 로드는 두 사람의 옷이 서로 닿을 가능성을 없애는 '것'이 된다. 로드는 여기저기를 기어 다니려고 하는 (메스껍고 끔찍한 대상인) 바퀴벌레가 된다. "내가 무슨 행동을 했는지 몰랐다. 조심스레 방한복을 살펴봤다. 옷에 뭐가 있었을까?" 증오는 서로 다른 기호와 대상 사이에서 미끄러진다. 이때 기호와 대상이 나타내는 존재는 이동이 허용되지 않는다. 로드는 바퀴벌레가 됐고, 이는 다시금 증오의 원인으로 여겨졌다. 바퀴벌레와 로드가 함께 묶이는 일은 강력한 효과를 발생시킨다. 로드의 몸은 더러움, 오염, 사악함 등 기존에 바퀴벌레에 달라붙은 특성을 '떠맡음'으로써 증오의 대상이 된다. **특정한** 타자가 증오의 대상으로 바뀌는 과정은 과잉결정된다. 즉 단순히 누구나 증오의 대상이 되지는 않는다. 연상 작용을 구조화하는 과거 역사는 마주침이 일어나는 모든 순간마다 다시 작동하며, 이에 어떤 몸과 마주치는 경험은 이미 더욱 혐오스러운 것이 된다. **무엇이 끈적이는지**, 어떠한 연결이 가장 강렬하고 밀접하며 피부에서 바로 느껴지는지에 관한 문제가 역사에 기대고 있다는 점에서 감정과 역사는 긴밀한 관련이 있다.

중요한 점은 어떤 타자와는 동조하고 어떤 타자와는 적대하는 일이 **구체적인 움직임** 가운데 촉발된다는 것이다. '증오의 대상'으로 이전부터 인식된 타자와 마주한 몸은 해체되고 재구성된다. 백인 여성은 흑인 아이와 거리를 두기 위해서 "빠르게" 움직이는 지하철에서 일어나 앉을 자리를 잃어버렸다. 사회적 공간과 신체적 공간이 조정되는 일은 경계를 만들어내고, 여기서 경계는 느낌의 강화에 따른 효과로서 대상으로 바뀌게 된다. 흑인 아이와 접촉하지 않으려는 백인 여성의 행동은 백인의 사회적 공간에서 흑인성을 몰아내는 일을 **의미하는** 데서 그치지 않으며 **백인 몸의 예외성을 재창조함으로써 백인의 사회적 공간을 실제로 재창조한다.** 신체적 공간과 사회적 공간이 재창조되는 과정에서 주체는 **소름 끼치는 경험**을 하게 된다. 신체적 온전함과 사회적 온전함을 위험에 빠뜨리는 타자의 모습이 주체의 피부에 새겨지기 때문이다. 더 정확하게 설명하자면 하나의 표면이 다른 표면에 인상을 남기는 폭력적인 과정을 통해 주체는 피부를 경계로 느끼게 된다. 증오는 어떤 몸과는 동조하고 어떤 몸과는 적대하는 방식으로 몸의 표면을 만들어낸다. 우리는 타자를 해석하는 방식에 따라 집단과 서로 다른 방식으로 연동된다. 하지만 역설적으로 그러한 연동의 효과로 인해 집단은 비로소 '형태를 갖추며', 타자가 우리에게 남기는 인상을 통해 집단의 피부가 형태를 갖추게 된다.

증오범죄

증오는 우리가 사적인 장소와 공적인 장소에서 타자와 마주침으로써 몸의 표면이 만들어지는 일과 관련된다. 인종차별에 기초한 증오의 정치는 인종적 타자에게 특정한 의미를 부여하는 과정을 수반한다. 우리는 이를 '[타자를] 닮지 않은 것으로 만들어내는 일'이라고 부를 수 있다. 증오는 주체가 몰아내려는 타자에 대한 부정적 애착을 의미한다. 이때의 애착은 타자를 신체적으로도 사회적으로도 가까운 곳에서 몰아내려는 시도를 통해 지속된다. 이 절에서 나는 앞선 두 절에서 전개한 주장을 함께 아우르고자 한다. 증오의 정동 경제, 다시 말해서 증오가 특정한 몸을 가리키지 않는 기호를 통해 순환한다는 것이 몸이 형태를 갖추는 방식에 영향을 미친다는 점에 주목하려고 한다. 특히 증오의 기호 사이에서 나타나는 움직임이 증오의 대상이 되는 몸에 어떤 영향을 미치는지 살필 것이다.

증오범죄를 둘러싼 정치는 증오의 언어와 몸의 표면이 형성되는 과정의 관계를 알려준다. 일반적으로 증오범죄는 피해자가 속한 집단의 정체성(인종, 종교, 섹슈얼리티 등) **때문에** 발생한 범죄로 정의된다.

> 개인의 인종, 종교, 피부색, 장애, 성적 지향, 출신 국가, 혈통을 **이유로** …… 의도적으로 특정인에게 범죄를 저지르거나 …… 그가 소유 또는 점유한 재산에 손해를 가하는 등 피해가 발생한 경우는 형을 가중한다. [위스콘신주 대 미첼Wisconsin v. Mitchell] (Jacobs and Potter 1998: 3. 원저자 강조)

증오범죄의 핵심은 개인의 몸에서 집단을 **인식한다**는 점이다. 그러나 증오범죄 방지법에 명시된 "이유"라는 표현은 증오범죄의 핵심이 되는 인식 과정을 감춘다. 증오범죄 방지법에 "이유"가 명시된다는 점은 집단 정체성이 법 제정 이전부터 존재하며 범죄의 원인으로 작동한다는 가정을 시사한다. 그러나 집단 정체성은 범죄의 효과로도 나타난다.[4] 증오범죄가 개인의 몸에서 집단을 인식하는 일을 수반한다는 사실은 범죄가 실제적이지 않다거나 '직접적'이지 않다는 의미가 아니다. 오히려 집단을 인식하는 일이 범죄를 통해서 일어난다는 점에서 그러한 인식은 물질적 효과를 지닌다. 즉 증오범죄는 개인의 몸에 폭력을 가함**으로써** 집단에 폭력을 가하는 것이다. 타자에게 폭력을 가하는 일은 타자의 정체성을 고정하고 봉인하는 방식 가운데 하나라고 할 수

감정의 문화정치

있다. 타자는 가해자가 느끼기에 특정한 정체성을 체현하도록 가해자에 의해 **강제되고**, 이러한 강제는 피해와 상해를 일으킨다.

증오범죄에 법적 책임을 묻는 일은 소수자에게 가해지는 폭력이라는 부정의에 대응하는 한 가지 방법이다.[5] 나는 '증오범죄'라는 개념이 부정의를 바로잡는 데 유용한 지점이 있다고 생각한다. 타자와의 강렬하고 부정적인 애착인 증오가 인종차별을 비롯한 구조적 폭력을 둘러싼 정치적 장에서 어떤 역할을 하는지가 증오범죄라는 개념을 통해 분명하게 드러나기 때문이다. 질라 아이젠스타인Zillah Eisenstein이 지적하듯이 우리는 증오에 주목함으로써 인종차별이 정신적 투자와 신체적 투자를 수반한다는 점을 이해할 수 있다(Eisenstein 1994: 5-22). 어떤 이들은 증오범죄 방지법이 권력의 문제를 마음의 문제로 혹은 마음의 문제에서 기인한 것으로 바꿔놓을 가능성이 있다는 점에서 법의 위험성을 경고한다. 예를 들어 데이비드 시오 골드버그David Theo Goldberg는 법이 증오를 설명하는 방식에 따르면 인종차별적 표현의 문제가 심리적 기질 문제로 뒤바뀐다고 주장한다(Goldberg 1995: 269). 또한 앤재닛 로즈거AnnJanette Rosga는 증오범죄를 범죄의 한 형태로 규정하는 일은 "편견과 증오를 개인적이고 심리적인 것으로 다룸으로써 억압을 개인화하는 모델을 뒷받침할 가능성이 있다"고 이야기한다(Rosga 1999: 149). 이러한 비판은 유용한 측면이 있으며, 감정을 심리적 기질의 문제가 아니라 사회적 규범에 대한 투자로 이해하는 일이 중요하다는 것을 일깨워준다. 증오의 정치에 주목하는 일은 투자의 문제를 살피도록 이끈다. 주체와 타자는 어떻게 규범에 **투자하게** 되는가? 그러한 투자는 어떻게 규범의 종말을 끔찍한 상황으로 받아들이게 만드는가? 우리는 권력과 불평등의 문제를 심리적인 문제로 다루지 않도록 유의해야 하지만, 동시에 구조와 제도를 물화하지 않도록 유의해야 한다. 구조에 투자하는 우리의 모습을 조명하는 작업은 바로 구조가 의미를 지니는 과정 혹은 당연한 것으로 느껴지는 과정이 감정의 작용을 통해 이루어지는 지점에 주목한다. 이 감정의 작용은 시간이 걸리지만 늦지 않게 이루어진다. 이에 '증오범죄'를 범죄의 한 형태로 다루는 일은 타자에게 가해지는 폭력이 사회적이고 구조적인 형태의 권력을 수반할 뿐만 아니라 마음 깊이 작용하는 신체적인 형태의 권력을 수반한다는 점을 우리에게 알려줄 수 있다.

증오가 이른바 '극단주의자'에 관한 것이 아니라 평범한 것이 생산되는 과정의 한 부분이라면(마찬가지로 '극단' 역시 평범한 것이 생산되는 과정의 한 부분이라고 해야 할 것이다), 우리는 증오를 범죄로 이야기하는 것이 과연 무슨 의미가 있는지 질문할 필요가 있다. 마찬가지로 증오를 극단주의자들이 하는 행동이라고 설명하는(그래서 '평범한 국가' '평범한 주체'가 저지르는 폭력에 대해서는 책임을 면제하는) 서사에 도전하는 일은 중요하지만, 증오가 작동하는 여러 방식이 있음을 이해하는 것 또한 중요하다. 다시 말해서 (타자를 겨냥한 물리적 폭력, 험담, 폭언과 같은) 특정한 행동이 언제나 증오의 불균등한 효과 **때문에** 일어나는 것은 아니다. 물론 모든 주체가 같은 방식으로 증오하는 것 역시 아니다. 우리는 어떤 행동이 올바르지 않으며 부당하다고 규정할 수 있고, 그러한 행동을 저지른 개인이나 집단에 책임을 물을 수도 있다. 평범한 것과 범죄에 해당하는 것이 서로 반대된다고 해석하지 않는 접근을 따

감정의 문화정치

라서 증오범죄에 해당하는 증오와 그렇지 않은 증오의 구분을 흐릿하게 만든다고 해서 증오범죄가 초래한 결과에 대한 책임을 없애는 것은 아니다.

　내가 증오범죄를 범죄의 한 형태로 다루는 일이 유용하다고 주장할 때 언급하는 근거는 증오범죄 개념의 한계 역시 시사한다. 증오가 세계의 표면을 형성하는 과정에서 불균등한 효과를 발생시킨다는 점에서 증오범죄는 이러한 효과와 무관한 별개의 법률이 아니다. 어떤 면에서 증오범죄의 한계는 범죄를 존재론적 범주로 구별해서 다루려는 법의 한계이기도 하다. 어떤 사회적 집단의 생존이 누군가를 부정하는 데 달려 있다고 인식하는 일이 증오에서 비롯한다고 할 때, 우리는 증오와 부정의를 연결해서 살펴볼 수 있다. 물론 이때의 부정의는 법으로 환원되지 않는 동시에 법과 관련된다(Derrida 1992 참조). 타자에게 가해지는 증오는 언제나 타자의 운명을 **결정짓는**sealing 방식으로 작동하며, 이에 증오는 증오가 타자에게 미치는 효과에 **관한** 것이다. 이를 고려하자면 증오범죄를 범죄의 한 형태로 법에 도입하는 일은 법으로 진실을 규명하는 방식이 아니라 **부정의의 정동적 삶**에 주목함으로써 증오가 일으킨 효과를 드러내는 방식이 되어야 한다.

　오드리 로드의 사례를 다시 살피면서 우리는 이러한 질문을 던질 수 있다. 백인 여성과 마주친 흑인 몸은 어떻게 다시 형성되는가? 자신을 증오의 대상으로, 상대와 '닮지 않은' 특성을 지닌 존재로 마주한 흑인 몸은 어떻게 되는가? 앞선 부분에서 나는 흑인과 마주한 백인 여성이 자신을 예외적인 존재로 느끼는 지점을 강조해서 설명했다. 하지만 타자가 서로 마주치는 상황에서 증오받는 존재로 규정된 이들의 몸에 증오가 무슨 일을 하는지는 다루지 않았다. 이는 증오와 증오범죄를 증오받는 사람이 아니라 증오하는 사람의 관점에서 사유하는 경향을 증상적으로 보여준다. 그리고 당연하게도 증오받는 몸이 없어지는 일은 증오범죄가 본질적으로 추구하는 것이기도 하다. 우리가 하는 분석에서조차 증오받는 몸이 사라지게 만드는 일은 증오범죄로 인한 부정의를 바로잡기보다 증오범죄를 되풀이하는 것일 수 있다.

로드는 백인 여성의 움직임을 따라 한다. 로드의 시선은 백인 여성을 따라 "아래로 향했다". 시선을 아래로 향하는 일, 그리고 자신의 시선으로 몸을 바라보는 일은 중요한 의미를 지닌다. 증오받는 몸은 증오하는 사람뿐만 아니라 증오받는 사람에게도 증오의 대상이 된다. 프란츠 파농Frantz Fanon의 《검은 피부, 하얀 가면Black Skin, White Masks》은 백인의 시선을 '떠안는' 것을 핵심 주제로 한다. 파농은 흑인 몸이 "끔찍한 대상성에 갇히는" 모습을 묘사한다(Fanon 1986: 109). 로드의 시선이 백인 여성과 마찬가지로 아래로 향하는 순간 로드는 두려움을 느낀다. 자신을 백인 여성이 증오하는 대상으로 인식하게 된 것이다. 루이 알튀세르Louis Althusser(1971)의 표현을 빌리자면 로드는 증오받는 존재로 "호명된다". 증오가 '하는 일'은 단지 증오가 표출된 순간에 '완결'되지 않는다. [증오의] 연쇄적인 효과(이자 정동)는 순환한다. 증오의 대상이 순환하는 데 아무런 제약이 없는 것은 아니다. 로드의 이야기에서 흑인 몸은 혐오스러운 존재로 간주되고 증오라는 느낌을 일으킨 원인으로 지목되면서 (일시적으로) 피부에 갇히게 된다. 이에 흑인 몸은 **부정적인 특성**을 지닌 것으로 여겨진다. 다시 말해서 흑인 몸을 증오받는 몸으로 바꿔내는 과정은 타자의 몸을 증오의 형상 안에 가두고 봉인하는 일로 이어진다. 반면 로드에게서 멀어진 백인 여성은 앞으로 나아간다. [이러한 맥락에서] **어떤 몸이 움직일 수 있다는 것은 이들이 타자를 증오받는 대상으로 봉인한다는 것을 의미한다.**

　우리가 해야 하는 일은 대상이 된다는 것이 어떤 느낌인지 살펴보는 작업일 것이다. 마리 마츠다Mari J. Matsuda는 증오가 피해자의 몸에 미치는 영향에 주목한다.

> 증오를 담은 메시지는 피해자에게 구체적이고 즉각적으로 부정적인 효과를 일으킨다. 악랄한 증오 선동의 피해자가 겪는 생리적 증상과 감정적 고통은 뼛속까지 스며드는 공포부터 맥박 증가, 호흡곤란, 악몽, 외상후스트레스장애, 고혈압, 정신증, 자살에까지 이른다. (Matsuda 1993: 24)

　마츠다는 언어폭력이나 물리적 폭력으로 나타난 증오가 "우리가 가장 깊은 고통을 느끼는 지점을 정확하게 겨냥한다"고 이야기한다(Matsuda 1993: 25). 이처럼 생생한 고통의 경험은 증오의 작용 혹은 증오가 **하는 일** 가운데 하나라고 할 수 있다. 증오는 자신이 스스로에 증오의 대상이 되는 몸에 효과를 발생시키며, 이들은 다른 사람이 자신을 향해 표출하는 증오에 영향을 받는다. 증오는 ([주체와 공동체를] 연동함으로써) 주체와 공동체의 정체성을 형성하는 수단일 뿐만 아니라 고통을 통해 타자의 세계를 파괴하는 도구이기도 하다(Scarry 1985. 1장 참조). 다시 말하면 증오범죄는 타자를 **부스러뜨리는** 것을 목표로 삼는다. 이에 대해 퍼트리샤 윌리엄스Patricia J. Williams는 증오범죄가 "영혼을 죽이는 살인"이라고 이야기한다(Matsuda 1993: 24에서 재인용).

마츠다는 증오범죄가 마음 깊이 작용하는 신체적인 정동을 일으킨다는 점을 강조한다. 마츠다의 논의에 비춰보면 **피해자의 몸은 일종의 증언으로 해석된다.** 증오범죄의 진실은 이와 같은 증언을 통해 법의 영역에서 규명된다. 한편 이는 혐오발언을 다루는 증오범죄 방지법에 특정한 문제를 제기한다. 법에 따르면 특정한 결과가 오로지 증오범죄로 인해서 발생했음을 입증해야 한다. 엄밀하게 이야기하자면 멍든 자국처럼 신체적 폭력의 흔적이 없는 경우에는 증오범죄가 성립하기 매우 어렵다. 이에 레이 주레이디니Ray Jureidini를 비롯한 연구자는 법의 "주관성"이 문제라고 지적하기도 한다. "어떤 이들은 특정 종족에 대한 고정관념을 반영한 농담이나 욕설을 문제로 인식하고 화를 내지만, 어떤 이들은 그렇지 않다"(Jureidini 2000: 13). 만약 혐오발언의 정동과 효과가 완전히 정해진 것이 아니라면, '피해'가 혐오발언으로 인한 부정의를 입증하는 증거로 얼마나 활용될 수 있을까? 피해자의 이야기를 경청하는 일이 정의를 실현하는 도구로 얼마나 활용될 수 있을까?

우리는 여기서 웬디 브라운(1995)과 로렌 벌랜트Lauren Berlant (2000)가 제기한 중요한 논의를 살펴볼 필요가 있다. 브라운과 벌랜트는 상처를 정체성의 증거로 물신화하는 "상처의 문화"를 비판한다(1장 참조). 상처의 문화는 개인이 겪은 피해를 (보상이나 배상을) 요구하는 근거로 삼을 뿐만 아니라 정체성을 주장하는 근거로 삼는다. 이에 피해에 대한 "반응"이 정치의 기초를 형성하며, 진실과 부정의가 동의어로 간주된다(Brown 1995: 73). 상처의 문화에 대한 비판은 고통의 역사를 주의 깊게 살피지 말아야 한다는 의미가 아니다. 고통의 역사가 부정의의 역사를 드러내는 것이라고 할 때, 고통은 **부정의의 역사를 몸으로 살아낸 것**으로 이해할 수 있다. 상처를 물신으로 만드는 일이 벌어지는 이유는 바로 이러한 역사를 감추기 때문이다. 상처를 입게 된 [역사적] 과정을 잊어버림으로써 물신화를 되풀이하는 일이야말로 더 커다란 부정의일 것이다. 내가 이야기하려는 것은 한 가지다. **증오와 증오범죄로 인한 정동과 효과를 주의 깊게 살피는 일이 중요하다는 것**이다. 이는 폭력과 정체성이 단일한 관계를 맺는다고 전제하는 것이 아니라 폭력과 정체성이 어떤 관계를 맺는지 질문하는 것에 가깝다. 증오와 증오범죄로 인한 정동과 효과가 완전히 정해진 것이 아니며, 이러한 정동과 효과가 특정한 정체성으로 굳어지지 않는다는 이야기는 정동과 효과가 중요하지 않다는 뜻도 부정의에 해당하지 않다는 뜻도 아니다. 물론 정동과 효과는 좁은 의미에서 부정의의 증거나 정체성을 주장하는 근거로 기능하지는 못하며, 피해를 부정의를 나타내는 증거로 다루는 일은 그 자체로 정의롭지 않은 일이 될 수 있다. 증오하는 언어와 몸은 진실의 영역에서 작동하는 것이 아니라 타자로 이루어진 세계를 창조하고 파괴하는 방식으로 작동한다. 증오범죄로 인한 정동을 주의 깊게 살피는 일은 그러한 정동이 언제나 정해진 것은 아님을 인식하는 작업을 반드시 수반해야 한다. 우리는 증오의 대상이 된다는 것이 어떤 느낌인지 이미 알고 있다고 전제해서는 안 된다. 예컨대 증오를 마주하는 일이 누군가에게는 고통을 일으키지만 누군가에게는 분노를 일으킨다. 즉 증오범죄의 '목표'가 타자에게 고통을 주는 데 있다고 할 때, 증오범죄가 항상 목표를 실현하는 것은 아니라고 할 수 있다. 우리는 증오가 어떤 정동을 일으키는지 찬찬히 살펴야 한다.

그렇다면 타자를 적대하는 행동이라는 측면에서 증오로 인한 결과가 완전히 정해지지 않는다는 것이 정치에는 어떠한 의미일까? 주디스 버틀러는 《혐오발언Excitable Speech》에서 증오범죄로서 혐오발언이 지닌 의미를 미리 결정하는 것이 불가능하다고 지적한다. 버틀러는 모든 기표는 다양한 방식과 새로운 맥락에서 활용할 수 있으며, 이에 증오를 나타낸다고(증오 외의 다른 의미가 없다고) 간주되는 기호도 또 다른 방식으로 작동할 수 있다고 주장하면서 십자가 불태우기를 사례로 언급한다(Butler 1997a: 19).* 이러한 관점에서 버틀러는 마츠다를 비롯한 몇몇 연구자의 논의를 비판한다. 버틀러가 생각하기에 이들은 증오가 특정한 기호에 내재한다고 가정하며, 그러한 기호가 발생시키는 효과가 기호의 순환 이전에 이미 정해져 있다고 전제한다. 나는 버틀러의 이야기에 동의한다. 앞서 설명했듯이 증오는 경제적 속성을 지니며, 특정한 기호나 몸에 실증적으로 내재하지 않는다. 하지만 나는 버틀러가 마츠다의 작업에서 중요한 부분을 차지하는 정동과 효과의 관계를 간과했다고 생각한다. 우리는 마츠다가 알려준 것처럼 혐오발언의 효과에 관한 문제를 **정동**과 더불어 살펴야 한다. 또한 버틀러가 알려준 것처럼 정동이 이미 정해진 것이 아님을 파악해야 한다. 만일 정동이 이미 정해진 것이 아니라면, 정동

감정의 문화정치

은 어떠한 과정을 통해서 정해지는가? 우리가 증오를 뜻하는 특정한 기호가 어떻게 정동적 반응을 끌어내는지 질문해야 한다. 이를 다르게 표현하면 다음과 같다. 증오를 뜻하는 특정한 기호는 왜 반복되는가? 그러한 기호가 과잉결정되기 때문인가? 정동적 효과를 발생시킨다는 점에서 이미 열린 역사를 계속 열어두기 때문인가?

특정한 기호가 반복되는 이유는 기호가 그 자체로 증오를 담고 있기 때문이 **아니라** 열린 상태로 남아 있는 역사가 일으킨 효과이기 때문이다. '검둥이Nigger' '파키Paki'와** 같은 표현은 끈적이고는 한다. 이들 표현은 상대를 특정한 역사 가운데로 불러내

---

* 　1990년 미국 미네소타주 세인트폴시에서 한 백인 소년이 흑인 가족이 사는 집 앞마당에서 십자가를 불태우는 사건이 발생했다. 십자가 불태우기는 흑인을 비롯한 사회적 소수자에 대한 린치를 자행한 백인 우월주의 단체 쿠 클럭스 클랜Ku Klux Klan이 결속을 과시하고 폭력을 예고하는 행동 가운데 하나였다. 미네소타주 법원은 십자가 불태우기를 금지한 편견범죄 방지법을 근거로 이를 '공공의 안전과 질서에 위협하는 행동'으로 판단했다. 그러나 1992년 연방대법원은 해당 법이 표현의 자유를 보장한 수정헌법 제1조에 위반된다고 판시하고 기존의 판결을 뒤집었다(R.A.V. 대 세인트폴시). 마찬가지로 2003년 연방대법원은 십자가 불태우기가 그 자체로 사람이나 단체를 위협할 목적으로 한다고 추정한 버지니아주법이 수정헌법 제1조에 위반된다고 판시했다(버지니아주 대 블랙). 주디스 버틀러는 1992년 연방대법원 판결이 십자가 불태우기를 둘러싼 폭력의 역사를 무시하고 십자가 불태우기로 피해를 겪은 이들을 오히려 표현의 자유라는 헌법적 가치에 맞서는 이들로 형상화했음을 비판하는 한편, 혐오발언을 규제하려는 노력이 무엇이 혐오인지, 무엇이 혐오발언에 해당하는지 법원이 정하도록 만드는 일로 이어지는 것을 경고한다. 자세한 논의는 다음을 참조. Judith Butler, "Burning Acts: Injurious Speech", *The University of Chicago Law School Roundtable* 3(1), 1996, pp.199~221.

** 　이 표현은 좁게는 파키스탄 사람을, 넓게는 남아시아 사람을 비하하는 표현으로 영국 등에서 사용된다.

는 것을 통해 상대를 타자로 호명한다. 상대를 비하하는 말은 차이의 경제 가운데 타자에게 특정한 의미를 부여한다(끈적이는 기호에 대한 자세한 논의는 4장 참조). 상대를 타자로 호명하는 표현과 기호가 **끈적인다**는 이야기와 이들이 다른 방식으로는 작동하지 않는다는 이야기는 같지 않다. 이들 표현과 기호가 폭력을 행사하고 모욕을 주는 방식으로 활용된 역사로 환원될 수는 없지만, 그렇다고 해서 그러한 역사에서 자유로운 것 역시 아니다. 다시 말해서 어떠한 표현이 끈적이는 이유는 그러한 표현이 특정한 정동을 **통해서** 무언가 혹은 누군가에게 달라붙기 때문이다. 어떤 사람이 특정 인종에 대한 모욕적인 표현을 사용하는 상황을 생각해보자. 예컨대 로드에게서 물러선 백인 여성은 자신에게 동조하는 다른 승객에게 '검둥이'라든지 '바퀴벌레'와 같은 말을 조용히 중얼거렸을지도 모른다. 이처럼 모욕은 타자를 겨냥하는 한편 제삼자를 매개한다. 이들이 모욕적인 표현을 사용하는 이유는 그러한 표현이 정동적이기 때문이다. 물론 타자에게 '흔적이 남거나' 상처가 생길 것인지, 그로 인해 모욕의 역사가 되풀이될 것인지는 누구도 장담할 수 없다. 혐오발언이 정동적 속성을 지닌다는 점은 혐오발언이 작동하는지 그렇지 않은지는 그다지 중요한 문제가 아니라는 것을 우리에게 알려준다. 정말 중요한 질문은 이것이다. **혐오발언을 마주한 사건은 혐오발언이 증오의 대상으로 바꿔놓는 타자의 몸에 어떤 효과를 발생시키는가?**

증오가 정동 경제로 작동한다는 점을 이해할 때, 우리는 비로소 이 질문에 답할 수 있다. 증오는 특정한 기호에 실증적으로 내재하지 않으며, 기호와 몸 사이에서 순환하고 움직인다. 증오의 기호가 순환하면서 무언가 혹은 누군가는 움직이고 다른 무언가 혹은 누군가는 고정된다. [앞서 이야기했듯] 어떤 몸이 움직일 수 있다는 것은 이들이 타자를 증오받는 대상으로 봉인한다는 것을 의미한다. 이처럼 증오의 역사를 추적하는 작업은 몸의 표면을 해석하는 일, 그리고 증오의 역사가 형성한 이들의 이야기를 경청하는 일을 수반한다.

3 장

공포의 정동 정치

PAIN
HATE
FEAR
DISGUST
SHAME
LOVE
QUEER
FEMINISM
JUSTICE

"저기 봐, 검둥이야!" 밖에서 전해진 자극이 지나가던 나를 빠르게 스쳐갔다. 나는 딱딱한 미소를 지었다.

"저기 봐, 검둥이야!" 맞는 말이었다. 나는 재미를 느꼈다.

"저기 봐, 검둥이야!" 동그란 매듭이 지어진 밧줄처럼 그 말이 더욱 세게 조여들었다. 나는 재미를 감출 수 없었다.

"엄마, 저기 검둥이예요. 무서워요! 무서워! 무서워!" 그들은 점점 나를 무서워하게 됐다. 나는 눈물이 날 만큼 웃어버리고 싶었다. 그러나 그렇게 웃기란 이미 불가능했다.

(Fanon 1986: 111-112)

무엇이 우리를 두렵게 만드는가? 누가 누구를 무서워하는가? 백인 아이와 마주친 파농의 사례는 공포가 단지 곁을 지나가는 누군가를 무서워하는 문제가 아님을 알려준다. 공포의 대상은 과잉결정된다. 백인 아이가 공포의 대상으로 지목하는 '검둥이'는 흑인 남성에 대한 기억 흔적을 통해 매개된다. [그러나] 공포는 주체가 스스로 자신에게 하는 존재론적 말하기를 통해 표명된다. "(나는I'm) 무서워요!" 주체는 자신이 공포를 느끼고 있음을 말로 표현하면서 공포의 '원인'이 상대에게 있다고 이야기한다. "그들은 점점 나를 무서워하게 됐다." 이처럼 백인이 언어를 통해 의미화하는 공포는 단지 한 사람에게서 발생해서 완결되는 것이 아니다. 공포는 주체와 대상 모두에게 작동한다. 다시 말해서 주체와 대상으로 변화되는 이들의 몸을 통해, 이들의 몸에 작동한다. 백인의 공포는 흑인 몸을 조여든다. 미소는 점점 딱딱해지다가 결국 불가능해지며, 더 나아가 흑인 몸 자체가 공포에 사로잡히게 된다. 흑인 몸은 자신을 사로잡는 공포를 자신의 것으로 생각하게 되면서 자기 자신을 불가능한 존재로, 살아낼 수 없는 존재로 여기게 된다. 이와 같이 공포는 그저 대상과 타자를 향해 안에서 밖으로 향하는 것('백인 아이는 흑인 남성을 두려워한다')이 아니다. 오히려 공포는 백인 아이와 흑인 남성의 관계를 공고하게 만드는 방식으로 작동한다. 공포는 피부에서 느껴지는 떨림을 통해 두 몸을 하나로 묶는 동시에 떼어놓는다. 이때 두 몸의 표면은 둘의 마주침을 통해서 형성된다.

이야기는 계속 이어진다.

내 몸을 되돌려받았다. 하얀 겨울, 널브러지고 비틀리며 색이 달라지고 슬픔에 뒤덮인 몸을 되돌려받았다. 검둥이는 동물이다. 검둥이는 이상하다. 검둥이는 비열하다. 검둥이는 추하다.

저기 봐, 검둥이야. 추운가 봐. 검둥이가 떨고 있어. 검둥이는
추워서 떨고 있다. 소년은 검둥이가 무서워서 몸서리친다. 검
둥이는 뼈로 스며드는 추위 때문에 떨고 있다. 잘생긴 소년은
검둥이가 화가 나서 부들댄다고 생각해서 몸서리친다. 백인 소
년은 엄마 품으로 뛰어든다. 엄마, 검둥이가 나를 잡아먹으려
고 해. (Fanon 1986: 113-14)

흑인 남성은 백인의 적대적인 시선이 붙잡아가고 빼앗아간
흑인 몸을 "되돌려받는다". 흑인 남성에게 공포는 추위로 느껴진
다. 흑인 몸은 표면에서 몸속 깊은 곳까지 파고드는 추위, "뼈로
스며드는" 추위로 인해 떨린다. 공포는 공포를 느끼는 몸을 휩싸
며, **마치** 공포가 밖에서 안으로 향한다는 듯이 몸을 공포에 휩싸
이고 에워싸는 것으로 구성해낸다. 한편 공포가 두 몸을 하나로
묶는 것은 맞지만, 두 몸이 같은 느낌을 나누는 것은 아니다. 정동
을 나타내는 기호가 두 몸 사이를 지나가는 듯 보이지만('검둥이'
가 몸을 떠는 것이 백인 소년이 몸서리치는 것으로 이어진다), 이는 같은
정동이 아니다. 두 몸 사이를 지나가는 정동은 상대의 느낌을 이
해(오해)하는 데 기인한다. 백인 아이가 흑인 남성이 몸을 떠는 모
습을 분노에 찬 상태로 오해하는 것이 선행하고, 이를 자신이 느
끼는 공포의 '원인'으로 이해하는 것이 잇따른다. 다시 말해서 주
체가 오해함에 따라 타자는 비로소 무서운 존재로 여겨진다. 주
체의 오해는 타자를 거쳐 주체에게로 다시 돌아온다. 즉 타자는
백인 아이가 자신에게 공포를 느낀다는 것에 공포를 느끼며, 백
인 아이는 그러한 타자의 공포를 [공포의 원인으로] 오해한다. 하

지만 그렇다고 해서 공포가 백인 아이에게서 시작됐다는 뜻은 아니다. 백인 아이는 공포의 시작점(더 나아가 공포의 원저자)이 아니다. 공포는 (아동기의 환상을 되풀이하면서) 연상 작용을 구조화하는 과거 역사를 환기하고, 이는 백인 몸을 흑인 몸과 구분된 것으로 현재 시점에 구성한다.

우리는 여기서 공포가 하는 일이 분명히 있다는 점에 주목할 필요가 있다. 공포는 두 사람의 거리를 다시 구축한다. 두 사람의 거리는 피부 표면에서 느껴지는데, 그러한 느낌이야말로 표면을 만들어낸다(떨고 있는 표면, 색이 달라진 표면). 공포는 백인 몸과 흑인 몸이 가까이 있는 상태와 관련이 있으며, 이는 백인 몸의 '예외성'이 구축되는 데 핵심이 된다. 백인 몸과 흑인 몸이 가까이 있는 상태는 정형화된 이미지의 반복을 수반한다. 파농은 백인 아이와 마주친 경험을 통해서 정형화된 이미지에 대해 논의한다. 정형화된 이미지는 마치 당연히 그러하다는 것처럼 타자의 존재에 대한 고정된 설명을 반복한다('검둥이는 **원래 그래**is'). 정형화된 이미지는 타자의 의미를 고정하려고 한다. 의미를 고정하기 위해서는 이미지를 반복하는 일이 필수적인데, 호미 바바Homi Bhabha(1994)가 지적하듯이 정형화된 이미지의 반복은 이미지를 확고하게 만들기보다 불안하게 만든다. 이 난감한 사실이 흥미로운 이유는 **이미지가 반복되는 과정에서 전형성이 사라질 수 있기** 때문이다. 한편 공포는 정동 경제로도 작동한다(2장 참조). 공포는 특정한 대상이나 기호에 실증적으로 내재하지 않는다. 바로 이러한 특성으로 인해 공포는 여러 기호를 가로지르고 서로 다른 몸 사이를 미끄러지듯이 움직인다. 미끄러지듯이 움직이는 공포는 공포를 나

감정의 문화정치

타내는 기호가 어떤 몸에 붙는 순간 잠시 멈춰 선다. 공포의 기호가 붙은 몸은 공포로 감싸이고 이내 공포는 그 몸의 속성이 된다.

　여기서 중요한 점은 우리가 환상에 사로잡히고 만다는 것이다. 백인 아이는 엄마에게 이렇게 말한다. "엄마, 검둥이가 나를 잡아먹으려고 해." 타자의 몸에 흡수되고 말 것이라는 식인 환상은 공포 정치의 핵심을 차지한다. 공포는 타자가 **주체를 집어삼키려고 한다는 위기의식**을 촉발함으로써 타자를 두려운 존재로 만들어낸다. 이러한 환상은 타자를 주체의 자아뿐만 아니라 주체의 삶, 더 나아가 고유의 생명을 지닌 독립된 개체로서의 존재성을 위협하는 것으로 그려낸다. 결국 타자에 대한 환상은 타자에게 가하는 폭력을 정당화하는 효과를 발생시킨다. 그러나 백인의 생명을 위협한다고 여겨지는 타자의 존재는 **생명을 빼앗기보다 생명을 선사한다.** R. D. 랭R. D. Laing의 표현을 빌리자면 공포 담론은 주체의 욕구를 충족하는 일이 아니라 주체를 보호하는 일과 관련이 있다(Laing 1960: 40). 어떤 의미에서 공포는 단순히 '나'를 보호하는 일뿐만 아니라 '우리', '존재', '우리가 아는 모습의 삶', 더 나아가 '삶 자체'를 보호하는 일과 관련이 있다.

　이 장에서 나는 공포를 '정동 정치'로서 살펴보려고 한다. 공포는 삶 자체가 위기에 처해 있다고 선언함으로써 삶을 보호한다. 먼저 나는 공포, 불안, 대상의 상실 혹은 '지나감' 사이의 관계를 조명할 것이다. 이어서 신체적 공간과 사회적 공간이 연동되는 일이 공포와 맺는 관계를 탐색하려고 한다. 특히 공포가 몸이 차지하는 공간을 작게 만든다는 점과 그렇게 장소가 줄어듦에 따라 사회적 공간에서 몸의 이동성이 제한된다는 점에 주목하고자 한다. 마지막으로 권력을 유지하는 데 공포가 어떤 역할을 하는지 밝힐 것이다. 특히 국제 테러리스트라는 형상에 관한 구체적인 사례를 통해 위기 서사가 동시대의 사회적 규범을 수호하는 방식으로 작동한다는 점을 드러내려고 한다.

공포와 불안

공포와 불안을 구분하는 가장 대표적인 기준은 대상의 유무다. 공포가 대상을 **지닌다**는 점은 공포의 특징으로 자주 제시된다. 스탠리 래크먼Stanley Rachman에 따르면 공포는 "식별 가능한 위협"에 대한 감정적 반응을 의미하고, 불안은 "위협적이지만 명확히 파악하지 못한 사건에 대한 초조한 예감" 혹은 "우려를 자아내는 긴장감"을 의미한다(Rachman 1998: 2-3; Fischer 1970 참조). 나는 대상의 부재가 공포의 문제에 남기는 인상과 불안의 문제에 남기는 인상에 차이가 있다는 점을 고려하는 동시에 공포가 대상이 '지나가는 일'과 관련이 있다는 점에 주목함으로써 기존의 모델에 질문을 던지려고 한다.

공포가 대상과 맺는 관계에서 시간적 차원은 중요한 의미를 지닌다. 우리는 우리에게 다가오는 대상을 두려워한다. 고통과 마찬가지로 공포는 불쾌한 강렬함으로 느껴진다. 공포를 느끼는 생생한 경험은 현재 시점에서 불쾌감을 주지만, 공포로 인한 불쾌감은 미래와도 관련이 있다. 공포는 상처나 피해를 **예감하는 일**을 수반하며, 우리를 현재에서 미래로 이끈다. 그러나 공포

감정의 문화정치

가 우리를 밀어붙이는 미래는 현재 시점에서 느껴지는 강렬한 신체적 경험으로 나타난다. 땀이 흐르고 가슴이 요동치면서 온몸은 강렬한 불쾌함이 느껴지는 장소로 변한다. 공포가 남기는 이러한 인상은 우리를 압도하고 존재를 지워버릴 듯이 강한 힘으로 우리를 밀친다. 이로 인해 우리는 때로는 달아나기도 하고 때로는 꼼짝하지 못하는 상태에 처하기도 한다. 다시 말해서 우리가 두려워하는 대상은 그저 우리보다 먼저 우리 앞에 존재하는 것이 아니라 미래에 발생할 고통에 대한 예감으로서 현재 시점에 우리에게 인상을 남긴다.[1]

마르틴 하이데거Martin Heidegger는 우리가 공포를 느끼는 이유가 우리에게 다가오는 대상이 구체적으로 존재하지 않기 때문이라고 설명한다.

> 우리에게 해롭고 위협적인 것은 아직 가닿을 만큼 가까이 있지는 않지만 점점 다가오고 있다. …… 해로운 것이 가까이 접근함에 따라 [대상이] '올 수도 있겠지만 결국에는 오지 않을 것이다'라는 느낌이 강해진다. 우리가 두렵다고 하는 느낌이 바로 이것이다. 이는 우리에게 가까이 다가오는 해로운 것이 우리와 마주하지 않고 우리 곁을 지나가버릴 명시적인 가능성을 암시한다. 그러나 우리가 느끼는 무서움은 줄어들거나 없어지지 않고 반대로 커진다. (Heidegger 1962: 179-80)

우리는 하이데거가 현재에 존재하지 않는 것, 다시 말해서 시공간적 측면에서 '지금 여기'에 있지 않은 것과 공포를 연결하는 지점에 주목할 필요가 있다. 공포는 이미 있는 무언가에 대한 반응이 아니라 우리에게 다가오는 무언가에 대한 반응이다. 이처럼 공포가 미래와 관련이 있다는 점으로 인해 공포의 대상은 이미 도달한 것이 아니라 우리 곁을 지나갈지도 모르는 것이 된다. 다만 공포의 대상이 우리 곁을 지나간다고 해서 우리가 공포를 극복하는 것은 아니다. 오히려 공포의 대상이 구체성을 상실할 수 있다는 가능성이야말로 두려운 대상을 더욱 두렵게 만든다. 공포가 대상을 지닌다면 공포는 그 대상 안에 머물게 된다. 그러나 공포의 대상이 우리 곁을 지나갈 조짐을 보인다면 공포는 더 이상 대상 안에 머물지 않게 된다. 공포가 특정 대상을 명료하게 가리키면서도 그 대상에만 머무르지 않는다고 할 때, 공포는 구체적인 대상이 없을 때 더욱 강해진다. 이처럼 구체적인 대상이 부재하다는 것은 공포의 대상이 마치 불안의 대상처럼 어디에도 없다는 의미가 아니라 **현재에 완전히 속하지는 않는다**는 의미로 이해할 수 있다.

그런데 불안의 대상은 [정말로] 어디에도 없는 것일까?[2] 하이데거는 불안에 관해 설명하면서 불안이 갑작스레 생겨난다는 점을 강조한다. "이에 위협적인 것이 가까이 다가올 때 불안이 비롯되는 지점은 '여기' 혹은 '저기'처럼 구체적으로 '보이지' 않는다. 위협적인 것이 어디에도 없다는 사실이야말로 개인이 불안을 느끼는 대상이 지닌 특징이다"(Heidegger 1962: 231). 이를 다르게 표현하자면 우리는 불안이 특정한 대상에 들러붙는다는 점을 생각해볼 수 있다. 불안의 대상은 불안을 일으키는 원인이 아니라 불안이 대상과 기호를 오간 결과로서 생성된다. 우리가 불안을 느낄 때면 머릿속에는 여러 대상이 빠르게 움직이고는 한다. 그리고 그러한 움직임은 다시 불안감을 강화하는 방식으로 작동한다. 불안하게 만드는 '대상'에 대해 점점 더 생각하게 되는 것이다. 불안이 특정한 대상에 머무르지 않을 때, 더 많은 것을 불안의 대상으로 삼는 방식으로 커져가는 불안은 결국 세계와 맺는 정동적 관계의 다른 가능성을 모두 압도하기에 이른다. 불안은 대상과 맺는 애착의 한 가지 양식이다. 즉 불안은 대상에 달라붙고는 한다. 대상이 우리 곁을 지나갈 때도 마찬가지다.[3] 공포는 **대상이 다가오는 과정에서** 발생하고, 불안은 **대상에 다가가는 과정에서** 발생한다. 이처럼 공포와 불안의 미끄러짐은 대상이 우리 곁을 지나가는 일에 영향을 받는다.

게다가 공포의 대상이 사라질 가능성이 있다는 점을 고려하면 공포가 그 대상과 맺는 관계에는 더 심층적인 의미가 있다. 다시 말해서 공포는 공포 이상의 의미를 지닌다. 프로이트에 따르면 공포는 그 자체로 자아를 위험에서 보호하는 방어기제이자 증상으로 기능한다. 프로이트는 〈억압, 증상 그리고 불안Inhibitions, Symptoms and Anxiety〉에서 꼬마 한스 사례를 다시 살핀다. 한스는 말을 두려워하는 소년으로 프로이트는 말에 대한 한스의 공포가 그 자체로 또 다른 공포를 '대신한' 증상이라고 주장한다. 프로이트에 따르면 더 심층적인 차원에서 한스의 자아를 위협하는 공포는 아버지가 자신을 거세할 것이라는 공포다. 아버지에 대한 공포를 감당하지 못한 한스는 말에 대한 공포를 회피를 통해 '감당하고' 있었다. 우리는 여기서 한 가지를 떠올려볼 수 있다. 바로 프로이트가 제시한 무의식적 감정 모델에 따르면 의식에서 억압되는 것은 정동 자체가 아니라 정동과 연결된 아이디어라는 점이다 (Freud 1964a, 177; 2장 참조). 이처럼 공포라는 정동은 대상 사이의 전치를 통해 지속되고 더 나아가 강화된다.

대상 사이의 전치는 여러 대상을 서로 연결하는 방식으로 이루어진다. 대상과 대상의 연결고리는 공포가 만들어내는 것이 아니라 사회적 상상 가운데 이미 존재한다. 프로이트는 대상 사이의 움직임이 마음속에서 일어난다고 지적하면서 움직임이 원초적인 공포인 거세 공포로 거슬러 올라간다는 점에서 과거를 향한다고 설명한다. 이를 더 명료하게 이야기하면 같은 시간대에서 나타나는, 대상 사이의 움직임(한스의 사례에서는 말과 아버지)은 정동과 본래 연결된 아이디어(거세 위협)가 억압되면서 발생한다.[4] 이러한 공시적인 움직임은 여러 대상을 서로 달라붙게 하고 이들이 위협을 의미하는 기호가 되도록 한다. 나는 이 연결이 다양한 역사로 인해 형성된다는 점에 주목하려고 한다. 기호 사이의 움직임은 개인의 마음에서 비롯한 것이 아니라 현재에도 여전히 영향을 미치는 다양한 역사가 남긴 자취다. 우리는 파농이 백인 소년과 마주친 사례에서 이를 발견할 수 있다. 흑인 남성이 공포의 대상으로 구성되는 일은 연상 작용을 구조화하는 과거 역사에 의존한다. 흑인이라는 기호는 "검둥이", 동물, 이상함, 비열함, 추함을 뜻하는 기호와 연상 작용을 일으킨다. 이처럼 공포가 기호 사이를 움직임에 따라 공포의 대상은 현재 시점에 나타난다('검둥이는 동물이고 이상하며 비열하고 추한 **존재다**'). 기호 사이의 움직임은 타자에게 '두려운 존재'라는 정동적 가치를 부여한다.

우리는 파농의 사례를 통해서 공포의 대상이 전치되는 문제

감정의 문화정치

와 대상이 주체 곁을 지나가는 문제 사이의 연관성을 살펴볼 수 있다. 흑인 남성과 백인 소년이 마주친 장면에서 공포는 흑인 몸이라는 대상 안에 확실히 머무른다. 그러나 대상 안에 공포가 머무르는 일은 임시적이다. 공포의 대상으로 존재하는 흑인이 백인 곁을 지나갈 가능성이 있기 때문이다. 이와 같이 '지나가는 일'이 지닌 물리적 속성은 공포가 기호 사이를 지나가는 [추상적 차원과] 맞물리기도 한다. 다시 말해서 **움직임이 정동을 강화한다**. 백인 소년 곁을 지나가는 흑인 남성은 더욱 위협적인 존재가 된다. 흑인 남성이 [현재 시점에서] 가까이 있는 상태가 흑인 남성이 미래 시점에 피해를 일으킬 것이라는 상상으로 이어지기 때문이다. 이처럼 [한편으로] 공포 경제는 공포를 타자의 몸에 머무르게 만드는 방식으로 작동한다. [그러나 다른 한편으로] **공포가 발생하는 근본적인 상태가 지속돼야 한다는 점에서 공포를 타자의 몸에 '성공적으로' 머무르게 만드는 일은 반드시 실패해야 한다.**

같은 시간대에서 나타나는 공포의 움직임(즉 기호 사이의 환유적이고 끈적이는 관계가 발생하는 일)은 과거를 향하는 움직임이기도 하다. 공포의 대상은 시간이 흐름에 따라 서로가 서로를 대체한다. 공포의 대상 사이에서 일어나는 전치는 주체가 도망치려는 대상이 주체 곁을 지나가는 일과 관련이 있다. 공포를 느낀 주체가 **대상으로부터 달아나는 일**은 '내가 아닌 것'을 만들어내는 효과를 발생시킨다. 하지만 공포의 대상이 주체 곁을 지나가거나 다른 대상으로 전치된다는 점에서 주체가 공포의 대상으로부터 달아나더라도 공포의 대상은 위협으로 남는다. 이러한 측면에서 공포는 이미 존재하는 경계를 수호하는 것이 아니라 두려워하는 주체가 도망칠 대상을 생성함으로써 그러한 경계를 만들어낸다. 즉 공포는 자아와 타자의 경계에 영향을 미치는 동시에 (단지 주체와 대상의 관계가 아니라) 공포의 대상 사이의 관계에도 영향을 미친다. 여기서 공포의 대상 사이의 관계는 특정한 대상이 다른 대상보다 더욱 두려운 것이 되도록 만드는 '끈적이는' 역사로 인해 형성된다.

이러한 설명 방식은 공포가, 두려운 대상이 구체성을 상실하는 일에 국한되는 것이 아니라 대상의 상실 전반과 밀접한 관계가 있다는 것을 알려준다. 프로이트의 논의에 비춰보면 사람들이 사랑하는 대상의 상실을 두려워한다는 점에서 사실 공포는 상실에 관한 이야기라고도 할 수 있다. 나는 2장에서 프로이트가 포르트 다 놀이를 분석한 내용을 다뤘다. 프로이트는 아이가 포르트 다 놀이를 통해 어머니가 떠나고 돌아오는 모습을 상연하면서 어머니가 자신을 사랑하지 않을 가능성을 감내하려 한다고 해석한다(Freud 1964c: 15-16). 어떤 면에서 불안은 (어머니/타자[m]other를 향한) 사랑에서 비롯한다. (어머니/타자를 향한) 사랑은 주체가 세계와 맺는 관계를 안전하게 보호하지만, 사랑을 빼앗길 가능성 역시 존재한다. 이처럼 불안은 타자가 주체를 사랑하지 않을 가능성이 일으킨 효과다. 가능성의 영역이 줄어들면 사랑의 불가능성은 되살아난다. 상실의 가능성에 대한 불안은 공포의 대상으로 전치되고는 한다. 이때 공포의 대상은 주체가 모면할 수 있는 위험이자 사랑의 성취 자체를 막는 방해 요소로서 주체 밖에서 등장하는 것처럼 보인다.

여기서 파농의 이야기로 되돌아가보자. 우리는 백인 소년이 자신의 곁을 지나가는 공포의 대상으로부터 도망쳐서 어머니의 품으로 향했다는 점에 주목할 필요가 있다. 어머니의 품은 위험으로부터 안전한 보금자리이자 세계가 집으로 변하는 장소(편안한 상태)로 의미화된다. 다시 말해서 공포의 대상에서 멀어지는 일은 사랑하는 대상을 **향하는 일**을 수반하며, 사랑하는 대상은 주체를 죽음으로 몰아넣을 것처럼 위협하는 공포의 대상에서 주체를 보호하는 것이 된다. 이처럼 우리는 공포가 주체를 죽음으로 몰아넣을 가능성을 드러낼 때 역설적으로 **생명을 보호하는 사랑에 대한 환상을 지속시킨다는 것**을 알 수 있다. 환상이 반드시 요청된다는 점("엄마, 검둥이가 나를 잡아먹으려고 해요")은 두려운 대상이 주체 곁을 지나가는 일과 주체가 집과 보금자리를 상징하는 사랑하는 대상을 향해 움직이는 일이 연관된다는 것을 분명하게 보여준다. 다만 공포에 질려 도망치는 일이 주체에게 또 다른 피부를 선사하는 사랑하는 타자의 품으로 주체를 이끈다고 하더라도 타자의 품에 안기는 일 또한 상실의 가능성을 안고 있다. 우리는 공포가 사랑을 방해하는 것이 아니라 오히려 주체가 사랑하는 대상에 더 가까이 다가가도록 한다는 것을 발견할 수 있다. 그러나 주체와 사랑하는 대상 사이의 간극은 결코 없어지지 않으며, 공포의 대상이 그러하듯 사랑하는 대상 역시 주체 곁을 지나가버릴 수 있다. 주체를 형성하는 '선회turning', [다시 말해서 공포의 대상으로부터는 멀어지고 사랑하는 대상을 향해서는 움직이는 데서] 핵심이 되는 것은 **주체를 죽음으로 몰아넣는 공포의 대상이 주체 곁을 지나가는 일**이다. 두려움은 죽음의 가능성을 드러냄으로써 주체에게 '생명을 선사한다'. 우리는 우리가 감당하지 못하는 것을 두려워하지만, [역설적으로] 우리는 두려워하기 때문에 **존재할 수 없는 것을 품는지도 모른다.**

두려워하는 몸

우리는 파농의 경험을 분석하면서 공포가 체현된 경험이라는 점을 살펴봤다. 공포는 몸의 표면을 만들어내는 효과를 일으킨다. 그러나 한 가지 당연한 질문이 남는다. 어떤 몸이 어떤 몸을 두려워하는가? 물론 두려워하지 않는 몸은 없다고, 그저 저마다 다른 것을 저마다 다른 방식으로 두려워할 뿐이라고 이야기할 수도 있다. 그러나 나는 서로 다른 몸이 서로 다른 방식으로 공포를 느낀다고 주장하고자 한다. 공포 자체가 불균등하게 조직되는 문제에서 핵심이 되는 것은 장소와 이동성이다. '범죄에 대한 공포'에 관한 대부분의 논의는 공간적 관점에서 공포의 조직화를 다룬 것이다. 가장 취약한 사람이 가장 두려워한다는 통념에 따르면 취약함은 특정한 몸의 본질적 속성이나 특성으로 여겨지고 공포는 그러한 취약함으로 인해 나타나는 '합당한 반응'처럼 간주된다. 그러나 제이슨 디턴Jason Ditton과 스티븐 패럴Stephen Farrall은 범죄에 대한 불안과 범죄 피해 정도 사이에는 상관관계가 없다고 주장한다. "위험과 가장 거리가 먼 사람이 가장 두려워한다"(Ditton and Farrall 2000: xvi). 이처럼 공포는 '객관적인' 위협이나 위험에 대한 당연한 반응이 아니다. 그렇다면 왜 어떤 몸은 더 많이 두려워하는가? 취약하다는 느낌은 어떻게 구체화되는가?

빈센트 새코Vincent F. Sacco와 윌리엄 글랙먼William Glackman은 취약함을 다음과 같이 설명한다. 취약하다는 것은 "공격에 무방비하고 공격의 대상이 되기 쉽다고 느끼는 것"으로서 "이러한 느낌은 무언가를 범죄를 일으킬 위험 요소로 규정하는 일, 이를 범죄에 대응하는 행동을 요청하는 가장 강력한 근거로 만들어내고 활용하는 과정에 영향을 미친다"(Sacco and Glackman 2000: 412). 새코와 글랙먼의 논의는 취약함이 세계와 특정한 방식의 신체적 관계를 맺는 일과 관련이 있다는 것을 알려준다는 점에서 유용한 측면이 있다. 몸이 세계에 열려 있는 상태는 그 자체로 위험을 마주할 가능성이 있는 지점으로 해석되며, 이로 인해 위험을 모면하기 위한 행동이 촉구된다. 몸이 세계에 열린 곳에서 몸과 세계가 만나고 서로에게 새어 들어간다. 감정은 이처럼 **몸이 세계에 열려 있다는 것이 어떠한 의미인지 해석하는 과정**을 수반한다. 예컨대 공포는 열린 상태를 위험한 것으로 해석하는 감정이다. 몸이 세계에 열려 있는 상태는 위험하다는 느낌을 불러일으키며, 이는 **미래에 발생할 고통과 피해를 예감하도록 한다**. 공포를 느낀 몸은 공포의 대상을 피하려는 마음에서 세계에서 멀어지고 움츠러든다. 다시 말해서 세계가 몸을 밀어붙이고 공포가 몸을 움츠러들게 만든다. **도망칠 준비를 하도록 만든다는 점에서 공포는 몸의 이동성을 제한한다.**

몸이 움츠러든다는 점은 중요한 의미를 지닌다. 공포는 특정한 몸을 억누르고 이들이 더 적은 공간을 차지하도록 만든다. 이처럼 감정은 신체적 공간과 사회적 공간을 연동하는 방식으로 작동한다. 그러나 공포가 먼저 몸 안에서 발생하고 그다음에 몸의 이동성을 제한한다는 설명은 적절하지 않다. 앞서 이야기한 것처럼 무엇이 무서운지, 누가 무서운지 규정하는 특정한 서사가 공포보다 먼저 존재하며, 공포에 대한 반응 자체에 영향을 미친다. 마찬가지로 나는 앞서 하이데거의 논의에 기대어 공포가 대상이 구체성을 상실하는 상황을 예감하게 하며, 대상의 구체성이 없어질수록 공포가 더욱 강하게 느껴진다고 설명했다. 우리가 두려워하는 대상이 무엇인지 혹은 누구인지 알지 못할수록 **세계는 더욱 두려운 곳이 된다.** 즉 공포의 대상이 우리 곁을 지나갈지도 모른다는 구조적 가능성은 사실상 모든 것을 두려워하도록 만든다. 이는 공포의 공간 정치에서 중요한 함의를 지닌다. 공포의 대상이 구체성을 상실하는 일은 세계 자체를 위험이 발생할 가능성이 있는 장소로 만들어버린다. 이러한 세계에서 살아가는 주체는 공포를 느끼는 자신의 몸의 표면에 고통과 피해가 발생할 것을 예감한다. 여기서 파농이 경험한 인종차별을 떠올려보자. 우리는 공포를 느낀 백인 아이가 [두려워 보이는] 세계에서 살아가기를 거부하는 것이 아니라 사랑하는 타자가 마련한 안전해 보이는 울타리 안에 (편안한 상태로) 머무르며 세계를 받아들였다는 것을 알 수 있다. 반대로 백인 아이의 공포에 두려움을 느낀 흑인 주체, 백인 아이의 공포가 강타한 흑인 주체는 조여드는 몸에 갇히고 더 적은 공간을 차지하게 된다. 다시 말해서 **공포는 어떤 몸의 이동성을 확장하고 이들이 더 많은 공간을 차지하도록 함으로써 다른 몸의 이동성을 제한하는 방식으로 작동한다.**

페미니즘 논의에서 공포는 실재하는 위험에 대한 즉각적이고 신체적인 반응이 아니라 매개되고 구조와 관련된 감정으로 다

감정의 문화정치

루어진다. 페미니스트 연구자들은 공포를 그저 여성의 취약함에 따른 불가피한 결과로 이해하지 않고 폭력의 **위협**에 대한 반응으로 설명해왔다. 무엇이 위협적이고 그렇지 않은지, 누가 공포를 느낄 만한 '대상'이고 그렇지 않은지 설명하는 특정한 서사에 권위가 부여되는 과정에서 위협이라는 개념이 만들어진다는 것이다. 예를 들어 엘리자베스 스탠코Elizabeth Stanko(1990)는 여성을 취약한 존재로 묘사하는 담론이 확산될수록 여성이 공적 공간을 활용하는 일이 제한되는 경향을 지적한다. 여성의 취약함에 대한 서사는 특정한 행동을 촉구한다. 여성이 집 밖을 나갈 때는 항상 몸가짐에 주의해야 한다고 요구하는 것이 대표적이다. 이러한 서사는 외부를 원래부터 위험한 곳으로 구성할 뿐만 아니라 집을 안전한 곳으로 가정한다. 어떤 여성이 여성으로서 존중을 받기 위해서는 반드시 집에만 있거나 공적 공간에서 몸가짐과 매무새에 주의를 기울여야 한다는 것이다.[5] 결국 여성성은 가정에 속박된다는 뜻이거나 이동을 구속받는다는 뜻이 된다. 같은 맥락에서 안전은 여성이 공적 공간에 머물지 않으면 실현되는 것으로, 더 정확히는 공적 공간을 혼자 다니지 않으면 실현되는 것으로 간주된다. 이처럼 무엇이 무서운 것이고 누가 두려움을 느끼는지에 관한 문제는 이동성의 정치와 밀접한 관련을 맺는다. 어떤 이들이 누리는 이동성은 다른 이들의 이동성이 제한되는 일을 수반하고, 더 나아가 필요로 하기도 한다. 한편 무엇이 '무서운 것'인지 정의하는 일은 적법한 공간이 어디인지 규정하는 일과도 관련이 있다. 예컨대 집을 [여성에게] 안전한 곳으로 만들어내는 과정은 사적 공간을 재생산하는 일과 '적합한' 여성성을 긴밀하게 연결한다.

스탠코는 여성적인 몸을 두려워하는 몸으로 만들어내는 일이 가져오는 효과에 주목한다. 나는 공포를 느끼는 신체적 경험을 조명함으로써 스탠코의 논의를 발전시키려고 한다. 공포는 몸을 움츠러들게 하고 이를 통해 몸을 [한정된] 사회적 공간 안에 가둔다. 또한 공포는 위험한 곳으로 표상되는 세계로부터 물러서도록 만들면서 신체 표면을 구성해낸다. 잘너 핸머Jalna Hanmer와 실러 선더스Sheila Saunders는 《이유 있는 공포Well-Founded Fear》에서 다음과 같이 이야기한다. "여성이 공적 공간에 머물 마땅한 권리가 보장받지 못하는 현실은 여성이 공적 공간을 안전하다고 느끼지 못하는 데 강력한 영향을 미친다. 공적 공간에서 발생하는 폭력적이고 위협적인 사건에 대한 대응으로 여성의 움직임을 제한하려고 시도하는 일은 흔히 나타난다"(Hanmer and Saunders 1984: 39). 미래에 피해가 발생할지 모른다는 우려로 인해 '세계'를 두려워하는 일은 현재 시점에서는 일종의 폭력으로 작동한다. 두려워하는 상태에 놓인 몸은 움츠러든다. 이는 외부와의 접촉이 차단된 장소(대표적으로 집)를 벗어나기를 거부하거나 피해가 발생할지 모른다는 예감이 드는 방식(혼자 걷기, 밤에 걷기 등)으로 외부에 머물기를 거부하는 일로 이어지기도 한다. 이처럼 취약하고 두려운 느낌은 여성의 몸을 형성할 뿐만 아니라 이들이 공간에 머무는 방식을 형성한다. 취약함은 여성의 몸의 본질적 특성이 아니다. 취약함은, 공적 공간에서는 움직임을 제한하고 사적 공간에서는 지나칠 정도로 머무르게 만드는 방식으로 여성성을 규정함에 따라 발생하는 효과다.

감정의 문화정치

이와 같이 공포는 신체적 공간과 사회적 공간을 연동하는 방식으로 작동한다. 공포는 어떤 몸의 이동성은 제한하고 이들을 외부와의 접촉이 차단되거나 제한된 공간에 머물게 만듦으로써 다른 몸은 공적 공간에 머물고 공적 공간에서 움직일 수 있도록 한다. 공간은 특정한 이들의 이동성을 확대한다. 이들이 자유롭게 이동하는 일은 공간의 표면을 형성하며, 동시에 공간은 자유롭게 이동하는 몸을 통해 [가치 있는] 공간으로 떠오른다. 공포를 불균등하게 분배함으로써 특정한 이들만 공간을 활용하도록 만드는 일은 공간을 영토로 바꿔낸다. 이렇게 영토로 바뀐 공간에 대한 권리는 특정한 이들만이 주장할 수 있다. 우리는 이와 같은 변화가 일어나는 모습을 공간의 이성애화heterosexualisation 과정(7장 참조)과 공간의 인종화 과정(다음 절 참조)에서 발견할 수 있다. 자유와 공포를 서로 반대되는 개념으로 설명하는 정치적 수사가 점점 늘어나는 일은 우연이 아니다. 공포로부터의 자유와 이동의 자유는 새로운 자유로 제시된다.[6] 그러나 이동의 자유는 누구에게 주어지는가? 우리를 두렵게 만드는 존재로, '우리'가 누리는 자유를 위협하는 존재로 지목된 이는 누구인가?

공포의 세계 경제

이 질문에 답하기 위해서 공포가 집단의 모습을 공고히 하는 방식으로 작동하는 과정을 찬찬히 살펴보려고 한다. 그러나 나는 공포의 정신 경제가 먼저 존재하고 이후에 공포가 사회적인 것과 집단적인 것으로 바뀐다고 주장하지는 **않을** 것이다. 앞서 설명했듯이 개별 주체는 집단과의 연동을 통해서 비로소 탄생한다. 우리가 탐색해야 하는 것은 개인과 집단이 연동되는 복합적인 과정이다.

　　여러 정치 이론은 집단이 형성되는 데 공포가 핵심적인 역할을 한다고 이야기한다. 니콜로 마키아벨리Niccolò Machiavelli는《군주론》에서 군주는 그가 이미 지닌 권력에 대한 신민의 동의를 얻는 수단으로 공포를 활용한다고 이야기한다. "군주는 공포의 대상이자 사랑의 대상이 되어야 한다. 그러나 두 가지를 동시에 실현하기란 쉽지 않으며, 사랑받기보다 공포의 대상이 되는 길이 훨씬 안전하다"(Machiavelli 1950: 61). 공포와 사랑을 비교했을 때, 공포가 처벌과 더 가까운 관계를 맺는다는 점에서 공포는 권력을 지키는 더 안전한 수단으로 여겨진다. "처벌받을지 모른다는 두려움이 군주를 향한 공포를 지속시킨다는 사실은 틀림이 없다"(Machiavelli 1950: 61). 군주의 권력에 이의를 제기하는 것이 고통과 박해로 이어질 가능성이 있는 상황에서 공포는 신민이 군주의 권력에 동의하도록 만든다. 한편 토머스 홉스Thomas Hobbes(1991)는 정부가 출현하는 주된 이유가 공포에 있다고 설명한다. 홉스에 따르면 신민은 무정부 상태를 두려워하기 때문에 통치에 동의한다. 무정부 상태를 두려워하는 것은 자연상태를 두려워하는 것과도 관련이 있다. 윌리엄 오코널리William O'Connolly는 다음과 같이 주장한다. "자연상태는 충격 요법과도 같다. 주권이 부재한 삶이 어떠한 모습인지 알려주면 신민은 자연상태에서 벗어나는 일을 최우선으로 삼는다"(Campbell 1998: 57에서 재인용; Derian 1995 참

감정의 문화정치

조). 이러한 관점에서 보면 공포는 정부가 형성되는 데 필수 요소로 작용한다. 공포는 무정부 상태에서 치러야 하는 '비용'을 의미하고, 시민사회는 공포가 사라진 상태를 약속한다. 공포에서 자유롭기 위해 신민은 자유를 포기하고 통치에 동의한다. 두 가지 모델 모두에서 공포는 통치의 기술로 기능한다. 주권 권력은 권력에 대한 동의를 끌어내기 위해서 공포를 사용하고, 시민사회는 신민의 동의를 확실히 하기 위해서 공포가 사라지고 보호받는 상태를 약속한다.

공포를 통치의 기술뿐만 아니라 현대사회의 증상으로 이해하는 여러 이론 역시 제시됐다. 심지어 '우리가 살아가는 시대'를 한마디로 공포의 시대로 묘사하기도 한다. 우리가 "공포 사회"(Furedi 1997)와 "불안의 시대"(Dunant and Porter 1996)를 살고 있다는 주장은 점차 확산되고 있다. 프랭크 푸레디Frank Furedi는 현대를 위험과 위기가 증폭하는 시대라고 진단한다. 푸레디에 따르면 현대에 발생하는 위험과 위기는 개인적인 차원을 넘어서 삶 자체를 위협한다. "인류의 생존이 위험에 처해 있다고 할 때, 삶은 그 자체로 엄청난 안전의 문제가 된다"(Furedi 1997: 3). 푸레디는 삶 자체가 안전의 문제가 되는 일이 개인과 사회를 연결하는 사회제도가 약화된 변화와 긴밀한 관계가 있다고 지적한다. "삶을 지탱해온 오랜 일상과 전통은 대부분 더 이상 당연한 것으로 여겨지지 않는다"(Furedi 1997: 67). 세라 듀넌트Sara Dunant와 로이 포터Roy Porter는 다음과 같이 이야기한다.

통신 기술부터 쇼핑까지 모든 것이 전례 없는 규모로 팽창하면서 많은 서구인은 선택을 요구받는 상황(이는 그 자체로 사람을 불안하게 만든다) 앞에 더욱 빈번하게 놓일 뿐만 아니라 무슨 일이 벌어지는지 종잡을 수 없다고 자주 느끼게 됐다. (Dunant and Porter 1996: xi)

공포와 불안이 존재한다는 사실은 그 자체로 하루가 멀게 변화하고 달라지는 '시대의 징후'가 되어버렸다. 과거의 구조와 가치는 녹슬어가고, 미래는 종잡을 수도 예측할 수도 없는 것처럼 느껴진다.

나는 공포를 통치에 활용되는 기술이나 변화에 따른 증상으로 이해하는 접근에서 벗어나 공포의 세계 정치에 대한 새로운 분석을 제시하려고 한다. 이를 통해 공포를 기술이나 증상으로 설명하는 것이 아니라 공포에 관한 언어가 위협의 강화를 수반하는 지점에 주목하고자 한다. 위협이 거세지는 일은 '위협당하는' 이들과 위협하는 이들을 구분해낸다. 공포는 이러한 과정의 원인이 아니라 결과다. 데이비드 캠벨David Campbell이 이야기하듯이 "위험은 객관적 상태가 아니다. 위험이 존재한다는 것은 누군가에게 위협이 된다고 여겨지는 이들이 반드시 있다는 의미다"(Campbell 1998: 1). 공포는 '위협적인 것'을 생성함으로써 사람들을 어떤 타자와는 동조하고 어떤 타자와는 적대하도록 만든다. 나는 새로운 근대성이 출현하는 시대에는 "욕구"가 아니라 "불안정성"에 기초한 연대가 구축된다는 울리히 벡Ulrich Beck의 주장을 밀고 나가려고 한다. 공통의 위험을 마주하고 있다는 인식이야말로 공동체가 "구속력"(Beck 1992: 49)을 발휘하게 만든다.

감정의 문화정치

공포의 공간 정치와 신체 정치의 복합적인 면모는 2001년 9월 11일 이후 심화된 공포의 세계 경제에서 가장 분명하게 드러났다. [9월 11일의 사건을 두려움이라는 의미를 지닌] '테러'로 명명하는 일이 그 자체로 공포를 이야기한다는 점에 주목할 필요가 있다. 테러라는 명명이 이루어지는 순간, 테러리스트는 극심한 공포를 일으키는 행위자로 간주된다. 즉 테러리스트는 (이동성을 제한하고 이동의 자유를 약화하며) 다른 이들을 두렵게 만들고 죽음과 파괴를 일삼는 이들이 된다. 존 하워드John Howard 전 호주 총리의 표현을 빌리자면 오사마 빈 라덴Osama Bin Laden은 "개인의 자유, 종교적 관용, 민주주의, 자유로운 국제 무역 위에 완성된 세계 체제"와 미국을 "증오한다". 빈 라덴이 "공포를 퍼뜨리고 불안을 조성하며 불안정한 상태를 조장함으로써 공동체와 국가에 불신을 부추기려고 한다"는 주장이다. 존 하워드는 9·11 테러가 세계 자본의 유동성을 저해했을 뿐만 아니라 "두려움 없이 편리하고 자유롭게 세계를 누빌" 호주인의 권리를 침해하고 호주인에게 피해를 미친 사건이었다고 해석한다.[7] 어떤 면에서 테러는 테러리스트 몸의 초이동성과 (비행기부터 탄저균과 같은 생물학적 제제까지) 이들이 활용하는 기술과 물질의 초이동성으로 인해 미국인과 호주인을 비롯한 서구인의 이동성이 제한되는 사건이라고 할 수도 있다. 그러나 나는 공포 경제를 이해하는 새로운 관점을 제안하려고 한다. 이를 통해 여러 형태의 이동성을 구별해서 살피는 동시에 외부와의 접촉 차단, 봉쇄, 구금과 같은 다양한 제한 조치를 조명할 것이다.[8]

먼저 서구 주체의 이동성에 대해 논의해보자. 서구 주체의 이동성은 위협받는 상태로 묘사되는 동시에 보호의 대상이 된다. 이는 세계 경제에서 자본의 유동성을 보장하려는 시도와 발을 맞춘다('깨끗한 돈'의 자리를 차지한 자본의 반대편에는 동결하고 차단해야 하는 테러리스트의 '더러운 돈'이 위치한다). 9·11 테러 이후 서구의 주체와 시민에게 내려진 즉각적인 지시는 '일상에 충실해라' '여행을 떠나라' '물건을 사고 소비를 해라'와 같은 것으로 테러의 피해자로 남기를 거부하라는 메시지였다. 국가를 파괴하려는 테러가 실패로 돌아갔음을 보여준다는 이유에서 실제로 미국 시민들은 공포에 휩싸이지 말라는 당부를 받았고 미국은 두려워하지 않는 모습으로 재현됐다. 조지 W. 부시George W. Bush는 다음과 같이 이야기했다.

> 우리나라가 공포에 휩싸인 미래를 마주하지 않을지 염려하는 사람들이 있습니다. 공포의 시대가 왔다고 말하는 사람들도 있습니다. 저는 우리 앞에 힘겨운 싸움이 놓여 있다는 것을, 피할 수 없는 위험이 있다는 것을 잘 알고 있습니다. 그러나 우리가 어떤 시대를 살아갈 것인지는 다른 누구도 아니라 우리가 스스로 결정할 것입니다. 우리가 단호하고 강한 모습을 보이는 한, 공포의 시대는 없을 것입니다.[9]

인용문에는 미국이 지금까지와 마찬가지로 또다시 어려움을 이겨낼 것이라는 믿음이 강하게 드러난다. (테러가 미국에 분명히 피해를 남겼고 여전히 위험이 도사리고 있다는 점에서) 미국은 취약한 상태에 놓여 있고 상처를 입었지만, 두려워하는 정동적 반응을 보이지 않음으로써 어려움을 이겨내겠다는 것이다. 이때 공포는 자신의 삶을 스스로 결정하는 일이 아니라 '테러가 결정하는 일'로 묘사된다. 이러한 맥락에서 부시는 자신의 삶을 스스로 결정한다는 명분을 내세우며 전쟁을 벌이는 것을 통해 테러에 맞섰다. 테러에 맞서는 전쟁의 목적은 공포의 원인을 제거하고 특정한 자본의 이동성과 특정한 몸의 이동성이 자유와 문명을 상징하는 세계를 구축하려는 데 있었다. 즉 테러는 봉쇄로 이어지는 것이 아니라 인구를 전쟁에 다시 동원하는 근거로 활용된다.

다만 우리는 공포가 [자연스럽게] 사람들을 뭉치게 한다고 단순하게 넘겨짚기보다 일련의 과정을 주의 깊게 살펴봐야 한다. 앞서 언급했듯 공포의 대상이 우리 곁을 지나갈지도 모른다는 구조적 가능성은 생생한 공포의 경험에 녹아 있다. 한편으로 테러 사건은 실제로 발생했고 공포의 대상 역시 실제로 탄생했다(어떤 사건이 **사건으로** 구성되는 일에 매개 과정이 필요하다는 점을 고려할 때, 공포의 대상이 우리 곁을 지나갈지도 모른다는 것은 대상이 구체적으로 얼마만큼 지나갔는지와는 상관없이 현재를 살아가는 데 이미 핵심적인 문제로 여겨진다). 그러나 다른 한편으로 공포는 불안으로 빠르게 미끄러졌다. 결국 핵심적인 문제는 대상이 **다가오는 일**이 아니라 대상에 **다가가는 일**이었다. 사건에 다가가는 일(이는 반복을 통해 물신 대상이 된다)은 [개인과 집단이] 연동되는 일을 수반했다. 공격이 자신을 향했다고 생각하는 개인은 스스로를 국가와 포개어놓는다. 마찬가지로 공격을 받은 국가는 그러한 개인과 국가를 포개어놓으면서 연동의 과정을 반복한다.

여기서 두 가지 측면에 주목할 필요가 있다. 하나는 테러리스트가 자신을 노리고 있다고 진심으로 믿는 이들이 국가와의 동조를 통해 이동성의 제한을 받는다는 것이다. 다른 하나는 공포를 느끼는 경험이 국가에 대한 사랑을 나타내는 일로 바뀐다는 것이다. 개인과 국가가 연동되는 과정에서 공포가 사랑으로 바뀌는 매개 작용이 일어남에 따라 **집은 테러에 맞서는 현장이 된다**. 국기가 미국 전역에 휘날리는 상황에서 주체가 머무르는 집은 국가를 의미하는 상징적인 장소로 변화된다. 물론 국기에 특정한 의미가 있다는 이야기와 그 의미가 유통된다는 이야기는 같지 않다. 국기가 국가에 대한 사랑**만을** 의미하지는 **않기** 때문이다. 우리는 국기를 **끈적이는 기호**로 생각해볼 수 있다. 끈적이는 국기는 함께 걸린 다른 '깃발'이 국기에 달라붙도록 만들고, 이는 일치감을 선사한다('하나 되는' 국가). 역사적으로 국가에 대한 사랑(애국심)과 영토 확장을 동시에 가리키는 기호인 국기는 특정한 효과를 발생시킨다. 국기가 곳곳에 휘날리는 장면은 '우리가 서로의 곁에 있다'는 느낌과 '우리가 서로 마음을 나누고 있다'는 느낌을 불러일으킨다. 《뉴욕타임스 매거진》에 실린 조지 패커_{George} Packer의 글은 이러한 정서를 생생하게 보여준다.

여기저기서 꽃처럼 피어나는 국기를 바라본다. 우리 곁을 떠난 이들의 사진을 볼 때 그러하듯이 국기를 바라보면 순식간에 마음이 요동친다. 내게 국기는 무기력한 희망이 아니라 경계심, 슬픔, 단호함, 더 나아가 사랑을 이야기한다. 국기를 마주하며 우리는 미국인으로서 한마음을 나눈다. 우리가 피해를 함께 겪었기 때문이다. (Packer 2001: 16)

공포의 대상에서 시선을 거두는 일은 '한마음'을 나누는 집으로 향하는 일로 이어진다. 이때 집으로 '향하는 일'은 '동료 의식'을 나타내는 기호를 반복하는 작업을 수반한다. 대상에서 시선을 거두고 집으로 향하는 움직임은 심지어 의무로 여겨지기도 한다. 예컨대 국기를 게양하지 않는 행동은 동료 의식이 부재한 상태를 뜻하는 기호로 해석될 수 있으며, 이러한 해석은 [국기를 게양하지 않은 사람에게] 명백한 위험을 초래한다.[10]

내가 이야기하려는 것은 다음과 같다. 공포가 사랑으로 바뀐다고 할 때, 사랑이 국가와의 동일시를 의미한다고 할 때, 공포**는 사랑의 기호가 지닌 효과로 인해 들러붙게 된다.** 공포가 반드시 몸을 움츠러들게 하는 것은 아니다. 공포로 인해서 더 많은 공간을 차지하는 몸도 있다. 이들은 몸으로 형상화된 집단과의 동일시를 통해서 더 많은 공간을 차지한다. 이때 [몸으로 형상화된 국가와 같이] 집단의 몸은 개인의 몸을 대신하며 자신의 이해관계에 따라 움직인다. 미국에 있는 몇몇 이들이 집에 머물러야 했던 상황은 일종의 동원으로 기능한다. 집에 머무는 일은 전쟁 중인 국가와의 상징적 동일시를 통해 인구의 동원을 가능하게 만든다. 이러한 동일시의 효과는 2002년 조지 W. 부시가 한 국정 연설에서 명료하게 나타난다. "모든 국민이 거울처럼 서로를 비추며 더 나은 모습을 보여주는 것만 같았습니다."[11] 미국은 거울에 비친 자신의 모습에 '사로잡히고caught' 집단적 나르시시즘에 빠진 곳으로 '드러난다catching out'. 자신에 대한 사랑은 국가에 대한 사랑으로 변화되고, 이는 사랑하는 타자를 보호한다는 명목으로 테러에 [전쟁으로] 대응하는 것을 정당화한다. 여기서 사랑하는 타자는 '나와 닮았음'을 나타내는 기호(대표적으로 국기)를 보여줌으로써 '나와 함께' 한다.

공포를 일으키는 것을 목적으로 하는 테러 사건이 (국가를 상징하는 집을 수호하고 국가와 동일시하는 것을 통해) 자본의 이동을 보호하고 특정한 이들의 동원을 옹호하는 일로 이어진다고 할 때, 테러로 인해 움직임이 제한되는 이들은 누구인가? 어떤 이들의 취약함이 문제가 되는가? 9·11 테러는 테러리스트로 의심되는 사람이면 '누구든지' 구금할 수 있는 조치를 정당화하는 근거로 활용됐다. 미국과 유럽에서는 용의자에 대한 즉각적인 구금이 이루어졌고, 서구의 여러 국가에서는 테러리스트로 의심되는 사람이면 누구든지 구금할 수 있도록 정부의 권한을 강화하는 법을 도입함으로써 테러에 대응했다. 예컨대 2001년 개정된 영국의 '테러 방지, 범죄, 안보법Anti-terrorism, Crime and Security Act'(명령 1279)은 어떤 인물이 국제 테러리스트로 보이거나 그가 영국에 머무는 것이 국가 안보에 위험이 된다고 외무부 장관이 판단하는 경우, 외무부 장관이 증서를 발급할 수 있다고 규정한다. 위험을 평가하는 일은 믿음의 문제가 되고, 의심은 그 자체로 구금의 사유가 된다. 구금의 권한이 확대되는 일은 그저 상징적인 차원에 머무는 것도 단순히 테러리스트를 구금하는 조치에 국한되는 것도 아니다. 누구나 테러리스트일 수 있다는 구조적 가능성을 고려할 때, 우리가 다시 제도화하고 확대한 것은 [누구든지] 구금할 수 있는 권력 그 자체다.

하지만 누구나 테러리스트일 수 있다는 구조적 가능성이 구금의 권한이 확대됨에 따라 영향을 받는 모든 이들에게 동일한 방식으로 작용하는 것은 아니다. 이름이 비슷하거나 일터나 거주지가 같다는 단순한 사실로 인해 테러리스트 네트워크와 매우 적은 수준에서 연관된 이들마저 구금시설에 갇혔음을 증명하는 자료는 많다. 애리스티드 졸버그Aristide R. Zolberg는 이러한 과정이 일종의 인종 프로파일링이라고 지적한다. 《뉴욕타임스》에 보도된 자료를 인용한 졸버그는 2011년 9월 11일부터 11월 사이에 미국에서 구금된 이들 1147명 가운데 "9·11 테러에 관한 정황 증거로 인해 구금된 몇몇 이들을 제외하고 대부분은 '감으로 지목됐다. 도로교통법을 위반했거나 수상한 행동을 한다는 이유로 검문을 받은 서남아시아계 혹은 남아시아계 사람들 역시 구금시설에 갇혔다'"(Zolberg 2002: 296). 무니어 아마드가 설명하듯이 9·11 테러 이후 "무슬림, 아랍계, 남아시아계 이주자들의 몸, 정신, 권리를 침해하려는 시도가 다방면으로 끊임없이 이어졌다"(Ahmad 2002: 101). 레티 볼프Leti Volpp는 9·11 테러에 대응하는 과정이 "'무슬림, 아랍계, 서남아시아계'로 보이는 이들을 한데 아우르는 새로운 정체성 범주"의 등장을 촉발했다고 지적한다(Volpp 2002: 1575). 이들을 '테러리스트일 수 있는' 존재로 인식하는 일은 이미 자리 잡은 정형화된 이미지에 기대는 동시에 뚜렷하게 구별되는 범주('무서운 존재')를 현재 시점에 만들어낸다. 이 지점에서 프랑츠 파농의 이야기, 즉 백인 소년이 흑인 남성과 마주친 상황에서 흑인 남성에 대한 정형화된 이미지가 반복된 이야기가 떠오른다. 정형화된 이미지의 반복은 타자를 공포의 대상으로 만들어내는 방식으로 작동한다. 공포의 대상이 된 타자는 공포로 휩싸이게 되고 이내 공포는 그 몸이 지닌 속성이 된다.

'테러리스트'라는 표현이 특정한 몸에 달라붙는다는 점은 중요한 의미가 있다. 이 표현은 미국이 아프가니스탄과 이라크에서 벌인 전쟁의 원인을 설명하는 다른 표현(예컨대 근본주의, 이슬람, 아랍, 억압, 미개 등)으로 미끄러지면서 명명의 역사를 다시 작동시킨다. 어떤 표현이 환유를 통해 다른 표현으로 미끄러지는 일은 두 단어(예를 들어 이슬람과 테러) 사이에 인과관계가 존재한다는 암시적인 주장으로 기능한다. 환유는 명시적인 서술로 완결될 필요가 없다. 환유가 작동한다는 것은 서로 다른 표현 사이에 연결고리가 다시 만들어진다는 뜻이다. 심지어 연결고리를 끊는 것처럼 보이는 주장을 통해서도 연결고리가 만들어질 수 있다. 이를테면 '이슬람'과 '테러리스트'는 환유를 통해 서로 달라붙는다. "이 전쟁은 이슬람과 싸우려는 것이 아니다"라는 발화는 "이슬람 테러리스트"라는 표현과 함께 사용된다. 이는 서로 다른 단어를 다시 달라붙게 만들고 단어의 우연한 조합이 일시적인 것에 멈추지 않도록 한다. 기호가 다른 기호로 미끄러지는 일은 기호가 몸에 '달라붙는 일'을 수반한다. 결국 '테러리스트일 수 있는' 이들은 '무슬림처럼' 보이기도 하는 사람이 된다. 이러한 연상 체계는 발화된 말에 전체 의미가 담기는 일을 막는다는 점에서 끈적인다.

9·11 테러가 보호를 명목으로 타자에게 특정한 종류의 폭력을 가하고 타자를 구금하는 대상으로 기능한다고 할 때, 공포의 정동 정치에서 안전은 어떤 역할을 하는가? 마이클 딜런Michael Dillon이 이야기하듯이 안전이 '나'가 아닌 것 혹은 '우리'가 아닌 것처럼 '무엇이 아닌 것'과 밀접한 관련이 있다는 점은 중요한 의미를 지닌다(Dillon 1996: 34-5; Lipschutz 1995; Krause and Williams

감정의 문화정치

1997; Burke 2001 참조). 여기서 안전은 단지 이미 존재하는 경계를 지키는 일이 아니며, 공포는 단지 우리가 아닌 것에 대해 느끼는 감정이 아니다. 나는 앞서 공포와 불안이 경계를 만들어내는 효과를 발생시킨다는 것을 지적한 바 있다. 공포와 불안은 우리가 아닌 것을 만들어낸다. 안전은 이처럼 '무엇이 아닌 것'의 영역을 엄격하게 통제하는 일을 수반하는데, 이는 역설적으로 '무엇이 아닌 것'이 불안정한 상태에 있는 것을 필요로 한다. **안전을 보장하려는 기획은 오히려 '무엇이 아닌 것'이 놓인 불안정한 상태가 더욱 강한 힘을 발휘하도록 만든다.** 공포의 정치가 경계를 둘러싼 불안을 자극하는 표현을 활용하는 이유가 여기에 있다. 예컨대 공포는 '뒤덮는다' '밀려든다'와 같은 말로, 다시 말해서 적합하지 않은 타자가 국가를 침범하는 일에 맞서 국가가 스스로를 보호해야 한다는 말로 전해진다. 우리는 정치적인 것이 구성되는 과정에서 **안전의 존재론**을 살펴볼 필요가 있다. 다시 말해서 **세계를 안전한 곳으로 만들어야 한다**는 정언명령이 정당화되기 위해서는 세계가 그 자체로 불안정한 상태에 있다는 전제가 **반드시** 뒷받침돼야 한다.

더 구체적으로 말하자면 안전을 보장받지 못하는 위기가 발생했다는 선언은 새로운 종류의 방지책, 경계 단속, 감시가 정당화되는 일로 이어진다. 위협받고 있다고 여겨지는 가치와 전통에 '다시 기대는 일'을 정당화하는 데 위기의 서사가 활용된다는 점을 생각해보면 이를 쉽게 알 수 있다. 공포와 불안은 실제로 발생한 위기로 인해 필연적으로 나타나는 결과가 아니다. 핵심은 위기가 만들어진다는 데 있다. 위기가 발생했다고 선언하는 일은 '무에서 유를 창조하는 과정'이 아니라 실제 사건, 사실, 인물을 배경으로 이루어진다(결혼과 가족의 위기를 보여주는 지표로 이혼율의 증가를 제시하는 경향이 대표적이다). 그러나 위기가 발생했다는 선언은 사실, 인물, 사건의 의미를 **해석하며**, 사실, 인물, 사건을 물신 대상으로 만들어낸다. 사실, 인물, 사건은 해석을 통해 특정한 의미를 지닌 물신 대상이 됐음에도 원래부터 그러한 의미가 있던 것처럼 보이게 되고, 이는 안전을 위협하는 원인으로 지목된 것에 맞서 전쟁을 선포하는 이유가 된다. 현재 이미 위험에 처해 있다고 간주된 대상은 앞으로 우리가 싸워서 지켜야 하는 것으로 상정된다. 현재의 위기 서사가 미래의 싸움을 정당화하는 순서에도 불구하고 미래 시점에서 대상을 지키기 위해 싸워야 한다는 주장은 현재 시점에서 삶과 죽음을 판가름하는 문제로 여겨진다. 다시 말해서 위기가 발생했다고 선언하는 일은 미래를 지켜내야 한다는 명목을 내세우며 (마땅하고 옳다고 여겨진) '현 체제'를 수호하는 것을 도덕적이고 정치적으로 옹호하는 일이다.

현 체제를 유지하는 수단으로 활용되는 위기의 서사는 죽음의 공포를 불러일으킨다. 우리는 '나'의 죽음, 사랑하는 사람과의 작별, 공동체와 민족의 멸망을 두려워하며, 나, 우리, 다른 이들을 염려한다. 실제로 서구에서는 테러에 대한 공포와 불안이 공적인 차원에서 여러 차례 표출됐는데, 바로 이 지점에서 공포를 통한 '결속'이 나타나는 현상을 확인할 수 있다. 피해자의 몸은 테러리스트의 공격으로 생명을 빼앗길 위험뿐만 아니라 테러를 일으킬 가능성이 있는 모든 위험을 상징하는 것이 됐다. 몇몇 이들은 테러 가능성을 외부에 존재하는 타자 외에도 내부에 존재하는 약

감정의 문화정치

점과 연결해서 설명했다. 이들이 지적한 내부의 약점으로는 세속화, 다문화주의, 가족 해체, 사회적 유대의 약화 등이 있었다. 미국의 제리 폴웰Jerry Falwell은 다음과 같이 주장했다.

> 저는 정말로 그렇게 생각해요. 교회에 다니지 않는 사람들, 임신중지를 옹호하는 사람들, 페미니스트들, '우리는 그저 다를 뿐'이라고 열심히 떠드는 동성애자들 …… 그러니까 미국을 세속적인 곳으로 만들려고 애쓰는 사람들 말이에요. …… 저는 그 사람들 눈을 똑바로 보면서 말해주고 싶어요. "9·11 테러는 당신들 때문이야."[12]

영국에서는 영국국민당이 9·11 테러에 대한 성명을 발표하면서 영국의 도덕이 무너지고 미래가 불투명해지는 바람에 국가가 위기에 처했다고 진단했다. 그러고는 그 원인으로 아프가니스탄의 탈레반이 아니라 영국의 이슬람화를 지목했다. "늘어난 무슬림 때문에 2025년에는 영국이 이슬람 공화국으로 바뀔 수도 있습니다."[13]

다양한 타자의 존재로 인해 종교와 공동체가 약화됐고 결국 테러가 발생했다는 주장은 당연하게도 주류 정치에서 비난을 받았다. 그러나 이들보다는 미국의 외교 정책을 비판한 이들에게 '역겹다'는 비난이 훨씬 더 쏟아졌다(4장 참조). 국가와 세계를 지키기 위해서는 타자에 맞서 의지를 다져야 한다는, 더 일반적인 형태의 주장은 타자의 존재와 테러 발생을 연결하는 서사 구조를 대체하고 새롭게 작동시켰다. 상대적으로 온건한 담론은

9·11 테러의 원인으로 내부의 약점을 지목하기보다는 **우리의 내면에 회복, 생존, 공포의 극복에 필요하다고 여겨진 강인함이 깃들어 있다**고 설명했다. 조지 W. 부시는 다음과 같이 이야기했다. "수많은 사람의 목숨을 앗아간 테러리스트는 우리나라가 공포에 휩싸이고 혼란에 빠져서 결국 물러설 것이라고 생각했을 것입니다. 그러나 그들은 틀렸습니다. 우리나라는 강하기 때문입니다."[14] 9·11 테러에 대응하는 일은 국가 내부의 유대를 강화하고 [이른바] 자유 국가 사이에서 세계적 결속을 증진하는 하나의 방식이 된다. 이처럼 테러가 남긴 상처는 '하나 되는 일'(일치)을 요청하고 미국과 민주주의를 '강하게' 만들었던 가치를 활용하도록 만든다.

2002년 부시의 국정 연설에서 안보에 강조점이 찍혔다는 사실은 민주주의 사회에서 시민이 된다는 것이 [잠재적 위험을] 단속하는 일을 뜻하게 됐음을 시사한다. "우리나라를 지키기 위한 정부의 노력은 경계를 늦추지 않는 시민 여러분의 눈과 귀에서부터 시작됩니다." 시민이 된다는 것은 이웃 주민을 감시하는 것으로 의미가 변화된다. 시민에게 '수상한 사람을 색출'해야 하는 의무가 생긴 것이다.[15] 이러한 맥락에서 시민은 수상해 보이는 사람이 동네를 침범하지 못하도록 경계를 단속해야 한다. 그러나 수상해 보인다는 것은 이미 특정한 모습('서남아시아계, 아랍계, 무슬림')으로 보인다는 것을 의미한다. 시민이 경찰의 역할을 맡아야 한다는 주장은 사랑을 통해서 공동체의 기초를 세우고 미래를 지켜야 한다는 말로 표현된다. "우리나라는 공동체를 재건하는 데 앞장서는 시민 여러분을 찾습니다. 우리는 아이들을 사랑하는 멘

감정의 문화정치

토를 찾습니다."[16] 테러 공격에도 미국이 굴하지 않도록 만드는 가치가 무엇인지 정하는 일은 타자가 발생시키는 위험에 맞서 특정한 제도와 사회의 모습을 지키는 작업을 수반한다. 그간 자유, 사랑, 연민이라는 이름으로 불려온 이들 가치는 전쟁의 목적과 목표를 좌우하는 (혹은 좌우한다고 여겨지는) 이상이 무엇인지 정할 뿐만 아니라 시민이 된다는 것, 시민사회를 형성한다는 것, 적법한 정부를 구성한다는 것 등 개인의 행동과 국가의 운영에 관한 민주 사회의 규칙이 무엇인지 정하는 기능을 한다. 국제사회에 참여하기 위해서는, 다시 말해서 '불량 국가'로 불리지 않고 '악의 축'으로 지목되지 않기 위해서는 반드시 이러한 운영 규칙과 통치 형태를 '따라 해야' 한다. 이에 국가의 존속을 약속하는 가치, 진실, 규범을 강조하는 일은 **특정한 사회 형태와 제도를 옹호하는 일로 쉽게 이어진다.**

퇴보, 쇠락, 붕괴에 대한 공포는 '현 체제'를 유지하는 수단으로 활용된다. 이전 절에서 지적했던 내용과 포개어보면 공포는 특정한 몸과 더 강하게 연결된다. 퇴보, 쇠락, 붕괴에 대한 공포를 연상시키는 타자가 (규범이 물질화된) 사회 형태를 위험에 빠뜨린다는 주장은 **사회의 존속을 약속하는 가치를 저버리고 외면하는 위험이** [타자로 인해] **발생했다**는 메시지로 표현된다. 다양한 타자의 존재는 세계가 규범의 모습대로 형성되는 데 실패했음을 의미하게 된다. 이들 타자가 가까이 있다는 것은 문명(가족, 공동체, 국가, 국제사회)이 퇴보하고 있다는 공포를 '일으킨다'. 우리는 현재를 보호해야 한다는 서사, 즉 전통적인 사회의 형태가 사라지면 [우리가 아는 모습의 세계는] 종말을 피할 수 없을 것이라며 불안을 자극하는 서사가 특정한 이들을 불안의 원인으로 지목하려고 한다는 점을 기억할 필요가 있다. 이 과정에서 타자는 결국 공포의 대상이라는 물신의 속성을 얻게 된다.

타자가 대상의 자리에 고정된 것이 아니라 우리 곁을 지나갈 수 있다는 점에서 타자는 더 많은 불안을 일으킨다. 우리는 규범의 형태를 갖추지 못한 타자를 알아차리지 못할 수도 있다. 우리가 '차이를 구별하지' 못할 가능성이 언제나 존재한다는 것이다. 타자는 우리의 상상이 만들어냈지만 우리의 예측을 벗어난 모습을 지닐 수도 있으며 '적어도 아직은 특정되지 않는다'. 타자의 모습을 파악할 수 없다는 점은 타자에 맞서 공동체를 지키는 일이 끝없이 지속되도록 만들며, 결과적으로 이를 통해 현재가 보존된다. 미래에 대한 공포와 불안은 공동체를 지키는 활동을 촉발하며, 규범을 닮은 모습으로 물질화되지 못한 것을 제거하는 일을 공동체의 생존을 보장하기 위한 노력이라고 정당화한다. 타자가 규범을 닮은 모습으로 물질화되지 못했다고 할 때, 이에 따라 우리가 타자가 어떤 모습을 지녔는지 알지 못한다고 할 때, **타자가 어떠한 모습으로 나타날지 끊임없이 감시하는 정책은 공동체의 생존을 보장하는 기획으로 언제까지나 계속된다.**

우리는 이 지점에서 국제 테러리스트 형상이 공포 경제에서 어떤 역할을 하는지 더욱 깊이 생각해볼 수 있다. 여기서 핵심이 되는 문제는 타자를 구금할 수 있는 정부의 권한이 강화되는 일을 옹호하고 다른 나라와 벌이는 전쟁이 사실상 무한히 확대되는 일을 정당화하는 서사가 누구나 테러리스트'일 수 있으며' 어디에나 테러리스트가 있을 '수 있다'는 구조적 가능성에 기대고

감정의 문화정치

있다는 것이다. 테러리스트는 "자신의 모습을 숨기고 있기에"[17] 누구나 테러리스트'일 수 있다'는 서사는 양가적인 의미를 지닌다. 한편으로 테러리스트 형상은 특정한 몸과의 연관성이 없기에 "지목할 수 없고 존재하는지 알 수 없는"(Massumi 1993: 11) 흐릿한 존재로 나타난다. 그러나 누구나 테러리스트일 수 있다는 가능성과 특정한 몸과의 연관성이 없다는 점은 [애초에] **테러와 관련이 있다고** 여겨지는 이들, 즉 무슬림, 아랍계, 아시아계, 동양인 등의 이동성을 제한하도록 한다. 공포는 테러리스트'일 수 있는' 이들(과 '불량 국가')에 달라붙으며, 이들의 몸은 테러리스트'일 수 있다'는 가능성이 구금할 권한의 확대로 이어지는 현장이 된다. 하지만 공포는 끈적이는 데서 멈추지 않는다. 공포는 이들 몸을 가로질러 미끄러지기도 한다. **테러리스트가 우리 곁을 지나갈 수 있다는 구조적 가능성은 정보 수집, 감시, 구금 권한의 확대를 정당화한다.** 공포가 어떤 이들의 이동성은 확대하고 어떤 이들은 가두는 방식으로 작동하는 것은 바로 공포가 특정한 몸에 실증적으로 내재하지 않기 때문이다.

우리는 국제 테러리스트 형상이 난민 신청인 형상과 가까운 위치에 놓이는 현상에 주목할 필요가 있다. 두 형상의 가까운 거리는 2001년 개정된 영국의 '테러 방지, 범죄, 안보법'에 분명하게 나타난다. "난민 신청인이 국제 테러리스트로 의심되는 상당한 근거가 있는 경우는 법적으로 보호하지 않는다"고 규정하는 이 법은 난민 문제와 테러 문제를 중첩해서 다룬다. 두 사안을 함께 다루는 근본적인 원인은 (국민, 시민, 이주자, 여행자 등) **국가에 머무는 이들 가운데 누구보다도** 난민 신청인이 국제 테러리스트

일 가능성이 가장 크다는 추측 때문이다. 두 형상이 서로 미끄러지는 일은 엄청난 효과를 발생시킨다. 테러와 박해로부터 도망쳐서 난민을 신청한 이들이 실제로는 **테러와 박해를 저지른 사람일 수 있다는 이유에서** 가짜 난민 신청인일지도 모른다는 의심을 불러일으키는 것이다. 난민 신청인은 테러리스트와 마찬가지로 적법하지 않은 방식으로 국경을 넘어와서 무언가를 훔치려고 하는 도둑(2장 참조)으로 간주된다. 국제적으로 난민 신청의 벽이 높아지는 경향은 테러 방지 정책이 강화되는 흐름과 맞물린다. 호주에서는 '탬파Tampa'라는 이름의 배가 정박을 거부당한 사건이 있었다. 배의 화물칸에는 433명의 난민 신청인이 몸을 싣고 있었으며, 대부분은 아프가니스탄에서 온 사람들이었다. 배에 타고 있던 이들이 오사마 빈 라덴과 연관'됐을 수 있다'는 해석이 이후에 덧붙여지면서 호주 정부가 배의 정박을 거부한 결정은 정당화됐다. 난민 신청인의 형상과 국제 테러리스트 형상이 서로 미끄러지는 폭력적인 현상은 '집이 없는' 이들을 '우리가 느끼는 공포'의 원인으로 지목하고 국경 단속을 강화하는 명분으로 삼는다. 우리 공동체 곁을 지나갈지도 모르는 타자로 인해, 우리 공동체 안으로 들어올지도 모르는 타자로 인해 미래는 언제나 위험에 처해 있다고 여겨진다. 타자를 가두는 일에 일조하는 공포 경제는 [세계 곳곳의] 화물칸에 몸을 누인 난민 신청인이 말 그대로 사망하는 사건을 통해 가장 폭력적인 방식으로 드러난다. 난민 신청인에게 미래를 약속한 곳이었던 이들 국가는 타자의 죽음을 애도하지 않는다. 바로 이 지점에서 우리는 공포의 세계 경제에서 주목해야 하는 곳이 어디인지 서늘하게 깨닫게 된다.

4 장

역겨움의 수행성

PAIN
HATE
FEAR
DISGUST
SHAME
LOVE
QUEER
FEMINISM
JUSTICE

기본적으로 '역겨움'이라는 말은 불쾌한 맛을 뜻한다. 모습, 냄새, 특징이 독특한 음식이라면 무엇이든 바로 역겨움을 일으킨다는 것은 신기한 사실이다. 내가 티에라델푸에고에 머물렀을 때의 일이다. 한 원주민이 내가 먹던 저온 보존된 고기를 손가락으로 만져봤다. …… 그러고는 물렁물렁한 고기의 촉감에 순전한 역겨움을 숨김없이 드러냈다. 반면 나는 발가벗은 미개인이 내 음식을 만졌다는 사실에 순전한 역겨움을 느꼈다. 그나마 그의 손이 더러워 보이지는 않았다. (Darwin 1904: 269)

"순전한 역겨움"을 느낀다는 것은 무슨 뜻일까? 왜 어떤 것은 다른 것보다 더 역겨워 보일까? 우리는 모두 같은 것에 역겨움을 느낄까? 우리는 상대가 "숨길 수 없는 역겨움"을 느끼는지 그가 몸으로 나타내는 것을 통해 알아차릴 수 있을까? 다윈은 역겨움을 드러내는 반응을 감출 수 있는 사람은 거의 없다고 강조하지만, 인용문에서는 역겨움의 복잡한 특성이 더할 나위 없이 선명하게 나타난다. '역겨움'이라는 말의 어원(이상한bad 맛)을 언급하면서 글을 시작하는 다윈은 원주민과 마주친 일을 이야기한다. 그러나 언뜻 평범해 보이는 마주침은 유럽 백인들이 세계 곳곳을 오가며 원주민의 몸을 지식, 재산, 상품으로 바꿔낸 역사 없이는 일어날 수 없었다. 다윈은 자신이 먹는 음식의 질감 때문에 원주민이 역겨움을 느꼈다고 해석하는 한편, "발가벗은 미개인"이 자신이 먹는 음식에 가까이 다가왔다는 단순한 사실로 인해 자신 또한 역겨움을 느꼈다고 독자들에게 설명한다. 다윈이 인정하듯이 원주민은 더럽지 않았다. 우리는 이 지점에 주목할 필요가 있다. 다윈이 역겨움을 느낄 만큼 타자가 가까이 있을 때도 타자의 손은 "더러워 보이지" 않았다. 타자는 마주치기 이전부터 이미 더러운 존재로, 더러움을 옮기는 존재로 여겨진다. 이에 타자가 만진 음식 역시 타자로 인해 오염된다고 간주된다. 이처럼 역겨움은 대상을 해석하는 감정으로, 역겨운 대상은 역겨움을 일으키는 대상으로 이해된다. 역겨움은 그저 우리가 받아들이기 두려워하는 이상한 대상의 속성이 아니라 '이상함'을 대상에 내재한 속성으로 규정하는 것이다. 다윈은 음식과 관련한 독특한 것, 다시 말해서 '평범한 식사'와는 거리가 먼 것을 모두 '이상함'과 연관시킨다. 이상하다는 것과 낯설고 다른 것 사이에 연상 체계가 형성되는 일에는 중요한 의미가 있다. '이상한 맛'에 관한 문제는 익숙함과 낯섦에 관한 문제와 밀접한 관계가 있다. 타자가 애초부터 나보다 낯설고 우리에게 낯선 존재로 이해되고 인식되는 한, 타자

감정의 문화정치

가 가까이에 있다는 사실은 '우리가 구역질을 느끼는' 원인으로
여겨진다.

물론 이 교차문화적인 마주침이 음식을 둘러싸고 발생한다
는 점은 중요하다. '잡아먹히는 것' 혹은 먹어 치워지는 것의 정
치가 제국주의의 역사와도 밀접한 관련이 있기 때문이다(Sheller
2003). 음식의 사례가 중요한 이유는 역겨움이 미각과 촉각의 문
제이기 때문이며(어떠한 느낌이 나는지 알기 위해서는 대상과 가까워
져야 한다) 우리가 음식을 몸 안에 '받아들이기' 때문이다. 오염에
대한 공포는 역겨움을 느낀 이들에게 메스꺼움을 일으키며, 이로
써 음식은 역겨움을 일으킨 '것'으로 변한다. 물론 우리는 생존하
기 위해서 무언가를 먹어야 한다. 내가 아닌 것을 몸 안에 받아들
여야 한다는 것이다. 우리에게 '우리가 아닌' 것을 받아들이라고
요구한다는 점에서 생존은 우리를 취약하게 만든다. 우리는 생존
하기 위해서 우리 자신을 개방하고 **몸의 구멍을 열어둔다**. 백인
남성의 음식을 만진 원주민은 원주민이 백인 남성의 몸에 들어가
그의 몸을 더러움으로 오염시킬 것이라는 위험을 가리키는 기호
가 된다. 이와 동시에 원주민은 백인 남성이 먹는 음식의 질감 때
문에 역겨움을 느끼는 것으로 해석된다. 다윈의 해석은 원주민의
몸의 내부에 대한 접근을 전제할 뿐만 아니라 백인 남성의 예외
성을 되찾는 데 필요한 거리 두기를 가능하게 만든다. 원주민의
역겨움이 그가 백인 남성과는 다른 것을 먹는다는 점을 보여주기
때문이다. 역겨움은 분명히 무언가를 한다. 몸은 역겨움으로 인
해 가까이 있는 것으로부터 '움츠러든다'. 여기서 역겨운 대상이
가까이 있다는 점은 발가벗은 상태 혹은 피부 표면이 노출된 상

태처럼 느껴진다.

우리는 다윈의 사례를 통해서 역겨움을 느끼는 것이 단지 '직감'이 아님을 알 수 있다. 역겨움이 직감에 해당한다고 하더라도 우리가 직감과 맺는 관계는 직접적인 것이 아니라 매개된 것이다. 이 관계를 매개하는 여러 아이디어는 우리가 타자에게 가지는 인상과도, 그러한 인상이 몸으로 표면화되는 방식과도 이미 연관되어 있다. 언뜻 단순해 보이는 '이상한 맛'이라는 개념도 우리에게 골치 아픈 문제로 다가온다. 한편으로 '이상한 맛'은 우리가 먹은 것이 이상한 것임을 시사한다(이상한 맛은 음식을 먹은 사람이 아니라 '그가 먹은 음식'에서 발생한다). 이에 이상함은 입으로 들어간 것(음식 혹은 대상)이 지닌 특성으로 이해된다. 다른 한편으로 이상한 맛이 난다는 것은 맛을 느끼는 사람(주체)이 그것을 입에 넣었다는 뜻이기도 하다. 따라서 무언가를 받아들이고 섭취하는 상호 신체적 마주침은 이를테면 이상한 맛을 느끼는 사람의 입이 이상함으로 채워지고 비로소 그 '이상함'을 대상의 속성으로 인식하는 일을 수반한다. 즉 단순히 이상한 맛이라고 정의되는 경우에도 역겨움은 주체와 대상을 구분하는 경계가 만들어지는 바로 그 순간에 무너지는 과정을 우리에게 보여준다.

그렇다면 어떻게 몸, 대상, 타자 사이의 복잡한 관계를 놓치지 않으면서 역겨움에 대한 논의를 풀어갈 수 있을까? 첫 번째 절에서 나는 역겨움이 역겹다고 느껴진 것의 질감과 속성에 어떻게 매료되는지, 역겨움이 역겨움을 느낀 몸의 표면에 어떠한 영향을 미치는지 살펴볼 것이다. 두 번째 절에서는 역겨움과 끈적임의 관계를 조명하면서 '끈적임'이 대상의 정동적 속성이 되는 과정을 탐색하려고 한다. 마지막으로 나는 역겨움이 신체적 차원의 강렬함뿐만 아니라 발화 행위와도 관련된다는 점에 주목함으로써 역겨움의 수행성을 다루고자 한다. 특히 9·11 테러에 대해 '역겨워!'라고 말하는 반응의 발생적 효과를 살펴보려고 한다. 이를 통해 내가 답하려는 질문은 단순하다. 무언가를 역겨운 것으로 규정하는 일에는 어떤 의미가 있는가? 이와 같은 규정은 어떻게 효과를 발생시키는가?

나는 이 장에서 역겨움이 매우 양가적이라는 점을 분명하게 짚어볼 것이다. 역겨움은 혐오스럽게 느껴지는 대상을 욕망하고 대상에 끌리는 일을 수반한다. 윌리엄 이언 밀러William Ian Miller가 이야기한 것처럼 "역겨운 것이 혐오감을 일으킬 때조차 역겨운 것은 우리의 관심을 끈다. 역겨운 것은 우리를 압도한다. 우리는 우리를 역겹게 하는 것을 계속 엿보지 않을 수 없다는 사실을 깨닫는다. 우리 자신도 모르는 사이에, 우리를 역겹게 만드는 것을 '멍하니 보다가 뒤늦게 알아차리고 놀라는 일'이 생기는 것이다"(Miller 1997: x). 욕망과 역겨움의 모순적 충동이 항상 자연스럽게 해소되는 것은 아니며, 우리를 같은 곳으로 이끄는 것도 아니다. 역겨움은 우리를 대상에서 멀어지도록 한다. 마치 우리의 몸이 우리를 위해서, 우리를 대신해서 생각한다는 듯이 대상으로부터 우리를 밀어내는 움직임은 저절로 발생하는 것처럼 느껴진다. 반대로 욕망은 우리를 대상에 다가가도록 만들고 타자의 몸에 열려 있게 한다. 이끌림의 정동은 어떤 면에서 비슷하게 느껴질 수도 있지만, 이끌림의 **방향** 혹은 **지향**은 주체와 대상 사이의 매우 다른 정동적 관계를 만들어낸다. 2장과 3장에서 나는 대상과 타자를 향하거나 대상과 타자에게서 멀어지는 '움직임'과 '선회'의 과정을 살피면서, 이 과정이 사회적 공간과 신체적 공간을 어떻게 연동시키는지 다뤘다. 4장에서는 '이끌림'을 **이와 같은 움직임의 강화**로 설명하려고 한다. 움직임의 강화가 나타날 때, 대상은 우리를 '사로잡은' 것처럼, 우리에게 인상을 남기면서 우리를 향해 움직이는 것처럼 보인다. 대상이 우리에게 남기는 인상은 사라질 수도 있는 긴급함을 동반한 채로 우리가 대상으로부터 멀어지도록 만든다.

역겨움과 비체화

무언가를 본질적으로 역겨운 것으로 가정하지 않고서 역겨움을 논의할 다른 방법이 있을까? 폴 로진Paul Rozin과 에이프럴 팰런April E. Fallon은 역겨움을 느끼는 경험에는 네 가지 주요 요소가 있다고 설명한다(Rozin and Fallon 1987: 23). 특유의 표정, 적합한 행동(불쾌한 대상과 거리 두기), 분명한 생리학적 징후(메스꺼움), 특유의 느낌(혐오감) 등 네 가지 요소는 역겨움이 느낌의 '무게감'과 관련이 있음을 우리에게 알려준다. 어떤 의미에서 느낌은 물질적이다. 대상이 그러하듯 느낌 역시 무언가를 하며, 접촉하는 것에 영향을 미친다. 이처럼 '역겨움을 느끼게 되는' 것은 단순히 내면적이거나 정신적인 상태가 아니며, 몸의 표면을 바꿔내고 몸의 표면에 '어떤 효과를 발생시킴'으로써 몸에 작용한다. 그러나 이 네 가지 요소는 어떻게 특정한 대상이 애초에 '불쾌한' 것으로 느껴지는지는 설명하지 못한다. 우리가 불쾌감(과 역겨움)을 대상의 본질적인 속성으로 간주하지 않을 때, 비로소 이 문제에 답할수 있다. 어떤 면에서 불쾌감(과 역겨움)은 주체가 '대상으로 인해 역겨움을 느끼는' 정동적 반응이 나타남에 따라 대상의 속성으로 주어진다. [역설적으로] 이러한 과정을 포착하기 위해서는 역겨움을 주체 안에서 생겨나서 타자를 향해 이동하는 것으로 단순하게 이해하는 접근을 피해야 한다.

우리는 역겨움이 언제나 대상을 향한다는 점을 분명하게 알아차릴 수 있다. 구역질을 일으키는 강렬한 신체적 느낌인 역겨움은 구체적인 맥락 속에서 느껴진다. 우리는 그 자체로 우리에게 혐오감을 주는 것처럼 보이는 대상으로 인해 역겨움을 느낀다. 밀러의 표현을 빌리자면 "역겨움은 매이지 않은 날것의 느낌이 아니라 무언가에 **대한**, 무언가에 반응함에 따라 나타나는 느낌이다"(Miller 1997: 8). 역겨움은 대상에 대한 것으로, 개인이 경험하는 구역질 나는 느낌은 대상 때문에 생겨난 것으로 여겨진다('토할 것 같아. 너 때문에 속이 메스껍잖아. 너는 나를 구역질 나게 만들어'). 우리는 역겨움의 대상이 우리에게 인상을 남기는 과정, 다시 말해서 마치 대상에 대한 우리의 반응(역겨움)이 '진실한' 이유가 대상에 있다고 믿게 만드는 과정을 탐색할 필요가 있다.

역겨움은 분명 접촉을 통해 발생한다. 역겨움은 몸의 표면과 대상의 표면이 가까이 맞닿는 관계를 수반한다. 표면의 접촉은 기분 나쁜 강렬함으로 느껴지는데, 이는 주체가 아닌 대상에 '불쾌하게 만드는' 속성이 있기 때문이 아니라 대상이 가까이 있다는 점이 불쾌하게 느껴지기 때문이다. 역겨움을 느끼게 할 만큼 대상이 틀림없이 우리 가까이 다가온 것이다. 이런 측면에서 역겨움은 몸에 **엄습하기도**over takes 하지만, 역겨움을 일으키는 것처럼 보이는 대상을 **차지하기도**takes over 한다. 더 정확히 말하자면 역겨움이 대상을 차지할 때에야 역겨움은 몸에 엄습한다. 역겨움은 대상의 질감, 모양, 형태, 대상이 붙거나 움직이는 방식 등 대상의 구체적인 표면에 일시적으로 달라붙는다. 바로 이와 같은 감각적 근접성으로 인해 대상은 '불쾌하게' 느껴진다. 결국 대상은 우리에게 구역질을 일으키고 몸에 엄습해온다.

하지만 역겨움은 대상과 가까이 있다는 데서 그치지 않는다. 몸은 대상으로부터 움츠러지고, 마음 깊은 곳에서 느껴지는 격한 움직임을 동반하며 대상에서 멀어진다. 이 움직임은 역겨움이 작동하는 것으로 역겨움은 몸을 움직이게 만든다. 역겨움은 몸을 위험할 정도로 대상에 가까이 이끌지만, 대상이 가까이 있는 상태를 불쾌한 것으로 인식하도록 함으로써 결국 대상에서 멀어지도록 한다. 폴 로진 등은 다음과 같이 주장한다. "역겨움은 어떤 대상, 사건, 상황으로부터 거리를 두는 행동으로 나타나며, 거부를 특징으로 한다"(Rozin et al. 1993: 577). 대상과 거리를 두기 위해서는 우선 대상과 가까이 있어야 한다는 점은 역겨움을 일으키는 대상과의 상호 신체적 마주침에서 핵심이 된다. 그러나 일단 몸이 대상으로부터 물러서면 (대상을 향하는 동시에 대상에서 멀어지는) 이중의 움직임은 잊히고 만다. 몸이 대상에 충분히 가까이 다가갔다는 사실은 사라지고 마치 대상이 몸을 향해 다가온 것처럼 여겨진다. 이에 '역겨운 대상'이 가까이 있는 상태는 신체적 공간이 침범당한 일로 느껴지기도 한다. 마치 역겨운 대상은 필연

감정의 문화정치

적으로 신체적 공간을 침범한다고 간주된다. 역겨움을 느낌에 따라 대상에서 물러선 몸은 역겨움이 차지하고 사로잡은 대상이 구역질을 일으킬 만큼 몸에 가까이 다가왔다는 점에 분노를 느끼게 된다. 이처럼 역겨움을 느낀다는 것은 **자신이 거부한 것으로부터 영향을 받는다**는 뜻이다. 실번 톰킨스가 지적하듯이 역겨움을 느낀 이들은 "자기 자신이나 자신의 얼굴이 아니라 역겨움의 원인으로 여겨지는 대상에 주목한다. 자신을 역겹게 만든 대상과 자신의 얼굴 사이의 거리를 최대한으로 두면서 말 그대로 대상에서 멀어지는 것이다"(Tomkins 1963: 128). 대상에서 멀어지는 일은 대상에 계속 주목하도록 하며, 대상에 주목하는 일은 구역질을 일으키는 정동이 대상의 속성이 되도록 만든다.

그러나 역겨움을 일으키는 대상과의 상호 신체적 마주침을 이해한다고 하더라도 몸의 표면과 대상의 표면 사이의 특정한 형태의 접촉(표면의 접촉은 몸서리치고 형태를 이루는 피부와 표면을 형성해낸다)이 어떻게 신체적 공간을 침범한 구역질 나는 일로 느껴지는지 이해할 수 있는 것은 아니다. 우리는 (유독) 특정한 형태의 접촉이 역겹게 느껴지는 이유를 파악하기 위해서 역겨움과 비체화abjection의 관계를 살펴볼 필요가 있다. 쥘리아 크리스테바 Julia Kristeva는《공포의 권력Powers of Horror》에서 비체화를 설명하는 중요한 모델을 제시한다.[1] 크리스테바에 따르면 "막대한 안과 밖에서 다가오는 것처럼 보이는 위협에 맞서는 반항"이, "가능한 것, 받아들일 수 있는 것, 사유할 수 있는 것의 지평을 넘어선 곳에서 튀어나오는 존재의 거칠고 어두운 반항"이 비체화에서 "어렴풋이 나타난다"(Kristeva 1982: 1). 비체abject*는 위협한다. 비체가 애초부터 사유할 수 있는 것과 사유 가능한 것을 위협한다는 점에서 비체의 위협은 안팎에서 나타난다. 그렇다면 어떤 것은 왜 위협적인가? 크리스테바는 밖에서 우리를 위협하는 것이 이미 안에 있을 때만 위협이 된다는 점을 우리에게 알려준다. "약한 그릇인 피부, '고유한 자신'의 통합성을 더는 보장하지 못하는 피부, 벗겨져서 속이 다 비치는 피부, 보이지 않고 팽팽한 피부는 **몸의 배설물** 앞에 굴복하게 된다"(Kristeva 1982: 53, 원저자 강조). 비체는 우리 안으로 들어오지 않는다. 비체는 우리를 안에서 밖으로 끄집어내고 밖에서 안으로 들인다.

크리스테바는 경계가 비체화를 통해 대상으로 바뀐다는 도발적인 주장을 펼친다(Kristeva 1982: 4). 여기서 우리는 오드리로드가 지하철에서 어떤 백인 여성과 마주쳤던 인종차별 경험을 다시 살펴볼 수 있다. 로드가 《시스터 아웃사이더Sister Outsider》에서 언급하고 내가 2장에서 분석한 인종차별 경험에서 백인 여성과 흑인 아이 사이의 경계는 바퀴벌레라는 대상으로 전환된다(Lorde 1984: 147-8). 우리의 '비위를 상하게' 만드는 대상은 경계 자체의 대체물로서, 경계가 대상으로 대체되는 일은 주체를 '주체가 아닌' 모든 것으로부터 보호한다. 비체화는 '무엇이 아닌 것'의 불안정성과 밀접한 관련이 있다. 대상으로 인해 역겨움을 느

---

* 　비체는 주체의 일부지만 더럽고 무가치하며 혐오스러운 것으로 여겨져서 강제로 추방된 것을 가리킨다. 비체는 규범, 체제, 세계를 유지하기 위해 설정된 경계를 교란하며, 상징계의 질서에서 배제되고 축출되는 동시에 언제나 다시 출몰한다. 사라 아메드는 비체 개념을 통해서 역겨움이 경계가 만들어지고 허물어지는 문제와 밀접한 관련이 있음을 지적한다.

졌음을 드러내는 주체의 반응을 통해 비체화는 '무엇이 아닌 것'의 영역을 엄격하게 통제하려고 한다. 이는 내가 3장에서 제시한 논의를 확장한다. '무엇이 아닌 것이 아닌' 것('나' 혹은 '우리'인 것)이 '무엇이 아닌 것'으로 미끄러질 가능성은 '무엇이 아닌 것'의 영역을 불안정하게 만든다. 이 미끄러짐은 주체의 자리와 타자의 자리가 '떨어져 있다'고 정의하는 존재론을 위협한다.

경계가 대상으로 바뀌는 것과 역겨움을 드러내는 반응 사이의 관계는 분명하지 않다. (우유에 생기는 얇은 막처럼) 경계가 대상으로 바뀌기 때문에 구역질이 나기도 하고, 역겨움을 드러내는 반응(뱉어내기/토해내기)으로 인해 경계가 대상으로 바뀌기도 한다. 어떤 면에서 이와 같은 양가성은 무엇이 위협적인지를 규정하는 일의 필요성과 관련이 있다. 경계가 유지되기 위해서는, 더 나아가 경계가 경계**로서** 나타나기 위해서는 경계가 위협받아야 한다. '경계의 위반을 통해서 경계가 유지되는' 과정 가운데 경계 대상border objects이 나타난다. 경계 대상은 역겨운 것이 되고, 역겨움은 경계 대상을 탄생시킨다. 결과적으로 역겨움은 발생적이고 미래적인 것일 뿐만 아니라 '시차'와 연관된다. 역겨움은 (아무것도 없는 상태에서) 경계를 만드는 것이 아니라 경계의 필요성을 다시 확인함으로써 경계 만들기에 반응한다. 즉 주체는 대상이 역겹다고 느끼고(이러한 인식은 대상과 마주하기 전에 [이미] 존재하는 역사에 기초한다) 대상을 물리치며, 물리치는 행동을 통해서 대상을 역겨운 것으로 이해한다. **물리치는 행동 자체가 대상을 역겨운 것으로 해석하는 일이 '진실하다'는 증거가 되는 것이다.** 이처럼 경계 대상은 역겨운 것이 되고, 역겨움은 경계 대상을 탄생시킨다는 언뜻 평범해 보이는 이야기에 어떤 진실이 담겨 있다. 이 순환 경제에서 벗어날 방법이 있을까? 아니면 이러한 순환성이 비체화가 그 자체로 영향력을 발휘하는 원인일까?

크리스테바는 비체가 "'나'에 반대하는 것"이라고 설명한다 (Kristeva 1982: 3). 하지만 우리는 역겨움이 대상과 대상 **사이의** 관계를 통해 형성되는 과정에 대해서도 생각해볼 수 있다. 역겨움을 드러내는 반응에서 대상이 중요해지는 이유는 단순히 대상이 '나'에 반대하기 때문이 아니다. 대상은 **다른 대상과의 접촉을 통해** 중요한 의미를 지니게 된다. 1장에서 이야기했듯이 '접촉'이라는 말은 '우연성'이라는 말과 관련이 있다. 역겨움을 일으키는 대상이 '역겨운' 이유는 역겨운 대상이 다른 대상과 접촉했기 때문이 아닐까? 역겨움이 대상과 대상 사이의 '접촉'을 통해 발생한다는 이야기는 대상이 역겨운 원인을 대상의 본질적 속성에 따른 필연적 결과로 해석하는 것이 아니라 특정한 역사에서 찾도록 한다. 이에 따르면 우리가 마주하는 역겨운 대상은 본질적인 차원에서 역겨운 것이 아니다. 이를테면 우리가 대상과 마주하기 전에 대상이 이미 역겹다고 규정된 다른 대상과 접촉했기 때문에 대상은 역겨운 것이 된다. 역겨움이 접촉이나 근접성에 기인한다는 점은 역겨움이 대상보다 뒤처지기도 하고 대상을 만들기도 하는 기묘한 시간성이 발생하는 이유를 알려준다.

역겨움은 일종의 접촉 지대로 작동하며, 어떤 대상이 다른 대상과 접촉하는 과정과 관련이 있다. 여러 연구자가 주장하듯이 "역겨운 것과 접촉한 것은 무엇이든 그 자체로 역겨운 것이 된다"(Tomkins 1963: 131; W. I. Miller 1997: 5; S. B. Miller 1993: 711 참

감정의 문화정치

조). 그러나 역겨움이 이러한 환유적 미끄러짐을 수반한다고 해서 자유롭게 움직이는 것은 아니다. 역겨움은 가까이 있는 대상에 달라붙고 매달린다. 또한 대상은 역겨움을 일으키는 다른 대상을 닮음으로써 역겨운 것이 된다(Rozin and Fallon 1987: 30; Angyal 1941: 397). 즉 역겨움은 닮음을 인식하는 것을 통해서 대상 사이를 움직인다. 대상이 나쁜 느낌의 원인으로, 구역질 나게 만드는 '것'으로 간주되는 바로 그 순간에 역겨움은 대상을 서로 결속시킨다. 역겨움과 다른 감정 사이의 미끄러짐은 대상이 서로 결속되는 일의 핵심을 차지한다. 주체는 대상을 향한 증오와 대상에 대한 공포를 나쁜 느낌이 주체에 '가닿은' [역겨운] 정동으로 경험하기도 한다. 하지만 역겨운 느낌은 역겨움이 대상에 완전히 전이되는 일을 방해하기도 하며, 이는 대상이 역겨움의 원인으로 여겨질 때도 마찬가지다. 정리하면 피부 표면에서 직접적인 접촉이 느껴진 이후에 비로소 대상은 역겨운 것이 되고 주체가 움츠러지도록 만든다.

"발가벗은 미개인"을 보고 역겨움을 느낀 다윈의 이야기를 다시 살펴보자. 원주민이 '발가벗고 있다'라는 점은 근접성이 지닌 위험을 가리키는 기호가 된다. 근접성이 천이나 옷과 같은 매개체나 간극 없이 피부와 피부가 맞닿는 접촉을 함의한다는 근접성은 성적인 의미를 지닌다. 마주침의 성적인 속성은 역겨움이 단지 거리를 두는 행동(움츠러지기)뿐만 아니라 욕망의 가능성으로 피부를 '자극하는' 신체적 접촉의 강화를 수반한다는 점을 알려준다. [원주민과 백인 남성이 가까이 있는] 위험한 근접성이 백인 남성이 원주민의 몸을 향해 이끌리는, 금지된 욕망의 표출을 수반하는 것은 아니지만, 백인 남성이 멀리할 만큼 원주민이 그에게 매우 가까이 다가간 상태라는 것은 틀림없다. 더욱이 타자가 가까이 있는 상태를 역겹다고 느끼는 일은 연상 작용을 구조화하는 과거 역사에 기대고 있다. 다윈의 이야기에서 역겨움은 부정을 통해서 촉발된다. 원주민의 몸이 "더럽지 않다"라고 인정하는 일은 [오히려] 원주민의 몸을 더러움과 연결하도록 만든다. 두 경계 대상 사이의 연상 작용은 매우 중요한 의미를 지닌다. '더러움'이 경계 대상으로 위치되는 한, 원주민의 몸은 (실제로 더럽지 않더라도) 더러움을 '의미한다'. 물론 우리는 더러움 자체가 다른 무언가를 '의미한다'고 주장할 수도 있다. 경계 대상이 본질적으로 역겨운 것이 아니라 "적합한 자리에 있지 않을 때"(Douglas 1995: 36) 문제가 된다고 해석하는 것이다. 그러나 무엇이 역겨운 것인지 판단하는 일이 연기될 가능성은 대상이 서로 달라붙는 과정에서 **멈추거나 막히게 된다**. 대상이 치환되는 과정은 '더러움'과 '원주민의 몸' 사이의 연상 작용이 지닌 우연성으로 인해 멈추게 된다. 이 두 대상이 서로 달라붙음으로써(고정), 역겨움을 일으키는 본질적인 속성이 대상 안에 존재하지 않을 때도 역겨움은 주체가 움츠러지도록 만든다. 주체는 움츠러지는 것을 통해 마치 대상으로부터 멀어지려고 한다. 대상 혹은 기호 사이의 환유적 접촉은 **마치 역겨움이** 물질적이거나 객관적인 속성이라는 듯이 대상 혹은 기호가 역겨운 것으로 느껴지도록 만든다.

어떤 몸이 역겨움의 대상이 되는 과정을 살펴보면 역겨움이 권력관계에서 핵심적인 문제가 된다는 것을 알 수 있다. 역겨움이 권력관계에서 핵심적인 문제가 되는 이유는 무엇일까? 역겨움이 신체적 경계를 유지함으로써 권력관계를 유지하는 효과를 발생시키는 것일까? 역겨움을 드러내는 반응에 공간적 속성이 있다는 점을 고려할 때, 또한 역겨움을 드러내는 반응이 서로 다른 공간과 몸을 위계화한다는 점을 고려할 때, 역겨움과 권력의 관계를 명료하게 인식할 수 있다. 밀러가 주장하듯이 역겨움을 드러내는 반응은 주체의 경계선을 위협하는 것처럼 보이는 대상에 대한 것일 뿐만 아니라 주체보다 "밑에 있는", 주체 아래에 있는, 더 나아가 주체보다 열등한 것처럼 보이는 대상에 대한 것이기도 하다(Miller 1997: 9). 여기서 비체 논의가 제기하는 문제로 되돌아가보자. 아래쪽에 있다는 의미에서 하체 부분은 섹슈얼리티와도, 말 그대로 몸이 배설하는 '오물'과도 분명한 연관이 있다. 밑에 있는 것이나 섹슈얼리티가 반드시 역겨운 것은 아니다. 밑에 있다는 것이 다른 몸이나 공간과 연결될 때, 밑에 있다는 것은 하체 부분과 연관된다. '위'와 '아래'의 공간적 구분은 은유적인 차원에서 몸과 몸을 나눌 뿐만 아니라 고귀한 몸과 비천한 몸, 진보한 몸과 퇴보한 몸을 구별하는 방식으로도 기능한다. 결과적으로 **'위에 있음'과 '아래에 있음'이 특정한 몸, 대상, 공간이 지닌 속성으로 변함에 따라** '아래에 있는 것'에 대한 역겨움은 위와 아래를 구분하는 권력관계를 유지하는 기능을 한다. 역겨움을 느끼는 사람은 [역겨운 대상으로 인해] 역겨움을 느끼게 된 사람이라는 점을 떠올려보면 '위쪽'이라는 위치를 유지하기 위해서는 반드시 특정한 취약성을 대가로 치러야 한다는 점을 알 수 있다(Miller 1997: 9) 이때의 취약성은 아래에 있다고 여겨지는 사람으로부터 영향을 받을 가능성을 의미한다. 다윈이 느끼는 역겨움은 원주민을 계속 아래에 있게 한다. 그러나 이는 다윈 자신이 원주민 아래로 추락할 가능성 또한 시사한다.

끈적임에 대해서

앞 절에서 나는 역겨움의 우연성을 이해할 때 비로소 역겨움을 이해할 수 있다고 이야기했다. 역겨움의 우연성이란 역겨움이 대상 사이의 '접촉'을 통해 발생한다는 뜻이다. 표면과 표면의 접촉이 정동의 강화를 일으킨다는 점에서 역겨움의 우연성은 그 자체로 강화된다. 그러나 역겨움을 통해 물질화되는 것은 표면만이 아니다. 어떤 대상이 다른 대상으로 치환되거나 다른 대상을 향해 움직일 때, 어떠한 대상도 본질적으로 역겹지 않다는 사실에도 불구하고 경계는 일시적으로 영향을 받는다. 이렇게 [경계] 대상은 치환의 효과로 인해 끈적이게 된다.

나는 이 책의 앞부분에서 '무엇이 끈적이는가?'라는 질문을 살펴봤다. 이 절에서는 끈적임에 관한 문제에 주목하면서 끈적임이 표면, 대상, 기호의 속성으로 변하는 과정에 대해 논의하려고 한다. 당연한 말이지만 끈적이는 것과 역겨운 것은 서로 환원될 수는 없어도 밀접한 관계를 맺는다. 밀러가 주장하듯이 "무서운 것들은 접착제나 점액처럼 끈적인다"(Miller 1997: 26). 우리는 여기서 한 가지 역설을 발견할 수 있다. 점성이 있는 것은 분명히 역겨울 수도 있지만, 접착제는 역겨운 물체로 재현되지 않는다는 사실이다. 접착제처럼 끈적이는 무언가는 역겨울 수도 있지만, 접착제 자체는 역겹지 않다. 우리는 끈적이는 모든 것이 역겹지는 않다는 점을 깨닫게 된다. 어쩌면 접착제가 역겨움을 연상시키지 않는 이유는 우리가 접착제를 우리에게 달라붙으려고 하는 것이 아니라 **서로 다른 것을 달라붙게 만드는 데 쓰는 것**으로 생각하기 때문일 수도 있다. 또한 접착제는 무언가를 고정시키는 것으로서 접착제로 달라붙은 대상을 서로 떨어뜨리면 대체로 끈적임은 사라진다. 어쩌면 **끈적이는 것이 우리에게 달라붙으려고 해서 피부 표면이 위험에 처했을 때에야** 끈적임이 역겨운 것이 된다고 할 수 있다.

우리는 여기서 고체도 액체도 아닌 물체에 관한 철학 연구를 참고할 수 있다. 예컨대 장 폴 사르트르는 점액을 표면과 느낌의 속성으로 이해한다. 사르트르에 따르면 표면과 느낌은 모양과 형태의 측면에서 물질성을 띤다. 사르트르는 점성이 있는 것이 역겨운 이유를 다음과 같이 설명한다. "그 순간 나는 끈적이는 것의 함정을 불현듯 알아차렸다. 흘러내릴 듯한 모습의 점액은 나를 붙잡고 위태롭게 만든다. 점액이 지닌 흡착력이 나를 붙잡기 때문에 나는 점액 위에서 미끄러져 다닐 수 없다. 점액은 거머리처럼 붙어서 내 위를 미끄러져 지나가지 못한다"(Sartre 1996: 609). 점성이 있다는 것은 '붙는' 속성이 있다는 뜻이다. 점성이 있는 것은 고체처럼 단단하지도, 액체처럼 흐르지도 않는다. 점성이 있는 것은 고체와 액체 사이에 있으며, 대상의 표면에 붙어서 흡착할 때에야 형태를 갖춘다. 우리는 점성이 있다는 것이 물체로나 느낌으로나 혐오감을 주는 속성이라는 가정에 질문을 던질 수 있다. 점성이 있는 물체에 혐오감을 주는 속성이 있다고 여기는 일은 (단지 상당히 혐오스럽다는 의미가 아니라) 물체의 속성으로 규정되는 경우에도 역겨움이 형상화되는 일에 달려 있기 때문이다. 사르트르는 점액이 "거머리**처럼** 붙는다"고 이야기한다. 이처럼 점액이 지닌 속성은 유추를 통해서 표현된다. 점성이 있다는 것이 하나의 속성으로 간주될 때도 그러한 속성이 발화를 통해 형상화돼야 한다는 점은 점성이 의미 작용의 연쇄를 따라 연기됨을 알려준다(배경 없는 형상). 결국 점성이 있는 물체는 유추를 통해 거머리로 대체된다. 이 거머리는 오드리 로드의 이야기에서 언급된 바퀴벌레처럼 역겨움의 대상을 대신한다.

한편 엘리자베스 그로츠는 점액과 점착성에 관한 사르트르의 논의에 대해 이렇게 답했다. "자체적인 경계가 없는 대상에 흡수될지도 모른다는 공포"는 대상이 지닌 "특성이 아니다"(Grosz 1994: 194). 그로츠의 표현을 빌리자면 점성이 있는 것이 역겨운 것이 되는 일은 사물의 질서를 유지해야 할 때 발생한다. 경계가 없는 대상에 흡수되는 일은 사물의 질서를 무너뜨리는 일이기 때문에 위협적인 것이 된다. 점액과 마찬가지로 끈적임 또한 본질적으로 역겨운 것은 아니다. 이 주장을 더 강하게 밀고 나가면 끈적임 자체는 대상에 항상 '고정된' 속성이 아닐 수 있다는 결론에 이르게 된다. 우리는 끈적임을 대상의 표면을 묘사하는 데 활용하는 것이 아니라 표면을 형성하는 효과로, 즉 **몸, 대상, 기호가 서로 접촉한 역사의 효과로** 이해해볼 수 있다. 끈적임을 역사성과 연관시키는 일은 어떤 사물이나 대상이 현재 시점에는 '끈적이지' 않다고 이야기하는 것이 아니라 끈적임이 효과라고 이야기하는 것이다. 다시 말해서 끈적임은 대상의 표면에 이미 흔적을

감정의 문화정치

남긴 접촉의 역사에 달려 있다.

그렇다면 (마르지 않은 페인트를 만진 손가락과 같이) 문자적인 의미에서 끈적이는 것과 비유적인 의미에서 끈적이는 것(반복되면서 정동적 가치를 축적하는 기호, 마치 끈적이는 손가락**처럼** 보이는 기호) 사이에는 어떠한 관계가 있을까? 나는 문자적인 의미의 끈적임과 물리적인 신체가 연관되고 비유적인 의미의 끈적임과 언어가 연관된다고 전제하는 것에 동의하지 않는다. 물론 끈적임의 형태에는 차이가 있다. 그러나 끈적이는 표면은 문자적인 것으로, 끈적이는 기호는 비유적인 것으로 단순하게 구분할 수 없다. 끈적임은 일종의 관계성을 수반하며 서로 '곁에' 있는 요소가 엮이는 '함께함'에 가깝다. 누군가는 친구 곁을 떠나지 않을 수도 있고, 누군가는 교통 체증으로 길에서 꼼짝하지 못할 수도 있다. 어떤 형태의 끈적임은 서로를 뭉치게 하고, 어떤 형태의 끈적임은 막아서거나 움직이지 못하게 한다. 기호나 대상이 끈적이게 될 때, 이는 (다른 사물이나 기호의) 움직임을 '차단'하거나 (다른 사물이나 기호와) 엮일 수도 있다. 끈적임은 우리가 '차단'을 '구속'과 연결해서 살피도록 이끈다.

여기서 우리는 한 가지 구체적인 질문을 던질 수 있다. 표면은 어떻게 끈적이게 되는가? 어떤 면에서 이 구체적인 질문에 대한 구체적인 답변이 있다. 사물은 끈적이는 다른 사물과 만남에 따라 마찬가지로 끈적이게 된다. 끈적임은 다른 사물로 전이된다. 끈적이는 표면은 다른 요소를 표면에 결합하며, 이로 인해 표면이 다시 형성되는 역동적인 과정이 나타난다. 물론 다른 요소의 결합이 표면을 덜 끈적이게 할 수도 있다. 그러나 표면의 끈적임은 **끈적임의 속성이 얼마나 지속되는지와 상관없이 대상의 역사를 우리에게 알려준다**. 끈적이는 것은 대상이 표면에 모은 것을 통해 대상이 어디를 여행해왔는지를 '우리에게 보여준다'. 대상이 표면에 모은 것들은 대상의 일부가 되며 대상의 통합성에 문제를 제기한다. 끈적임이 이러한 효과의 연쇄와 관련이 있다는 점은 왜 어떤 것은 애초부터 끈적이는지 파악하는 일을 어렵게 만든다. 이는 어떠한 물체가 (지금 여기에서) 끈적이지 않는다는 뜻이 아니라 끈적임이 대상의 [본질적인] 속성이 아니라는 뜻이다. 대상은 대상이 접촉한 것을 모으고 접촉한 것에 영향을 미친다. 결과적으로 끈적이는 것에 달라붙게 된다는 것은 마찬가지로 끈적이게 된다는 의미다. 끈적이는 다른 대상으로부터 단절되더라도 (피부 표면을 비롯한) 대상은 여전히 끈적일 수도 있고 다른 대상을 '수집할' 수도 있다. 즉 끈적임이란 대상이 다른 대상에 하는 것으로, 정동의 전이를 수반한다. 어떤 대상의 끈적임이 다른 대상의 끈적임보다 먼저 발생해서 다른 대상이 그 대상에 붙은 것처럼 보일 수도 있다. 그러나 대상이 다른 대상에 '하는 것'의 관계에는 능동과 수동의 구분이 없다.

이어서 더 추상적인 질문을 살펴보자. 기호는 어떻게 끈적이게 되는가? 2장에서 다룬 혐오발언의 사례를 떠올려보면 기호가 반복을 통해 끈적이게 된다는 것을 알 수 있다. 어떤 표현이 특정한 방식으로 반복해서 활용되다 보면 그 '활용'이 표현의 본질을 이루는 것이 **된다**. 일종의 기호화가 이루어지는 것이다. 이를 통해 '파키'와 같은 말이 모욕적인 표현으로 들리게 된다. 이 표현이 새로운 의미를 갖지 못하는 이유는 표현이 지시하는 대상 때

문이 아니라 표현을 특정한 방식으로 반복해온 역사 때문이다.[2]
표현의 반복은 구속력을 지닌다. 이 표현은 타자를 '파키'로 만들
어내는데, 이 말이 자신을 가리킨다고 인식하는 사람들에게 특히
강한 구속력을 행사한다. 표현이 지닌 '구속'의 힘은 표현이 이동
하거나 새로운 가치를 획득하지 못하도록 [움직임을] '차단'하기
도 한다. 기호는 말하기의 역사에 따른 효과로서 '끈적이는 기호'
가 되며, 이는 기호가 가치를 축적하도록 만든다. 기호의 끈적임
은 기호 사이의 관계 또는 접촉과도 관련이 있다. '파키'라는 말은
경멸의 의미가 담긴 다른 표현과 연상 작용을 일으키면서 모욕
적인 표현이 된다. 일단 기호가 끈적이게 되면 다른 표현들은 사
용되지 않아도 무관하다. 끈적이는 기호를 사용한다는 것은 [기
호와 연결된] 다른 표현들을 환기한다는 것으로, 이 표현들은 과거
에 구조화된 연상 작용을 통해 끈적이는 기호의 본질적인 의미를
이루게 된다. 결과적으로 '파키'라는 말은 이주자, 외부인, 더러움
등 직접 언급되지 않은 다른 말과 달라붙는다. 의미를 만들어내
는 표현 사이의 연상 작용은 감춰지며, **연상 작용이 감춰지는 일
은 기호가 가치를 축적하도록 만든다**. 내가 이야기하는 끈적임
또는 '끈적이는 기호'는 바로 이러한 정동적 가치의 축적을 가리
킨다.

그렇다면 기호와 몸의 관계는 어떠한가? 첫 번째 절에서 밝
혔던 것처럼 역겨움의 경제는 몸의 형성과도 관련이 있다. 역겨
움의 대상이 된 몸은 끈적이게 **된다**. 끈적이는 몸은 역겨움의 경
제에서 '차단'으로 작동한다. 다른 대상과 기호가 끈적이는 몸에
달라붙으면서, 끈적이는 몸은 대상 사이의 움직임을 둔하게 만들

고 '틀어막는다'. 이와 같은 방식으로 몸은 물신 대상이 된다. 앞으로 살펴보겠지만 역겨운 느낌은 특정한 몸에 더욱 달라붙는다. 마치 이들의 존재가 '우리를 구역질 나게' 만들었다는 듯이 이들의 몸은 역겨운 것이 된다.

역겨움을 말하기

'무엇이 끈적이는가?'라는 질문은 대상이 어떻게 다른 대상에 달라붙는지에 관한 문제일 뿐만 아니라 특정한 대상이 어떻게 더 끈적이게 되는지에 관한 문제이기도 하다. 특정한 대상이 더 끈적이는 일은 다른 대상이 그 대상에 달라붙는 것처럼 보이도록 만든다. 대상 사이의 차이를 인식하는 것, 접촉을 둘러싼 과거 역사로 인해 특정한 대상이 더 끈적이게 된다는 점을 이해하는 것은 중요하다. 이 절에서 나는 역겨움이 수행적으로 작동한다는 점에 주목하려고 한다. 역겨움은 몸과 대상의 접촉이 강화되는 일이자 발화 행위로서 작동한다. 나는 역겨움이 어떻게 기호를 특정한 몸에 '묶어둠'(구속)으로써 기호가 새로운 의미를 지니지 못하도록 '차단하는' 효과를 발생시키는지 살펴보고자 한다.

수행적이라는 말은 무슨 뜻인가? 주디스 버틀러에 따르면 수행성은 이미 존재하는 것에 이름을 붙이는 일이 아니라 기표가 명시적으로 이름을 붙인 것을 생성해내는 방식으로, "반복을 통해 효과를 발생시키는 담론의 힘"(Butler 1993: 20)이라고 할 수 있다. 수행성의 시간적 차원은 중요한 의미를 지닌다. 한편으로 수행적인 것은 '아직 존재하지 않는' 것을 구성하고 물질화하는 효과를 발생시킨다는 점에서 미래와 연관된다. 그러나 다른 한편으로 수행성은 퇴적된 과거에 기댄다. 수행성은 이미 말해진 것을 반복하며, 수행성이 지닌 힘과 권위는 반복을 통해 생성된 것을 소환해내는 방식에서 비롯한다. 수행성의 이러한 특성은 이 장에서 설명한 역겨움의 시간성과 맞닿아 있다. 역겨움은 몸이 움츠러지면서 거리를 두는 대상보다 뒤처지는 한편, 몸이 움츠러지는 바로 그 순간에 대상을 생성하기도 한다.

수행성의 역설적 시간성은 수행성이 반복 가능성과 관련이 있음을 알려준다(Butler 1993: 13). 수행적 발화는 부호화되거나 반복 가능한 발화를 되풀이했을 때에야 비로소 '성립한다'. 이미 존재하는 규범과 규약을 인용함으로써 작동하는 것이다(Butler 1993: 13; 5장 참조). 여기서 중요한 점은 수행성이 기대는 역사성과 수행성이 효과를 발생시키는 작용이 분리될 수 없다는 것이다. 수행적인 것이 [다른] 미래를 연다고 할 때, 이는 바로 과거의 규약을 반복하는 과정에서 이루어진다. 반복한다는 것은 언제나 조금 다른 방식으로 반복할 수 있는 (구조적) 가능성을 여는 일이기 때문이다. 반복 가능성은 기호가 발화의 맥락으로부터 '단절' 될 수 있음을 뜻한다는 점에서 중요한 의미를 지닌다. 이 '단절'의 가능성은 의미 작용이 지닌 작가적writerly 속성에 구조적으로 존재한다(Derrida 1988).

우리는 '단절'의 문제를 끈적임에 관한 문제와 연결해볼 수 있다. 기호가 어떻게 끈적이는지, 특히 기호가 다른 기호에 어떻게 달라붙는지 살피는 일은 (동일하게 구조적인 차원에서) 단절을 막는 힘이 존재함을 알려준다. 이 힘은 기호 안에 내재하는 것이 아니라 기호가 다른 기호와의 관계에서 작동하는 방식과 기표의 연쇄에서 기표가 기의에 달라붙는 방식에 달려 있다(Lacan 1977: 154 참조). 물론 기호가 단절되는 일이 일어나기도 하지만, 단절을 막는 힘은 기호의 끈적임이라는 측면에서 의미 작용의 역사성과 연관된다. 단절을 막는 힘은 개별 기호 안에 있지 않다. 이 힘은 (표현과 표현 사이의) 환유적 근접성 또는 (어떤 표현을 다른 표현으로 바꾸는) 은유적 대체를 통해 기호가 다른 기호와 연상 작용을 일으킨다는 점을 가리키는 '기호'다. 이러한 역사성은 수행성과 반복 가능성에 관한 이론에서 중요한 위치를 차지한다. 기호의 역사성은 기호의 반복성과 관련이 있다. 기호는 반드시 반복될 수 있어야 할 뿐만 아니라 반복될 수 있는 형태나 규약이어야 한다. 나는 역사성을 끈적임과 반복의 측면에서 다시 살펴보면서 의미 작용에 내포된 역사성을 이해하는 폭을 넓히려고 한다. 끈적임은 명시적으로 나타나는 규약이 아니라 기호가 다른 기호와 함께 작동하는 방식을 암시적으로 지배하는 연결성과 관련이 있다. 그렇다면 의미 작용의 끈적임은 역겨움의 수행성과 어떤 관련이 있을까?

'역겨워!'라는 발화 행위처럼 무언가를 역겨운 것으로 명명하는 일은 수행적이다. 이는 기존의 발화 규범과 규약에 의존하며, 자신이 명명하는 대상(역겨운 대상/사건)을 생성해낸다. 무언가를 역겨운 것으로 명명하는 일은 무에서 유를 창조하는 일이 아니다. 하지만 무언가가 역겹다고 말하는 일이 일련의 효과를 발생시킨다는 점, 그 효과가 [대상을] **역겨운 대상으로 고정시킨다**

는 점에서 이는 분명 '무언가를 만들어내는 일'이다. '역겨움'이라는 말에 다른 기호가 달라붙고('웩' '이상하다' '미개하다'), 이 말이 특정한 신체나 대상에 달라붙는다고 할 때("발가벗은 미개인"), 역겨움이라는 말은 그 자체로 끈적이는 기호다. 무언가를 역겨운 것으로 명명하는 일은 '역겨움'이라는 말이 지닌 끈적임을 대상에 전이하는 것으로, 발화 행위가 대상을 역겨운 것으로 생성한다. 기호의 끈적임과 대상의 끈적임 사이의 관계는 역겨움의 수행성에서 중요한 역할을 한다. 또한 이 관계는 역겨움을 드러내는 반응이 '새로운 것'에 명시적으로 저항하는 일에서도 핵심적인 위치를 차지한다. 역겨움을 드러내는 반응은 대상이 다른 모습으로 생성되는 것을 막는다. 발화 행위를 통해서 (이상하고) 역겨운 것으로 생성된 대상은 끈적이게 된다. 끈적이는 대상은 물신의 속성을 얻고 비로소 효과를 발생시킨다.

'역겨워!'라는 발화 행위가 생성하는 것은 '역겨운 대상'만이 아니다. 역겨움이 그 밖의 어떤 일을 하는지 알아보기 위해서 비체화 논의를 다시 살펴보자. 무언가를 비체로 만든다는 것은 말 그대로 몰아내거나 쫓아낸다는 것을 의미한다. 그렇다면 발화 행위는 어떻게 비체화를 수반하는가? 비체가 된 신체와 대상은 어떻게 비체로 만드는 발화와 연관되는가? 역겨움을 드러내는 반응은 '말' 또한 몰아내고 쫓아낸다. '역겨워!'라는 발화 행위는 일종의 구토 행위로서 위협을 가하거나 오염을 시킨다고 여겨지는 대상이 가까이 있을 때 이를 쫓아내려는 시도로 작동한다. 즉 무언가를 역겨운 것으로 규정하는 일은 대상과 거리를 두는 일이며, 거리를 두는 행동을 통해 역설적으로 대상은 중요한 것이 된다. 우리는 이 지점에서 구토가 이미 소화된 것, 역겨움을 느끼는 사람의 몸에 녹아든 것을 내뱉는 일임을 떠올릴 수 있다(Rozin and Fallon 1987: 27). 이때 대상을 섭취했다는 것은 주체가 자신이 삼킨 것, 자신과는 다른 것을 역겨운 것으로 인식함에 따라 주체가 이미 역겨움을 느끼게 됐음을 의미한다. 무언가를 역겨운 것으로 명명하는 일은 '역겨움'이라는 말이 지닌 끈적임을 대상에 전이하는 것일 뿐만 아니라(대상은 전이를 통해 끈적이게 된다) 주체에게도 전이하는 것이다. 다시 말해서 역겨움을 느끼게 된 주체는 '그 자체로' 역겹다고 말하는 발화 행위가 일으킨 효과 가운데 하나다.

그러나 발화 행위는 단순히 주체가 자기 자신에게 하는 말이 결코 아니다. 발화 행위는 언제나 다른 이들을 향해서 이루어진다. 정동이 효과를 발생시키기 위해서는 역겨운 대상을 함께 목격하는 이들이 있어야 한다. 다시 말해서 주체는 발화 행위 자체에 내포된, 대상에 대한 비난을 반복할 것을 다른 이들에게 요구한다. 발화 행위가 역겨운 대상을 생성하기 위해서는, 즉 역겨움을 대상이나 타자의 속성으로 만드는 일이 다른 이들에게 달라붙기 위해서는 함께 목격하는 일이 필요하다. 더욱이 다른 이들의 목격을 요청한다는 점은 '역겨워!'라는 발화 행위가 단지 주체와 대상뿐만 아니라 역겨운 대상이나 사건을 함께 비난함으로써 결속을 다지는 공동체 역시 만들어낸다는 점을 우리에게 알려준다. 이렇게 만들어진 목격자들의 공동체에 참가하는 이들은 역겹다고 명명된 사건이나 대상과 다 같이 명시적인 거리를 두는데, 이 거리 두기는 '역겨움'이라는 말을 반복함으로써 이루어진다. 엘

감정의 문화정치

스페스 프로빈Elspeth Probyn은 《욕망Carnal Appetites》에서 무언가를 역겨운 것으로 명명하는 일에는 주체가 대상과 거리를 두는 모습을 목격할 다른 이들이 필요하다는 함의가 있음을 설득력 있게 주장한 바 있다. "우리는 공개적인 발언을 통해 역겨운 대상이 가까이 있는 불편한 상황과 거리를 두고자 한다. 우리는 역겨움을 표현하는 말을 하면서 다른 이들에게 우리가 대상에서 멀어지는 것을 바라봐주기를 부탁한다"(Probyn 2000: 131). 대상을 몰아내고 대상에서 멀어지는 물리적 과정을 다른 이들과 함께한다는 것은 개인적인 것과 집단적인 것이 만들어지는 바로 그 순간에 역겨움이 두 가지를 연동시킨다는 뜻이다. 여기서는 '역겨워!'라는 말이 9월 11일의 사건에 대한 반응으로 작용했던 방식을 살펴봄으로써 발화 행위가 효과를 일으키는 방식을 탐색하고자 한다.

다른 기술이나 매체와 마찬가지로 인터넷은 9월 11일의 사건을 둘러싼 목격자들의 공동체가 나타나도록 만든 중요한 수단이었다. 여러 단체와 개인은 사건에 대한 입장을 홈페이지에 게시하고, 사람들이 생각을 주고받을 수 있도록 게시판을 마련했다. 사건을 함께 목격하는 공동체가 만들어지는 데는 사람들이 동시적으로 같이 있어야 하는 일도, 바로 앞에 있는 상대를 수신인으로 하는 발화 행위도 필요하지 않았다. 발화 행위는 게시판에 쓰는 글의 형태를 취했으며, 이에 따라 편지를 보내는 일에 수반되는 위험, 즉 편지가 목적지에 도착하지 않을지도 모른다는 위험을 안게 됐다(Derrida 1987). 그렇다면 9·11 테러를 마주하는 목격자들의 공동체가 만들어지는 과정에서 역겨움은 어떤 역할을 했을까?

9월 11일의 사건이 매체에서 다루어질 때, 사건에 대한 이미지는 정동으로 물들고 심지어 '가득 차' 있다. 이미지는 반복되고, 반복은 구속력을 갖는 것처럼 보인다. 건물이 무너지고 사람이 추락하는 장면은 몸, 공간, 집, 세계가 침범당했음을 의미하는 기호다. 사건 발생 이후, 텔레비전 화면에 반복해서 나온 이미지는 트라우마 이미지였다. 트라우마 이미지는 트라우마를 남기는 이미지이기도 했다. 이미지가 전하는 트라우마는 다르게 생각할 여지 없이 너무나도 선명했다. 이미지를 접하는 것을 통해 사건의 목격자가 된다는 것은 이미지에 영향을 받는다는 뜻이었다. 물론 그 방식은 저마다 다르게 나타났다. 마루샤 보시어키우Marusya Bociurkiw는 다음과 같이 설명한다.

> 쌍둥이 빌딩이 무너지는 장면이 (당일에는 몇 분마다, 이후 몇 달 동안은 몇 시간마다, 그러고 나선 6개월마다) 텔레비전에 되풀이되어 나온 일은 외상후스트레스장애의 대표적인 증상인 반복 강박을 보여주는 것 같았다. 강박적 회귀는 트라우마 상태로 되돌아가려는 무의식적 욕망을 가리킨다. 트라우마를 겪은 주체가 괴로웠던 경험을 반복하거나 괴로웠던 상황으로 되돌아감으로써 괴로움을 극복하고 즐거운 삶을 다시 누리기를 무의식적으로 바라는 것이다. (Bociurkiw 2003: 21)

트라우마 이미지의 반복은 개인과 집단의 심성에 미처 동화되지 못한 것이 재연돼야 할 필요가 있음을 알려준다. 보시어키우, 버틀러, 데이비드 엥David Eng과 같은 연구자들은 트라우마와 슬픔의 정치의 관점에서 9·11 테러에 대한 반응을 분석했다(7장 참조). [트라우마뿐만 아니라] 역겨움 또한 사건이 타자에게 영향을 미치는 데 중요한 역할을 한다. 실제로 [트라우마를 남기는] 사건은 주로 '역겨운 일'로 여겨진다. 사건을 역겨운 일로 여기는 것은 어떻게 작동하는가? 그리고 이는 무엇을 하는가? 역겨움은 이미지로서의 사건에 매료되는 일을 수반한다. 마치 그 이미지가 현재 눈에 띄는 대상이라는 듯이 이미지에 더 가까이 가려는 욕망에서 사건에 매료되는 것이다. 다음은 '도시의 무법자 프로덕션Urban Outlaw Production' 홈페이지에 실린 9·11 테러에 대한 반응이다.[3]

> 2001년 9월 11일로부터 한 달 정도가 지난 지금도 그날 일어난 역겹고 끔찍한 사건이 여전히 내 마음속에 매일 맴돌고 있다(처음에는 매시간 떠올랐다). 너무나 큰 충격을 받은 느낌이 어디에나 있어서 피할 수조차 없던 테러 직후 일주일에 비하면 다행히 조금은 나아진 것 같다. 텔레비전, 라디오, 신문, 인터넷 등 모든 매체가 비극의 추악한 면면을 보도했고, 이 이야기는 우리의 일상을 물들였다. 거리에서, 친구와의 만남에서, 온라인 게시판에서, 채팅방에서 모두 사건과 관련한 대화만 나눴다. 사건은 생활의 거의 모든 영역에 스며들었다. 테러를 겪은 많은 사람이 일상에 집중하기 어려워했다. 사람들은 잠을 자지 못했고, 사건이 꿈에도 침투하는 바람에 악몽에 시달려야 했다.

여기서 역겨움을 일으키는 대상은 주체의 세계를 물들인다.

역겨움은 구역질 나게 만든다고 여겨지는 것이 세계에 들이닥친 상태를 가리킨다. 역겨움을 드러내는 반응에서 사건이 주체에 '가닿는 일'은 역겨운 대상이 치명적일 정도로 주체 가까이 있다는 점을 통해서 비로소 대상을 탄생시킨다. "역겨운 사건"은 삶 자체에 "침투하고" 이를 "물들이면서" 주체가 사건에 대해 '역겨워!'라고 반응한 이후에도 여전히 일상을 맴돈다. 게시물에서 구역질 나는 것과 "너무나 큰 충격을 받은 느낌"이 미끄러지는 지점에 주목할 필요가 있다. 현재 시점에서 사건을 완전히 이해할 수 없으며 심지어 '사건으로 인한 영향을 느끼는 일'조차 불가능한 상황은 마치 트라우마의 소리가 반복되는 것처럼 사건이 계속해서 재연되는 일을 요구한다. 사건이 치명적인 정도로 가까이 있는 상태는 사건이 '역겨움을 느낀 이들'의 집과 신체를 끝없이 다시 오염시키는 것을 통해서 비로소 그 영향력을 나타낼 수 있다는 뜻이다.

역겨움을 드러내는 반응은 대상을 만들어낸다. 오염이 이미 일어났음을 대상이 인정한다는 점에서 우리는 역겨움을 드러내는 반응이 만들어내는 대상을 경계 대상 혹은 물신 대상이라고 부를 수 있다. 대상은 주체가 사건에서 '멀어짐'으로써 물신의 속성을 얻게 된다. 이와 동시에 대상의 탄생은 주체 역시 만들어낸다. 사건을 역겨운 일로 명명함으로써 사건과 '거리를 두거나' 사건에서 '멀어지는' 과정에서 주체는 '도드라진다'. 앞서 인용한 게시물은 익명의 인터넷 사용자들을 수신인으로 하며, 역겨운 느낌과 역겨워진 느낌을 공유할 것이라고 여겨진 청중에게 말을 건넨다. 이처럼 (역겹다고 규정된 것을 함께 목격함으로써) 역겨움을 공유하는 일은 **역겨운 것을 삼켰다는 점**(다시 말해서 역겨운 것이 매 순간 자신의 삶을 물들인다는 것)에 대한 분노와 화를 공유하는 일이 된다.

역겨운 것을 삼키는 일은 사건을 '일으킨' 신체가 누구인지 찾아내는 과정을 통해 역겨움의 대상을 구성해낸다. 게시물의 내용은 다음과 같이 이어진다.

숨진 이들은 정말 말도 안 되게 가증스럽고 몰지각한 명분 때문에 생명을 빼앗기고 말았다. 테러리스트들은 이를 종교라고 부르겠지만 실제로는 일그러진 것일 뿐이다. 이 타락한 인간 말종들, 세뇌를 당해서 정신이 나간 괴물들을 반드시 찾아내야 한다. 이들이 몸을 숨기고 있는 구덩이에서 이들을 끌어내야 한다. 벌레를 박멸하듯이 없애버려야 한다.

인용문에서 타자의 몸은 눈에 띄는 대상이 된다. 이들이 가증스럽고 구역질 나는 것으로 구성된다는 것은 이들이 지나치게 가까이 다가왔다는 점을 알려준다. 이들은 **역겨움을 느끼게 된 몸들보다 아래에 있는 열등한** 비인간으로 구성된다. 역겨움을 드러내는 반응으로 인해 '아래에 있음'과 '열등함'은 타자의 몸이 지닌 속성이 되며, 이들은 인간적이고 문명화된 삶에 이르지 못한 것을 체현한다. 이와 같은 묘사가 성애적이고 군사주의적인 특징을 지닌다는 점에 주목할 필요가 있다. 구덩이에 숨어 있는 타자는 베일에 싸여 감춰져 있다는 점에서 위협이 된다. 따라서 우리에게 역겨움을 일으키는 대상인 타자가 있는 곳으로 뚫고 들어가서 드러내야 한다. '그들에게서 벗어나기 위해' 그들에게 '다가가야' 하는 것이다. 다시 말해서 우리는 반드시 타자 가까이 있어야 한다. 타자는 우리에게 지나치게 가까이 다가왔지만(타자가 치명적일 정도로 가까이 있었기 때문에 사건이 벌어졌다), 타자를 쫓아내기 위해서는 우리가 더 가까이 타자에게 다가가야 한다. 따라서 '역겨움'이라는 말은 주체가 사건을 서술하는 방식으로서 발화된다. 이는 사건을 경계 대상으로, 우리가 아닌 것이자 우리가 될 수 없는 것을 가리키는 표시로 만들어낸다. 결국 '역겨움'은 사건으로부터 사건에 대한 책임이 있다고 간주된 타자의 몸으로 전이된다. 그렇다면 주체는 어떻게 타자를 삼키고 배출하는가? 이는 역겨움을 느꼈다고 말하는 이들의 몸에 무엇을 하는가?

게시물의 내용은 계속 이어진다. "사람들, 생존자들, 삶을 살아내는 우리는 앞으로 나아간다. 우리는 국가를 향해 새로운 마음을 가져야 하는 격렬한 요구 앞에 놓이게 됐다. 우리는 이 마음을 가지고 달라져버린 세계로 전진한다. 중동 테러리스트들이 저지른 행동의 여파는 우리에게 영원히 남겠지만, 이로 인해 앞으로 어떤 풍경이 펼쳐질지 지켜볼 필요가 있다." 게시물은 '다음 단계로 넘어가기' 위해서는 테러의 원인을 파악해야 한다고 이야기한다. 테러는 우리가 인식할 수 있는 누군가가 벌인 사건으로 여겨진다. 역겨움이 더 이상 '내 안에' 없으며 '우리의 것'이 아니라는 의미에서 정동의 전이는 타자의 몸을 정동의 대상으로 식별하는 일을 수반한다. 타자에게는 "중동 테러리스트들"이라는 이름이 주어진다. 역겨움은 이름이 주어진 타자의 신체에 확실히 달라붙는다. 역겨움이 기호에서 몸으로 전이되는 것이다. 그러나

감정의 문화정치

전이가 이루어지기 위해서는 우선 기호가 서로 달라붙도록 만들어야 한다. 무언가를 역겨운 것으로 명명하는 일은 환유적인 차원에서 기호가 서로 달라붙도록 만든다. 이 지점에서 테러와 공포가 '중동 출신'으로 이미 인식된 몸과 연상 작용을 일으킨다. 역겨움의 끈적이는 흐름은 '중동 출신' 기호와 '테러리스트' 기호 사이의 연상 작용 혹은 접촉으로 인해 '차단된다'.

역겨움의 끈적이는 흐름이 '차단된다'는 것은 역겨움을 드러내는 반응이 대상에서 '멀어지는' 일이자 동시에 역겨움의 대상으로 나타나는 타자의 몸을 '밀어내는' 일임을 뜻한다. 물론 기호가 '서로 달라붙는 일'은 인식의 경제에 달려 있다. 인식의 경제에서 특정한 몸은 테러리스트 단체와 실제로 관련이 있는지와 상관없이 테러리스트 몸으로 간주된다. 이러한 인식의 경제는 많은 나라의 길거리에서 실제로 벌어지는 현실이 됐다. '무슬림 혹은 중동 출신으로 보이는' 이들이라면 누구나 테러와 관련이 있다거나 테러리스트'일 수 있다'라는 이유로 인종차별적인 공격과 괴롭힘으로 피해를 겪었다(3장 참조).

더욱이 역겨움이 어떤 몸에 달라붙는 일은 다른 이들 역시 테러리스트'일 수 있다'는 가능성이 계속 존재한다는 점에서 결코 끝나지 않으며 또 다른 효과를 발생시킨다. '그건 역겨워!'라는 발화 행위는 '저 사람들은 역겨워'로 바뀌고, 다시금 '저 사람들 때문에 우리가 역겨움에 시달리고 있어'로 이어진다. 우리는 게시물 마지막 부분에서 이와 같은 변화를 확인할 수 있다.

전 세계 사람들은 2001년 9월 11일의 사건에서 값진 교훈을 얻어야 한다. 우리가 사는 사회는 쉽게 흔들리지 않는다는 것, 이성을 갖춘 사람들의 삶이 중요하다는 것을 깨달아야 한다. 말 그대로 구역질 나는 테러리스트들은 문명사회를 빼앗아갔다. 그러나 남은 이들은 살아남고 분투하며 견뎌내기 위해 애쓰고 있다.

게시물에서 "우리"는 먼저 "사람들"로, 이후에는 "생존자들"로, 마지막에는 "이성을 갖춘 사람들"로 명명된다. 목격자들의 공동체는 발화 행위에 의해 명명되고, 명명되는 행위 가운데 탄생한다. 목격자들의 공동체는 사건을 함께 규탄하는 가운데 '서로 달라붙게' 되는데, 서로 달라붙는 일은 '역겹다'라는 말을 내뱉는 것뿐만 아니라 '역겹다'라는 말 자체에 달라붙은 이들의 몸("구역질 나는 테러리스트들")을 뱉어내는 것을 '의미한다'. 이에 역겨움을 드러내는 반응은 "중동 테러리스트들"과 같은 말을 토해내는 것으로, 이는 구역질을 일으킨다고 인식된 타자의 몸을 공동체, 국가, 세계에서 쫓아내는 일을 **의미하게** 되고 쫓아내는 일로 **미끄러지게** 된다. 어떤 타자를 쫓아내는 일은 우리를 역겹게 만드는 다른 타자 역시 '있을 수 있다'는 가능성으로 인해 절대 끝나지 않는다. 추방이 절대 끝나지 않는다는 점은 추방을 언제나 정당한 것으로 만든다. 우리가 분명히 구역질을 느낄 것이기 때문에 구역질 나는 이들을 끝없이 물리쳐야 한다는 것이다. 텍스트는 주체가 구역질 나는 상태에 있음을 보여주고, 이는 역겨움이라는 '말'을 타자의 존재를 가리키는 '기호'로 만든다.

하지만 그렇다고 해서 역겨움이 항상 달라붙는 것은 아니며,

감정의 문화정치

끈적임이 기호에서 대상, 몸, 다른 기호로 전이되는 일이 서로 달라붙는 공동체에 항상 영향을 미치는 방식으로 작용하는 것도 아니다. 같은 입장을 고수한다고 해서 반드시 일치를 이루는 것은 아니다. 물론 사건에 대한 개인적, 공식적 반응에서 '역겹다'라는 말이 계속 반복됐던 것은 분명하다. 그러나 역겹다고 명명된 것이 모두 동일한 것이었는지는 확실치 않다. 무언가를 역겨운 것으로 규정할 때마다 이를테면 대상은 새롭게 만들어지지만, 대상이 새롭게 구성되는 일이 반드시 공동체를 결속시키는 방식으로 이루어지지는 않는다. 역겨움을 드러내는 반응 가운데는 역겨움이 특정한 타자의 몸에 달라붙는 방식을 역겹다고 하는 것도 있었다. 한 게시물은 다음과 같이 이야기했다. "아프가니스탄 전쟁은 역겹다. …… 미국인들의 마음속에 더 안전해지기를 바라는 기대가 있다는 것은 당연하지만, 이들이 [안전을 지키기 위한] 수단으로 제시한 것은 테러만큼이나 역겹다."[4] 역겨움을 드러내는 반응이 목격자들의 공동체를 공인하며 대상에서 '멀어지는 일'을 수반한다고 할 때, 게시물에 나타난 반응은 바로 그 '멀어지는 일'에서 '멀어지는 일'을 수반한다. 다시 말해서 게시물에 나타난 '그건 역겨워!'라는 발화 행위는 '저 사람들은 역겨워!'(여기서 '저 사람들'은 테러리스트, 중동 출신, 무슬림 등 끈적이는 기표 사이로 미끄러진다), '국가와 문명사회에서 쫓아내고 토해내야 해'와 같은 반응으로부터 멀어지고자 한다. 이를 더욱 강하게 이야기하자면 테러 공격의 역겨운 특징이 테러에 맞서는 대응에서도 '똑같이 나타나고' '반복된다'라고 주장하는 것이다.

그러므로 역겨움은 무언가를 쫓아내야 한다는 정언명령일

뿐만 아니라 추방이 특정한 것에만 달라붙도록 만들어야 한다는 정언명령으로서, 단순히 집단적 생존의 수단으로 정당화된 것을 보호하는 방식으로만 작동하지는 않는다. 역겨움은 역겨움이 집단적 생존의 수단으로 이루어낸 것에 대한 역겨움을 수반하기도 한다(게시물은 아프가니스탄 전쟁이 9·11 테러의 역겨운 모습을 똑같이 따라 한다고 주장한다). 무언가로 인해 역겨움을 느끼는 것은 '현 체제'에 도전하려는 정치의 한 요소인지도 모른다. 그러나 역겨움의 순환 고리가 우리에게 알려주는 것은 단지 가장 끈적이는 경제 내부에서도 이견이 생길 수 있다는 가능성만이 아니다. 역겨움의 순환 고리는 이견이 자신이 반대하는 대상 외부에 존재할 수 없음 또한 알려준다. 이견은 언제나 자신이 반대하는 것과 연루된다. 더 나아가 정동적 반응으로서 역겨움이 지닌 한계는 개인이 '이상한 것'으로 규정한 것을 소화할 시간을 개인에게 주지 않는다는 점일 것이다. 나는 비판이 '이상한 것'을 소화해내는 데 더 많은 시간을 요청한다고 생각한다. 어떤 면에서 역겨움은 대상에서 멀어져야 한다는 생각이 들기 전부터 대상에 충분히 다가가지 못하도록 만드는 것인지도 모른다.

우리는 미국의 외교 정책을 비판한 이들, 즉 역겨운 것으로 공인된 것에 대한 역겨움을 표현한 이들 역시 사람들의 역겨움을 마주했다는 점을 기억할 필요가 있다. 사람들이 가장 반복적으로 역겨움을 드러낸 것 중 하나는 《뉴요커》에 실린 수전 손택Susan Sontag의 글이었다. 손택은 테러리스트를 겁쟁이로 재현하는 것에 의문을 제기하면서, 미국에 대한 증오에 나름의 근거가 있다는 측면에서 테러 행위를 살펴볼 수 있다고 이야기했다. "테러는 우리 탓'이라고 주장하는 글은 '역겹다"고 반응하는 일은 역겨움을 역겨움의 대상에 다시 달라붙게 하는 방식으로 반복된다.[5] 역겨움을 역겨움의 대상으로부터 떼어놓는다고 해서 역겨움의 경제가 멈추는 것은 아니다. 공동체를 서로 달라붙게 만드는 것에서 '멀어지는' 방식으로 역겨움을 드러내는 반응은 그 자체로 또 다른 역겨움 반응을 일으키기도 한다. 이는 역겨운 대상에서 멀어지는 일로부터 멀어지는 과정에서 '역겨움'을 나타내는 기호가 대상에 다시 달라붙도록 만든다. 역겨움의 대상은 집단적 전이의 효과로서 눈에 띄게 된다. 즉 떼어진 것은 언제든지 다시 달라붙을 수 있으며 심지어 새롭게, 더 단단하게 달라붙을 수도 있다. 무언가를 고수한다는 것은 단순히 표면에 달라붙는다는 것만이 아니라 지지를 보내고 충성을 보인다는 것을 뜻한다. 따라서 우리는 동시에 주어지는 두 가지 질문을 단단히 붙잡아야 한다. 우리는 '무엇이 끈적이는가?'라고 물어야 한다(이 질문은 다른 이들뿐만 아니라 우리 자신에게도 물어야 한다). 그러나 이보다 희망적인 질문도 던져야 한다. '어떻게 하면 충성의 조건을 끈질기게 거부할 수 있는가?'

5 장

다른 이들 앞에서 느끼는 수치심

PAIN
HATE
FEAR
DISGUST
SHAME
LOVE
QUEER
FEMINISM
JUSTICE

선의를 가진 사람이라면 호주 정부와 원주민의 진정한 화해는 호주 정부가 과거 원주민에게 저지른 강탈과 억압, 애보리진에 대한 비하와 같은 잘못을 인정할 때 비로소 실현된다는 사실을 분명히 알 것이다. 과거에 벌어진 일에 가담하지 않았던 호주인들이 개인적으로 죄책감을 느끼거나 자신의 책임을 인정해야 한다고 말하는 것은 아니다. 다만 우리가 하나의 국가를 이루고 있다는 정체성을 확고히 하는 한편, 우리나라가 과거에 했던 일과 해야 했지만 하지 않았던 일 가운데는 자랑스러운 일과 부끄러운 일이 모두 있다는 마땅한 사실을 지적하는 것이다. 적어도 공동체 차원에서 벌어졌거나 정부가 개입된 일이라면 자부심뿐만 아니라 수치심 역시 느껴야 한다. (호주 총독, 《이제는 이들을 집으로》, 1997)

수치심을 통해 정체성을 주장한다는 것은 어떤 의미인가? 국가적 수치심은 어떻게 과거의 잘못을 인정하게 만드는 동시에 개개인의 책임을 없애는가? 5장에서는 국가가 어떻게 수치심을 '느끼는지'가 아니라 수치심을 느낀다고 밝히는 일이 어떻게 '국가'를 느낌의 공동체로 탄생시키는지 살펴려고 한다. 인용문에서 국가는 과거의 "잘못"에 대해 수치심을 느끼는 것처럼 재현된다. 수치심은 화해를 실현하고 과거의 상처를 치유하는 과정에서 중요한 의미를 얻는다. 과거의 잘못을 인정한다는 것은 수치스러운 상태에 접어든다는 뜻이다. '우리'는 "과거에 했던 일과 해야 했지만 하지 않았던 일"로 인해 타자인 원주민에게 고통, 아픔, 상실을 일으켰다는 것을 인정함으로써 수치심을 느낀다. 레이먼드 게이타_{Raimond Gaita}는 인정과 수치심 사이에 아주 중요한 관계가 있다고 설명한다. "호주인들이 정치적 선조로 삼는 이들이 [호주의 원주민인] 애보리진에게 부당한 일을 자행했고, 이로 인해 애보리진이 현재에도 괴로움을 겪고 있다는 점을 호주인들이 명확히 인정하는 과정에서 수치심은 피할 수 없다. 이는 애도를 표하는 일에서 고통이 필연적인 것과 같다"(Gaita 2000a: 278; Gaita 2000b: 87-93 참조). 이에 따르면 호주 역사에서 벌어진 부당한 일로 그들이 고통과 괴로움을 느꼈던 것처럼 우리 역시 수치심을 느껴야 한다. 국가적 수치심과 원주민의 고통 사이의 이런 가까운 관계 설정은 과거의 분열이 치유되고 '함께 살아가는' 미래가 펼쳐지는 화해를 약속하는 듯 보인다.

그렇다면 국가적 수치심의 표현은 어떤 인정과 화해를 말하는 것인가? 《이제는 이들을 집으로》 서문에는 수치심이 움직임과 관련 있다는 점이 드러난다. 과거의 잘못을 인정하는 국가는 과거에 발생한 부정의를 바로잡기 위해 움직인다. 호주의 정치적 상황을 고려할 때, 과거의 부정의를 바로잡기 위해 움직이는 일은 과거에 무관심한 태도를 보이거나 과거는 '우리와 상관없다'라고 여기는 일보다 나아 보인다. 하지만 수치스럽다고 인정하는 일 혹은 잘못을 인정함에 따라 수치심을 느끼는 일은 나름의 한계와 조건을 동반한다. 무엇보다 수치심을 느끼는 주체가 누구인지가 불분명하다. 인용문을 살펴보면 "개인적으로 죄책감을 느끼는 일"이 "우리나라가 부끄러운 일"로 바뀐 것을 분명히 알 수 있다. 결과적으로 "과거에 벌어진 일에 가담하지 않은" 개인은 잘못을 인정하는 일과 분리된다. 이는 정의롭지 못한 역사가 개인과는 무관하다는 것을 시사한다. 개인적으로 죄책감을 느끼는 일이 핵심이 아니라고 하더라도 의문은 그대로 남는다. 개인적으로 수치심을 느끼는 일은 왜 하나의 가능성으로도 인정받지 못하는가? '수치스러워하는' 개인의 모습이야말로 과거의 부정의가 현재에도 이어지고 있다는 걸 보여주는 것이 아닌가?

개인과 수치심을 분리하는 일은 서사에서 특정한 작용을 한다. 개인이 이미 국가에 소속되어 있다는 점, 이미 국가에 충성한다는 점, 한 명의 국민으로 불린다는 점에서 개인은 국가적 수치심에도 함께하게 된다. 내가 '우리'라고 말할 수 있는 다른 국민과 '함께' 있는 상황에서 우리의 수치심은 '나의 수치심'이 된다. 부정의를 과거에 투사할 때, 수치심은 현재 시점에서 집단적인 것으로 재현된다. 이러한 집단적 수치심은 현재를 살아가는 개인과는 무관한 것, 더 나아가 마치 망토나 피부처럼 개인을 둘러싸고 덮어주는 것이 된다. 한편으로 수치심은 과거의 잘못을 인정한다는 의미일 수 있지만, 다른 한편으로 수치심은 여전히 그러한 잘못이 현재에도 ['우리의'] 삶을 형성하고 있다는 사실을 감추기도 한다. 수치심은 문제를 일으키고 골치 아프게 만들며, 어떤 상처는 드러내지만 어떤 상처는 감춰버린다.

여기서 주목해야 하는 점은 수치심이 타자에게 저지른 부정의를 인정하는 한 가지 방식일 뿐만 아니라 국가를 만드는 방식이기도 하다는 것이다. 수치심이야말로 "우리가 하나의 국가를 이루고 있다는 정체성을 확고히 하도록" 한다. 과거에 대해 '나쁜 느낌'을 표현하면서 과거를 '받아들일' 때, 부정의를 인정하는 일은 국가를 회복시키고 국가가 스스로와 화해하는 일로 이어진다. 그렇다면 우리에게는 나쁜 느낌을 안겨주는 수치심이 국가에는 **더 나은 느낌**을 안겨주는 것인가? 더 나은 느낌을 바라는 마음과 부정의를 인정하는 일 사이에는 어떠한 관계가 있는가? 나는 이 장에서 집단적 수치심의 정치를 조명하려고 한다. 이를 위해서 호주 사회의 화해 담론에서 수치심이 어떤 역할을 하는지 들여다보고, 2001년 8월부터 9월까지 남아프리카공화국에서 열린 '인종차별에 관한 제3차 UN 회의'에서 노예제와 식민 지배에 대해 유럽과 미국에 사과를 요구한 일을 둘러싼 갈등을 살펴보려고 한다. 또한 국가가 '수치심을 느낀다'라는 것이 무슨 뜻인지 설명하고, [과거의 잘못에 대한] 정부의 공식 입장, 사과, 유감 표명과 더불어 사과를 거부하는 일의 의미를 밝히고자 한다. 다만 집단적 형태의 수치심을 논의하기에 앞서 수치심과 죄책감의 차이를 검토하고, 타자와의 상호 신체적 마주침에서 겪는 수치심의 현상학적

감정의 문화정치

경험을 분석하려고 한다. 내가 이야기하려는 것은 수치심이 몸에 무엇을 **하는지**(수치심이라는 정동의 명시적인 직접성은 몸의 표면을 달아오르게 만든다), '공식적인 진실'에 대해 수치스럽다고 말하는 일이 국가와 국제사회에 어떤 의미인지 살펴봐야 한다는 것이다. 정리하면 이 장에서 나는 죄책감, 자부심, 슬픔, 안타까움 등 여러 정동과 수치심이 맺는 관계를 다룰 것이다.

생생한 수치심의 경험

실번 톰킨스는 수치심이 기본적인 "부정적 정동" 가운데 하나라고 설명한다. 수치심은 자아가 스스로에게 느끼는 강렬하고 고통스러운 감각이라고 할 수 있다. 자기 자신에 대한 느낌인 수치심은 몸으로 느끼고 몸에서 느껴진다. 수치심은 스스로 올바르지 않은 일이라고 생각한 것을 할 때 발생한다. 수치심을 느끼는 몸은 '이건 아니다'라는 인식(자기 부정)으로 인해 달아오르는 것처럼 보인다. 수치심은 '스스로에게 맞서는' 강렬한 느낌으로서 주체의 피부에 인상을 남긴다. 자신을 부정하는 느낌은 주체에게 자신의 실패를 가리키는 기호로 의미화되는데, 대체로 주체가 다른 이들 앞에 있을 때 경험하게 된다. 다윈은 수치심에 대해 다음과 같이 이야기한다. "수치심이라는 깊은 감각을 자세히 살펴보면 수치심이 무언가를 숨기려는 강렬한 욕망임을 알 수 있다. [수치심을 느낄 때면] 우리는 온몸을 돌리고, 더 정확히는 수치심으로부터 돌아선다. 숨으려고 애쓰는 것이다. 수치심을 느낀 사람은 그 자리에 함께 있는 이들의 시선을 감당하지 못한다"(Epstein 1984: 37에서 재인용). 주체는 다른 이들의 시선을 외면하고 고개를 숙이면서 상대에게서 숨을 방법을 찾는다. 이때 수치심은 민망함보다 더 격하고 강렬한 감각으로 느껴진다. 다시 말해서 수치심은 자신이 드러나는 일로 느껴진다. 내가 나쁜 행동을, 그렇기에 부끄러운 행동을 저질렀음을 상대가 알아차릴 때, 수치심이 발생한다. 그러나 동시에 수치심은 숨으려는 시도로 이어지기도 한다. 숨는 일은 타자에게서 멀어지고 자기 자신을 향하는 움직임을 요청한다. 에릭 에릭슨 Erik H. Erikson의 표현을 빌리자면 수치심은 "눈에 띌 준비가 되지 않았는데 눈에 띈 것"(Erikson 1965: 244)이다. 내가 올바르지 못한 행동을 한 모습을 누군가가 목격하는 일도 수치스럽지만, 내가 수치스러워하는 모습을 누군가가 목격하는 일은 더욱 수치스럽다. 수치심이 일으키는 난감한 문제는 내가 느끼는 수치심이 다른 사람에게 수치심**으로** 보일 때 수치심이 더 강해진다는 데 있다.

수치심이 몸에, 몸을 통해 작동한다는 점에서 수치심은 물리적인 속성을 지닌다. 이는 수치심이 신체적 공간과 사회적 공간을 변형시키고 새롭게 형성하는 일을 수반함을 알려준다. 수치심을 느낀 이들은 수치심을 목격하는 타자에게서 몸을 '돌린다'. 수치심으로 인해 몸을 '돌리는' 일은 특정한 종류의 고통을 안겨준다. 1장에서 이야기한 것처럼 고통은 타자를 나쁜 존재로 바라보게 한다('그들이 내게 상처를 줬다'라는 판단은 '그들 때문에 상처가 생겼다'로, 다시금 '그들은 나쁘다'로 이어진다). 수치심을 느끼는 상황에서 '나쁜 느낌'은 타자나 대상이 아니라 자신에게서 비롯한다(내

감정의 문화정치

가 수치스러워하는 모습을 목격한 타자로 인해서 분노나 아픔을 느낄 수도 있지만, 그럴 때도 타자 때문에 나쁜 느낌이 발생했다고 할 수는 없다). 주체는 상대에게서 몸을 돌리고 자신에게 몰두하면서 나쁜 느낌에 사로잡히지만, 이 나쁜 느낌을 쉽게 상대에게 전가하거나 상대의 탓으로 돌릴 수는 없다. 주체와 타자를 향하는 방식의 측면에서 수치심은 역겨움과 차이를 보인다(4장 참조). 역겨움을 느끼는 주체는 이상한 것으로 일시적으로 '채워지지만', '이상함'은 이내 주체 밖으로 쫓겨나 타자의 몸에 달라붙는다(다만 자기 자신에 대한 역겨움은 수치심과 유사하다). 그러나 수치심을 느끼는 주체는 스스로를 나쁜 존재로 생각한다. 결국 나쁜 것을 몰아내는 일은 자기 자신을 몰아내는 일이 되고 만다(예상할 수 있듯이 오래 지속되는 수치심은 주체를 자살에 이르게 한다). 수치심을 느끼는 주체는 자기 자신을 향해 움직이는 동시에 스스로에게서 멀어진다. 결국 수치심을 느끼는 주체가 기댈 곳은 어디에도 없다.

한편으로는 숨고 다른 한편으로는 드러나는 이중의 움직임은 수치심이 작동하는 방식의 핵심이다. '수치심'이란 말은 '덮다 to cover'라는 뜻의 인도유럽어 동사에서 비롯하는데, 이는 수치심이 "은신처" "보호" "오두막" "집"과 같은 말과 연관이 있음을 알려준다(Schneider 1987: 227). 이처럼 수치심은 '덮거나' '숨으려는' 충동과 분명히 관련이 있다. 그러나 덮거나 숨으려는 욕망은 숨는 일이 실패할 수 있음을 전제한다. 수치심을 느낀 주체가 숨으려는 이유는 그가 이미 다른 이들 앞에 드러났기 때문이다. 이처럼 '수치심'이라는 말은 감추고 숨는 것만큼이나 드러나는 것, 취약한 것, 상처받는 것과 관련된다(Lynd 1958; Wurmser 1981).[1] 한편으로 수치심은 (몸을 돌리고 고개를 떨구며 시선을 피함으로써) 드러난 것을 숨기고, 다른 한편으로 (덮개를 치워서) 숨겨진 것을 드러낸다. 숨겨진 것이 드러날 때 우리는 수치심을 느낀다. 이에 수치심은 우리에게 드러난 것을 다시 덮으라고re-cover 요구하는데, 이렇게 드러난 것을 다시 덮으면서 수치심을 느끼는 상태에서 회복되기도recovery 한다.[2] 정리하면 수치심은 현재 존재하는 것을 감추기도 하고 밝혀내기도 한다. 수치심은 주체를 사로잡고, 타자 앞에 놓인 몸의 표면이 달아오르게 만든다. 표면이 달아올랐다는 것은 숨겨진 것이 드러났음을 드러낸다. 수치심으로 달아오르는 변화는 얼굴이 붉어지는 모습으로 나타나기도 하지만, 수치심이 주체를 붉게 '물들이는 일'은 수치심을 느끼는 주체의 피부색에 따라 달라진다.[3]

수치심으로 인한 고통은 피부 표면에서 느껴지며, 주체를 압도하고 사로잡는다. 수치심으로 인한 고통이 작동하는 방식은 중요한 의미를 지닌다. 수치심은 몸의 표면을 강화할 뿐만 아니라 주체가 자기 자신과 맺는 관계 혹은 주체가 한 명의 존재로서 자신을 느끼는 감각을 강화한다. 즉 주체의 피부 표면이 강화되는 일은 한 명의 존재로 자신을 경험하는 생생한 느낌을 선사한다. 사르트르는 다음과 같이 주장했다. "나는 나의 **존재**가 부끄럽다. 수치심은 나와 나 자신 사이에 밀접한 관계를 만들어낸다"(Sartre 1996: 221). 그러나 사르트르는 이렇게 이야기하기도 했다. "**내가** 다른 이들 앞에 **나타날 때** 나는 나 자신이 부끄럽게 느껴진다"(1996: 222). 수치심은 나타나는 것에 관한 문제다. 수치심이 주체가 타자 앞에, 타자에게 어떻게 나타나는지에 관한 문제라는 점에서 수치심은 존재의 문제, 다시 말해서 자신이 스스로와 맺는 관계의 문제로 느껴진다. 중요한 점은 수치심을 느낀 자아가 스스로에게 맞서기도 하고 스스로를 향하기도 하면서 한 명의 존재로서 자기 자신을 경험한다는 것이다. 이렇게 한 명의 존재로 자기 자신을 경험하는 일은 수치심을 느끼는 경험의 상호 신체성 및 사회성과도 연관된다. 주체의 '개별성'은 타자가 건넨 시선을 되돌림으로써 강화된다. 수치스러운 모습이 타자에게 드러나서 상처를 입는 순간, 주체는 자신을 개별적인 존재로 느끼게 된다.

자기 자신을 가득 채우는 수치심은 스스로가 어떤 존재인지 알려주는 것이 된다. 이는 생생한 신체적 경험이라는 측면에서 수치심이 죄책감과 구별되는 점으로 이해되고는 한다. 도널드 네이선슨Donald L. Nathanson은 다음과 같이 주장한다. "죄책감은 잘못된 행동을 저지르거나 규칙이나 법률을 위반했을 때 주어지는 처벌과 관련이 있는 반면, 수치심은 자아의 자질과 연관된다. 죄책감이 [문제가 되는] 행동을 가리킨다면, 수치심은 자아가 지닌 어떤 자질이 문제가 된 상태를 가리킨다"(Nathanson 1987: 4). 이러한 맥락에서 정신분석학, 자아심리학, 현상학 연구자들은 수치심이 "전체적 자아", 더 나아가 "총체적 자아"와 관련된다고 해석해왔다(Capps 1993; H. B. Lewis 1971; M. Lewis 1993; Lynd 1958). 물론 그렇다고 해서 죄책감과 수치심이 단순히 다른 감정이라는 뜻은 아니다. 〈들어가는 글〉에서 이야기한 것처럼 감정은 지시 대상이 없다. 다만 감정을 인식하는 방식에 따라 감정이 특정한 대상을 가리키는 효과가 발생한다. 따라서 자기 자신이 부끄럽다고 인식할 때의 자아 정체화 방식과 죄책감이 든다고 인식할 때의 자아 정체화 방식은 내가 스스로와 맺는 관계에서도, 내가 타자와 맺는 관계에서도 차이가 있다. 수치심을 느낄 때 문제가 되는 것은 내가 어떤 행동을 했는지가 아니다. 문제는 **내가 한 행동이 지닌 나쁜 속성이 내게 전이된다는 것**, 그로 인해 내가 스스로를 나쁜 존재로 느끼고, 다른 이들이 나를 나쁜 존재로 '생각하고' '파악한다'고 느낀다는 데 있다. 이처럼 수치심은 자기 인식과 밀접한 관련이 있다. "수치심은 자아와 무관하고 분리된 경험이 아니다"(Lynd 1958: 50).

그러나 내가 나쁜 행동을 하는 모습을 발견한 사람이 모두 내게 수치심을 일으키는 것은 아니다. 내 행동을 목격하고 내게 수치심을 일으키는 이들은 특정한 몇몇 타자다. 실번 톰킨스는 주체가 상대에게 관심이 없을 때는 수치심을 느끼지 않는다고 주장한다. 수치심이 상대 앞에서 자신의 모습이 드러날 때 경험하는 감정이라는 점에서 상대에 대한 사랑이나 욕망이 선행해야 한다는 것이다(Probyn 2005 참조). 상대가 나의 수치스러운 모습을 목격하는 일이 상대와 맺는 관계에 영향을 주는 것은 분명하지만, 그렇다고 해서 상대에 대한 마음이 완전히 없어지지는 않는다. 톰킨스의 주장처럼 수치심은 상대를 마주하는 다양한 방식을 수반한다. 적당히 시선을 피하는 것도 여기에 해당한다. 아이가 얼굴을 가린 채 손가락 사이로 상대를 힐끔거리는 모습을 떠올려 보자. 아이는 다른 사람 앞에서 부끄러움을 느꼈을 수도 있지만, 상대로 인해 신이 났을 수도 있다(Tomkins 1963: 137). 즉 내가 욕망을, 더 나아가 사랑을 느끼도록 만든 상대만이 내가 수치심을 느끼도록 만들 수 있다. 내가 마음을 둔 누군가, 나를 어떻게 지켜보는지가 내게 '중요한' 누군가로 인해 수치심을 느끼게 된다. 수치심은 상대와 맺는 순전히 부정적인 관계를 뜻하지 않는다. 수치심은 양가적이다.

수치심이라는 감정은 목격자를 필요로 한다. 주체가 혼자 있을 때도 주체는 타자의 시선을 상상하고 이를 통해 자신을 바라보며 수치심을 느낀다. 나쁜 행동을 저지르는 나를 어떻게 바라볼지 상상할 때, 그 행동이 지닌 나쁜 속성은 내게 전이된다. 혹은 내가 과거에 저지른 나쁜 행동을 떠올리면서 현재 시점에 수치심으로 달아오르기도 한다. 여기서 내가 지닌 기억은 내가 어떤 사람이었는지에 대한 기억을 의미한다. 수치심을 느끼는 나는 느낌의 주체이자 대상이 된다. 이와 같은 논의가 담고 있는 중요한 메시지는 수치심이 타자와의 동일시를 요청한다는 것이다. 타자는 주체의 수치심을 목격하는 존재로서, 주체가 주체 자신을 향하도록 만든다. 나는 타자의 시선을 받아들이고 이를 통해 자신을 바라본다. **내가 타자인 것처럼** 나 자신을 바라보는 것이다. 타자 앞에서 내가 한 실패는 전적으로 내가 스스로에게 저지른 실패가 된다. 수치심을 느낄 때, 나는 이상적 타자의 시선을 통해서 나 자신에게 실패한 존재로 드러난다(Capps 1993: 76; M. Lewis 1992: 34 참조).

여기서 우리는 이상화가 어떤 역할을 하는지 살펴볼 필요가 있다. 이상화는 수치심을 목격하는 타자와 자아 사이의 관계를 매개한다. 한편으로 타자의 시선이 내게 중요하다는 것은 상대에 대한 이상화가 이미 이루어졌음을 시사한다. 하지만 다른 한편으로 나는 '나의 곁에' 있을 뿐만 아니라 '나와 같다'(다시 말해서 이상을 공유한다)고 간주된 상대와 '이상'을 통해서 결속된다. 정신분석학에서는 그러한 이상을 자아 이상이라고 부른다. 자아 이상은 되고 싶은 '자신'을 의미한다. 즉 죄책감이 자아와 초자아의 갈등으로 나타난다면, 수치심은 자아와 자아 이상의 갈등으로 나타난다(Jacoby 1994: 3; Piers and Singer 1971: 23).

'이상적 자아'가 반드시 특정한 속성을 지니는 것은 아니다. 이상의 '내용'은 어떤 의미에서 비어 있다.[4] 이상은 이상을 이상으로 만들어내는 과정을 통해서 효과를 발생시키게 된다. 주체가 타자와의 마주침을 통해서 어떤 가치를 '부여받는지'에 따라 이상의 내용이 달라진다는 점에서 이상화는 상황적인 특징을 보인다. 중요한 것은 이상의 내용이 아니라 이상의 능력이다. 여러 주체는 이상을 통해서 서로 (일치하고) 결속한다. 타자와 '같아지고' 싶고 타자에게 인정받고 싶은 마음인 사랑을 통해서 자아가 타자의 존재에 가까워지는 과정에서 이상적 자아가 탄생한다. 즉 사랑을 통해서 이상적 자아가 공동체에 소속된 자아로 생산된다. 결국 이상은 내가 가까워지려는 '우리'를 가리킨다(6장 참조). 우리가 수치심을 느낀다는 것은 **사랑의 실천을 통해 우리에게 주어진 '이상'에 가까워지는 데 실패했다는 뜻이다.** 수치심을 느끼는 경험은 우리가 우리에게 전해진 사랑을 되돌려서 나타내고 보여주지 못했음을 드러낸다.

수치심은 주체가 사회적 이상에 부응하지 못한 실패의 순간에 주체를 공동체에 다시 통합시킬 수 있다(Braithwaite 1989). 이는 이상에 부응하지 못한 실패가 이상을 받아들이고 이상의 필요를 확증하는 또 다른 방식임을 시사한다. 수치심은 자신을 부

감정의 문화정치

정하는 경험으로 느껴지지만, 내가 수치심을 느낀다는 것은 역으로 [타자에 대한] 사랑과 이상에 대한 헌신을 확증한다. 그렇기에 수치심은 도덕성 발달에 핵심을 차지하는 것으로 여겨지고는 했다. 수치심을 느낄지도 모른다는 공포는 주체가 '이상'을 배신하지 못하도록 하고, 생생한 수치심의 경험은 이상에 부응해야 하는 근본적인 이유를 떠올리게 한다(Hultberg 1988: 115). 도덕성 발달에 관한 논의는 사회 규범을 재생산하는 문제, 특히 성적 행위에 관한 규범을 재생산하는 문제와 밀접하게 연관된다. 이처럼 수치심은 이상을 추구하는 일을 멈추지 못하도록 막는 힘으로 작용하기도 한다. 수치심을 느끼지 않으려면 주체는 사회적 이상에 가까워지려고 노력함으로써 사회적 유대의 '계약'에 참여해야 한다. 주체가 수치심을 느낀다는 것은 주체가 **규범적 존재의 각본을 따르지 않아서 발생한 정동적 비용**을 치른다는 뜻이다.

규범적 존재의 각본에서 벗어난 사랑은 수치심의 '원인'으로 여겨지기도 한다. 예를 들어 서로 사랑하는 핵가족 '형태'에서 벗어난 퀴어 욕망은 주체에게 수치심을 일으킬 수도 있다. 이때 퀴어 욕망은 가족에게 피해를 주는 것이자 [여성과 남성의 결합이라는] 신체적 형태로 형상화된 사회 규범을 손상시키는 것이 된다(7장 참조). 결과적으로 퀴어 욕망은 사람들의 눈에 띄지 않게 감춰져야 하는 것이 된다. 수치심은 주체를 길들이는domesticating 느낌이자 그렇게 길들여진 주체가 경험하는 느낌이다. 이 수치심의 가정중심성domesticity은 중요한 의미를 지닌다. 가족의 사랑은 개인이 사회적 이상을 살아내는 방식에 따라 달라진다(6장 참조). 또한 수치심이라는 퀴어 느낌은 퀴어 주체가 자신을 거부한 것과 동일시한다는 점을 알려주는 기호다. 이러한 측면에서 수치심은 멜랑콜리아와 관련이 있다. 퀴어 주체는 사랑하는 타자를 '실망시켰다'는 나쁜 느낌을 경험하면서 '나쁜' 속성을 자신의 것으로 떠안는다. 이처럼 수치심은 특정한 가족 형태에 부합하지 않는 이들을 나쁜 느낌의 원인으로 지목함으로써 규범적인 가족 형태를 수호한다('너는 우리 집안의 수치야!'). 사회질서가 특정한 정체성에 낙인을 찍고 이를 수치스러운 것으로 만들 때, 그러한 정체성을 지닌 주체는 사람들이 수치스럽다고 여기는 삶에 몰두하는 이들이 된다. 그러나 '비'규범적인 삶을 살아내는 퀴어 몸은 '우리에게 수치심'을 일으키는 원인으로 이미 간주된 정체성을 받아들인다.[5] 수치심을 극복하기 어렵다는 이야기는 규범이 힘이 세다는 것을, 사랑하는 타자가 우리에게 사회적 이상을 강제한다는 것을 의미한다.

사랑과 수치심은 매우 밀접한 관계가 있다. 사회적 이상에 부응하지 못해서 느끼는 수치심을 보여주는 일은 내가 부응하지 못했다는 것이 드러난 이상에 더욱 가까워지도록 만든다. 물론 수치심을 통해 이상에 가까워지는 일은 내게 상처를 다시 입힐 수도 있다(수치심을 느끼는 주체는 실현될 수 없는 이상과 동일시함으로써 사랑을 되돌려줄 수 있지만, 이때 사랑을 되돌려주는 일은 그가 규범적이지 '않은' 삶을 살고 있음을 확증한다). 수치심이 주체를 회복하는 일은 **사회적 이상에 부합하지 못한 주체의 실패가 일시적으로 발생한 것임을 '보여줄' 수 있을 때만** 일어난다. 우리가 다른 이들의 기대에 '부응하지' 못한 일이 우리에게 영향을 미친다는 점에서 수치심은 우리를 다른 이들과 결속한다. 우리가 실패한 모습

감정의 문화정치

을 다른 이들이 목격할 때, 그리고 그러한 실패가 일시적인 것으로 보일 때, 우리에게 비로소 가족과 공동체에 다시 참여할 기회가 주어진다. 수치심이 우리를 서로 결속하게 하는 사랑을 확증하기도 하고 부정하기도 한다는 점에서 수치심을 느끼는 주체와 그러한 수치심을 목격하는 타자의 관계는 불안을 일으킨다.

국가적 수치심

수치심은 부정을 통해 우리가 타자를 사랑한다는 점을 확인시키며, 타자는 목격자라는 난감한 위치에서 그 순간을 지켜본다. 이처럼 수치심이 하는 일과 목격자의 위치는 국가가 수치심을 표현한다는 것이 무슨 의미인지, 수치심을 정체성으로 바꿔낸다는 것이 무슨 의미인지 이해하도록 돕는다. 수치심이 (이성애) 규범을 수호하는 방식으로 작동한다는 점을 떠올려보면 국가적 수치심이 재생산에 관한 서사로 작동한다는 것을 발견할 수 있다. 즉 국가는 수치심을 표현함으로써 재생산된다. 여기에는 최소한 두 가지 방식이 있다. 한편으로 국가는 난민 신청인(2장 참조)이나 퀴어(7장 참조)처럼 (국가의 모습, 더 나아가 국가의 아이를 재생산하는 데 실패한) 적법하지 않은 타자로 인해 수치를 '당하기도' 한다. 좋은 시민의 모습에 가깝지 않은 존재를 상징하는 이들은 국가를 수치스럽게 만든다. 결국 이들은 국가 이상을 재생산하지 못하는 비생산적이고 수치스러운 시민이 된다. 다른 한편으로 국가는 자신이 타자를 대하는 방식에 대해 '스스로' 수치심을 느끼기도 한다. 예컨대 인종차별을 없애지 못하고 다문화주의 이상을 '실현하지 못하는' 국가의 모습이 드러날 수도 있다(6장 참조). 수치심을 자신의 몫으로 돌리는 행동은 주체로 형상화된 국가에 전이되고, 국가는 스스로에게 수치심을 느끼게 된다. 한때는 타자가 국가를 부끄럽게 한다고 여겨졌지만, 이제는 국가가 이들 타자를 대하는 자신의 방식이 부끄럽다고 수치심을 표현하는 것이다. 이 절에서 나는 규범적 주체(여기서는 백인 주체로 형상화된 국가)가 수치심을 느끼게 됐다는 것을 '인정'할 때 어떤 일이 일어나는지 살펴보고자 한다.[6]

국가적 수치심의 표현은 무엇을 하는가? 우리는 《이제는 이들을 집으로》를 통해서 '국가적 수치심'이 무슨 일을 하는지 다시 살펴볼 수 있다. 나는 수치심을 경험하는 일에는 자아 이상에 부응하지 못한 개인의 실패를 '들춰낼' 목격자가 있어야 한다고 이야기했다. 또한 실현되지 못한 이상이 사람들을 서로 '달라붙게' 만든다는 점에서 개인이 느끼는 수치심은 공동체와 밀접한 관계를 맺는다고 주장했다. 어떤 이들은 집단이나 국가가 이상에 부응하지 못한 상황을 국가와 자신을 동일시하는 지점으로 받아들이기도 한다. 따라서 국가가 국가 이상에 부응하지 못했다는 점에 대해 주체가 국민**으로서** 수치심을 느낀다고 할 때, 국가의 실패는 국가를 향한 주체의 사랑을 분명히 하는 계기가 된다. 다시 말해서 수치심은 이상을 실현하는 데 실패한 정체성에 대한 동일시라고 할 수 있다.

《이제는 이들을 집으로》 서문에서 호주는 과거 원주민을 대하던 방식 **때문에** 수치심을 느끼는 곳으로 그려진다. (상실, 폭력,

고통의 증언이 전하는) 호주 원주민의 상처는 호주가 수치심을 느끼는 원인이자 호주인 정체성을 부끄러운 것으로 다시 정의해야 하는 이유로 제시된다. 어떤 면에서 이 보고서의 독자, 즉 보고서가 수신인으로 분명하게 명시한 백인 호주인과 비원주민 호주인은 호주 원주민의 증언을 목격하라는 요청을 받는다("'우리가 느끼는 수치심'은 '그들이 겪은 고통'에서 시작한다"). 호주 원주민의 증언을 목격하는 일은 현재에도 살아 있는 과거와 트라우마를 목격하는 일로 이어진다(1장 참조). 이때 독자는 과거와 트라우마를 목격하는 일을 목격할 것을 요청받으며, 이로 인해 역설적인 것까지는 아니더라도 이중적인 위치에 놓이게 된다. 독자는 자신이 느끼는 수치심을 '우리가 느끼는 수치심'으로 마주해야 한다는 요구를 받는다. 다시 말해서 독자는 과거의 부정의를 '들추는' 일인칭의 위치인 **동시에** 부정의를 '들키는' 삼인칭의 위치에 놓인다. 백인 호주인이 백인의 호주가 저지른 부정의를 들춰내는 이중적 위치에 있다는 것은 다음과 같은 의미가 담겨 있다. 백인 주체로 형상화된 국가가 타자에게 부정의를 저지른 자신의 역사를 목격함으로써 수치심을 느끼는 가운데 스스로와 화해에 이를 수 있다는 것이다. 결국 화해는 백인의 호주가 타자의 고통을 목격하면서 자신과 화해하는 과정이 된다.

국가적 수치심은 자신과 화해하는 방식으로 작동하기도 한다. 국가가 저지른 '잘못'은 국가의 정체성을 다지고 자부심을 회복하는 밑거름으로 쓰인다. 국가에 대한 자부심은 잘못을 인정하는 순간에는 흔들리지만, 잘못을 저지른 일을 사실로 받아들이는 역량을 발휘함으로써 이내 되찾게 된다. '국가적 수치심'을 느낌으로써 과거의 부정의를 목격하는 이들은 "선의를 가진 개인"
으로서 서로 연동된다. 이처럼 수치심을 느낀다는 것은 부정의를
목격하는 이들이 국가에 '속해 있다'는 것을 알려준다. 국가가 과
거에 저지른 부정의를 목격하면서 느끼는 수치심은 국가를 '만들
어낸다'. 부정의를 목격하는 일은 국가가 국가 이상에 부응하지
못했음을 드러낸다는 점에서 수치심을 일으킨다. 하지만 국가의
실패가 드러나는 일은 일시적인 것에 그치고, 오히려 국가가 회
복돼야 한다는 서사를 뒷받침하는 것이 된다. **국가는 과거에 저
지른 부끄러운 일을 목격함으로써 이상에 '부응할' 수 있으며, 이
는 현재 시점에서 국가의 정체성 혹은 존재를 확고하게 만든다.**
다시 말해서 우리가 느끼는 수치심은 **우리가 선의를 갖고 있음을
보여주며,** 국가를 이상으로 재생산해낸다.

이상은 구속력을 발휘한다. 우리가 이상을 실현하지 못했다
고 느낄 때도 마찬가지다. 사실 실패 이후 우리가 느끼는 감정이
야말로 이상을 확증한다. 우리는 수치심을 느낄 때는 이상이 실
현되지 못하고 사라졌다고 생각하고, 자부심을 느낄 때는 이상이
실현되고 존재한다고 생각한다. 이처럼 우리가 이상을 해석하는
방식은 이상의 실현 여부와 밀접한 관련이 있다. 그러나 동시에
이상을 해석하는 방식이 이상 자체를 형성하기도 한다. 이상의
내용(예를 들어 백인이고 이성애자이며 더 나아가 관용적이고 너그러운
존재로 형상화되는 국가)은 이상을 이상으로 만들어내는 과정에서
채워진다. 다시 말해서 이상이 먼저 존재하고 특정한 이들이 이
에 가까워지거나 '부합하는' 것이 아니다. 국가 이상은 [처음부터]
특정한 이들의 모습을 따라서 형성된다. 따라서 이상과 닮은 이

들이 느끼는 자부심은 어떤 면에서 동어반복적이다. **이들은 자신의 모습을 따라서 형성된 이상에 가까워지는 데서 자부심을 느낀다.**

주체는 자신이 이상에 부응했다고 판단할 때는 자부심을, 그렇지 못했다고 판단할 때는 수치심을 느낀다. 자부심과 수치심은 판단의 결과는 다르지만, 판단의 근거가 이상의 여부에 달려 있다는 점에서는 비슷한 정동적 역할을 한다. 이상을 소유하는 일은 존재를 보여주는 일을 수반하며, 이는 주체와 집단에 '가치'와 '특성'을 부여한다. 우리가 어떤 존재인지 '보여주는' 다양한 방식은 언제나 다른 이들을 수신인으로 한다. 이상을 소유함으로써 자신이 이상적 존재임을 [다른 이들에게] 보여주는 것, 다시 말해서 소유를 통해 존재를 나타내는 일은 '나'와 '우리'가 연동되도록 한다. 예컨대 어떤 백인 주체가 인종차별을 저지른다고 하더라도 백인 주체가 국가 이상에 가까워지는 일이 반드시 실패하는 것은 아니다. 백인 주체는 수치심을 드러냄으로써 자신이 실제로는 ("선의를 가진") 이상적 주체라는 점을 증명할 수 있고, 이를 통해 인종차별이라는 수치스러운 일이 왜 부끄러운 일인지 알려주는 이상을 소유하고 있다는 점을 증명할 수 있다. 사회적 이상을 실천으로 옮기지 못할 때 느끼는 수치심은 '나'와 '우리'의 경계를 무너뜨린다. 주체의 실패를 다른 이들이 목격하는 한, 주체의 실패는 이상을 확증하며 자부심을 되찾게 해준다. 수치심을 느끼는 주체에게 나쁜 느낌이 '전이되는 일'이 [오히려] 우리가 자랑스러워하는 정체성이 회복됐음을 알리는 증거가 될 수 있다는 점에서 전이는 일시적인 것에 그친다(우리가 정의롭지 못한 과거에 수치심을 느낀다는 사실은 현재의 우리는 선하며 너그러운 주체라는 것을 '보여준다').

수치심을 표현함으로써 '나'와 '우리'가 정동적으로 연동되는 복합적인 과정을 살펴보기 위해서 나는 '사과의 책Sorry Books' 행사에서 수치심이 어떻게 나타났는지 탐색하려고 한다. 사과의 책은 사과의 날Sorry Days에 호주 사회의 화해를 이루려는 목적에서 열린 행사 가운데 하나였다.[7] 사과의 책에는 호주인들이 남긴 애도와 응원의 메시지가 담겼다. 메시지를 적은 이들은 대부분 백인이었고, 원주민도 얼마간 있었다. 사과의 책은 호주인들이 각자의 이름으로 저마다의 생각을 써 내려간 문서로서, 사과의 책을 함께 만드는 작업은 슬픔의 서사를 공유하고 국가적 수치심을 기록하는 활동이었다. 오프라인뿐만 아니라 온라인을 통해서 익명으로 메시지를 남기는 이들도 있었다. 사과의 책은 '우리'를 만들어낸다. 가상으로 존재하고 환상으로 나타나는 한편 현실에서 존재하는 '우리'는 과거에 정의롭지 못한 일이 발생했으며 현재의 호주가 그러한 부정의를 토대로 만들어졌다는 사실을 인식함으로써 탄생한다. 사과의 책에는 매우 다양한 이야기와 주장이 담겼지만, 메시지를 남기는 바로 그 과정 가운데 서로 다른 이들 사이에 연동이 일어난다. 사람들이 남긴 여러 메시지는 여러 명의 '나'가 됐고, '우리'는 슬픔과 수치심의 이야기를 함께 전하는 사과의 책 자체가 됐다. 텍스트를 통해 정동적으로 연동되는 일은 '우리'를 만들어낼 뿐만 아니라 '우리'의 불가능성 역시 보여준다. 나는 주체로 형상화된 국가와 국가 이상의 관계를 찬찬히 살펴보면서 수치심이 '우리'로 호명된 국가를 무너뜨리는 동시에 새롭게 형성

감정의 문화정치

하는 과정에 주목하려고 한다. 이를 위해 나는 사과의 책에 담긴 몇몇 온라인 메시지를 분석할 것이다.

사과의 책이 정부를 향한 탄원서로 기능한다는 점은 중요한 의미를 지닌다. 대부분의 메시지는 빼앗긴 세대에게 공식적으로 사과하기를 거부한 존 하워드* 호주 총리를 향한 것이었다(1장 참조). 총리를 수신인으로 하는 메시지에는 공식적인 사과 거부를 국가적 수치심의 원인, 즉 과거에 대한 수치심을 강화하는 이유로 지목하는 내용이 담겨 있다. "당신이 사과하지 않겠다면 내가 당신을 대신해서 사과할 겁니다. 당신은 스스로 괜찮은 사람이라고 생각할지도 모르지만, 사과를 거부한 당신의 모습은 엄청나게 끔찍할 뿐이에요."[8] 이처럼 사과의 책은 국가가 부끄러워하는 모습으로 보이기를, 호주인을 대표해서 수치스러운 일에 관해 이야기하기를 국가에 요구하는 것으로 기능한다. 주체는 부끄러워할 줄 모르는 국가의 모습을 지켜보며 또 다른 국가적 수치심을 경험한다. "하워드 총리는 더는 우리나라를 부끄럽게 만들지 마세요. 과거에 일어난 부정의를 인정하세요. 우리는 함께 나아가야 합니다. 당신의 뻔뻔함은 우리나라의 수치예요!"[9]

부끄러움을 모르는 모습에 수치심을 느끼는 이들은 총리에게 사과를 요구한다. 이는 과거를 넘어 국가에 대한 자부심이 '회복된'/자부심으로 '감싼re-covered' 미래로 나아가자는 호소이기도 하다. "호주가 지나온 잔혹한 역사를 인정하지 않은 정치인들 때

---

* 재임 기간 1996년 3월 11일~2007년 12월 3일. 자유당 소속으로 매우 강경한 다문화주의 반대파였고 군주제 지지자였다.

문에 비원주민 호주인들은 호주인이라는 사실에 진정한 자부심을 느낄 수 없습니다."[10] 부끄러움을 모르는 국가의 모습을 지켜보는 일은 그 자체로 수치심을 일으킨다. 부끄러워할 줄 모르는 국가로 인한 수치심은 "우리나라가 진정으로 자랑스러운 곳이 되기를 바라는" 욕망, 즉 국가 이상과 동일시하려는 욕망과 연결된다. 이러한 맥락에서 잔혹한 역사가 있었다는 것을 인정하는 일은 국가에 자부심을 느끼기 위한 전제조건으로 제시된다. 이처럼 잔혹한 역사를 인정함으로써 수치심을 느끼는 일은 국가에 대한 자부심을 회복할 수 있다는 약속으로 이어진다. 결과적으로 수치심은 잔혹한 역사를 극복하는 일로 의미화된다. "잔혹한 역사를 목격하고 마음이 움직였음"을, 더 나아가 "상처를 입었음"을 보여줌으로써 잔혹한 역사를 넘어서는 것이다. 여기서 드러난 욕망은 다음 단계로 넘어가려는 욕망으로, 수치스러운 일은 과거에 놓이거나('잔혹한 역사') 현재 시점에서는 오직 부재로서 위치된다('수치심이 없는 모습을 지켜보며 느끼는 수치심'). 이러한 서사는 주체로 형상화된 국가가 타자와 동일시할 수 있도록 만든다. 자부심은 그 자체로 국가를 결속하는 감정이 되며, 수치스러운 상태에서 벗어나기를 국가에 요구하는 이상이 된다. 이 지점에서 우리가 목격하는 것은 잔혹한 역사가 아니라 이를 적당히 넘어가려는 잔혹한 시도다. 적당히 넘어가려는 시도를 목격하는 일은 수치심을 극복하고 자부심을 가지려는 욕망으로 인해 역설적으로 그러한 시도를 되풀이할 우려가 있다.

목격하는 일, 그리고 목격하는 일과 수치심이 맺는 관계는 복합적인 측면에서 '사과의 책'이라는 장르를 탄생시킨다. 사과의 책에 담긴 메시지는 그 자체로 국가가 저지른 수치스러운 일에 대한 수치심을 증언하는 한편, 다름 아닌 국가가 자신이 저지른 수치스러운 일을 목격하는 증인이 되어야 한다고 주장한다. 또한 개인이 느끼는 수치심과 국가가 저지른 수치스러운 일을 목격하는 또 다른 증인 역시 불러낸다. 다음은 사과의 책에 실린 메시지다. "저는 우리가 미안하다고 말할 때가 됐다고 생각해요. 전 세계 사람들이 우리가 [인종차별 정책인] 아파르트헤이트를 시행한 남아프리카공화국과 같다고 말하고 있어요."[11] 메시지에는 '나'가 '우리'로 미끄러지는 모습이 나타나는데, 이는 (국가에 달라붙는) 고착과 (서로 달라붙는) 밀착을 모두 수반한다. 이때 '우리'가 현재 시점에서는 이상화되지 않는다. '우리'가 미안하다고 말해야 한다는 메시지는 우리가 사과함으로써 미래에 이상으로 나타날 것임을 시사한다. 이 메시지는 타자("전 세계 사람들")를 호주가 느끼는 수치심을 목격하는 이들로 불러낸다. 세계의 시선이 주체를 부끄럽게 만드는 것이다. 세계는 호주를 다른 부끄러운 나라("아파르트헤이트를 시행한 남아프리카공화국")와 같은 곳으로 바라봄으로써 호주의 잘못을 '들춰낸다'. 그러나 호주의 부끄러운 과거가 무엇인지는 구체적으로 언급되지 않으며, 다른 부끄러운 나라와의 비교만이 제시된다. 다른 나라와의 비교는 호주가 이상을 실현하지 못한 다른 나라**처럼** 보이게 만들면서 호주의 실패를 '보여준다'. 이상에 부응하지 못한 다른 국가와 같아지는 일은 국가가 가져야 할 바람직한 욕망이라는 의미에서 국가 이상에 대한 믿음을 더 분명하게 만든다. 이와 같이 수치심의 서사를 구조화하는 것은 '그들처럼' 보일지도 모른다는 공포다.

여기서 국가가 저지른 수치스러운 일을 드러내고 이를 인정하지 않는 부끄러운 모습을 지켜보는 목격자는 의미상 '국제사회'다. 메시지는 상상의 목격자를 불러낸다. "세계의 시선이 당신을 향하고 있습니다. 지금으로부터 백 년 후, 당신은 어떤 모습으로 기억되기를 바라십니까?" 이상적 국가로 보이는 일은 결국 무엇을 물려줄 것인지의 문제가 된다. 이는 우리가 어떻게 기억하는지의 문제가 아니라 타자가 우리를 어떻게 기억하는지에 관한 문제다. 수치심을 향한 욕망은 국가 이상을 실현한 곳으로 보이려는 욕망이자 이상적 국가라는 '역사의 판단'을 기대하는 욕망이다. 국가의 모습을 지켜보며 국가의 성취를 기억할 상상의 목격자가 항상 국가 외부에 있는 것은 아니며, 때로는 더 나은 자아의 반영으로 제시되기도 한다. "다른 나라의 잘못은 손가락질하면서 어떻게 우리나라의 잘못은 거울에 비춰보지 않을 수 있겠어요."[12] 주체로 형상화된 국가가 자신의 모습을 비춰보는 거울은 국가가 저지른 수치스러운 일을 국가에 보여준다. 국가의 잘못을 '보여주는' 일은 국가의 시선이 국가 이상을 실현하지 못한 타자를 향하도록 하면서 국가가 목격의 대상이 아니라 주체가 되도록 한다. 메시지가 시사하는 것처럼 우리가 거울에 비친 모습에서 우리의 부끄러운 모습을 마주할 때에야 다른 이들에게 "손가락질"을 할 수 있다. 또 다른 메시지 역시 비슷한 주장을 담고 있다. "우리나라를 자랑스럽게 여기라는 말부터 멈추세요. 먼저 우리나라가 저지른 매우 수치스러운 일을 뿌리 뽑는 일부터 적극적으로 나서라는 거예요."[13] 여기서 수치심을 표현하는 일은 자부심을 정당화하는 한편, 자부심은 수치심을 표현하기 전까지 부끄러

감정의 문화정치

운 것이 된다("먼저 적극적으로 나선다면"). 이처럼 수치심의 정치는 모순적이다. 수치심의 정치는 국가의 잘못을 드러내고 국가가 스스로에 대한 자부심으로 덮어오고 숨겨온 것을 드러내지만, 동시에 **국가를 다시 감싸는**re-covering **회복**recovery**의 서사를 수반한다.**

회복의 서사는 수치스러운 일을 '공식적으로' 인정할 것을 정부에 요구하는 모습으로 나타난다. 이러한 서사는, 국가가 정의롭지 않다고 느끼는 것을 통해 주체가 국가와 동일시하는 행위가 된다. 회복의 서사에는 "과거에 했던 일과 해야 했지만 하지 않았던 일"이 부당한 것이었다는 의미가 담겨 있지만, 부정의가 부당한 이유가 부정의가 자부심을 빼앗아간다는 사실에 있다는 의미 역시 담겨 있다. **부정의로 인해서 백인의 호주가 다른 이들 앞에서 자부심을 드러낼 수 없다는 것이다.** 사과의 책에 실린 몇몇 메시지는 다른 이들이 호주의 수치스러운 모습을 목격해야 한다는 점을 안타까워하는 듯했다. 이들 메시지에는 수치스러운 모습을 목격하는 일이 자부심을 되찾는 수단으로, 즉 국가 이상을 함께 실현함으로써 국가를 결속하는 수단으로 그려진다. 수치심이 이상에 부응하지 못한 국가의 모습을 드러냄으로써 국가를 결속하는 수단이 되는 일은 미래 세대의 이름으로 이루어진다. 어떤 메시지의 표현을 빌리자면 국가 이상은 "자라나는 아이들에게 보여줄 사랑, 관대함, 명예로움, 존중"을 의미한다. 또 다른 메시지는 다음과 같이 이야기한다.

"저는 우리나라 원주민이 받는 처우에 수치심과 슬픔을 느끼는 호주 시민입니다. 이는 더 이상 숨길 수 없는 문제이며, 소수의 원주민에게 형식적으로 기회를 제공하는 방식으로 치유될 수 없는 문제입니다. 우리는 이 문제를 공개적으로 논의하고 인정하며 사과하고 슬퍼해야 합니다. 그렇지 않는다면 호주의 미래 세대가 피해를 받을 것입니다. 지금은 미안하다고 말할 때입니다. 이 점을 호주 정부와 호주인 전체가 동의할 때, 비로소 호주인이라는 자부심을 느낄 수 있을 것입니다."[14]

메시지는 "원주민이 받는 처우"의 문제를 인정해야 한다고 주장하지만, "호주인"이 되는 데 애초부터 불평등이 존재한다는 점은 인정하지 않는다. 미안하다는 말이 자부심으로 이어진다고 할 때, 자부심을 느끼게 되는 이들은 누구인가? 특정한 이들의 모습을 기초로 삼은 국가의 이상적 이미지는 수치심을 자부심으로 바꿔내는 일을 통해 유지된다.

자부심을 향한 욕망, 다시 말해서 국가가 특정한 이들의 모습을 반영한 국가 이상을 실현하기를 바라는 욕망은 수치심을 표현하는 일에서 매우 중요한 역할을 한다. 여기서 문제는 주체로 형상화된 국가가 정말로 이상에 충실한지가 아니라 국가가 이상에 부응하는 것처럼 보이는지, 국가가 자신의 역할을 해내는지에 있다. 수치심은 국가 이상이 실현되지 않았음을 드러낼 수 있으며, 실제로 드러내기도 한다. 국가가 이상을 실현하는 데 실패한 모습이 드러나는 일은 정치적으로 중요한 의미를 지닌다. 그러나 이는 국가에 대한 사랑을 나타내는 근거로 활용될 수도 있다. 이 때 수치심은 국가가 일종의 존재로서 실현되는 과정에서 '거쳐가는 단계'가 되며, 국가가 '소유한' 이상은 국가가 추구하는 것으로 전환된다. 다음의 메시지는 이를 매우 분명하게 보여준다. "저는 우리가 과거의 부끄러운 모습을 인정해야 한다는 확고한 믿음을 지닌 호주 시민입니다. 우리가 현재의 영광을 기쁘게 누리려면 다른 길은 없습니다."[15] 과거의 부끄러운 모습을 인정하는 일, 국가가 이상을 실현하지 못했음을 인정하는 일은 현재 시점에서 국가를 이상화하고 더 나아가 기쁜 마음으로 노래하게 만든다.

수치심과 발화 행위

수치심이 화해 담론에서 어떤 일을 하는지 분석한 내용이 잘 알려주듯이 공식적인 사과 요구는 피해를 보상하라는 주장의 핵심을 차지한다. 정부의 공식 사과를 요구하는 이들 가운데는 과거와 현재에 벌어진 잔혹 행위로 고통받은 피해자뿐만 아니라 잔혹 행위에 가담했던 이들이나 간접적 수혜자였던 이들도 있다. 엘라자 바칸Elazar Barkan은 국제 정치에서 시민성의 기초를 새로이 규정하는 "새로운 공적 도덕성"의 측면에서 사과의 정치를 살핀다. "역사적 잘못을 인정하려는 정치적 의지, 더 나아가 정치적 열정은 점점 커지고 있다. 이는 공적 도덕성을 가늠하는 새로운 기준이 됐다"(Barkan 2000: xxviii). 실제로 몇몇 사례에서는 배상이 이루어지기도 했다. 바칸은 이 "새로운 도덕 질서"를 설명하면서 공식적인 사과의 중요성에 주목한다. 바칸에 따르면 공식적인 사과는 "고통을 가했다는 죄의식으로 인해 사람들이 괴로움을 느낀다는 것을, 때로는 피해자에게 공감하기도 한다는 것을 보여주는 증거"다(Barkan 2000: xxviii). 하지만 사과가 (슬픔, 수치심, 죄책감 등) 정동의 '증거'로 채택된다는 것은 무슨 의미인가? 사과는 무엇을 하는가? 사과는 감정을 보여주는가, 아니면 사과 행위가 선행하고 사과의 '증거'로 제시되는 정동이 이를 뒤따르는가? [과거에 대해] 미안하다고 말하는 일saying sorry은 '유감을 표하는being sorry' 현재의 주체가 책임감을 느끼도록 '만드는가?'

사과를 전하는 발화 행위는 여러 형태일 수 있다. 예를 들어 "제가 저지른 일에 대해 사과드립니다" "상처를 드린 점에 대해 사과드립니다"와 같은 말로 사과를 전할 수 있다. 서로 다른 형태의 발언을 견주어보면 사과가 조건적이라는 점을 알게 된다. 우리는 우리가 무엇을 사과하는지 말하면서 발언의 영향력에 한계를 지운다. 또한 우리는 사과를 전하면서 벌어진 사건의 의미를 해석한다. 이때 의미에 대한 해석은 다양한 방식으로 나타나기도 한다. 그저 "사과드립니다I apologise"라고 이야기하는 조건 없는 사과는 무엇을 사과하는지 설명하지 않는다는 점에서 대개 아무 의미가 없다. 무엇에 대한 사과인지 이야기하지 않는 말은 구체적인 역사 속에서 개인이 했던 역할을 인정해야 한다고 요구하는 이들에게는 가닿지 못한다. 한편 사과는 "유감입니다I am sorry"라는 발언의 형태를 취할 수도 있다. 이는 묘사하는 말("미안한 마음이 듭니다")이나 정중한 표현("늦어서 죄송합니다")으로 쓰이기도 한다. 그러나 유감을 표하는 말도 (어조, 몸짓, 발언의 맥락을 통해) 특정한 형태를 온전히 갖추었다고 인식되는 상태로 상대방에게 전달됐을 때는 행동에 대한 책임을 인정하는 발언으로 기능할 수도 있다. 여기서 상대의 수용은 말이 효과를 발휘하도록 만드는 결정적인 요소다("당신의 사과를 받아들이겠습니다"). 물론 미안하다고 말하는 것과 유감을 표하는 것 사이에는 메워지지 않는 간극이 있다. 이 간극은 발언이 아무리 '훌륭하게 수행'해도 메워지지 않는다.

《말과 행위How to Do Things with Words》에서 J. L. 오스틴J. L. Austin은 사과가 수행적인 발언이라고 이야기한다. '수행적'이라는 단어는 '표현'과 '행위'를 연결한다. "수행적이라는 말은 어떤 발언을 하는 것이 행위를 수행하는 것을 가리킨다"(Austin 1975: 6). 수행성은 기호나 발언이 지닌 속성이 아니다. 수행성이 내재된 기호가 어떤 행위를 수행하는 마법을 부리는 것이 아니라는 뜻이다. 어떤 발언이 수행적 효과를 발휘하려면 특정한 조건이 충족돼야 한다(4장 참조). 조건이 충족되면 수행문이 기대하는 효과를 일으키지만, 그렇지 않을 때는 기대하는 효과가 나타나지 않는다. "전체 규칙에 맞게 제법 많은 것이 올바르게 놓이고 올바르게 이루어진다면, 우리가 기대하던 행위를 끌어냈다고 할 수 있을 것이다"(Austin 1975: 14).[16] 오스틴이 논의한 첫 번째 수행적 발언은 "나는 당신과 결혼합니다"라는 말이다. 이 발언은 특정한 조건이 충족됐을 때 비로소 두 사람을 결혼시키는 '행위를 한다'. 여기서 말하는 특정한 조건에는 발언하는 사람에게 그러한 발언을 할 권한이 있어야 한다는 점 외에도 법이 발언을 '수신한' 상대를 '결혼할 수 있는' 존재로 인정해야 한다는 점이 포함된다(Butler 1997c 참조). 많은 경우, 두 여성이 이 발언을 주고받는다면 발언은 기대하는 효과를 일으키지 않을 것이다. 수행문이 기대하는 효과를 일으키기 위해서 특정한 조건을 충족해야 한다는 점은 말이 '하는 일'이 법의 지배와 밀접한 관련이 있음을 분명히 보여준다. 법은 확고한 정의를 제시함으로써 사회적 형태를 규칙으로 만들어낸다. 결혼의 사례에서 법은 결혼이 '성립하기' 위해 필요한 조건이 무엇인지 규정한다. 이처럼 무언가를 만들어내는 행위는 '형태를 만드는 일'이라고 할 수 있다. 즉 무언가를 만든다는 것은 아직 존재하지 않은 것에 형태를 부여하는 것이다.

　　이제 사과를 발화 행위로 살펴보는 논의로 돌아가보자. 오스틴은 사과를 그가 "행태발화behabitives"라고 부른 특별한 종류의 수행문으로 생각했다. "수행문의 일종"인 행태발화는 "대체로 행동에 대한 반응이나 다른 사람에게 하는 행동과 관련되며, 태도와 느낌을 나타내는 데 활용된다"(Austin 1975: 83). 오스틴은 행태발화가 단순히 느낌을 표현하는 진술문이나 묘사와는 다르다고 설명했지만, 구체적으로 어떻게 구별되는지 설명하지는 않았다(Austin 1975: 160). 행태발화는 기묘하게도 모호한 것으로 남아 있는데, 실제로 오스틴 역시 행태발화를 "골칫거리"라고 불렀다(Austin 1975: 151). 사과를 둘러싼 '골치 아픈 문제'를 살펴보기 위해서는 발언, 느낌, 행위의 관계를 들여다볼 필요가 있다.[17]

　　오스틴은 특정한 조건이 충족되지 않으면 사과가 기대하는 효과가 발생되지 않을 수 있다고 주장한다. 이때의 조건은 주로 말하는 사람의 감정과 관련이 있다. 사과가 소용 있으려면 말하는 사람이 실제로 미안한 마음을 가져야 한다는 것이다. 진정성이 없다는 것은 의미 없는 사과를 부르는 충분한 조건이 된다(Austin 1975: 40, 47). 오스틴의 모델에서 감정은 내적 상태로 간주된다. 감정은 경우에 따라 말로 표현될 수도 그렇지 않을 수도 있다. 그러나 사과가 반드시 진심 어린 느낌을 겉으로 드러내 보이는 일이 아닐 때도 사과가 무언가를 할 수 있다고 주장할 수도 있다. 다른 사람에게 피해를 준 것에 책임을 느끼고 사과는 하지만 미안한 마음은 들지 않는 상황을 떠올려보자. 이러한 경우에도 사과는 '무언가를 할' 수 있으며, 상대가 사과를 받아들일 수도 있다. 때로는 사과가 보상을 요구하는 근거가 되기도 한다. 사과가 느낌을 담은 표현이 아니라 책임을 입증하는 증거로 '받아들여질' 수 있기 때문이다. 곤란한 점은 사과가 무언가 하기는 하지만 그것이 무엇인지 명확하지 않다는 것이다. 그렇다면 효과적이고 성공적인 사과의 조건은 무엇인가? 상대가 사과를 받아들이는 것인가? 아니면 다른 중요한 것이 있는가?

　　이는 우리가 '행위'가 무엇인지 더 깊이 고민해야 한다는 것을 알려준다. 행위는 마치 누군가가 마법을 부린 것처럼 그저 발생하는 것이 아니다. 행위는 결정을 내리는 일을 필요로 한다. 사과하는 '행위'가 사과하는 순간에 완결되지 않는다는 점에서 우리는 사과가 무엇을 하는지 결정해야 한다. 흥미롭게도 이브 코소프스키 세지윅Eve Kosofsky Sedgwick은 명시적 수행문을 다룬 글에서 사과에 대해서 논의한다. 세지윅에 따르면 동사는 단어가 가리키는 "행동에 이름을 붙인다"(Sedgwick 2003: 4). 세지윅의 말처럼 "사과는 사과를 한다an apology 'apologises'". 하지만 사과한다는 '동사'가 이름을 붙인 사과하는 '행위'는 사과하는 순간에 완결되지 않기 때문에 사과가 정확히 무엇을 하는지는 복잡한 문제다. 수행문과 수용의 관계를 살펴보면 이 문제가 얼마나 중요한지 알 수 있다. **적절한 조건이 충족됐을 경우** "나는 당신과 결혼합니다"라는 발화를 받아들이는 일은 결혼한다는 동사가 '되는' 것을 뜻한다. (다른 이들 앞에서 해야 하는 결혼 서약이 남아 있지만) '결혼한다_to wed_'는 것은 어떤 번역 작업 없이 '결혼한 상태가 된다_to become wed_'는 뜻이다. 결혼하는 행위가 완결되는 데 발화의 수신인이 아닌 다른 이의 해석은 필요하지 않다. 하지만 사과의 경우에는 수신인이 사과의 의미를 해석해야 한다. 사과하는 말이 타자에게 전달되면 타자의 시선은 발화자를 향한다. 이때 발화자는 사과하는 말보다 앞서 존재하는 역사 가운데 놓인다. 따라서 수신인은 사과하는 말이 사과로 여겨질 만한지 판단해야 한다. 이제 이 질문을 이해할 수 있을 것이다. "'이' 사과는 '사과를 하는가?'" 사과하는 행위는 기묘하게도 사과를 받아들이는 일에 기대고 있다. **타자가 자신에게 사과하는 상대의 말을 사과로 기꺼이 받아들일 때**, 사과는 '무언가를 하기'도 한다. 사과를 기꺼이 받아들이는 일은 발화 행위가 어떤 상황에서 이루어졌는지에 달려 있다. 사과가 하거나 수행하는 것은 사과 이후에 뒤따르는 행위가 무엇인지에 따라서도 달라진다. 어떤 행위에 대해 사과한다고 말한 다음에도 이전과 같은 방식으로 행동한다면, '사과'가 지닌 힘은 사라질 수 있다.

사과하는 행위가 사과하는 순간에 완결되지 않는다는 점은 '행위'가 결정을 내리는 일을 필요로 한다는 점을 보여준다. 이런 측면에서 사과하는 행위는 결정되지 않은 행위이자 조건적인 수행이다. 발화 행위가 무엇을 하는가에 관한 문제는 발화가 어떻게 전달되는지, 누가 수신하는지, 발언을 둘러싼 다른 맥락은 무엇이 있는지에 기대고 있다. 사과는 맥락에 따라 정말로 다른 일을 한다. 사과는 감정을 표현할 수도 있지만, 그렇다고 해서 사과가 감정을 지니는 것은 아니다. 물론 사과가 감정의 진실성을 가리키는 기호로 여겨지는 경우, 사과가 감정을 대신하기도 한다. 또한 사과가 감정을 가리키는 기호로 여겨질 때("정부 관계자는 과거 국가가 저지른 일에 유감과 수치심을 느끼고 **있다**"), 사과는 상대의 감정에 영향을 미칠 수도 있다. 다시 말해서 감정을 나타내는 '기호'는 상대를 움직일 수 있으며, 상대가 사과를 받아들면서 이에 응답할 때는 기대하는 효과도 얻을 수 있다. 기호가 기대하는 효과를 발생시키는 일은 '기호'에 내면의 느낌이 반영됐는지와는 무관하다. 한편 사과는 책임을 지겠다는 의지를 표명하는 행위일 수 있다. 사과가 '하는' 일이 잘못을 인정하는 것일 수도 있고, 잘못을 인정하는 모습으로 해석되는 것일 수도 있기 때문이다. 사과하는 발화에 어떤 단어를 사용하는지에 따라 발화 행위는 감정을 드러내지 않고 책임을 인정하는 것으로 기능하기도 한다. "유감스럽습니다I am sorry"가 아니라 "제가/저희가 사과드립니다I/We apologise"라고 말하는 것이 이에 해당한다. 다만 사과가 감정의 표현으로 받아들여지는지 혹은 책임의 인정으로 받아들여지는지는 단어 선택뿐만 아니라 이야기를 주고받는 맥락에 달려 있다. 사과가 감정의 표현으로 여겨질 때, 사과가 일으키는 효과는 누가 사과를 전하는지, 사과하는 행위 이전에 사과하는 사람에게 어떤 권한이 주어졌는지, 누가 사과를 수신하는지, 사과를 수신하는 사람이 사과하는 발화 행위의 목격자로서 어떻게 호명됐는지에 따라 달라진다. 따라서 사과한다고 말하는 순간에 사과가 하는 일은 결정 불가능성이라는 통로를 지나간다. 이는 과거를 여는 동시에 미래를 열린 상태로 남겨둔다.

사과의 문제는 [이상적인] 국가의 모습에 끊임없이 불안을 드리운다. **미안하다고 말하는 것은 무엇을 하는가? 이는 국가가 무엇을 하도록 만드는가?** 타자는 사과를 받아들일 것인가? 즉 '나' 혹은 '우리'의 행위가 타자에 의해 완결될 것인가? 사회적 행위라는 측면에서 사과하는 행위가 사과하는 순간에 완결되지 않는다는 점은 불안을 일으킨다. 이는 국민국가를 공식적으로 대표하는 이들에게 골칫거리가 된다. 사과를 전하는 이들은 끝없는 요구를 마주하게 될 수도 있다. 발화자가 권위를 부여한 말이 되풀이되는 것이다. 물론 과거에 벌어진 잔혹 행위와 부정의에 대해 몇몇 국가와 왕실이 사과하는 중대한 역사적 전환이 일어나기도 했다. 그러나 사과가 어떤 일을 할지 모른다는 두려움으로 인해 사과가 '가로막히는' 일은 예외적인 사건이 아니다.

여기서는 인종차별을 주제로 한 2001년 UN 회의에서 발생한 논쟁을 살펴보면서 사과의 문제를 살펴보려고 한다. 회의에서는 노예제와 식민 지배에 대해 사과를 요구한 일을 둘러싸고 논쟁이 벌어졌다. 아프리카 국가의 대표자들은 노예무역에 관여한 유럽과 미국에 사과를 요청했다/강력히 요구했다. 사과하는 행위는 맥락이 중요하며, 이는 이 경우에도 마찬가지였다. 사과를 요구한 이들은 자신이, 그리고 자신이 대표하고 상징하며 대신하는 집단이 그간 피해를 받았고 권리를 빼앗겼으며 억압을 받았다고 주장했다. 이때 가해자는 사과를 요구하는 발화 행위의 수신인이 된다. 수신인의 자리에 놓인 가해자는 발화자와 마찬가지로 특정한 집단을 상징하고 대신하는데, 여기에는 [노예무역이 벌어지던 시기에] 살았던 사람들과 현재 살아 있는 이들의 후계자가 포함된다. 결국 사과를 요구하는 발화 행위의 수신인은 사과를 전할지 말지를 정하는 발화자가 된다. UN 회의에서 요구된 것은 무엇인가? 최종 선언문에 '사과' 혹은 '유감'이라는 말이 빠졌을 때, 거부된 것은 무엇인가?

결국 갈등은 어떤 용어를 사용할 것인지에 관한 문제로 바뀌게 된다. 이는 정치적 현실을 구성하는 말에 얼마만큼의 힘을 부여할 것인가를 둘러싼 갈등이기도 했다. 유럽 지도자들은 힘이 적은 말, **효과가 적은 말**을 원했다. 이에 대해 한 신문은 다음과 같이 보도했다.

> 몇몇 아프리카 비정부기구는 대서양 연안 노예무역이 반인도적 범죄였다는 명확한 인정과 사과를 요구하며 나미비아, 짐바브웨, 브라질, 카리브 지역의 여러 국가 및 영향력 있는 아프리카계 미국인 로비 단체와 손을 잡았다. 유럽연합 4개국과 미국은 최종 선언문에 노예무역이 반인도적 범죄였다는 내용이 포함되면 대기업에 대한 대규모 집단 소송이 빗발칠 것으로 내다보고 있다. (스미스, 《인디펜던트The Independent》, 2001년 9월 4일)

영국 언론인의 보도에서 사과는 수행문으로 묘사된다. 사과를 전하는 행동은 사과를 하는 행동이 되고, 이는 곧바로 다른 행동으로 이어진다. 결국 사과에 뒤따르는 다른 행동을 하지 않으려면 '어떠한 말도 하지 않는' 선택지만 남는다. 타자가 요구한 대로 사과할 때, 과거에 벌어진 일은 범죄였으며 사과를 전하는 사람 혹은 그가 대표하는 집단이 범죄에 책임이 있다는 것을 인정하는 사과가 타자에게 받아들여질 때, 이는 사과를 전하는 발화행위가 법정에서, 반환과 배상을 주장하는 현장에서 또 다른 행동을 하도록 만든다. 이러한 맥락에서 사과는 발화될 수 없는 것이 되고 사과 요구는 거부된다. 과거의 부정의를 사과하고 인정하라는 요구에 대한 응답을 거부하는 일은 애초에 그러한 요구가 촉발되도록 만든 폭력을 반복한다.

　배상은 다양한 방식으로 이루어질 수 있겠지만 배상 자체는 필연적이다. 노예무역은 잘못된 일이었고, 영국은 잘못된 일을 저질렀다. 영국인이 했던 일은 반인도적 범죄였다. 유럽의 여러 나라 역시 자국의 이익을 명분으로 반인도적 범죄를 저질렀다. 그런데도 이들은 식민 지배의 결과로 얻은 것을 놓치지 않으려고 애쓰고 있다. (스미스,《인디펜던트》, 2001년 9월 4일).

　영국은 사과를 거부하는 일, 다시 말해서 그 자체로 발화 행위이자 폭력 행위로 작용하는 일을 어떻게 옹호했는가? 당시 총리였던 토니 블레어Tony Blair의 대변인은 다음과 같이 이야기했다.

　"이는 (유럽연합 외무부 장관들이 모인) 7월 일반이사회에서 합의된 유럽연합의 입장입니다. 유럽연합은 노예제도가 현재 시점에서 평가할 때 비난받아 마땅하며 그런 일이 벌어진 과거에 대해서 안타깝게regretted 생각합니다. 하지만 아주 오래전 정부가 저지른 행동에 대해 현재의 정부가 책임을 지는 것은 합리적이지 않을 것입니다. 중요한 문제는 우리가 이제 무슨 일을 할 것인지에 있습니다."[18]

여기서 흥미로운 사실은 발화 행위가 유럽연합 일반이사회라는 기존의 권위에 기대어 정당화되고 스스로를 정당화한다는 데 있다. 즉 사과 요구를 거부한다는 결정의 정당성을 또 다른 권위에 미루는 것이다. 이때 발화 행위의 주인공author은 결정을 정당화할 필요도 없고, 결정됐다는 이유로 권위authority를 내세울 필요도 없다. 결정과 행동은 현재의 발화에 선행하고 발화를 정당화하는 다른 권위에 의해서 '결정된다'. 권위를 다른 곳에서 찾는 일은 결정에 권위를 부여하고 이를 정당화한다("그렇게 결정됐다"). 이를 통해 발화자와 그가 대표하는 이들은 행위, 결정, 판단에 대한 자신의 책임을 회피하게 된다. 그저 그렇게 '합의됐기' 때문이다.

기존의 권위에 기대어 책임을 회피하는 것, '우리가 합의했다'가 아니라 그렇게 '합의됐다'라고 이야기함으로써 책임을 감당할 주체가 등장하는 일을 막는 것은 역사적 부정의에 대한 책임을 회피하는 또 다른 행동에 해당한다. 여기서 책임 회피를 뒷받침하는 근거는 무엇이 '말이 되는지', 무엇이 '상식인지', 무엇이 합리적이고 이해할 만한 것인지의 문제와 관련된다. 역사는 현재의 부정의와는 단절된 "아주 오래전"의 일로 간주된다. 총리 대변인이 발표한 입장문에 따르면 역사는 과거의 일이다. 우리가 비난할 수 있는 것은 현재 존재하는 것이지 과거는 그저 안타까운 일일 뿐이다. 이 지점에서 우리는 과거(여기서는 노예무역)에 대한 사과를 거부한 일이 현재를 과거와 '단절하는' 일에 기대고 있다는 점에 주목할 필요가 있다. '우리가 그때 그 자리에 없었기' 때문에 '우리에게는 책임이 없다'라고 주장하면서 책임의 범위를 한정하는 일은 직접적인 인과관계가 있을 때만 책임이 발생한다는 전제를 바탕으로 한다. 이는 "아주 오래전" 일어난 일이 전 세계의 자원을 국가와 대륙에 따라 불평등하고 부당한 방식으로 분배하는 현대 국제 정치의 부정의에 지금도 영향을 미친다는 점을 망각할 때에야 가능한 주장이다. 다시 말해서 [사과를 거부하는] 발화 행위는 정의를 실현하기 위한 현재의 투쟁을 과거와 단절시킴으로써 [사과를 요구하는] 발화 행위를 이를 둘러싼 맥락에서 단절시킨다.

사과를 거부하는 발화 행위는 [사과를 요구하는] 현재 시점의 발화를 애초에 그러한 발화를 촉발한, 정의를 향한 역사적 투쟁에서 단절시킴으로써 작동한다. 회의에서 채택된 최종 선언문에는 과거와 현재의 관계가 "안타까움"이라는 말로 묘사된다. 안타까움은 일종의 실망감을 나타내는 말로, 이는 '우리는 부끄러움을 느낍니다' '우리는 과거에 일어난 일에 안타까움을 느끼지만, 우리가 한 일이 아니기 때문에 죄를 묻기는 어렵습니다'가 아니라 '정말 안됐군요What a shame'를 정중하게 표현한 것에 가깝다. 엘리자베스 스펠먼이 지적한 것처럼 안타까움을 표명하는 일은 어떠한 책임도 지지 않겠다는 뜻이다(Spelman 1997: 104). 사과를 안타까움으로 대체하는 일은 무언가를 하지 않음으로써 무언가를 하는 행동이라는 점에서 강력한 힘을 발휘한다. 결국 안타까움은 책임이나 배상을 대신하는 것이 된다. 이는 피해를 가리키는 기호로 기능하지만, 정작 피해에 대한 증언을 마주해야 하는 주체, 도저히 갚을 수 없는 빚을 갚아야 하는 주체, 보상받을 수 없는 것을 보상해야 하는 주체가 누구인지는 밝히지 않는다.

내가 이야기하려는 것은 사과는 회피하면서 안타까움은 표명하는 일이 지나치게 많은 것을 회피한다는 점이다. 이를 앞서 호주의 빼앗긴 세대와 국가적 수치심을 분석한 내용과 연결해서 살펴보자. 원주민 타자들은 호주를 대표해서 정부가 사과할 것을 요구해왔다. 요구하는 것은 말하는 행동이며, 말하는 것은 정치적 행동이다. 사과를 요구하는 일은 폭력의 역사를 드러내며, 이를 현재 목격하는 이들은 [역사적] 부정의와 마주할 것을 요구받는다. 사과를 '건네는' 것만으로 사과 요구가 만족스럽게 받아들여졌다고 평가할 수는 없지만(사과 요구에는 감춰진 역사를 드러낸다는 의미도 담겨 있다), 사과는 '응답하는 말'이 될 수도 있다. 그러나 당시 총리였던 존 하워드는 사과를 거부하고 "안타까움"이라는 표현을 쓰는 방식을 선택했다. 그가 구체적인 행동을 동반한 사과를 요구하는 이들에게 응답하지 않은 것은 아니다. 그는 분명히 행동했다. 다만 그는 "나/우리는 사과하지 않을 것입니다"라고 밝히며 사과를 거부하는 방식으로 응답했다. 이 발화 행위는 "우리가 하지 않았습니다" "우리는 그 자리에 없었습니다"라는 메시지를 통해 국가는 책임이 없음을 선언함으로써 국가를 '만드는' 정치적 행동으로 작용한다. 여기서도 책임을 미리 배제하는 일은 무언가를 한다. 이는 [사과를 요구받는] 발화자와 국가를, 현재를 형성한 역사에서 단절시킨다.

사과를 거부하는 행동을 비판적으로 해석하는 작업은 앞서 사과의 책을 분석한 내용을 더 자세히 살피는 데 도움을 준다. 이는 발화 행위를 둘러싼 맥락, 그리고 발화자, 목격자, 수신인의 자리를 형성하는 맥락이 문제가 된다는 점을 드러낸다. 우리는 이를 수치심을 거부하는 상황에도 적용해볼 수 있다. 부당한 일을 겪은 타자가 우리에게 수치심을 느낄 것을 요구할 때, 수치심을 나타내는 일은 우리가 우리 자신에게 되돌아오는 일이 아니라 우리가 현재 머무르는 곳이 아닌 다른 곳에서 비롯된 요구에 응답하는 일을 의미한다. 이에 사과는 우리가 살지 않는 곳에 머무는 이들에게 답장을 보내는 일이 된다. 사과 요구에 대한 응답으로 미안하다고 말하는 일이 우리가 자부심을 회복하는 과정에서 잠시 거치는 단계가 될 수는 없다. 사과를 요구하는 발화 행위에 응답한다는 것은 우리가 우리 자신에게 되돌아오는 일이 불가능하다는 것을 뜻한다. 우리가 저지른 부끄러운 일에 대해 말하는 행동이 우리가 말하는 부끄러운 일을 없었던 것으로 만들 거라고 생각하지 않을 때, 비로소 우리는 타자의 주장에 계속 마음을 열어둘 수 있다. 《이제는 이들을 집으로》 서문과 사과의 책에서 국가적 수치심이 표현되는 방식에는 문제가 있었다. 보고서와 책에 담긴 메시지는 **수치심을 나타내기만 하면 국가에 대한 자부심을 충분히 되찾을 수 있다고 주장하면서 부끄럽다고 말하는 것으로 사과하는 행동을 끝내려고 했다.** 그렇기에 이들 메시지는 타자에게 보내는 답장으로 기능하지 못했으며, 타자의 증언을 가로막은 채 국가의 '이상적인 모습'에 다시 기대는 것에 그치고 말았다. 그러나 타자 앞에서 수치심을 나타내면서도 사과하는 행동을 끝내지 않는 일은 가능하다. 바로 수치심을 자부심으로 바꾸려는 시

감정의 문화정치

도를 거부하는 것이다. 수치심을 자부심으로 바꾸려는 시도는 타자 앞에서 저지르는 부끄러운 일이며 더 나아가 타자에게 저지르는 부끄러운 일이다.

물론 수치심을 표명하는 행동과 사과하는 행동이 같다고 할 수는 없다. 수치심이 반드시 사과 때문에 발생하는 것은 아니며 수치심이 사과로 이어지는 것도 아니다. [그러나] 수치심을 나타내는 일은 사과를 대신하는 것이 될 수 있으며, 반대로 사과 역시 수치심을 대신하는 것이 될 수 있다. 수치심을 나타내는 일은 '받아들여지는' 방식에 따라 그 의미가 달라진다는 점에서 완결되지 않은 정치적 실천이라고 할 수 있다. 다시 말해 수치심은 책임감 있는 행위를 반드시 요청하지는 않지만, 그렇다고 해서 책임감 있는 행동을 저지하지도 않는다. 국가적 수치심이 지닌 위험은 수치심이 무엇을 하는지 불명확한 상황에서 수치심이 지나치게 많은 일을 할 **가능성**에 있는지도 모른다. 이에 수치심을 공적으로 나타내는 일을 통해 수치심을 자부심으로 바꾸고 사과하는 발화 행위를 '끝내려고' 시도하는 것은 우연이 아니다. **수치심을 보여주는 것을 통해 부끄러운 일을 적당히 넘기는 것이다.** 정치적 수사가 '수치심'을 적당히 넘기면서 '미안함'을 '안타까움'으로 바꾸는 일 역시 우연이 아니다. 정동 경제는 각기 다른 표현이 감정을 가리키는 '이름'과 감정을 나타내는 '행위'로서 서로 대체되는 지점에서 작동하며, 이는 분명히 무언가를 한다. 이 정동 경제는 부정의에 대한 책임을 현재 시점에서 감당하는 일을 끝없이 미룰 수 있게 만듦으로써 주체로 형상화된 국가를 다시 감싸고 re-cover '문명사회'가 회복되도록 한다.

6 장

사랑의 이름으로

PAIN
HATE
FEAR
DISGUST
SHAME
LOVE
QUEER
FEMINISM
JUSTICE

지난 30년 동안 우리나라 백인에게 1억 7000만 건의 범죄가 발생하는 동안 '증오감시Hatewatch'*는 어디에 있었단 말인가? 증오를 감시한다니, 말도 안 되는 소리다. 이들은 벌레처럼 우리나라를 좀먹는 거대한 음모의 일부가 아닌가? 백인을 몰락시키고 통제하려는 괴물들의 계략에 맞서는 사람들, 자유를 사랑하는 사람들을 무너뜨리려고 호시탐탐 노리고 있는 것이 분명하다. 그들은 자신들이 빼앗을 수 있는 것이면 무엇이든 훔쳐간다. 우리가 깡패 같은 정부의 폭압에 시달리게 만들고, 탐욕스러운 거짓 언론에 속아 넘어가게 만든다. ······ '사랑의 시선Love Watch.' '사랑의 시선'은 절대 선동당하지 않는다. '사랑의 시

---

* '증오감시'는 미국 남부빈곤법률센터Southern Poverty Law Center에서 진행하는 프로젝트로서 미국의 증오단체와 극우단체를 감시하고 이들의 활동을 드러내는 것을 목적으로 한다. https://www.splcenter.org/hatewatch

선'은 우리나라와 백인 가정을 사랑하는 사람들의 목록을 제
공하고 벌레 같은 선동가들이 조작한 목록에 대한 대안을 제시
한다.[1]

정치는 어떻게 사랑하는 마음으로 행동한다고 표명할 권리
가 누구에게 있는지를 다투는 문제가 되는가? 어떤 타자와는 함
께하고 어떤 타자와는 맞섬으로써 사랑을 나타낸다는 것은 무슨
의미인가? 2장에서 언급했듯 '증오단체'가 자신을 사랑의 단체로
새롭게 명명하는 일은 점점 빈번해진다. 이들 단체는 이방인과
타자에 대한 증오가 아니라 동족("백인 가정")을 사랑하는 마음으
로, 동족의 유산인 국가를 사랑하는 마음으로 행동한다고 주장한
다. 증오를 사랑으로 바꿔서 부르는 일의 핵심은 증오를 '증오단
체' 외부에서 비롯된 것이자 '증오단체'를 향한 것으로 만드는 데
있다. 이에 증오는 증오단체를 증오단체로 인식하는 사람들에게
속한 감정이 된다. 인용문에 나온 '증오감시' 웹사이트에는 인종
차별을 조장하는 단체의 목록이 명시되어 있다. 그런데 '사랑의
시선' 웹사이트에는 똑같은 단체가 '사랑의 단체'라는 이름으로
소개된다. 이들 단체는 국가("우리나라를 사랑하는 사람들")와 핵심
가치("자유를 사랑하는 사람들")에 대한 적극적인 동일시를 통해 '사
랑의 단체'로 규정된다. 사랑은 이들 단체가 활동의 원동력으로
삼는 감정으로 이야기된다. 타자로부터 국가를 지키는 것을 목표
로 하는 단체가 사랑하는 마음으로 행동한다는 점을 강조할 때,
타자의 존재는 증오의 원인으로 규정된다. 이들과 비슷한 다른
웹사이트에는 다음과 같은 글이 게시됐다. "잘 생각해보십시오.

감정의 문화정치

'증오감시'가 정말로 증오를 없애고 있습니까? '증오감시'는 '걱정하지 마세요, 저희가 증오단체를 감시하고 있어요' 같은 말만 늘 어놓는 것이 전부인 단체입니다. 그들이 실제로 무슨 일을 하는지 아십니까? 그들은 자기들이 없애야 한다고 주장한 증오를 만들어내고 있습니다!"[2] 게시물에서는 인종차별을 일종의 증오로 이해하고 비판하는 일이 증오의 원인으로 제시된다. 결국 국가를 "빼앗으려는" 타자로부터 국가를 지키기 위해 사랑하는 마음으로 행동하는 백인 단체야말로 '진정으로' 증오를 받는 곳이 된다.

　우익 파시스트 집단이 '사랑'을 활용하는 방식에 어떤 문화적 의미가 담겨 있는지 파악하는 일은 중요하다. 우리는 사랑의 언어가 무엇을 하며 어떻게 작동하는지 살펴볼 필요가 있다. 정신분석학은 오랫동안 사랑과 증오가 양가적인 관계를 맺는다고 이야기해왔다(2장 참조). 그러나 증오단체를 사랑의 단체로 재현하는 일에는 이러한 양가성이 분명하게 드러나지 않는다. 오히려 서사는 전환을 통해 작동한다. 증오는 사랑으로 새롭게 명명되며, 이 새로운 명명은 사랑과 증오의 양가성을 '감춘다'("우리는 증오하는 것이 **아니라** 사랑합니다"). 증오단체는 증오를 사랑으로 전환함으로써 단체가 '좋은 느낌'을 약속하고 '긍정적 가치'를 추구하는 곳처럼 보이게 만든다. 이들 단체는 다른 이들의 행복에 관심을 쏟는 곳이 되고, 이들이 하는 프로젝트는 구원하는 일, 즉 사랑하는 타자를 구해내는 일이 된다. 이들 단체는 타자의 이름으로 타자를 **위해서** 싸운다는 측면에서 긍정적인 곳으로 규정된다. 이와 같은 서사는 '누군가를 위하는 일'이야말로 '누군가와 맞서는 일'을 불가피하게 만든다는 점을 시사한다. 증오단체를 증오단체로 인식하는 이들은 국가를 향한 사랑으로 인해 공격받기 쉽고 취약해진 사람들을 보호하지 못한 이들로 여겨진다. 국가를 **위하는** 사람들에게 **맞서는** 이들(예컨대 인종차별에 **반대하는** 사람들이나 파시즘에 **반대하는** 사람들)은 국가에 **맞서는** 이들이자 사랑에 **맞서는** 이들이 되고 만다. 증오단체를 비판하는 이들은 증오하는 사람들, 무언가에 '반대하고' '맞서는' 것을 목적으로 하는 사람들, [이를테면] 미국의 백인을 범죄에서 보호해주기는커녕 오히려 증오의 언어를 활용해서 백인에게 범죄를 다시 저지르는 사람들로 규정된다. 우리는 백인에게 범죄를 저지른 가해자가 익명의 존재("1억 7000만 건의 범죄")에서 '증오감시'로 미끄러지는 지점("그들은 자신들이 빼앗을 수 있는 것이면 무엇이든 훔쳐간다")에 주목할 필요가 있다.

증오단체를 사랑의 단체로, '증오감시'를 '사랑의 시선'으로 바꿔 부르는 일은 백인 주체를 타자의 존재로 인해 이미 위험에 처한 이들로 인식함으로써 보호의 의미를 담은 사랑의 서사를 작동시킨다. 사랑은 [위험을 마주한] 국가와 [사랑할 만한] 타자를 보호하는 방식으로 의미화될 뿐만 아니라 특정한 주체가 지닌 자질이 된다. 다시 말해서 사랑은 특정한 주체를 만들어내는 것을 통해서 집단을 이상으로 재생산한다. 주체가 이상에 충성하는 일은 이상을 이상으로 만들어낸다. 대표적으로 여성이 다른 여성을 대상으로 제작한 '증오단체' 웹사이트가 급증한 현상이 있다. 이들 웹사이트는 여성에게 국가를 지키는 특별한 역할이 있다고 강조한다. 이와 같은 파시즘의 여성화는 중요한 의미를 지닌다.[3] 다음은 '창조주 세계교회World Church of the Creator' 전 여성 정보 책임자가

한 웹사이트에 게시한 글이다.

> 제가 생각하기에 우리가 얻어야 하는 두 번째 교훈은 여성의
> 능력에 대한 것입니다. 여성은 보살피기, **사랑하기**, 다가서기,
> 어루만지기, 관계를 조율하기, 아이를 돌보기, 당면한 문제를
> 부드럽고 외교적인 방식으로 다루기와 같은 능력을 나타냅니
> 다. …… 제가 말하는 사랑은 백인이라는 강한 자부심에서 비롯
> 되는 사랑, 죽음을 각오하고 기꺼이 싸우는 사랑, 흔쾌히 함께
> 웃으며 손을 마주 잡는 사랑, 아리아인 아이의 머리를 다정하
> 게 쓰다듬는 사랑입니다. 우리는 사람들과 어울리는 여성, 사
> 람들에게 이야기를 건네는 여성, 사람들의 마음을 움직이는 여
> 성, 사람들을 **사랑하는** 아름다운 아리아인 여성을 기다리고 있
> 습니다.[4]

사랑은 존중받을 만한 여성성을 가리키는 기호이자 다른 사
람에게 감동을 주기도 하고 다른 사람에게서 감동을 받기도 하는
역량으로 일컬어지는 모성적 특성의 기호가 된다. 여성성의 재생
산은 사랑의 활동을 통한 국가 이상의 재생산과 밀접한 관계를
맺는다. 여기서 사랑에 기초한 관계는 인종을 '재생산하는' 일과
연관되는데, 사랑하는 대상을 선택하는 것이 국가를 향한 사랑
을 의미하는 기호이기 때문이다. 인용문에서 다이애나 왕세자비
는 "백인의 뛰어난 아름다움과 순수함을 보여주는 여성"으로 묘
사되면서도 그가 "아리아인이 아닌 남성"과 만났다는 점에서 비
난을 받는다. 이와 같은 서사는 이성 간의 사랑을 국가에 대한 의

무로 규정할 뿐만 아니라 백인과 비백인의 친밀한 관계를 증오를 뜻하는 기호로, 백인의 피를 오염시키려는 의지를 뜻하는 기호로 구성해낸다. 국가를 만드는 일은 이상적 타자(다른 성/같은 인종)를 선택하고 사랑하는 일과 연관된다. 이상적 타자는 국가가 미래 세대(백인 아리아인 아이)의 모습으로 나타나는 이상으로서 재생산되도록 한다.

　이 장에서 나는 주체가 사랑을 통해 타자와 유대를 형성함으로써 이상에 가까워지는 과정을 살펴보려고 한다. 이상은 타자와 맺는 유대의 효과로서 구체화된다. 사랑은 개인이 이상과의 동일시를 통해서 집단과 연동되는 데 핵심적인 역할을 하며, 개인과 집단의 연동은 이상을 실현하지 못한 타자의 존재에 의존한다. 물론 사랑에는 (가족 간의 사랑, 친구와의 사랑, 에로틱한 사랑처럼) 여러 종류가 있지만, 내가 하려는 작업은 '무엇이 사랑인지' 규정하거나 다양한 형태의 사랑 사이의 관계를 밝히는 것이 아니다. 나는 주체가 타자를 향하도록 사랑이 이끄는 일(타자는 주체가 사랑하는 대상이 된다)이 이상 또는 대상으로 표현되는 집단을 향하는 일로 이어지는 과정을 살펴려고 한다. 이 과정은 (특정한 타자에 대한 사랑이 집단을 '나타내거나' 집단에 대한 사랑이 특정한 타자를 '대신하는' 방식처럼) 한쪽으로만 이루어지지는 않는다. 나는 사랑의 대상을 묘사하는 과정에서 사랑이 우리가 무언가를 '향하도록' 만든다는 점, 대상으로부터 사랑을 되돌려받지 못하는 '실패'가 대상을 '향하는' 일을 지속하도록 만든다는 점을 드러낼 것이다. 우리는 다음과 같은 질문을 던질 수 있다. 우리가 **사랑의 이름으로** 무언가를 할 때, 우리는 무엇을 하는가? 왜 같은 일을 하더라도 **사랑하는 마음으로** 한다[고 인식되면] 더 좋은 것으로 여겨지는가?

집단이 형성되는 데 사랑이 중요한 역할을 한다는 나의 주장은 평범하고 당연한 것처럼 보일 수도 있다. 사랑을 서로 다른 이들을 결속시키는 끈적이는 감정으로 조명하는 이론은 많이 있다. 형제애나 애국심 논의가 대표적이다.[5] 그러나 나는 이를 더욱 복합적으로 설명하고자 한다. 여기서는 다문화주의처럼 상대적으로 다정해 보이는 담론에서 사랑이 작동하는 방식을 살펴볼 것이다. 자기애적 백인성처럼 인종적 순수성을 내세우는 담론을 비판하는 작업은 동족에 대한 사랑을 당연한 것으로 가정하지 않는 사랑, 타자에 대한 증오로 이어지지 않는 사랑을 찾으려는 시도라고 할 수 있다. 그렇다면 다문화주의적 사랑은 타자를 포함할 만큼 사랑을 확장하는 것일까? 어쩌면 사랑을 확장하는 일이 이상을 실현하지 못한 또 다른 타자를 필요로 하는 것은 아닐까?

동일시와 이상화

프로이트 정신분석학에서 사랑은 항상 존재하는 정서적 유대로서 주체성과 사회성, 더 나아가 문명 형성의 핵심을 차지한다. 프로이트는《문명 속의 불만Civilization and Its Discontents》에서 행복을 추구하고 괴로움을 멀리하는 방법 가운데 하나로 "사랑을 모든 일의 중심"에 두는 일을 제안한다(Freud 1961: 29). 이는 '정상적' 주체성과 '정신증적' 주체성이 가까운 관계를 맺는다고 이해하는 정신분석학에서 중요한 의미가 있다. 사랑은 한편으로 행복을 추구하는 일에서 핵심이 되지만, 다른 한편으로 주체가 상대에게 취약해지도록 만들고 영향을 받기 쉽게 하며 의지하도록 만든다. 이때 "내가 아닌" 존재인 상대는 사랑의 가능성을 빼앗아갈 수도 있다(Freud 1961: 48; 2장 참조). 따라서 사랑은 "내가 아닌" 것에 의존하는 일이 되며, "내가 아닌" 것이 나의 일부를 이룬다는 점에서 경계 설정을 둘러싼 불안의 문제와 매우 밀접하게 연관된다(3장 참조). 사랑은 양가적인 속성을 지닌다. 상대를 사랑한다는 것은 그 사랑이 상대에게 부여한 힘을 증오하는 것일 수도 있다 (Klein 1998: 306-7). 이와 같은 감정의 양가성이 나타나는 고전적인 장면으로는 아버지 살해를 통한 형제애 형성이 있다. 아들은 아버지를 사랑하고 아버지와 동일시하지만 "아버지가 아니기에" 아버지의 자리를 차지하기 위해서는 반드시 아버지를 증오하고 살해해야 한다(Freud 1950: 143). 주체는 아버지를 살해한 일로 죄책감과 공포를 겪고, 이를 이겨내기 위해서 권위 있는 모습을 갖추려고 한다.

    프로이트는 사랑에 대한 이론을 제시하면서 다양한 형태의 사랑을 구분한다. 예컨대 자기애적 사랑과 의존적 사랑을 구분한다. 자기애적 사랑에서는 자신이, 의존적 사랑에서는 외부의 대상이 사랑의 주요 대상이 된다. 아이가 자신의 몸을 사랑의 원천으로 생각하듯 어렸을 때는 사랑이 자기애적인 것처럼 보인다. 남성의 경우에는 자기애적 사랑이 대상에 대한 사랑으로 성숙하는 반면, 여성의 경우에는 자기애에 머무른다고 여겨진다(Freud 1934a: 45-6). 자기애적 사랑과 의존적 사랑을 구분하는 경제는 이성애에 기초한다. 여성의 자기애는 사랑받고 싶은 욕망(자신을 향한 사랑을 사랑하는 것)과 관련이 있는 한편, 남성은 자기 자신을 사랑하는 여성에 대한 사랑을 사랑한다. 성적 관계가 사랑의 관계로 바뀌면서 여성은 자기 자신과 남성에게 사랑의 대상이 된다. 여기서 프로이트의 모델이 이성애 규범적 경제를 묘사하거나 전제하는지 검토하는 일에 나서지는 않을 것이지만, 이와 같은 구분을 만드는, 연인관계를 둘러싼 이성애의 문법에 대해서는 이후에 살펴보려고 한다.[6] 내가 주목하는 문제는 자기에 대한 사랑과 대상에 대한 사랑을 구분하는 것으로, 이는 각각 동일시(존재로서의 사랑)와 이상화(소유로서의 사랑)에 해당한다고 할 수 있다.

프로이트에 따르면 동일시는 다른 사람과 최초로 맺는 감정적 결속이다. 프로이트는 다음과 같이 설명한다. "남자아이는 아버지에게 특별한 관심을 보인다. 그는 아버지처럼 성장해서 아버지처럼 되기를 원하며, 어디서든 그의 자리를 차지하려고 한다"(Freud 1922: 60). 남자아이가 아버지와 동일시하는 일은 이상, 즉 자아 이상을 만들어낸다. 자아 이상은 자아가 그렇게 되기를 원하는 주체를 가리킨다. 하지만 ('우리는 우리가 사랑하는 사람과 동일시한다'는 공식처럼) 사랑이 동일시로 이어지는 선형적인 움직임을 가정해서는 안 된다. 동일시는 사랑의 한 형태로서, 주체가 상대를 향해서 움직이도록 만들고 주체를 상대 쪽으로 이끄는 적극적인 사랑을 뜻한다. 동일시는 상대처럼 되는 것을 통해 상대에게 더 가까이 다가가려는 욕망을 수반한다. 상대처럼 되기 위해서는 우선 상대가 아니어야 한다는 점에서 동일시는 사랑의 주체와 대상의 구분을 만들어낸다. 이와 동시에 동일시는 동일시에 필연적으로 수반되는 주체와 대상의 구분을 없애고자 한다. 상대를 점점 닮아가면서 상대의 자리를 차지하려는 것이다. 그러나 주체가 사랑하는 상대의 자리를 차지하는 일은 미래 시점에 이루어진다. 주체가 이미 상대의 자리를 차지했다면, 이는 상대와 동일시하는 것이 아니라 상대가 된 것이기 때문이다. 따라서 동일시는 주체가 아직 도달하지 못한 상대의 자리를 차지하려는 욕망이며, 그러한 점에서 **동일시는 주체의 공간을 확장한다**. 동일시는 상대를 향하는 일이 강화될 때 주체가 어떤 모습이 될 것인지 주체에게 알려준다는 점에서 사랑의 한 형태라고 할 수 있다(상대를 '향한다'라는 의미에서의 사랑). 동일시는 상대와 똑같은 존재가 되는 것이 아니라 **상대를 닮는 것**과 관련이 있다. 주체는 미래의 어느 시점에서야 비로소 대상 또는 상대'처럼' 될 수 있다. 상대가 현재 살아 있는 한, 주체는 상대의 자리를 차지하려는 욕망 가운데 상대의 죽음을 마음속에 그린다.

남자아이가 아버지와 동일시하는 것[(자기애적 사랑)]과 이상적 대상인 여성을 사랑하는 것(의존적 사랑) 사이에는 어떤 관계가 있을까? 남자아이에게 의존적 사랑은 어머니에 대한 사랑으로, "그가 아닌" 것에 대한 사랑이다. 이와 같은 사랑은 일종의 이상화로 작동하며, 존재가 아니라 소유관계에 기초한다. 중요한 점은 아버지와의 동일시와 어머니의 이상화가 남성 주체를 같은 곳으로 인도한다는 것이다. 아버지와의 동일시가 어머니에 대한 소유권을 주장하도록 한다는 점에서 아버지와의 동일시가 어머니에 대한 사랑을 양가적인 것으로 만들기도 하지만, 아버지와의 동일시는 어머니에 대한 사랑을 통해 이루어진다(남성 주체는 아버지가 욕망하는 것을 욕망한다). 따라서 대상의 측면에서는 존재와 소유가 분리되는 것처럼 보이지만, **주체의 위치에서는 존재와 소유가 맞닿아 있다.** 내가 그가 되기 위해서는 그가 가진 그녀를 소유해야 한다. 다시 말해서 아버지와의 동일시는 어머니와의 비동일시('나는 그녀여서는 안 된다')와 어머니에 대한 욕망('나는 그녀를, 아니면 그녀를 대신할 누군가를 소유해야 한다')을 요청한다. 이성애에서는 존재와 소유의 구분이 분명하게 나타난다. 주디스 버틀러의 이야기를 변주하자면 자아 이상에 가까워지기 위해서 나는 "나의 젠더"를 사랑의 대상으로 삼을 가능성을 포기함으로써 "나의 젠더"가 되어야 하고, "나의 젠더가 아니"라는 의미에서 "내가 아닌" 이상적 대상을 욕망해야 한다(Butler 1997b: 25).[7]

　　동일시와 욕망의 구분은 동일성과 차이의 구분과도 연관된다. 이성애자 주체는 '나와 같은' 것과 동일시하고 '나와 다른' 것을 욕망한다. 여기에는 이성애는 차이를 사랑하는 것이고, 동성애는 동일성을 사랑하는 것이라는 가정이 있다. 그러나 우리는 동일시와 욕망의 관계에 대해 다르게 사유함으로써 이와 같은 서사를 복잡하게 만들 수 있다. 동일시와 욕망 모두 존재관계와 소유관계에서 개인이 가까워지려는 주체나 대상의 속성과는 무관하다는 것이다. 동일시가 자아 이상의 형성으로 이어지듯 욕망은 이상적 대상을 만들어낸다. 프로이트가 지적하듯이 이상적 대상에 대한 욕망은 대상의 속성에 의해 결정되지 않는다. 다만 프로이트는 대상의 속성이 대상에 대한 사랑을 결정한다는 주장을 거부하면서도 이상화의 과정에서 대상이 중요한 역할을 한다고 주장한다. 프로이트는 이상화와 승화를 구분하면서 이상화를 대상에 지나치게 많은 가치를 부여하는 것 혹은 대상을 찬양하는 것으로 설명한다(Freud 1934a: 50). 하지만 지나치게 많은 가치가 부여된 것이 대상일까? 어빙 싱어Irving Singer는 사랑을 정의할 때 사랑의 "평가적" 측면을 중요하게 고려한다. 싱어는 사랑이 무언가에 가치를 부여하는 방식이라고 주장하면서 "가치를 부여하는 일만이 가치를 **만든다**"고 이야기한다(Singer 1984: 5). 이처럼 사랑은 대상에게 이상적인 특성을 부여한다. 하지만 이 특성은 대상 '곁에 머물지' 않고 주체에게 '되돌아온다'.

이상적 대상에 대한 '투자'는 주체에게 가치를 축적하는 방식으로 작동하기도 한다. 2장에서 언급했듯이 투자는 대상에 시간과 노동을 '할애하는' 일을 수반하며, 이를 통해 대상은 정동적인 특성을 얻게 된다(여기서는 '사랑스러운 대상'이 된다). 대상의 이상화는 대상에 '대한' 것도 대상을 향한 것도 아니라 자아가 발생시키는 효과다. 다시 말해서 이상적 대상은 자아 이상과 마찬가지로 주체가 자신에게 가진 이상적 이미지의 효과다. 레나타 살레츨Renata Salecl은 자아 이상과 이상적 대상이 맞물리는 일에 대해 다음과 같이 이야기한다.

주체는 이와 동시에 자신이 사랑하는 대상을 자아 이상의 자리에 두는데, 주체는 대상을 통해서 자신을 마음에 드는 방식으로 바라보려고 한다. 우리가 사랑에 빠졌을 때, 자아 이상의 자리에 놓인 사랑의 대상은 우리가 스스로를 마음이 따뜻하고 사랑스러우며 아름답고 괜찮은 존재로 새로이 인식하도록 만든다. (Salecl 1998: 13)

살레츨이 지적하듯이 주체와 대상은 서로 얽히게 되고, 동일시와 욕망은 (남성이면서 남성을 사랑할 수 없고, 여성이면서 여성을 사랑할 수 없다는) 이성애의 문법에 따라서는 분리되지만 (사랑스러운 것 또는 가치를 가진 것으로 상상되는) '이상'과의 관계에서는 연결된다. 이상은 자아와 대상을 분리하는 것이 아니라 연결한다. 주체가 '소유'한 것이 주체의 '존재'를 승격하는 것이다. 이는 의존적 사랑을 자기애의 승화된 형태로 다시 정의할 수 있다는 뜻이기도 하다. 프로이트는 '대상'이 주체를 대신하고 주체의 가치를 나타내는 기호가 된다는 점에서 남성 주체가 자신이 사랑하는 대상을 찬양하는 일은 자신을 낮추는 일이 아니라 높이는 일이라고 주장한다(Freud 1934a: 55). 에마뉘엘 레비나스Emmanuel Levinas의 이야기는 이를 잘 보여준다. "만약 사랑한다는 것이 내가 사랑하는 사람이 내게 가진 사랑을 사랑하는 것이라면, 사랑한다는 것은 사랑에 빠진 자기 자신을 사랑하는 것이자 결국 자신에게 되돌아오는 것이다"(Levinas 1979: 266). 쥘리아 크리스테바가 말한 것처럼 "누군가를 사랑하는 사람은 **대상**을 지닌 나르시시스트다"(Kristeva 1987: 33, 원저자 강조).

사랑하는 대상을 이상화하는 일은 주체가 **자신이 소유한has 것으로 자신이 되도록be** 한다. 주체는 자신이 사랑하는 대상으로 삼은 것을 통해 이상에 가까워진다. 나는 이상화가 닮음을 '탄생시키는 것' 혹은 '이루는 것'으로도 작동할 수 있다고 주장하려고 한다. 사랑의 주체와 대상은 이상에 가까워지며, 가까워지는 일은 주체와 대상을 결속시킨다. 따라서 이성애가 차이에 관한 것으로 간주되고는 하지만, 이성 간의 사랑이 비슷함이나 닮음을 중심으로 구조화될 수 있다는 이야기는 놀라운 것이 아니다. 이성애는 그 자체로 두 사람이 **공통으로 소유한** 유대라고 할 수 있다. 이성 간의 성적 관계와 재생산이 규범적인 차원에서 결합한다는 것은 두 사람의 유대가 '좋은 재생산'에 대한 욕망을 중심으로 구조화된다는 점을 의미한다. 좋은 재생산은 주로 상대에게서 나의 모습을 발견함으로써 '닮음을 이루는 일'에 대한 환상에 기초하며, 이는 상대와 내가 연결되어 있다는 것을 확신하도록 만든다("이 아이는 누구를 닮았을까?"라는 질문은 매번 되풀이된다). 우리는 닮음을 나타내는 기호를 몸에서 찾아보지만, 닮음은 가까이 있는 상태에서 발생하는 효과이기도 하다. 예를 들어 연인들은 서로의 습관이나 몸짓을 익히는데, 이들은 접촉과 욕망의 효과로 인해 더욱 비슷해진다. 아론 벤제에브Aaron Ben-Ze'ev는 다음과 같이 주장한다.

> 사랑하는 사람과 함께하고 싶은 욕망은 종종 사랑하는 사람과 하나가 되고 싶은 욕망이나 어떤 면에서 자신의 독자성을 잃어버리고 싶은 욕망으로 바뀌기도 한다. 연인들은 상대가 좋아하는 것과 비슷한 것에 흥미를 갖기 시작한다. 이에 전에는 관심이 없던 음악을 즐기는 일이 생기기도 한다. (Ben-Ze'ev 2000: 415; Borch-Jacobsen 1988: 86 참조)

접촉의 결과로 발생하는 공간적 의미의 근접성과 이데올로기적 위치로서 나타나는 근접성 사이의 경계는 가족 간의 사랑에 관한 서사에서 무너진다("우리는 유전자, 성격, 신념이 같다"는 말에서 서로 닮았다는 것은 '유산'이 된다). 이는 이성 간의 사랑이 가족 이야기로서 자연화되는 데 핵심적인 역할을 한다. 또한 차이에 대한 사랑이라는 의미에서 이성애를 둘러싼 서사는 근접성이 유산으로 전환되는 과정을 감춘다. 이에 따라 동일성은 동성 간의 사랑에 투사되고, 다시금 도착과 질병으로 바뀐다. 마이클 워너 Michael Warner를 비롯한 여러 연구자는 동성애를 동일성에 대한 것으로 이해하는 방식을 비판하면서(Warner 1990: 202)[8] 이로 인해 이성애가 규범의 위치를 차지하게 된다고 지적한다. 나는 이성애를 차이 또는 차이를 사랑하는 일에 '대한' 것으로 단정할 수 없다고 주장함으로써 이들의 비판을 보충하고자 한다. 동일성을 동성 간의 사랑을 구조화하는 것으로, 차이를 이성 간의 사랑을 구조화하는 것으로 구분하는 일은 양쪽 모두에서 의심해볼 필요가 있다. 프로이트 모델은 동성애를 차이를 사랑하는 데 실패한 것으로 규정함으로써 이성애를 차이에 대한 사랑으로 이상화한다. 그러나 이는 이성애의 재생산에 (정신적이고 사회적인) 투자가 꾸준히 이루어진다는 점을 감춘다.

더욱이 소유로서의 사랑과 존재로서의 사랑을 구분하는 일은 **특정한 대상을 이상화하라는 정언명령에 기대어** 사랑스러운 주체라는 한정된 영역을 수호한다. 이 특정한 대상이 지닌 이상적인 특성은 나에게 '되돌아온다'. 가까이 있는 사람과 동일시하라는 정언명령(여기서 근접성은 '물려받은' 비슷함을 가리키는 기호로 여겨진다)은 자신이 사랑하는 주체가 사랑하고 있다고 여겨지는 대상을 소유하라는 정언명령으로 기능하기도 한다. 자신이 이미 동일시하는 사람으로부터 사랑의 대상에 대한 승인을 구해야 한다는 점은 가치가 타자를 통해서만 '부여될 수 있다'는 점을 보여준다. 이에 사랑의 '유대'는 나를 타자에게로 이끈다. 사랑하는 타자의 승인을 얻을 때에야 비로소 대상은 이상이 된다. 다시 말해서 이상화는 닮고 싶은 주체와 사랑스러운 대상을 만들어낸다 (Benjamin 1995 참조). 이상적 대상을 한정하는 것은 동일시의 과정과 관련이 있다. 예를 들어 내가 상대와 동일시할 때, 나는 내가 사랑할 수 있는 사람이 누구인지 그 한계를 정한다. 만일 내가 상대라면 주체인 나의 사랑을 누가 받을지 상상해보는 것이다. 이 지점에서 우리는 한 가지 질문을 던질 수 있다. '나의 이상이 이상화하는 것은 누구인가 혹은 무엇인가?' 이 질문은 소유관계와 존재관계가 서로 다른 대상을 갖기는 하지만, 소유의 사회적 관계가 존재관계에 기인한다는 점을 우리에게 알려준다.

앞에서 인용한 글에서 자신을 백인 여성이자 백인 아리아인으로 정체화한다는 것은 단순히 남성을 사랑한다거나 백인 남성을 사랑한다는 뜻이 아니라 스스로 아리아인으로 정체화한 백인 남성, 즉 **백인성의 이상화된 이미지를 되돌려줄 수 있는** 백인 남성을 사랑한다는 뜻이다. 여기서 사랑한다는 것과 사랑받는다는 것은 '자신이 되고 싶은 존재'의 환상적 이미지를 자신이 '소유한' 상대를 통해 실현하는 일을 의미한다. 이러한 맥락에서 사랑은 내가 자기 자신에게 가진 이미지와 사랑하는 타자에게 가진 이미지로 미래 세대를 만드는 일로서, 나와 타자는 미래 세대에게 전수할 '닮음'에 함께 가까워진다. 이와 같은 경제에서 사랑하라는 정언명령은 내가 소유하려는 '이상'을 내게 그 이상을 되돌려줄 '수 있는' 타자에게까지 확장하라는 정언명령이 된다. 사랑을 통해 자기 자신이 확장된다는 점, 사랑이 주체가 특정한 타자를 향하도록(그리고 다른 타자에게서는 멀어지도록) 한다는 점은 상대를 향한 사랑이 나와 닮았다고 이미 간주된 집단을 향한 사랑으로 쉽게 미끄러질 수 있음을 명확하게 보여준다.

국가 이상

《집단심리학》에서 프로이트는 사랑이 집단 정체성을 형성하는 데 핵심적인 역할을 한다는 이론을 제시한다. 프로이트는 사랑의 목표가 "성적 결합"이라고 주장하면서도, 이와 같은 목표에서 벗어난 다른 사랑 또한 주체를 사랑하는 대상 쪽으로 이끄는 똑같은 리비도 에너지를 가진다고 이야기한다(Freud 1922: 38). 프로이트에 따르면 집단 내부의 유대는 지도자에게 사랑을 전이하는 일에 달려 있다. 사랑의 전이는 집단이 지닌 '공통의 속성'이 된다(Freud 1922: 66). 다시 말해서 집단은 하나의 대상에 대한 공통의 지향을 통해서 형성된다. 이를 더 구체적으로 설명하자면 **"개개인이 …… 각자의 자아 이상을 하나의 동일한 대상으로 대체하고, 이로 인해 자아의 차원에서 서로에게 동일시"**(Freud 1922: 80, 원저자 강조)할 때, 집단이 형성된다. 여기서 프로이트는 사랑의 한 형태가 다른 형태로 바뀌는 과정을 보여줌으로써 동일시와 대상 선택의 관계를 복잡하게 만든다.

특히 프로이트는 상실한 사랑의 대상이 갖고 있던 특성을 자아가 내사introjection를 통해서 취한다고 지적한다(Freud 1922: 64).

대상의 속성을 '받아들이는 일'은 대상의 상실을 보상한다. 대상의 상실을 마주할 때 사랑이 가장 격정적으로 드러난다는 점에서 애도와 슬픔은 사랑의 표현이 된다(퀴어 정치에서 슬픔이 하는 역할을 분석한 7장 참조). 주체가 상실한 대상에게 어떻게 응답하는지에 관한 문제뿐만 아니라 어떠한 상실이 애초에 상실로 인정되는지에 관한 문제에서도 사랑은 슬픔과 긴밀한 관계를 맺는다. 내가 상실을 겪은 사람을 마주하면서 그가 '나였을지도 모른다'라고 생각할 수 있다면, 그의 슬픔은 나의 슬픔이 될 수 있다. 여기서 '그럴지도 모른다'라는 것은 내가 이미 '나의 것' 혹은 '우리의 것'으로 삼은 이상에 타자가 얼마나 가까운지 판단한다는 함의를 지닌다. 버틀러의 표현을 빌리자면(Butler 2005) "슬퍼할 만하다"고 여겨지는 삶과 애초부터 사랑할 만하고 살 만한 가치가 있다고 여겨지는 삶 사이에는 밀접한 관계가 있다.

사랑이 대상에 가닿을 수 없을 때, 사랑은 서사로서 더 강력한 힘을 발휘한다. 누군가를 사랑하는 사람은 상대의 사랑을 받고 싶고 상대에게 전한 사랑이 되돌아오길 바란다. 이처럼 사랑은 호혜성의 형태를 띤다(Singer 1984: 6). 그러나 사랑은 호혜 관계가 부재한 상황을 이겨내기도 한다. 대상을 향한 사랑이 대상 '곁에 머물러' 있기는 하지만 대상으로부터 사랑을 되돌려받지는 못해서 고통을 받는 상황은 주체의 사랑이 부정당했음을 드러낸다. 이때 사랑의 부정은 대상의 상실로부터 생겨난다[고 간주된다]. 사랑은 호혜성을 요구하면서도 요구가 받아들여지지 않는 상황을 정동의 강화를 통해서 감내하는 감정이다('당신이 나를 사랑하지 않더라도 나는 당신을 더욱 사랑할 것이다. 당신이 나를 사랑하지 않기에 고통을 느낀다는 것은 내게 당신을 사랑하는 마음이 부족하다는 뜻이기 때문이다').

이 지점에서 우리는 사랑하는 대상이 부재할 때 사랑이 어떻게 사람들을 서로 결속하는지 알 수 있다. 이는 사랑하는 대상이 '국가'인 경우에도 마찬가지다. 국가가 좋은 삶에 대한 약속을 지키지 못했을 때 사랑은 특히 중요한 역할을 한다. 국가가 주체의 사랑을 '되돌려주는' 데 실패한 일은 국가에 대한 투자를 확대하도록 한다. 주체는 국가로부터 사랑을 되돌려받지도 못하고 폭력의 위협을 받더라도 국가 '곁에 머문다'. 국가 곁을 떠나는 일이 평생 국가에 사랑을 투자한 일이 아무 가치가 없었음을 인정하는 것일 수 있기 때문이다. 주체는 현재의 국가가 다른 모습이었을지도 모른다는 희망과 향수를 가지고 국가를 사랑한다. 결국 주체는 자신이 줬던 사랑이 되돌아오지 않았으며 앞으로도 그렇지 않을 것이라는 점을 인정하기보다 계속 사랑하는 길을 선택한다.

더 나아가 주체는 국가에 대한 사랑을 일종의 기다림으로 생각하기도 한다.[9] 기다린다는 것은 투자를 확대한다는 뜻으로, 더 오래 기다릴수록 더 많이 투자하며 더 많은 시간, 노동, 에너지를 쏟는다. **투자한 것을 되돌려받지 못한 일은 투자를 확대한다.** 사랑이 투자한 것을 되돌려받을 수 있다는 약속으로 기능한다고 할 때, 투자한 것을 되돌려받지 못함에 따라 투자를 확대하는 일은 이상을 미래로 연기함으로써 이상을 유지한다. 따라서 국가에 투자한 것을 되돌려받는 일이 이상적인 백인 주체의 모습을 '얻게' 될 **미래 세대의 모습**('백인 아리아인 아이')으로 상상되는 것은 놀라운 일이 아니다. 여기서 '아리아인 아이'는 "자아 이상의 자리에 놓인" 대상이 된다(Freud 1922: 80). 국가에 대한 사랑은 미래 세대에게 희망을 두며, 이처럼 이상이 미래로 연기되는 일은 투자한 것을 되돌려받을 수 있다는 환상을 지속시킨다.

투자한 것을 되돌려받지 못한 일이 투자를 확대한다고 할 때, 국가에 대한 사랑은 희망이 절망으로 이어지거나 사랑하는 대상을 '포기하는' 일로 바뀌지 않도록 투자한 것을 되돌려받지 못한 상황에 대한 '설명'을 필요로 한다. 이때의 설명은 방어적인 서사로 작용한다. 이 서사는 주체가 대상을 포기했을 때 뒤따라 올 상처를 보여줌으로써 주체를 대상의 상실로부터 보호한다. 우리는 이를 '사랑의 시선' 웹사이트가 사랑을 설명하는 방식에서 분명하게 확인할 수 있다. '사랑의 시선'은 사랑하는 대상인 국가를 빼앗긴 '상처'가 국가에 대한 사랑을 확증하는 방식으로 반복돼야 한다고 이야기한다. 투자한 것을 되돌려받을 수 있다는 사랑의 환상이 지속되려면 방해 요소가 필요하다. 이 사례에서는 인종적 타자가 방해 요소가 된다. 이를 통해서 '인종적 타자가 없으면 좋은 삶을 누릴 수 있고 국가에 대한 사랑이 보상과 가치를 가지고 되돌아올 것'이라는 백인 주체의 환상이 지속된다.[10] 투자한 것을 되돌려받지 못한 일의 '원인'으로 타자의 존재를 지목할 때, 타자의 존재는 국가에 대한 투자가 지속되는 데 필요한 것이 된다. 이처럼 상처의 이유로 간주된 타자의 존재에 의존하는 일은 **투자한 것을 되돌려받지 못한 일에 계속 투자하는 일로 이어진다.**

만약 투자를 되돌려받을 수 있다는 약속으로 인해 이상이 미래로 연기된다면, 이상은 어떤 모습을 갖추게 될까? 나는 5장에서 국가 이상의 '내용'은 중요하지 않다고 주장했다. 이상은 이상화의 과정에서 나타나는 효과이며, 이는 특정한 주체를 승격시킨다. 그렇다고 해서 이상이 '공허하다'라는 의미는 아니다. 쥘리아 크리스테바는《민족주의 없는 민족 Nations without Nationalism》에서 이주가 제기하는 '문제'에 답하면서 국가 이상과 자아 이상의 관계에 대해 다음과 같이 이야기한다.

> 먼저 이주로 인한 내부적인 영향이 있다. 이를테면 길고 고통스러운 투쟁으로 쟁취한 자유와 문화와 같은 전통적인 가치를 포기해야 할 것만 같은 느낌이 드는 것이다({북아프리카 Maghrebin 이주자의 딸이 착용하는} 히잡을 {학교에서} 왜 허용해야 하는가). (Kristeva 1993: 36)

괄호로 표기한 문장은 '베일에 싸인/무슬림 여성'이라는 형상을 환기한다. 베일에 싸인/무슬림 여성은 (자유와 문화와 같은 가치를 비롯해서) 국가의 핵심을 차지한다고 여겨지는 가치에 도전하는 형상으로 작용한다. 이러한 가치는 국가가 타자에게 선사하는 것으로, 베일에 싸인/무슬림 여성은 국가가 '자기 자신이 되기' 위해서 포기해야 하는 것을 가리키는 상징이 된다. 이와 같은 담론은 자유의 약속을 실현한다는 이유에서 상대에게 베일을 벗으라고 요구한다. 크리스테바는 "프랑스 보편주의라는 '추상적인' 이익이 히잡이 지닌 '구체적인' 이익보다 우월하다고 판명될 수 있다"라고 결론을 내린다(Kristeva 1993: 47). 크리스테바는 국가라는 추상적인 개념에 참여함으로써 부여되는 권리가 스카프를

쓸 권리(여기에는 다양한 의미가 있다)보다 무슬림 여성에게 더 많은 것을 제공할지도 모른다고 이야기한다. 추상적이라는 것은 몸의 구체적 특이성에 의해 형성되지 않는다는 뜻으로 모든 사람을 포함한다는 함의를 지닌다. 즉 타자는 자신의 '구체적인 차이'를 나타내는 가시적 기호를 포기하는 경우에만 이방인 공동체의 일원이 될 수 있다.

논쟁은 자아 이상과의 유비를 통해 국가라는 개념에서 '국가 이상'에 관한 문제로 옮겨간다. '히잡'은 자유로운 국가를 실현하기 위해 '쟁취해낸' [가치라는 뜻의] 자유 개념에 속하지 '않을' 뿐만 아니라 국가가 스스로에게 가진 이미지에도 도전한다. "히잡은 국가 이미지가 훼손되는 일과 관련이 있다. 개인에 빗대어 설명하자면 국가 이미지는 자기 자신에 대한 좋은 이미지와 같다. 아이는 부모와 같은 초자아와 자아 이상의 도움을 받아서 이미지를 만들어낸다"(Kristeva 1993: 36-7). 히잡으로 인한 트라우마는 자아 이상에 부응하는 데 '실패한' 트라우마와 **같다**. 히잡 문제와 마주한 국가는 우울한 상태에 접어들고, 이 수치심과 우울함은 우익 집단이 내세우는 이주 반대 담론에 활용된다. "[극우 정치인] 장마리 르펜Jean-Marie Le Pen이 표방하는 민족주의는 이와 같은 우울함을 이용한다"(Kristeva 1993: 37). 크리스테바의 주장에 따르면 급진주의자는 히잡 착용을 긍정적으로 생각하지 말아야 하는 것은 물론 허용하는 것조차 거부해야 한다. 이주 반대 담론과 민족주의는 우울함이 정치적 형태로 표출된 것으로, 히잡은 이주 반대 담론과 민족주의를 확산시키는 정신적 상태를 지속시킨다. 이에 크리스테바는 "프랑스 공동체에 속하고 싶다는 무슬림의 바람"(Kristeva 1993: 37)이 국가적 수치심의 원인, 즉 베일 자체가 지닌 구체적인 차이를 없애는 일을 요청하는지도 모른다고 이야기한다. 이는 베일이 없어지면 국가라는 추상적인 개념이 타자의 등장으로 확장된 이상으로 되돌아갈 수 있음을 시사한다.

그러나 국가라는 개념이 추상적이라는 주장(그리고 무슬림 여성이 구체적인 차이를 표상한다는 주장)은 성립하지 않는다. 국가라는 개념과 이상적 이미지 사이의 밀접한 관계는 국가 개념이 특정한 모습을 지닌 몸의 형태를 띤다는 것을 의미한다. 이 특정한 모습을 지닌 몸은 [차이가 있다고] 표시되지 않을 '자유'를 가진다. 이상은 어떠한 이미지에 가까워지는 일로서 오직 특정한 몸이 이상을 살아낼 수 있다는 점에 기댄다. 물론 실증적인 차원에서 누구도 이상을 체현할 수 없다는 점에서 이상은 실증적인 가치가 아니다. 하지만 이상은 교환을 통해서 가치를 축적하며, 교환은 바로 몸으로 형상화된 국가를 살아낼 수 있는 특정한 몸이 지닌 역량에 의해서 결정된다. 이 특정한 몸은 **처음부터 국가 이상에 부응하는 존재로 인식된다.** 한편 표시되지 않는 몸이 추상화되는 과정에서 국가 이상에 부응하는 존재로 인식되지 못하는 몸은 가치를 축적하지 못하며 [국가 이상의] 경제에서 차단으로 작용한다. 이들은 프랑스인으로 통하지도 않고 프랑스 공동체에 진입할 수도 없다. 결국 국가 이상의 경제를 차단하는 베일은 국가에 대한 배신일 뿐만 아니라 움직이고 가치를 축적할 자유라는 의미에서 자유와 문화 자체에 대한 배신으로 재현된다.

국가를 향한 사랑은 이상과의 관계에서 몸이 국가를 살아내는 방식과 밀접한 관련이 있다. 국가를 일종의 효과로, 다시 말해서 공유된 사랑의 대상인 국가를 향해 몸이 움직이는 과정에서 나타나는 효과로 이해한다는 점에서 나는 크리스테바의 논의를 따르고 있다. 더 정확하게 이야기하자면 이상 혹은 사랑하는 대상으로서 '국가'의 '핵심'은 몸의 움직임과 그 움직임의 방향에 따른 효과로 생산된다('향해 있음'의 효과로 생산되는 사랑하는 대상). 그러나 국가가 이상을 실현할 것이라는 약속은 공허하거나 추상적인 것이 아니며, 단순히 타자가 성취하거나 전환할 수 있는 것이 아니다. 오히려 국가는 특정한 몸이 다른 몸을 향해서 움직이거나 다른 몸에게서 멀어지는 과정에서 나타나는 구체적인 효과로서, 몸의 움직임은 범주와 경계를 탄생시킨다. 즉 국가는 '국가적 특성'이라고 부를 수 있는 것(이 국가는 **어떠한 곳이다** is like)에 '가까워지는 일'에 따른 구체적인 효과이다. 몸의 움직임에 관한 역사는 '끈적인다'는 점에서 타자가 지닌 구체적인 차이로 인해 국가의 이상적 이미지가 훼손되는 것을 '알아차리는' 일은 가능한 상태로 남는다.

다문화주의적 사랑

구체적인 특이성을 지녔다는 이유에서 '다르다'고 인식되는 타자에게까지 사랑이 확장될 때, 어떤 일이 발생할까? 이 절에서 나는 다문화주의가 어떻게 차이를 사랑하라는 정언명령이 되는지, 타자에게까지 사랑이 확장되는 일이 어떻게 타자는 실현할 수 없는 국가 이상을 구성해내는지(타자의 실패는 상처와 방해로 해

290   감정의 문화정치

석된다) 분석하려고 한다. 이를 위해 난민, 이주, 인종 소요를 둘러싸고 영국에서 벌어진 논쟁을 살펴볼 것이다. 우리는 영국에서 국가가 다문화주의 담론을 통해 이상으로 여겨진다는 점에 주목할 필요가 있다. 여기서 다문화주의는 일종의 환대이자 조건적인 사랑이라고 할 수 있다(2장 참조). 국가는 단일하지 않고 개방적이며 다양성을 존중하는 '존재', 다시 말해서 타자를 사랑하고 환영하는 존재로 여겨짐으로써 이상이 된다.

레나타 살레츨이 지적하듯이 다문화주의 국가와 동일시하는 일이 즐거운 이유는 개인이 자신을 선하고 관용적인 주체로 믿게 된다는 데 있다(Salecl 1998: 4 참조). 이처럼 다문화주의 국가와의 동일시는 다문화주의 주체의 '특성'을 형성한다. 한편 다문화주의 국가와의 동일시는 [사랑의] 대상인 국가를 상실할지도 모른다는 구조적 가능성에 의존한다. 예컨대 편협한 인종주의자들(주로 영국국민당과 같은 파시스트 집단이나 백인 노동계급과 동의어로 이해된다)은 다문화주의 국가 자체를 빼앗아갈 수 있는 이들로 지목된다. 이들은 다문화주의 국가가 스스로에게 가지는 좋은 이미지를 나타내지 못한다. 이들뿐만 아니라 사랑의 조건을 받아들이지 않는 이주자나 난민 신청인도 다문화주의 국가를 빼앗아갈 수 있다고 여겨진다. 이와 같은 맥락에서 **영국인으로 정체화한다는 것은 타자에게 줄 수 있는 혹은 주게 될 사랑에 어떤 조건을 붙일지 정한다는 것을 뜻한다.** 다문화주의는 특히 9·11 테러 이후에 안보를 위협하는 것으로 간주되고는 했다. 국경을 넘는 이들이 테러리스트'일 수 있다'라는 이유에서였다. 여기서 '그럴 수 있다'라는 것은 애초부터 이방인으로 인식된 타자를 감시해야 한다는 요구를 증폭시킨다(3장 참조). 이에 국가가 개방적인 곳(국가 이상)이라는 상상을 만들어내면서도 국가 이상을 살아내는 데 필요한 조건을 따질 방법을 찾는 국가적 기획이 마련됐다.

그 결과 이주자들에게 '영국인이 되는 법을 배워야 한다'는 새로운 조건이 제시됐다. 이주자들이 '국가'를 사랑의 대상으로 삼는 것을 통해서 자신을 영국인으로 정체화해야 한다는 것이다. 이는 충성과 충직함에 관한 문제이자 자아 이상을 형성하는 과정에서 국가와 결속하는 문제가 됐다. "이제부터 영국으로 오는 이주자들은 영어 시험을 통과해야 하고 영국 왕실에 대한 충성을 공식적으로 맹세해야 합니다. …… 영국으로 이주해온 이들이 영국의 언어, 기풍, 가치를 받아들이는 일이 매우 중요하다는 것이 내무부의 입장입니다"(Hughes and Riddell 2002: 1). 이주자가 공동체에 진입하기 위해서는 반드시 영국인으로 통해야 한다는 것은 일종의 '동화주의'라고 할 수 있다. 여기서 동화된다는 것은 사랑의 조건으로 다시 상상된다. 중요한 점은 이주자들이 집에서도 영국인이 되어야 한다는 것이다. 특히 무슬림 여성은 국가 이상을 미래 세대에게 '물려주기' 위해서 집에서도 영어를 써야 한다는 요구를 받는다. 국가 이상은 백인성이나 추상화(이주자는 자신의 몸이나 베일을 포기하라는 요구를 받지 않는다)가 아니라 혼종성 hybridity을 전제로 한다. 이때 혼종성은 일종의 사회성으로서 다른 이들과 어울려야 한다는 정언명령을 뜻한다. 타자가 자신의 차이를 자기들끼리 간직하는 것이 아니라 공통의 언어를 구사하며 다른 이들과 어울림으로써 국가에 되돌릴 때, 타자는 비로소 다르더라도 괜찮다고 여겨진다(국가는 **자신이 차이를 사랑한다는 것을 나**

타내기 위해 타자가 지닌 차이에 투자한다).

그 결과 타자는 국가를 사랑하고 국가는 타자의 사랑에 화답한다는 논리가 성립된다. 사랑의 대상인 국가에 지나치게 많은 가치를 부여하는 일은 이주자에게 국가 이상의 특성을 '받아들일' 것을 요구하는 일로 이어진다. 이주자가 영국인이 된다는 것은 애정 어린 수고를 한다는 뜻으로, 이주자에게는 국가가 사랑을 되돌려줄 것이라는 '약속'이 보상으로 주어진다. 비쿠 파레크 Bhikhu Parekh는 다음과 같이 이야기한다.

> 다문화주의 사회가 안정적으로 오래 지속되기 위해서는 시민이 느끼는 소속감이 증진돼야 한다. 다문화주의 사회가 다양한 문화와 종족을 아우른다는 점에서 시민이 느끼는 소속감은 특정한 종족에 대한 것이 아니라 정치적인 것이어야 하며, 문화적 특성이나 종족적 특성이 아니라 정치적 공동체에 함께 헌신하는 일에 기초해야 한다. 다문화주의 사회 구성원은 종족 집단에서처럼 서로에게 직접 소속되는 것이 아니라 서로의 관계를 매개하는 공동체의 성원권을 통해서 서로에게 소속된다. 구성원은 공통의 역사적 공동체에 저마다의 방식으로 헌신함으로써 서로에게 헌신한다. 공통의 이해관계와 애착으로 결속된 구성원은 서로를 소중하게 생각하며 그렇게 생각해야 한다. …… 정치적 공동체에 헌신한다는 것은 공동체의 존속과 행복을 위해 헌신하는 일을 수반하며, 공동체의 이익을 침해하거나 통합을 저해하지 않도록 마음을 쓰는 일을 뜻한다. 정도의 차이가 있을 수 있지만, 공동체에 대한 헌신은 공동체의 행복을

묵묵히 바라는 마음, 깊은 애착과 애정, 열렬한 사랑 등 여러 모습으로 나타날 수 있다. (Parekh 1999: 4)

여기서 사랑과 국가는 서로 달라붙는다. 국가 혹은 '정치적 공동체'가 공유된 사랑의 대상으로 명명되면서 사랑은 화합을 이루어낸다. 사랑은 다문화주의 사회에서 화합을 약속하는 데 핵심적인 역할을 하며, 국민이 단결하는 일에 필요한 '공유된 특성'이 된다. 그렇게 감정은 감정의 대상이 된다. 더 정확하게 말하자면 사랑은 "자아 혹은 자아 이상의 자리에 놓인" 대상이 된다(Freud 1922: 76). 이제 개인이 공동체에 진입하기 위해서는 올바른 감정을 '가져야' 한다. '나의 사랑'을 드러냄으로써 내가 '상대 곁에' 있다는 것을 보여주는 것이다. 역사도 문화도 종족성도 아닌 '사랑'이야말로 다문화주의 국가를 결속시킨다. 이는 롤랑 바르트Roland Barthes가 연인의 담론에 관해 이야기한 내용과 공명한다. "주체가 사랑하는 것은 대상이 아니라 사랑이다"(Barthes 1979: 31).

'사랑에 대한 사랑'은 공동체를 이루는 일과 밀접한 연관이 있다. 《튼튼한 국경, 안전한 피난처: 현대 영국의 다양성을 갖춘 통합Secure Borders, Safe Haven: Integration with Diversity in Modern Britain》이라는 백서를 살펴보면 통합은 공동체를 이루는 데 핵심이 되는 것으로 규정되며 국가가 국가로서 기능하는 데 필요한 "더욱 튼튼한 기초"를 만드는 일로 이해된다. 보고서의 서문에는 국가가 이상적 대상, 즉 타자에게 개방적이면서도 그와 같은 개방성으로 인해 위협받지 않는 "안전한 피난처"가 되기 위해서는 "자신감, 안보, 신뢰"가 중요하다는 내용이 나온다(Home Office 2002a: 3). 내

감정의 문화정치

무부 장관 데이비드 블런킷은 보고서에서 다음과 같이 이야기한다. "우리가 분명한 소속감을 느끼며 안심할 수 있어야 한다. ……그래야 영국으로 오는 이들에게 다가가서 이들을 끌어안을 수 있다." 여기서 국가와 국가를 상징하는 주체는 안전을 보장하는 조건이 먼저 충족돼야 이주하는 타자를 ("끌어안고") 사랑할 수 있다. 타자를 사랑하는 일은 국가를 사랑의 대상으로 우선 [설정하고] 보호하는 것을 요청하며, 이는 이주하는 타자에게 '우리의' 조건을 충족할 것을 요구하는 일로 이어진다. 타자는 노동을 통해서, 혹은 자신이 가짜 난민 신청인이 아니라는 것을 보여줌으로써 영국에 '보탬이 될' 것을 요청받는다. 이러한 조건이 충족된 이후에 비로소 이들은 '이들이 마땅히 받아야 할 환영을 받는다'. 국가를 사랑의 대상으로 보호하는 유일한 방법, 이를 통해 타자에게 사랑을 건네줄 유일한 방법은 국경을 높이는 것이라는 주장에 힘입어 [동화주의에 기초한] 난민 제도와 시민권 담론은 정당화된다.

다문화주의적 사랑이 구성해낸 이상은 이성애를 좋은 시민권으로 바꾸며 이상적인 여성의 형상을 환기한다. 다음은 《옵저버The Observer》에 실린 기사를 인용한 것이다.

제네비브 카포빌라Genevieve Capovilla의 아버지는 카리브인이고 어머니는 이탈리아인이다. 그리고 제네비브는 영국인이다. 그는 금빛 피부와 부드럽고 반듯한 이목구비를 지녔다. 건강하고 곱슬거리는 세미 아프로 머리를 빗으로 손질하는 그의 인종은 모호한 편이다. 그는 아프리카계 카리브인도 남유럽인도 아니다. 사람들의 선망을 받는 외모를 지닌 그가 모델이라는 사실은 놀랍지 않다. 그는 세계 어디서나 마치 자신의 영역home에 있는 것처럼 보인다. 그와 같은 모습은 점점 많이 찾아볼 수 있으며, 패션계와 미용계에서 점차 주목하고 있다. …… 제네비브는 영국을 대표하는 새로운 꽃이다. …… 21세기에 접어든 시점에 …… 영국을 대표하는 장미는 구릿빛이 영롱하게 빛나는 해바라기가 됐다. 이 해바라기는 페르시아만, 카리브해, 남중국해 어디나 자신의 영역으로 삼는다. (Blanchard 2001: 10)

국가를 나타내는 이미지로 여성을 내세우는 일이 새로운 현상은 아니다. 니라 유발데이비스Nira Yuval-Davis(1997)와 앤 매클린톡Ann McClintock(1995)과 같은 연구자들이 지적한 것처럼 국가의 얼굴과 여성의 얼굴이 중첩되는 일은 역사가 오래됐다. 이는 국가가 자신이 소유한 것(여성적 대상)을 통해서 자기 자신(남성적 주체)이 되는 젠더화된 방식을 보여준다. 여성의 형상은 아름다움이나 외모를 연상시키며, 국가는 이 형상을 통해 타자를 위해, 타자 앞에 나타난다. 영국을 대표하는 새로운 꽃인 제네비브는 국가의 이상적 이미지였던 다이애나 왕세자비를 대신한다. 하얀 피부는 금빛 피부로, 금발 머리는 "곱슬거리는 세미 아프로 머리"로 바뀐다. 혼혈 여성을 이상화하는 일은 국가가 가치를 축적하도록 한다. 모델인 그가 지닌 아름다움이 인기를 끌기 때문이다. 흑백 혼혈 인물이 영화에서 재현되는 방식을 분석한 롤라 영Lola Young(1996)의 작업이 알려주듯 혼혈 여성성을 이국적인 것으로 만드는 일 역시 새로운 현상은 아니다. 제네비브의 사례가 특별한 점은 그가 국가에 '받아들여지는' 방식에 있다. '이국적인 것'은 그의 구

감정의 문화정치

릿빛 외모를 통해서 '자국의 영역home'으로 돌아온다. 국가 이상인 그는 주체로 형상화된 국가가 스스로에게 가진 환상, 즉 혼종적이고 다양성을 존중하며 유동적인 주체라는 환상에 가까워진다. "영국을 대표하는 새로운 꽃"으로서 이상적인 특성을 지닌 그는 국가적 특성의 면모를 갖추게 된다. 이에 주체로 형상화된 국가는 "세계 어디서나 자신의 영역"으로 주장할 수 있다는 환상을 갖게 된다. 국가는 자신이 사랑의 대상으로 이상화하는 대상을 통해 '자기 자신'이 될 수 있다. 즉 차이를 받아들임으로써 차이를 사랑하는 혼종적이고 유동적인 국가가 되는 것이다. 주체로 형상화된 국가는 자신의 환상이 만들어낸 '아이'를 사랑의 대상으로 삼는다. 이는 자아 이상을 실현하는 데 핵심적인 역할을 하는 한편, 국가 이상이 재생산되는 과정에서 이성애가 하는 역할을 명료하게 보여준다(Fortier 2008).[11]

이때 국가가 지닌 이상적 이미지는 '혼종적 백인성'이라고 할 수 있다. 국가의 백인성은 국가가 포용한 타자로 인해 '색깔을 띠거나' '구릿빛이 되는' 데서 분명하게 드러난다. 바바의 표현을 변주하자면(Bhabha 1994) "완전히 동일하지도 크게 다르지도 않은" 제네비브의 모호함은 국가를 가리키는 기호이자 미래의 약속이 된다. 하지만 그렇다고 해서 인종이 서로 다른 이성 간의 사랑이 국가에 대한 사랑의 한 형태가 되는 것은 아니다. 혼혈 여성의 형상이 인종 간의 성적 관계를 의미하는 모든 가시적 기호와 단절되는 경우에만 가치를 축적한다는 점에서 혼혈 여성은 물신 대상으로 '나타난다'.[12] 혼혈 여성이 차이를 사랑하는 다문화주의가 낳은 아이라고 할 때, 국가는 여전히 재생산의 행위자로 남아 있게 된다.

국가는 타자를 자신에게 동화시키는 역량을 발휘함으로써 스스로를 이상으로 구성해낸다. 다르다고 간주되는 타자를 받아들이는 것을 통해 국가 자신이 '스스로를 좋아하도록' 만드는 것이다. 국가 이상은 기대와 희망에 찬 타자의 눈에 비친다고 여겨진다. "수백만 명의 사람들이 영국에 관한 이야기를 듣고 영국으로 오기를 열망한다. 우리는 영국에 오고 싶어 하는 이들이 전 세계에 있다는 사실에 자부심을 느껴야 한다." 이 보고서(《튼튼한 국경과 안전한 피난처》)에 따르면 영국을 이상적인 곳으로 만드는 것은 영국을 타자에게서 피해를 받기 쉬운 곳으로 만드는 것이기도 하다. 이러한 상실의 서사는 국가를 향한 사랑이 작동하는 데 핵심적인 역할을 한다. 즉 국가 이상은 이상에 가까워지는 데 실패한 타자로 인해서 더 분명하게 이상으로 제시된다. [타자가 지닌] 어떤 차이는 받아들여지지만, 어떤 차이는 다문화주의적 사랑이 만들어낸 이상에 어긋나는 것으로 구성된다. [특히] 이주자들의 문화는 이주자가 자신을 받아들인 국가의 문화를 사랑하는 데 실패하고 영국인이 되지 못한 중대한 위험의 원인으로 지목된다. 여기서 실패란 이주자들이 국가가 전한 사랑을 감사하는 마음을 가지고 '되돌려주지' 못했다는 것을 의미한다.[13] 어떤 타블로이드 신문은 난민 신청인들을 수용하는 출입국 구금시설이 불타버린 사건을 보도하며 〈그들이 우리에게 고마워하는 방식〉이라는 제목을 달기도 했다.

우리는 일련의 소요 사건이 국가가 제시한 사랑의 조건에 화답하지 못한 실패로 해석되는 과정을 살펴볼 필요가 있다. 2001

년 노스웨스트 잉글랜드 지역에서 일어난 인종 소요는 통합의 실패 혹은 '인종 간의 분리'로 인해 발생한 것으로 이해됐다.

> 지난여름 브래드포드, 올덤, 번리에서 발생한 소요 사건을 다룬 보고서는 공통의 가치에 대한 감각이 부재하고 서로 협력하는 데 필요한 시민 정체성이 공유되지 않은 상태에서 균열과 분리가 발생한 공동체의 모습을 생생하게 보여준다. 이 보고서는 공동체의 사회적 결속을 다시금 증진하고 시민성에 관한 공통의 감각을 재구축함으로써 오늘날 영국 사회에 존재하는 각양각색의 다양한 모습을 우리가 포용해야 한다는 점을 이야기한다. (Home Office 2002a: 10)

한편으로 인종 소요는 사람들이 함께 어울리는 일을 약속한 사랑이 이를 실현하지 못했음을 드러낸다는 점에서 국가 이상의 실현을 방해하는 사건으로 해석된다. 그러나 다른 한편으로 이와 같은 설명은 사람들이 서로 가까이 지내며 사랑하는 경험이 없었기 때문에 폭력이 발생했다고 주장함으로써 사랑을 요구하는 일로 이어진다. 인종 간의 분리가 인종차별로 인한 결과가 아니라 인종차별과 폭력의 **원인**이 되는 것이다. 이러한 서사에 따르면 서로 가까이 있는 일은 함께 어울리는 일이자 타자가 국가 이상에 포함되는 일을 **의미한다**. 이를테면 "가까워지기만 한다면 우리는 하나가 될 수 있을 거예요"라는 서사인 셈이다.

인종 소요를 다룬 보고서 《화합하는 공동체Community Cohesion》는 통합을 국가 이상으로 만든다. 보고서는 "사람들이 자신과 닮은 이들과 가깝게 지내는 일"(Home Office 2002b: 12)에는 아무 문제가 없다고 이야기하면서도 다음과 같은 결론을 내린다. "테드 캔틀Ted Cantle이 지적하듯이 사회 안의 다양한 공동체가 전혀 어우러지지 못하고 평행선을 그리고 있다면 진정한 의미의 다문화 사회라고 말할 수 없다"(Home Office 2002b: 13). 이와 같은 서사는 국가 이상을 차이에 대한 사랑으로 승격시키기 위해 동일성을 '종족적 소수자' 공동체에 투사한다. 반면 차이는 닮음의 한 형태로 재현되면서 국가 이상이 된다. 차이가 우리를 결속하는 새로운 합의가 되는 것이다. "이는 '문화적 다원주의'라는 핵심적인 사안에 **합의를 이루기 위한** 단호한 노력을 요청한다"(Home Office 2003: 18, 원저자 강조). 다원주의가 합의로 바뀌는 일에는 중요한 의미가 있다. 타자는 차이에 가치를 부여하는 일에 동의해야 한다. 차이야말로 다문화주의 사회에서 우리가 공통으로 가진 것이기 때문이다. 다시 말해서 차이는 닮음의 승격된 형태 혹은 승화된 형태가 된다. 차이에 가치를 부여하고 더 나아가 차이를 사랑함으로써 타자는 우리를 좋아해야like 하고 우리를 닮아야be like 한다(이때의 차이는 국가가 용인하고 받아들일 수 있는 차이, 국가의 이상적 이미지를 훼손하지 않는 차이만을 뜻한다). 결과적으로 이와 같은 서사는 이주자 공동체와 백인 노동계급 공동체에 속한 이들에게, 이들이 국가 이상이 약속한 국가의 이미지를 실현하고 이에 따라 국가의 사랑을 받으려면 공동체 구성원을 향한 사랑을 멈추고 구성원이 아닌 이들을 사랑해야 한다고 요구한다. 여기서 공동체 구성원을 향한 사랑은 자기 자신을 향한 사랑, 즉 도착적인 자기애로 의미화된다.

감정의 문화정치

이는 자기애적 사랑과 의존적 사랑의 구분을 비판한 앞부분의 내용과 연결된다. 우리는 보고서의 재현이 두 가지 측면에서 이데올로기적으로 작동한다는 사실을 알 수 있다. 우선 보고서는 다문화주의 국가에 대한 투자가 이루어진다는 점을 감춘다(국가는 자신을 이상으로 상정함으로써 자기 자신에게 다시 기대고 자신에게 투자한다). 다시 말해서 차이에 대한 사랑이 일종의 자기애라는 점을 감춘다. 차이에 대한 사랑은 주체로 형상화된 국가가 타자를 받아들임으로써 주체 자신을 재생산하려는 욕망을 가리킨다. 둘째로 보고서는 소수자 공동체 구성원이 "서로 결속하는 일"이 차이에 대한 지향을 수반한다는 점을 감춘다. 보고서는 소수자 공동체를 애초부터 외부와 단절된 동질적인 곳('동일성')으로 전제함으로써 내부의 차이를 지워버린다. 다문화주의 국가를 이상으로 승격하기 위해서, 즉 자신을 재생산하려는 국가의 투자를 감추기 위해서 소수자 공동체를 자기애에 빠진 곳으로 구성하는 것이다. 이처럼 차이를 국가 이상으로 만드는 과정은 동일성을 타자에게 투사하고 이를 도착과 질병으로 바꾸는 일에 의존한다.

이 서사에서 종족적 소수자 공동체나 백인 노동계급 공동체처럼 차이를 사랑하는 데 실패했다고 여겨지는 '타자'는 국가의 이상적 이미지를 '훼손하는' 이들로 여겨진다. 이들이 차이를 사랑하는 데 실패한 일은 다문화주의가 국가 이상을 실현하는 데 실패한 원인으로 지목된다. 그러나 동시에 '종족적 소수자 공동체'가 통합(타자와 어울리고 국가 이상을 끌어안는 것)에 실패하는 일은 국가 이상이 애초부터 '이상이 될 만한' 이유를 '보여주기' 위해서 요청된다. 다문화주의는 타자가 차이를 사랑하는 데 실패했기 때문에 인종차별과 폭력이 발생했다고 주장하면서 그 자체로 이상이 된다. 이와 같은 서사는 인종차별, 결핍, 빈곤을 경험한 공동체가 인종 간의 분리를 하나의 생존 전략으로 활용할 수 있다는 점을 이야기하지 않으며, 사람들이 인종차별을 둘러싼 각본에서 이미 자신과 '다르다'고 간주된 이들과 어울리지 않는 여러 이유를 섬세하게 살펴보지 않은 채, 인종 간의 분리를 국가가 스스로에게 가진 이미지를 훼손하는 것이자 폭력의 원인으로 규정한다. 결국 차이를 통합하는 일과 서로 어울려야 한다는 정언명령이 해법으로 제시된다.

이 서사에는 이주자나 타자가 다른 이들과 어울림으로써 자신의 차이를 국가에 '제공'하면 국가가 차이를 사랑과 함께 '되돌려줄' 것이며 '이상'이 실현될 것이라는 함의가 있다. 다문화주의의 약속은 미래 세대(젊은 혼혈 여성)를 위한 선물로 재현되며, 젊은 혼혈 여성은 타자가 국가에 사랑을 되돌려줄 것이라는 약속을 체현한다. 그러나 타자가 사랑을 되돌려주지 않더라도 다문화주의에 대한 투자는 강화된다. 다문화주의 국가는 자신이 스스로에게 가진 이미지에 담긴 이상적인 특성을 훼손하는 타자의 존재에 투자하기 때문이다. 타자는 국가 이상이 애초부터 이상이 되도록 만드는 방해 요소가 되며, 이상에 가까워지지 못했을 때 생기는 상처를 '보여준다'.

이 장에서 나는 사랑의 이름으로 행동하는 일이 이상에 부응해야만 공동체에 진입할 수 있다고 주장으로써 타자에게 특정한 이상을 강요하는 방식으로 작동할 수 있다는 점을 강하게 비판했다. 우리가 모두 서로 사랑하는 세계, 사랑하는 사람들로 이루어진 세계는 휴머니즘의 환상에 지나지 않는다. 사랑에 대한 다문화주의 담론은 많은 부분 이 환상에 기대고 있다. 나는 이 환상이 일종의 희망 사항("가까워지기만 한다면 우리는 하나가 될 수 있을 거예요")이라는 점을 지적했다. 다문화주의적 환상은 일종의 조건적 사랑으로 작동하며, 사랑의 조건은 국가 이상을 되돌려주지 못하는 실패를 '타자'와 연결한다.

하지만 그렇다고 해서 내가 '사랑에 반대한다'라거나 사랑이 다른 방식으로 작동해야 한다고 주장하는 것은 아니다. 삶의 의미와 방향을 알려주는 것, 삶의 이유가 되는 누군가 혹은 무언가가 있다는 느낌을 선사하는 것은 우리가 특별한 타자와 맺는 관계다. 이는 사랑하는 사람을 향한 골치 아프고 흥분되며 걷잡을 수 없는 사랑의 느낌일 수도 있고, 함께 투쟁해온 동료 곁에서 느낄 수 있는 따스함과 기쁨일 수도 있다. 어떻게 사랑할 것인지가 중요한 문제라는 점에서 사랑의 정치는 필수적이다. 사랑의 정치는 우리가 매일의 삶을 꾸리는 일에도, 다른 이들과 관계를 맺으며 '함께하는' 일에도 영향을 미친다. 나는 정치가 사랑의 이름을 내걸지 않는 사랑에 머무는 것을 통해 타자를 사랑하는 새로운 방법을 찾는 일이라고 확신한다. 그러나 사랑이 정치를 '만든다' 거나 정치의 형태를 결정한다고 설명하는 어떠한 주장에도 동의하지 않는다. 같은 맥락에서 증오가 아니라 사랑에서 정치적 비전을 찾으려는 켈리 올리버Kelly Oliver의 시도에도 의문이 든다. 올리버에 따르면 "사랑은 타자성을 모험하는 과정에서 피어나는 차이의 윤리다. 다시 말해서 사랑은 타자성과 차이를 이야기하는 개인적인 공간과 공적인 공간을 여는 윤리적이고 사회적인 책임이다"(Oliver 2001: 20). 우리가 살펴본 것처럼 차이에 대한 사랑은 타자가 실현할 수 없는 이상을 만들어내고 재생산에 대한 투자를 감춘다. 차이를 사랑하라는 정언명령은 증오와 같은 부정적 애착과도, 타자를 상처와 방해의 기호로 격하시키는 일과도 분리될 수 없다. 인종차별과 폭력의 정치에 맞서는 올리버의 대안은 공감할 만하고 아름답기까지 하지만, **지나치게 성급하게 사랑의 이름으로 말한다.** 앞서 살펴봤듯이 사랑의 이름으로 말하는 일은 타자를 이미 '나의 것' 혹은 '우리의 것'으로 삼은 이상을 실현하지 못한 존재로 규정하는 일로 이어질 수 있다.

우리는 문제가 사랑이 아니라 '이상화'에 있다는 카자 실버먼Kaja Silverman의 논의에 주목할 필요가 있다. 실버먼은 다음과 같이 이야기한다. "우리는 사랑의 핵심에 놓인 정신적 활동인 이상화를 활용할 새로운 방법을 모색하기보다 이상화에 맞서야 한다고 꾸준히 주장해왔다"(Silverman 1996: 2). 실버먼은 영화가 이상적인 특성을 특정한 주체에 한정함으로써 (그의 표현을 빌리자면) 이상화를 어떻게 식민화했는지 탐색한다(Silverman 1996: 37). 그의 해법은 다음과 같다. "내가 제안하는 텍스트적 개입은 문화적 화면의 어두운 모서리를 '밝게 만드는 일'이다. 우리는 어두운 모서리에 있는 몸을 두려워하고 경멸하면서 이를 거부한다. 우리는 모서리를 밝게 만드는 일을 통해서 어두운 모서리에 있는 몸에 의식적으로나 무의식적으로나 동일시할 수 있게 된다"(Silverman 1996: 81). 실버먼은 우리가 우리 자신을 비체의 자리에 두는 법을 배워야 한다고 주장한다(이는 우리가 이미 '우리와 다르다'고 인식하는 비체의 자리를 차지해야 한다는 뜻이 아니다). 여기서 비체의 삶은 살 만한 가치가 있는 삶을 산다는 것이 무엇인지 정의하는 장소에서 쫓겨난 삶, '살 수 없는' 삶을 가리킨다. 실버먼은 자신의 비전을 '누구나any-body'에 둔다. 구체적인 특이성으로 인해 다르다고 여겨지는 몸들을 비롯한 '누구나' 서로 사랑하고 사랑받는 공동체에 속하는 일에서 가능성을 찾는 것이다. 그러나 그런 공동체가 정말 실현될 수 있을까? 나는 우리가 모두 서로 사랑하는 세계는 휴머니즘의 환상에 지나지 않으며, 사랑에 대한 다문화주의 담론은 많은 부분 이 환상에 기대고 있다고 비판했다("가까워지기만 한다면 우리는 하나가 될 수 있을 거예요"). 이와 같은 이상은 특정한 타자가 이상의 형태에 가까워지는 데 실패하는 일을 필요로 한다는 점에서 사랑하지 않는 이들, 다른 사람과 가깝게 지내지 않는 이들을 상처와 방해의 원인으로 간주한다. 물론 실버먼이 제시한 비전에는 더 복합적인 의미가 있다. 실버먼의 비전은 집단적 이상에 부응하는 데 이미 실패한 몸들을 사랑하는 법을 배우는 세계를 그린다. 실버먼의 해법을 어떻게 받아들여야 하는지 고민이 된다. 마음 한편에서 이처럼 좋은 느낌을 주는 '다정함'에 의심이 생기기 때문이다. 실버먼의 해법은 가난한 이들, 실의에 빠진 이들, 집이 없는 이들에게 다가가 사랑을 베푸는 다정한 지식인의 모습을 상상하게 한다. 이러한 사랑은 이상화가 이상적인 특성을 특정한 몸에 한정함으로써 '뒷받침하는' 권력관계에 도전하지 않는다. 실제로 '비체를 사랑하는 것'은 자선으로 대표되는 자유주의 정치와 그리 멀지 않다. 자유주의 정치는 사랑하는 주체가 사랑받지 못한다고 여겨지는 이들을 사랑하거나 이들에게 사랑을 베푸는 것을 통해 좋은 기분을 느끼게 하지만,

자선을 베푸는 사랑이 그러한 방식으로 나타나도록 강제하는 권력관계는 지속시킨다(자선에 대한 논의는 1장을 참조).

　　나는 사랑이 정치적 행동의 기초를 이룬다거나 좋은 정치를 가리키는 기호라고 설명하는 어떠한 주장에도 동의하지 않는다. 그러나 우리가 정치적 비전을 사랑하지 않는다면 비전은 무슨 의미인가? 내가 비전을 제시하는 정치에 반대해야 한다고 주장하는 것인가? 사랑이 정치적 비전을 형성하지 않는다고 하더라도 우리가 우리의 비전을 사랑하지 말아야 하는 것은 아니다. 비전을 갖는 일에 어떤 의미가 있다면 우리는 우리가 지닌 비전을 사랑해야 한다. 다만 우리는 비전에 투자하면서도 우리의 비전이 이 세계에서 우리의 기반을 보장할 대상으로 번역되지 않을 가능성을 받아들여야 한다. 우리는 다른 세계의 모습을 보여주는 이미지에 투자하는 한편, 우리의 사랑을 사랑하는 방식과 우리의 삶을 살아가는 방식에 투자한 대로 행동할 필요가 있다. 이와 동시에 우리는 우리가 틀릴 가능성에, 우리가 사는 세계의 모습이 변화할 가능성에 우리 자신을 맡겨야 한다. 사랑의 이름으로 말하면서 이 세계를 사랑의 이름에 걸맞은 곳으로 바꿀 수 있는 좋은 사랑은 존재하지 않는다. 그러나 우리가 **사랑의 이름으로** 말하는 것에 저항할 때, 우리가 단지 **사랑하는 마음으로** 행동하지 않는다는 것을 인정할 때, 아무리 조건이 없는 것처럼 느껴져도 사랑에는 조건이 붙는다는 것을 이해할 때, 우리는 어쩌면 우리가 소중하게 여기는 타자들과 우리가 실현하려는 세계 사이의 다른 관계와 연결성을 찾을 수 있을지도 모른다. 어쩌면 사랑은 다른 세계를 만들기 위한 작업을 하면서 타자와 연대하는 정동을 일컫는 표현이라는 점에서 중요한지도 모른다. 조디 딘Jodi Dean이 이야기하듯이 "성찰적인 연대는 차이를 받아들이는 열린 마음을 뜻한다. 이는 우리의 불일치가 우리가 서로 연결되는 디딤돌이 되도록 한다"(Dean 1996: 17). 성찰적인 연대는 다정한 연대로서 "사랑과 우정을 나누는 친밀한 관계에서 자라난다"(Dean 1996: 17). 앞으로 남은 두 장에서는 감정과 애착이 하는 일에 관한 문제를 퀴어 정치와 페미니즘 정치를 통해서 살펴볼 것이다.

7 장

퀴어 느낌

PAIN
HATE
FEAR
DISGUST
SHAME
LOVE
QUEER
FEMINISM
JUSTICE

이주자가 생산 과정을 가시화함에 따라 이주자는 '가족 제도 가 생존 가능성을 잃고 있으므로 가족을 보호해야 한다'는 인 식을 구체화하는 사례가 된다. 이는 상상의 공포 속에서 점점 더 제기되며, 가족 자체의 재생산이라는 가족의 이상을 지키기 위한 훨씬 강력한 보호 전략을 요구한다. 이 연결고리, 다시 말 해서 (담론의 차원과 재생산의 차원 모두에서) 삶을 생산하는 과 정과 전 지구적 생산 과정 사이의 관계는 가려진다. (Goodman 2001: 194)

5장과 6장에서 이야기했듯이 삶 자체의 재생산, 특히 사회 적 이상과 일치된 삶('우리가 아는 모습의 삶')의 재생산은 이주자나 퀴어*를 비롯한 타자의 존재로 인해 위협받는 것처럼 재현된다. 이들 타자는 이상을 존재나 실천으로 옮기지 못하는 실패를 체현함으로써 이상이 이상으로 여겨지도록 한다는 점에서 매혹의 원천이 된다. 우리는 '재생산' 자체가 불투명해졌다는 점에 주목할 필요가 있다. 미래 세대의 모습으로 나타나는 삶의 재생산은 삶을 꾸려나가는 특정한 형태('가족')를 안정적으로 만듦으로써 문화를 재생산하는 일과 밀접한 관련을 맺는다. 가족이 취약한 곳으로, 가족의 재생산을 방해하는 타자로부터 보호해야 하는 곳으로 그려질 때, 가족은 위협과 불안의 서사를 통해 이상화된다. 인용문이 이야기하는 것처럼 삶의 방식이라는 측면에서 가족을 도덕적인 차원에서 이해하고 이를 수호하려는 시도는 '전 지구적 정치'의 문제가 된다. 나는 앞서 테러와의 전쟁을 옹호하는 일이 '가족'을 어떻게 사랑, 지지, 공동체의 바탕을 이루는 것으로 환기하는지 그 과정을 분석했다(3장 참조). 이 장에서는 이성애가 가족과 전 지구적 정치를 묶어내는 각본이 되는 과정을 구체적으로 살펴볼 것이다. 남성과 여성의 결합은 새로운 생명을 탄생시키는 일이자 애초부터 문명화된 것으로 인식되는 삶의 방식을 탄생시키는 일로 해석되면서 '출산'을 함의하게 된다. 인종주의 서사에서 나타나는 이방인과 이주자에 대한 공포(외국인 혐오), 퀴어에 대한 공포(동성애 혐오), 다른 인종 간의 출산(및 이성 결혼 이외의 결합)에 대한 공포는 남성과 여성의 결합을 삶, 문화, 가치가 재생산되는 데 필수적인 조건으로 여기는 서사로 인해 서로 미끄러지게 된다.

---

* 퀴어는 규범적 질서와 안정된 정체성과 어긋난 것을 의미하는 용어이자 성소수자 집단을 포괄해서 지칭하는 용어로 활용된다. 이 장에서 아메드는 퀴어를 주로 동성애와 관련된 표현으로 사용한다.

물론 이와 같은 서사와 각본은 단지 '저 멀리' 존재하는 것이 아니다. 서사와 각본은 국가의 정치적 실천을 제도화하는 동시에 몸과 삶 또한 형성한다. 사랑하고 살아가는 방식에서, 가정과 직장처럼 일상적인 영역에서, 결정을 내리는 과정에서 서사와 각본은 몸과 삶을 형성한다. 우리가 서사와 각본을 따르든 그렇지 않든 서사와 각본이 몸과 삶을 형성한다는 점은 변하지 않는다. '이성애를 이상적인 결합으로 규정하는 서사가 반복되면서 축적되는 효과'를 강제적 이성애라고 할 때, 강제적 이성애가 (몸이 될 수 있는 것은 제한하지 못하지만) 몸이 할 수 있는 것이 무엇인지 형성하는 과정을 살피는 작업은 중요한 의미를 지닌다.[1] 몸은 힘을 지닌 채 계속 반복되는 규범의 형태를 취하며, 규범의 반복은 자연스러움을 뜻하는 기호의 영향력 아래서 규범을 살아내는 노동을 감춘다. 이 장에서 나는 규범이 몸의 표면**으로서** 나타난다고 주장하려고 한다. 규범은 흔적과 관련된 문제로, 타자로 이루어진 세계가 몸에 어떻게 '흔적'을 남기는지에 관한 문제다. 다시 말해서 몸이 작동하고 작동되는 방식이 몸의 표면을 형성한다는 점에서 이와 같은 흔적은 노동의 효과다. 규제력을 지닌 규범은 '반복 사용 긴장성 손상 증후군repetitive strain injuries'처럼 작용한다. 특정한 몸짓을 반복하거나 특정한 방향을 향하는 일로 인해 몸이 일그러지는 것이다. 다른 실천을 할 수 있는 역량을 몸이 제한할 때, 몸은 특정한 실천만을 할 수 있는 모습으로 비틀린다.

나는 이성애 규범이 몸의 표면에 영향을 미친다는 점을 이야기하려고 한다. 이때 몸의 표면은 타자가 남긴 흔적을 통해서 표면으로 나타난다. 강제적 이성애는 몸이 '반드시' 특정한 대상을 향해야 한다는 규칙에 따라 몸을 형성한다. 여기서 특정한 대상은 차이의 환상을 통해 이상으로 보호된다(6장 참조). 이에 강제적 이성애는 개인이 적법하게 다가갈 '수 있는' 몸, 연인이 될 수 있는 몸은 어떤 것이고 그럴 수 없는 몸은 어떤 것인지 한계를 정한다. 강제적 이성애는 개인이 타자에게 접근하는 방식을 형성하는 한편, **과거의 접근이 엉겨 있는 역사인** 개인의 몸 역시 형성한다. 따라서 성적 지향은 욕망하는 대상을 가리키는 방향 이상의 의미를 지니며, 이는 우리가 하는 다른 일에도 영향을 미친다. 성적 지향은 몸이 세계로 새어나가는 것으로서 몸이 타자를 향하거나 타자에게서 멀어지는 방향 설정의 방식과 연관된다. 이와 같은 방식이 몸을 같은 장소로 이끄는 것은 아니지만, 개인이 (특정한 몸, 특정한 방향, 특정한 방식의 사랑과 삶을 전제한) 다양한 사회적 공간에 진입하는 데 영향을 미친다. 단순하지만 중요한 점은 지향이 몸이 무엇을 할 수 있는지에 영향을 미친다는 것이다.[2] 이상적인 성적 대상을 '향하지' 못한 것은 이 세계에서 우리가 살아가는 방식에 영향을 미치며, 이 정동은 [이상을] 재생산하는 데 실패한 것이자 삶을 둘러싼 사회적 질서 자체를 위협하는 것으로 해석된다.

물론 해야 한다고 강제되는 것을 반드시 해야 할 필요는 없다. 무언가가 강제적이라는 것은 그것이 필수적이지 않음을 의미하기 때문이다. 하지만 개인이 타자와 맺는 관계에서 이성애를 이상으로 규정하는 서사에 강제되기를 거부하는 일 또한 서사의 영향을 받는다. 이상적인 이성애의 서사는 이러한 개인의 지향을 일종의 불복종으로 의미화한다. 주어진 각본을 '따르지 않을' 때 느끼는 정동은 다양하다. 예를 들어 우리는 주체인 내게 있어 사랑스럽지 않다고 여겨진 몸을 사랑하거나 내가 거절하기로 '되어 있는' 몸을 사랑하는 일에 따른 심리적이고 사회적인 대가에 대해 생각해볼 수 있다. 여기에는 수치심과 멜랑콜리아가 포함되기도 한다(Butler 1997b; Braidotti 2002: 35; 5장 참조). 규범을 '그다지' 충실하게 살아내지 못할 때 느끼는 부정적인 정동은 '규범적'이지 않은 사랑을 사랑하는 일이 규범의 영향력 아래 놓이는 일을 수반한다는 점을 우리에게 알려준다. 이는 무엇보다 규범을 따르지 않았을 때 대가와 피해가 발생한다는 점을 통해서 알 수 있다. 그렇다면 규범을 삶의 형태로 재생산하는 데 실패하는 일을 정치적이고 윤리적인 대안으로 수용하고 긍정하고 나면 퀴어한 순간이 펼쳐지는 것일까? 이때의 긍정은 수치심을 자긍심으로 바꾸는 일이 아니라 수치심이 지닌 부정적인 느낌을 즐기는 일, 규범적인 문화가 수치스러운 일로 규정한 것을 즐기는 일에 가깝다(Barber and Clark 2002: 22-9 참조).

이 장에서 우리가 '이상을 재생산하는 데 실패한 몸을 살아낸다는 것은 어떠한 느낌인가'라는 질문을 살펴볼 수도 있겠지만, 나는 다른 질문을 던지려고 한다. 나는 '퀴어한 느낌queer feelings'을 살펴볼 것이다. 다만 퀴어한 느낌을 '퀴어함을 느끼는 일feeling queer'로 번역하지는 않을 것이다. 이와 같은 번역은 퀴어함이 특정한 감정적 삶을 수반하는 것처럼, 이성애의 이상을 살아내거나 따르는 데 실패했을 때 몸이 '가지는' 어떤 느낌이 있는 것처럼 전제한다. 물론 개인은 퀴어함을 느낄 수도 있다. 각자가 '퀴어함'을 인식하면서 경험하는 느낌은 존재한다. 저마다 퀴어함을 인식하는 방식은 신체적이며, 퀴어라는 이름을 '받아들이는 일'과도 밀접하게 연관된다. 그러나 이러한 느낌은 매개된 것으로서 복합적이고 우연한 방식으로 '퀴어' 범주에 붙은 것이다. 퀴어 범주는 퀴어를 실패한 존재 또는 '존재하지 않는 것non-being'을 뜻하는 기호로 만들었던 역사 속에서 탄생한다.[3] 나는 퀴어의 정동적 잠재성을 탐색하면서 먼저 퀴어 가족을 둘러싼 논쟁을 중심으로 규범과 정동의 관계를 분석하려고 한다. 이어서 퀴어 커뮤니티가 9·11 테러에 반응했던 구체적인 사례를 통해서 퀴어 정치에서 슬픔이 하는 역할을 논의하고자 한다. 마지막으로 퀴어 라이프스타일 또는 퀴어 대항문화에서 즐거움이 하는 역할을 조명하면서 '(재)생산적이지 않다'라고 규정된 사회적, 성적 관계를 즐기는 일이 '즐거움은 좋은 행동에 따른 인센티브나 보상일 때만 윤리적이다'라는 원칙을 기초로 하는 정동 경제에서 일종의 정치적 문제가 되는 과정을 드러낼 것이다.

(불)편함과 규범

이성애는 일련의 규범과 이상으로서만이 아니라 몸과 세계를 형성하는 감정을 통해 강력하게 작용한다. 우리는 이성애가 작용하는 방식에 주목할 필요가 있다. (이성애) 규범은 주체가 '떠맡고' '받아들인' 일종의 투자다. 사랑의 대상을 선택하는 일에서 (다시 말해서 어떤 대상은 거부하는 일에서) 이성애 각본을 따름으로써 이성애를 실천하는 일은 이성애의 재생산에 투자하는 일이기도 하다. 물론 이성애를 '한다'는 것은 단지 어떤 상대와 섹스를 하거나 하지 않는다는 뜻이 아니다. 이상적인 삶에 대한 각본인 이성애는 훨씬 커다란 의미를 지닌다. 모든 관계가 남성과 여성의 결합에서 비롯한다고 전제하는 것이다. 강제적 이성애가 너무나도 일상적인 대화에서 강력한 영향력을 발휘한다는 점은 우연이 아니다. 사람들은 (여자에게) "남자친구 있어?" (남자에게) "여자친구 있어?"라고 질문하고는 한다. 퀴어 주체는 질문을 바로잡고 대화에서 벗어나는 일로 피로감을 느낀다. 질문에 담긴 주장, 전제, 요구 사항이 주는 압박은 '회피하는 일'(다만 이성애자로 통하는 일이 항상 가능한 것은 아니다) 또는 직간접적으로 자신을 드러내는 일("그런데 남자친구가 아니라 여자친구야" "여자친구가 아니라 남자친구야"라고 말하기 혹은 '확실한' 순간에 '그' 대신에 '그녀'를, '그녀' 대신에 '그'라고 말하기) 중에서 하나를 선택하도록 한다. 자신이 퀴어임을 얼마나 '드러냈는지'와 상관없이, 얼마나 (불)편하게 퀴어함을 느끼는지와 상관없이 이성애자로 호명되는 순간은 계속 반복되며 때로는 신체적 상처로 경험되기도 한다. 호명의 순간은 퀴어 주체를 실패한 존재, "너도 나와 같잖아"라는 이성애자의 자기 서사에 부응하지 못한 존재의 자리에 놓는다. 강제적 이성애가 일상적인 장면에서 작동한다는 점은 강제적 이성애의 정동적인 특성이기도 하다. 강제적 이성애는 (출생, 결혼, 죽음 등) 가족 구성원을 결속시키는 의례의 순간에서, 우정과 연애처럼 감정을 자극하는 친밀성에 꾸준히 투자하는 일에서 나타난다. 물론 이러한 친밀성은 사적 영역뿐만 아니라 공적 영역에도 깊숙이 자리 잡고 있다. 이성 연애에 관한 이야기는 사람들의 흥미와 공감을 일으키는 이야기로 퍼져나간다. 로렌 벌랜트와 마이클 워너가 주장하듯이 "국가적 이성애는 국가의 핵심적인 요소가 무엇인지 떠올리게 만드는 메커니즘이다. 국가는 감정을 자극하는 느낌으로 채워진 공간이자 위생 처리된 공간으로 간주된다"(Berlant and Warner 2000: 313).

규범을 살아낼 수 있는 이들은 위생 처리된 공간에서 편안함을 느낀다. '편안함'이라는 말은 행복과 만족감뿐만 아니라 안락함과 여유를 의미한다. 이성애의 규칙을 따른다는 것은 자신이 이상으로 살아내는 이성 결합의 형태가 반영된 세계에서 마음 편히 지내는 것을 의미한다.[4] 물론 이상을 살아내는 일로 인해서 마음이 편치 않게 될 수도 있고, 자신이 느끼는 편안함으로 인해서 불편해질 수도 있다. 이성애를 개인이 따를 수도 있고 따르지 않을 수도 있는 이상으로 여기는 일 혹은 이성애의 세계에서 살아감으로써 주어지는 특권에 불편함을 느끼는 일은 편안함을 덜 편안하게 느끼는 모습이라고 할 수 있다. 그러나 그럴 때도 편안함은 여전히 남아 있다. 편안함을 누리고 있을 때는 자신이 느끼는 편안함을 알아차리는 일이 매우 어렵다. 이성애의 편안함에 오랫동안 불편하게 머물렀던 나는 이를 정말 잘 알고 있다. 퀴어한 삶을 사는 지금의 나는 내가 과거에 불편함을 '느꼈음'에도 전혀 알아차리지 못했던 편안함이 많았다는 것을 되돌아보게 된다. 우리는 우리에게 편안함을 주는 것을 좀처럼 알아차리지 못한다. 우리가 알아차리고 있다고 생각할 때조차도 마찬가지다.

따라서 편안함에 대해서 생각해보는 일은 사유를 전개하는 데 언제나 유용한 출발점이 된다. 편안하다는 것이 어떤 느낌인지 한번 생각해보자. 예컨대 편안한 의자에 푹 잠겨 있는 장면을 떠올려보자. 여기서 내가 이미 정동을 대상에 전이시켰다는 점에 주목할 필요가 있다('편안한 의자'). 그러나 편안함은 몸과 대상이 딱 맞는 것을 의미한다. 내게 편안한 의자가 나와 다른 모습을 지닌 이들에게는 불편할 수도 있다. 편안함은 몸과 몸이 서로 마주칠 때 발생하며, 이 마주침은 '푹 잠기는' 느낌을 약속한다. 반면에 고통과 불편함은 몸의 표면을 **몸으로서** 다시 느끼도록 만든다(1장 참조). 편안하다는 것은 어디까지가 자신의 몸이고 어디서부터 세계인지 구분하기 어려울 만큼 주어진 상황에서 마음 편히 있는 것을 의미한다. 몸과 주변 상황이 딱 맞을 때, 혹은 주변 상황에 맞춤으로써 몸의 표면은 보이지 않게 된다. 표면이 사라지는 변화는 편안함을 느낄 때 몸이 공간으로, 공간이 몸으로 확장된다는 것을 알려준다. 푹 잠기는 느낌은 솔기가 없는 공간, 몸과 몸의 '이음새'를 찾을 수 없는 공간과 관련이 있다.

이성애 규범은 특정한 몸이 자신의 모습이 이미 반영된 공간으로 확장되도록 함으로써 일종의 공적인 편안함으로 기능한다. 특정한 몸이 공간에 맞도록 공간이 이미 설정되어 있다는 점에서 몸은 해당 공간을 편안하게 살아낸다. (마치 누군가가 의자에 반복해서 앉으면 그의 모습대로 의자에 형태가 남는 것처럼) 사회적 공간의 표면에는 그 공간에 맞는 몸의 형태가 이미 새겨져 있다. 표면에 새겨진 '흔적'을 통해 몸의 형태를 알아볼 수 있을 정도다. 표면에 남은 흔적은 몸의 자취로서 기능한다. 우리는 이러한 과정을 사회적 공간에서 확인할 수 있다. 질 밸런타인Gill Valentine이 주장하듯이 길거리를 비롯한 공적 공간의 "이성애화"는 이성 간의 성적 행동을 나타내는 다양한 모습(게시판에 붙은 이미지, 흘러나오는 음악, 이성애 친밀성의 전시 등)이 반복되면서 자연화되는데, 이성애자 주체는 이 과정을 인식하지 못한다(Valentine 1996: 149). 이처럼 신체적 공간의 표면뿐만 아니라 사회적 공간의 표면 또한 특정한 행위가 반복되고 특정한 몸이 지나가는 것을 '기록한다'.

이성애 규범은 편안함을 선사하는 것이 되기도 한다. 어떤 이들은 자신이 이미 받아들인 세계와 마주하면서 느끼는 포근함으로 인해 더 좋은 기분을 느낀다. 세계에 의해 형성된 이들, 더 나아가 세계의 모습대로 자신을 형성한 이들은 세계를 **세계로서** 인식하지 않는다. 규범은 시야에서 사라지는 것일 뿐만 아니라 우리가 의식적으로 느끼지 않는 것이기도 하다.[5] 이성애의 '편안함'을 마주한 퀴어 주체는 (이미 특정한 모습을 갖춘 공간에 '푹 잠기지' 않기 때문에) 불편함을 느끼기도 한다. 불편함은 길을 잃는 느낌을 뜻한다. 자신이 있을 자리가 아니라는 느낌, 어색하고 불안한 느낌이 드는 것이다. 나는 이 느낌을 너무나도 잘 알고 있다. 내가 있을 자리가 아니라는 느낌과 소외감은 몸의 표면을 재빨리 의식하도록 한다. 특정한 몸에 의해 형성된 사회적 피부를 내가 살아낼 수 없을 때, 몸의 표면은 표면**으로** 나타난다. 게다가 퀴어 주체는 이성애자를 불편하게 만들지 않기 위해 퀴어 친밀성을 나타내는 기호를 드러내지 말 것을 '요구'받기도 한다. 이는 그 자체로 불편한 느낌으로, 개인이 사회적 공간에서 자신과 상대의 몸으로 할 수 있는 일이 무엇인지 제한하는 것이다.[6] 어떤 이들이 편안함을 느낄 수 있는 이유는 다른 이들이 노동하기 때문이며, 이러한 노동이 감춰지기 때문이다. 편안함은 일종의 '물신화를

감정의 문화정치

느끼는 것'으로 작동한다. 누군가가 편안함을 '가지는' 일은 노동 자체가 보이지 않도록 감춰진 상황에서 다른 누군가가 일할 때에 야 비로소 가능하다.[7]

　그러므로 퀴어 이론을 이성애 규범에 반대하는 것일 뿐만 아니라 [모든] 규범에 반대하는 것이라고 정의하는 데는 매우 타당한 이유가 있다. 팀 딘Tim Dean과 크리스토퍼 레인Christopher Lane이 주장하는 것처럼 퀴어 이론은 "모든 규범에 저항하는 일을 기초로 삼는 정치를 옹호한다"(Dean and Lane 2001: 7). 중요한 점은 이성애 규범이 단순히 이성애가 정상이라는 믿음 이상을 의미한다는 것이다. '규범'은 행동을 규제하는 힘을 지니며, 성적 행동을 다른 행동과 연결하는 '이상'에 의해 뒷받침된다. 예를 들어 사랑의 대상이 [이성으로] 제한된다고 해서 그저 **모든** 이성 결합이 바람직하다고 여겨지는 것은 아니다. 이성 결합에서 연인들은 서로에게 '좋은 상대'여야 한다(이에 대한 판단은 주로 양쪽의 배경을 '맞추는 일'이 중요하다는 이유에서 계급과 인종에 대한 관습적인 인식을 작동시킨다). 또한 연인들은 성적 친밀성의 영역에서 다른 이들을 제외해야 한다(일대일 관계를 이상화하는 일은 친밀성을 자신의 소유물인 친밀한 타자에게 가지는 권리 내지는 소유권과 동일한 것으로 만든다). 더욱이 이성 연인들은 결혼을 하고, 재생산과 아이 돌봄의 의례에 참여하며, 좋은 연인, 부모, 이웃, 나아가 더 나은 시민이 되는 것을 통해 사회적 승인을 받을 때 비로소 이상에 가까워질 수 있다. 이처럼 규범적 문화는 적법한 삶의 방식과 그렇지 않은 삶의 방식을 구별한다. 적법한 것('우리가 아는 모습의 삶')을 지켜내는 일은 다음 세대의 행복을 위해서 필수적이라고 간주된다. 이성애 규범은 타자와 구별되는 삶을 살면서 문화를 재생산하고 전승하는 일을 수반한다.

이에 퀴어 이론가에게 퀴어한 삶이 이성애 규범적 문화의 각본을 따르지 않는다는 점은 중요한 의미가 있다. 주디스 핼버스탬Judith Halberstam의 도발적이고 강렬한 표현을 빌리자면 퀴어한 삶은 "동성애 규범적인" 삶이 되지 않는다(Halberstam 2003: 331). 퀴어한 삶은 편안함을 누리기를 바라지 않으며, 삶의 방식에서 규범적 문화의 모든 측면과 불편한 관계를 유지한다. 이상적인 차원에서 이야기하자면 퀴어한 삶은 가족을 꾸리지 않고, 결혼하지 않고, 답이 없는 연인관계에 매몰되지 않고, 아이를 낳거나 기르지 않고, 이웃 주민 감시 단체에 참여하지 않고, 전쟁 시에 국가를 위해 기도하지 않는다. 퀴어한 삶이 하지 않는 각각의 행동은 퀴어한 삶을 원래부터 이상한 것, 실패한 것, 살 만한 가치가 없는 것으로 규정하는 이상을 '뒷받침'한다. 이성애 규범을 재생산하는 데 핵심을 차지하는 일련의 행동은 그러한 이상을 반영하며, 이상을 열망하는 일은 쉽게 이해할 수 있듯이 동화주의라고 불린다.

예컨대 앤드루 설리번Andrew Sullivan은 자신의 책《일반과 다름 없는Virtually Normal》에서 동성애자 대부분이 평범한 삶을 원한다고 주장한다. 또한 동성애자가 이성애자만큼 평범하지는 않지만(호미 바바의 표현을 변주하자면 동성애자는 "거의 평범하지만 완전히 평범하지는 않다"), 동성애자인 것과 평범하지 않은 것은 다른 문제라고 강조한다. 설리번은 동성애자가 이성애자가 **되지**being 않으면서도 이성애적인 삶을 **갖고**have 싶어 할 수 있다고 이야기한다. 그에 따르면 동성애자와 이성애자의 유일한 차이는 사랑하는 대상으로 누구를 선택하는지에 있다.

> 전통적인 가족 형태를 옹호하는 동시에 안정적인 동성관계를 옹호하는 일은 충분히 가능하다. 안정적인 동성관계는 전통적인 가족을 본보기로 삼기 때문이다. 안정적인 동성관계가 보수적인 사회 이념을 실현하는 것으로 섬세하게 구성될 수만 있다면, 안정적인 동성관계라는 개념은 이성 결혼에 관한 윤리를 강화하는 데 도움이 될 것이다. 이를테면 결혼에서 배제된 이들조차 결혼의 형태와 구조를 본보기로 삼으려는 모습을 보여주는 것이 하나의 방법일 수 있다. (Sullivan 1996: 112)

여기서 동성관계는 이성 가족이라는 전통적인 모델을 "본보기로 삼을" 때에만 가치 있게 여겨지고 옹호될 수 있다. 실제로 설리번은 "그렇지 않은" 이들이 "그렇게 되기"를 원하는 모습을 보여줌으로써 가족 이상을 지지하고 확장하는 것이 자신의 계획이라고 명확하게 밝힌다. 결국 동성관계는 이성 결합의 모습을 흉내 냄으로써 자신들이 살아낼 수 없는 관계의 형태에 충성을 맹세하게 된다. 더글러스 크림프Douglas Crimp(2002)가 지적하듯이 설리번은 그가 될 수 없는 것, 그를 이미 거부한 것과 동일시한다. 동일시가 계속되는 한, 이상을 모방하려는 시도는 멜랑콜리아적인 심리 상태를 지속시킨다. 설리번은 "동성애 혐오가 해결하기 어려운 문제라는 점을 인식하지 못한다. 그의 멜랑콜리아가, 그를 거부하고 동성애를 혐오하는 이들과 동일시하는 데서 비롯하기 때문이다"(Crimp 2002: 6). 동화주의는 자신이 실현하는 데 이미 실패한 이상과 가까워지려는 욕망이자 자신을 실패한 주체로 규정한 이들과의 동일시를 의미한다. 이를테면 '퀴어 피부와 이성애자 가면'처럼 동화주의를 선택하는 일은 적법한 삶과 그렇지 않은 삶을 구분하는 이성애 규범의 폭력을 명백히 뒷받침한다.[8] 주디스 버틀러가 이야기한 것처럼 동성 결혼 캠페인의 가장 큰 문제 중 하나는 바로 캠페인이 적법한 삶과 그렇지 않은 삶의 위계를 강화할 수 있다는 것이다. 동성애자와 이성애자의 구분에 기초한 위계는 더 적법한 퀴어관계와 그렇지 않은 퀴어관계라는 새로운 구분에 기초한 위계로 대체된다(Butler 2002: 18). 버틀러가 질문한 것처럼 동성 결혼은 "자신을 규범으로서 확장해야만 (즉 다른 선택지를 미리 배제해야만) 비로소 '선택지'가 되는 것일까? 결국 소유관계를 확장하고, 섹슈얼리티의 사회적 형태를 더 보수적으로 만드는 것은 아닐까?"(Butler 2002: 21). 다시 말해서 이성애의 몇몇 권리가 퀴어에게 확장됐을 때, 그러한 권리를 갖지 않는 퀴어, (이성관계를 결혼의 원본으로 가정하지 않더라도) 삶의 선택과 성적 욕망을 결혼의 형태에 담을 수 없는 퀴어에게는 무슨 일이 벌어질까? (비혼) 퀴어가 결혼 이상을 지지하는 일에 반대하는, 적법하지 않은 타자가 되는 것일까?

물론 동성 결혼 문제는 정치적 딜레마로 남아 있다. 결혼의 권리가 동성관계에까지 확장되는 일을 지지하지 않는 것은 성적 지향을 이유로 적법한 삶과 그렇지 않은 삶의 구분을 지속하는 현 체제를 지지하는 일이 될 수 있기 때문이다. 주디스 버틀러(2002)가 주장하듯이 (법이 인정하는지와 무관하게) 다른 이들이 인정하지 않는 관계를 맺는 일은 특히 상실과 헤어짐을 경험하는 상황에서 막대한 사회적, 심리적 대가를 가져온다(이어진 절 참조). 나는 퀴어하게 살 것인지 아니면 이성애자(혹은 동화된 퀴어)처럼 살 것인지 정치적으로 선택해야 한다는 [요구를] 비판하는 것을 통해 이 논쟁에 참여하려고 한다. 버틀러는 스스로 모호한 위치를 택함으로써 둘 중 하나를 선택하는 문제에 이의를 제기했다. 나는 그러한 모호함이 지닌 가치를 인정하지만, 퀴어 애착을 더 주의 깊게 살펴보는 것을 통해서 동화와 위반을 선택의 문제로 생각하는 데서 벗어날 수 있다는 점을 이야기하려고 한다.

먼저 우리가 퀴어한 삶이라고 부르는 것에 대해 내가 설명한 부분으로 되돌아가보자. 나는 '이상적인 차원에서' 퀴어한 삶이 이성애 규범적 존재의 각본과 불편한 관계를 맺는다고 이야기했다. 퀴어하다는 것이 이상이라는 말에 기댄다는 점은 중요한 의미를 지닌다. 무엇이 퀴어한 것인지 설명하는 과정에서 내가 이미 이상의 조건 또한 규정하기 때문이다. 이상적인 퀴어 삶을 갖기 위해서, 더 나아가 적법한 퀴어가 되기 위해서 사람들은 특정한 방식으로 행동해야 한다. 우리는 다음과 같은 질문을 던질 필요가 있다. 퀴어 이상을 규정하는 일은 어떻게 퀴어 이상을 실현하는 데 실패한 타자의 존재에 의존하는가? 누가 퀴어 이상을 체현할 수 있으며 누가 그럴 수 없는가? 모든 이들이 퀴어 이상에 다가설 수 있는 것은 아니며, '퀴어'를 비롯한 비규범적 섹슈얼리티의 '기호'에 동일시하는 이들이라고 하더라도 모두가 다가설 수 있는 것은 아니다. 예를 들어 가야트리 고피나스Gayatri Gopinath(2003)는 '퀴어함'의 공적이고 가시적인 형태가 남아시아계 레즈비언에게는 불가능할 수 있음을 지적한다. 남아시아에서는 동성 간의 성애적인 즐거움을 누리는 곳이 집과 같은 사적인 공간이기 때문이다. 고피나스의 주장은 퀴어 몸이 공적인 영역에서 접근하는 다양한 방식이 있음을 보여준다. 이는 퀴어 몸이 공적인 영역에서 살아가는 방식에 영향을 미친다. 퀴어가 이성애자 공간에서 불편함을 느낄 수도 있지만, 그렇다고 해서 퀴어가 퀴어 공간에서 항상 편안함을 느끼지는 않는다. 나는 몇몇 퀴어 공간에서도 내가 있을 자리가 아니라는 불편함을 느낀 적이 있다. 이는 퀴어 공간이 내가 불편함을 느끼도록 **만들었다**는 뜻이 아니다. 내가 느낀 불편함은 그 자체로 퀴어 공간이 특정한 몸이 더 많은 자리를 차지하도록 만들 수 있음을 의미한다(몇몇 퀴어 공간은 백인 중산층의 몸이 지닌 이동성을 확대하기도 한다). 때때로 나는 '퀴어'라는 말에 머무는 것에 불편함을 느낀다. 내가 충분히 퀴어하지 않다거나, 퀴어로 지낸 기간이 충분하지 않다거나, 괜찮은 퀴어가 아니라는 염려를 할 때도 있다. 우리는 우리가 살아내는 범주에 불편함을 느끼기도 한다. 그 범주가 공적인 편안함을 거부함으로써 형성된 것일 때도 그럴 수 있다.

[퀴어] 이상은 무엇이 적법한 삶으로 여겨지는지 규정하는 각본에서 자유로운 것으로 의미화된다. 그러나 이는 **규범으로부터의 자유**를 의미하는 소극적인 자유 모델에 기초한 것처럼 보인다. 소극적인 자유 모델은 이동성과 거리 두기를 이상적인 것으로 만들고, 유동적인 형태의 주체성을 제시함으로써 몸이 할 수 있는 것이 무엇인지 제한하는 규범에서 벗어날 수 있다고 주장한다. 여러 연구자는 퀴어 이론이 이동성을 이상화한다고 비판해왔

감정의 문화정치

다(Epps 2001: 412; Fortier 2003). 브래드 엡스Brad Epps는 다음과 같이 이야기한다. "퀴어 이론은 움직임에 커다란 의미를 두는 경향이 있다. 특히 규칙과 규제, 규범과 관습, 경계와 한계에 대항하거나 이를 뛰어넘거나 여기에서 벗어나는 움직임을 강조한다. ……그러나 이는 유동성을 물신으로 만든다"(Epps 2001: 413). 움직임을 이상화하는 것 혹은 움직임을 물신으로 만드는 것은 이미 **퀴어와는 다르게 자유롭지 않다**고 여겨진 타자를 배제하는 일에 기댄다. 더 쉽게 움직일 수 있는 몸은 더 수월하게 '퀴어' 기호를 형성하고 '퀴어' 기호에 의해서 형성될 수 있다. 이에 비디 마틴Biddy Martin은 "퀴어함을 이동하고 유동하는 것으로 정의하는 일, 정체되고 갇혀 있는 것과 반대되는 것으로 정의하는 일"을 멈춰야 한다고 주장한다(Martin 1996: 46). 움직임을 이상화하는 것은 무엇이 퀴어한 삶인지 설명하는 기존 모델에 의존한다. 결국 퀴어하다고 해석되지 않는 애착을 느끼는 이들을, 규범에 맞서는 일을 영원한 지향으로 고수하는 '위험'을 무릅쓸 만큼 (경제적, 문화적) 자본을 축적하지 않은 이들을 배제할 수도 있다.

퀴어한 삶은 이성애 규범을 재생산하는 데 핵심이 되는, [규범에 대한] 애착을 중단하지 않는다. 규범에 대한 애착은 '퀴어함'을 약화하기보다 퀴어함이 할 수 있는 일을 강화한다. 퀴어한 삶이 재생산하는 데 실패한 것은 여전히 퀴어한 삶을 형성한다. 이를 뒤집어서 말하면 퀴어한 삶은 재생산되는 것을 형성한다. 퀴어한 삶이 규범을 살아내기는 하지만 이를 재생산하지는 못한다는 점은 퀴어한 삶이 다른 효과를 생산하도록 한다. 예컨대 레즈비언 엄마들은 이성애 이상을 살아내지는 못하지만not being able to,

이들이 아이를 돌보는 일은 (학교, 다른 엄마들, 지역 공동체와 협상하는 과정에서) 이성애 문화와 가까운 관계를 맺어야 하는 일'having' to을 수반한다. 각본과 몸 사이에 있는 간극, 특히 가족에 대한 사회적 각본과 가족의 신체적 형태 사이에 있는 간극은 불편함을 일으킨다. 이로 인해 각본을 '다시 쓰는' 작업이 이루어지기도 한다. 다만 각본을 다시 쓰는 작업은 다른 사회적 요소(무엇보다 계급)의 영향을 받으며, 의식적인 정치적 행동을 반드시 수반하는 것도 아니라는 점에서 필연적으로 발생하는 것은 아니다.

앞서 편안함에 대해 논의한 내용을 다시 살펴보자. 편안함은 자신의 모습이 이미 반영된 공간에 '푹 잠길' 수 있는 몸이 경험하는 느낌이라고 할 수 있다. 불편함은 단순히 선택이나 결정의 문제("나는 어떤 것에 불편함을 느낀다")가 아니라 자신의 모습을 반영하거나 '확장하지' 않는 공간에서 살아가는 몸이 경험하는 느낌이다. 퀴어 주체가 이성애 규범이 지배하는 공간에 가까이 있을수록 각본을 다시 쓸 수 있는 **잠재력**은 커진다.[9] 그 이유 중 하나는 이성애 규범이 지배하는 공간에 가까이 있는 일이 그 공간이 특정한 몸을 확장한다는 점을 '보여주기' 때문이다. 특정한 몸이 확장된다는 점은 규범적인 공간이 선사하는 공적인 편안함으로 인해 대체로 감춰진다. 만약 몸이 공간에 '푹 잠기는' 데 실패하면, 다시 말해서 공간을 '퀴어하게 만든다'라고 할 수 있는 실패가 발생하면 무슨 일이 벌어질까?[10] '퀴어하게 만드는 일'이 지닌 잠재력이 강제적 이성애의 각본을 바꾸는 일은 언제 나타날까?

잠재력이 각본의 변화로 이어지는 과정을 살펴보면 정치적 정언명령을 만들지 않는 일이 중요하다는 사실을 발견하게 된다.

예컨대 '모든 레즈비언 엄마들은 강제적 이성애의 각본을 교란하는 일에 열심히 나서야 한다'는 정치적 정언명령을 생각해보자. 재키 갭Jacqui Gabb이 설명하듯이 어떤 레즈비언 엄마들은 자신의 가족이 "다른 가족과 똑같다"고 여긴다(Gabb 2002: 6; Lewin 1993 참조). 이는 이들이 동화됐고 정치적으로 실패했음을 뜻하는 기호일까? 물론 이 사례를 그런 방식으로 해석할 수도 있다. 그러나 퀴어 주체들이 사회적 질서 안에서 매우 다른 장소를 차지하고 있음을 고려할 때, 이 사례는 정치적 투쟁과 일상적인 삶의 외연 사이의 직접적인 번역이 어렵다는 점을 알려준다. 적극적이고 분명한 방식으로 규범을 '위반하는' 일을 지속하는 것은 시간이 걸릴 뿐만 아니라 몇몇 개인과 집단에게는 정신적, 사회적, 물질적으로 불가능할 수도 있다. 이들은 일상을 살아내기 위해서 끊임없이 노력하고 있으며, 이들을 둘러싼 복합적인 역사는 계속 영향력을 행사하고 있다. 예를 들어 어떤 노동계급 레즈비언 엄마들은 지역사회 내의 친족 연결망 밖에서 살아가는 일을 감당하지 못할 수도 있다. '여느 가족과 다르지 않다'고 인정받는 일은 단순히 전략적인 문제가 아니라 생존을 위해 필요한 일이기도 하다. 한편 또 다른 노동계급 레즈비언 엄마들은 '다른 가족처럼' 되는 것을 원하지 않을 수도 있다. 누군가가 필수적이라고 생각한 것이 다른 이들에게는 불가능할 수도 있다. 동화와 위반은 개인이 고르는 선택지가 아니라 주체가 사회적 규범과 이상을 살아내거나 그러지 못함에 따라 나타나는 결과다.[11] 퀴어 가족이 '여느 가족과 다르지 않다'고 인정받기를 원하더라도 이들이 이상적인 각본과 다르다는 점은 다양한 시간과 장소에서 활발한 협상을 요구하는 방해 요소('푹 잠기지 못하는' 순간)를 만들어낸다.

가족을 퀴어한 것으로 살펴본다는 것은 이성 결합, 출산, 생물학적 결속에 기초한 단일하고 이상적인 가족 이미지를 깨뜨린다는 뜻이다. 우리는 퀴어 가족을 이상의 확장으로(결과적으로 이상을 뒷받침하는 동화의 한 형태로) 생각하기보다 퀴어 가족이 이상의 실패를 드러내기도 한다는 점에 주목할 필요가 있다. 캐서린 도노번Catherine Donovan, 브라이언 히피Brian Heaphy, 제프리 윅스Jeffrey Weeks가 이야기하듯이 우리는 가족을 사회적 실천으로 이해해볼 수 있다. 가족을 명사가 아니라 "형용사로, 어떤 면에서 동사로" 이해하는 것이다(Donovan, Heaphy, and Weeks 2001: 37). 이때 가족은 **무언가를 하는 말이자 무언가를 하는 것을 가리키는 말**이 된다. 사람들이 친밀한 관계에서 하는 것이 가족이라고 생각한다면, 퀴어 가족을 이성애 이상을 대신하는 대안으로 삼는 일, 예컨대 퀴어 가족은 당연히 더 평등할 것이라고 전제하는 일에 빠지지 않을 수 있다(Carrington 1999: 13). 퀴어한 삶은 권력, 책임, 노동, 불평등과 무관하지 않으며, 더 중요하게는 글로벌 자본주의의 사회적 관계를 초월하지 않고 초월할 수 없다(Carrington 1999: 218). 퀴어 가족이 하는 일과 퀴어 가족에서 일어나는 일을 살펴보는 작업은 우리가 특정한 가족 형태를 이상화하지 않도록 한다.

이와 같은 주장은 퀴어 가족과 비퀴어 가족 모두 이상을 살아내는 데 실패했다는 측면에서 퀴어 가족이 여느 가족과 다르지 않다고 이야기하는 것처럼 보인다. 물론 이러한 주장은 퀴어 가족과 비퀴어 가족, 그리고 서로 다른 퀴어 가족 사이에 있는 차이를 지워버릴 수 있다. 가족이 그 자체로 불가능한 환상인 이상'은 be' 아닐지도 모르지만, 가족은 이상에 가까워지는 일과 저마다 다른 관계를 맺는다have. 어떤 가족에게는 이상이 (이성애, 백인, 중산층 등) 자신의 모습을 반영한다. 이들이 이상을 살아내는 데 '실패한' 일이 반드시 다른 이들에게 드러나는 것은 아니다. 이 실패의 비/가시성은 일상적인 생활의 외연에 영향을 미친다. 퀴어 가족이 이성애 규범과 동성애 혐오로 인한 결과와, 그리고 이를 둘러싼 정동과 함께 살아가는 법을 배운다는 점은 퀴어 가족과 비퀴어 가족을 구별하는 핵심적인 차이라고 할 수 있다. 이성애 규범이나 동성애 혐오와 같은 차별은 고통, 불안, 공포, 우울, 수치심과 같은 부정적인 효과를 일으키며, 이는 신체적, 사회적 이동성을 제한하기도 한다. 그러나 이상을 체현하는 데 실패함에 따라 발생하는 결과가 단지 부정적이기만 한 것은 아니다. 캐스 웨스턴Kath Weston이 주장하듯이 퀴어 가족은 생물학적 결속이나 정해진 젠더관계에 기초하지 않은 친밀성을 만들어가면서 설렘을 느끼기도 한다. "많은 동성애자는 이들이 선택한 가족을 동성애자 커뮤니티 외부에서 만들어진 가족관계의 모조품이나 파생물로 생각하지 않는다. 이들은 이들이 '모델'이라고 말하는 것이 **부재한** 상황에서 친족관계를 구성해가는 어려움과 설렘을 이야기했다"(Weston 1991: 116; Weston 1995: 93 참조). 적절한 모델이 부재하다는 것은 모델이 없다는 뜻이 아니다. 실제로 퀴어 가족은 이들이 핵가족 모델에 '맞지 않기' 때문에 가족이 할 수 있는 것이 무엇인지 사회가 규정한 것을 바꿀 수 있다. '맞지 않는 것' 혹은 불편함은 새로운 가능성을 연다. 이는 쉽지 않지만 설레는 일이기도 하다.

　퀴어 커뮤니티에서 '퀴어 가족'이 이상으로 여겨질 위험은 여전히 남아 있다. 퀴어 커뮤니티에서 퀴어 가족이 이상화된다면, 짧은 순간 지속되는 퀴어한 마주침이나 일상적인 형태의 우정과 협력이 가족에 이르지 못한 실패나 가족보다 덜 중요한 애착으로 치부될 수도 있다. 차이를 실패로 만들지 않는 가능성을 이어나가기 위해서 퀴어 정치는 퀴어함을 실천하는 다양한 방식을 아우를 수 있어야 한다. 퀴어 주체는 이들의 삶에서 중요하다고 생각하는 것에 정말로 다양한 이름을 붙인다. 이들은 다양한 장소에서, 때로는 이성애 규범적인 사회에서 적법하지 않다고 규정된 곳에서도 중요성을 발견해낸다. 어떤 퀴어에게는 '가족'이라는 말이 더 중요한 유대와 덜 중요한 유대를 구별하는 기준일 수도 있지만, 이때의 중요성이 이미 앞서 주어진 형태를 따르는 것은 아니다. 한편 어떤 퀴어에게는 '가족'이라는 말이 지나치게 정동으로 물들어 있어서 이러한 방식으로 활용되기 어려울 수도 있다. 이브 코소프스키 세지윅은 "결혼이나 출산을 경유하지 않는 유대, 동성 간의 유대, 일대일 관계가 아닌 유대, 성기 접촉에 얽매이지 않는 유대, '복합 가족step'의 유대, 성인 형제자매 사이의 유대, 생물학적이지 않은 세대 간 유대 등 다양한 관계의 깊이와 때로는 견고함을 정직하게 살필 만큼 유연한" 가족의 비전을 제시했다(Sedgwick 1994: 71). 그러나 나는 단순히 '가족'이라는 말이 유연해지는 데 희망을 둘 수 없다고 생각한다. 유연성은 물신이 되어서는 안 되며, 우리가 모두 투자해야 하는 대상의 자리에 놓여서도 안 된다. 가족이 유일한 희망의 대상이 아닐 때에야 비로소 퀴어 주체에게 '가족'이 희망으로 존재할 수 있다(희망에 대한 분석은 8장 참조). 다시 말해서 퀴어 유대가 어떠한 형태를 취해야 하는지에 관한 규정을 만들지 않을 때, 적법한 유대와 그렇지 않은 유대 사이의 존재론적 차이를 가정하지 않을 때, 퀴어 유대는 다른 퀴어에게 유대에 화답할 것을 요구하지 않는 유대로, 모두가 투자에 나서야 한다고 요구하지 않는 유대로 불릴 수 있을 것이다.

결국 이성 결합이라는 형태를 확장하는 공간에서 퀴어 몸이 편안함을 느끼지 못하도록 '막는' 것은 퀴어 사이의 유대다. 우리는 퀴어 몸이 규범적인 공간에 '맞지 않아서' 발생하는 효과를 일종의 퀴어 불편함이라고 이야기할 수 있다. 이 불편함은 단순히 제한을 가하거나 부정적인 영향을 미치는 것이 아니라 새로운 것을 생성해낸다. 불편함을 느낀다는 것은 몸과 삶을 형성하는 과정에 끈질기게 작용하는 규범의 영향을 받는다는 뜻이다. 그러므로 불편함은 동화나 저항의 문제가 아니라 **규범을 다르게 살아내는 일에 관한 문제**다. 규범을 다르게 살아내는 일이 규범을 수호하지 못한 실패로 끝나는 것이 아니라 규범을 '따르지' 않는 삶의 가능성으로 이어질 때, 이는 새로운 것을 생성하고 만들어내는 일이 될 수 있다. 퀴어는 (이성애) 규범을 초월한다는 의미도 (이성애) 규범에서 자유롭다는 의미도 아니다. 퀴어 느낌은 퀴어 느낌이 재생산하는 데 실패한 각본이 반복되는 일로부터 '영향'을 받으며, 이 '정동'은 퀴어가 무엇을 할 수 있는지, 퀴어가 (이성애) 규범에 **개입하는** 것을 통해서 어떤 일을 해낼 수 있는지 알려준다. 비규범적인 것이 되지 못한 실패는 퀴어가 퀴어한 존재가 되지 못한 일이 아니라 퀴어에게 가능성의 조건이 되는 애착을 시사한다. 퀴어 느낌은 삶과 사랑에 대한 기존의 각본과 불화하는 불편한 감각과 이 불편함이 우리를 어디로 이끌지 모른다는 불확실함 가운데 생기는 설렘을 함께 끌어안는다.

퀴어 슬픔

퀴어관계를 법적으로 인정해야 하는지에 관한 논쟁은 상실의 시대에 중대한 의미를 지닌다. 상실을 겪은 동성애자가 가족에게, 병원에서, 법정에서 애도하는 존재로 인정받지 못하는 경우처럼 퀴어 역사는 속절없이 부정의를 마주해야 했던 이들의 이야기를 들려준다. 이 절에서 나는 상실로 인한 슬픔이 퀴어 정치에서 하는 역할을 살펴봄으로써 퀴어 삶을 인정하는 일이 어떻게 동화주의를 멀리하는 방식으로 작동할 수 있는지 밝히려고 한다. 슬픔이 규범적인 주체의 이성애를 뒷받침하고 더 나아가 형성하는 과정에 대한 설득력 있는 논의는 이미 제시된 바 있다. 주디스 버틀러에 따르면 퀴어 사랑의 가능성을 반드시 "포기해야" 하는 이성애자 주체는 자신이 겪은 상실을 슬퍼할 수 없다(Butler 1997b: 135). 상실로 인한 슬픔이 이성애자 주체에게 애초부터 배제되며 영원히 금지됨에 따라 동성애는 '슬퍼할 수 없는 상실'이 된다. 이 상실은 이성애자 주체가 자신에게서 영원히 쫓겨난 것과 멜랑콜리아적인 동일시를 함으로써 주체에게 다시 출몰한다. 버틀러는 이 슬퍼할 수 없는 상실이 추방된다고 설명한다. 그러나 잃어버린 자신의 퀴어함에 대해 슬퍼할 능력을 포기해버린 이성애 사회는 퀴어 삶의 상실을 슬퍼할 수 없다. 퀴어 삶이 상실할 수 있는 삶이라는 점을 받아들이지 못하기 때문이다.

한마디로 이야기하자면 퀴어 삶을 애도하기 위해서는 퀴어 삶을 삶으로 인정해야 한다. 어떤 면에서 퀴어 삶이 '슬퍼할 수 없는 상실'로 존재하는 것이 아니라 퀴어 상실이 상실이라는 점이 애초부터 '받아들여지지' 못하는 것에 가깝다. 퀴어 삶이 '잃어버릴 수 있는' 삶으로 인정되지 않기 때문이다. 자신이 무언가를 잃어버렸다는 것을 인식하기 위해서는 상실한 것을 갖고 있었다는 것을 인식해야 한다. 물론 상실은 단지 사라져버린 무언가를 가지고 있었다는 것만을 의미하지 않는다. 상실의 의미는 '더 이상 소유하지 않는 상태'에서 괴로움과 박탈감으로 미끄러진다. 상실은 이전에 갖고 있던 것이 가치 있는 것이었음을 인정하는 일을 수반한다. 무언가를 상실했다는 것은 무언가를 사랑했다는 뜻이다. 이처럼 퀴어 상실이 상실**로서** 인정되지 않는 일은 퀴어관계가 중요한 유대라는 것, 퀴어 삶이 살 만한 가치가 있는 삶이라는 것, 퀴어가 이성애자가 '되지' 못한 실패한 이성애자가 아니라는 것이 인정되지 않는다는 점을 시사한다. 퀴어가 일종의 '삶이 아닌 것non-life'으로 규정된다고 할 때, 재생산을 하지 않는다고 간주된다는 의미에서 죽음을 가져오는 것으로 규정된다고 할 때, 퀴어는 어쩌면 이미 죽었거나 죽을 수조차 없다. 제프 누노카와Jeff Nunokawa가 이야기한 것처럼 이성애 규범적인 사회는 "처음부터" 퀴어 죽음 위에 세워진다(Nunokawa 1991: 319). 퀴어 상실은 **소유관계에 선행하기 때문에** 중요한 것으로 인정받지 못한다.

그 결과 퀴어 운동은 슬픔의 정치, 즉 어떠한 상실이 애도할 수 있는 것으로 여겨지는지에 관한 문제와 밀접한 관련을 맺어왔다. 상실로 인한 슬픔을 정치적 사안으로 만드는 일은 에이즈 운동에서, 애도가 투쟁으로 전환되는 현장에서 중요한 역할을 했다(Crimp 2002 참조). 앤 츠베트코비치는 다음과 같이 이야기한다. "죽음과 마주하는 트라우마 사건이 그러하듯이 에이즈 위기는 죽은 이들을 기억하는 기존 방법에 도전하면서 죽은 이들을 애도하고 추모하는 새로운 형식이 출현하도록 이끌었다"(Cvetkovich 2003a: 427). 에이즈 운동은 집단적인 애도와 관련된 여러 작업을 진행했고, 이를 통해 공적인 영역에서 퀴어 삶의 상실을 드러내고자 했다. 예를 들어 '이름 조각보 프로젝트Name Project Quilt'는 한 명의 죽음을 상징하는 하나의 조각을 다른 조각과 연결하면서 끝없이 이어지는 집단적인 상실을 나타냈다. 퀴어 상실을 드러냄으로써 퀴어 상실을 인정하지 않는 현실에 문제를 제기하는 일은 어떠한 정치적 효과를 일으키는 것일까?

이 질문에 답하기 위해서 나는 9·11 테러 이후 슬픔이 공적인 형태로 나타난 현상을 분석하려고 한다. 머리타 스터큰Marita Sturken이 주장한 것처럼 사건 이후 희생자를 추모하는 분위기가 빠르게 형성된 것은 죽은 이들의 빈자리를 살아 있는 이들의 존재로 채우려는 시도였다. 그러나 동시에 죽은 이들의 빈자리가 특정한 상실을 통해서만 재현되도록 만들었다. 한편으로는 사랑하는 사람과 헤어진 이들을 향한 애도의 물결이 일어나고, 이들이 겪은 상실이 집단적인 슬픔을 구성하는 요소로 나타나기도 했다. 슬픔에 잠긴 개개인의 모습이 《뉴욕타임스》에 실린 장면이나 사랑하는 사람의 죽음을 추모하는 저마다의 글과 사진이 도시 곳곳에 걸린 장면은 개인이 겪은 상실을 다른 이들에게 드러낸다는 점에서 일종의 증언으로 작동했다. 사망자 수로 표시되는 숫자를 누군가에게 갑작스러운 상실의 대상이 된 존재로 변화시키기 위해서 사람들은 각각의 삶에 숨결을 불어넣었다. 죽은 이들은 **사라진 존재missing일 뿐만 아니라 그리움의 대상missed**이었다. 그러나 다른 한편으로는 특정한 상실이 집단이 겪은 상실을 대표하게 됐다. 스터큰은 "죽은 이들의 위계hierarchy of the dead"가 만들어졌다고 지적한다. "9·11 테러를 보도한 언론은 죽은 이들의 위계를 만들어냈다. 소방관이나 경찰관과 같은 공무원의 사연이 회사원이나 경비원의 사연보다 중요하게 다루어졌고, 투자자처럼 경제적 자본이 있는 이들의 사연이 건물 관리인처럼 그렇지 않은 이들의 사연보다 중요하게 다루어졌다"(Sturken 2002: 383-4). 더 중요하게 다루어진 상실이 있었던 반면, 어떤 상실은 전혀 상실로 나타나지 않았다. 특정한 상실이 ('우리의 상실'로) 받아들여지면서 그 외의 다른 상실은 애초부터 상실로 여겨지지 않았다.[12]

퀴어 상실은 공적인 슬픔의 분위기에서 배제된 상실 가운데 하나였다. 데이비드 엥이 주장한 것처럼 9·11 테러 이후 형성된 슬픔에 관한 공적 각본은 이성애 규범을 가리키는 기호로 가득 차 있었다. "'아버지와 어머니' '아들과 딸' '형제와 자매'의 상실을 이야기하는 수사는 국민국가와 핵가족 사이, 혈연관계와 민족주의적 가정 중심성의 상징체계 사이에 부드러운 연결고리를 설정하는 것을 목표로 했다"(Eng 2002: 90). 이에 몇몇 퀴어 집단은 퀴어 상실에 이름을 붙이는 작업을 통해서, 퀴어 상실이 지워지는 상황에 개입했다. 일례로 전미동성애자저널리스트협회National Lesbian and Gay Journalists Association[13] 대표는 퀴어 상실에 두 가지 방식으로 이름을 붙였다. 하나는 9·11 테러로 희생된 퀴어 개개인의 이름을 말하는 것이었고, 또 다른 하나는 9·11 테러를 퀴어 커뮤니티의 상실로 묘사하는 것이었다. 협회의 반응에서 흥미로운 부분은 협회가 국가와 퀴어 커뮤니티를 지칭하는 방식에 있다. 협회는 '우리'라는 표현을 통해서 국가와 퀴어 커뮤니티를 아우르는 한편, 국가를 [성소수자를 비롯한] 모든 미국인이 속한 커뮤니티로 묘사한다. "가늠할 수조차 없는 상실을 경험하면서 우리나라가 안전하고 굳건하다는 믿음이 산산이 부서지고 말았습니다." 여기서 9·11 테러는 같은 장소에 있는 '우리'를 강타한 사건으로 표현된다. 다만 협회는 포괄적인 표현을 사용하면서도 성소수자 미국인의 차이를 언급한다. "평화로웠던 시기에도 많은 성소수자 미국인은 안전하지 못하다는 느낌을, 때로는 피해를 겪을지 모른다는 느낌을 크고 작게 받고는 했습니다. 성소수자가 경험했던 그 느낌은 훨씬 더 극심해졌고 이내 우리나라를 뒤덮고 있습니다." 피해를 겪을지 모르는 상태에서 경험하는 취약함은 먼저 퀴어 커뮤니티의 고유한 느낌으로 이야기된 다음, 국가를 뒤덮고 여러 차이를 감싸는 느낌으로 확장된다. 느낌이 확장되는 일은 테러의 위협에서 살아가는 시민이 갖는 느낌과 퀴어 느낌(안전하지 못함, 취약함) 사이의 유비 관계에 기댄다(3장 참조). 이와 같은 서사에는 국가가 테러로 인해서 사실상 퀴어하게 변했다는 뜻이 담겨있다. 공격받을지 모른다는 공포와 취약함을 느끼면서 이성애자가 퀴어와 '함께하게' 되는 것이다. 물론 퀴어하게 '되는' 과정에

감정의 문화정치

서 국가는 이미 퀴어하게 '존재하는' 이들과는 구별된 채로 남아 있다.

국가를 뜻하는 '우리'와 퀴어 커뮤니티를 뜻하는 '우리' 사이에 존재하는 긴장은 '증오'가 환기되는 방식에서도 표출된다. "다른 커뮤니티와 마찬가지로 우리 커뮤니티는 증오가 가져오는 파괴적인 결과가 무엇인지 너무나 잘 알고 있습니다." 이 문장은 복합적인 의미를 담고 있다. 한편으로 이 문장은 증오의 대상이 되는 경험, 국가적 상상에 문제를 일으키는 경험에 주목하도록 한다. 여기에는 '사랑을 하는' 관용적인 다문화주의 주체와 '증오를 하는' 근본주의자 및 인종주의자 사이의 구분이 전제되어 있다(6장 참조). 국가가 퀴어 커뮤니티를 '증오한다'는 점을 드러내는 일은 국가가 스스로에게 가진 이상적 이미지를 훼손한다('미국은 타자로부터 증오받을 뿐만 아니라 타자{퀴어}를 증오한다'). 하지만 동시에 이러한 서사는 '우리'를 향한 '그들의 증오'로 인해서 비극적인 사건이 발생했다는 지배적인 서사를 반복한다('그들은 왜 우리를 증오하는가?'). 퀴어 커뮤니티를 증오받는 커뮤니티로, 국가 내부의 차이를 드러내는 커뮤니티로 구성하는 일은 국가를 타자로부터 증오받는 '존재'로 구성하는 일로 미끄러진다. '우리는 함께 증오를 받는다. 증오를 받는 우리는 하나다'라는 서사를 통해 국가는 결속된 주체로 재설정된다.

이와 같은 퀴어 반응에서 "우리 커뮤니티의 구성원"의 상실은 '모든 삶'의 상실 가운데 하나가 됐다. 결국 퀴어 애도는 '모든 삶'의 상실에 관한 것이 됐다. 숨진 이들의 이름이 하나씩 불렸고, 이들의 죽음은 퀴어 상실로 명명됐다. "사망한 이들 중에는 국방

부 건물에 충돌한 아메리칸항공 비행기의 부조종사, 뉴햄프셔주 출신 간호사, 세 살이 된 아들과 여행 중이던 연인도 있었습니다." 이들의 죽음을 묘사하는 언어는 이들이 보인 영웅적인 모습과 용감한 행동을 강조했다. "뉴욕 소방국 담당 사제 마이클 저지Mychal Judge 신부는 순직한 소방관을 위해 성사를 집전하던 중 선종했습니다. 샌프란시스코에서 홍보 전문가로 일하던 마크 빙엄Mark Bingham은 비행기 납치범을 막아서는 일에 힘을 모았습니다."* 퀴어 용기와 퀴어 상실을 인정하라는 요구는 별다른 이름 없이 상실로만 표기된 존재에게 '표시를 남기도록' 한다. 다시 말해서 어떤 상실을 퀴어 상실**로** 밝히는 작업이 필요하다는 것은 대부분의 상실이 처음부터 이성애자의 상실로 이야기된다는 점을 보여준다. 어떤 상실을 퀴어 상실**로** 명명하는 일은, 언론에서 중요하게 다루어졌지만 별도로 표시가 되지는 않은 상실에 표시를 남기는 일로 이어진다. 다만 퀴어 상실을 '표시하는 일'은 퀴어 상실을 다른 상실 **옆에 있는** 상실로 만들 위험을 안고 있다. 개인의 용기와 담대함을 기리는 휴머니즘의 언어에 기대는 일은 퀴어 상실을 **여느 상실과 다르지 않은 것으로** 만든다. 결과적으로 퀴어 상실은 국가의 상실에 통합되며, 이에 '우리'는 언제나 '우리 또한'이 된다. '우리 또한'이라고 이야기하는 것은 과거에 발생한 배제에 대

---

* 마이클 저지 사제의 선종 이후, 그가 동성애자였다는 주변 사람들의 증언이 뒤따랐다. 그는 성소수자 친화적인 가톨릭 단체 디그니티Dignity의 회원으로 활동하기도 했다. 마크 빙엄은 커밍아웃한 동성애자로 다른 승객들과 함께 테러리스트에 맞서 싸웠다. 납치된 비행기는 승객의 저항으로 인해 원래 테러 목표였던 워싱턴 D.C.에 이르지 못하고 펜실베이니아주 벌판에 추락했다.

한 인정('또한'이라는 표현은 '우리'라는 범주가 보완될 필요가 있다는 점을 알려준다)과 포함에 대한 요구('상실을 겪었다는 점에서 우리는 당신과 같다')를 시사한다. 이에 상실로 인한 퀴어 슬픔은 "죽은 이들의 위계"(Sturken 2002: 384)에 도전하지만, 동시에 차이를 덮어버리는 방식으로 작동하기도 한다. 상실로 인한 슬픔을 나타내는 일이 국가를 '뒤덮기' 때문이다. 어떤 면에서 퀴어 삶을 퀴어 삶**으로** 애도하는 일은 국가의 슬픔을 뒷받침하는 일로 이어지며, 이는 다른 상실(예컨대 아프가니스탄, 이라크, 팔레스타인에서 발생한 죽음)이 감춰지는 일을 지속시킨다.

9·11 테러에 대한 전미동성애자저널리스트협회의 반응은 특정한 상실을 가시화함으로써 국가를 수호하는 방식에 도전했지만, 퀴어 상실에 이름을 붙이는 작업이 암묵적으로 비판했던 서사를 실제로는 옹호하도록 만들었다. 물론 퀴어 슬픔을 인정하라는 요구를 멈추는 일이 우리의 선택이 될 수는 없다. 우리는 상실을 인정받지 못할 때 발생하는 심리적, 사회적 대가를 이미 치러왔다. 퀴어 정치는 상실을 애도하는 다른 방식을 찾아내고 타자의 슬픔에 응답해야 하는 도전을 마주하고 있다. 이 지점에서 나는 슬픔의 복합성을 상실을 받아들이는 심리적이고 사회적인 과정으로 새롭게 조명하려고 한다. 이러한 작업을 통해서 퀴어 슬픔의 윤리와 정치를 다른 관점에서 살펴볼 것이다.

여기서는 애도와 멜랑콜리아를 구별한 프로이트의 논의가 도움이 될 수 있다. 프로이트에게 애도는 잃어버린 대상을 "떠나보낸다"는 점에서 상실을 마주하는 건강한 반응이다. 이때 애도하는 대상은 사랑하는 사람일 수도 있고, 그를 대신한 추상적인 것일 수도 있다(Freud 1934b: 153). 이에 반해 멜랑콜리아는 자아가 대상을 떠나보내기를 거부하고 대상을 "자아 안에" 간직한다는 점에서 병리적인 반응이다(Freud 1934b: 153). 애도하는 주체는 "세계가 처량하고 공허하게 변하지만", 멜랑콜리아를 겪는 주체는 "자아 자체가 처량하고 공허하게 변한다"(Freud 1934b: 155). 멜랑콜리아는 동화를 수반한다. 대상이 주체 안에 남겨져 있을 때, 대상은 세상을 떠난 유령 같은 것으로 지속된다. 프로이트의 논의에는 잃어버린 대상을 '떠나보내는' 일(즉 이미 '떠난' 것을 '떠나보내는' 일)이 유익하고 건강하다는 전제가 자리 잡고 있다. 잃어버린 대상을 떠나보내는 일이 죽은 이의 타자성을 마주하는 '건강하고' 윤리적인 반응으로 여겨지는 것이다.

그러나 '떠나보내는 일'이 '더 나은 것'이라는 프로이트의 해석은 비판을 받아왔다. 필리스 실버먼Phyllis R. Silverman과 데니스 클래스Dennis Klass는 《지속되는 유대Continuing Bonds》에서 "우리가 상실을 슬퍼하는 이유가 삶을 이어나가는 이들이 새로운 애착을 자유롭게 형성할 수 있도록 죽은 이들과의 유대를 끊어내는 데 있다는 주장을 다시 살핀다"(Silverman and Klass 1996: 3). 이들은 상실을 슬퍼하는 이유를 떠나보내는 일이 아니라 "시간이 흐름에 따라 상실의 의미를 계속해서 부여하는 일"에서 찾는다(Silverman and Klass 1996: 19). 다시 말해서 멜랑콜리아가 병리적인 반응으로 여겨져서는 안 된다는 것이다. 헤어진 타자와의 애착을 계속 유지하고 싶은 욕망은 새로운 형태의 애착을 차단하는 것이 아니라 형성하도록 만든다. 실제로 몇몇 연구자는 떠나보내기를 거부하는 일이 상실을 마주하는 윤리적인 반응이라고 설명한다.

데이비드 엥과 데이비드 캐전지언David Kazanjian은 애도와 멜랑콜리아를 구별한 프로이트의 논의를 받아들이면서도 멜랑콜리아가 상실을 마주하는 더 나은 반응이라고 주장한다. 애도는 주체가 대상에게서 조금씩 멀어지도록 만든다는 점에서 타자의 자취를 잊어버리고 타자의 존재를 부정하는 일로 이어지지만, 멜랑콜리아는 "잃어버린 대상에게 계속해서 전념함"으로써 타자가, 그리고 타자와 함께 과거가 현재에도 살아 있도록 만든다(Eng and Kazanjian 2003: 3). 이러한 접근에 따르면 과거가 살아 있도록 만드는 일은 윤리적인 것이 된다. 과거가 잃어버린 것일 때도 마찬가지다. 그렇게 대상은 역사에서 단절되지도, 소수만 알 수 있게 감춰지지도 않으며, 현재 시점에서 새로운 의미와 가능성을 획득한다. 어쩌면 떠나보내는 일이야말로 상실을 다시 일으키는 일이 될 수 있다(Eng and Han 2003: 365 참조).

데이비드 엥과 한신희Shinhee Han는 죽은 이들이 살아 있도록 만드는 일이 윤리적 의무라는 점을 지적한다. 상실을 마주하는 반응에 관한 문제는 죽음과 더불어 살아간다는 것이 어떠한 의미인지 우리가 다시 생각하도록 한다. 프로이트가 멜랑콜리아를 비판하는 주된 이유는 주체가 상실한 외부의 대상이 주체와 다른 것임에도 자아의 일부가 됨으로써 자아 내부에 간직된다는 것이다. 주디스 버틀러가 이야기한 것처럼 대상은 버려지지 않고 외부에서 내부로 옮겨진다(Butler 1997b: 134). 그러나 슬픔은 단순히 '밖'에 있는 것이 '받아들여지는' 경로를 따르지 않는다. 어떠한 대상을 상실했다는 것은 **대상이 틀림없이 주체 안에 이미 존재했다**는 뜻이다. 물론 앞서 이야기했듯이 동화는 상실로 인한 슬픔뿐만 아니라 대상을 향한 사랑에서도 중요한 문제지만, 대상이 자아의 '내부에 있다는 것'을 대상이 자아에 동화된 과거의 역사로만(즉 대상을 '받아들이는 것'을 '닮는 것'으로만) 이해하는 방식은 지나치게 협소한 해석이다. 우리는 대상이 '내부에 있다는 것'을 대상과 친밀한 관계를 맺으며 '함께한' 결과로 이해할 수도 있다. 대상과 '함께함'에 따라 나타나는 효과에는 다른 이들로부터 영향을 받는 과정도 포함된다. 특히 페미니스트 연구자들이 주장해온 것처럼 우리는 다른 이들과 "구분된" 존재로 정의되기 전에 "다른 이들과 함께" 있다(Benjamin 1995). 다른 이들에 의해서 형성되는 우리 각자는 상대의 "흔적"을 지니고 있다. 이 흔적은 분명히 여러 사람에 대한 기억이라고 할 수 있다. 우리는 사유와 꿈의 끈적이는 환유 속에서, 다른 이들과의 대화나 사진과 같은 시각 자료를 통해 여러 사람에 대한 기억을 떠올림으로써 기억으로 되돌아간다. 다른 이들과 "함께하는 일"은 우리의 몸, 몸짓, 표현 방식을 형성해낸다. 우리는 서로에게 가까이 머물면서 서로의 모습을 익힌다(Diprose 2002 참조). 물론 다른 이들과 가까이 있다 보면 서로 얼마간 닮는 일이 일어나기도 한다. 하지만 정체성이 형성되는 혼종적인 여정은 서로가 완전히 똑같아진다는 뜻이 아니라 끊임없이 표면을 다시 만들어가는 역동적인 과정에 가깝다. 이를테면 당신의 '흔적'을 지닌 나의 일부는 '당신'의 '당신다움'으로 결코 환원될 수 없지만, 이는 나 '이상'의 것이기도 하다. 이처럼 주체의 탄생은 상대의 흔적에 의존한다. 여기서 상대의 '흔적'은 '상대'가 지닌 특성과 동일한 것이 아니다. 상대는 내 안에 존재하는 동시에 나와 구분되어 존재한다. 상대를 받아들이는 일이 반드시 '상대처럼 되는 것'이나 '상대를 나처럼 만드는 것'을 의미하지는 않는다. 상대뿐만 아니라 또 다른 이들 역시 내게 흔적을 남기면서 나의 표면을 다양한 방식으로 형성해내기 때문이다.

따라서 누군가를 상실했다고 해서 상대의 흔적을 잃어버리는 것은 아니며, 상대의 흔적이 모두 의식적인 형태를 띠는 것도 아니다. 상대에 대한 애착을 간직하는 일은 외부의 타자를 내부로 받아들이는 일이 아니라 **상대의 흔적이 살아 있도록 만드는 일**이다. 상대의 흔적이 자기 자신이면서 동시에 그 이상인 자아의 한 부분으로, 다른 이들에게 진 빚을 의미하는 기호로 살아 있게 만드는 것이다. 우리는 상대를 외부인으로 규정하고 떠나보낼 수도 있지만, 잃어버린 존재의 흔적이 살아 있도록 함으로써 상대에 대한 애착을 유지할 수도 있다. 이는 '흔적'이 상대를 대신한다는 의미도, '흔적'이 진짜가 아니며 치명적인 효과를 일으킨다는 의미도, '흔적'이 한결같이 남아 있어야 한다는 의미도 아니다. 잃어버린 존재가 살아서 새로운 흔적을 만들 수는 없겠지만, 내가 움직임에 따라 흔적도 움직인다. 몰랐던 이야기를 들으면서 새로운 생각이 일기도 하며, 시간이 지나면서 문득 어떤 이미지가 떠오르기도 한다. 이때 떠오르는 이미지는 상대의 이미지이자 상대에 대한 나의 이미지라고 할 수 있다. 상실로 인해 슬퍼한다는 것은 상대의 죽음 한가운데서 상대의 흔적이 살아 있도록 만드는 일이다.

퀴어 주체에게 주어진 윤리적이고 정치적인 문제는 상실을 슬퍼할 것인지 **여부**가 아니라 슬퍼하는 **방식**에 관한 것이다. 9·11 테러 이후 몇몇 퀴어 주체가 상실로 인한 슬픔을 공적인 형태로 표현한 일은 퀴어 상실을 다른 상실 옆에 있는 대상으로 위치시켰고, 이에 따라 국가는 슬픔의 진정한 주체가 됐다. 그러나 퀴어 주체는 국가가 죽은 이들의 흔적을 전유하거나 받아들이는 대상으로 만들지 못하도록 막으면서 이들의 흔적을 공유하기도 했다. 크림프를 비롯한 이론가들은 이름 조각보 프로젝트가 주류 대중을 위해 죽음을 위생 처리했다는 의구심을 드러내기도 했지만(Crimp 2002: 196), 몇몇 이들은 이름 조각보 프로젝트가 바로 이와 같은 작업이라고 생각했다. 켄 플러머Ken Plummer가 주장하듯이 이름 조각보 프로젝트가 중요한 의미를 지니는 이유는 이 프로젝트가 국가를 언급하는 방식, 즉 국가를 퀴어 상실로 인한 슬픔을 자신의 것으로 삼는 상상된 주체로서 다룬 방식이 아니라 다른 이들과 함께 상실을 주제로 작업을 진행한 과정에 있다. 플러머는 다음과 같이 이야기한다. "[상실에 관한] 이야기는 개인이 다른 이들이나 커뮤니티와 맺는 관계를 결속하기도 하고 어지럽히기도 하면서 상호작용의 흐름이 형성되도록 한다"(Plummer 1995: 174). 어쩌면 슬픔의 퀴어한 형태는 우리 곁을 떠난 이들의 흔적을 다른 사람들과 함께 나눔으로써 그 흔적을 지속시키는 것인지도 모른다. 흔적을 나누는 일은 상실이 '우리의 상실'이 되거나 대상으로 바뀌지 않을 때 비로소 가능해진다. 상실이 '우리의 것'이 될 때, 상실은 다른 이들에게서 멀어진다. '나의' 상실이나 '당신의' 상실을 '우리의 상실'로 부르지 않는다는 것은 상실을 사적으로 소유한다는 뜻이 아니라 공적인 청중이 탄생한다는 뜻이다. 우리 곁을 떠난 이들의 흔적을 함께 나누는 일은 소유권을 공유하고 있다는 믿음에 기초하지 않는다. 슬픔에 관한 퀴어 정치는 국가가 인정하지 않는 상실을 겪은 이들을 위해 슬퍼하는 일도, '국가'가 이들을 위해 슬퍼해야 한다고 요구하는 일도 아니라 상실을 겪은 이들이 슬퍼할 수 있는 공간과 시간을 가질 수 있도록 하는 일이다. 퀴어 정치에서도 인정은 중요한 문제지만, 이때의 인정은 타자가 느끼는 슬픔이 아니라 슬퍼하는 사람인 타자에 관한 것이다. 퀴어 정치는 타자가 상실을 슬퍼하는 사람이라는 것을, 슬픔의 대상이 아니라 주체라는 것을, 슬퍼하는 가운데 홀로 남겨지지 않는다는 것을 인정하는 일이 중요하다는 점을 인식한다. 슬픔은 타자에 대한 것이자 타자를 향한 것이기 때문이다.[14]

(퀴어 슬픔은 물론이고) 퀴어 상실조차 인정받지 못하는 사회에서 퀴어 슬픔을 다른 이들과 함께 나눌 방법을 찾는 일은 중요하다. 아버지의 죽음에 관한 자전적이고 감동적인 문화기술지를 쓴 낸시 네이플스Nancy A. Naples는 장례 절차 가운데 원가족에게서 느낀 소외감으로 인해 서로를 보듬어주는 퀴어 가족의 지지가 더 소중하게 느껴졌다고 이야기한다(Naples 2001: 31). 타자를 위해서 슬퍼하는 것이 아니라 타자가 슬퍼할 수 있는 공간과 시간을 가지도록 함으로써 타자를 슬퍼하는 존재로 지지하는 일은, 이들을 지지하고 이들의 슬픔을 정당한 것으로 인정하는 일상의 연결망이 부재한 상황에서 더욱 중요해진다. 슬픔의 계속되는 작용은 떠난 이들에 대한 기억이 살아 있도록 하고, 슬퍼하는 이들을 보듬으며, 타자의 흔적이 퀴어 커뮤니티의 표면을 어루만지도록 돕는다. 상실이 그저 대상으로 전환되지 않는다는 것을 인정할 때, 상실이 타자와 함께하는 일이며 타자를 위한 일이라는 것을 인정할 때, 비로소 퀴어 커뮤니티는 하나가 되는 일에, 국가의 구성원

으로서 국가에 대한 사랑을 드러내는 '우리'와 일치되는 일에 저항할 수 있다. 이곳에서 당신의 상실은 '우리의 상실'로 바뀌지 않을 것이다. 다만 내가 당신을 향하도록, 당신이 내게 다시금 흔적을 남기도록 할 것이다.

퀴어 즐거움

물론 퀴어 느낌이 단순히 퀴어를 부정하는 공간과 관련된 것은 아니다. 존재를 부정당하는 경험이 타자를 보듬는 일로 이어지기도 하지만, 그렇다고 해서 퀴어 느낌이 부정적인 것만을 뜻하지는 않는다. 퀴어 정치는 기쁨과도 관련이 있다. '무엇이 아니라는 것non'은 몸을 살아내는 다른 방법이 있다는 희망과 가능성을 제시한다. 퀴어 친밀성이 주는 즐거움은 퀴어가 비체로, "살 만한 가치가 있는 것의 영역에서 쫓겨난" 이들로(Butler 1993: 9), 더 나아가 삶 자체를 재생산하는 데 실패함에 따라 피할 수 없게 된 "죽음"으로 규정되는 일에 어떻게 도전할 수 있을까? 이 질문은 위험을 안고 있다. 우리 퀴어들은 비체로 구성되기도 하지만, 동시에 욕망과 매혹의 원천이기 때문이다. 마이클 브론스키Michael Bronski는 "동성애와 동성애자 문화(그리고 이것이 함의하는 즐거움)에 대한 이성애자의 공포"와 "그와 같은 무게를 지니는, 자유와 즐거움에 대한 강한 부러움과 욕망" 사이에 긴장이 발생한다고 설명한다(Bronski 1998: 2). 슬라보예 지젝Slavoj Žižek에 따르면 "기뻐하는" 존재로 표상되는 "타자"에게 투자하는 일은 양가적인 속성을 지니며, 타자의 기쁨은 투자와 회수의 경제를 초과한다(Žižek 1991: 2). 인종차별과 동성애 혐오를 일삼는 이들은 자신이 누려야 하는 기쁨을 타자가 훔쳐갔다고 믿는다. 이들은 증오를 표출하고 공격성을 드러내면서 이들이 자신의 것으로 생각하는 타자의 기쁨을 빼앗아가려고 한다(2장과 6장 참조). 이를 고려하자면 퀴어 즐거움을 정치적 변혁이 일어나는 가능성의 현장으로 이야기하는 일은 (이성애) 규범적 주체의 자리를 고착시키는 방식으로 퀴어함이 구성되는 경향을 강화할 위험이 있다.

하지만 동일하게 타자는 기쁨이 없다는 이유로, 이들의 괴로움, 취약함, 고통이 진실하다는 이유로 부러움을 사기도 한다. 나는 괴로워하는 타자의 형상에 투자하는 일이 자선을 베푸는 존재가 되는 즐거움을 서구 주체에게 선사하는 과정을 탐색했다(1장 참조). 마찬가지로 레닌주의의 전위 정당론이나 하위주체 연구 집단의 작업에서도 프롤레타리아와 소작농의 고통과 투쟁에 대한 투자가 이루어지는 것처럼 보인다. 여기서 타자의 침묵은 상처로 해석되며, 타자에 대한 투자는 타자를 대변하는 기회를 가능하게 한다(Spivak 1998). 다시 말해서 타자는 무엇이 부재한지 파악하는 감각을 규범적 주체에게 제공함으로써 주체의 투자 대상이 된다. 이때 부재한 것은 괴로움이나 박탈(빈곤, 고통)의 형태로도, 과잉(즐거움, 기쁨)의 형태로도 나타날 수 있다. 타자는 (고통 **가운데** 있다는 의미에서 혹은 즐거움을 **가지고** 있다는 의미에서) 정동적인 속성을 띠게 되며, 이는 주체를 형성하는 수단이 된다. 나는 퀴어를 '퀴어하게' 만드는 것이 (이성애자 주체에게는 금지된) 우리의 즐거움이라고 주장하지는 않을 것이다. 나는 퀴어 즐거움의 신체적, 사회적 실천이 즐거움을 (우리가 가진 느낌이라는 의미에서) 소유물의 형태로 분배하는 경제에 어떻게 도전할 수 있는지 살펴보려고 한다.

주류 사회는 즐거움을 배제하거나 금기시하지 않는다. (즐거움을 표출해야 하는 공적인 행사나 장소도 있다. 이러한 곳에서 즐거움은 '괜찮은 사람'이 되는 문제와 연관된다). 글로벌 자본주의의 정언명령은 (감각을 자극하려는 목적으로 만들어진 상품 소비를 통해서) 더 많은 즐거움을 가져야 한다는 것이다. 물론 기쁨을 누려야 한다는 정언명령 외에도 즐거움이 우리를 산만하게 하고, 의무, 임무, 책임을 외면하게 만들 수 있다는 경고도 존재한다. 쾌락에 몰두하는 일은 결코 긍정적인 것으로 간주되지 않는다. 즐거움은 좋은 행동에 대한 인센티브나 보상일 때, 생산적인 존재가 되느라 분주한 몸을 달래는 '적절한 분출구'일 때만 정언명령이 된다('열심히 일하고 열심히 놀자'). 이 정언명령은 즐거움을 보상으로 가져야 한다는 뜻일 뿐만 아니라 올바른 형태의 즐거움을 가져야 한다는 뜻으로서, 이때 올바름을 판단하는 기준은 즐거움이 적절한 대상을 향해 있는지에 달려 있다. 즐거움은 특정한 대상을 향해 있을 때만 '좋은' 것이 된다. 즐거움의 경제에서 '지향'은 이성애와 밀접한 관련이 있다. 여성과 남성은 차이에 관한 남근적 기호가 [작용하는 영역] 안에서 서로의 몸을 탐색할 때만 (성적 차이를 즐기는 기쁨이라는 의미의) 즐거움의 과잉을 경험'해야 한다'. 현재 서구에서 성적 즐거움은 재생산의 과업 혹은 의무와 분리된 듯하지만, 어떤 면에서 성적 즐거움은 **재생산의 환상**과 여전히 연관되어 있다. 함께 재생산을 **할 수 있다**고 여겨지는 이와 섹스를 즐기는 것

감정의 문화정치

이다. 이에 '퀴어한 것'이 이성 결합의 이야기에서 잠시 지나가는 순간이 될 때는 퀴어 즐거움이 적법한 것이 되기도 한다('잠깐 즐 겨볼 만한 것이라는 의미의 퀴어'). 즐거움의 약속은 즐거움이 재생 산과 가치의 축적으로 전환될 가능성에 달려 있다.

우리는 퀴어 즐거움이 적법하지 않은 대상을 '향한다'는 점 에서 우리가 퀴어 즐거움에 투자한 것을 되돌려받을 수 없다고 생각하기도 한다. 그러나 반드시 그러한 것은 아니다. 로즈메리 헤네시Rosemary Hennessy가 이야기한 것처럼 '퀴어'는 상품이 될 수 있다. 즉 퀴어 즐거움은 글로벌 자본주의 체제 안에서 이윤을 창 출할 수 있다. 핑크 머니pink pound*는 가치를 축적한다(Hennessy 1995: 143). 헤네시는 동성애자 가시성이 높아지는 최근의 변 화에서 핵심이 되는 요소가 해방이 아니라 돈이라고 주장한 다. "감각적이고 정동적인 역량을 가족관계로부터 자유롭게 만 든 일은 동시에 욕망을 새로이 상품화된 것에 다시 얽매이게 했 다"(Hennessy 2000: 104). 가족과 관계없는 욕망을 가능하게 만든 일은 새로운 형태의 상품화를 이루어냈다. '규범적이지 않다non-normative'라는 표현에서 '아니다non'라는 말은 현존하는 교환 회로 의 외부를 가리키는 것이 아니며, 오히려 [가치를] 자본으로 전환 하는 상품의 이동을 강화하기도 한다(2장 참조). 퀴어 소비자는 끊 임없이 새로운 시장을 찾는 글로벌 자본주의에 새로운 시장을 제 공한다. 마르크스가 주장했듯이 잉여가치의 생산은 타인의 노동

---

* 성소수자와 관련된 상품 시장에서 움직이는 자본 혹은 성소수자 집단이 소 비자로서 발휘하는 영향력을 가리키는 표현이다.

을 착취하는 데서 비롯한다. 퀴어의 상품화 역시 착취의 역사와 무관하지 않다. 예컨대 여가를 즐기는 퀴어 라이프스타일을 뒷받침하는 여가 산업은 다른 산업과 마찬가지로 계급적, 인종적 위계에 기초한다. 타인의 노동을 착취함으로써 '즐거움'을 '이윤'으로 전환하는 글로벌 경제 내부에 퀴어가 있다는 점을 이해하는 일은 중요하다.

이와 같은 주장은 몇몇 퀴어 이론가들이 성적 즐거움을 그 자체로 거의 혁명적인 것으로 이상화하는 경향에 도전한다. 예를 들어 더글러스 크림프는 남성 동성애자의 적극적인 성적 탐색을 "성적 즐거움을 추구하는 방식을 알려주는 긍정적인 모델"로 해석하고(Crimp 2002: 65), 마이클 워너는 성적 자율성을 "즐거움에 다가가는 일"로 정의한다(Warner 1999: 7). 마이클 브론스키 역시 동성애에 대한 공포가 발생하는 원인이자 그러한 공포가 강한 힘을 발휘하는 원인을 "쾌락 원칙"에서 찾는다. "동성애는 재생산에 대한 부담과 완전히 결별한 성적 쾌락, 즉 쾌락 원칙의 정수인 '섹스 자체를 위한 섹스'라는 비전을 제시한다"(Bronski 1998: 8). 그러나 즐거움을 이상화하는 일이 옹호하는 성적 자유는 모든 사람이 똑같이 누릴 수 있는 것이 아니다. 즐거움의 이상화는 남성성이 약속하는 '자유'에 도전하는 것이 아니라 이를 확장하기도 한다. 이러한 소극적인 의미의 자유는 '퀴어는 존재를 규정하는 (이성애) 규범적 각본**으로부터** 자유롭기 때문에 즐거움을 자유롭게 누릴 수 있다'라는 믿음을 갖도록 한다. 이를테면 마이클 워너는 "동성애자의 사회적 생활이 이성애자만큼 의례화되거나 제도화되지 않았기 때문에 각각의 관계는 미지의 영토에서 펼쳐지는 모험과 같다"고 주장한다(Warner 1999: 115; Bell and Binnie 2000: 133 참조). 하지만 이와 같은 해석은 퀴어 즐거움을, 식민지를 지배하는 즐거움을 노래하는 장르에서 자주 나타나는 발견의 서사로, 미지의 영토를 향한 여정으로 만든다. 여기서 탐험에 나서는 이들은 누구이며, 영토를 제공하는 이들은 누구인가?

퀴어 즐거움은 글로벌 자본주의에서 상품으로 순환되기도 한다. 그러나 나는 퀴어 즐거움이 일종의 투자라고 할 수 있는 사회적 규범에 도전하는 방식으로 작동할 수 있다는 점 역시 살펴보려고 한다. 이를 위해서 우리는 즐거움이 몸을 형성함에 따라 몸이 즐거움의 형태를 취하는 과정을 다시 살펴볼 필요가 있다. 나는 고통의 현상학을 논의하면서(1장 참조) 고통을 느끼는 몸은 자기 자신에게 몰두하게 된다고 주장했다. 이처럼 고통은 몸의 표면을 새롭게 형성한다. 즐거움 또한 우리가 표면에 집중하도록 한다. 이때의 표면은 타자와의 마주침을 통해 흔적으로 나타난다. 하지만 즐거움을 경험할 때 발생하는 표면의 강화는 고통과는 매우 다른 효과를 발생시킨다. 다른 존재와의 접촉이 주는 기쁨은 내 몸을 열고 나를 열게 만든다. 드루 레더가 이야기하듯이 우리가 느끼는 즐거움은 단지 우리의 몸에서 느껴지는 것이 아니라 세계 안에서, 세계로부터 느껴진다. 이러한 의미에서 즐거움은 무언가를 확장한다. "우리는 우리에게 없는 것으로 우리의 몸을 채우고 세계의 흐름에 몸을 열어 다른 이들에게 다가간다"(Leder 1990: 75).

즐거움은 우리가 다른 이들에게 몸을 열게 함으로써 몸을 세계를 향해 연다. 이처럼 즐거움은 몸이 더 많은 공간을 차지할 수 있도록 만든다. 예를 들어 축구 팬들이 기쁨과 즐거움을 표출함으로써 도시를 점유하는 장면을 떠올려보자. 이들과 기쁨을 '나누지' 못하는 사람들, 즐거움을 나타냄으로써 이들에게 기쁨을 되돌려주지 못하는 사람들은 배제된다. 한편 즐거움을 공적으로 드러내는 일은 적극적으로 나서는 일, 이를테면 '우리가 여기 있다'라는 선언으로 기능하기도 한다. 베벌리 스케그스Beverley Skeggs(1999)는 퀴어 공간에서 이성애자가 즐거움을 표출하는 일이 공간을 식민화하는 것이 될 수 있음을 보여준다. 이성애자가 퀴어 공간을 '점유하는 일'은 퀴어 주체, 특히 레즈비언이 불안감, 상실감, 위협감을 느끼도록 만든다. 이는 즐거움과 권력 사이에 특별한 공간적 관계가 있음을 알려준다. 즐거움은 사회적 공간에 진입할 수 있는 능력 혹은 사회적 공간에서 마음 편히 머물 수 있는 능력과 관련 있을 뿐만 아니라 일종의 자격과 소속으로도 기능한다. 공간에 대한 권리를 주장하는 일은 기쁨을 누리는 일을 통해 이루어지며, 주체가 누리는 기쁨은 이를 다른 이들이 지켜봄으로써 주체에게 되돌아온다. 내가 첫 번째 절에서 주장한 것처럼 퀴어 즐거움을 표출하는 일은 이성애의 '즐거움'을 전제하는 공간에서 불편함을 일으킬 수 있다. 우리 퀴어가 우리 몸으로 하는 것을 통해 즐거움을 표출하는 일은 이성애의 편안함을 덜 편안하게 만든다.

더욱이 즐거움은 다른 이들을 향해 몸을 여는 일을 수반한다. 즐거움은 표면에 흔적을 남기는 방식으로 몸이 다른 몸을 향하도록 하며, 이로 인해 표면에 긴장을 발생시킨다. 그러나 즐거움이 단지 모든 몸이 모든 몸에게 자신을 여는 것을 의미하지는 않는다. 접촉은 그 자체로 몸의 표면에 이미 흔적을 남긴 차이에 의존한다. 즐거움은 접촉을 둘러싼 과거 역사에 의해 이미 형성된 몸들 사이에서 발생하는 접촉에 관한 것이다. 각각의 접촉은 서로 다른 효과를 지닌다. 퀴어 즐거움은 강제적 이성애의 각본에 의해 따로 떨어져 있던 몸들이 서로 맞닿게 한다. 이와 같은 접촉이 성기를 "억압에 맞서는 즐거움의 무기"(Berlant and Freeman 1997: 158)로 만든다고 생각하지는 않는다. 그러나 그간 금지되고 가로막혔던 접촉이 선사하는 기쁨을 누림으로써 퀴어 즐거움은 다른 형태의 흔적이 남을 가능성을 만들어낸다. 접촉이 가로막혔던 몸을 만지고 기쁘게 만들 때, 몸은 새롭게 형성된다. 퀴어가 제시하는 희망은 그동안 가로막혔던 무언가 혹은 누군가와 기쁨을 누리는 일을 통해 몸이 새롭게 형성되는 일이 사회적 공간의 표면에 다른 방식으로 '흔적을 남길' 수 있다는 데 있다. 이는 이성애자 연인의 형태로 제한되지 않는 다양한 사회적 형태의 가능성을 탄생시킨다.

퀴어 즐거움은 단지 성적 친밀성을 즐기며 함께 어울리는 것이 아니다. 퀴어 몸은 다른 몸에게 자신을 여는 즐거움을 통해 여러 공간에서 '모인다'. 퀴어가 함께 모이는 일은 거리, 클럽, 술집, 공원, 집 등 공간에 대한 권리를 되찾는 운동의 모습을 띤다. 퀴어 정치가 이야기하는 희망은 그간 가로막혔던 타자에게로 우리를 더욱 가까이 이끄는 일이 타자와 함께 살아가는 다른 방법으로 우리를 이끌지도 모른다는 데 있다. 이와 같은 가능성이 퀴어가 규범으로부터 자유롭다거나 글로벌 자본주의의 교환 회로 외부에 있다는 것을 의미하지는 않는다. **퀴어가 세계를 퀴어하게 만**

들 수 있는 이유는 퀴어가 세계를 초월하지 않기 때문이다. 따라서 퀴어 희망은 감상적인 것이 아니다. '무엇이 아닌 것'이라는 부정적 꼬리표를 견디는 삶의 형태를 끈질기게 이어나간다는 점에서 퀴어 희망은 정동적이다. 퀴어 느낌을 애초부터 퀴어한 것으로 만드는 규범과 가치가 끈질기게 이어진다는 점을 퀴어가 이야기하는 한, 퀴어는 [더 이상 같은 방식으로] '반복되지 않는 것'에 대한 희망을 간직한다.

8 장

페미니스트 애착

PAIN
HATE
FEAR
DISGUST
SHAME
LOVE
QUEER
FEMINISM
JUSTICE

내가 발표한 내용은 현재 발생한 정치적 위기를 두 가지 맥락에서 살펴보는 것이었다. 하나는 식민 지배에서 비롯된 전 지구적 불평등이 심화되는 문제였고, 다른 하나는 자국의 이익이 침해된다고 판단하면 어디서든 일방적으로 개입하는 미국의 패권주의가 강화되는 문제였다. 나는 이를 토대로 미국의 외교 정책을 비판했고, 조지 W. 부시 대통령이 미국을 인종화된 방식으로 재구성하면서 미국을 전쟁에 동원하고 있다고 지적했다. 나는 또한 캐나다 여성운동이 미국의 군사 작전을 지지하는 캐나다 정부에 반대하는 의견을 밝혀야 한다고 이야기했다. 캐나다 여성운동이 해야 하는 일은 캐나다 정부가 미국의 외교 정책을 더 이상 옹호하지 못하도록 압력을 행사하는 한편, 아프가니스탄 여성단체와 연대하는 일이라고 생각했기 때문이다. …… 내가 입장을 분명히 밝히자마자 곳곳에서 비난이 쏟아졌다. 언론, 하원에 출석한 캐나다 총리, 영향력 있는 주요 야당의 대표들, 브리티시컬럼비아 주지사 등 너나 할 것 없었다. 발표 내용이 보도된 이후 전국의 정치인, 논설위원, 칼럼 작가 역시 연일 공격에 가세했다. 협박하는 메일, 집요하게 괴롭히는 전화, 심지어 살해 위협까지 이어졌다. …… 이런 분위기 속에서 왕립 캐나다 기마경찰은 내가 '증오범죄' 방지법을 위반한 소지가 있는지 수사 중이라는 사실을 언론에 알렸다. 내가 한 발표가 미국인에 대한 '증오범죄'에 해당한다고 주장하는 목소리가 이전부터 빗발쳤던 터였다. (Thobani 2003: 400, 403)

페미니스트가 폭력, 권력, 부정의를 비판하는 발언을 공개적으로 할 때, 무슨 일이 벌어지는가? 발언이 공개적으로 이루어질 때, 권력에 맞서는 시위가 '장대한 광경'을 이룰 때, 감정은 무슨 역할을 하는가? 2001년 10월 캐나다 오타와에서 열린 '비판적 저항Critical Resistance' 컨퍼런스에서 수네라 토바니Sunera Thobani*는 '테러와의 전쟁'에 반대하는 발언을 공개적으로 하는 위험을 무릅썼다. 토바니는 페미니즘과 반인종주의를 함께 논의하면서 '테러와의 전쟁'을 둘러싼 담론에 개입했다. 부시를 비롯한 이들이 전개

---

* 　남아시아계 캐나다인 무슬림 페미니스트로 여성지위향상전국활동위원회 National Action Committee on the Status of Women 회장을 역임했다. 토바니는 9·11 테러가 발생하고 한 달이 지나지 않은 시점에서 열린 학회에서 "피로 물든" 미국의 외교 정책과 테러와의 전쟁을 비판하는 연설을 했고, 이로 인해 강력한 사회적 반발에 부딪혔다. 일례로 아프가니스탄에 군대를 파병한 당시 캐나다 총리 장 크레티앵Jean Chrétien은 "단 한마디도 동의할 수 없는 끔찍한 연설"이라고 일축했다.

해온 테러와의 전쟁은 이미 '우리'와는 다르다고 여겨진 이들을 '테러리스트일 수 있는 사람들'로 규정하고 이들이 우리를 위험하게 만든다고 주장했다(3장 참조).

토바니의 발언을 둘러싼 극단적인 반응은 공인된 '진실'에 맞서 공개적으로 말하는 일이 위험을 불러일으킬 수 있다는 것을 보여준다. 특정한 관점에 권위를 부여하는 일은 공인된 진실이라는 세계를 만들어낸다. 공인된 진실의 세계에서 토바니의 발언은 '혐오발언'으로 불리고, 미국에 대한 공격을 넘어 미국인에 대한 공격으로 재현된다. 토바니의 발언이 테러리스트가 입힌 상처와 피해를 **반복한다**고 여겨지기 때문이다. 그렇게 '테러와의 전쟁'을 비판하는 이들은 '테러리스트'로 여겨진다. 조지 W. 부시는 전쟁을 지지하지 않는 이들을 모두 '테러리스트'로 규정하는 서사를 만들어냈다. 그렇게 '우리와 함께하지 않는 이들은 우리에게 맞서는 사람'이 된다. '우리와 함께하지' 않는 이들은 테러리스트 아니면 테러리스트의 동료로 간주되고, 어떤 면에서 **테러리스트보다 끔찍한 존재**로 치부된다.

여기서 '함께한다'는 것은 무슨 뜻일까? 앞서 설명한 담론적 맥락에서 '함께한다'는 것은 전쟁을 지지할 뿐만 아니라 전쟁이 수호한다고 말하는 세계를 지지한다는 뜻이다. 이른바 전쟁이 수호하려는 세계는 자유, 민주주의, 사랑과 같은 가치로 표상되며, 이들 가치는 우리가 지켜내야 하는 '진실'이 된다. 그렇기에 ('악의 축'에 맞서는 전쟁인) '테러와의 전쟁'을 반대하는 '공개 발언'은 세계를 만들고 세계에 가치를 부여하는 '진실'을 공격하는 것이 된다. 특정한 형태의 폭력(적법한 국가가 저지르는 폭력)과 그 외의 폭력(개인, 집단, '적법하지 않은 국가'가 '적법한 국가'를 노리고 저지르는 폭력)을 구분하는 일은 원래부터 그렇다는 듯이 당연한 것으로 여겨지고는 한다. 전쟁이 수호하려는 세계가 적법한 폭력과 테러의 구분이 '자명한' 상태를 필요로 한다고 할 때, 폭력의 구분에 문제를 제기하는 것은 세계의 '근본 질서'에 맞서는 일이 된다. 그러한 세계는 폭력의 구분을 당연한 것으로, 더 나아가 도덕적인 것으로 정당화하기 위해 '우리의 피해'를 반복해서 상기하는 일에 기댄다. 미국의 제국주의가 저지른 폭력이 (테러를 정당화하지는 않지만) 테러가 벌어진 이유를 파악하는 데 도움을 준다는 것, 또한 전쟁이야말로 폭력과 테러의 관계를 강화한다는 것을 지적하는 의견은 말할 수도 없고 옹호되지도 않으며 '진실일 리도 없다'. 전쟁을 비판하는 이들에 대한 비판, 다시 말해서 적법한 폭력(전쟁)과 적법하지 않은 폭력(테러)을 과연 존재론적으로 구분할 수 있는지 질문하는 이들에 대한 공격은 전쟁할 '권리right to war'를 넘어서 전쟁의 '당위성right of war'마저 정당화하는 일의 핵심을 차지한다.

우리는 여기서 한 가지를 더 살펴볼 필요가 있다. 토바니가 자신의 글에서 설득력 있게 주장한 것처럼 토바니를 향한 공격에서 주목해야 하는 점은 공격이 토바니 개인을 겨냥한다는 것, 그리고 토바니의 말할 권리를 적법하지 않은 것으로 만드는 데 초점을 맞추고 있다는 것이다. 토바니의 발언은 "'정신 나간' 교수의 악다구니" "극단주의자의 헛소리" "개념 없는 막말" "교활하고 역겨운 주장", 더 나아가 "증오로 가득 찬 이야기"로 불렸다(Thobani 2003: 401, 405). 이와 같은 공격은 토바니가 순전히 부정적인 정념에 사로잡혀서 그러한 발언을 했다고 묘사함으로써 토바니의 발언이 적법한 발언의 영역에서 추방되도록 만들었다.[1] 발언에 대한 공격은 몸을 지닌 주체인 토바니를 향한 공격으로 빠르게 옮겨졌다. 이러한 공격은 토바니를 [캐나다에] '적합하지 않은' 이주여성으로 구성한다. 결국 토바니는 문명국가에 사는 '우리'가 되도록 '그를 받아들인' 국가의 환대, 더 나아가 사랑을 '감사히' 여기지 않는 여성으로 그려진다. 하위주체 여성이 적절한 감정을 드러냄으로써 공인된 진실이 설정한 기준에 '부응하는' 데 '실패한' 존재로 규정되는 것은 우연이 아니다. 더욱이 우리가 살아가는 세계가 만들어지는 과정에서 함께 만들어지는 공인된 '진실'의 폭력에 대해 하위주체 여성이 이야기하는 순간, 그가 실패한 존재로 단정되는 것 역시 우연이 아니다. 결국 토바니를 향한 공격은 '너희 나라로 돌아가라'는 주장으로 이어진다. 여기서 토바니의 '나라'는 '캐나다가 아닌 곳'일 뿐만 아니라 테러를 모의한 '현장'을 시사한다([탄자니아 출신인] 토바니는 '아프가니스탄 출신'으로 불리고는 했다). 우리는 여기서 감정의 문화정치가 제국주의와 자본주의의 성별화된 역사와 깊은 관련이 있다는 것을 알 수 있다. 하위주체 여성의 몸에 가해지는 폭력은 제국주의와 자본주의에 기초한 세계가 만들어지는 과정 가운데 승인되고 마땅한 것으로 여겨진다.

우리는 이 사건을 통해 페미니즘과 반인종주의 관점으로 비판을 제기하면 위험이 따른다는 점을 감정 정치의 측면에서 발견할 수 있다. 공인된 '진실'에 맞서 공개적으로 말하는 페미니스트는 감정적인 인물로 묘사되고는 한다. 페미니스트는 이성이나 공정함처럼 '올바른 판단'의 바탕을 이룬다고 여겨지는 기준을 충족지 못한 이들이 된다. 원래부터 병리적일 만큼 '감정적인 상태'를 띠는 여성성이 페미니즘으로 이어졌다고 이야기될 때, 페미니즘을 '적대적'이고 감정적인 것으로 간주하는 일은 〈들어가는 글〉에서 이야기한 사고와 감정의 위계를 작동시킨다. 사고와 감정의 위계는 어김없이 주체 사이의 위계로 옮겨진다. 사고와 이성은 남성 주체 및 서구 주체와 연결되고, 감정과 몸은 여성성 및 인종적 타자와 결부된다. 감정을 타자의 몸에 투사하는 것은 타자를 사고와 합리성의 영역에서 배제하는 방식으로 작동할 뿐만 아니라 사고와 이성에 존재하는 감정적이고 체현된 측면을 감추는 방식으로도 작동한다. 이 책 전체에서 내가 논의한 것처럼 이 세계의 '진실'은 감정에 기대고 있다. '진실'은 감정이 주체를 움직이고 서로 달라붙게 만드는 일에 의존한다.

그러나 페미니스트를 감정적인 존재로 치부한다고 해서 페미니즘은 감정적이지 않고 이성적이라고 주장하는 방식으로 대응해서는 안 된다. 감정과 이성적 사고의 대립 구도가 페미니즘과 여성성을 종속적인 위치에 두는 데 핵심적인 역할을 한다는 것을 고려할 때, 페미니즘이 이성적이라고 주장하는 일은 이러한 대립 구도를 받아들인다는 점에서 적절한 대응이 아닐 수 있다. 우리가 해야 하는 일은 감정을 '사유가 아닌 것'으로 이해하는 방식을 비판하는 것, 그리고 '합리적 사고'를 감정과 무관하다거나 타자의 영향을 받지 않는 것으로 간주하는 방식을 비판하는 것이다. 나는 이 장에서 사회적 규범을 비판하는 정치의 모습을 감정의 측면에서, 즉 "체현된 사유"(Rosaldo 1984)의 측면에서 논의해볼 수 있기를 기대한다. 내가 주목하는 것은 페미니즘에 대한 애착이 생기는 과정뿐만 아니라 페미니즘이 세계에 대한 감정적 반응을 수반하는 지점이다. 페미니즘의 영향으로 달라진, 세계에 대한 감정적 반응은 사회적 규범과 맺는 신체적 관계를 재조정한다.

우리는 정치적인 주체가 되는 과정에서 감정이 하는 역할을 살펴볼 수 있다. 예를 들어 나는 내가 페미니스트 주체가 된 과정을 여러 감정을 통해 다양한 방식으로 설명할 수 있다. 이는 내가 느낀 여러 감정이 내가 살아온 다양한 세계에 대한 특정한 해석을 담고 있었다는 뜻이다. 먼저 분노가 있다. 나는 여자아이가 된다는 것이 무엇을 하지 말아야 하는지 배우는 일이라는 것에 분노를 느꼈다. 고통도 있다. 나는 온갖 형태의 폭력으로 인해 고통을 느꼈다. 사랑 역시 있다. 엄마는 다른 이들에게 나누는 삶을 살았다. 나는 엄마처럼 나누며 살아가는 모든 여성을 사랑한다. 이들이 있었기에 내가 지금까지 살아올 수 있었다. 경이로움 또한 빠질 수 없다. 나는 세계가 지금과 같은 모습으로 구성된 이유가 무엇인지 생각해보면서 경이를 느낀다. 경이는 일상에서 마주하는 평범한 것에서 놀라움을 느끼도록 한다. 기쁨도 있다. 다른 이들과 서로 다른 방식으로 연결될 때면, 이 세계가 또 다른 모습과 형태를 갖출 수 있는 살아 있는 곳임을 깨달을 때면 기쁨이 찾아온다. 마지막으로 희망이 있다. 희망은 [현 체제를] 거부하는 모든 순간을 이끌고, 새로운 가능성과 다른 미래를 열어가면서 느끼는, 변화를 향한 설렘을 구체화한다.

이처럼 감정적 여정은 정치적인 주체가 되는 과정과 밀접한 관련이 있다. 감정적 여정 가운데 주체와 집단의 관계가 새롭게 역동하기 때문이다. 그러나 감정적 여정과 정치적 주체가 되는 과정은 직접적인 방식이 아니라 매개된 방식으로 연관된다. '우리가 페미니스트가 되는 이유'는 여성이 억압받는 현실에 분노하기 때문이 아니다. 분노는 **이미** 세계가 어떠한 곳이라는 특정한 방식의 해석을 수반하며, 동시에 그러한 해석에 대한 해석을 수반한다. 페미니스트로 정체화하는 일은 여성이 억압받는 현실에 대한 분노를 세계를 비판하는 근거로 삼는 일에 기댄다. 앞서 설명했듯이 감정은 우리를 움직이며, 우리가 움직이는 일은 감각과 느낌을 해석하는 과정을 수반한다. 우리는 우리가 느끼는 감정을 스스로 해석하기도 하지만, 우리보다 선행하며 우리 자신에게서 비롯하지 않은 과거의 해석에 기대기도 한다. 감정을 즉각적인 것이 아니라 매개된 것으로 이해하는 일은 지식이 느낌과 감각으로 이루어진 몸이라는 세계와 분리될 수 없음을 우리에게 일깨워준다. 지식은 우리를 땀 흘리게 하고 떨리게 하며 몸서리치게 만드는 것과 밀접한 관련이 있다. 이 모든 느낌은 무엇보다 몸의 표면에서 느껴진다. 몸의 표면은 우리가 세계를 어루만지고 세계가 우리를 어루만지는 곳이기 때문이다.

　　나는 이 장에서 페미니즘에 대한 애착이 일상의 세계에 이미 존재하는 다른 애착과 어떠한 관계를 맺는지 살펴보려고 한다. 이 가운데는 권력이 재생산되는 과정과 밀접하게 연관된 애착이 있으며, 페미니즘은 바로 이러한 권력에 도전하고자 한다. 몇몇 비판적인 페미니즘 연구는 애착을 페미니즘의 '문제'로 조명하기도 한다. 이에 따르면 애착은 규범에 충성하는 일을 정동적인 측면에서 이어나간다는 의미이며, 페미니즘은 미래로 나아가는 과정에서 이를 "그만두려고" 한다(Brown 2003: 3, 15). 나는 이들 연구에서 많은 도움을 받았지만, 이와 같은 해석에는 동의하지 않는다. 나는 페미니즘이 비판의 대상을 초월'할 수 있다'고 믿는 것이야말로 페미니스트 애착을 실패를 뜻하는 기호로 해석하게 만든다고 생각한다. 페미니스트 애착은 '규범에 맞서는' 정치가 사회적 규범이 지닌 힘을 멈추게 하지 않으며 그렇게 할 수도 없다는 것을 명확하게 보여준다.[2] 이는 우리가 무언가에 '맞서는' 정치를 포기해야 한다는 이야기도, 무언가에 '맞서는' 정치를 무엇이 '아님'을 주장하는 정치로 바꿔야 한다는 이야기도 아니다. 앞으로 살펴보겠지만 비판적인 성격을 지닌 정치가 무언가에 '맞서는' 것이 아니기란 불가능하다. 폭력, 부정의, 불평등의 역사가 변화에 대한 요구와 희망을 구체화한다고 할 때, 비판적인 정치가 이러한 역사에 담긴 정동을 단순히 냉담한 태도로 '극복'할 수는 없기 때문이다. 감정은 우리에게 두 가지 사실을 알려준다는 점에서 매우 중요한 의미를 지닌다. '변화는 왜 이다지도 어려운가'(우리는 우리가 비판하는 것에 여전히 투자한다). '그럼에도 변화는 왜 가능한가'(우리가 움직임에 따라 우리가 투자하는 것도 움직인다).

페미니즘과 분노

페미니즘과 분노의 관계를 이야기하려면 먼저 고통의 정치를 살펴봐야 한다(1장 참조). 페미니즘과 고통의 관계에 주목한 연구는 오랜 역사가 있다. 여성이 겪은 폭력, 피해, 차별의 경험은 페미니즘 정치의 핵심을 차지해왔다(West 1999 참조). 여성이 고통을 증언하는 일, 이를테면 폭력을 겪은 경험을 증언하는 일은 페미니스트 주체가 형성되는 과정과 페미니스트 집단이 형성되는 과정에서 중요한 역할을 했다. 여성의 고통을 사소한 문제가 아니라 구조적 폭력으로 이해한 이들이 페미니스트 주체가 됐고, 여성이 겪은 폭력을 정의에 관한 문제로 인식한 이들, 이에 대한 피해를 보상하고 잘못을 바로잡아야 한다고 요구한 이들, 함께 모여 정치적이고 윤리적인 주장을 펼친 이들이 페미니스트 집단이 됐다. 우리는 1970년대 [영미권의] 페미니스트 치유 모임과 의식 고양 모임을, 고통을 집단성과 저항의 문제로 바꿔낸 사례로 조명해볼 수 있다(Burstow 1992). 캐럴 태브리스Carol Tavris는 의식 고양 모임이 중요했던 이유를 다음과 같이 설명한다. "사람들이 적법한 제도와 권위에 질문을 던지기 위해서는 우선 자신이 혼자인 것도 정신이 나간 것도 잘못 생각하는 것도 아니라는 사실부터 알아야 한다"(Tavris 1982: 246-7). 보니 버스토Bonnie Burstow는 급진 페미니스트 치유 모임에 관한 책에서 이렇게 이야기한다. "이 책은 여성이 근본적인 불행과 소외를 경험하는 현실을 배경으로 한다. ······ **가부장제를 비롯한 체계적 억압으로 인한 괴로움은 부당하지만 피할 수 없으며, 개인적이지만 공통적이다**"(Burstow 1992: viii, 원저자 강조). 페미니스트 치유 모임과 의식 고양 모임은 여성들이 자신의 느낌과 경험을 연결함으로써 [고통이나 괴로움과 같은] 느낌이 구조적인 권력관계로 인한 것임을 이해하도록 이끌었다.

그러나 고통을 페미니스트 공동체에 소속되는 자격 요건으로 삼고 이를 강조하는 경향에 비판적인 페미니스트도 있다. 고통의 정치를 비판한 웬디 브라운의 논의로 되돌아가보자(Brown 1995: 55). 브라운에 따르면 "고통에 집착하는 정치, 고통을 되풀이해서 말하는 정치, 고통을 극적인 것으로 만드는 정치, 고통을 정치의 영역에 새겨넣는 방식으로만 자신의 정당성을 주장하는 정치는 고통을 이겨낸 미래를 누구에게도 보여줄 수 없다"(Brown 1995: 74). 고통이 페미니즘을 탄생시켰다고 할 때, 페미니즘 정치가 고통을 이겨낸 미래를 보여줄 수 없다는 것은 페미니즘이 여성의 종속이 일어나는 현장에서 '벗어나는' 데 실패한다는 뜻일까? 더 정확히 말하자면 여성의 종속을 여성 정체성을 주장하는 근거로 바꾸려는 움직임을 막아서는 데 실패한다는 뜻일까? 버스토는 급진 페미니스트 치유 모임을 분석하면서 여성이 체험의 수준에서는 개별화된 방식으로 고통을 경험하지만 가부장제 아래 놓인 모든 여성은 보편적으로 고통을 경험한다고 주장한다. 그러나 이러한 설명은 고통을 물신화한다는 점에서 문제가 있다. 상처를 정체성으로 바꾸는 일이 상처를 '아픔'과 피해를 둘러싼 복합적인 역사로부터 단절시키기 때문이다. 아픔과 피해의 역사는 가부장제처럼 단일한 개념으로 갈음할 수 없다.

또한 페미니즘이 여성의 고통과 괴로움을 '대표'한다거나 더 나아가 '대신'한다고 강조하는 일에는 많은 문제가 뒤따를 수 있다. 여성의 고통이 매개된 것임을 감추기 때문이다. 예를 들어 마사 누스바움Martha Nussbaum은 주디스 버틀러를 비판하면서 "평범한 여성이 겪는 괴로움"을 이야기한다. 버틀러를 "패러디 박사"라고 부르는 누스바움은 버틀러가 "악마와 손을 잡았다"고 일축한다. 누스바움에 따르면 버틀러의 작업은 페미니즘에 도움이 되지 않는데, 버틀러의 작업으로는 "배고픈 여성이 먹을 것을 구하지 못하고, 가정폭력을 겪는 여성이 보호받지 못하며, 성폭력을 겪은 여성이 정의를 쟁취하지 못하고, 동성애자가 법적으로 보호받지 못하기 때문이다"(Nussbaum 1999). 버틀러를 향한 누스바움의 공격적인 비판은 페미니즘이 어떠한 번역 작업 없이도 평범한 여성의 괴로움을 얼마든지 대변**할 수 있으며** 페미니즘이 대변하는 괴로움이 정치적 행동의 토대가 된다는 믿음에 기대고 있다. 이는 정당한 페미니즘과 그렇지 않은 페미니즘이 존재론적으로 구분된다고 가정하면서 페미니즘을 구분하는 기준이 여성의 괴로움을 얼마나 헤아리는지에 있다고 단언한다. 여성의 고통이 진정한 페미니즘을 보장하는 '직접적인' 척도가 될 때, 이에 부합하지 않는 것은 모두 가짜로 여겨진다. 여성의 고통을 물신 대상으로 삼는 일은 사회적인 삶과 정신적인 삶의 복합성을 이해하기 위해 애써온 페미니즘의 노력을 무의미한 것으로 만들어버릴 위험이 있다.

우리에게는 여성의 고통이 페미니즘의 토대를 이룬다는 주장을 멀리해야 할 합당한 이유가 있다. 그러나 이는 페미니즘이 고통과 무관하다는 뜻이 아니다. 1장에서 살펴본 것처럼 '상처를 물신으로 만드는 일'에 대응하는 방식이 상처를 잊어버리는 것이어서는 안 된다. 상처가 역사적으로 피해가 발생한 자리를 가리킨다는 점에서 상처를 잊어버리는 일은 피해를 잊어버리는 것이며, 결과적으로 상처를 물신으로 만드는 일을 되풀이하는 것이다. 우리가 해야 하는 일은 몸을 지닌 주체가 애초에 상처를 입게 된 이유가 무엇이었는지 기억하는 법을 배우는 것이다. 이는 우리에게 두 가지를 요청한다. 하나는 **고통을 해석하는 법을 배우는 일**이고, 다른 하나는 고통이 표면화되는 강렬한 과정 가운데 고통이 이미 해석된다는 것을 알아차리는 일이다. 다시 말해서 우리는 고통이 과잉결정된 것임을 이해하고 해석해야 하며, 더 나아가 고통을 번역하는 **작업**을 해야 한다. 고통은 번역을 통해 공적 영역으로 이동하며, 이동하는 과정에서 또 다른 모습으로 변화한다. 고통을 주는 애착에서 벗어나기 위해서 우리는 애착을 번역하는 행동에 나서야 한다. 이러한 행동은 여성의 고통을 페미니즘 정치의 당연한 토대로 삼지 않을 것을 우리에게 요구한다.

고통의 경험은 우리가 페미니즘을 향해 움직이도록 이끈다. 이때 페미니즘은 사회적이고 물리적인 피해에 맞서 '움직이는' 정치를 가리킨다. 그러나 페미니즘은 부당한 현실을 바로잡는 정치라는 의미에서 타자의 고통에 '관한' 것이기도 하다. 이에 페미니즘에 기초한 집단행동은 타자의 고통에 반응하는 하나의 방법이 된다. 하지만 타자의 고통은 우리가 곧바로 헤아릴 수 있는 것이 아니라 겨우 가닿을 수 있는 것에 가깝다. 결정적으로 고통에 응답하는 일은 고통에 관해 말하는 일에 기댄다. 고통에 관해 말하는 행동은 '우리'가 탄생하는 배경이 된다. 고통에 관한 서로 다른 이야기가 만들어낸 '우리'는 한 가지 토대, 정체성, 동일성으로 환원될 수 없다. 물론 고통에 관한 이야기는 연결되어 있으며, 우리는 고통에 관한 이야기를 통해 서로 연결된다. 그러나 고통에 관한 이야기가 단일하지 않음을 받아들일 때, 우리는 비로소 이야기를 '나눌' 수 있다. 다만 벨 훅스가 지적했듯이 개인이 겪은 고통을 말하는 것은 그 자체로 충분하지 않으며, 신자유주의와 치유문화가 조장하는 나르시시즘에 쉽게 포섭될 위험이 있다. 훅스의 표현대로 페미니즘이 "비판적 의식을 기르는 다면적 교육"과 만날 때, 이를 통해 "정치적이고 집단적인 저항 행동"이 나타날 때, 페미니즘은 마침내 고통을 통해, 고통을 안고 정치로 나아갈 수 있을 것이다(hooks 1989: 32). 고통은 정동과 구조, 감정과 정치의 관계를 **해석하도록** 만든다는 점에서 주체를 페미니즘으로 이끈다. 이 과정에서 주체와 타자를 분리하는 경계는 사라진다.

더욱이 고통은 우리를 페미니즘으로 이끌고 페미니즘이 사회적이고 정치적인 변혁운동이 되도록 이끄는 데서 멈추지 않는다. 고통에 응답하는 일은 실천에 나선다는 의미에서 분노 역시 필요로 한다. 분노는 고통이 발생한 상황이 잘못됐고 용납할 수 없다고 판단하는 일이자 이에 대응해서 무언가를 해야 한다고 인식하는 일이다. 웬디 브라운은 페미니즘이 고통과 분노를 밀착시키는 경향을 비판한다. 브라운은 [현실을 바꾸는] "행동"에 나서는 것이 아니라 [현실에] "반응"하는 데 그치는 정치라는 점에서 이를 일종의 르상티망으로 설명한다(Brown 1995: 73). 그러나 나는 반응하지 않고 행동하는 정치는 불가능하다고 생각한다. 반응하지 않은 채 행동에 나서는 정치는 주체에 선행하는 역사를 지우고 감출 때 가능하기 때문이다. 주체의 몸이 타자의 몸의 표면이 '남긴 흔적'에 따라 형성된다고 할 때, 타자가 남긴 흔적에 '반응'하

감정의 문화정치

는 역사 너머에 존재하는 본래 그대로의 순수한 행동이란 존재하지 않는다.[3]

이처럼 페미니즘은 접촉의 역사를 담고 있다. 여성이 페미니스트 의식을 갖게 하는 폭력의 역사가 여성의 몸과 삶을 형성하는 측면이 있듯이 페미니즘이 맞서는 것 역시 페미니즘을 형성한다. 페미니즘을 페미니즘이 맞서는 것에 윤리적, 정치적, 더 나아가 감정적으로 대응하는 일로 이해한다면, 페미니즘이 맞서는 것이 페미니즘의 '외부'에 있다고 할 수 없다. 페미니즘이 맞서는 '것'은 **페미니즘 정치를 더욱 선명하게 만드는 '것'**이기도 하다. 분노가 무언가에 '맞서는 일'이라고 할 때, 이는 피해의 역사를 뛰어넘어 순수하고 무해한 자리에 이르는 일이 불가능하다는 것을 시사한다. 그렇다고 해서 분노가 무언가에 맞서는 반응 가운데 하나인 복수에 대한 투자로 반드시 이어지는 것은 아니다. 무언가에 맞서는 일은 맞서는 대상을 해석하는 방식에 따라 다르게 나타난다(예를 들어 여성에게 가해지는 폭력에 맞서는 일은 폭력을 남성 심리의 문제로 해석하는지 권력구조의 문제로 해석하는지에 따라 달라진다). 이러한 맥락에서 우리는 한 가지 질문과 마주하게 된다. 우리가 맞서는 대상에 대한 **특정한 방식의 해석을 가지고** 우리는 어떠한 행동을 할 수 있는가?

흑인 페미니즘은 우리가 성차별과 인종차별에 대한 막대한 사회적, 정신적 투자에 맞서는 '에너지'를 얻는 데 분노의 정념이 핵심적인 역할을 한다는 점을 알려준다. 이는 오드리 로드의 작업에서 가장 선명하게 나타난다. 우리는 로드가 흑인 여성을 향한 인종차별을 비판하는 부분에 주목할 필요가 있다. 로드는 강렬한 메시지를 전한다.

> 저는 인종차별에 맞서 분노합니다. 저는 분노를 지닌 채 살아
> 왔습니다. 때로는 분노를 무시하고, 때로는 분노에 기대고, 때
> 로는 분노가 희망을 모두 꺾어버리지 않도록 분노를 활용하는
> 법을 배우면서 살아왔습니다. 한때는 분노를 드러냈을 때 벌
> 어질 일이 두려워서 침묵하며 살기도 했습니다. 그러나 분노
> 를 두려워해서 얻을 수 있는 것은 아무것도 없었습니다. …… 희
> 망을 실현하고 미래를 열기 위해서 분노를 표출하고 이를 실
> 천으로 옮기는 일은 우리를 해방하고 우리에게 힘을 더해줍니
> 다. 우리는 분노를 통해 [세계를] 더욱 분명히 이해하게 됩니다.
> …… 분노는 지식과 에너지를 품고 있습니다. (Lorde 1984: 124,
> 127)

로드의 글에서 분노는 다양한 방식으로 그려진다. 분노는 인
종차별이라는 부정의에 대응하는 방식, 미래에 대한 희망, 고통
을 지식으로 옮기는 작업, 지식과 에너지를 품고 있는 것으로 묘
사된다. 특히 중요한 점은 분노가 단지 과거와 관련된 것이 아니
라 새로운 미래를 여는 일로 의미화된다는 것이다. 다시 말해서
무언가에 맞서는 일은 '우리가 맞서는 대상'에 관한 것에 그치지
않는다. 우리가 맞서는 대상은 여전히 끈적이고 강렬한 힘을 발
휘할 수도 있다. 하지만 그렇다고 해서 분노가 그러한 대상에 반
드시 '달라붙게' 되는 것은 아니다. 무언가에 맞서는 일은 아직 선
명하게 드러나지 않은 것 혹은 아직 존재하지 않는 것을 바라는

일이다. 로드가 이야기하듯이 분노가 새로운 미래에 대한 희망을 담고 있다는 점에서 분노를 두려워하는 것 혹은 분노를 침묵으로 덮는 것은 미래에서 멀어진다는 것을 뜻한다(Lorde 1984: 127). 이처럼 분노를 느끼는 것은 결정되더라도 분노가 지닌 의미는 완전히 결정되지 않는다. 분노는 고통의 의미를 해석하지만, 분노의 의미 역시 해석될 필요가 있다. 고통에 응답하고 분노하는 일이 페미니즘이라고 할 때, 페미니즘은 계속 변화하는 고통과 분노의 의미를 해석하는 행동에 기댄다.

로드에 따르면 분노는 다양한 실천과 경험을 인종차별로 명명하는 일을 수반할 뿐만 아니라 분노의 '에너지'를 가지고 다른 세계를 상상하는 일 역시 수반한다(Lorde 1984: 127). 분노는 페미니스트 주체에게 에너지를 불어넣는 한편, 페미니스트 주체가 분노의 의미를 '해석하고' 분노에서 다른 몸의 세계로 '이동할' 것을 요청한다. 분노로 피부가 찌릿하다면, 몸이 떨리고 땀이 흐르고 몸서리가 쳐진다면, 이는 분노가 우리를 새로운 존재 양식으로 이끌 때 느껴지는 전율일 수도 있다. 분노는 우리가 다른 피부를 살아내도록 만들기도 한다. 물론 우리가 살아내는 다른 피부에도 우리가 맞서는 것이 남긴 자국과 상처는 그대로 남아 있다.

우리가 [고통을 일으키는] 모든 것에 분노로 대응하지는 않는다는 점에서 분노는 고통에 대한 해석을 분명히 수반한다(이러한 해석 역시 해석을 수반한다). 분노한다는 것은 무언가가 잘못됐다고 판단하는 일이다. 그러나 우리가 분노한다고 해서 반드시 특정한 대상을 분노의 원인으로 지목할 수 있는 것도 그렇게 여길 수 있는 것도 아니다. 정확히 무엇 때문에 분노하는지 알 수 없는 순간은 찾아오며, 이 모든 순간에 우리가 언제나 똑같은 방식으로 대응하지도 않는다. 이에 대해 캐럴 태브리스는 분노를 느끼는 일이 분노의 이유를 깨닫는 일로 바로 이어지는 것은 아니라고 설명한다(Tavris 1982: 18). 다만 페미니즘은 우리가 분노로 대응하는 방식을 해석하는 작업 또한 수반한다. 페미니즘은 분노에서 출발해서 페미니즘이 맞서는 것이 무엇인지 파악하는 일에 다다른다. 이 과정에서 분노의 대상과 이를 둘러싼 더 커다란 규칙과 구조가 서로 결부되고 연결되며, 페미니즘이 파악하려는 대상이 구체적으로 드러난다. 분노의 대상은 (이를테면 페미니즘에 선행하는) 페미니즘의 토대가 아니라 페미니즘이 분노로 대응하는 과정에서 나타나는 효과다. 이처럼 분노는 무언가를 창조한다. 분노는 페미니즘이 맞서는 대상에 대응하는 데 활용할 언어를 만들어낸다. 페미니즘이 맞서는 '것'은 새로운 이름을 가지고 페미니즘의 세계에 진입하게 된다.

그간 페미니스트가 자신이 맞서온 것에 다양한 이름(가부장제, 성차, 젠더관계, 젠더 위계, 남근이성주의 등)을 붙였다는 점에서 알 수 있듯이 일련의 과정은 역동적이다. 실제로 감정의 '방향성'이라는 측면에서 공통분모가 있을 뿐, 서로 다른 페미니스트는 서로 다른 방식으로 분노의 '대상'을 형성하며 이로 인해 긴장이 발생하기도 한다. 이에 분노에 대응하는 일에 담긴 [페미니스트] 애착은 그저 공통의 대상을 만드는 일과 관련된 것이 아니다(더불어 대상을 만드는 일은 무에서 유를 창조하는 과정이 아니라 차등이 있는 관계에 이름을 붙이는 일이다). 분노의 대상을 특정하는 일은 실패하고 만다. 페미니스트는 자신이 맞서는 것에 다양한 이름을 붙이는 것을 넘어서 자신이 맞서는 것이 정해진 대상으로서의 선명한 테두리를 지니지 않는다는 점, 다시 말해서 실증적인 개체로 존재하지 않는다는 점 역시 인식해왔다. 페미니스트가 맞서는 것이 특정한 대상에 내재하지 않는다는 이야기는 젠더가 사회적 삶의 모든 부분에 스며들어 있다는 측면에서 젠더를 '세계 전체에 관한 것'으로 이해하는 방식과도 맞닿아 있다. 이처럼 우리를 움직이는 분노는 우리를 외부로 향하게 한다. 분노는 대상을 만들어내지만, 그저 자신이 만들어낸 대상에 맞서는 일만이 아니라 세계에 응답하는 일이 된다. 페미니스트가 느끼는 분노는 세계를 해석하는 일을 수반한다. 이를테면 젠더 위계가 인종, 계급, 섹슈얼리티와 같은 다른 권력관계와 엮이는 방식에 대해서, 젠더 규범이 몸과 장소를 규제하는 방식에 대해서 해석하는 것이다. 특정한 대상이나 사건에 관한 분노 혹은 다양한 문제를 향한 분노는 페미니즘이 분노의 대상을 넘어 '현 체제'를 비판하도록 이끈다. 현 체제에 대한 페미니스트의 비판은 특정한 대상에 국한되지 않으며, 현재 시점에서는 쉽게 찾을 수 없고 발견할 수 없는 가능성에 자신을 맡긴다.

페미니즘이 가부장제를 비판하는 일에만 몰두하지 않을 때, '여성'이나 '젠더' 범주에 갇히지 않을 때, 페미니즘은 가장 활발하게 '움직이며' 작동할 수 있다. **정해진 대상을 상실하는 일은 페미니즘 활동이 실패했음을 의미하는 것이 아니라 페미니즘 활동이 움직이고 있으며 사회운동이 될 수 있음을 알려준다.** 페미니즘은 여전히 자신이 맞서는 것에 이끌리겠지만, 페미니즘이 무언가에 '맞서는 일'이 특정한 대상에 국한되는 일은 없을 것이다. 페미니즘을 운동으로 만드는 것은 대상을 만드는 일이 아니라 상실하는 일이다. 대상의 상실은 현재 시점에 우리가 맞서는 것이 제약하지 않는, 실천의 가능성을 열기 때문이다.

한편 무언가에 '맞서는' 분노는 페미니즘 정치를 더욱 선명하게 만들기도 하지만, 페미니즘이 분노에만 '열중하는' 것은 아니다. 이 지점에서 한 가지 질문과 마주하게 된다. 페미니즘의 '이름'으로 발화된 분노는 무엇을 하는가? 메릴린 프라이가 지적하듯이 여성의 분노와 페미니스트의 분노는 대부분 "그다지 존중받지 못한다"(Frye 1983). 테러와의 전쟁을 비판한 토바니의 사례를 다시 살펴보자. 나는 토바니의 비판이 분노를 표현한 것이라고 생각한다. 전쟁에 '반대한' 토바니는 자신의 주장을 뒷받침하는 '합당한 이유'를 제시했다. 그러나 토바니가 분노에 찬 발표를 했다고 해석하는 일은 토바니의 비판을 '순전히 부정적인 정념에 사로잡힌 (비이성적인) 연설'이라고 일축하는 일로 이어졌다. 페미니즘을 일종의 분노로 해석함으로써 페미니스트의 주장을 일축하려는 시도는 역사적으로 반복됐다. 분노가 사회적 부정의에 대응하는 합당한 방식일 때도 마찬가지였다(Spelman 1989; Campbell 1994). 우리는 페미니즘은 분노에 사로잡히지 않는다고 주장하기보다(이는 분노와 이성을 구분하는 문제 많은 방식을 받아들이는 것일 수 있다) 분노를 다른 사람을 향해 이루어지는 발화 행위로 이해해볼 수 있다. 프라이는 다음과 같이 이야기한다. "누군가에게 분노하는 일은 발화 행위와 닮은 측면이 있다. 사람들이 서로 특정한 방식으로 마주하도록 만드는 관습적인 힘이 있기 때문이다. 또한 분노하는 일은 발화 행위와 마찬가지로 상대가 이

감정의 문화정치

해해야만 '사그라든다'"(Frye 1983: 88). 분노가 수행적인 것임을 강조한 프라이의 논의를 따라서 브렌더 실버 Brenda R. Silver는 "발화자의 분노"가 이른바 "버르장머리 없는 발화자를 언어적 명령으로 침묵시키려는 수신인의 분노"를 일으킬 수 있음을 지적한다 (Silver 1991: 340). 실버가 주장한 것처럼 발화자의 분노를 발화의 수신인이 받아들이지 않고 되돌리는 경우에는 소통의 단절이 발생하고, 분노를 표현하는 원래의 발화 행위는 '효과적으로 작동하지 않는다'. 사과에 대해 살펴본 5장의 표현을 빌리자면 발화 행위가 기대하는 효과를 일으키지 못한 채 타자에 의해 '완결된다'고 할 수 있다.

프라이와 실버는 모두 정치적 실천이라는 의미에서 분노가 항상 효과적으로 작동하지는 않는다고 이야기한다. 상대가 발화자의 분노를 받아들이는 데는 특정한 조건이 필요하며, 조건이 충족되지 않을 때는 분노를 표현하는 정치적 주장이 '무의미한' 것이 될 수도 있다. 그러나 발화자가 분노를 표출했다는 사실, 다시 말해서 무언가에 반대한다고 주장했다는 사실은 수신인이 '이해하고' 수용할 수도 있다. 여기서 페미니스트 활동가와 연구자에게 두 가지 전략적인 질문이 생긴다. 페미니스트의 분노에 대한 정의로운 경청이 이루어지기 위해서는 어떠한 조건이 필요한가? 우리는 실천의 측면에서 정의를 가리키는 '기호'를 어떻게 읽어낼 수 있는가? 이 두 가지 질문에는 우리의 이야기가 받아들여지는 맥락에 페미니스트가 개입할 수 있다는 전제가 있다. 물론 우리는 그럴 수 있다고 믿어야 한다. 다만 페미니즘이 마주한 어려움은 우리의 이야기가 펼쳐지는 맥락을 우리가 만들지 않는다는 것을 받아들여야 한다는 데 있다. 이러한 현실을 인식한다고 해서 우리가 무엇에 분노하는지 말하는 일이 헛된 것이 되지는 않는다. 이는 분노를 표현하는 발화 행위를 반복하는 일이 애초에 분노를 표현하도록 만든 상황을 지속시킬 수 있음을 인식한다는 뜻이다. 우리가 분노하는 모습을 보면서 우리를 비이성적이라고 비난하는 이들이 있을 때도 우리는 우리의 분노가 어떤 면에서 타당한지 고집스럽게 설명해야 한다. 사람들이 이해하지 못할 때도 성명을 발표하고 논평을 내고 구호를 외치는 일은 앞으로도 페미니즘의 핵심적인 전략이 될 것이다.

페미니스트로서 현실에 개입하는 자세를 갖춘다는 것은 분노를 전하는 상대의 발화 행위를 '수신 거부하는' 위치에 우리가 놓일 수 있음을 받아들인다는 뜻이기도 하다. 페미니스트가 다른 페미니스트의 분노를 어떻게 받아들이는지에 관한 문제는 정의로운 경청이 실천으로 이어질 수 있는 조건이 무엇인지 우리에게 묻는다. 오드리 로드는 백인 페미니스트가 방어적인 태도를 취하며 자신의 분노를 외면했던 모습을 이야기한 바 있다(Lorde 1984: 124).[4] 타자의 분노에 귀를 기울이는 법을 배우는 일, 자신의 자리를 지킨다는 이유에서 타자의 분노를 수신 거부하지 않는 일은 매우 중요하다. 이는 우리가 놓인 자리가 누군가의 분노를 일으킬 수 있다는 것을 인정하고 다른 이들의 비판에 열린 자세를 취하는 것을 필요로 한다. (그렇다고 해서 죄책감이나 수치심의 경우와 마찬가지로 상대의 분노를 자신의 것으로 '삼아' 다시 자신에게 몰입해야 한다는 것은 아니다.) 베레니스 피셔Berenice Fisher가 이야기한 것처럼 "우리를 가장 불편하게 만드는 목소리와 그 목소리가 실어나르

감정의 문화정치

는 불편한 느낌은 가장 가까이에서 우리의 이상을 비판적으로 살펴보도록 한다"(Fisher 1984: 206).

페미니스트 공동체 안에서도 다른 페미니스트의 분노에 귀를 기울이지 않으려는 경향이 있다는 사실은 '우리가 맞서는' 것이 공동체 밖에 있다고 간주할 수 없음을 '알려준다'. 우리는 페미니즘의 이상을 사람들이 페미니스트 공동체에 참여하기 위해 반드시 받아들여야 하는 것으로 만들지 않기 위해 주의를 기울여야 한다. 정치적 이상이 물화되면 어떤 페미니스트는 '주인공'의 자리에 놓이게 된다. 이들은 '주인공'인 자신이 사랑과 인정으로 베푸는 환대를 누가 받을 만한지 판단한다. 결국 공동체에 먼저 소속된 사람과 새로 참여하는 사람을 구분하는 선은 그대로 남는다(Ahmed 2000 참조). 이러한 정치에 빠지지 않기 위해서 우리는 어쩌면 페미니즘이 우리에게 안전한 공간을 제공한다고 생각할 때도 페미니즘에 불편한 상태로 머물러야 한다. 7장에서 논의한 내용과 연결해보자면 불편한 상태란 우리가 살아가고 일하는 장소에 '푹 잠기지 않는 것'을 뜻한다. 우리는 우리가 투자하는 것에 항상 의문을 지녀야 한다.

물론 우리가 편안하게 느끼는 것에 대해 의식적으로 생각하지 않는 경향이 있다고 할 때, 불편함의 정치는 공동체에 먼저 소속된 사람과 새로 참여하는 사람을 구분하는 선을 완전히 지우지는 못한다. 그러나 우리가 잘 느끼지 못하는 것이 [우리의] 정치 가운데 나타나도록 만드는 일은 우리가 현재 시점에서 실현한 미래가 아니라 우리가 추구하고 지향하는 미래를 여는 유일한 방법일 것이다.

페미니즘과 경이

페미니스트 애착이 다른 삶의 가능성을 여는 방법을 살펴보면 페미니즘을 페미니즘이 맞서는 것으로 환원할 수 없다는 점을 깨닫게 된다. 물론 페미니즘이 맞서는 대상 역시 한두 가지로 갈음할 수 없다. 페미니즘은 무언가에 맞서는 것이기도 하지만 다른 무언가를 '지향하는' 것이기도 하다. 페미니즘이 '지향하는' 것은 단순히 페미니즘이 맞서는 것의 반대편에 있지 않다. 앞에서 설명한 것처럼 분노와 같은 부정적인 감정은 무언가를 창조한다(양가성을 보여주는 '확실한 기호'). 그러나 그렇다고 해서 다른 삶의 가능성이 부정적인 것에 대한 애착을 통해서만 출현하는 것은 아니다. 그렇다면 우리를 페미니즘으로 이끈 감정은 어떻게 우리를 우리가 사는 세계와 다른 관계를 맺도록 안내하는 것일까?

나는 내가 페미니즘과 맺는 관계가 부정적인 것이라고 생각해본 적이 없다. 고통, 분노, 격노와 같은 느낌은 내가 추구하는 정치가 현실에 민첩하게 응답하는 것이어야 한다는 감각을 선사하기는 했지만, 내가 페미니즘과 맺는 관계가 부정적인 느낌으로 환원되는 것은 결코 아니었다. 페미니즘과의 관계는 더욱 창조적인 것에 가까웠다. 이는 기뻐하는 마음과 보살피는 태도로 이 세계를 마주하는 일이자 놀라움을 안겨주는 일상의 작은 부분에 주의를 기울이는 일이라고 할 수 있다. 데카르트는 《정념론》에서 우리 앞에 있는 것에 놀라워하는 감정인 '경이'가 가장 우선하고 기초적인 느낌이라고 이야기한다(Descartes 1985: 350). 데카르트는 다음과 같이 설명한다.

우리가 처음 마주하는 어떤 대상이 우리에게 놀라움을 안겨 줄 때, 그 대상이 신기하게 느껴질 때, 우리가 그전까지 알고 있던 내용이나 갖고 있던 믿음과 상당히 다를 때, 우리는 그 대상에 경탄하고 깜짝 놀라게 된다. 대상에 대한 놀라움이 대상이 우리에게 이로운 것인지 알아차리는 일보다 앞선다는 점에서 나는 경이가 모든 정념 가운데 가장 우선한다고 생각한다. (Descartes 1985: 350)

데카르트는 경이를 '처음'이라는 특징에 기대어 설명한다. 주체는 자신 앞에 나타난 대상을 처음 마주했거나 마치 처음**인 것처럼** 마주한다. 다시 말해서 경이는 평범한 경험에서 벗어나는 것이며, 그 의미상 평범함을 전혀 체감하거나 느끼지 못하는 것을 뜻한다. 우리는 평범함을 체감하지 못하는 느낌을 편안함이라는 느낌과 연결해서 살펴볼 수 있다. 7장에서 이야기한 것처럼 편안함은 우리가 느끼는 것을 의식적으로 느끼지 못하는 감정이다. 루트비히 비트겐슈타인에 따르면 평범한 것 혹은 그의 표현으로 익숙한 것은 우리가 체감하지 못하는 것이다(Wittgenstein 1964: 127). 평범하고 익숙하며 흔한 것을 의식적으로 지각하는 일은 쉽지 않다. 그러한 대상이 당연한 것처럼 여겨지기 때문이다. 이들은 우리가 알아차리지조차 못하는 배경으로서 대상을 도드라지게 만들고 눈에 띄게 만든다. 경이는 우리가 인식하지 못하는 대상과 마주한다는 의미다. 다르게 말하자면 경이는 이미 인식하고 있는 평범한 것을 특이한 것으로 바꿔낸다. 그렇게 경이는 우리가 보고 만질 수 있는 영역을 확장시킨다. 주체가 세계에 드러나기 위해서는 경이가 선행돼야 한다. 우리가 마주하는 것이 우리를 움직일 때, 우리는 경탄한다.

경이는 세계와 맺는 정동적인 관계로서, 우리가 마주하고 마주하게 되는 세계를 마치 처음'인 것처럼' 바라보는 일을 뜻한다. 여기서 '마치 처음인 것 같다'라는 말이 시사하는 것은 무엇인가? 경탄할 수밖에 없는 마음이 생기는 일은 우리가 이미 이 세계를 바라본 적이 있다는 사실, 더 나아가 그러한 마음이 생기기 이전부터 세계가 존재했다는 사실을 잊어버리게 만듦으로써 역사를 지우는 것은 아닌가? 주체가 경이를 느끼는 순간, 그전에 벌어진 모든 일을 주체가 잊어버린다는 점에서 '마치 그런 것 같다'라는 느낌이 일종의 극단적인 주관주의로 기능한다고 생각할 수도 있다. 그러나 나는 경이가 세계의 표면이 **만들어진 흔적**을 알아차리게 만든다고 생각한다. 즉 경이는 역사성을 중단시키는 것이 아니라 역사성이 드러나도록 한다. 역사성은 세계가 '평범한 곳'으로, 이미 익숙하게 파악할 수 있는 곳으로 바뀌는 과정에서 감춰진다. 그러나 마르크스가 우리에게 알려준 것처럼 세계가 평범한 곳으로 바뀌는 원인은 물화에 있다. 이러한 측면에서 나는 마르크스주의가 경이의 철학이라고 생각한다. 마르크스주의에 따르면 우리가 의식적으로 감각하기 전에 [이미] 지각의 대상으로 나타나는 것은 그저 원래부터 있던 것이 아니라 역사에 따른 효과다. "가장 분명한 '감각적 확실성'을 보이는 대상조차 사회 발전, 산업, 상업 교류 없이 존재하지 않는다"(Marx and Engels 1965: 57; Gramsci 1971: 422-3 참조). 평범한 것, '감각적 확실성'을 지닌 것을 알아차리는 법을 배운다는 것은 생산의 역사에 따른 효과를

감정의 문화정치

읽어낸다는 것을 뜻한다. 이러한 생산의 역사는 일종의 '세계 만들기'라고 할 수 있다.

세계가 '원래부터 이렇게 존재한다'고 믿을 때, 세계가 지금과 같은 모습으로 '존재하는' 일이 당연한 배경처럼 여겨질 때, 역사성은 부정된다. 세계를 마치 처음**인 것처럼** 바라보는 일은 현재 존재하는 세계가 만들어진 것이고, 과거부터 현재까지 이어진 것이며, 특이한 것임을 알아차리는 것이다. 경이는 이 세계를 반드시 지금과 같은 모습이어야 할 이유가 없는 곳으로, 시간과 노동을 통해서 지금과 같은 모습을 갖추게 된 곳으로 바라보는 법을 배우는 것이다. 그렇기에 경이는 배우는 일을 수반한다. 필립 피셔Philip Fisher가 이야기하듯이 "무언가에 마음을 빼앗긴 상태는 가만히 굳어버린 채 아무것도 하지 못하는 상태와는 정반대를 가리킨다. 경이를 느끼는 일과 무언가를 배우는 일은 분명 밀접한 관련이 있다"(Fisher 1998: 21; Fisher 2002: 1 참조).

경이를 느끼고 놀라는 일은 경이가 몸을 움직이는 과정에 핵심적인 역할을 한다. 뤼스 이리가레Luce Irigaray는 경이와 움직임의 관계를 중요한 것으로 이해한다. "어떤 측면에서 살펴보더라도 경이는 [우리를] 이동하게 만드는 원동력이다"(Irigaray 1993: 73). 때로 우리가 느끼고 생각하는 방식은 평범한 일상이 재생산되는 과정에서 제한되기도 한다. 변화를 바라는 마음이 들 때도 있지만, 특별한 사건은 발생하지 않고 일상은 그저 계속된다. 그러다가 어떤 일이 벌어지면 우리는 놀라움을 느낀다. 이는 평범하지 않은 일이며, 동시에 평범한 것과 어떤 관계가 있는 일이다. 경이에 관한 철학 연구는 그간 경이를 신체적 경험으로 조명하지 않았다. 가장 큰 이유는 우리가 예측할 수 있듯이 경이가 신체의 물질성을 잊어버리게 만드는 정동이라는 점에서 경이를 숭고함이나 성스러움의 측면에서 탐구했기 때문이다. 그러나 나는 경이가 몸을 확장하는 감정이라고 생각한다(Midgley 1989 참조). 몸이 마주한 세계가 열림에 따라 몸이 열리고, 새롭게 펼쳐진 몸은 마찬가지로 새롭게 펼쳐진 세계에, 또 다른 몸으로 다가오는 세계에 진입하게 된다. 몸과 세계가 열리는 일에는 위험이 뒤따른다. 우리가 다가가는 것이 실제로는 우리가 기쁘게 받아들일 수 없는 것일 때는 경이가 사라지기도 하고 몸과 세계가 열릴 가능성을 없애기도 한다. 그러나 경이는 무언가를 계속 바라보고 싶은 마음을 일으키는 정념이다. 경이는 세계를 새롭게 바라볼 가능성과 마치 처음인 것처럼 삶을 살아가도록 하는 생동감이 계속되도록 만든다. 경이가 세계를 마치 처음인 것처럼 느끼게 만드는 일은 급진적 현재를 가리키지 않는다. 급진적 현재는 세계를 지각하는 기존의 행동과 단절해야만 체험할 수 있는 순간이기 때문이다. 경이는 우리가 과거와 맺는 관계를 급진화하는 일을 수반하며, 그렇게 과거는 현재 시점에 살아 숨 쉬는 것이 된다.

경이는 나를 페미니즘으로 이끌었고 스스로를 페미니스트로 부를 힘을 선사했다. 페미니즘과 만나고 난 뒤, 나는 내 삶과 다른 이들의 삶을 기존과는 다르게 해석하기 시작했다. 그때는 정말 모든 것이 놀라웠다. 당시에 나는 내가 허위의식을 벗어버리게 됐다고 느꼈지만, 지금 생각해보면 나는 세계의 진실을 향해 나아가고 있던 것이 아니라 그저 나와 세계를 더욱 풍성하게 설명하는 해석을 찾아 나선 것이었다. 나는 세계를 처음 마주한

감정의 문화정치

것만 같았다. 세계는 원래부터 정해진 그대로 지금처럼 움직인다고 생각했던 나는 사실 이 세계가 시간이 흐르면서 우연히 만들어진 것임을 깨달았다. 고통과 분노에 숨결을 불어넣은 것도 경이였다. 경이는 상처를 주는 것, 고통을 일으키는 것, 우리가 잘못됐다고 생각하는 것이 필연적인 것이 아님을, 우리가 만들어낼 수도 없애버릴 수도 있음을 일깨워준다. 이처럼 경이는 변화를 향한 희망을 품게 하고 정치에 대한 의지를 확고하게 만든다.

　　여기서 나는 페미니스트 페다고지에 주목하려고 한다. 페미니스트 페다고지는 경이를 느끼는 활동을 통해 세계를 여는 정동적인 일이라고 할 수 있다. 경이를 느끼는 활동은 사적인 차원에서 벌어지는 것이 아니라 다른 이들과 함께 작업하면서 가능성의 영역을 여는 것이다. 페미니스트 교육 현장에서 감정이 어떤 역할을 하는지에 대해서는 많은 논의가 이루어졌다. 예를 들어 여성학에서 분노가 하는 역할에 주목한 재닛 리Janet Lee는 분노가 "개인적 경험을 돌아보는 단계부터 시작해 제도 정치와 같은 구조적 맥락 가운데 매일의 현실을 살피는 단계까지 이르는 데 필요한 에너지를 공급하는 중요한 원천"이라고 주장한다(Lee 1999: 19). 이외에도 사랑과 에로스(hooks 1994: 115), 불편함(Boler 1999), 배신과 실망(Wiegman 1999: 109)과 같은 감정이 논의됐다. 다양한 연구에서 공통으로 지적하는 것은 감정이 언제나 여성학 교육 현장의 '표면'을 형성한다는 점이다. 이는 여성학이 일반적으로 폭력, 피해, 부정의에 관한 문제를 연구 대상으로 삼기 때문이며, 더 나아가 페미니즘에 투자하는 일이 몸과 '노동'을 쉽게 구분하는 어떠한 시도도 '불가능하게' 만들기 때문이다.

메건 볼러Megan Boler와 엘스페스 프로빈이 주장한 것처럼 몇몇 연구자는 페미니스트 교육의 감정적 특성을 위험한 것으로 진단했다. 볼러는 페미니스트 교육이 "지나치게 감성적"이라는 이유에서 다른 비판적인 페다고지와는 결이 다르다고 간주되고 무시당하는 경향을 지적한다(Boler 1999: xxiii). 이에 볼러는 "페미니즘은 느낌을 표현하는 일에만 치중한다"는 재현에 맞서 감정이 단지 심리적인 상태나 "정제되지 않은 표현"이 아니라 비판적이고 공적인 차원의 탐구 활동과 관련이 있다는 점을 강조한다(Boler 1999: 112-17). 교육 현장에서 이루어지는 감정노동은 자신을 "끝까지" 밀어붙이는 일에 학습자와 교수자를 초대하는 불편한 노동이다(Boler 1999: 200). 같은 맥락에서 엘스페스 프로빈(2001)은 [관찰자가 아니라] "살아 있는 주체"로서 감정과 정동을 이야기하는 것에 대한 "불안"이 여성학 교육 현장에 녹아 있다고 이야기한다. 프로빈은 격노와 불안과 같은 감정이 (특히 인종에 관한 문제를 다루는) 교육 현장에 파고드는 일이 지식을 습득하고 배우는 과정을 "방해하는 요소"로 여겨진다고 주장한다. 프로빈과 볼러는 감정이 우리를 새로운 지식으로 안내하기도 하며(Boler 1999), 문화적 대상이 우리에게 미치는 영향에 대해 대화하는 자리를 열기도 한다는 것(Probyn 2001)을 보여줌으로써 감정에 대해 가지는 불안을 누그러뜨리는 일에 나선다.

나는 볼러와 프로빈의 논의를 따라 감정이 페미니스트 페다고지에서 핵심적인 역할을 한다는 점을 이야기하려고 한다. 볼러와 프로빈의 연구가 알려주듯이 감정은 단지 방해 요소로 작동하는 것이 아니라 서로 소통하는 자리를 마련한다. 이는 감정을 비판적 사고와 학습에 '도움'이 되는 필수적인 것으로 이상화한다는 의미가 아니다. 감정은 교육을 통해 기대되는 특정한 '결과'여서는 안 된다. 감정을 결과로 기대할 때, 감정은 은행에 저축하는 돈과 같은 것이 된다. 이러한 설명은 도구적이고 보수적인 교육 관행을 비판한 파울루 프레이리Paulo Freire(1996)의 유명한 은유를 떠올리게 한다. 감정이 페미니스트 교육의 (과정 가운데 녹아드는 것이 아니라) '결과'로 제시되는 상황에서 페미니스트 교수자가 해야 하는 일은 학습자에게 적합한 감정을 "주입하는" 것이 되고, 결국 "학습자는 '지식을 저축하는' '빈 그릇'이 되고 만다"(Freire 1996: 52-3). 그렇게 감정은 물신 대상이 되고, 우리는 감정에 이름이 부여되기 전에 이미 그 의미를 단정하게 된다. 하지만 감정이 교육에서 중요한 의미를 지니는 이유는 감정이 특정한 결과로 이어지지 않기 때문이다. 우리는 교육 현장에서 마주침이 발생하기 전에 어떤 결과가 나타날지 미리 알 수는 없다. 나는 바로 이러한 점에서 '경이'가 여성학 교육 현장에서 나타나는 핵심적인 정동적 가능성이라고 생각한다.

페미니스트 페다고지가 '마음을 움직이는' 일종의 사회운동이 된다고 할 때, 여성학을 가르치는 일을 둘러싼 정치는 경이와 밀접한 관련이 있다. 여성학 교육 현장에서 우리는 세계가 현재와 같은 모습을 갖추게 된 과정을 탐색하며 놀라움을 경험한다. (페미니즘을 가르치는 것이 아니라) 페미니스트 방식으로 가르치는 일은 이러한 열림, 멈춤, 주저함에서 시작되며, 이는 당연하게 여겨지는 것을 받아들이기 거부하는 일로 이어진다. 여성학 교육 현장에서 학습자는 확신에서 시작해서('세계가 이렇게 움직이는 것이었구나') 불신을 지나('세계는 왜 이 모양이지?') 마침내 경이에 이르게 된다('세계는 어떻게 지금과 같은 모습을 갖추게 됐을까?'). 페미니즘이 일으키는 비판적 경이는 다음과 같이 구체적인 질문이 일으키는 골치 아픈 정동이라고 할 수 있다. '이 세계는 어떻게 현재와 같은 모습을 갖추게 됐을까?' '권력관계를 바꾸는 일이 이다지도 힘든 이유는 무엇일까?' '한편으로는 우리가 종속되도록 만드는 조건에, 다른 한편으로는 우리가 지배하도록 만드는 조건에 투자한다는 것은 무슨 의미일까?'

페미니스트 경이가 특별한 의미를 지니는 이유는 비판적 시선이 단지 외부를 향하는 데 그치지 않는다는 것에 있다. 페미니스트 경이는 여러 곳에서 출현하는 페미니즘의 다양한 모습에 대해 의문을 던지는 것이 된다. 우리는 가만히 생각해보게 된다. '페미니즘은 어떻게 지금과 같은 모습을 갖추게 됐을까?' '여성학은 왜 현재의 모습을 갖게 됐을까?' '페미니즘은 어떻게 세계를 다양한 방식으로 바꿔놓을 수 있을까?' 비판적 경이는 이 세계에서 당연한 것은 없다는 사실을, 우리가 애착을 느끼는 정치적 운동 역시 당연한 것이 아니라는 사실을 인정하는 일이다. 흑인 페미니즘이 [페미니즘 역사에] 매우 중요한 메시지를 던진 이유 역시 비판적 경이를 통해서 정치적 투쟁의 형태를 질문하도록 만들었다는 데 있다. 흑인 페미니즘은 (가부장제 혹은 '여성'과 같은) 지식의 범주가 타자를 [페미니스트] 집단에서 배제하는 정치적 효과를 발생시킨다는 점을 드러냈다(Lorde 1984; hooks 1989). 흑인 페미니즘은 경이와 같은 감정적 반응, 비판적 사고, 사회운동이 긴밀한 관계를 맺는다는 점을 명확히 보여줬다. 이는 세계를 살아내고

감정의 문화정치

행동에 나서는 기존의 방식이 여전히 유효한지 시험해보고 [때로는] 기존의 방식과 작별하도록 한다.

여성학이라는 작은 공간을 이루는 이들 사이에는 경이라는 정념이 흐르기도 한다. 이러한 정념은 규범과 형식의 밀접한 관계를 인식하게 함으로써 삶의 여러 형태가 지닌 역사성이 드러나도록 한다.[5] [우리가 지금 마주하는 특정한] 삶의 형태가 [실제로는 마땅히 그러해야 할 이유가 없는] 것일 때, 세계는 더는 같은 곳일 수 없다. 다만 그렇다고 해서 모든 학습자가 경이를 통해 똑같은 장소에 이르게 되는 것은 아니며, 여성학이 경이를 통해 '페미니스트를 길러내는' 학문이 되는 것도 아니다. 경이를 통해 우리가 함께 경험하는 것은 평범함이 지배하는 장소를 떠나는 능력이다. 여기서 능력은 특정한 몸이 지닌 내재적 속성처럼 단순히 개인이 가지는 것이 아니다. 바뤼흐 스피노자(1959)와 질 들뢰즈Gill Deleuze(1992)가 우리에게 알려주듯이 능력은 개인이 소유하는 것이 아니라 다른 몸으로부터 받는 영향을 통해 발생한다. 그렇기에 "마주침이 일어난 특정한 순간에, 특정한 배치가 이루어진 순간에, 특정한 조합이 나타난 순간에 몸과 마음이 어떤 일을 할 수 있는지 미리 알 수는 없다"(Deleuze 1992: 627). 경이를 통해 발생하는 능력은 각각의 조합이 담고 있는 놀라움이 펼쳐지는 장소를 [탄생시킨다]. 다양한 곳을 향해서 움직이는 각각의 몸은 다른 몸이 해낼 수 있는 것에 영향을 미치며 상대에게 흔적을 남긴다. 이처럼 경이는 세계의 표면이 흔적을 남길 수 있도록 함으로써 집합적인 공간을 연다. 이때 세계의 표면은 표면**으로** 감지되고 느껴진다. 그러나 (마치 상대가 경이를 느끼는 모습을 바라보며 주체 역시 경이를 느낄 수 있다는 듯이) 경이로운 느낌이 전달되는 것은 아니다. 경이를 느낄 때 나타나는 방향성, 다시 말해서 숨김없는 얼굴로 자신을 상대에게 열어두는 일은 세계와 맺는 관계가 재조정되는 일을 수반한다. 경이는 우리의 몸과 우리가 있는 공간이 타자가 선사하는 놀라움에 열려 있도록 만든다. 그러나 우리를 놀라게 하는 타자와 우리가 무엇을 할 수 있는지 [미리] 알 수는 없다.

페미니즘과 희망

'우리는 무엇을 할 수 있을까?' 우리는 이 질문, 이 난감한 질문을 붙잡아야 한다. '우리는 어디로 갈 수 있을까?' '우리가 그리는 페미니즘의 미래는 어떤 모습일까?' '페미니즘에 미래가 있을까?' 우리는 미래에 대해 질문을 던지는 한편, 미래를 질문으로 만들어야 한다. 미래에 대한 질문, 미래라는 질문에 답하기 위해서는 우리에게 신중한 태도가 필요하다. 미래는 물음표가 생기는 영역이자 물음표를 던지는 일로 인해 생겨난 표시다. 세계가 지금과 같은 모습을 갖게 된 과정을 비판하고 이에 저항하는 가운데 페미니즘이 탄생했다고 할 때, 어떤 면에서 페미니스트는 미래에 대한 고민, 다시 말해서 미래가 단순히 과거가 되풀이된 것이어서는 안 된다는 생각을 공유한다. 페미니즘의 미래에 관한 질문을 탐색하려면 페미니즘의 과거가 남긴 유산, 즉 우리보다 앞선 시대를 살아간 페미니스트가 우리에게 물려준 것 역시 살펴볼 필요가 있다. 변혁의 정치인 페미니즘이 더는 필요하지 않은 세계가 펼쳐진다는 것이 무슨 의미인지 고민해야 한다는 것이다. 이러한 측면에서 미래에 대한 질문은 정동적인 성격을 띤다. 이는 우리가 앞으로 어떤 것이 될 수 있는지에 대한 희망을 품고 있는 동시에 우리가 어떤 것으로 변할 것인지에 대한 두려움을 담고 있다.

내가 페미니즘과 맺는 관계는 언제나 희망으로 가득 차 있다. 내게는 현실이 달라질 수 있다는 희망, 또 다른 세계가 펼쳐질 수 있다는 희망이 있다. 희망 없는 정치는 불가능하며, 정치 없는 희망은 가능성이 물화된 것에(결국 그저 종교적인 것에) 지나지 않는다. 직접적인 정치 행동에 나서는 일이 기쁜 이유는 희망이 있기 때문이다. 이에 '함께 모이는 일'은 [다른] 세계를 여는 일이 되고, '정동적 유대'를 통해 공간에 대한 권리를 주장하는 일이 된다(Roseneil 1995: 99). 희망은 [현 체제에] 대항하는 활동의 핵심에 놓인다. 이따금 변화가 찾아오지 않을 것 같은 느낌이 들 때도 희망은 우리를 분노하게 하는 것이 바뀔 수 있다고 믿게 만든다. 희망 없는 분노에 사로잡힐 때, 우리는 우리가 맞서는 것이 '어김없이' 반복될 것으로 생각하고 절망과 소진에 이를 수도 있다.

그러나 희망은 단지 현실이 반복되지 않는 데서 미래의 가능성을 찾을 수 있다는 것 이상의 의미가 있다. (여러 연구자, 특히 주디스 버틀러[1993]는 현실이 반복되는 가운데 차이가 출현할 가능성이 구조적으로 존재하는 것을 '반복가능성iterability'이라고 부른다.) 과거가 똑같이 반복되지 않는 일에 정치적 희망이 달려 있다고 말하고 싶지만, 이러한 주장은 마치 우리가 가만히 기다리기만 해도 새로운 미래가 열릴 것이라고 이야기하면서 노동의 정치를 공허하게 만들어버릴 우려가 있다. 나는 희망이 현재와 관계를 맺는 일을 뜻한다고 생각한다. 이때 현재는 과거에 관한 불완전한 번역에 영향을 받는다. 무언가 다른 것에 대한 기대로 주체의 몸이 떨리는 일은 다름 아닌 현재에 벌어지며, 이는 과거가 현재에 펼쳐지는 일이라고 할 수 있다. 희망은 '아직 일어나지 않은 일'이 우리에게 현재 시점에 흔적을 남기는 순간을 가리킨다. 따라서 우리는 '아직 일어나지 않은 일'을 우리의 미래로 만들기 위해 정치적으로 행동해야 한다. 희망이 단지 먼 미래에 놓인 것이 아니라 현재의 우리에게 흔적을 남긴다고 할 때(Benjamin 1997 참조), 희망은 우리보다 언제나 앞서 있는 미래를 그저 기다리는 것이 아니라 지금 행동해야 한다고 우리에게 이야기한다.

우리가 페미니즘에 희망을 둔다고 할 때, 우리는 정확히 무엇에 희망을 품는 것일까? 희망을 품는다는 것은 주로 무언가를 희망한다는 뜻이다. 희망은 지향성을 보이며, 우리가 현재 시점에 마주한 대상과 어떤 관계에 놓여 있을 때 비로소 희망은 미래를 향하게 된다. 희망은 일종의 투자로서, 우리가 투자한 대상이 우리가 투자한 것을 되돌려주고 우리가 품은 희망을 실현할 것이라는 약속에 기초한다. 그러나 우리가 희망을 포기하지 않을 수 있을까? 혁명을 추구하는 좌파 정치가 지금 당장은 아니더라도 적어도 언젠가는 이루어질 것이라고 상상하기조차 어려운 21세기에 우리가 지금과 같은 세계를 마주하면서도 희망을 붙잡아야 할까? '테러와의 전쟁'이 윤리적 권리인 양 정당화되고 사랑과 해방을 내세우는 시기에도 우리가 희망을 포기하지 않을 수 있을까? 지금 여기에서 이 세계에 희망을 건다는 것은 무엇을 의미할까? 우리는 무엇에, 누구에게 희망을 두는 것일까?

비판적인 관점을 제시하는 연구는 대부분 희망을 변화와 변혁의 원동력으로 설명한다. 희망은 "더욱 생동감 있는 사회, 의식 수준이 높은 사회, 합리적인 사회를 지향하며 변화를 일으키려는 움직임이 나타나는 데 언제나 결정적 요소"(Fromm 1968: 8)로 작동하며, "현실은 결코 바뀌지 않는다는 이야기에 압도되지 않고 기대를 멈추지 않는 능력"(Farran et al. 1995: 8)을 선사한다. 이처럼 희망은 한편으로는 변화를 만들기 위해 함께 노력하는 것을 뜻하고, 다른 한편으로는 미래가 아직 결정되지 않은 상태로 남아 있게 만드는 것을 뜻한다. 우리가 희망을 놓아버린다면 당연하게도 희망은 없어지고 만다. 희망이라는 감정은 무언가를 열어두는 것이다. 윌리엄 린치William F. Lynch는 희망을 "**가능성**에 관한 감각"(Lynch 1965: 32)으로 정의한다. 이 지점에서 공포에 대해 논의한 3장의 내용을 떠올려볼 수 있다. 나는 3장에서 몸이 다른 것으로부터 영향을 받는 상태를 여러 감정이 저마다 다른 방식으로 해석한다고 지적했다. 공포는 몸이 열려 있는 상태를 위험과 고통이 발생할 가능성이 있는 것으로 해석한다. 반면 희망은 이를 갈망과 기쁨을 느낄 가능성이 있는 것으로 해석한다. 감정이 몸을 해석하는 방식에 따라 몸은 다르게 형성된다. 공포는 피해에 대한 예감으로 몸을 움츠러들게 하고, 희망은 몸이 가능성의 영역을 향해 다가감에 따라 몸의 테두리를 확장한다. 에른스트 블로흐Ernst Bloch가 이야기하듯이 "희망이라는 감정은 사람들이 스스로 한계를 제한하지 않도록 하고 자신의 경계를 넘어 확장하도록 한다"(Bloch 1986: 3).

희망을 놓아버린다는 것은 바라는 미래가 이루어지지 않는 현실을 받아들인다는 뜻이다. 희망이 없다면 미래는 실현 불가능한 것이 되고, 몸은 미래를 향해 나아가지 않는다. 하지만 이러한 관점에서 생각하다 보면 마치 미래가 실현되는 일이 개인의 믿음에 달려 있는 것처럼 보이게 된다. 주체의 의지에 지나치게 많은 무게를 둘 때, 희망의 정치는 결국 실패로 돌아가게 된다. 결과적으로 희망은 무엇이 가능한지 찬찬히 살피는 문제에서 "미래를 자신하는 성향"(Hage 2003: 25)[6]을 지니는 문제로 바뀌게 된다. 여기에는 미래에 대한 희망을 품는 것으로 바라는 미래를 충분히 실현할 수 있다는 믿음이 있다. 제임스 에이브릴James R. Averill, 조지 캐틀린George Catlin, 전겸구Kyum Koo Chon는 다음과 같이 설명한다. "우리가 스스로를 미래에 던진다면 …… 우리는 희망을 통해서 우리가 놓인 상황과 우리 자신에 내재한 가능성을 깨닫게 된다"(Averill et al. 1990: 105). 하지만 요제프 피파Josef Pieper가 지적한 것처럼 "우리는 스스로 만들 수 있거나 이루어낼 수 있는 것을 희망이라고 부르지 않는다"(Pieper 1969: 21). 희망을 품는 일이 무언가를 가능한 상태로 두는 데 필요한 순간도 있겠지만, 미래를 결정하는 데 충분한 조건이 될 수는 없다.

그렇다면 가망이 없을 때도 미래의 가능성을 열어두기 위해 희망을 간직하는 일은 어떨까? 그런 희망은 단지 더 나은 느낌을 안겨주는 것에 불과한 것일까? 아나 포타미아누Anna Potamianou는 희망이 고집하는 일이 될 수 있다고 이야기한다(Potamianou 1997: 2). 고집스러운 희망은 이미 상실한 대상에 투자하기를 멈추지 않는다는 점에서 변화가 일어날 가능성을 미리 없애버릴

감정의 문화정치

수도 있다. 포타미아누가 주장하듯이 "희망은 주로 발전과 변화를 일으키는 정동으로 이해되지만, 희망이 일련의 고착으로 이어질 때 희망은 발전과 변화라는 목표를 실현하지 못하게 된다"(Potamianou 1997: 2). 포타미아누는 희망이라는 감정이 상실한 대상을 대신하기도 한다는 점을 지적한다. 희망의 대상을 더는 붙잡을 수 없는 순간이 찾아오면 사람들은 희망에 희망을 걸기도 한다(Potamianou 1997: 4). 포타미아누가 설명한 것처럼 희망에 투자하는 일은 주체가 자아 이상에 부응하는 데 실패한 순간에도 자아 이상을 유지할 수 있는 한 가지 방법이 된다. **그렇게 애착은 앞으로 나아가는 움직임을 방해하는 것이 되고 만다.**

희망에 대한 포타미아누의 논의는 중요한 통찰을 제시한다. 우리는 사회적 규범에 투자한 것을 되돌려받지 못할 때, 오히려 희망이 투자를 늘리는 방식으로 작동할 수 있음을 살펴봤다(6장 참조). 국가를 희망의 대상으로 삼는 경우를 생각해보자. 국가는 주체의 투자를 되돌려줄 것이라고 약속하지만, 국가에 대한 투자가 계속 이어지려면 국가가 투자한 것을 되돌려주는 일이 미래로 끝없이 연기돼야 한다. 여기서 희망이라는 감정은 희망을 상실한 대상으로 만드는 일을 통해 지속된다. 희망을 상실한 대상으로 만드는 일은 대상을 소수만 알 수 있게 감춰두며, 정치적이고 개인적인 실천이 더욱 창조적인 방식으로 이루어질 가능성을 차단한다. 하지만 나는 희망이 대상을 감추는 것이 아니라 대상에 생기를 불어넣는 방식으로 지속될 수 있음을 이야기하려고 한다. 페미니즘에서 희망이 어떤 역할을 하는지 새로이 사유하는 일은 우리가 이를 구별하는 데 도움을 준다.

앞서 지적한 것처럼 페미니스트가 간직하는 희망은 어떤 면에서 페미니즘이 더는 필요하지 않은 세계를 가리킨다(Brown 2003: 4 참조). 물론 우리가 그러한 세계에 살고 있는지 판단하는 일은 쉽지 않은 문제일 것이다. 페미니스트가 간직하는 희망은 분명 혁명적이지만, 페미니즘이 마주한 어려움은 젠더를 "모든 것에 근본적인 영향을 미치는" 종속으로 해석하는 데서 비롯한다. 일례로 '젠더 구별 없애기de-gendering' 프로젝트에 희망을 걸었던 일은 지금 생각해보면 기껏해야 순진한 시도로 보인다. 이는 1970~1980년대 일부 페미니스트 집단이 제안하고, 부모 역할을 둘러싼 사회적 관계를 바꾸기 위해 대상관계 이론에 기댄 정신분석학자들이 추진한 프로젝트였다. 어떤 면에서 이들은 젠더가 하나의 속성으로 물화되는 과정에 애착이 영향을 미친다는 점을 가볍게 생각했다. 우리가 특정한 행동을 바꾸기만 하면, '젠더가 별것 아님'을 깨닫기만 하면 젠더가 아무 의미 없는 세계가 펼쳐질 것이라고 기대하고 희망한 것이다. 현재 시점에서 평가할 때, 이는 권력이 행사하는 힘을 인식하기만 하면 권력이 해체될 것이라고 믿는 자유주의와 공모하는 것처럼 보일 정도다. 한편 젠더가 중요하지 않은 세계에 대한 페미니스트 희망이 포스트 페미니즘으로 번역되는 끔찍한 일이 벌어지기도 했다. 포스트 페미니즘은 젠더가 아무 의미 없는 세계가 지금 펼쳐졌다고 선언한다. 이는 젠더를 비롯한 어떠한 권력도 작동하지 않는다고 주장하는 신자유주의와 공명한다. 포스트 페미니즘에 따르면 여성은 이제 억압받지 않고 페미니즘은 더 이상 필요하지 않다. 하지만 포스트 페미니즘이 그리는 세계는 우리가 희망했던 세계가 아니라 우리가

감정의 문화정치

페미니스트의 이름을 내걸고 맞서온 것이 여전히 계속되는 세계일 뿐이다.

　페미니스트 희망을 품는 일이 반드시 [권력의 작동을] 감추는 정치로 이어지는 것은 아니다. 희망이 사라졌다고 슬퍼하기에는 아직 이른지도 모른다. 오히려 그렇게 슬퍼하는 일이 희망을 상실한 대상으로 만들어버리고 만다. 다른 누군가가 희망을 '가져가버릴' 수 있다는 사실, 이로 인해 희망이 약속한 것이 물거품이 될 수 있다는 사실은 불확실한 현재에서 미래를 예견하는 일에 위험이 필연적으로 따라온다는 것을 알려준다. 현재로서는 꿈꿀 수 없는 또 다른 모습의 세계를 기대하고 이에 대한 희망을 드러내는 일은 정치적인 활동이다. 우리가 지쳐서 쓰러지고 절망에 빠진 순간에도 희망을 드러내는 일에 담긴 정치적인 의미는 고스란히 남아 있다. 위험이 있다는 사실은 우리가 정치적 실천에 '나서지 말아야' 한다는 뜻이 아니라 정치적 실천이, 그러한 실천이 약속하는 힘을 없애버리는 방식으로 이루어질 수 있음을 인식해야 한다는 것을 뜻한다('페미니즘과 분노' 참조).

　그러나 동시에 나는 (섹스와 젠더와 같은) 페미니즘의 "대상을 날려보내자"(Brown 2003: 15)는 웬디 브라운의 주장이 지나치게 많은 것을 떠나보내는 제안이라고 생각한다. 대상을 날려보내자는 브라운의 페미니즘은 희망을 이야기한다. 브라운에 따르면 대상을 붙잡는 페미니즘은 그 자체의 재생산에만 열중하고 "자신의 경력 쌓기"(Brown 2003: 15)에만 몰두한다. 브라운은 페미니즘의 "대상"이 새로운 실천의 등장을 가로막지 않는 희망을 우리에게 제시한다. 정리하면 브라운은 "더 커다란 변혁 정치의 일부가 되어" [대상을] 떠나보내는 페미니즘을 요청한다. 마치 갇혀 있던 새를 끝없이 펼쳐진 하늘로 풀어주듯이 페미니즘의 대상을 날려보내자는 것이다. 나는 대상을 날려보내자는 주장에 담긴 희망 어린 기대를 존중하면서도 다른 대안을 제시하려고 한다. 페미니즘이 날아오를 방법은 대상을 떠나보내는 일이나 대상을 하늘로 풀어주는 일이 아니라 대상을 가까이에 두는 일, 나아가 대상에 더 가까이 다가가는 일에 있다.

7장에서 퀴어 슬픔을 분석한 내용으로 돌아가보자. 나는 퀴어 슬픔은 대상을 '떠나보내기'를 거부한다고 이야기했다. 떠나보내기를 거부하는 일은 사랑하는 대상이 흔적으로 살아 있도록 만들며, '살아 있는' 흔적은 이를 함께 나누는 일을 통해 계속된다. 나는 또한 앞선 절에서 페미니즘은 대상을 상실함으로써 운동이 된다고 주장했다. 두 가지 논의를 함께 연결해보면 다음과 같다. 우리는 페미니즘의 대상을 향해 움직임으로써 페미니즘에 거는 희망이 살아 있도록 만든다. 대상을 '향하는' 움직임은 페미니즘의 대상을 붙잡지 않는다. 오히려 대상을 향해 움직임으로써 대상은 움직이게 된다. 우리가 페미니즘에 거는 희망은 페미니즘을 상실한 대상으로 만드는 데 있지 않다. 우리가 페미니즘의 대상에 대한 애착을 간직하는 일은 '페미니즘'이 움직이도록 한다. 페미니즘은 페미니즘의 이름으로 함께 모인 이들이 서로 접촉하는 과정에서 형성된다. 페미니즘의 대상이 살아 있도록 만든다는 의미는 우리가 가능성의 영역에 가닿기 위해 노력하는 과정에서 대상이 새로운 모습과 형태를 지니도록 한다는 것이다. 페미니즘의 대상을 떠나보내는 일은 대상을 소수만 알 수 있게 감춰두고

감정의 문화정치

우리가 이미 지나왔다고 생각하는 과거의 유물로 만든다. 그러나 우리가 움직임에 따라 우리가 현재 애착을 느끼는 페미니즘의 대상도 움직인다. 페미니즘에 열린 상태로 있다는 것은 우리가 현재 마주하는 세계를 비판한다는 것이자 페미니즘의 대상을 '아직 실현되지 않은 것'을 향한 희망으로서 지금 여기에서 새로이 마주한다는 것이다.

나를 페미니즘으로 이끈 희망은 '내가 맞서는 것'이 필연적인 것이 아니라는 확신에서 비롯한다. 희망은 내가 지향하는 것이 성취되지 않을 수 있다는 의미를 담고 있다(Pieper 1969: 20). 페미니즘에 희망을 둔다는 것은 미래를 향한 페미니스트 비전이 현재 실현되지 않았음을 인식한다는 의미다. 그 자체로 움직이며 새로운 움직임을 일으키는 페미니즘의 희망은 대상을 떠나보내는 일이 아니라 그 대상을 향해 움직이는 일을 통해서 살아 있게 된다. 페미니즘의 대상은 **우리가 현재 맞서는 것이 끈질기게 이어지고 있음을 알려준다.** 이에 페미니즘에 희망을 거는 일은 단지 미래를 바라보는 일이 아니라 과거가 현재에도 끈질기게 이어지고 있음을 인식하는 일이다.[7] 우리가 끈질기게 싸워야 하는 이유 역시 과거가 현재에도 이어지고 있기 때문이다. 우리는 페미니즘이 현재 살아 있도록 함으로써 끈질기게 싸워야 한다. 이처럼 희망을 고집스럽게 붙잡는 일에는 중요한 의미가 있다. 투자를 포기하는 순간이 찾아올 수 있음에도 투자한 것을 지키기 위해 애쓰는 일도 가능하다. 이 지점에서 페미니스트는 정치적이고 전략적인 질문을 다시 마주한다. '우리는 언제 떠나보내야 하는가?' '우리는 무엇을 내려놓아야 하는가?' 이 질문에는 확실한 정답이 없다. 우리는 무엇을 할지 항상 새롭게 결정해야 한다. 우리는 우리가 관련되어 있다고 생각하는 현재의 모든 순간마다 무엇을 할지 결정하고 다시 결정해야 한다. 그러나 이 결정은 내게 속한 것도, 더 나아가 상대에게 속한 것도 아니다. 우리는 이 결정이 타자 곁에서, 타자를 향해서 이루어져야 한다는 점을 잊지 말아야 한다. 결정을 내린다는 것은 '현실'을 이미 정해진 것으로 내버려두지 않겠다는 뜻이며, 우리가 투자하는 것에 질문을 던진다는 뜻이다. 물론 질문을 던진다고 해서 투자를 멈춰야 하는 것은 아니다. 우리가 타자와 접촉하는 일이 우리가 투자한 것에 문제를 제기하도록 공간을 열어두는 일과 우리가 투자하는 일은 함께 이루어질 수 있다. 우리가 타자와 접촉하는 일은 우리가 열린 상태에 있도록 이끈다. 타자에게 영향을 받는 일은 미래의 불확실성을 향해 페미니즘을 열어두는 일에 핵심을 차지한다.

우리가 페미니즘을 열어두는 현재와 페미니즘이 다다르는 불확실한 미래 사이에는 시차가 존재한다. 우리는 바로 이 순간에 행동에 나선다. 다시 말해서 우리가 가르치고, 항의하고, 이름을 붙이고, 느끼고, 타자와 연결돼야 하는 시간은 바로 지금이다. '현 체제'에 맞선 투쟁을 통해 개방성은 커지고, 이는 서로 다른 몸이 지금 함께 모이는 일로 이어진다. 여기서 '우리' 페미니스트가 정동적으로 [연결된다]. 가능성의 영역이 열리는 일은 우리가 원하는 시점에 일어나는 것도, 현재가 미래를 비추고 미래가 다시 현재를 밝히는 여정 가운데 발생하는 것도 아니다. 더욱이 가능성의 영역을 여는 일에는 **시간이 든다**. 가능성의 영역이 열리는 시간은 함께 모이는 시간이기도 하다. 우리는 우리 자신이 아

감정의 문화정치

니라 타자를 향해서 희망을 품는다. 우리가 타자의 고통을 헤아릴 수는 없지만, 타자의 고통은 현재를 직조하는 실이 된다. 그렇게 우리는 가능한 만큼 있는 그대로 타자의 고통을 어루만진다. 타자의 이야기를 경청하는 일, 이들이 겪은 강렬한 고통을 마주하는 일, 이들의 타오르는 분노에 귀를 기울이는 일, 우리가 맞서고 있다고 생각하는 모든 것으로 인해 놀라는 법을 배우는 일, 이 모든 노동을 통해서 '우리'가 탄생하고 애착이 만들어진다. 바로 이것이 페미니즘이 말하는 애착이고 페미니즘에 대한 애착이다. 이러한 애착은 움직인다. 사람들이 '우리'라는 것을 향해서 움직일 때 우리가 나타난다는 점에서 우리는 나를 움직인다. '우리'는 가만히 있지 않고 현실에 개입한다. '우리'는 우리가 맞서는 것으로부터 영향을 받는다. 다시 말해서 '우리'는 우리가 지향하는 것, 우리가 할 수 있게 만든 것, 우리가 형성한 것, 우리가 가능하게 한 것으로부터 영향을 받는다. 우리는 페미니즘과 연결된 타자를 향해 움직이면서 우리가 맞서는 것에서 벗어난다. 이와 같은 움직임은 페미니스트 공동체의 표면을 이룬다. 글쓰기, 대화, 활동, 노동을 통해 애착을 만들고 없애는 일 가운데 페미니즘은 움직이고 움직여지며 연결하고 연결된다. '나'와 '우리', 페미니스트 개인과 페미니스트 집단이 연동되는 일은 불완전하다. 하지만 그렇기에 아직 실현되지 않은 새로운 존재 양식을 창조할 가능성을 지닌다. 페미니즘에서 이야기하는 '우리'는 페미니즘의 토대가 아니라 페미니스트라는 이름을 살아내는 위험을 무릅쓴 이들이 남긴 흔적의 효과다. 물론 이렇게 '희망에 찬' 서사에는 그림자도 있다. '우리' 페미니스트가 특정한 몸을 반영한다는 것이다.

그렇기에 페미니즘이 우리에게 희망을 선사한다고 하더라도 페미니즘을 희망의 대상으로 삼지 않는 일은 중요하다. 여는 부분에서 설명한 것처럼 여러 형태의 사회적 폭력에 반대한다고 공개적으로 말하는 페미니스트는 부정적인 정념에 사로잡혀 있다는 이유로 무시당하고는 한다. 페미니즘에서 감정을 강조하는 일은 분명한 위험을 수반한다. 물론 그러한 위험을 감수할 가치가 있을 때도 있다. 테러와의 전쟁에 반대하며 공개적으로 말하는 페미니스트들은 바로 그러한 위험을 감수했다. 이들은 다른 세계가 가능하다는 희망 혹은 이 세계에서 타자와 더불어 살아가는 다른 방식이 존재한다는 희망을 노래했다. 찬드라 탈파드 모한티Chandra Talpade Mohanty(2003)가 이야기한 "초국가적 연대"를 향한 희망은 페미니스트 지향을 지니는 일에 놓여 있는지도 모른다. 페미니스트 지향이란 세계를 마주하는 한 가지 방식으로, 우리가 아마도 인식하지 못하는 것을 우리가 아직 알지 못하는 타자와 함께 마주하는 일을 가리킨다. '테러와의 전쟁'에 반대한다고 공개적으로 이야기한 페미니스트들은 그러한 의미의 연대를 요청했다. 이들은 전쟁이 또 다른 테러임을 지적하며 전쟁에 반대하는 한편, 세계에 대한 또 다른 지향을 지녀야 한다고 주장했다. 우리는 우리가 무엇에 '반대하는지' 이야기하면서 무엇을 '바라는지'도 이야기한다. 그러나 우리가 바라는 것이 우리가 현재 시점에 명료하게 설명할 수 있는 대상으로 반드시 존재하는 것은 아니다. 어떤 사람이 아니라 어떤 대상을 바란다고 이야기하는 일은 우리가 살아가는 이 세계에서 무엇이 가능한지 알 수 없는 현실과 더불어 살아가는 일을 수반한다. [그런 의미에서] 연대

는 우리가 같은 싸움을 한다고, 같은 고통을 느낀다고, 같은 미래
를 기대한다고 넘겨짚지 않는다. 헌신과 노동으로 이루어지는 연
대는 우리가 같은 것을 느끼지도, 같은 삶을 살지도, 같은 몸을 살
아내지도 않는다는 것을 받아들이면서도 우리가 공통의 기반 위
에서 살아간다는 것을 인식하도록 한다.

정의로운 감정

PAIN
HATE
FEAR
DISGUST
SHAME
LOVE
QUEER
FEMINISM
JUSTICE

열세 살 소년 알리는 바그다드에서 일어난 폭발 사고로 잃어버린 팔을 치료하기 위해 용감하게 첫걸음을 내디뎠다. …… 알리가 겪은 고난은 잔혹한 독재자와 전쟁 때문에 이라크인들이 무고하게 희생되고 고통받은 현실을 상징적으로 보여줬다. 이제 알리의 회복은 무너져버린 나라에 새로운 희망이 찾아왔음을 상징하게 됐다. (Smith and Williams 2003: 5)

나는 이 책에서 '감정은 무엇을 하는가'라는 질문을 통해서 감정의 문화정치를 살펴봤다. 앞서 이야기했듯이 감정이 '하는' 일은 기호와 몸의 끈적이는 관계와 밀접한 관련이 있다. 감정은 기호를 통해 몸에 작동함으로써 우리가 세계로 경험하는 표면과 경계를 물질화한다. 나는 결론에서 감정이 무엇을 하는지 다시 살펴보는 하나의 방법으로 감정과 (부)정의의 관계에 주목하려고 한다. 우리는 다음과 같은 질문을 마주한다. 감정은 어떻게 정의 혹은 부정의에 관한 이야기와 밀접하게 연관되는가? 감정은 어떻게 텍스트를 통해서 작동하는가? 이는 부정의가 초래한 결과를 상처나 부상의 형태로 '드러낼' 뿐만 아니라 더 나아가 복원, 수리, 치유, 회복의 가능성을 여는가? 부정의에 대응해서 '정의로운 감정'을 더 많이 가지는 일은 정의로운just 것인가? 아니면 정의는 '단지just' 감정에 대한 것이 결코 아닌가?

부정의에 대응하는 과정에서 감정이 하는 역할을 살펴보는 방법 가운데 하나는 슬픔의 정치에 주목하는 것이다. 나는 6장과 7장에서 감정이 사랑받을 **만한** 존재, 슬픔의 대상이 될 **만한** 존재를 식별하고 특정한 타자를 감정의 적법한 대상으로 구성함으로써 타자를 구별하는 방식으로 작동한다고 설명했다. 이와 같은 구별은 적법한 삶과 그렇지 않은 삶의 구분을 공고히 한다는 점에서 슬픔의 정치의 핵심을 차지한다. 주디스 버틀러(2005)는 '테러와의 전쟁'이 테러를 반복하는 일이 아니라 테러로 인한 피해를 회복하는 일로 정당화하기 위해서 슬픔의 대상이 되는 삶과 그렇지 못한 삶을 구분하는 일이 필요했다고 지적한다. 전쟁의 정당성은 어떠한 죽음은 다른 죽음보다 '정당하다'라고 여기는 데서 비롯한다. 전쟁이라는 '부정의', 전쟁을 사랑의 임무로 포장하면서 정당화되는 수많은 부정의는 특정한 타자의 죽음을 애도하지 않는 일에 기댄다. 만약 슬픔의 대상이 될 수 없다고 규정된 이들이 슬픔의 대상이 될 때, 이들의 상실이 상실로 느껴질 뿐만 아니라 상실이 부정의로 인해 발생했음을 나타내는 상징이 될 때, 어떤 일이 벌어질까? 슬픔의 대상이 되지 못한 이들의 상실을 애도하는 일은 부정의를 정의로 변화시킬까?

7장에서 나는 9·11 테러에 대한 퀴어 반응을 분석하면서 국가가 이미 애도한 상실에 퀴어 상실을 덧붙이는 일은 슬퍼할 수 없는 것으로 남겨진 다른 상실을 지우는 일에 공모하는 것일 수 있다고 이야기했다. 그렇다면 '다른 상실'이 슬픔의 대상이 된다는 것은 무슨 의미일까? 앞서 제시한 인용문에서 알리의 소식을 기사로 접한 영국인 독자는 영국인의 입장에서는 슬퍼할 만하다고 여겨지지 않는 삶인 이라크 아이의 삶을 슬퍼하게 된다. 알리가 잃어버린 팔은 영국인이 알아볼 수 있는 상실이 되고, 영국인은 이 상실을 애도할 것을 요청받는다. 그러나 알리가 부상당했다는 사실에 슬퍼하는 일이 알리의 부상을 초래한 부정의를 바로잡을 수 있을까? 타자는 어떠한 과정을 통해 우리에게 '애도되는 삶'이 되는 것일까? '타자'가 슬퍼할 만한 존재로 구성되는 일은 주로 상실을 감상을 일으키는 문제로 만듦으로써 이루어진다. **상실을 통한 유대**가 우리를 서로 닮게 만드는 것이다. 아이를 구조하는 일은 슬픔이 아이에게까지 확장되도록 한다. 그러나 동시에 이는 다른 상실이 지워지는 일을 지속시킨다. 다른 상실은 슬픔이 확장되는 바로 그 '순간'에 지워진다. 아이는 국가가 겪는 고통을 상징하는 존재이자 이를 대신하는 존재가 된다. 한 명의 아이를 구조하는 일과 아이가 재현하는 것('국가')이 부재한 채 존재하는 일은 한 명씩 이름을 언급할 수 없을 정도로 많은 또 다른 타자들, 전쟁에서 패배하고 목숨을 잃은 타자들을 지우고 만다.

그렇다면 또 다른 타자에게 슬픔을 느끼는 것은 무엇을 하는가? 이 느낌은 어떻게 주체를 타자와의 관계로 이끄는가? 나는

1장에서 자선 담론을 분석하면서 고통이 주체를 '움직이는' 방식으로 작동한다고 이야기했다. 고난을 겪는 아이의 얼굴은 영국인 주체가 자선을 베풀고 연민을 보이는 자리에 있도록 한다. 아이의 고통에 마음이 움직인 영국인 주체는 자신이 사랑으로 가득 찬 존재임을 폭력의 현장 한가운데서 드러낸다. "이라크전쟁에 관한 그 어떤 이야기보다 영국인의 마음에 와닿았다"(《데일리 미러》, 2003년 6월 7일 자 7면). 로렌 벌랜트(2003)는 연민이 보수주의의 새로운 얼굴이 된 과정에 주목한다. ('도움을 받을 만한 자격이 있는' 가난한 이들, 무고한 아이, 부상당한 영웅 등) 몇몇 타자의 괴로움에 마음이 움직인다는 것은 이들이 또 다른 타자가 도달할 수 없는 자리로 승격된다는 뜻이다(또 다른 타자의 괴로움은 내가 공감하거나 찬사를 보내는 대상이 될 수 없다). 이에 영국인의 마음에 와닿은 것이 아이의 괴로움이라는 사실은 우연이 아니다. 아이는 무고한 얼굴을 지닌 존재를 나타낸다. 우리와 다르다는 위협감은 아이로 인해서 우리를 닮을 것이라는 기대와 희망으로 바뀐다. 그 아이가 나의 아이**였을 수 있다**는 것이다. 팔을 잃어버린 아이가 **다른 어떤** 아이였을 수 있으며 아이가 겪은 상실이 나의 상실이었을 수 있다는 상상을 통해서 아이의 고통은 보편성을 얻는다. 아이의 고통을 마주한 다른 누군가가 분명히 느낄 고통에 내가 동일시할 수 있다는 점에서 아이의 고통은 우리를 타자에게 더 가까이 이끈다. "고향으로 돌아온 알리의 여동생과 이모는 알리와 다시 만날 날을 간절히 기다리고 있다"(《데일리 미러》, 2003년 6월 7일 자 7면). 알리의 고통을 마주하면서 우리는 '타자와 함께' 있게 된다.

이와 같은 서사에서 타자의 괴로움에 연민을 보이는 일은 타자에게까지 선물을 선사하는 일이 된다. 우리가 타자에게 선물을 선사할 것이라는 약속은 이라크의 희망으로 제시된다. 우리의 연민으로 인해 타자의 괴로움은 사라지고 국가는 '복원되며' '치유될' 것이다. 우리는 괴로워하는 이들을 구해낼 수 있으며, 문명사회를 형성한 '우리' 공동체에 참여하는 일이 거부된 이들에게 희망이 될 수 있다. 중요한 사실은 우리의 희망이 이들을 위한 선물이 됨에 따라 타자가 우리에게 신세를 진 상태에 놓인다는 것이다. 신세를 입은 사람의 위치는 고마워해야 하는 위치라고 할 수 있다(Hochschild 2003). 타자는 구원을 받고 문명사회에 참여하게 됐다는 것을 고마워해야 한다. 알리의 이야기는 후속 기사에서 다음과 같이 이어진다. 기사는 알리가 한 말을 표제로 삼았다. "평생 영국에서 살아도 되는지 여왕 폐하께 여쭤볼 거예요"(《데일리 미러》, 2003년 8월 9일 자 9면). '국가의 희망'은 영국인이 될 수 있다는 약속으로 빠르게 바뀐다.

알리의 이야기는 (부)정의와 감정 사이의 까다로운 관계를 잘 보여준다. 이 이야기는 정의와 부정의를 각각 좋은 느낌과 나쁜 느낌을 가리키는 기호로 '해석'할 수 없음을 알려준다. 나쁜 느낌을 좋은 느낌으로(증오를 사랑으로,¹ 무관심을 공감으로, 수치심을 자긍심으로, 절망을 희망으로) 바꾸는 일이 부정의로 인한 피해를 반드시 회복시키는 것은 아니다. 나쁜 느낌을 좋은 느낌으로 전환하는 일은 느낌의 주체와 대상의 구분을 지속시킨다는 점에서 이와 같은 전환을 통해 바로잡으려고 했던 폭력을 오히려 되풀이하기도 한다. 느낌이 특정한 타자에게만 확장될 때, 느낌의 주체와 대상의 구분은 되풀이되고 만다. 그렇다면 타자의 느낌은 어떠한가? 타자의 괴로움이 실제로 존재한다는 사실은 부정의를 나타내는 기호가 아닌가?

부정의와 나쁜 느낌의 관계는 복잡하다. 벌랜트는 부정의가 고통이나 나쁜 느낌으로 환원될 수 없다고 이야기하지만(Berlant 2000: 35), 부정의와 고통이 서로 환원될 수 없다고 해서 분리될 수 있는 것도 아니다. 예컨대 위력을 행사하고 위해를 가하는 관계처럼 구조적 형태로 나타나는 폭력이 '올바르지 않은' 이유는 이로 인해 괴로움을 겪는 사람이 존재한다는 점과 **관련이 있다** (1장 참조). 폭력으로 인한 결과는 폭력을 '나쁜 것'으로 여기는 원인과 연관된다. 그러나 누군가가 괴로워한다는 것이 **그 자체로** 폭력이 나쁜 원인은 아니다. 이와 같은 주장은 감정의 존재 여부에 따라 옳고 그름을 판단한다는 점에서 위험하다.[2] 무언가가 나쁘거나 잘못됐다고 판단하는 일을 아픔, 고통, 괴로움의 경험 여부로 환원하는 것에는 심각한 문제가 있다. 타자 자신이 괴롭지 않다고 주장하거나 타자가 괴로움을 겪지 않았다고 주체가 주장하는 경우에는 오히려 폭력을 지속시킬 수도 있기 때문이다. 우리는 좀처럼 인식되지 않는 사회적 규범으로 인해서 어떠한 폭력은 폭력**으로** 여겨지지 않는다는 점을 기억할 필요가 있다. 이처럼 의식적으로 느껴지는 괴로움이 없다는 이유에서 폭력 자체가 정당화되기도 한다. 부정의를 감정으로 환원하는 일은 타자가 마음속으로 어떻게 느끼는지 살펴봐야 한다는 주장 또한 '정당화한다'. 아마 우리는 모두 권력관계를 정당화하는 주장, 예를 들어 폭력을 겪은 사람이 실제로는 '아프지 않다'라거나 심지어 '만족스럽고' '행복해' 보인다는 주장을 들어본 적이 있을 것이다.[3] 물론 이러한 이야기를 자기 자신에게 할 때도 있다. "나는 아프지 않아. 나는 행복해. 그러니까 잘못된 것은 없는 거야." 그러나 감정은 투명하지 않으며, 주체와 주체 자신 사이의 관계, 더 나아가 주체와 주체의 역사 사이의 관계 이상을 의미한다.

나는 증오와 공포를 다룬 장에서 감정이 대상을 통해 순환하는 방식을 분석했다. 감정은 어딘가에 머무는 실증적인 형태를 지니는 것이 아니라 몸의 표면과 경계를 형성하는 효과를 발생시킨다(2장과 3장 참조). 단순히 주체가 증오나 공포를 느끼는 것도 아니며, 대상이 혐오스럽거나 무서운 것도 아니다. 증오와 공포의 감정은 타자가 자신의 인상을 남기고 우리에게 흔적을 남기는 '접촉 지대'에 의해서 형성된다. 이 책에서 나는 인종차별을 특정한 특별한 접촉으로 설명했다. 인종적 타자와 마주한 백인 인종주의자 주체는 (공포, 증오, 역겨움, 고통과 같은) 감정의 강화를 경험하기도 한다. 이 감정의 강화는 타자의 몸에서 멀어지거나 타자의 몸에 다가가 폭력을 행사하고 멀어지는 일을 수반한다. '접촉의 순간'은 접촉을 둘러싼 과거 역사에 의해서 형성되며, 이는 인종적 타자가 가까이 있는 상태를 위협적인 것으로 인식하도록 만든다. 동시에 접촉의 순간은 마주침이 일어나는 접촉 지대에서 주체와 타자의 몸을 새롭게 형성한다. 접촉을 둘러싼 역사는 몸의 표면에 이미 흔적을 남기는 한편, 새로운 흔적을 만든다. 이처럼 감정은 '안에서 밖으로' 또는 '밖에서 안으로' 향하는 것처럼 느껴지지만, 실제로는 이미 존재하는 연상 체계를 되풀이함으로써 안과 밖의 구분을 생성한다. 이러한 측면에서 나는 감정이 수행적이라고 이야기했다. 감정은 감정의 대상을 만들어내는 한편, 연상 작용을 구조화하는 과거 역사를 되풀이한다(4장 참조). 수행성의 순환 고리는 강력하게 작동한다. 타자를 역겨운 존재로 해석하는 주체는 역겨움에 휩싸이고, 이는 다시 그러한 해석이 '진실하다'는 것을 뜻하는 기호가 된다.

나는 감정을 내면의 상태나 특성과 같은 개인적인 것과도, 대상의 속성과도 연결해서 설명하지 않았다. 나는 감정을 '기호'와 연결해서 설명하면서 감정이 몸에, 몸과의 관계에서 작동하는 방식을 살펴봤다. 그간 감정은 주로 언어가 가진 힘과 연관되고는 했지만, 다른 사람이 잘못된 믿음을 갖도록 이들을 설득하거나 유혹하는 데 활용되는 도구로 여겨지기도 했다(감정은 내용 없는 양식이라는 의미에서 일종의 수사로 이해됐다). 이와 같은 관점은 감정을 일종의 소유물로 만들고 열등한 형태의 발화로 전제한다. 결국 '문제를 일으키지 않는다'는 의미에서 합리성이나 거리 두기가 감정보다 더 나은 것으로 승격된다. 그러나 나는 감정을 이해하는 다른 관점을 제시했다. 감정은 기호와 기호의 관계가 결정되는 과정에서 우리가 감정의 효과를 등록시키지 않는 바로 그 지점에서 작동한다. 이는 주로 기호 사이의 환유적 근접성이라는 관계의 형태로 인해 감춰진다. 나는 4장에서 '기호'가 끈적이거나 정동으로 물드는 과정을 살펴보면서 기호 사이의 관계가 결정되는 일을 '끈적임'으로 불렀다. 나는 감정적 언어가 다른 형태의 발화와 구별되는 특별한 종류나 장르의 발화가 아니라고 생각한다. '끈적이는 기호'라는 모델은 언어가 일종의 권력으로 작동한다는 점을 보여준다. 감정은 우리를 움직이는 방식으로 몸과 몸을 연동시키고 서로 다른 형상이 달라붙게 만든다.

감정이 소유물이 아니라고 할 때, (부)정의를 논의하는 일은 어떤 감정을 '가지는지' 혹은 '그렇지 않은지'에 관한 문제가 될 수 없다. 흥미롭게도 도덕철학과 정치철학에서 감정이 정의와 관련 있다고 주장하는 이들은 주로 성품과 덕성 모델에 의존한다. 예를 들어 로버트 솔로몬Robert C. Solomon은 정의를 덕성으로 이해하는 고전적인 입장과 데이비드 흄 및 애덤 스미스Adam Smith의 도덕감정론을 따라 "정의는 무엇보다 개인적 성품에서 나타나는 것으로서 매일 경험하는 일상적인 느낌의 문제"(Solomon 1995: 3)라고 설명한다. 여기서 정의는 일종의 느낌이 되며, 다른 이들에게 연민을 보이고 이들의 고통에 공감할 수 있는 능력인 "같은 느낌"을 지니는 일을 뜻하게 된다(Solomon 1995: 3; Smith 1966: 10 참조). 우리는 정의를 공감이나 연민의 측면에서 정의하는 일에 어떠한 위험이 있는지 이미 살펴봤다. 이러한 의미의 정의는 내가 타자에게 줄 수 있는 것을 가리키는 기호가 되며, 사랑이나 "같은 느낌"을 지닐 수 있는 주체의 능력을 물화함으로써 특정한 주체를 승격시키는 방식으로 작동한다(1장과 6장 참조). 우리는 정의를 올바른 느낌을 갖는 일 혹은 올바른 주체가 되는 일로 여기는 관점에 도전해야 한다. 정의는 '좋은 성품'에 관한 것이 아니다. 정의를 좋은 성품으로 이해하는 모델은 무엇이 그 자체로 좋은 것인지 규정하는 권력관계를 감추며, (부)정의를 둘러싼 사회적 관계를 개별적이고 개인적이며 사적인 것으로 만든다. 성품은 사회적 삶의 기초가 아니라 효과다. 감정이 주체의 소유물이 아니라고 할 때, 감정을 부정의의 '진실성'을 증명하는 것으로 간주할 수 없다.

하지만 정의로운 감정을 덕성으로 이해하는 모델에 반대한다고 해서 감정이 정의나 부정의와 관계가 없다고 이야기해서는 안 된다. 이와 같은 주장은 정의와 도덕을 감정과 분리하려는 시도를 뒷받침하기도 한다. 정의와 감정의 분리는 (후기) 칸트 윤리학 전통이 제시하는 보편주의의 핵심을 차지한다. 감정과 이성의 구분에 의존하는 철학 전통은 감정을 판단이나 정의와 상관없는 것일 뿐만 아니라 올바른 판단을 내리는 데 방해가 되는 비합리적인 것으로 만든다. 감정과 이성의 위계가 형성될 때, 여성과 인종적 타자는 백인 남성에 비해서 도덕적이지 못하며 판단을 내리는 능력이 부족하다고 간주된다. 8장에서 살펴본 것처럼 이들은 자주 '감정에 휩쓸린다'고 여겨진다. 판단을 내리는 과정에서 감정을 완전히 배제하는 모델은 타자를 자연의 영역으로 격하시키는 일을 정당화한다. 다시 말해서 이 모델은 법의 지배라는 의미에서 '부정의'를 정당화한다.

이 책에서 나는 타자에 대한 감정적 반응이 판단의 형태로 작동하는 방식을 살피면서 감정과 이성의 대립 구도에 문제를 제기했다(1장 참조). 하지만 그렇다고 해서 내가 감정을 진실에 다가가는 방법이나 '더 나은' 형태의 판단으로 생각하는 것은 아니다. 감정은 원인이 아니라 효과이기에 판단의 '근거'가 될 수 없다(감정이 판단의 '형태'를 띤다는 것과 판단의 '근거'가 된다는 것은 다른 이야기다). 대신에 나는 감정이 타자가 남긴 '흔적'과 관계가 있을 뿐만 아니라 사회적 규범에 투자하는 일과도 연관된다고 주장했다(7장 참조). 부정의는 우리가 몸으로 하는 것을 통해 사회적 규범과 맺는 특정한 형태의 정동적 관계를 지속시킴으로써 작동한다. 퀴어 느낌과 페미니스트 애착을 다룬 장에서 설명한 것처럼 사회적 규범에 도전하는 일은 사회적 규범과 다른 방식의 정동적 관계를 맺는 일을 수반한다. 여기에는 사회적 규범으로 인해 치러야 하는 대가를 집단적 피해로 '느끼는' 일도 포함된다. 이와 같은 접근은 느낌을 실천의 근거가 아니라 특정한 실천을 반복하면서 생기는 효과로 이해하면서 '느낌'을 부정의에 맞서는 투쟁에서 핵심적인 문제로 만든다. 비슷한 맥락에서 타자가 괴로움을 느끼는지가 부정의를 판단하는 기준이 될 수는 없지만, 어떠한 괴로움은 부정의로 인해 발생한다. 분노, 격노, 분개와 같은 정동이 모두 부정의에 따른 필연적 결과는 아니지만, 부정의로 인해 여러 정동이 나타나기도 한다. 2장과 4장에서 언급했듯이 폭력이 특정한 정동을 반드시 일으키지 않는다고 해서 정동이 결정되지 않는다는 뜻은 아니다. 혐오발언을 예로 들자면 특정한 단어를 '끈적이게' 하고 특정한 단어가 타자에게 해를 끼치거나 상처를 입히도록 만든 역사가 이미 존재한다. 부정의와 감정이 맺는 관계의 우연성은 주체와 타자가 접촉 지대에서 가까운 상태에 놓이는 일과 부정의가 관련 있다는 점을 떠올리도록 한다(1장 참조). 부정의는 몸이 다른 몸과 어떻게 접촉하는지에 관한 문제다. 우리는 폭력, 권력, 감정을 둘러싼 관계의 복합성을 지우는 것이 아니라 드러내는 방식으로 부정의에 대응해야 한다.

부정의가 단지 나쁜 느낌에 관한 것이 아니듯이 정의 역시 단지 좋은 느낌에 관한 것이 아니다. 정의는 고통을 극복하거나 행복을 실현하는 문제가 아니다. 다시 말해서 행복하다는 것이 그 자체로 정의를 가리키는 기호는 아니다.[4] 사회적 규범에 투자하는 일이 행복을 보상으로 약속한다는 점을 고려할 때, '행복'이 정의의 '진실성'을 나타낸다고 이해하는 일은 위험하다. 벌랜트는 이 행복의 환상을 "특정한 생활방식이나 사고방식을 따르는 일이 행복을 보장해줄 것이라고 믿는" 어리석은 낙관이라고 이야기한다(Berlant 2002: 75). 어리석은 낙관은 주체에게서 비롯되는 것이 아니라 주체에게 주어진 약속을 통해 발생한다. 행복의 약속은 일반 사회에서 '진실'로 통용된다. 예를 들어 국가가 '행복의 추구'를 국가의 본래 목표로 보장하는 한, 주체는 국가를 '희망'으로 삼는다. 국가가 약속한 '행복'은 주체가 투자한 것을 국가가 되돌려주지 못하더라도 투자가 지속되도록 한다. 국가가 훌륭한 시민에게 보상으로 주겠다고 약속하는 '행복'은 언제나 미래로 연기된다. 6장에서 분석한 것처럼 투자한 것을 되돌려받지 못하는 일은 국가에 대한 애착을 강하게 만든다. 행복의 끝없는 연기는 기다림의 형태로 나타난다. 국가에 대한 투자는 '정의'를 보상으로 약속하지만, 투자가 지속되기 위해서는 정의가 실현되면 안 된다. 다시 말해서 국가는 행복을 통해 정의를 선사할 **가능성**을 지닌 정의의 '행위자'가 된다. 하지만 이 **가능성은 정의가 현재 시점에서 실현되지 못하는 실패를 통해서 지속된다.**

　더욱이 좋은 느낌 혹은 더 나은 느낌을 갖고 싶다는 욕망은 폭력관계를 지워버리기도 한다. 나는 5장에서 폭력의 역사에 수치심을 표현하는 일이 '회복'의 서사로 작동할 뿐만 아니라 문제를 '덮는' 방식으로 작동하는 지점을 살펴봤다. 수치심은 '나쁜 느낌'을 표현하는 것, 즉 현재 시점에서 더 나은 느낌을 가지려는 것과 '관계된다'. 흥미롭게도 수지 오바크Susie Orbach는 심리 치료를 나쁜 느낌을 '극복'하는 것이 아니라 나쁜 느낌과 다른 방식의 관계에 들어서는 것으로 정의한다. 오바크에 따르면 "심리 치료는 나쁜 느낌을 좋은 느낌으로 바꾸는 일이 아니라 나쁜 느낌이 전하는 의미를 충분히 이해할 만큼 오랫동안 나쁜 느낌에 머무르고 이를 받아들이는 일이다"(Orbach 1999: 52). 오바크는 나쁜 느낌을 극복하는 일이 치유를 판단하는 기준은 아니라고 이야기한다. 부정의로 인해 '나쁜 느낌'이 발생할 수 있다고 할 때, 나쁜 느낌을 극복하는 일은 부정의를 가리키는 기호를 없애버리는 일이 될수도 있다. 우리는 이를 5장에서 확인했다. 5장에는 수치심이 전환의 서사로 바뀌는 사례가 등장한다. 백인 호주인은 국가에 대한 자부심을 '되찾기' 위해 슬픔, 공감, 수치심을 표현하며 국가와 정동적인 관계를 맺지만, 이는 그 자체로 폭력이 벌어지는 현장이 되고 만다. 그렇다면 부정의에 맞서는 투쟁은 나쁜 느낌과 다른 방식의 관계를 맺는 일일까? '나쁜 느낌'이 부정의의 진실성을 가리키는 기호로 간주되지도 않고, 우리가 극복하려는 것도 아닐수 있을까?

이 질문에 답하기 위해서 '회복적 정의restorative justice' 개념을 살펴보려고 한다. 회복적 정의는 개인적 삶과 사회적 삶 모두에 영향을 끼치는 부정의의 복합적인 효과를 아우른다는 점에서 정의에 관한 논의의 장에 '감정'을 다시 등장시킨다. 범죄학을 비롯한 여러 분야에서 제안된 회복적 정의 개념은 범법 행위를 처벌한다는 뜻에서 징벌이 곧 정의라고 주장하는 모델에 도전한다.[5] 회복적 정의는 범죄에 대응하는 방식에 관한 고민에서 출발한다.

이 모델에 따르면 범죄는 법규를 어긴 것이 아니라 "한 인격체가 다른 **인격체**"의 권리를 침해한 것을 의미한다(Johnstone 2002: ix). 범죄가 인격에 대한 것이라면 정의 역시 그러해야 한다는 주장이다. 이에 정의는 자신이 저지른 범죄로 인해 발생한 피해를 가해자가 "느끼게" 만드는 일로 이해된다. "우리의 기본적인 목표는 가해자가 자신이 일으킨 피해를 인식하도록 만드는 일이어야 한다"(Johnstone 2002: ix). 가해자가 자신이 저지른 범죄가 어떤 결과를 일으켰는지 느끼는 일이 중요하다는 점에서 대화 모임이나 가정법원에서 가해자가 피해자를 대면하는 자리가 마련되기도 한다. 이를 통해 피해자는 분노, 공포, 괴로움과 같은 느낌을 가해자에게 전한다(Johnstone 2002: 66). 회복적 정의 모델이 약속하는 회복은 단순히 피해자가 입은 상처를 치유하는 일이 아니라 가해자를 다시금 공동체로 "데려와서"(Daly 2000: 36) 자신이 저지른 범죄로 인해 피해자가 어떤 감정을 느끼게 됐는지 마주할 것을 요구함으로써 공동체를 회복하는 일이다. 회복은 가해자가 반성의 자세를 보이는 모습으로 대표되며, 이는 그 자체로 피해자에게 더 나은 느낌을 선사할 수도 있다. 때로는 피해자가 반성하는 가해자를 용서하는 방식으로 화답하기도 한다. 회복적 정의 모델은 용서를 의무가 아닌 선물로 이해하며(Braithwaite 2002: 15) 희망으로 제시한다. 용서는 범죄로 인해 서로 갈라졌던 이들이 화해하고 공동체가 회복됨에 따라 정의가 회복된 상태를 뜻한다.[6] 이에 관해 조 허드슨Joe Hudson과 버트 갤러웨이Burt Galaway는 "형사사법 정의를 실현하는 과정에서 추구해야 하는 목표는 당사자들을 화해시키고 다툼으로 인해 발생한 상처를 돌보는 일을 통

감정의 문화정치

해 공동체의 평화를 이루는 것이어야 한다"(Hudson and Galaway 1996: 2)고 설명한다.

나는 회복적 정의 모델이 개인에게 집중한다는 점에서 중요한 의미가 있다고 생각한다. 정의를 비인간화하는 일은 상처를 사라지게 하고 다른 사람에게 해를 끼친 이들을 감싸는 일로 이어질 수 있다. '개인적으로 받아들이지 말라'는 격언은 피해를 준 행동이 다른 사람에게 미친 영향을 감추면서 가해 행동을 정당화한다는 점에서 불충분하다. 범죄와 부정의에 따른 결과가 단순히 개인에 '관한' 것은 아니지만, 이로 인한 영향은 개인적인 차원에서 발생한다. 물론 범죄나 부정의를 개인의 영역으로 환원하는 일은 위험을 안고 있다. 범죄를 개인적인 것으로 다루는 일이 범죄를 둘러싼 공적이고 구조적인 차원을 감출 수 있기 때문이다. 그러나 개인적인 것은 복합성을 지닌다. 개인적인 것은 모든 인격체가 개인적인 것 이상의 의미를 체현하도록 하고 개인적인 것이 인격 이상의 의미를 체현하도록 하는 관계에 매개된다. 감정을 오로지 개인적인 것으로 간주하거나 개인이 어떻게 느끼는지에 관한 개별 인격체의 문제로 이해할 때, 감정의 효과가 지닌 구조적 특성은 감춰진다. 정의를 가리키는 '기호'로서 감정에 기대는 일에 대해, 특히 가해자의 '반성'이 상처를 극복하는 데 도움을 준다는 가정에 대해 많은 이야기가 가능할 것이다. 5장에서 이야기했듯이 사과는 단지 감정의 표현에 '관한' 것은 아니지만, **감정의 진실성을 가리키는 기호로 여겨지는 경우**에는 감정을 '대신하기도' 한다. 이처럼 정의가 이상화되면서 나타나는 감정의 '교환'은 감정의 '표현'을 '진솔한 느낌'을 투명하게 보여주는 것으로 분명히 가정한다. 감정의 표현을 무조건 가식이나 거짓으로 이해해야 한다는 의미가 아니라 감정의 '기호'가 순환한다는 것이 사실 다른 무언가를 뜻하는 '기호'일 수 있다는 의미다.

감정의 '기호'는 우리가 공동체의 '약속'으로 되돌아오도록 한다. 존 브레이스웨이트John Braithwaite는 공동체의 회복이 가해자를 공동체에 '재통합시키는 일'을 통해서 일어난다고 주장한다. 그에 따르면 가해자를 재통합시키는 일은 감정이입이 아니라 '재통합적 수치심reintegrative shaming'으로 인해 이루어진다. 그가 말하는 재통합적 수치심이란 "잘못을 저지른 사람을 점점 내쫓으면서 일탈을 증폭시키는 것이 아니라 가해자가 부끄러움을 느끼도록 하는 동시에 존중과 사랑의 유대를 만들어가면서 가해자에 대한 불인정을 용서로 확실히 끝내는 일"을 가리킨다(Braithwaite 1989: 12-13). 수치심은 가해자가 후회하도록 만드는 일(이는 반복적인 일탈로 이어질 수 있다)이 아니기에 "공동체가 불인정을 표현하는 일"에는 "가해자를 다시 받아들이는 노력"이 뒤따른다 (Braithwaite 1989: 55). 중요한 점은 이 모델에서 가해자가 부끄러움을 느끼도록 하는 행위자가 (가해자를 후회하게 만들 수 있는) 피해자가 아니라 가해자의 가족과 친구라는 것이다. 가해자는 자신을 부끄럽게 만드는 이들을 사랑한다. 이로 인해 그가 느끼는 수치심은 그를 공동체에서 소외시키는 것이 아니라 공동체에 통합되도록 만든다. 브레이스웨이트는 다음과 같이 결론을 내린다. "재통합적 수치심이 작동하는 모습은 서로 사랑하는 가족 안에서 가장 잘 나타난다"(Braithwaite 1989: 56).

브레이스웨이트가 가족을 이상화하는 것은 우연이 아니다.

감정의 문화정치

회복적 정의에 관한 연구는 부정의가 사회적 유대의 파괴로 인해 발생한다고 전제한다. 이에 사회적 유대(가족, 공동체, 국가)를 회복하는 일은 정의를 가리키는 기호로 해석된다.[7] 그러나 이와 같은 해석은 부정의와 사회적 유대의 관계를 설명하지 못한다. 예를 들어 가족의 이상화는 이상적 형태의 가족을 이미 형성하지 못하는 퀴어와 같은 타자를 타자로 규정하는 일에 기대고 있다 (7장 참조). 또한 사회적 유대를 만드는 일은 이상에 부응하지 못하는 타자가 충족하지 못하는 사랑의 조건을 내건다(6장 참조).

　　회복적 정의 연구에서 정의는 사회적 유대를 회복하는 문제 (이는 폭력과 연관되기도 한다)가 될 뿐만 아니라 좋은 관계를 '갖는' 일로 간주된다. 나는 타자를 구분함으로써 작동하는 '관계'의 부정의를 감추는 일은 부정의에 맞서는 투쟁을 좋은 관계를 위한 안내서로 만든다고 생각한다. 정의는 단순히 '함께 어울리는 일'이 아니라 관계에 진입하지 않을 수 있는 타자의 권리, '나와 함께 있지 않아도 되는' 타자의 권리를 보호하는 일이라고 할 수 있다. 어떤 면에서 타자는 나의 공감은커녕 슬픔이나 사랑도 원치 않을 수 있다. 사회적 유대를 이상으로 만드는 일은 관계 자체를 타자가 감당할 수 없는 도덕적 의무로 전환하는 일로 빠르게 바뀐다. 우리는 다문화주의가 사회적 유대로 이상화되는 과정에서도 비슷한 모습을 확인했다(6장 참조). 종족적 소수자 공동체와 백인 노동계급 공동체는 다른 이들과 더욱 친하게 '어울리는 일'을 거부한다는 점에서 사회적 유대라는 이상을 실현하는 데 실패한다. 여기서 다른 이들과 가까이 있는 상태는 정의의 '진실성'을 가리키는 것으로 바뀌고 치유를 뜻하는 기호가 된다(공동체가 서로 '불화하는' 이유는 거리를 두기 때문이라고 여겨진다). 서로 다른 이들이 평화롭게 지내는 일과 조화를 이루는 일이 동의어가 되면 다른 이들과 가까이 있는 상태는 어김없이 도덕적 의무로 바뀌게 된다. 이는 타자에게 공동체의 모습을 모방할 것을 요구하며 결과적으로 타자에게 폭력을 가한다.

물론 정의를 치유로 이야기하는 일은 더욱 긴 역사가 있고, 단지 회복적 정의 이론뿐만 아니라 광범위한 영역에서 논의된다. 브레이스웨이트는 이후의 연구에서 다음과 같이 이야기했다. "다친 우리에게는 치유가 필요하다. 아픔에 담긴 이야기를 경청할 다른 존재가 필요하다. 치유와 경청이 있을 때, 우리는 모두 문제를 해결하기 위해 나설 수 있다"(Braithwaite 2002: x; 그 외에 Kiss 2000: 72; Sullivan and Tifft 2001; Rotberg 2000: 7; Minow 1998 참조). 치유 모티프는 화해와 배상을 둘러싼 국가 정치와 치유 담론을 연결한다. 그러나 치유 모티프가 두 영역 사이를 '여행한다'고 해도 우리가 두 영역을 환원해서는 안 된다. 개인적 치유와 집단적 치유의 관계는 앞으로도 질문으로 남아 있어야 한다. 물론 집단이 마치 개인'인 것처럼' 여겨지고 느낌을 '가진' 주체로 해석될 위험은 있다. 마사 미노Martha Minow는 치유가 이루어지는 일이 감정적 삶의 복합성과 밀접한 관련이 있다고 설명한다. 미노가 주장한 것처럼 "치유가 나타나기 위해서는 트라우마 경험을 이야기하는 행동이 단순히 사실을 나열하는 것을 넘어서 생존자의 감정적, 신체적 경험과 생존자에게 중요한 의미를 지닌 타인의 반응을 아우르는 것이어야 한다"(Minow 2000: 245). 미노는 정치가 치유를 위한 자리를 마련해야 한다고 제안하지만(Minow 2000:

426   감정의 문화정치

245), 이는 정치가 치유로 환원돼야 한다는 주장과는 거리가 멀다. 정치를 치유로 환원하지 않는 방법은 감정을 개인이나 집단의 소유물로, '나' 혹은 '우리'가 가지는 것으로 간주하는 모든 모델에 도전하는 데 있다.

상처에 관해 이야기하는 일은 배상의 정치에서 매우 중요한 문제가 됐다. 이는 트라우마와 부정의에 응답하기 위해 세워진 진상조사위원회에서도 마찬가지다. 나는 1장에서 원주민 공동체의 증언이 공동체를 치유하는 중요한 의미가 있다고 강조했다. 고통과 상처의 이야기를 '말하는 것'이 언제나 고통과 상처를 치유하지는 않는다. 그러나 [누군가가] 말한다는 것은·[누군가가] 목격한다는 뜻이며, 이는 다른 이들에게 경청을 요구한다. 물론 정의로운 경청이 항상 뒤따르는 것은 아니다. 상처에 대한 증언을 듣고 응답하는 일이 상처를 '우리의 것'으로 삼는 일(전유)로 이어지면서 상처를 '덮는' 일이 되기도 한다. 하지만 우리는 '상대가 증언을 경청하지 않거나 상처를 인정하기를 거부할 때 증언의 정치는 무의미해진다'고 결론을 내려서는 안 된다. 식민 지배, 노예제, 인종차별과 같은 부정의에 대해 증언하는 일은 인정을 요구하는 것일 뿐만 아니라 그 자체로 일종의 인정이다. 부정의는 분명 상처를 수반하지만 상처로 환원되지는 않는다. 식민 지배의 부정의를 현재를 형성한 역사로 인정하는 것은 역사를 다시 쓰는 일이며, 우리가 살아가는 사회의 기초 자체가 부정의의 역사로 인해 형성됐다는 점을 인정한다는 측면에서 사회의 기초를 새롭게 만드는 일이다. 과거의 부정의로 인한 폭력이 현재를 형성했다는 사실이 인정될 때, 역사적 '진실'이라는 개념은 뒤흔들리게 된다. 부정의를 인정하는 것은 그저 타자를 가시화하는 일에 그치는 것이 아니라(물론 가시화는 중요하다) 부정의가 실제로 일어났음을 주장하는 것이다. 이는 부정의를 잊으려는 움직임에 맞서는 급진적인 주장이다. 치유는 상처를 덮는 게 아니라 다른 이들에게 상처를 드러낸다. **회복한다는 것은 드러낸다는 뜻이다.** 부정의에 대한 인정이 가져온 가시성은 평범하고 규범적인 것을 드러내는 가시성이며 진실의 기호 아래 감춰졌던 것을 드러내는 가시성이다.

드러내는 일은 증언을 듣는 순간에 끝나지 않는다. 증언은 계속 되풀이돼야 한다. 이에 드러내는 일은 정치적이면서 감정적인 노동이다. 인정에 대한 요구는 지나치게 많은 것을 드러낼 위험을 갖기도 한다. 증언을 듣기 전부터 증언을 '듣지' 않겠다고 자신을 '방어하는' 경우도 많지만(이때의 방어는 부정과 무관심 외에도 죄책감, 수치심, 분노로도 나타난다), 이와 같은 방어가 메시지를 언제나 차단하지는 못한다. 정치적 투쟁은 증언을 듣지 않으려는 상황에 어떻게 대처해야 하는지 배우고 증언이 가닿을 방법을 모색하는 것이다.

정치적 투쟁이 투쟁인 이유는 우리가 맞서는 것이 우리가 가진 자원을 빼앗고, 우리가 행동할 수 있는 능력을 약화시키며, 우리의 에너지를 소진시킬 뿐만 아니라 때로는 우리의 목숨까지 빼앗기 때문이다. 비록 정의가 더 나은 느낌에 **'관한'** 것은 아니지만, 정의를 실현하는 과정에서 더 나은 느낌을 중요한 문제로 고려해야 하는 이유가 여기에 있다. 폭력으로 인해서 삶이 무너진 이들, 변하지 않는 삶의 반복을 더는 감당하기 힘든 이들이 더 나

감정의 문화정치

은 느낌을 갖는 일은 중요한 문제이며 중요한 문제여야 한다. 더 나은 느낌이 정의가 실현됐음을 가리키는 기호는 아니며, 이를 정치적 투쟁의 목표로 물화해서도 안 된다. 그러나 더 나은 느낌은 삶을 불가능하게 만드는 상처를 가지고 살아가는 방법을 배우는 일과 맞닿아 있다는 점에서 분명히 중요하다. 화해와 배상을 이루는 기획에서 핵심은 '국가'가 회복되는 일이 아니라 부정의의 피해자들이 과거에 관해 이야기하는 과정을 통해서, 또한 [공식적인] 역사가 주장하는 '진실'로 인해 감춰졌던 상처를 드러내는 것을 통해서 더 나은 느낌을 누리며 국가에서 살아갈 방법을 찾을 수 있는지 [살피는 데] 있다. 자신의 이야기를 전할 때, 계속되는 침묵을 견디며 살아갈 더 나은 방법을 찾을 때, 범죄를 저지른 이들이 용서를 구하도록 할 때, 물질적 보상을 포함해서 상처에 대한 여러 형태의 인정을 받을 때, 피해자는 더 나은 느낌을 누릴 수 있다. 더 나은 느낌을 갖는다는 것은 생각하고 느낄 수 있는 장소를 발견하고, 현실을 딛고 춤출 수 있는 자리를 얻으며, 다른 이들에게서 벗어난 시공간을 누리는 것일 수 있다. 혹은 스스로 삶을 꾸려나가는 데 필요한 물질적 자원을 마련하고, 에너지, 쉼터, 온기, 빛, 숨 쉴 공기를 누리는 것일 수도 있다. 그러나 우리는 삶과 세계를 형성한 부정의에 대해 타자(더 나아가 우리 자신)가 더 나은 느낌을 갖도록 하는 것이 무엇인지 미리 알 수는 없다.

현재에도 계속 영향을 미치는 과거에 대해 현재 시점에서 경험하는 분노, 격분, 수치심과 같은 느낌을 표현하는 일은 어떤 이들에게는 더 나은 느낌을 선사한다. 주로 부정적이거나 심지어 파괴적이라고 여겨지는 감정은 사회적 유대의 약속을 거부한다는 바로 그 이유로 인해서 새로운 것을 가능하게 하고 창조할 수 있다. 8장에서 이야기했듯이 부정의에 분노하는 일은 주체가 세계와 다른 관계에 들어서도록 이끌며, 때로는 자신이 비판한 대상과 다른 관계를 맺도록 한다. 부정의에 맞선 감정적 투쟁은 좋은 느낌이나 나쁜 느낌을 찾아내서 표현하는 일이 아니라 느낌이 우리를 움직이는 과정에 가깝다. 느낌은 우리가 도전하고 싶은 규범과 다른 관계를 맺도록 우리를 움직이고, 우리가 치유하고 싶은 상처와 다른 관계를 맺도록 우리를 움직인다. 여기서 움직인다는 것은 '다음 단계로 넘어가는 것' 혹은 떠나버리는 데 감정을 '소모하는 것'이 아니라 움직이고 움직여지는 일과 노동을 한다는 것을 의미한다. 우리가 움직이는 노동을 노동**으로** 인정할 때, 타자에 대한 다른 형태의 애착이 가능해진다.

이야기를 마무리하면서 나는 감정적, 신체적 흉터와 맺는 관계를 다시 생각해보자고 제안하려고 한다. 흉터는 알아차리기 어려울수록 좋다는 뻔한 말이 있다. 의사가 상처를 잘 꿰매서 부상 전과 후의 모습이 거의 같을 때, 우리는 의사의 실력이 탁월하다고 이야기한다. 잘 꿰맨 흉터로는 상처를 입었던 경험을 떠올리기 쉽지 않아서 처음부터 다쳤던 적이 없다고 이야기를 꾸며낼 수도 있다. 그러나 어떤 면에서 우리는 알아차리기 어려운 흉터가 좋은 흉터라는 뻔한 말에 도전할 필요가 있다. 나는 다른 해석을 제시하고자 한다. 피부에 울퉁불퉁하게 남아서 두드러진 흉터가 좋은 흉터다. 흉터가 두드러진다고 해서 상처가 아물지 않았다거나 피가 흐르고 있다는 의미는 아니다. 흉터는 상처를 나타

감정의 문화정치

내는 기호다. 좋은 흉터는 치유가 일어나도록 하며 다친 곳을 감싸기도 한다. **그러나 다친 곳을 감싸는 일은 언제나 상처를 드러내며, 상처가 우리의 몸을 어떻게 형성하는지 일깨워준다.** 우리의 몸은 그간 우리가 입은 상처로 인해 형성된다. 흉터는 상처가 치유되고 봉합되는 과정에서도 계속 남아 있는 상처의 흔적이다. 좋은 흉터는 과거의 부정의로 인해 입은 상처를 치유하는 일과 상처를 덮어버리는 일이 같을 수 없음을 우리에게 알려준다. 상처는 부정의로 인해 발생한 결과로서 우리의 몸과 다른 몸이 정의롭지 못한 방식으로 접촉했다는 것을 가리킨다. 따라서 '정의로운 감정'은 상처를 **넘어서는** 것이 아니라 상처를 **놓지 않고** 상처에 작용한다고 할 수 있다. 상처는 과거에 입은 부상의 흔적으로 현재 시점에 우리의 몸의 표면을 이룬다.

감정은 우리에게 시간에 대해 많은 것을 알려준다. 감정은 바로 시간의 '살flesh'이다. 감정은 우리가 움직이거나 다음 단계로 넘어가는 데 필요한 시간이 개인에게 주어진 삶의 시간을 초과한다는 점을 알려준다. 과거는 감정을 통해 몸의 표면에 남아 계속된다. 감정은 역사가 의식적인 차원에서 기억되지 않을 때도 어떻게 살아 있을 수 있는지, 식민 지배, 노예제, 폭력의 역사가 어떻게 현재 시점에서 삶과 세계를 형성하는지 우리에게 알려준다. 감정의 시간이 항상 과거를 가리키는 것은 아니며, 감정이 달라붙는 과정만을 뜻하는 것도 아니다. 감정은 타자에 대한 다른 지향을 수반하면서 미래를 열기도 한다. 우리가 감정으로 무엇을 할 수 있을지 깨닫는 데는 시간이 필요하다. 물론 우리가 감정에 관해 이야기할 때면 우리는 감정 이상의 것을 이야기한다. 감정

의 대상은 미끄러지고 달라붙으면서 몸의 내밀한 역사에도, 정의
와 부정의를 둘러싼 공적 영역에도 참여한다. 정의는 단지 느낌
이 아니며 느낌이 항상 정의로운 것도 아니다. 하지만 정의는 느
낌을 포함한다. 느낌은 우리가 세계의 표면을 가로지르도록 하며
우리의 삶을 이루는 내밀한 테두리에 잔잔한 물결을 일으킨다.
우리가 이 느낌을 가지고 어디로 갈지는 아직 정해지지 않았다.

감정의 문화정치

감정과 그 대상[1]

《감정의 문화정치》를 다시 살펴볼 기회를 얻게 되어서 매우 기쁘다. 나는 1999년부터 2003년에 걸쳐 이 책을 완성했다. 그 기간 나는 랭커스터대학교 여성학연구소 공동소장을 거쳐 연구 소장으로 활동했다. 당시의 경험은 이 책에 담긴 몇몇 내용에 영향을 미쳤다. 나는 당시의 경험이 내가 생각했던 것보다 더 많은 영향을 줬다는 사실을 나중에 알게 됐다. 여성학연구소에서 지식을 생산했던 경험은 이 책을 포함해서 내가 진행한 글쓰기 작업의 바탕을 이루었다. 나는 랭커스터대학교에서 나눴던 대화가 이 책에서 체현과 차이에 관한 문제를 다루는 데 많은 부분 밑거름이 됐다고 분명히 이야기할 수 있다. 내가 페미니스트 집단에 깊이 몸담으면서 이 책이 모습을 갖추게 된 과정은 몸과 세계가 맺는 복합적, 정동적, 매개된 관계에 주목해야 한다고 주장한 부분에도 반영됐다.

사실 감정이 작동하는 방식에 관한 이론을 발전시켜서 책으로 완성해야겠다고 처음부터 계획했던 것은 아니었다. 나는 세계가 재생산되는 과정을 설명하고 싶었고, 특히 사회적 규범이 시간이 흐름에 따라 정동적인 속성을 지니는 과정을 탐구하고 싶었다. 이러한 맥락에서 나는 감정에 주목하게 됐다. 처음에는 이 책이 젠더와 섹슈얼리티가 **투자**가 되는 과정을 논의한 페미니즘 연구를 확장하는 것이라고 생각했다. 주디스 버틀러의 표현을 빌리자면 "권력의 정신적 삶"(1997b)에 관한 논의를 발전시킨다고 생각한 것이다. 다른 한편으로는 내가 《낯선 마주침: 탈식민성으로 살펴본 체현된 타자Strange Encounters: Embodied Others in Post-Coloniality》(2000)에서 분석한 '위험한 이방인' 논의를 이어받아서 인종주의가 감정을 통해 작동하는 과정 역시 탐구하고자 했다. 다만 감정을 심리적인 것으로 전제하면서 인종주의를 심리적인 문제로 만드는 접근은 경계하려고 했다. 나는 (감정의 심리학은 물론이고 감정의 사회학과 인류학, 더 나아가 철학을 포괄하는) 감정에 관한 방대한 학문 간 연구[2]를 살펴보기 시작했고, 그 과정에서 관심의 방향이 얼마간 달라졌다. 그렇게 《감정의 문화정치》는 내 지적 여정에서 전환점이 됐다. 감정에 관한 연구를 진행한 덕분에 관념사history of ideas[3]에 다시 관심을 갖게 된 것이다. 나는 감정을 사유하는 서로 다른 방식에 마음이 이끌렸고, 규범을 투자라는 측면에서 이해하는 페미니즘 이론이 감정에 관한 이론을 풍성하게 할 수 있다고 생각했다.

내가 《감정의 문화정치》 개정판에 후기를 남기는 이유는 크게 두 가지다. 하나는 이 책이 새롭게 출현한 정동 연구 분야의 주요 작업과 어떤 관련이 있는지 설명하는 것이고, 다른 하나는 이 책이 내가 거쳐온 지적 여정에서 어떤 위치에 놓여 있는지 알리는 것이다. 이 책의 핵심 내용은 2000년에 출간한 《낯선 마주침》의 논의를 발전시킨 것이었고, 이는 2010년에 출간한 《행복의 약속 The Promise of Happiness》으로 이어졌다. 그야말로 정동적인 10년이었다! 후기를 쓰기 위해 이 책을 2013년에 다시 읽어보니 내가 〈들어가는 글〉에서 이 책을 쓰게 된 맥락을 충분히 밝히지 않았다는 느낌이 들었다. 지금 돌이켜보면 내게는 세 권의 책이 그 자체로 디딤돌이 됐다고 생각한다. 지적 여정을 다시 떠나며 디딤돌 위에 서서 숨을 고른다. 언어와 생각을 가다듬고 마음을 다잡아본다. 우리의 여행은 아직 끝나지 않았다.

정동적 전환

《감정의 문화정치》가 출간된 이후 '정동적 전환 an affective turn'을 알리는 글이 잇따랐다. 어떤 면에서 정동적 전환이 이루어지고 있다고 알리는 글이 정동적 전환 자체를 탄생시키는 작업에 나서는 모양새를 보이기도 했다. 내가 이 책을 쓰던 시점에도 '정동적 전환'이라는 표현이 이미 사용되고 있었다는 점을 지적할 필요가 있을 듯하다. 나는 2001년 9월 핀란드 투르쿠에서 열린 학회 '정동적 마주침'에 참석한 적이 있다. 학회에서 아누 코이부넨 Anu Koivunen은 정동적 전환에 대해서 이야기했고, 나는 그 자리에서 정동적 전환이라는 말을 처음 접했다. 당시만 하더라도 나는 이 책이 정동적 전환의 일부가 될 것이라고 생각하지 못했다. 그러나 정동적 전환은 내가 지적 작업을 수행하는 데 커다란 지평을 열었다. 요즘 정동적 전환은 점점 많은 영향력을 발휘하고 있다. 정동과 감정을 주제로 하는 책, 논문, 전문연구서가 계속해서 출간되고 이에 관한 논의의 장이 펼쳐지는 현상이 나타나고 있다.

코이부넨은 2001년 학회 자료집《정동적 마주침: 페미니스트 미디어 연구에서 체현을 다시 생각하기Affective Encounters: Rethinking Embodiment in Feminist Media Studies》의 여는 글에서 이렇게 이야기한다. "정동, 감정, 체현된 경험은 요즈음 다양한 분야의 연구자들이 관심을 보이는 연구 주제다"(2001: 1). 특히 코이부넨은 "페미니즘 비평이 정동에 주목하는 일은 어떤 면에서 오랜 역사를 지니고 있다"고 지적하면서 "여성, 몸, 감정이 개념적인 차원에서 연결되는 일은 페미니즘이 꾸준히 다룬 주제였다"(1)고 설명한다. 최근 앤 츠베트코비치 역시《우울: 공적 느낌Depression: A Public Feeling》에서 이 오랜 역사를 언급하기도 했다. 츠베트코비치는 페미니즘이 정동에 주목한 오랜 역사가 있는 만큼 '정동적 전환'이라는 표현이 그다지 내키지 않는다고 이야기했다. "솔직히 말하자면 **정동적 전환**이라는 말이 그다지 내키지 않는다. 이 말은 마치 정동 연구가 새로운 분야인 것처럼 묘사하지만, 사실 …… 정동 연구는 예전부터 이루어졌다"(2012: 4, 원저자 강조). 츠베트코비치는 페미니즘을 '정동적 전환'의 관점으로 살펴보는 시도에 대해서도 정동적 전환이 "내게 특별히 새로운 것을 알려주지는 않는 듯하다"라고 조심스럽게 덧붙였다.

우리는 여기서 정동적 전환을 설명하는 서로 다른 방식을 비교해볼 수 있다. 하나는 페미니즘이 정동에 주목해온 '오랜 역사'가 있음을 조명하는 방식이다. 다른 하나는 퍼트리샤 티치네토 클러프Patricia Ticineto Clough가 편집한 《정동적 전환The Affective Turn》의 여느 글을 맡은 마이클 하트Michael Hardt의 방식이다. 이 책은 2001년에 코이부넨이 여는 글을 쓴 지 6년이 지난 2007년에 출간됐다. 하트는 몸에 관한 페미니즘 연구와 감정에 관한 퀴어 연구가 "정동적 전환을 알리는 두 가지 주요한 선행 작업"(2007: ix)이었다고 주장한다. "정동에 주목하는 일은 몸과 감정을 살펴야 한다는 분명한 메시지를 전한다. 그러나 여기서 그치는 것이 아니라 중요한 변화를 이루어낸다."(ix) 정동이 "몸과 마음 모두와 관련이 있으며" "이성과 정념을 모두 포괄한다"(ix)고 이야기하는 하트는 정동으로의 전환이 몸과 감정에 관한 연구에서 제시하는 것과는 달리 "합성체"를 필요로 한다고 강조한다.

정동적 전환이 정동으로의 전환이 될 때, 페미니즘 연구와 퀴어 연구는 더 이상 정동적 전환의 일부가 되지 못한다. 이들 연구가 정동적 전환에 선행한 작업으로 인정받을 수는 있더라도 정동으로 **나아가는** 변화는 이들 연구에서 **멀어지는** 변화를 뜻한다.[4] 하트의 설명에 따르면 정동은 마치 새로운 세계를 개척하는 임무를 지닌 용어로 간주되어 특별한 의미를 지니게 된다. 몸과 마음, 이성과 정념을 분리된 것으로 다룰 때 발생하는 문제를 뛰어넘는 방법으로 제시되는 것이다. 나는 이러한 주장에 도전하는 한편 다른 역사를 드러내려고 한다. 하트는 몸과 마음이 연관되고 이성과 정념이 연관되는 방식을 포착하려면 정동(대체로 정동의 의미는 스피노자의 표현을 들뢰즈의 관점에서 해석한 것을 가리킨다) 개념이 필요하다고 전제한다. 그러나 몸과 감정에 관한 페미니즘 연구는 마음과 몸의 이분법과 이성과 정념의 구분에 **처음부터 도전했다.** 《감정의 문화정치》는 다름 아닌 감정에 관한 페미니즘 연구에서 지적 영감을 얻었다. 대표적으로 앨리슨 재거(1996), 엘리자베스 스펠먼(1989), 수 캠벨Sue Campbell(1994, 1997), 메릴린 프라이(1983), 앨리 혹실드Arlie Hochschild(1983), 벨 훅스(1989), 오드리 로드(1984)가 있다.[5] 감정에 관한 페미니즘 이론은 마음과 몸의 관계를 새롭게 사유하는 비판적 장을 열었고, 페미니즘 이론에 기초한 많은 작업(몇몇은 마음과 몸을 주제로 한 철학 논쟁에 분명히 참여했다)은 하트가 정동 개념을 도입해야만 해낼 수 있다고 주장했던 바로 그 일을 해냈다.

어떤 면에서 정동적 전환은 감정에서 멀어지는 일로 여겨진다. 정동에 투자하는 것을 넘어서 정동과 감정을 더욱 명확하게 구별하는 경향은 점차 뚜렷해지고 있다. 정동을 감정과 다르거나 감정을 넘어서는 것으로 다루는 경향은 멀리사 그레그Melissa Gregg와 그레고리 시그워스Gregory Seigworth가 쓴 《정동 이론The Affect Theory Reader》여는 글에서도 드러난다.

최대한 의인화해서 설명하자면 정동은 어떤 힘을 가리키는 이름이다. 우리는 의식적인 이해 아래나 옆 혹은 의식적인 이해와는 전반적으로 **다른,** 몸 깊은 곳에서 작용하는 힘을 정동이라고 부른다. 정동은 감정을 **넘어선** 곳에서 박동하고 생동하는 힘이다. 이 힘은 우리를 움직임, 사유, 확장으로 이끄는 방식으로 작동하기도 하고, 반대로 거의 알아차리기 힘든 사이에 증대하는 힘의 관계 가운데 (마치 중립적인 상태인 양) 멈춰 서게 하기도 하고, 더 나아가 명백히 해결하기 어려워 보이는 세계의 모습에 압도당한 위치에 놓이게 하기도 한다. (2010: 1, 두 번째 강조는 저자)

여기서 '우리'라는 표현은 생동하는 힘의 관계에 얼마간 맞춰진 것으로서 제시된다. 인용문은 정동이 우리를 의식적인 이해와 감정을 넘어선 곳으로 이끌면서 움직임을 일으키고 우리가 주체 개념을 넘어서도록 만든다고 설명한다.

이처럼 정동적 전환은 연구 대상으로 감정보다 정동을 더 중요한 것으로 삼았다. 정동을 다른 연구 대상과는 명확하게 구별되는 것으로 만들기 위한 상당한 노력이 뒤따랐고, 결국 '정동 연구'라는 영역이 별도로 존재한다고 말하는 일이 가능해졌다. 더 나아가 브라이언 머수미Brian Massumi(2002)와 같은 연구자들은 정동이 감정과는 '다른 논리구조'와 질서를 지닌다고 주장했다. 감정과 정동은 별개의 용어로 간주될 뿐만 아니라 적어도 몇몇 연구자에게는 서로 반대되는 개념을 뜻하게 됐다. 머수미에 따르면 정동은 개인성에 앞서고, 지향성이 없으며, 매개되지 않은 채 의미 작용에서 벗어난다. 반면 감정은 개인성과 관련이 있고, 지향성을 지니며, 매개된 상태로 의미 작용에 얽매인다. 페미니스트라면 이러한 설명을 듣고 눈이 번쩍 뜨였을 것이다. 한편에는 개인적인 것과는 무관하고 유동적인 정동이, 다른 한편에는 개인적인 것과 관련이 있고 움직이지 못하는 감정이 놓인 대립 구도가 젠더화된 방식으로 작동할 수 있다는 점을 알 수 있기 때문이다.[6] 이와 같은 대립 구도는 정동 연구에서 (페미니즘이나 퀴어 연구처럼 '지나치게 감성적인') 특정한 사유 방법을 제외하는 방식으로 활용될 수도 있다.

《감정의 문화정치》는 정동과 감정을 구별하고 그러한 구별을 특정한 방식으로 활용하는 것에 문제를 제기한다. 물론 문제제기가 대부분 명시적이지 않고 간접적인 방식으로 이루어지기는 했다.[7] 다만 내가 감정을 논의의 출발점으로 삼은 것에는 특별한 의도가 없었다(즉 정동이 **아니라** 감정을 일부러 선택하지 않았다는 것이다). 나는 이 책이 감정에 관한 다른 작업('공적 감정'에 관한 페미니즘 작업과 퀴어 연구를 염두에 두기는 했지만 이에 국한한 것은 아니었다)과 대화를 이어나가기를 기대했고, 내가 설명하려고 했던 것을 가리키는 용어로 감정이 흔히 쓰였다는 점에서 감정을 논의의 출발점으로 삼았다. 그러나 이 책이 정동이 아닌 감정을 주요 개념이자 출발점으로 삼았음에도 나는 자주 '정동 이론가'로 소개되고는 했다(대표적으로 East 2013: 176). 그런데 또 어떤 경우에는 내가 감정을 연구한다는 이유에서 정동 연구는 하지 않는다고 여겨지기도 했다. 예컨대 로렌 벌랜트는 《잔인한 낙관Cruel Optimism》의 여는 글에서 《행복의 약속》을 언급하면서 내가 "사실 정동이 아니라 감정을 연구한다"고 주장했다(Berlant 2011: 12-13).[8]

나는 감정을 새롭게 이론화하려는 내 시도가 어떤 이들이 '정동'이라는 용어로 설명하는 일련의 과정에 대한 분석을 포괄한다고 생각한다. 다시 말해서 감정은 영향을 주고받는 신체적 과정을 수반하며, 이를 내 방식으로 다시 설명하면 감정은 우리가 대상 및 타자와 접촉하는 문제를 뜻한다. 나는 처음부터 르네 데카르트, 존 로크John Locke, 바뤼흐 스피노자 등 정념을 논의한 17세기 철학자에게 이끌렸다.[9] 이들은 서로 상당히 다른 모델을 제시했지만, 어떤 것에 관한 판단이 그 대상이 우리에게 어떤 영향을 주는지의 문제일 수 있다는 점을 지적한다는 측면에서 공통점이 있다. 어떤 대상이 우리에게 좋은 영향을 미친다면 우리가 그 대상을 좋은 것으로 판단할 가능성이 있다는 것이다. 수전 제임스Susan James는 17세기 철학이 정념을 어떻게 다뤘는지 안내하는 유용한 글에서 다음과 같이 이야기한다. "어떤 것이 좋은지 나쁜지를 평가하는 일은 정신 외부에 있는 대상을 향한 정념에 영향을 받는다. 대상에 대한 평가는 외부의 세계에 존재하는 것이 아니며 우리의 해석에 달려 있다"(1997: 103). 내가 감정에 주목한 이유는 감정이 우리가 어떤 것에 특정한 방식으로 영향을 받는 방식을 설명하는 데 도움이 될 뿐만 아니라 특정한 판단이 사회적 합의를 이룬 의견으로 받아들여지는 과정을 이해하는 데 도움이 되기 때문이다. 이 책을 썼던 당시에 나는 정동과 감정이 마치 다른 경험을 가리킨다는 듯이 두 개념을 구별하는 일에는 별다른 관심이 없었다(이는 지금도 마찬가지다). 오히려 내게 중요했던 것은 한편으로는 의식과 지향성 사이에, 다른 한편으로는 생리적인 반응과 신체적 반응 사이에 별도의 영역을 만들거나 가정하지 않는 방식으로 논의를 발전시키는 일이었다(그렇다고 해서 정동 이론가는 모두 그러한 구별을 전제한다고 주장하는 것은 아니다. 다만 정동과 감정을 명확하게 구별하려는 시도가 **그러한 합의를 지닐 수 있다**는 뜻이다). 데이비드 흄[10]이 즐겨 사용한 표현인 '인상' 개념을 빌리자면 나는 어떤 몸에 다른 몸이 '자국'을 남기는 과정에 대해서, 이렇게 생긴 자국이 인상이 되는 과정에 대해서 알고 싶었다. 이때 인상은 (무언가에 대한 '인상을 받는다'는 의미에서) 모호하고 흐릿하면서도 관념과 가치로 채워진 느낌을 의미한다.

우리는 정동으로의 전환 혹은 정동을 통해 감정을 넘어설 수 있다는 주장이 감정을 개인적이고 주관적인 느낌으로 환원한다는 점에 주목할 필요가 있다. 나는 《감정의 문화정치》에서 바로 이러한 모델에 문제를 제기하고자 했다. 레이 테라다Rei Terada가 《느낌 이론: '주체의 죽음' 이후의 감정Feeling in Theory: Emotion after the "Death of the Subject"》에서 지적하듯이 "정동을 강조하는 것이 이른바 감정과 주체성이 밀접하게 연관된다는 주장을 논박하는 가장 좋은 방법은 아니다. 주체 개념을 지지한다고 해서 정동 개념을 받아들이는 데 주저해야 할 이유가 없기 때문이다"(2001: 7). 테라다는 감정을 이론화하는 작업이 주체의 죽음을 알리는 한 가지 방식이라는 점을 섬세하게 보여준다. 나는 《감정의 문화정치》를 통해 주체와 관련 있지만 주체로 환원되지는 않는 감정에 관한 모델을 발전시키고 (지금 이 책을 다시 쓴다면 조금은 덜어낼) 정신분석학에 기대어 감정이 투명한 것이 아님을 드러내고자 했다. 우리가 어떤 감정을 느끼는지 항상 알고 있다고 가정하지 않는다면, 우리가 느끼는 감정이 우리에게 속한다거나 '우리'에게서 출발해서 다른 이들을 향해 밖으로 표출된다고 가정하지 않는다면, 정말 풍성한 논의가 이루어질 것이다.

정동이 이른바 감정의 지향성 모델이 지닌 한계라고 여겨지는 것을 뛰어넘는 하나의 방법으로 제시될 때, 감정은 지향성으로 쉽게 환원되기도 한다. 이에 대해 루스 레이스Ruth Leys는 비판이론이 정동에 기대는 경향을 비판하면서 매우 설득력 있는 주장을 펼친다. 나는 지향성의 언어를 도입한 현상학으로부터 많은 영향을 받았고, 이를 통해 대상을 강조하는 감정 모델을 발전시킬 수 있었다.[¹¹] 감정의 현상학 모델은 감정이 대상을 향해 있다고 이해한다. 우리는 무언가**에 대해** 두려움을 느낀다. 감정의 대상이 지닌 속성(특히 사회성)을 다시 살피는 작업을 통해 감정을 새롭게 사유하는 방법을 시도한 것에 관해서는 뒤에서 논의하려고 한다. 여기서는 한 가지를 강조하고자 한다. 감정이 단지 대상에 관한 것이 아니라는 점 혹은 비슷하지만 다르게 말하자면 감정이 대상에 대한 인지적 평가를 수반한다는 점이 (정동과 같이) 다른 차원에 속한 새로운 용어를 도입하는 것을 필요로 하지 않는다는 것이다. 사실 [감정처럼] 같은 용어를 활용하는 것이 더 유용하다. 상당수의 현상학 연구는 인지 개념 또는 사물의 의식이라는 측면에서 의식 개념이 아니라 수용성이라는 의미에서 정동적 속성에 기반을 두고 있다. 대표적으로 마르틴 하이데거가 논의한 '기분'이나 에드문트 후설Edmund Husserl이 제시한 '수동적 종합'이 이에 해당한다.

나는 감정이 주체를 넘어 움직이는 방식을 설명하기 위해 정동이 아니라 감정을 다시 살펴보고자 했다. ['밖으로 움직인다'라는] 감정의 어원에 주목한 나는 감정이 우리를 움직인다는 점에 관심을 갖게 됐다. 대상**에** 애착을 느낀다는 것은 대상**에 의해** 움직인다는 뜻으로서 감정은 애착과 움직임의 암시적 관계를 보여준다. 많은 페미니스트 이론가와 마찬가지로 나는 감정을 느끼는 몸이 움직이는 방식에 대해 깊이 생각하게 됐다. 땀으로 젖은 피부, 쭈뼛 선 머리카락, 점점 커지는 심장박동 소리처럼 특정한 신체적 인상을 떠올리는 일과 느낌에 관해 이야기하는 일에는 밀접한 관련이 있다. 나는 또한 감정이 다양한 방식으로 작용한다는 점을 살펴보려고 했다. 어떤 대상에 영향을 받는다는 것은 실제적인 효과를 지닌 대상을 향한 방향성을 지닌다는 의미라고 할 수 있다.

따라서 이 책은 우리가 사물**로부터** 영향을 받는 문제와 우리가 사물**에 관해** 지향성을 지니는, 더 현상학적인 문제를 연결한다. 무언가로부터 영향을 받는다는 것은 우리가 그 대상을 향해 움직이거나 그 대상에서 멀어진다는 점에서 대상을 향한 방향성을 지닌다는 뜻이다.[12] 우리는 세계에 대한 신체적 반응이 얼마나 강한지를 통해 세계에 관한 판단을 내린다. 세계에 관한 판단은 순서가 정해진 서사 법칙이나 인과율을 따르지는 않지만 지시적인 성격을 띤다. 이러한 판단은 특정한 실천으로 이어지는 것이 아니라 **그 자체가** 실천이라는 점에서 창출된다enacted. 예를 들어 누군가에게 증오를 느끼는 일(상대로부터 증오라는 감정의 영향을 받아서 상대에게 혐오스럽다는 속성이 주어지는 일)은 상대에게서 멀어지고 신체적 거리를 두는 방식으로 움직여지는 것을 의미한다. 이는 오드리 로드가 뉴욕 지하철에서 겪은 인종차별 경험에 대해 생생하게 묘사한 내용을 3장에서 분석하면서 내가 이야기하려던 것이기도 하다. 바로 이 지점이 내가 감정이 **무언가를 한다**라고 설명하는 부분이다. 감정은 타자를 향하기도 하고 타자에게서 멀어지기도 하는 움직임을 수반한다. 그렇게 감정은 신체적 공간과 사회적 공간의 테두리를 형성한다. 내가 여러 감정을 논의의 출발점으로 삼은 이유는 이들 감정이 '기본 감정'[13]으로 존재한다고 생각했기 때문이 아니다. 나는 감정을 경험하고 식별하며 감정에 이름을 붙이고 나면 그러한 감정이 대상과 타자에 대한 서로 다른 방향성을 수반한다는 점을 살펴보고자 했다. 다시 말해서 서로 다른 감정으로 논의를 여는 것을 통해 고통과 같은 생리적 감각에서부터 국가가 수치심을 느끼고 있다고 주장하는 일에 이르기까지 감정을 경험하는 일의 다양한 측면을 탐구하려고 했다.

이에 내가 한 작업은 몸이 세계에 펼쳐지는 과정에서 나타나는 **경험의 무질서함**을 드러내고, 우리에게 가까이 다가오는 것이 우리를 어루만지는 과정에서 나타나는 **우연성의 드라마**를 이해하는 것이라고 할 수 있다(Ahmed 2010: 22). 무질서함은 느낌에 관한 사유를 전개하는 데 유용한 출발점이 된다. 우리는 느낌을 우리의 소유물로 간주하고 느낌에 대해서 자주 이야기하고는 하지만, 사실 느낌은 우리에게 다가와 우리를 놀라게 만들고 불안하고 혼란스럽게 한다는 점에서 무질서한 모습을 보인다. (인간의 경험이든 그렇지 않든) 경험이 무질서하다고 할 때, 분명한 경계를 그리는 일은 경험을 더욱 풍성하게 묘사할 수 있는 역량을 상실하는 일로 이어질 수 있다.[14] 개념의 경계를 끝없이 촘촘하게 만드는 일은 우리가 벌이는 논쟁이 경계선**에 대한** 것에 머무는 문제를 초래한다. 나는 개념의 정의에 관한 지적 논쟁에서 특별한 영감을 받은 적이 없는데, 그 이유 중 하나는 개념 논쟁이 대개 자기 참조적인 방식으로 이루어지면서 우리가 발명한 개념의 의미가 일관적인지 아닌지를 따지는 데 치우치기 때문이다.

물론 세계의 복합성을 이해하는 데 개념의 구분이 때로는 필요하다. 우리는 구분을 통해서 사물을 가려내기 때문이다. 어쩌면 '구분'이라는 단어를 명사가 아니라 동사로 생각해보는 것이 유용할지도 모른다. 어떤 대상의 구성 요소가 구분된 상태는 아니지만 구분할 수는 있을 때, 우리는 요소를 구분하기도 한다. 정동과 감정을 구분하는 작업은 달걀을 깨뜨려서 흰자와 노른자를 구분하는 것과 비슷하다고 할 수 있다. 우리는 사물의 서로 다른 구성 요소가 가깝게 붙어 있거나 이를테면 끈적이는 관계를 맺고 있을 때도 이를 구분할 수 있다. 우리에게는 구분하는 작업을 해낼 여러 방법이 있기도 하다. 그러나 우리가 흰자와 노른자를 구분할 수 있는 것은 둘이 구분된 상태가 **아니기** 때문이다. 우리는 때로 우리가 '할 수 있다'는 이유에서 어떤 일을 '하기도' 한다. 사물의 구성 요소를 구분 가능한 것으로 다루는 일, 그리고 이들이 현재 맺고 있는 관계를 바꿔내는 일을 통해 구성 요소를 구분하는 것은 그렇게 하지 않고서는 우리가 할 수 없던 일을 하도록 만든다. 하지만 우리가 구분**할 수 있다**는 것과 이들이 구분된 상태로 **존재한다**는 것은 다른 의미다. 나는 (감각, 사고, 느낌, 판단과 같은) 경험의 여러 측면이 가까이에서 엉겨 붙은 지점을 살펴보려고 했고, 이 과정에서 주체를 이러한 결합의 근원으로 가정하지 않으려고 했다. 정동과 감정의 관계를 논의하는 여러 방법이 있겠지만, 나는 정동과 감정을 구분하는 접근에 동의하기 어려웠다.

이 책은 감정이 일종의 문화정치로 작동하는 측면에 대한 새로운 접근(감정이 사람을 결속하는 수사적 도구로 활용된다는 점을 인정하면서도 이를 넘어서 사유하는 방법)을 제시하고, 정동의 순환이 아니라 대상의 순환에 주목함으로써 **감정의 사회성**에 대한 대안적 접근을 제시하는 것을 목표로 한다. 나는 이어지는 부분에서 이 책이 본래 전하려던 메시지가 어떤 과정을 거쳐 발전됐는지 설명하기 위해서 두 가지 사례를 들여다보려고 한다. 이를 통해 나는 이 책이 어떻게, 그리고 왜 기존과는 다른 접근을 제시했는지 이야기할 것이다.

위험한 이방인

《감정의 문화정치》를 쓰는 여정은 이방인의 형상에 주목한 작업에서 출발했다. 2000년에 출간한 《낯선 마주침》에서 나는 이방인이 혐의가 있는 존재의 형상으로 나타나는 과정을 다뤘다.[15] 우리는 이방인이 우리가 알지 못하는 사람 전체를 가리키는 말이라고 생각한다. 그러나 나는 특정한 몸이 이방인**으로**, 어울리지 않는 곳에 있는 몸으로, 해당 장소에 속하지 않은 존재로 인식되는 기술에 관심을 갖게 됐다. (신체적인 동시에 규율적인) 기술은 이웃 주민 감시 제도나 어린이 보호 담론에서 공식적으로 채택되고는 한다. 이방인은 시민/어린이가 자신(의 재산과 몸)을 보호하기 위해서 반드시 인식해야 하는 존재로 묘사된다. 이방인을 인식하는 일은 도덕적이고 사회적인 명령이 된다. 《감정의 문화정치》는 이와 같은 명령이 국가의 기획으로 확장되어 시민들이 수상한 이들, '테러리스트일 수 있는' 이들에 맞서 국경을 수호해야 한다는 요구 앞에 놓이는 과정을 탐색했다.

이방인은 우리가 인식하지 못하는 사람 전체를 가리키는 말이 아니다. 어울리지 않는 곳에 있다고 인식되고, **이방인이라고 인식되는 특정한 이들이 존재한다.** 이방인은 정체를 숨긴 이들, 수상해 보이는 이들을 뜻한다. 이처럼 누군가를 이방인으로 인식하는 일은 정동적인 판단에 해당한다. 나는 특정한 이들에 대해 수상하다고, 위험하다고, 두려워해야 하는 대상이라고 '곧바로' 판단을 내리는 과정에 주목했다. 이와 같은 판단은 치명적인 결과를 초래하기도 한다. '바로 저 **몸**이 위험하다'고 지목된 이에게 그러한 사회적 인식보다 위험한 것은 없을 것이다.

관련된 사례는 정말이지 너무나도 많다. 한 가지 사례를 살펴보자. 2012년 2월 26일 [미국인] 조지 짐머먼George Zimmerman은 흑인 청년 남성 트레이번 마틴Trayvon Martin을 총으로 쏴서 살해했다. 짐머먼은 이웃 주민 감시 프로그램의 핵심 관계자였다. 그는 수상한 이들을 경계해야 한다는 시민의 의무와 이웃의 의무를 수행하던 중이었다. 조지 얀시George Yancy가 〈흑인으로 거리를 돌아다니기Walking While Black〉라는 중요한 글에서 지적하듯이 우리는 짐머먼의 긴급신호 통화 기록을 통해 그가 트레이번 마틴의 생김새를 어떻게 묘사했는지 알 수 있다.

"진짜 수상해 보이는 녀석이에요." 짐머먼은 이렇게 말하기도 했다. "뭔가 나쁜 짓을 꾸미는 것 같기도 하고, 약물을 한 것처럼 보이기도 해요." 긴급신고 전화상담원의 물음에 그는 곧바로 "흑인인 것 같아요"라고 답했다. 상담원이 상대가 무슨 옷을 입고 있는지 물어보자 짐머먼은 "어두운 후드티요. 회색인 것 같은데"라고 이야기했다. "지금 제가 있는 쪽으로 다가오고 있어요. 허리띠에 손을 올리고 있어요." 그러고는 덧붙였다. "흑인 남자예요." (Yancy 2013: 페이지 표기 없음)

서로 다른 의미가 끈적이는 상태로 미끄러지는 지점에 주목해보자. 수상하다[는 판단에서 시작한 이야기는] "나쁜 짓을 꾸민다", 흑인인 것 같다, 어두운 후드티를 입고 있다, 내가 있는 쪽으로 다가온다[라는 묘사를 지나] '흑인'[이라는 결론에 이른다]. 짐머먼의 마지막 말은 그가 애초부터 **누구를** 지켜보고 있었는지 분명하게 드러낸다. 짐머먼이 흑인 남성을 지켜봤다는 점은 "진짜 수상해 보이는 녀석"이라는 첫 번째 표현에 이미 녹아 있다. 다시 강조하자면 '바로 저 **몸**이 위험하다'고 지목된 이에게 그러한 사회적 인식보다 위험한 것은 없을 것이다. 사건 이후 열린 재판에서 짐머먼은 무죄 선고를 받았다. 그러자 [이른바 '흑인 남성은 위험하다'는] 사회적 인식에 대한 소급적 동의가 뒤따랐다. 트레이번이 위험한 존재였기 때문에, 얀시의 생생한 표현을 빌리자면 "흑인으로 거리를 돌아다니고 있었기" 때문에 짐머먼은 공포를 느끼기에 충분한 상황이었고 그가 청년 남성을 살해한 것은 정당방위였다는 것이다. 트레이번이 백인의 시선에서 바라본 특정한 흑인 남성의 모습과 포개어지는 순간 그는 애초부터 위험한 존재로 간주되어 사형 선고를 받게 된다.

이방인은 어두운 그림자와 같은 형상으로 나타난다. 여기서 나는 의도적으로 '어둡다'라는 표현을 사용했다. 이 표현은 인종화된 역사와 밀접한 관련을 맺는다. 이 표현을 인종화된 역사와 상관없다는 듯이 활용하는 것이야말로 그러한 역사가 영향을 미친다는 뜻이다.[16] 이방인 형상이 인종화되어 있다는 점은 단번에 이해되지 않는다. 우리는 이방인이 철저한 익명성을 지닌 존재로 위장하고 있다고 생각한다. 우리가 어린 시절에 들었던 대로라면 누구나 이방인일 수 있다. 그러나 우리는 짐머면 사건을 통해 '누구나 이방인일 수 있다'는 원칙이 실제로는 특정한 존재를 **가리킨다**는 것을 알 수 있다. 이방인의 형상은 특정한 몸을 가리킨다. 즉 '누구나 이방인일 수 있다'라는 원칙은 추상적 가능성으로만 나타난다. 이방인은 넓게 펼쳐진 가능성의 지평 가운데 언제나 그림자에 몸을 감춘 존재로 다시 나타난다. 프란츠 파농(1986)은 몸을 감춘 것을 조심해야 한다고 알려준다. 스스로를 그림자 **속에** 놓인 존재이자 그림자**로** 바라본 파농은 자신을 언제나 사회적 경험 세계의 끝자락에서 주체 곁을 지나가는 어두운 몸으로 인식했다.

특정한 몸이 **등장하기 이전부터 이미** 위험한 것으로 여겨지는 현상을 이해하기 위해서는 어떤 몸이 다른 몸으로부터 영향을 받는 마주침의 장소가 아니라 그러한 마주침이 특정한 방식으로 나타나는 과정에 주목해야 한다. 신체적 반응이 즉각적으로 나타나는 일은 주체에 선행하는 역사에 의해 매개된다. 주체에 선행하는 역사는 애초에 주체가 특정한 몸의 등장을 알아차리는 일에서 핵심적인 요소로 작동한다. 다시 말하면 신체적 반응의 가장 즉각적인 요소는 학습된다고 할 수 있다. 우리는 ['흑인 남성은 위험하다'와 같은] 관념이 굳이 생각할 필요도 없이 신속하게 작동하는 방식을 배운다. 어쩌면 다소 역설적인 것은 [매개 없이 일어난다

감정의 문화정치

는 의미에서] 즉각적이라고 부르는 것만큼 매개된 것도 없다는 점이다.

의식적인 차원에서 어떤 느낌을 느낌으로 인식할 때, 온갖 종류의 복잡하고 무질서한 과정이 문제가 된다. 이 모든 과정이 의식 수준에서 드러나거나 파악되지는 않는다. 하지만 나는 이 과정을 탐구하고자 했다. 물론 그렇다고 해서 몸이 두려움을 느끼는 방식으로 반응할 때마다 이 모든 과정이 항상 문제가 된다는 것은 아니다. 핵심은 느낌의 여정이 대상의 여정과 무관하지 않다는 데 있다. 어떤 느낌에 대해 생각해보면 특정한 대상이 떠오르고(예컨대 두려움에 대해 생각할 때 특정한 대상이 생각나고), 어떤 대상에 대해 생각해보면 특정한 느낌이 들기도 한다. 감정을 문화정치로 사유한다는 것은 **떠오르는 생각**에 주목한다는 의미다.

이방인의 형상이 '떠오르는' 과정을 이해하는 일은 정동 연구를 다시 살피는 작업으로 이어진다. 다만 정동 연구를 기존과는 다른 관점에서 조명해볼 필요가 있다. 〈들어가는 글〉에서 이야기했듯이 감정에 대해 사유해온 역사 가운데는 감정에 진화론적 기능이 있을 뿐만 아니라 특정한 대상을 떠올리게 하는 기능이 있다는 논의가 핵심에 위치한다. 그중에서도 공포는 아마도 가장 많은 논의가 이루어진 감정의 하나일 것이다. 공포는 달아나는 몸이 느끼는 감정이자 위험을 알려주는 감정이다.[17] 우리는 신경과학 연구에서 공포를 기능으로 이해하는 모델이 작동하는 방식을 발견할 수 있다. 대표적으로 안토니오 다마지오Antonio Damasio의 작업은 정동 연구에서 상당한 영향력을 발휘하고 있다. 다마지오는 느낌과 감정을 논의한 책《느낌의 발견The Feeling of What

Happens》(2003)에서 수상함에 대해 명시적으로 다룬다. 그는 편도체 손상을 겪은 여러 환자의 사례를 언급하면서 해당 환자들에게 여러 얼굴을 보여주고 어떤 느낌이 드는지 이야기하도록 한 실험의 결과를 소개한다.[18] 다마지오에 따르면 편도체 손상을 겪은 환자는 수상하다고 생각해야 하는 이들에게도 수상함을 느끼지 못하는 것처럼 보인다. 즉 수상한 얼굴을 보고도 수상하다고 생각하지 않는 것이다.

> 우리가 수상하다고 생각해서 피하려고 하는 얼굴을 바라본 환자들은 그렇지 않은 얼굴과 마찬가지로 믿을 만해 보인다고 생각했다. …… 자신의 행복에 긍정적이든 부정적이든 영향을 미치는 상황에 대해서 지난 경험을 토대로 적절한 사회적 판단을 내리는 역량이 없는 상태는 환자에게 중대한 결과를 가져온다. 낙관주의로 가득 찬 안전한 세계에 빠져든 이들은 비교적 단순한 사회적 위험에도 스스로를 보호하지 못하며, 이로 인해 다른 이들보다 더욱 취약하고 독자적인 특성을 보인다. 이들이 살아온 역사는 이들이 만성적인 어려움을 겪었다는 것을 보여주는 동시에 단순한 생명체뿐만 아니라 인간의 삶을 좌우하는 데 감정이 압도적인 중요성을 지닌다는 것 역시 보여준다. (2003: 67).

우리는 여기서 대상 수준에서 매개 이론이 제시되지 않을 때 어떤 문제가 생기는지 확인할 수 있다. 인용문에는 특정한 얼굴이 수상하다는 전제가 있다. 마치 얼굴에 본질적 속성이 있으며 환자가 그로부터 적합한 영향을 받지 않으면 판단의 문제가 있다고 설명하는 것이다. 이에 대해 대니얼 그로스Daniel M. Gross는《감정의 비밀스러운 역사The Secret History of Emotions》에서 "고전주의 인본주의자나 비판적 인종 이론가가 아니어도 이 모든 주장이 불쾌하다고 생각하는 데 무리는 없을 것"(2006: 31)이라며 꽤나 냉소적인 태도로 논평했다. 그는 한 걸음 더 나아가 "믿을 만하다는 것은 본질적인 차원에서 사회적 속성에 해당함에도 이를 사회적 속성과는 무관한 것처럼 다루는 일은 우연이 아니"라고 지적했다(32). 루스 레이스 또한 비슷한 표현을 활용해서 같은 지점을 비판했다. "[이 실험에서] '믿을 만하다' 혹은 '믿을 만하지 않다'라는 개념은 이를 둘러싼 맥락과 완전히 분리된 채 제시됐다. 이는 신뢰와 관련한 특성이 사람의 얼굴에서 즉각적이고 보편적이며 확실하게 드러나는 객관적이고 식별 가능한 특징에 해당한다는 전제에 기초한다"(2012b: 75).[19]

정동에 관한 사회적 판단이 존재한다는 점을 간과할 때, 정동은 주체와 대상에 내재하는 것으로 간주된다. 주체는 어떤 대상이 수상하다는 것을 알아차려야 하고, 그렇지 못할 때는 무언가가 모자란다고 여겨진다. 이 책이 제시하는 결론은 이와는 다르다. 특정한 대상(느낌이 가리키는 대상이면 무엇이든 상관없다)이 수상한 것이 되는 이유, 다시 말해서 수상하다는 정동이 사실상 그 대상에 내재하는 속성이 되는 이유는 시간이 흐르면서 의식적인 차원의 인식을 우회하기도 하는 일련의 과정 때문이다(인식을 우회함**에 따라** 정동적인 특성은 강화된다). 정동적인 속성이 대상에 내재하고 나면 대상은 역사가 없는 것처럼 여겨진다. 우리는 특정한 대상에 정동이 내재하는 일에 역사를 부여해야 한다. 미셸 푸코Michel Foucault가 내린 계보학의 정의 가운데 하나가 바로 이것이다. 계보학이 "역사가 없다고 여겨지는"(1997: 39) 것[의 역사]를 기록하는 일이라고 할 때, 느낌의 역사 또한 계보학의 주제라고 할 수 있다. 우리가 특정한 대상으로부터 적절한 방식으로 영향을 받는 경우, 그것이 적절했다는 인정이 뒤따르지만 이는 대개 명시적으로 드러나지 않는다. 보편적이고 본질적인(더불어서 인간의 좋은 삶을 위해서든 안녕을 위해서든 필수적인) 것처럼 보이는 감정은 특정한 방식의 지향성을 나타내며, 이러한 방향과 '일치하는' 감정은 [자연스러운 인식의] 배경으로 전환된다. 우리는 [사회적으로 적합하다고 간주된 방향과] 일치하지 못하는 감정을 감지하고 이를 위험의 원인으로 지목하고는 한다(이방인으로 인한 위험은 이방인을 알아차리지 못하는 위험으로 이해된다). 그러나 자동으로 이루어진다고 여겨지던 것은 사실 습관으로 자리 잡은 일련의 기술에 따른 효과이며, 이는 사물의 물질화와 신체적 물질 모두에 영향을 미친다.

우리는 정동에 관한 기념비적인 저작을 여러 편 발표한 실번 톰킨스 역시 이방인의 형상을 활용하고 있다는 점에 주목할 필요가 있다. 이브 코소프스키 세지윅과 애덤 프랭크Adam Frank는 이를 지적한다. 이들에 따르면 "톰킨스의 논의는 **낯선** 것을 강조"하는데 이는 톰킨스가 억압가설에서 벗어나 "수치심의 현상학"을 향해 나아가고 있음을 알려준다(1995: 5, 원저자 강조). 톰킨스의 글을 다시 살펴보면 이방인의 형상이 다소 불안정하고 더 나아가 양가적이라는 점을 발견하게 된다. 또한 톰킨스가 인지와 문화에

감정의 문화정치

영향을 받지 않고 기능하는(혹은 적어도 그럴 가능성이 있는) 보편적이고 생물학적 프로그램이라고 주장하는 정동 개념과 그가 제시하는 어린이의 양육 과정에 관한 실제 사례 및 관찰 사이에 간극이 있다는 점을 마주하게 된다. 몇몇 사례에서 톰킨스는 이방인에 대한 반응이 "거의 보편적이고 선천적으로" 나타난다고 주장한다. 여기서 "거의"라는 표현은 톰킨스의 주장에 붙은 조건이자 동시에 주장을 성립시키는 것으로 해석할 수 있다. 톰킨스는 이방인에 관한 인식이 차이를 구별하는 방식으로 작동한다고 이야기한다. 톰킨스에 따르면 어머니의 얼굴과 낯선 사람의 얼굴은 구별된다(여기에는 낯선 사람은 어머니가 아니라는 함의가 있다). 보육원에서 성장한 어린이의 경우에는 익숙한 사람과 익숙하지 않은 사람이 구별된다(익숙하지 않은 사람은 자동으로 낯선 사람으로 등록된다는 함의가 있다). [그의 주장에 비춰보면] 이방인이 우리가 알지 못하는 사람 전체를 가리키는 말이라고 생각하는 통념은 맞는 것처럼 보인다.

하지만 차이를 구별하는 일이 "거의 선천적으로" 나타난다는 주장은 부모가 아이에게 낯선 사람을 어떻게 대해야 하는지 가르치기 위해 엄청난 노력을 기울이는 모습을 강조하는 지점과 상충한다. 부모는 어린이가 낯선 사람을 향해 보이는 호기심을 정동적 훈련을 통해 누그러뜨려야 한다. 예를 들어 어린이에게 "낯선 사람의 얼굴을 뚫어지게 쳐다보는 것은 버릇없는 일"(327)이라고 가르쳐야 한다는 것이다. 이 '정동적 훈련'에 대해서는 다음 절에서 이어서 설명하려고 한다. 톰킨스는 다음과 같이 이야기한다. "낯선 사람의 얼굴을 조목조목 살펴보는 재미에 푹 빠진 어린이는 안타깝게도 상대가 낯선 존재로 인식된다는 바로 그 점으로 인해서 수치심을 느끼기 쉽다"(627). 즉 이방인은 단지 우리가 알지 못하는 사람이 아니라 낯선 존재로 인식되는 사람을 의미한다. 정동적 삶에서 각본이 하는 역할을 강조하는 톰킨스의 논의는 인지와 정동이 밀접하게 연관된다는 점을 보여준다. 그러나 정동에 관한 각본은 그 자체로 학습되지 않은 정동을 억누르고 적절하게 다루는 방식으로만 작동한다. 이에 톰킨스는 우리가 배고픔으로 인한 고통이 무엇인지 배우지 않는 것처럼 두렵다는 것이 무엇인지 배우지 않는다고 주장한다(12). 한편 톰킨스는 그 대상이 무엇이든지 상관없이 대상에 대한 두려움은 배울 수 있다고 주장했다. 다시 말해서 '공포'라는 정동이 어디든지 달라붙을 수 있다는 것이다. 나는 공포와 같은 정동과 정동이 달라붙는 대상을 (일시적으로나마) 분리하려는 시도는 정동을 배우는 일이 몸을 통해 이루어진다는 사실을 간과할 우려가 있다고 생각한다. 우리는 무엇을 두려워해야 할지 배우는 것을 통해 두려움을 느끼는 법을 배운다. 내가 생각하기에 톰킨스가 낯선 것과 낯선 사람에 관해 주장한 내용은 정동에 관한 각본이 정동을 억누르거나 적절한 방식으로 다룰 뿐만 아니라 정동 자체를 생성한다는 것이다. 어린이가 낯선 사람에게서 영향을 받는 일은 올바른 방식으로 이루어져야 한다. 이는 어린이의 생존(더 나아가 이후에 논의할 주제인 안녕과 행복)에 필수적인 것으로 간주된다. 어린이가 성공적으로 정동을 배우고 나면 공포가 만들어진다. 정동을 배운다는 말은 바로 이러한 뜻이다. 정동을 배운다는 것은 [대상으로부터] 영향을 받는 일이 [대상에 대한] 특정한 지향을 갖는 일이라는

감정의 문화정치

점을 알려준다.

나는 실번 톰킨스의 연구가 설명의 차원에서는 유용한 측면이 있다고 생각한다. 그 이유는 그가 주장한 내용이 그가 제시한 모델과 어긋나기 때문일 것이다. 우리는 어떤 존재가 개인과 사회의 안녕과 좋은 삶을 실현하는지 아니면 위협하는지에 따라 존재의 등급을 구별하는 기술에 관한 여러 방법을 마주하게 된다. 인종주의는 이와 같은 정동적 기술 가운데 하나다. 나는 앞서 프란츠 파농과 오드리 로드의 사례를 통해서 인종차별을 마주한 상황을 분석했다. 마주침은 몸에 작용하고, 상호 신체적인 성격을 띠며, 일시적인 사회성이 강하게 나타나는 기차나 지하철과 같은 곳에서 발생한다. 다만 어떤 몸이 특정한 정동을 담고 있더라도 정동은 새어나온다는 점을 지적할 필요가 있다. 내가 이 책에서 이야기하려고 했던 것처럼 공포가 대상에만 머무르지 않는다는 가능성이야말로 공포가 더욱 강하게 느껴지도록 만든다. 타자를 지각하는 일은 타자에 대한 인상을 가지는 일이 되고, 타자나 이방인으로 나타나는 일은 흐릿해지는 일이 된다. 이를 다르게 표현하자면 인종주의는 무딘 도구다(Ahmed 2012: 181). 예컨대 불심검문은 타자와 이방인의 형상이 지닌 흐릿함을 선명하게 만드는 기술이다. 잠깐! 남아시아 사람이잖아! 그렇다면 무슬림이겠군! 테러리스트일 수 있겠어! 이방인의 형상이 흐릿하면 흐릿할수록 **더 많은 몸이 그 형상에 해당하게 된다**.

나는《감정의 문화정치》에서 상호 신체성을 강조하고, 서로 다른 타자가 서로 다른 방식으로 우리에게 접촉하는 과정(이에 대해 나는《낯선 마주침》에서 '접촉의 경제'라고 표현했다)에 주목했다.

이를 고려할 때, 내가 이 책에서 텍스트에 주목한 이유가 무엇인지, 더 나아가 '텍스트의 감정적 속성'이라는 측면에서 논의를 전개한 이유가 무엇인지 설명하는 일이 필요해 보인다. 어떤 면에서 이 책은 언어가 매우 중요하다는 점을 이야기한다. 나는 이를 통해 혐오발언을 둘러싼 일련의 논쟁에 개입하고(2장), 역사적 트라우마와 관계를 맺는 과정에서 사과와 같은 발화 행위가 어떤 역할을 하는지 드러내고자 했다(5장). 내가 언어를 강조한 **이유**는 내가 몸에 관심이 있었기 때문이다. 나는 파농의 논의를 따라서 몸이 기호가 될 수 있다는 점, 이를테면 위험을 가리키는 기호가 될 수 있다는 점을 탐구하려고 했다. 몸에 대한 특정한 판단이 작동하는 이유는 바로 그러한 판단이 정동적이기 때문이다. 나는 단어가 끈적이게 되는 과정이 중요하다는 점을 분명히 강조하면서도 느낌이 특정한 몸을 향하게 되는 과정 혹은 내가 체현된 타자 사이에서 일어나는 '낯선 마주침'이라고 이야기한 것이나 일상에서 벌어지는 마주침에서 느낌이 특정한 몸에 달라붙는 과정에 초점을 맞췄다.[20]

나는 텍스트를 강조하는 일은 경험에서 비롯된 자료를 강조하는 일이라는 점에서 몸을 강조하는 방식과 마찬가지로 중요하다고 생각한다. 이 책은 오드리 로드와 프란츠 파농이 인종차별을 경험한 사례, 호주의 원주민이 겪은 폭력을 조사한 연구자료, 9·11 테러와 같은 사건을 배경으로 타자를 역겨운 존재로 묘사하는 내용이 담긴 게시물을 분석한다. 돌이켜보면 나는 감정을 심리적인 것으로 간주하는 경향(다시 말해서 감정을 내가 가진 소유물로 생각하는 경향)에 대한 비판이 타자의 느낌을 곧바로 파악할 수 있다는 믿음(나의 느낌이 나의 것이 아니라면 상대의 느낌도 상대의 것이 아니라는 주장)으로 이어질 가능성을 의식하고 있었던 것 같다. 타자의 자리를 마련하는 것이 타자의 자리를 없애는 일이 될 수 있다는 점에서 타자의 느낌을 파악할 수 있다는 주장은 타자에 대한 폭력을 반복하는 일이 될 수 있다. 우리는 사이디야 하트먼Saidiya Hartman의 방법론에 주목할 필요가 있다. 하트먼은 노예제에 대한 기록을 추적한 뛰어난 작업을 진행하면서 자료의 불투명함을 중요하게 다룬다. 그는 자신의 작업이 "고된 노동, 두려움, 슬픔이 써 내려간 텍스트가 지닌 불투명함에 오롯이 무게를 싣는 일"(1997: 35-6)이라고 설명한다. 이와 관련해서 가야트리 차크라보르티 스피박Gayatri Chakravorty Spivak이 진행한 번역과 하위주체에 관한 논의 역시 참조할 수 있다. 스피박은 번역의 정치를 강조한다. 그에 따르면 번역은 번역이 밝히지 않고 밝힐 수 없는 것이 있다는 중요한 의미가 있다. 하트먼과 스피박은 모두 감추는 것이 일종의 저항일 수 있음을 알려준다.

텍스트와 그러한 텍스트를 살아 있도록 하는 역사가 동일하다고 넘겨짚지 않는 일은 중요하다. 우리가 어떠한 방법을 활용하든, 우리가 접하는 자료가 우리 곁에 있는 역사에 관한 기억 흔적으로 공적 영역에 이미 존재하든, 우리가 (그러한 역사를 계속 직면하게 되는 이들과) 인터뷰를 하거나 문화기술지를 작성하든 우리는 자료의 불투명함을 극복할 수 없다. 나는 지금도 변함없이 같은 입장이다. 이 책의 초판이 출간된 이후로 나는 다문화 사업에 관한 문화기술지 연구에 참여했다. 이 연구는 책《포함된다는 것: 제도화된 삶에서의 인종주의와 다양성On Being Included: Racism and

Diversity in Institutional Life》(2012)의 출간으로 이어졌다. 《감정의 문화 정치》가 질적 연구를 기반으로 하지는 않지만, 후속 연구를 수행하는 데 유용한 도구가 됐다. 덕분에 나는 감정이 말과 형상을 통해 순환하고 몸에 달라붙음으로써 작동하는 구체적인 방식을 살펴볼 수 있었다.

나는 다문화 사업에 관한 연구를 통해서 우리가 특정한 감정을 불러일으키는 이방인의 형상을 방에서 마주한다는 것을 이해하게 됐다. 이방인의 형상을 마주한다는 것은 다른 사람에게 보이는 자신의 모습을 마주한다는 뜻이다. 이방인의 형상은 특정한 감정을 불러일으킨다. 이방인은 방에 들어가기 **이전부터** '방에 있는 것'처럼 보인다. 다른 이들이 나를 이방인의 모습과 포개어 볼 때, 나는 나를 이방인으로 바라보는 사람들의 시선에서 벗어나기 위해 나의 몸을 적절하게 다듬어야 한다. 이러한 측면에서 감정은 노동이 된다. 여기서는 연구에서 진행한 인터뷰 일부를 인용하려고 한다. 아래에 제시한 인용문은 다양성 교육을 진행하는 두 명의 흑인 남성과 진행한 인터뷰에서 가져온 것이다.

"흑인 강사로 일하면서 신경 써야 하는 또 다른 부분은 신뢰관계를 형성해야 한다는 거예요. 그런데 신뢰관계를 형성하려면 제가 어떻게 해야 할까요? 인종차별적인 흑인 광대 역할minstrel show을 연기해야 할까요, 아니면 전문가라는 점을 인정받아야 할까요? 친근한 태도를 보여야 할까요, 아니면 냉정하고 무뚝뚝하고 무심한 사람처럼 행동해야 할까요? 이 모든 게 사람들에게 의미 있는 고민일까요? 제 생각에는 제가 교육 현장에서 만나는 사람들이 누구인지는 크게 상관없는 것 같아요. 왜냐면 흑인 남성에 대한 고정관념이 너 나 할 것 없이 너무 확고하게 자리 잡혀 있으니까요." (Ahmed 2012: 160)

교육 현장에서 마주하는 사람들이 예외 없이 확고한 고정관념을 가지고 있을 때, 신뢰관계를 형성하는 일은 필수 사항이 된다. 신뢰관계를 형성해야 하는 상황에서 인종적 타자는 자기 자신에게 끝없이 질문을 던지는 감정노동에 나서게 된다. 상대가 이미 나에 대한 어떤 이미지를 가지고 있을 때, 내가 무슨 행동을 하든 그 이미지가 달라지지 않을 때 무엇을 해야 하는지 자기 자신에게 질문하는 것이다. 인종적 타자는 자신을 어떻게 표현할 것인지, 자신에 대한 고정관념에서 벗어나기 위해서 어떻게 할지 질문하는 것을 통해 인종차별적인 상황에 대응한다.

"백인을 쳐다볼 때 언짢은 표정을 지으면 안 된다든지 공격적인 자세를 취해서는 안 된다든지 하는 게 있어요. 예를 들자면 저는 안경을 자주 맞추는 편이에요. 안경을 쓰면 인상이 부드러워지거든요. 머리를 짧게 자르는 것도 제가 지금 머리가 별로 없는 상태라서 인상을 부드럽게 하려고 그러는 거예요. 사실 제가 하는 건 고정관념에 맞서는 일이라고 할 수 있어요. 흑인 남성에 대한 성적 고정관념에 맞서는 일이요. 진짜 그래요. 온종일 고정관념에 맞서고, 말하는 방식을 가다듬고, 가능한 한 백인들이 쓰는 말투를 따라 하려고 노력하고 있어요. 정말 많이 신경 쓰고 있어요. 정말 많이요." (Ahmed 2012: 160)

흑인 남성은 부드러운 인상을 주기 위해 신경 쓴다. 실제로 만나기 전부터 이미 '공격적인' 사람으로 여겨지는 상황에서 그렇게 보이지 않기 위해 노력하는 것이다. 공격적인 태도를 보이지 말라는 요구는 일종의 몸의 정치이자 발화 정치로 체험되기도 한다. 공포를 불러일으키는 이미지("흑인 남성에 대한 성적 고정관념")와 최대한 거리를 두기 위해서는 말투와 외모에 신경 써야 한다. 인종주의를 **마주하는** 일은 사람들이 가지고 있는 이미지에 **맞서는** 개인적인 노동이 된다. 백인이 주류를 이루는 사회에서 이방인이 되는 경험은 경계심을 늦추지 못하는 경험, 다시 말해서 이방인으로부터 자신을 보호해야 한다고 생각하는 이들로부터 자신을 스스로 보호해야 하는 경험을 의미한다. 어떤 형상이 특정한 감정을 불러일으킨다고_{charged} 할 때, 형상은 외부에서 나타날 뿐만 아니라 형상이 가리키는 몸이 등장하기 **전에** 나타난다. 바로 이로 인해 이방인이 도착하는 일은 때로 혐의_{charge}를 받는 일을 뜻하게 된다.

제도 역시 이방인을 만들어낸다. 제도는 어울리지 않는 곳에 있는 몸, 적절한 장소에 있지 않은 몸, 다양성을 상징하는 몸을 만든다. 다양성 사업은 우리가 제도의 규칙을 바꾸기 위해서 하는 일이지만, 우리가 규칙을 충분히 살아내지 못할 때 하는 일이기도 하다. 다양성 사업은 규칙에 순응해야 한다는 이유에서 몸을 바꿔나가는 노동을 요구하기도 한다. 몸을 바꿔나가는 노력은 과거를 바꿔나가는 노력을 의미한다. 그러나 과거는 꿈쩍도 하지 않으며, 우리가 마주하는 이들은 과거가 현재임을 인정하지 않는다.

행복한 대상

이 책에서 나는 감정의 사회성에 주목하면서 느낌이 아니라 대상이 순환한다고 설명했다. 내가 대상에 주목한 데는 몇 가지 이유가 있다. 정동의 사회성을 설명하는 모델 가운데 전염 모델이 있다(Izard 1977; Sedgwick 2003 참조).[21] 전염 모델은 《감정의 문화정치》와 같은 해 출간된 책 [《정동의 전달 The Transmission of Affect》에서] 터리서 브레넌 Teresa Brennan이 "전달"이라고 부른 것과도 관련이 있다. 나는 정동이 어떤 몸에서 다른 몸으로 지나갈 수도 있고 실제로 지나간다고 생각하지만, 전염 모델이 정동이 지나가는 일이 부드럽게 이루어진다고 가정하는 경향에는 우려를 느낀다. 전염 모델에 따르면 사회적 느낌은 사람들 사이에 공유된 느낌처럼 보인다. 예를 들어 수치심이 전염된다고 할 때, 나와 상대가 모두 수치심에 사로잡힌 것으로 간주된다. 그러나 나는 감정의 사회성이 나와 상대가 상당히 다른 감정을 느끼는 상황에도 적용된다고 생각한다. 대상은 공유하지만 느낌은 공유하지 않는 것이다 〈더 나아가 의견 충돌이 발생할 수도 있다〉. 〈들어가는 글〉에서 지적했듯이 짙게 깔린 안개가 우리를 감싸는 상황처럼 우리가 어떤 분위기 '안'에 머물 때도 우리는 분위기에 대해 같은 느낌을 받지 않으며 같은 방식으로 분위기를 느끼지도 않는다.[22] 아마도 이 책을 쓰고 있었을 당시 내가 (그저 폐지를 막기 위해 분투했던) 여성학 프로그램의 책임자로 일했고 '회의에 참석한 유일한 페미니스트'로 지냈던 터라 긴장, 의견 충돌, 왜곡이 벌어지는 사회적 경험을 눈여겨봤을 수도 있다.

나는 몸과 몸 사이를 순환하는 것으로서 느낌이 아닌 대상에 주목했다. 대상은 순환함에 따라 정동적 가치를 축적한다. 예를 들어 (두려운 대상으로 인식된 이방인의 몸과 같은) 공포의 대상은 시간이 흐름에 따라 사람들 사이에 공유되고, 대상은 주위를 돌아다니면서 그 대상을 알아차린 이들의 몸에 공포를 일으킨다. 결국 공포는 대상을 향함으로써 '사실상' 주위를 돌아다니게 된다. 물론 몸이 다른 방식으로 영향을 받을 가능성은 존재한다. 이를테면 어떤 이들은 오랜 기간 수상하다고 여겨지던 몸을 수상하게 여기지 않을 수도 있다(앞서 말했듯이 사회적 동의가 형성된 것은 의식 수준에서 인식되지 않는 경향이 있다는 점에서 사회적 동의만큼 정동적인 것은 없다).[23]

물론 이와 같은 분석에는 빈틈이 많다. 예컨대 왜 어떤 느낌은 대상을 가로지르고 어떤 느낌은 그렇지 않은지에 관한 메커니즘을 더 구체적으로 설명할 필요가 있다. 나는 이 절에서 행복과 같이 긍정적인 정동과 경제에 대해 사유하는 일이 이러한 메커니즘을 더욱 분명하게 이해하도록 이끈다는 점을 이야기하려고 한다. 나는 《감정의 문화정치》에서 '정동 경제' 모델을 제시하면서 증오나 공포(2장과 3장 참조)처럼 부정적으로 여겨지는 감정을 주로 다뤘다.[24] 어떤 대상을 좋은 것 혹은 나쁜 것으로 만드는 데 느낌이 어떤 역할을 하는지, 즉 정동 경제와 도덕 경제가 어떤 관계인지 탐구하는 일은 느낌의 메커니즘을 이해하는 데 유용하다.

행복에 대해 살펴볼 준비가 끝난 듯하다. 행복에 관한 문제는 상당히 최근(18세기)에야 논의되기 시작했다. 행복은 감정이나 좋은 느낌과 같은 정동의 측면에서 조명되고는 했다. 나는 《행복의 약속》에서 행복에 관한 논의를 검토하면서《감정의 문화정치》에서 전개한 주장을 구체화할 수 있었다. 바로 대상을 향하는 느낌이 **지향성을 지니게 된다**는 것이다. 우리는 앞선 절에서 정동 모델을 몇 가지 살펴봤다. 정동 모델은 정동의 대상이 인간의 생존 및/또는 좋은 삶과 행복을 실현하는지 아니면 위협하는지를 중심으로 논의된다. 우리는 정동의 대상으로부터 영향을 받는 일이 몸과 몸이 가까워지거나 멀어지는 관계를 설정한다는 점에 주목할 필요가 있다. 우리는 행복을 가져온다고 여겨지는 것과는 가까워지려고 하고, 행복을 저해한다고 여겨지는 것과는 거리를 두려고 한다. 이처럼 행복은 주로 지향점, 삶의 목표, 좋은 삶을 약속하는 것으로 이해된다.

행복을 삶의 목적으로 삼는 일은 (행복을 에우다이모니아 eudemonia로 설명한) 고전철학에서부터 공리주의까지 여러 지적 전통의 중심 주제였다. 물론 각각의 지적 전통이 상당히 다른 만큼 행복을 설명하는 방식 역시 상당히 다르다. 감정의 대상은 그 자체로 존재의 목적이 되기도 한다. 많은 이들은 행복이 지향점이나 **궁극적인 목표**로서 중요한 의미가 있다고 생각한다. 그러나 우리는 행복 개념이 지닌 중요성에 대해 다른 방식으로 살펴볼 수도 있다. 어떤 대상이 좋은 것이 되는 이유는 그 대상이 행복을 가져다주는 수단이기 때문에, 우리가 행복에 다다르기 위해서 하거나 소유할 가능성이 있는 것이기 때문이다. 즉 어떤 대상은 **행복을 가리키기 때문에** 좋은 것이 된다.

우리는 주변에서 이를 쉽게 확인할 수 있다. 어떤 대상은 우리가 마주하기도 전에 행복을 연상시키는 것(즉 좋은 삶에 필수적인 것)이 된다. 결혼식을 떠올려보면 금세 알 수 있다. 결혼식은 '인생에서 가장 행복한 날'이라고 이야기되고는 한다. 이는 실제로 행사가 열리기 전에 이미 결혼식이 **어떻게** 치러질 것인지를 알려준다. 이에 우리는 과거를 회상하지 않고서도 특정한 정동을 예감할 수 있다. 어떤 대상은 우리가 경험하기 이전에도 가까이 둘 만한 것으로서 가치를 획득한다. 위험한 이방인의 사례도 같은 것을 알려준다. 우리는 어떤 대상이 도착하기 전에 이미 이들을 '두려워해야 하는 것'으로 마주한다.[25] 같은 맥락에서 우리는 어떤 대상이 도착하기에 앞서 그 대상이 행복을 가져올 것이라고 예감할 수도 있다. 긍정적인 정동을 이미 부여받은 대상은 우리가 손에 넣을 수 있는 것으로서 가능성의 지평에 등장한다. 어떤 대상이 좋은 것이라는 판단은 우리가 그 대상과 마주치기 이전에 이루어질 뿐만 아니라 우리가 그 대상을 향하도록 만든다. 행복은 미래를 가리키는 것처럼 보이지만, 연상 작용을 구조화하는 [과거] 역사에 기댄다. 이 책에서 활용했던 표현을 빌리자면 이와 같은 역사는 '끈적인다'. 특정한 대상이 행복의 원인으로 간주된다는 것은 우리가 이들과 '우연히 마주치기' 전에 이미 이들이 사회적 재화로 순환한다는 의미다. 즉 우리가 행복의 원인으로 간주되는 대상과 우연히 마주치는 일은 특정한 대상이 행복을 약속하는 사회적 재화로 순환하기 때문에 발생한다.

우리는 이러한 대상을 '행복한 대상'이라고 부를 수 있다. 행복한 대상이 순환한다고 해서 [행복하다는] 느낌이 반드시 [주체 곁을] 지나가는 것은 아니다. 앨리 혹실드는 탁월한 저서 《감정노동》에서 감정노동을 실제로 느끼는 것과 느껴야 하는 것 사이의

감정의 문화정치

간극을 좁히기 위해 애쓰는 일로 설명한다. 혹실드는 결혼식 당일에 행복을 느끼지 않는 신부, 가장 행복해야 하는 날에 행복한 마음이 들지 않는 신부의 사례를 언급한다. 결혼식 당일에 행복하지 않을 뿐만 아니라 '우울하고 심란한' 신부는 '부적절한 정동 affect'(2003: 59)을 느끼는 상태 혹은 적절한 방식으로 영향을 받지 affected 못하는 상태에 있다고 여겨진다. 신부는 올바른 감정을 느낌으로써 어떻게든 상황을 수습해야 한다. "이상적인 느낌과 참아내려는 실제 느낌 사이의 간극을 감지하는 신부는 행복을 느껴야 한다고 스스로를 다그친다"(61). 신부는 '상황을 수습하기' 위해서 자신이 올바른 방식으로 영향을 받고 있다고 믿거나 적어도 다른 사람을 그렇게 설득할 수 있어야 한다. 이때 느낌을 바로잡는 일은 기존의 정서 상태가 영향을 미치지 못하게 하는 일을 뜻한다. 다시 말해서 신부는 비참해지는 것을 멈춤으로써 자기 자신을 행복하게 만든다. 이 사례를 통해 우리가 알 수 있는 것은 스스로 특정한 감정을 느끼도록 애쓰는 노동을 하면서 갑갑한 마음이 들 때, 원하는 정서가 아니라 다른 정서가 생생하게 남아 있을 때, 행복에 온전히 머물지 못하고 더 나아가 행복으로부터 소외될 수 있다는 점이다. 우리가 놓인 행복한 상황**에 대한** 갑갑한 느낌은 행복하다는 느낌 자체에 끈질기게 남기도 한다.

실제로 느끼는 것과 느껴야 하는 것 사이의 간극을 줄이고 나면 상황이 안겨주는 행복은 유지될 수 있다. 그러나 간극을 경험하는 일이 언제나 간극을 줄이고 느낌을 바로잡는 일로 이어지는 것은 아니다. 우리는 우리가 기대하던 행복을 실현하지 못했다는 점에 실망할 수도 있다. 이러한 실망감은 한편으로 자신에 대한 불신으로 인해 불안해하는 서사를 수반하기도 한다(왜 행복해지지 않을까? 나한테 무슨 문제가 있는 건 아닐까?). 하지만 다른 한편으로 우리를 행복하게 만들어준다고 여겨진 대상이 실망의 원인이 될 때는 분노하는 서사를 수반하기도 한다. 이때 분노는 행복의 약속을 어긴 대상을 향할 수도 있고, 대상을 좋은 것이라고 띄워주면서 행복을 약속했던 이들에게 쏟아질 수도 있다. 그러한 순간에 우리는 이방인 혹은 내가 쓰는 표현으로 '정동 소외자affect aliens'가 된다.

나는 행복에 관해 사유하면서 감정을 불러일으키는 이방인의 형상에 대해 다른 관점에서 살펴볼 수 있었다. 행복이 전염을 통해 작동한다는 주장은 '행복 연구'라는 특정한 분야에서 많은 관심을 받고 있다. 대표적으로 2008년 제임스 파울러James H. Folwer 와 니컬러스 크리스태키스Nicholas Christakis는 행복이 사회적 연결망을 통해 한 사람에게서 다른 사람으로 확산된다는 논문을 발표했다(이 논문은 2008년 12월 〈행복은 전염된다〉라는 제목으로 전 세계 언론에 대서특필됐다). 이들은 행복이 퍼지는 과정에서 "행복한 집단과 불행한 집단"(2008: 1)이 만들어진다고 이야기한다. "사회적 연결망의 중심부에 있는 이들일수록 행복할 가능성이 크고, 주변부에 있는 이들일수록 불행할 가능성이 크다"(6). 중심부에 있는 이들이 행복하다는 것은 행복한 사람이 서로에게 끌린다는 의미로 이해할 수 있다. 두 사람은 연구 결과만으로는 행복한 집단과 불행한 집단이 나뉘는 현상의 원인을 발견하지 못했다고 밝히면서도 몇 가지 가설을 제시했다. 예를 들어서 "행복한 사람은 행운으로 얻게 된 것을 다른 이들과 나눈다" "행복한 사람은 다른 사

람을 대하는 방식을 바꾼다" "행복한 사람은 원래부터 전염성이
있는 감정을 발산한다" 등이 언급됐다. 두 사람은 어떤 인터뷰에
서 파티가 벌어지는 장소를 떠올려보라고 이야기했다. "파티가
벌어지는 장소를 하늘 위에서 바라본다고 생각해보세요. 구석에
서 조용히 일대일로 이야기를 나누는 사람들이 몇몇 보일 것입니
다. 반면 행사장 한가운데서 많은 이들과 대화를 나누는 사람들
도 있을 것입니다. 연구 결과는 중심부에 있는 사람들이 제일 행
복할 가능성이 크다는 점을 알려줍니다."²⁶ 여기서 주목해야 하는
점은 행복을 가시화한 지도가 다른 지도 위에 '포개어진다'는 것
이다. 이를테면 "구석에서 조용히 이야기를 나누는" 곳으로 묘사
된 가장자리는 덜 행복하다고 간주된다.

　　[불행한] 가장자리에도 머무는 이들이 있다는 점을 고려할
때, 가장자리가 만들어지는 과정에서 감정이 어떤 역할을 하는
지 자세히 탐구하는 한 가지 방법은 '조율attunement'에 관한 문제
를 살펴보는 것이다. 정동 연구에서 주요 개념으로 자리 잡은 조
율은 주로 기분과 연관된다. 기분은 감정과 비교했을 때 그 대상
이 뚜렷하지 않다는 점에서 감정과 차이가 있다고 여겨진다.²⁷ 르
네 로스포트Rene Rosfort와 조반니 스탕겔리니Giovanni Stanghellini에 따르
면 기분은 "특정한 대상이나 상황에 관한 것이 아니라 세계 전체
에 관한 것이다"(2009: 208). 우리는 기분 혹은 조율로 [번역되는]
개념Stimmung에 관한 하이데거의 논의를 통해서 조율을 일종의 친
화성으로 살펴볼 수 있다. 하이데거는 기분에 대해 내가 소유하
는 구체적인 무언가가 아니라고 설명한다. 하이데거에 따르면 어
떤 기분이 들지 **않는** 일은 가능하지 **않다**. 기분 혹은 조율은 "'개

인의 현재 상태와 개인이 다른 이들과 어울리는 모습'을 드러낸
다"(1995: 127). 하이데거는 이를 구체적으로 서술한다.

> 흔히 우리는 기분이 좋은 사람이 활기찬 분위기를 자아낸다
> 고 이야기한다. 기분이 좋은 사람은 마치 병균이 유기체 사이
> 를 옮겨 다니는 것처럼 활기찬 분위기를 다른 사람에게 전달
> 하는 감정적 경험을 발생시키는 것일까? 우리는 분명 조율이
> 나 기분에 전염성이 있다고 할 수 있다. 존재만으로 모든 것을
> 우울하게 만들고 처지게 하는 사람이 우리 곁에 있다면 누구도
> 선뜻 나서지 않을 것이다. 우리는 이를 통해 무엇을 알 수 있을
> 까? 조율은 **부가적으로 나타나는 효과가 아니라** 다른 이들 곁
> 에 있는 우리의 존재를 먼저 결정하는 것이다. 각각의 사례에
> 서 조율은 마치 이미 존재하는 것처럼 보이기도 한다. 조율은
> 마치 우리가 분위기에 취하고 나면 우리의 기분이 분위기에 완
> 전히 맞춰지는attunes 것과 같다. (1995: 66-7, [원저자 강조])[28]

기분은 마치 분위기와 같다. 우리는 다른 사람에게서 어떤
느낌을 포착하는 것이 아니라 우리의 것이 아닌 느낌에 휘말린
다. 여기서 우리는 분위기라는 말에 누군가와 함께 있는 것 혹은
누군가의 주위에 있는 것이라는 함의가 있다는 점에 주목할 필
요가 있다. 어떤 몸이 활기찬 분위기를 자신의 **곁에** 자아내면 주
변 상황 역시 활기차게 변한다. 어떤 분위기가 주위에 있다는 이
야기는 주위에 있는 이들이 그러한 분위기를 일으킨다는 뜻이며,
이때 분위기는 다른 이들이 '받아들이거나' '가라앉힐' 수 있는 것

이 된다. 하이데거는 그가 "조율의 부재"라고 부른 것을 찬찬히 살핀다. 하이데거는 조율의 부재가 "기분이 언짢은 것도 '좋은' 것도 아닌 상태"라고 설명한다(1995: 68). 조율의 부재는 좋은 것도 나쁜 것도 아닌 기분을 뜻한다. 이는 어떤 것일까? 바로 이 지점에서 하이데거는 사실상 헤매고 넘어지는 것처럼 보인다. 그에 따르면 조율의 부재는 "심드렁하거나 무관심한 상태처럼 보이기" 때문에 "일견 이해하기 어려운 듯"하지만 "그러한 상태와는 전혀 다르다". 그는 "조율은 [있거나 없는 것이 아니라] 끊임없이 변할 뿐"(1995: 68)이라고 덧붙인다. 하이데거는 무엇이 조율의 부재가 아닌지를 통해서 조율의 부재를 설명한다. 어떤 면에서 조율이 근본적인 것이라는 주장은 조율의 부재를 인식하기 어렵다는 결론으로 이어진다.

조율은 우리가 주위에 있는 것으로부터 영향을 받는다는 **사실**을 알려주지만, 영향을 받는 **방식**까지 결정하지는 않는다. 막스 셸러Max Scheler는 《공감의 본질과 형식The Nature of Sympathy》에서 '전염' 개념을 통해 느낌의 친화성을 설명하려는 방식이 지나치게 설익은 시도였다고 지적한다(2008: 15-17). 이는 느낌의 전염이 발생하지 않는다는 뜻이 아니다. 셸러에 따르면 우리는 희망적인 상황을 마주하면서 좋은 기분을 누리기도 하고, 절망적인 상황을 멀리함으로써 우리에게 나쁜 기분이 전해지지 않도록 한다. 사람들이 의식적으로 느낌을 관리하는 이유는 바로 느낌의 전염 가능성 때문이다. 그러나 셸러는 전염과 '느낌의 공동체'가 다르다고 주장한다. 느낌의 공동체에 속한 나와 상대는 같은 대상에 대한 느낌을 함께한다. 예컨대 나와 상대는 우리가 둘 다 사랑하는 누군가를 상실했다는 이유에서 슬픔을 느끼기도 한다(2008: 12). 셸러는 "같은 느낌"이라고 불리는 사회적 감정 개념을 제안한다. "같은 느낌"은 상대가 느끼는 감정은 공유하지만 느낌의 대상은 공유하지 않는 것을 가리킨다(2008: 13). 내가 알지 못하는 누군가를 상실한 상대를 바라보면서 함께 슬퍼하는 사례가 여기에 해당한다. 내가 슬픈 이유는 상대가 슬프기 때문이며, 내가 느끼는 슬픔은 상대가 느끼는 슬픔을 향한다.

같은 느낌은 일종의 위기로 경험되기도 한다. 상대가 행복한 모습을 보면서 행복을 느끼기는 하지만, 상대를 행복하게 만든 것이 나를 행복하게 만들지는 않는 것이다. 이처럼 위기는 **대상이 물질화되는 방식**과 관련이 있다. 느낌의 대상은 위기를 통해서 더욱 선명하고 뚜렷해진다. 조율이 반드시 언제나 행복과 연관되는 것은 아니다. 우리는 슬픔의 순간 가운데 슬픔에 우리의 기분을 맞추기도 한다. 슬픔에 기분을 맞추는 일이 행복한 경험으로 느껴질 수도 있다. 더는 지속하지 않는 것을 마주하면서 상대와의 일치감을 느끼고 그 느낌이 지속하기를 바라는 것이다. 슬픔을 나누는 상황에서 우리는 혹시라도 우리가 웃음을 터뜨리지는 않을지, 잘못된 방식으로 말하거나 행동해서 조심스럽게 형성된 엄숙한 분위기를 깨뜨리지는 않을지 염려하기도 한다. 만약 행복에 기분을 맞추었지만 이내 그 기분을 잃어버리게 될 때 어떤 일이 발생할까? 즐거운 분위기가 넘치는 상황을 마주하고 즐거운 느낌을 '받아들이면서' 덩달아 즐거워졌는데 막상 즐거움을 일으킨 대상이 무엇인지 깨닫고 보니 즐거워할 때가 아니라는 사실을 깨닫는 일이 발생하기도 한다. 사람들이 어떤 농담에 웃음을 터뜨리는 장면을 떠올려보자. 나 역시 웃음을 터뜨릴 수도 있고, 때로는 농담을 듣기 전에 웃음부터 나올 수도 있다. 나와 상대가 함께 웃음을 터뜨리고 서로를 바라볼 때, 두 몸은 서로의 모습을 비추게 된다. 그러나 농담을 듣고 무슨 내용이었는지 알게 된 후, 그 농담이 재미있는 것도 아니었고 심지어 불쾌한 것임을 알아차릴 수도 있다. 그러한 농담을 들을 때면 위기가 발생한다. 나는 농담을 더 선명하고 뚜렷하게 느끼게 된다. 농담을 불쾌한 것으로 생각하는 일은 내가 느끼던 즐거운 기분을 잃어버리는 일이자 다른 이들과 정동적인 '불협화음'을 일으키는 일이다. [불쾌한 농담에 더 이상] 웃지 않는 일은 [몸과 몸이 서로의 모습을 비추는] 신체적 친밀성에서 물러나는 일로 이어진다. 산산조각으로 부서진 유리병처럼 친밀한 관계가 깨지는 것이다. 우리는 친밀한 관계가 깨질 것을 염려해서 계속 웃고 있기도 하고, 이미 깨진 분위기를 수습해야 하는 처지에 놓일 수도 있다. 우리가 더 이상 웃지 않을 때도 행복에 기분을 맞추지 않는 일이 우리 자신을 향하는 분노나 수치심으로 느껴지기도 한다(왜 그때 단호하게 행동하지 못했을까?)

조율을 상실하는 경험은 조율의 속성이 무엇인지 알려준다. 서로에게 기분을 맞춘다는 것은 (좋은 감정이든 나쁜 감정이든, 활기찬 감정이든 처진 감정이든) 감정을 함께한다는 것 또는 (좋은 대상이든 나쁜 대상이든) 대상에 대한 지향을 함께한다는 것일 뿐만 아니라 같은 성향을 지닌다는 것이다. 조율은 모든 것을 아우르지 않는다. 어떤 몸에 기분을 맞춘다는 것은 그 자체로 우리와 성향이 다른 몸에는 기분을 맞추지 않는다는 것을 뜻한다. 우리는 불협

화음을 일으키는 것에는 귀를 막고 등을 돌릴 수도 있다. 이에 **조율이 이루어지지 않는** 경험은 우리가 서로 응답하지 않는 이들과 함께 이 세계에서 어떻게 살아갈 것인지에 관한 문제를 가리킨다. 상대와 조화를 이루지 못하는 상태는 의식 수준에서 인식되지 않을 수도 있다. 행복하거나 즐거운 기분을 함께 나누는 일은 이러한 기분을 저해할 가능성이 있는 사람 혹은 사물로부터 멀어지는 것 또는 이를 차단하는 일을 통해서 이루어지기도 한다. 차단이 성공적으로 이루어지지 **않을** 때, 이들(그리고 이들이 자아내는 기분)은 조율의 상실을 일으키는 사람 혹은 사물로 간주된다. 이와 같이 조율은 이방인을 만들어낸다. 여기서 이방인은 느낌의 대상으로 만들어지기도 하지만, 같은 성향을 지니지 않음에 따라 그 결과로 만들어지기도 한다. 이방인이 나타나는 곳이 좀처럼 인식되지 않거나 희미하게 인식되는 방의 가장자리라는 점은 놀랍지 않다. 이방인은 그림자에 몸을 감춘 채, 행복하지 않은 이들이 모여서 조용히 이야기를 나누고 있다고 여겨지는 구석에 머무른다. 이방인이 상당히 모호한 인상을 준다는 점 역시 놀랍지 않다. 나는 1장에서 타자와 같이 마음을 **나누는** 일이 타자의 마음을 **헤아려보는** 일(1장 미주 9번)이라는 점을 강조한 바 있다. 후기에서는 어떤 타자와 같이 마음을 **나누는** 일이 어떤 타자와는 마음을 **나누지 않는** 일이라는 점을 이야기하려고 한다.

이방인으로 여겨지는 이들이 등장하는 일은 사람들의 시선을 끈다. 이들은 우리와 함께하지 않는 이들로서 희미하게 인식된다. 조율은 이들에게 감정노동을 요구한다. 이미 '방 안에' 있는 사람들에게 기분을 맞추는 노동을 해야 하는 것이다. 이방인이

감정의 문화정치

이들에게 기분을 맞추기 위해서 할 수 있는 일은 아마도 방 안에 있는 이들이 느끼는 감정과 자신이 느끼는 감정 사이의 (인식된) 간극을 줄이는 일일 것이다. 그간 비백인 페미니스트들은 자신의 연구와 활동을 통해서 방을 **정동을 담고 있는 곳**으로 살펴보는 작업(이는 여러 방식으로 표현되고는 했다)을 상당히 전개해왔다. 예를 들어 벨 훅스는 비백인 여성이 [백인] 페미니스트가 모인 방에 들어갔을 때 어떤 일이 벌어지는지 다음과 같이 이야기한다.

> 서로 잘 알지 못하는 백인 페미니스트 활동가 여러 명이 페미니즘 이론을 논의하는 모임에 참여한 장면을 생각해보자. 이들은 함께 모인 이들이 여성이라는 점에 기초해서 유대감을 느낄 수도 있다. 그러나 비백인 여성이 방에 들어간 순간 분위기는 확연히 달라진다. 마음 편히 기쁨을 나누던 백인 여성들은 긴장하게 된다. (56)

벨 훅스는 모임이 밝고 즐거운 분위기로 가득 차는 일이 누가 모임에 참여했고 누가 참여하지 않았는지에 달려 있다고 지적한다. 모임에 누가 참여하는지에 따라서 (여성이라는 점에 기초한 유대와 같은) 논의 주제가 정해지기도 한다. 그러나 비백인 여성이 단지 방에 들어갔다는 이유만으로 방에는 긴장감이 돌게 된다. 비백인 여성이 긴장을 일으키지 않으려면 방에 있던 이들이 비백인 여성이 등장했다는 사실을 편안하게 받아들이도록 만드는 노동을 해야 한다. 나는 7장 〈퀴어 느낌〉에서 편안함이란 의식적인 차원에서 좀처럼 감지되지 않는 느낌이라고 이야기했다. 공간에 푹 잠기지 못하는 이들, 몸이 공간에 딱 맞지 않는다고 여겨지는 이들은 다른 이들을 편안하게 만드는 노동에 자주 나서야 한다. 이러한 점에서 내가 앞서 '다양성 사업'이라고 불렀던 것은 대부분 감정노동에 해당한다.

결국 우리는 다음과 같은 결론에 이르게 된다. 행복이 좋은 것으로 여겨질 때, 어떤 것이 행복을 연상시킨다는 점에서 재화로 만들어질 때, 행복을 약속하는 것에 행복을 느끼지 않는 이들은 정서 상태에서 소외를 경험할 뿐만 아니라 다른 이들을 소외시키는 사람이 된다. 이러한 측면에서 정동 소외자는 흥을 깨뜨리는 사람이 된다. 다른 이들의 행복을 방해하는 존재, 단순하게 말해서 걸림돌이 되는 것이다. 나는 흥을 깨뜨리는 사람이라는 생동감 넘치는 형상에서 분명한 정치적 가능성과 에너지를 발견했다. 더 구체적으로는 흥을 깨뜨리는 페미니스트의 형상, 그리고 페미니스트의 기쁨을 앗아가는 분노한 비백인 여성의 형상에 주목해왔다. 기꺼이 흥을 깨뜨리는 사람이 된다는 것, 기꺼이 그러한 역할을 받아들인다는 것은 내가 동의하지 않는 행복이라면 무엇이든 기꺼이 방해하는 사람이 된다는 것을 의미한다.

우리는 흥을 깨뜨리는 사람의 형상을 통해서 감정의 사회성에 대해 많은 것을 알 수 있다. 감정은 그저 어떤 몸에서 다른 몸으로 통하는 것이 아니다. 어떤 느낌을 표현하는 일이 이미 공간을 점유하고 있는 다른 이들의 권리에 도전하는 것일 때, 느낌은 가로막히기도 한다(혹은 느낌의 전달을 가로막는 시도가 발생하기도 한다). 8장 〈페미니스트 애착〉에서 이야기한 것처럼 어떤 분노는 존중받지 못하며, 어떤 몸은 느낌을 주고받는 원활한 소통을 가로막는 방해 요소로 여겨진다. 우리는 느낌이 몸에서 몸으로 매끄럽게 통한다고 가정하는 것이 아니라 **어떤 느낌은 왜 통하지 않는지** 설명하는 메커니즘을 살펴볼 필요가 있다. 어떤 느낌은 우리가 동의하지 않기 때문에 통하지 않기도 한다(그렇다고 해서 우리가 동의하지 않는 느낌이 [언제나] 전달되지 않는 것은 아니다). 상대가 경험하는 행복이 부적절한 것이라고 생각하는 경우에는 상대의 행복에 분노를 느낄 수도 있다. [하지만 반대로] 내가 행복을 느끼는 경우에는 상대가 느끼는 슬픔이 나의 행복에 방해가 될 것을 염려해서 상대를 멀리할 수도 있다.

감정이 어떠한 과정을 통해서 흐르거나 가로막히는지 살피는 일은 우리가 근본적인 문제를 다시 마주하도록 이끈다. 우리는 공간이 특정한 몸을 중심으로 구성된다는 사회적이고 정치적인 문제를 다시 마주하게 된다. 특정한 몸이 먼저 고려된다는 것은 이들의 행복이 먼저 고려된다는 뜻이다. 이러한 점에서 우리는 시민권을 누구의 행복을 먼저 고려할지 결정하는 기술이라는 측면에서 새롭게 조명해볼 수 있다.

결론: 감정과 수사

나는 《감정의 문화정치》에서 주로 텍스트를 해석하는 방식으로 논의를 전개했다. 이 가운데는 우리가 흔히 '수사'라고 부르는 것도 포함됐다. 후기를 마무리하면서 나는 위험한 이방인 담론과 행복 담론을 살펴보는 작업이 정치적 수사를 분석하는 데 도움이 된다는 점을 드러내려고 한다. 국가가 위험에 처해 있다고 혹은 국가가 행복한 순간을 맞이했다고 선언하는 일은 무엇을 하는가? 이 책은 다문화주의가 명령이 되는 과정을 탐색한 바 있다. 다문화주의는 시민이 '되려는' 이들과 시민이 '될 수 있는' 이들에게 국가와 국가의 가치(법, 자유, 관용, 민주주의, 근대성, 다양성, 평등과 같은 가치는 마치 몸으로 형상화된 국가의 속성인 것처럼 제시된다)를 사랑해야 한다고 명령한다. 이에 몸으로 형상화된 국가는 다양성을 사랑하는 것처럼 보이는 **동시에** 그러한 다양성을 체현하는 이들에게 국가에 대한 충성을 요구한다. 우리는 다문화주의가 국가가 내세우는 가치에 대한 믿음을 사회의 기본을 이루는 유대로 만들어내는 것처럼 보이는 지점, 그리고 이로 인해 국가를 인종과 무관한 것으로 만드는 것처럼 보이는 지점에 주목할 필요가 있다('같은 신념을 지닌다면 당신 역시 국가의 일원이 될 수 있습니다').

하지만 오늘날 차이를 사랑하는 다문화주의라는 개념이 정치적 언어로 자주 사용되는 일은 유럽 어느 곳에서도 찾아보기 어렵다. 다양한 이들을 환영하는 행동이 국가의 안보와 안녕을 위협하는 것처럼 여겨지는 시기에 다문화주의는 말 그대로 종말을 맞이했다. 일례로 2011년 영국 총리 데이비드 캐머런은 '힘센 자유주의muscular liberalism'를 내세웠다. 이는 [비슷한 입장을 지닌] 다른 정치인들에게 화답하는 것이었다. 우리는 정치적 사랑을 이야기하는 주류의 화법과 파시즘의 화법이 점점 닮아가는 현상을 발견할 수 있다. 캐머런에 따르면 우리가 힘을 길러야 하는 이유는 **사랑**에 있다. 우리는 **사랑하기 때문에** 우리가 분명한 태도를 보이지 못하도록 막아서는 이들에게 단호히 맞서야 하고, 우리의 가치와 신념을 지키지 못하게 만드는 정치적 올바름에 단호히 맞서야 한다.[29] 이 지점에서 캐머런은 상당히 명시적으로 신념과 인종을 다시 연결한다. "우리는 비난받을 만한 견해를 지닌 사람, 이를테면 인종차별을 옹호하는 사람이 백인일 때는 마땅히 상대가 잘못됐다고 지적합니다. 그러나 똑같이 받아들일 수 없는 견해를 지니고 행동을 하는 사람이 백인이 아닐 때는 상대에게 단호히 맞서는 것을 솔직히 말해서 너무 조심스러워합니다. 아니 두려워하기까지 합니다." 캐머런의 이야기에서 인종차별은 "마땅히" 잘못된 것으로 이해된다. 하지만 이 발화가 함의하는 메시지는 백인의 인종차별을 비난하려는 경향과 "백인이 아닌 상대"의 받아들일 수 없는 견해와 행동에 반대하지 않으려는 경향이 사실은 똑같다는 것이다.

캐머런의 연설은 백인 사회에서 인종차별은 받아들여지지 않는다는 인상을 자아내는 한편(이는 **인종차별이 일상적인 차원에서 당연한 것으로 받아들여지는 현실을 흐리는 일**에 공모한다), '우리'가 타자를 '관용했기' 때문에 타자가 자신이 지닌 신념을 고수하게 됐고 더 관용적이고 너그러운 존재가 되지 못했다는 메시지를 함의한다. 비백인 타자에게 단호히 맞설 수 없어서 불안에 빠진 백인 주체는 그렇게 국가를 상징하는 주체가 된다.

"관용에 소극적인 사회는 시민이 법을 어기지 않는 한 이들에게 간섭하지 않고 다양한 가치 가운데 중립적인 태도를 유지합니다. 하지만 저는 진정으로 자유로운 국가라면 그 이상을 이야기해야 한다고 생각합니다. 진정으로 자유로운 국가는 표현의 자유, 종교의 자유, 민주주의, 법치주의, 인종·성별·섹슈얼리티 차별 금지와 같은 분명한 가치를 지향하고 이를 적극적으로 증진합니다. 자유로운 국가는 우리가 이러한 가치를 공유함으로써 하나의 사회를 이룬다고 선언합니다. 자유로운 국가에 속해 있다는 것은 이와 같은 가치를 따른다는 뜻입니다. 저는 우리나라 국민 모두 자유를 지키는 데 단호하고 냉철한 자세를 지녀야 한다고 믿습니다."

힘센 자유주의자는 [가치에 대한] 확고한 신념을 지닌 인물로, 타자 역시 자신과 같은 신념을 지녀야 한다고 요구한다. 여기서 우리는 개인 주체와 집단 주체 사이의 불안한 미끄러짐을 발견할 수 있다. 사회적 유대는 불안을 통해서 만들어진다. 이는 타자에게 더욱 '냉철한' 자세를 보이기 위해 용기를 내려는 백인 주체가 국가를 상징하는 주체가 된다는 점을 암시한다. (이 책은 이주하는 타자로 인해 쉽게 멍드는 '만만한' 국가의 이미지를 분석하는 것으로 시작한다.)

캐머런이 연설하던 시간, 내무부 보안국 부장관 네빌존스 Neville-Jones 남작은 BBC1 방송 라디오 프로그램 〈투데이〉에 출연해서 다음과 같이 이야기했다. "우리가 가치를 중심으로 충분히 결속하지 못하고 있다는 느낌이 우리나라에 만연해 있습니다." 느낌을 섬세하게 포착하는 캐머런의 정동적인 연설은 느낌에 형태를 부여한다. 정동적인 연설은 느낌에 형태를 부여함으로써 그러한 느낌이 특정한 방향을 가리키도록 한다. 불안과 걱정과 같은

감정의 문화정치

느낌은 널리 퍼져 있고 만연한 것처럼 보이기도 한다(우리는 그러한 느낌이 **자연스러운** 시대를 살고 있다). 정치적 담론은 느낌이 어떤 대상과 표적을 향해야 하는지 정함으로써 느낌을 [형태로] 바꿔낸다. 우리는 이를 투사라고 부를 수 있다. 부정적인 느낌은 외부인에게 투사되고, 부정적인 느낌이 투사된 외부인은 바깥에서 우리를 위협하는 존재로 나타난다. 한편 이러한 위협은 위태로울 만큼 우리 내부에서 느껴진다. 투사라는 표현은 느낌이 안에서 밖으로 향한다는 함의를 지닌다는 점에서 적합한 용어는 아니다. 나는 부정적인 느낌이 어떤 면에서 **외부**에 있으며 특정한 대상에 **관한** 것이라고 생각한다. 부정적인 느낌이 순환하는 이유 가운데 하나는 이러한 느낌이 순환 과정에서 이해된다는 데 있다(국가가 어떠한 감정을 느낀다고 선언하는 발화 행위는 무언가를 한다. 이와 같은 발화 행위는 [이른바 진정으로 자유로운 국가처럼 특정한] 이름이 붙은 것에 참여하기 위해서는 특정한 방식으로 감정을 느껴야 한다는 명령이 되고, 그렇게 특정한 방식으로 감정을 느끼는 일에 동참하거나 함께하는 일은 선언된 감정을 [진실한 것으로] 확증하는 일이 된다).

분위기라는 측면에서 긴장감에 관한 문제를 다시 살펴보자. 우리가 우리 자신에게 혹은 다른 이들에게 분위기가 어떠하다고 설명하거나 규정하는 일은 형태를 부여한다. 우리는 긴장감이 발생하면 이유가 무엇인지 찾으려고 한다. 어떤 사람이나 대상이 **긴장감을 일으킨 원인**이 되는 것이다. 그중에서 몇몇 설명이 '영향력을 발휘하게 되고', 사건이나 상황에 대한 일반적인 설명으로 공유된다. 긴장감을 일으킨 원인이 어떤 사람이나 대상에 있다는 의견이 모이게 되면, 공유된 느낌이 원인으로 지목된 사람이나 대상을 향하게 된다. 그렇게 감지할 수 있고 실제로 존재하지만 손에 잡히지 않던 '외부의' 느낌이 손에 잡히는 것으로 바뀐다. 원인을 '찾는' 과정에서 느낌은 훨씬 더 강해진다. 정치적 담론은 손에 잡히지 않던 느낌을 잡히는 것으로 변화시킨다는 점에서 커다란 힘을 지닌다. 느낌이 손에 잡히고 나면 우리는 느낌에 대해 무언가를 할 수 있다. 예를 들어 우리가 불안을 느낀다면 우리는 우리를 불안하게 만든다고 여겨진 것을 제거함으로써 느낌에 대응할 수 있다. 나는 지금도 상품 물신에 관한 마르크스주의 모델이 이러한 메커니즘을 이해하는 데 도움을 준다고 생각한다. 느낌은 마치 대상 자체의 속성이라는 듯이 마법처럼 대상에 내재하게 된다. 그러나 이는 대상을 노동과 생산의 경제와 단절할 때에야 비로소 가능해진다. 마찬가지로 우리가 공포를 느끼는 원인이 타자의 이주에 있다고 여겨질 때, 타자의 몸은 우리의 공포를 **담고 있는 것**이 된다. 정동이 새어 나온다는 점에서 공포는 결국 위기관리의 문제가 된다.

느낌이 도구나 기술이 되는 변화는 무에서 유를 창조하는 과정이 아니다. 무언가가 만들어지는 일은 다른 무언가에서 비롯한다. 우리가 **불안해야 하는 것**이 주어진 이후에는 불안의 인상이 갈팡질팡 흔들리는 것에서 확고한 것으로 변한다. 느낌이 몸으로 혹은 몸에 응집되는 과정을 추적하기 위해서는 좋은 느낌과 나쁜 느낌이 서로 뒤바뀌는 지점에 주목할 필요가 있다. 앞서 이야기한 것처럼 타자를 향해 증오를 드러내는 정치(이때 타자는 증오의 대상이자 공포의 대상이 된다)가 사랑의 정치를 자임하는 일은 자주 발생한다. 이외에도 다양한 전환이 발생한다. 일례로 [2010년]

영국 정부가 (위험을 함께 짊어지자는 정동적 언어로 긴축 재정을 정당화하면서) 사회복지 예산을 삭감하자 이에 분노한 이들이 거리로 나섰다. 영국 정부는 행복지수를 도입해야 한다는 주장으로 이에 대응했다.[30] 이때 행복은 국가를 따스하게 감싸면서 사람들의 관심을 돌리려는 물타기 전략일까? 급기야 사람들의 분노가 시위의 형태로 공적으로 표출된 바로 그 순간, 영국 왕실에서 결혼을 발표했다. 발표 직후 총리는 "어제 발표된 행복한 소식을 모두가 기록으로 남기고 싶을 것"이라며 결혼식 당일을 공휴일로 지정해야 하는지 공개 토론회를 열었다.[31] 행복은 국가에 건네는 선물이 됐고, 국가가 쇠락하고 비참한 상황에 처했다는 감각에 맞서는 일종의 대항 선물로 주어졌다(여기서 지치고 비참한 국가라는 이미지마저도 분노를 표출하는 행동에 담긴 힘을 누그러뜨리는 방법이 된다는 점에 주목할 필요가 있다).[32] 국가의 행복에 함께하지 않는 이들은 어김없이 정동 소외자 혹은 흥을 깨뜨리는 사람의 위치에 놓이고, 적절한 방식으로 영향을 받지 않았다는 이유에서 국가로부터 동떨어진 존재가 된다.[33]

결혼식이 그러하듯 왕실 결혼식은 언제나 행복해야 하는 날로 여겨졌다. 왕실 결혼식은 이성애자 연인의 사랑(즉 **우리가 옳다고 믿고** 행복한 마음으로 사랑하는 사랑)을 축하하는 행사였다. 물론 여느 연인이 아니라 특별히 환하게 빛나는 백인 연인이 주인공이어야 했다. 한 논평가는 결혼식에 기대를 내비치며 다음과 같이 이야기했다. "두 사람은 우리가 집단적 상상을 갖는 데 도움을 줄 것이다. 한 나라의 국민으로서 우리는 누구인지, 한 명의 개인으로서 우리는 자신을 누구라고 생각하는지, 다른 나라의 사람들은 우리를 어떻게 바라보는지에 관한 문제에서 이들은 [중요한 위치를] 차지하게 됐다." 두 사람을 사랑하는 일은 어떤 면에서 국민의 의무가 됐다. 여기서 영국의 국민이 된다는 것은 "다른 나라 사람들"로 여겨지는 이들에게 우리가 어떻게 보이는지 스스로 의식하는 일에 상당히 명시적으로 기대고 있다. 논평가는 과장된 표현을 섞어가며 다음과 같이 글을 마무리했다.

그러나 군주제는 마법과 같은 것이기도 하다. 군주제는 영국을 다른 나라와 구별하고, 우리가 수천 년을 거슬러 올라가는 역사와 독자성을 지닌 매우 유서 깊은 나라에 산다는 것을 일깨워준다. 왕실 장례식이 온 국민이 모두 슬퍼하고 애도하는 시간이듯 왕실 결혼식은 넘치는 기쁨을 누리고 새로운 시작을 축하하는 시간이다. 우리는 이 마음을 모두 함께 나눈다. 정확한 날짜는 정해지지 않았지만, 내년에 결혼식이 열리면 모든 국민이 거리로 나와 기쁨의 노래를 부를 것이다.[34]

오랜 기간에 걸쳐 계속 재생산된 제도는 제도를 재생산하는 노동에서 단절되어 마법이 된다. 여기서 서술(왕실 결혼식은 행복한 날이다)이 평가(우리나라에 도움이 된다)와 명령(행복하고 기뻐하라!)으로 변하는 지점에 주목할 필요가 있다. 한 명의 국민으로서 마음을 나누는 일은 행복을 실현하기 위해 올바른 대상에 희망을 두라는 요구로 이어진다.

2011년에 치러진 왕실 결혼식에 이어 2012년에는 엘리자베스 2세 여왕의 즉위 60주년 기념식이 열렸다. 거리에는 깃발

이 다시 내걸렸다. 왕실 결혼과 여왕 즉위를 축하하는 두 번의 국가 행사는 영국인이 영국의 역사와 계급을 새로이 마주하도록 만든다. 이때 [왕족, 귀족, 평민의] 계급은 유산과 연속성이라는 의미를 지니며 갈등이 아니라 연대를 가리킨다. 논평가들은 이번에도 실제 행사가 열리기 전부터 기념식 덕분에 온 나라가 행복한 날을 맞이할 것이라고 주장했다. "온 나라가 넘치는 행복으로 물들 것입니다. 좋은 날씨가 행사를 빛내주기를 기대하고 있습니다."[35] 좋은 날씨가 그저 기대하는 대상인 것과 달리(영국에서는 날씨에 대해 불평하는 데서 커다란 행복이 찾아온다) 온 나라에 넘치는 행복은 확실하고 타당하게 예측할 수 있는 것으로 제시된다. 또한 이는 민주주의로 이행하는 시대의 변천과 부침을 겪으면서도 끝내 살아남은 왕실의 단일성과 직접 연결된다.

즉위 기념식은 힘든 시기 가운데서도 파티를 즐길 기회다. 그러나 동시에 군주제에 대해서 더욱 깊이 논의하는 기회가 되어야 한다. 군주제는 우리나라가 어떤 곳인지 규정하는 제도이며, 엘리자베스 2세의 즉위가 끝난 이후에는 달라져야 하기 때문이다. 물론 이번 한 주 동안 많은 이들이 주로 느끼는 감정이 한 여성에 대한 존경심이라는 점을 인정하지 않는 것은 인색한 일일 것이다. 우리가 우리에게 주어진 역할을 잘 해낼 수 있을지 겨우 가늠해보는 동안, 그는 능숙한 솜씨와 판단력으로 이상하고 시대착오적이며 비민주적인 역할을 우리 대다수보다 훨씬 오래 감당해왔다.[36]

여왕이라는 한 명의 존재는 사람들이 공유하는 느낌의 대상
이 된다. 영국인들은 자신의 것이라고 주장하는 기나긴 역사를
인식함으로써 몸으로 형상화된 국가를 함께 이룬다. 그러나 믿음
을 기초로 하는 유대는 믿음을 구체화하고 '지탱하며' 이를 기억
으로 바꿀 수 있는 한 명의 존재에 여전히 기대고 있다.

국가적 행복에 투자하는 일은 우리에게 시민권의 감정 정치
에 관해 많은 것을 알려준다. 상대와 같은 감정을 느낀다는 의미
에서 시민이 된다는 것은 공감을 나타내야 한다는 뜻이다. 한 명
의 구성원으로서 공감을 나타낸다는 것은 다른 사람과 마음을 맞
춘다는 뜻이다. [엘리자베스 2세를] '아버지의 죽음 이후 왕위를 물
려받은 젊은 여왕'으로 묘사하는 수없이 반복된 이미지에 마음이
움직이지 않을 사람이 있을까? 세상을 떠난 어머니[다이애나 왕세
자비]의 관을 뒤따르던 어린 왕자의 모습에 마음이 움직이지 않
을 사람이 있을까? 한 명의 시민으로 긍지를 느낀다는 것은 과거
에 발생한 트라우마에, 그러한 트라우마가 [자부심으로] 바뀔 것으
로 기대하는 일에 마음이 움직인다는 것을 가리킨다. 트라우마를
넘어서 마침내 자부심을 회복하는 것에 행복을 느끼지 않는 일은
단지 마음이 메마른 것을 넘어서 적대적인 것을 뜻하게 된다. 마
치 행복을 느끼지 않는 일의 이면에 국가에 도움이 되는 것에 대
한 불신과 더 나아가 국가를 파괴하려는 음모가 도사리고 있다
고 여겨지는 것이다. 국민이 된다는 것은 국가가 겪은 트라우마
의 역사를 기억하고 국가에 대한 자부심을 되찾는 여정에서 이를
상기한다는 것을 뜻한다. [두 번의 국가 행사에서] 국민이 되는 일,
다시 말해서 몸으로 형상화된 국가에 참여하는 일은 잘못된 것을

바로잡는 일이자 잘못된 느낌을 바로잡는 일을 의미했다. 국가를 이루는 한 명의 구성원으로서 느끼는 감정은 **트라우마가 자부심으로 바뀌는 행복**에 매우 분명히 기대고 있었다.

《감정의 문화정치》를 다시 발간하면서 기대하는 것 가운데 하나는 우리가 국가에 대한 올바른 감정을 느낌으로써 국가에 동참해야 한다는 요구를 더욱 면밀하게 살펴보는 것이다. 이른바 올바른 감정에는 옳지 않은 것이 담겨 있다. 이 책은 바로 그 지점에 주목한다.

감사의 말

이 책은 내가 2000년부터 2003년까지 랭커스터대학교 여성학연구소에서 공동소장을 거쳐 연구소장으로 재직하던 시기에 쓰였다. 힘겨운 시기에도 내가 계속 의지를 갖도록 도와준 랭커스터대학교의 모든 동료와 학생에게 고마움을 전한다. 특히 재키 스테이시(2년 동안 공동소장으로 활동하면서 어려움을 함께 나누었고 여러모로 도움을 받았다), 로즈메리 베터튼, 클라우디아 카스타녜다, 앨리슨 이스턴, 앤마리 포티어, 제리 해리스, 모린 맥닐, 린 피어스, 실리아 로버츠, 미미 셸러, 비키 싱글턴, 일레인 스완, 이모전 타일러에게 고마움을 전한다. '공적 감정'에 대해 많은 대화를 나눈 로렌 벌랜트에게도 고마움을 전한다. 랭커스터대학교에 찾아온 벌랜트와 나눈 대화에서 많은 도움을 받았다. 쾌활한 태도로 꾸준히 격려해준 재닛 하틀리와 샌드라 어빙에게 고마움을 전한다. 최종 원고를 준비하는 작업을 열심히 도와준 유코 오가

오에게 감사를 표한다. 원고를 미리 읽고 매우 유익한 의견을 전해준 새러 프랭클린, 니콜 비텔론, 미미 셸러에게 감사를 표한다. 편집자로서 탁월한 조언을 건네고 출판 과정 내내 인내심을 갖고 지켜봐준 재키 존스에게 고마움을 전한다. [원서] 표지에 아름다운 작품을 실을 수 있도록 흔쾌히 허락해준 마르타 엘리사 보호르케스에게 감사를 표한다.

호주에서 연구년을 지내면서 이 책을 편집할 기회를 얻은 것은 행운이었다. 연구년을 다녀올 수 있도록 지원해준 영국예술인문연구회에 고마움을 전한다. 지적 자극이 넘치는 환경에서 작업할 수 있도록 도와준 시드니대학교 젠더연구학과 직원과 학생, 그리고 엘스페스 프로빈에게 진심으로 감사하는 마음을 전한다. 작업이 진행되는 동안 가까이에 머물러주고 언제나 함께해준 가족에게 고마움을 전한다. 여러 차례 책의 방향을 설정하는 데 도움을 준 새러 프랭클린과 이모전 타일러에게 특별히 감사한다.

이 책에는 다른 저널에 실렸던 원고를 수정해서 실은 부분도 있다. 원고의 재출간을 허락해준 출판사에 고마움을 전한다. 목록은 다음과 같다. 'The Organisation of Hate', *Law and Critique* 13(3), 2001: 345-65(출간을 흔쾌히 허락해준 클루어 출판사에 감사를 표한다), 'Contingency of Pain', *Parallax* 8(1), 2002, 17-34, 'The Politics of Fear in the Making of Worlds', *International Journal of Qualitative Studies in Education* 16(3), 2003: 377-98, 'Feminist Futures', *The Concise Companion to Feminist Theory*, M. Eagleton (ed.), Blackwell, 2003. 보고서 《이제는 이들을 집으로》는 '호주 인권·기회 평등 위원회'로부터 인용 허락을 받았다.

　개정판 작업을 제안하고 지원해준 재키 존스에게 고마움을 전한다. 작업 과정을 효율적으로 이끌어준 에든버러대학교 출판사 편집팀에도 고마움을 전한다. 지난 10년 동안 정동과 감정에 관한 대화를 나눈 이들, 특히 로렌 벌랜트, 리사 블랙먼, 크리스틴 고턴, 스네자 구뉴, 진 해리태원, 캐롤린 페드웰, 엘스페스 프로빈, 디뱌 톨리아켈리, 이모전 타일러에게 감사를 표한다. 작업에 집중할 수 있도록 편안하고 활기찬 공간을 마련해준 골드스미스대학교의 친숙한 동료들에게 고마움을 전한다. 페미니즘 연구센터를 세우는 데 도움을 준 이들, 특히 새러 켐버, 앤절라 맥로비, 베벌리 스케그스, 내털리 펜턴에게 고마움을 전한다. 마지막으로 지적 여정을 떠나는 동안 언제나 함께해준 새러 프랭클린에게 진심을 담아 고마움을 전한다.

새로운 세계를 향한 가능성을
보여주는 책

    사라 아메드는 영국의 페미니스트 작가로, 가장 영향력 있는 현대 페미니스트 연구자 가운데 한 사람으로 꼽힌다. 아메드는 다작을 하는 작가로도 알려져 있는데, 현재까지 열 권의 단독 저서를 발간했고 한국에는 두 권이 소개되어 있다. 아메드의 저서는 이론적이고 학술적인 연구를 전개한 초기 저작과 일상적인 차원의 실천적인 논의를 제시한 후기 저작으로 거칠게 구분된다. 이와 같은 구분은 아메드 본인의 정치적 위치와도 긴밀하게 연관된다. 2016년 아메드는 골드스미스런던대학교에서 발생한 성적 괴롭힘 문제에 대해 학교가 미온적으로 대처한 것에 항의하면서 교수직을 사임했다. 《감정의 문화정치》는 초기 저작을 대표하는 책으로, 감정을 일종의 문화정치 혹은 세계 만들기로 이해할 것을 제안한다(46쪽).

    아메드는 이 책에서 감정은 무엇인지 질문하는 것이 아니라 감정은 무엇을 하는가, 감정은 어떠한 작용을 하는가, 감정은 어떻게 움직이고 달라붙는가를 질문한다(30쪽). 정동적 전환을 알리는 책으로 이해/오해되는 이 책은 페미니즘과 비판적 인종 이론의 계보를 따라서 감정이 행동과 실천을 끌어내고 구조와 규범을 살아내는 데 영향을 미치는 과정에 주목한다. 《감정의 문화정치》는 인식과 실천, 감각과 행동, 인지와 느낌, 감정과 구조, 정동과 권력을 연결하며 기존의 논의를 확장했다는 평가를 받는다. 아메드는 고통, 증오, 공포, 역겨움, 수치심, 사랑, 편안함, 슬픔, 즐거움, 분노, 경이, 희망, 정의, 위험, 행복 등 다양한 감정을 분석하면서 감정의 역사성과 사회성에 대한 정교한 분석을 시도한다.

이 책은 크게 세 가지 사례를 중심으로 구성된다. 과거사를 둘러싼 화해 문제, 9·11 테러에 대한 반응, 난민, 이주민, 이방인의 형상은 책의 핵심 주제인 동시에 아메드 본인이 세계와 접촉하는 데 커다란 영향을 미친 사건이다(50쪽). 1969년 영국 잉글랜드에서 태어난 아메드는 어린 시절 파키스탄에서 생활한 적이 있고, 이후 영국 백인 어머니와 파키스탄 아시아인 아버지와 함께 호주 사우스오스트레일리아주로 이주했다. 이는 아메드가 인종, 이주, 차이, 언어, 역사에 대한 비판적 관점을 형성하는 데 주요한 배경이 됐다. 여기에 더해서 비백인 레즈비언 페미니스트라는 교차적 정체성은 아메드의 논의를 이해하는 디딤돌이라고 할 수 있다. 정치적 지향을 개인적 경험과 정체성으로 환원하는 것은 위험하지만, 두려운 몸, 역겨운 몸, 퀴어한 몸을 생산하는 과정을 살피는 아메드의 연구가 이러한 여정과 맞닿아 있다는 것은 분명하다.

첫 번째 사례에서 아메드는 역사적 부정의를 마주하는 정의로운 방법을 모색한다. 아메드는 상처를 역사로부터 단절시키는 일은 상처를 물신으로 만든다고 비판하는 한편, 고통을 '피해의 역사가 몸에 살아 있는 흔적'으로 해석할 것을 제안한다(1장). 고통은 이해할 수도 헤아릴 수도 없는 경험처럼 보이지만, 우리가 알 수 없고 느낄 수 없는 것에 우리를 열어두는 일에서 고통의 정치와 윤리가 시작된다는 것이다. 이와 같은 맥락에서 아메드는 다른 이들과 함께, 다른 이들 곁에서 살면서도 우리가 하나가 아님을 배우는 정치를 우리에게 요청한다. 주체가 타자의 고통을 목격하면서 결국 자신과 화해하는 비극을 끝내기 위해서 우리는 우리 자신에게 되돌아오는 것이 아니라 우리가 현재 머무르는 곳이 아닌 다른 곳에서 비롯된 요구에 응답해야 한다(5장).

《감정의 문화정치》가 1999년부터 2003년까지 쓰였다는 점에서 9·11 테러 이후 달라진 서구 사회에 대한 분석은 이 책에서도 주요하게 다뤄진다. 아메드는 테러리스트가 우리 곁을 지나갈 수 있다는 구조적 가능성으로 인해 정보 수집, 감시, 구금 권한이 확대되는 현상(3장), 역겨운 타자를 몰아내야 한다는 주장이 특정한 타자를 이미 역겨운 존재로 인식하도록 하고 타자를 끝없이 추방하는 일을 정당화하는 지점(4장), 국가적 상실 담론에서 지워진 소수자의 위치를 조명하기 위해 퀴어한 삶에 숨결을 불어넣은 시도가 슬퍼할 만하다고 여겨지지 않은 다른 상실을 감추는 일로 이어지는 과정(7장), 테러와의 전쟁에 반대하며 공개적으로 말하는 페미니스트들이 다른 세계가 가능하다는 희망을 노래한 사건(8장) 등에 주목함으로써 공포와 불안이 만들어내는 경계를 가로질러 상실을 애도하고 타자와 더불어 살아가는 다른 방법을 실현하는 정치적 움직임을 살핀다.

9·11 테러 이후 낯선 이들을 인식하는 일은 국가의 기획으로 확장됐고, 모든 시민은 수상한 이들, 테러리스트일 수 있는 이들에 맞서 국경을 수호해야 한다는 요구 앞에 놓이게 됐다(〈후기〉). 이때 난민, 이주민, 이방인은 눈에 띄는 대상으로 나타난다. 난민, 이주민, 이방인의 형상은 연상 작용을 구조화하는 역사 가운데 특정한 타자를 가리키게 되고, 이들은 증오의 대상으로 과잉결정된다(2장). 그러나 어울리지 않는 곳에 있다고 여겨진 몸이 모두 위험하다고 여겨지지는 않는다. 어떤 타자, 즉 자신의 차이를 다문화주의 국가에 제공함으로써 국가가 주체 자신을 재생산하고 스스로를 이상화하도록 하는 타자는 사랑할 만한 존재로 간주된다(6장). 이에 아메드는 증오를 사랑으로 바꾸는 일처럼 나쁜 느낌을 좋은 느낌으로 전환하는 일이 부정의로 인한 피해를 반드시 회복시키는 것은 아님을 강조하면서, 부정의에 맞선 감정적 투쟁은 느낌이 우리를 움직이는 과정에 가깝다고 이야기한다(〈결론〉).

이 책에서 아메드가 제기하고 답하는 질문은 두 가지다. 세계를 바꾸는 일은 왜 이다지도 어려운 것인가, 그럼에도 변화는 왜 가능한가(4장, 8장). 아메드는 이를 투자, 끈적임, 애착 등의 개념을 통해 설명한다. 구조적 모순을 발견하고 인식하는 것으로 변화를 담보할 수 없는 이유는 우리가 사회적 규범에 투자하기 때문이다(〈들어가는 글〉). 우리는 우리가 비판하는 것에 여전히 투자하고 서로 다른 방식의 애착을 유지한다. 투자를 철회하려고 할 때도 우리는 끈적이는 감정에 달라붙는다. 권력관계가 집단적 저항에도 완고하게 지속되는 이유가 여기에 있다. 물론 끈적임이 사라질 수도 있고, 떼어진 것이 더 단단하게 달라붙을 수도 있다 (4장). 그렇다면 변화의 실마리는 어디서 찾을 수 있을까? 아메드는 다른 세계를 만들기 위한 작업을 하면서 타자와 연대하는 일 (6장), 규범을 다르게 살아냄으로써 규범을 따르지 않는 삶의 가능성을 만들어내는 일(7장), 아직 일어나지 않은 일을 우리의 미래로 만들기 위해 정치적 행동에 나서는 일(8장)에 희망을 건다.

《감정의 문화정치》는 2023년 한국에도 중요한 메시지를 던진다. 이 책은 사회적 참사 이후 기억과 추모의 공간을 마련하고 존엄하고 안전한 세계를 만들기 위해 투쟁하는 자리에 대해서, '국민이 먼저'라고 외치며 난민 수용을 거부하고 '사랑하기 때문에 반대한다'고 주장하며 퀴어 변화에 맞서는 이들이 구사하는 보호와 사랑의 서사에 대해서, 세계 곳곳에서 한국 정부와 기업이 벌인 노동 착취, 환경 파괴, 전쟁과 학살의 현장을 고발하고 공동체를 회복하는 활동에 대해서, 힘에 의한 평화를 내세우며 증오와 공포를 통해 인구를 동원하는 국가의 전략에 대해서, 비난과 욕설을 감내하며 모두를 위한 평등을 위해 오늘도 지하철에 오르는 저항의 실천에 대해서 살피도록 이끈다. 이 책이 규범적인 각본과 불화하는 이들에게, 살아낼 수 없는 것을 살아내는 이들에게, 변화를 향한 설렘을 간직하는 이들에게 다가갈 수 있기를 바란다.

아메드는 감정 연구의 방대한 역사를 마주하면서 감정이 매우 어려운 주제였음을 깨닫고 압도되는 감정을 느꼈다고 적었다

(30쪽). 그만큼 아메드의 작업을 한국어로 옮기는 일도 만만하지 않았다. 철학, 심리학, 사회학, 정신분석학, 언어학, 마르크스주의, 페미니즘, 퀴어 연구, 비판적 인종 이론, 후기식민주의 등 다양한 분야를 오가며 전개되는 사유를 따라가는 일은 고된 노동이었다. 본문에 나온 개념을 이해하려고 관련 논문을 읽었지만 혼란이 가중된 경우도 있었고, 연구자의 이름을 어떻게 발음하고 표기해야 하는지 몰라서 강의와 인터뷰를 찾아보고 국립국어원 자료를 참조하기도 했다. 다만 아메드 본인이 이미 오류가 발생할 가능성과 무언가를 잘못 이해했을 위험을 감수하겠다(503쪽)고 이야기한 만큼 옮긴이로서 조금은 부담을 덜어보려고 한다.

사실 이 책을 번역하는 프로젝트는 대학원 수업의 연장선에서 시작했다. 2014년 가을에 열린 감정에 관한 수업에서 이 책을 같이 읽었고, 책에 담긴 통찰과 의미를 함께 나누고 싶다고 생각한 이들이 뜻을 모았다. 특히 세월호 참사를 겪고 얼마 지나지 않았던 시점이었던 만큼 고통과 상실, 슬픔과 애도, 희망과 정의에 대한 논의를 심화하는 작업이 중요한 가치를 지닌다고 생각했다. 담당 선생님을 포함해서 8명이 모여 번역팀을 꾸린 것이 2015년 연초의 일이다. 9년이 지난 시점에 600여 쪽에 달하는 책의 발간을 마주하며 작업을 혼자 마무리한 것에 대해 말 그대로 복잡한 감정을 느낀다. 어쩌면 옮기는 사람의 위치보다 남은 사람이라는 감각이 더 생생한 탓인지도 모르겠다. 모든 과정이 마무리됐다는 사실에 정말 기쁘다.

한 권의 책을 만든다는 것은 하나의 세계를 만드는 것이라고 믿는다. 《감정의 문화정치》라는 세계는 박재영 대표님의 따스한 격려와 한없는 인내 덕분에 탄생할 수 있었다. 프로젝트가 좌초될 위기에 처할 때마다 누구보다 책임감 있는 역할을 맡아주신 박재영 대표님께 감사드린다. 책에 대한 다채로운 설명과 복합적인 해석을 통해 깊이 있는 이해를 도와주신 박미선 선생님과 책이 더 많은 독자와 만날 수 있도록 소중한 추천사를 적어주신 김영옥, 이현정 선생님께도 감사의 말씀을 드린다. 아메드가 이야기한 것처럼(389쪽) 이 책을 접한 이들이 어떤 경험을 할지 미리 알 수는 없지만, 이 책을 통해 새로운 세계를 만들어나가는 정동적 가능성을 느낄 수 있기를 기대한다.

2023년 가을
시우

감정의 문화정치

들어가는 글 | 감정은 무엇을 하는가

1   이 포스터는 다음 웹사이트에서 내려받을 수 있다. http://
members.odinsrage.com/nfne/nf_bogus_asylum_nfne.a6.pdf 영국국민전선
웹사이트 주소는 다음과 같다. http://www.nf.co.uk 2003년 9월 30일 접속.

2   http://www.nfne.co.uk/intro.html 2. 2004년 2월 21일 접속.

3   나는 책 《낯선 마주침Strange Encounters》(2000)에서 '타자화'를 이해하는 방식을
제시했다. 타자는 시각과 촉각의 경제를 통해서 이방인으로, '해당 장소에
적합하지 않은 몸'으로 인식된다. 《감정의 문화정치》에서는 이러한 논의를
발전시켜 타자화를 둘러싼 관계가 감정을 통해 작동하는 방식에 주목하려고
한다. 이를테면 타자화는 감정의 원인을 타자에게서 찾는 일을 통해서 혹은
타자를 감정의 대상으로 전환하는 일을 통해서 발생한다. 이와 같은 접근은
흑인 연구와 비판적 인종 연구의 오랜 역사에 기대고 있다. 흑인 연구와 비판적
인종 연구는 타자화의 측면에서 인종화 담론을 분석함으로써 인종을 신체적
특징으로 간주하는 모델을 비판한다(hooks 1989; Lorde 1984; Said 1978;
Fanon 1986; Bhabha 1994).

4   우리는 영국 정부가 구사하는 수사에서 국가가 '백인의' 장소로 그려지지
않는다고 생각할 수도 있다. 특히 영국 정부가 다문화주의 정책을
공식적으로 지지한다는 점을 고려한다면 영국 정부가 그리는 국가의 모습은

영국국민전선이 제시한 것과는 다르게 보인다. 우리는 파시즘과 신자유주의가 서로 다르다는 것을 인식할 필요가 있다. 그러나 그 차이가 절대적이지 않다는 점 역시 이해해야 한다. 6장에서 분석한 것처럼 국가는 다문화주의를 채택한 상황에서도 여전히 '백인의' 장소로 구성된다. 백인성이 '차이를 사랑하라'는 정언명령('혼종적 백인성')으로 새롭게 상상되기 때문이다.

5   이는 '감정적'이라고 여겨진 것에서만 감정을 찾을 수 있다고 믿어서는 안 된다는 주장과 연결된다. '감정적이지 않다'고 간주된 것 역시 대상 혹은 타자에 반응하는 하나의 방식이라는 점에서 감정과 관계된 것이기 때문이다. 나는 감정인인 상태와 여성성을 동일한 것으로 다루지 않을 것이다. 여성이 감정적인 존재로 여겨지고 '재단됨'에 따라 '무시되는' 현상을 분석한 중요한 논의로는 캠벨Campbell(1994) 참조.

6   내게 유용했던 자료를 몇 개 소개하려고 한다. 감정에 대한 다학제적 연구 자료는 루이스Lewis 및 해빌랜드Haviland(1994), 다학제적 접근은 럽튼Lupton(1998), 심리학적 접근에 대한 비평은 스트롱먼Strongman(2003), 사회학 연구 자료는 켐퍼Kemper(1990)와 벤들로Bendelow 및 윌리엄스Williams(1998), 인류학적 접근은 러츠Lutz(1988), 철학 연구 자료는 솔로몬Solomon(2003), 역사적 접근은 레디Reddy(2001)를 참조.

7   여기서는 논의의 전개를 위해서 단순하게 설명했지만, 감각, 감정, 정동, 인지, 지각과 같은 주요 용어의 의미가 학문 분과별로, 학문 분과 내에서도 논쟁 중이라는 점은 분명히 짚고 넘어가려고 한다.

8   솔로몬은 감정이 (어떤 것에 대한 반응으로) 일어나더라도 감정의 대상과 감정을 일으킨 원인은 구분돼야 한다고 주장한다(Solomon 2003: 228). 나는 인과관계를 설정하는 일과 '접촉'을 구별함으로써 솔로몬과는 다른 주장을 펼치려고 한다. 즉 어떤 대상과 접촉했다는 것은 그 대상에 '관한' 느낌이 들었다는 뜻이며, **이때 대상과의 '관련성'은 접촉에 대한 해석을 수반한다.**

9   아이와 곰의 이야기는 감정심리학의 '원초적 장면'이다(이에 대한 최근의 비평으로는 스트롱먼[2003] 참조). 여기서 이야기의 주인공이 아이라는 점은 중요한 의미를 지닌다. 아이의 형상은 중요한 역할을 한다. '아이'는 '아직 주체가 아닌' 존재의 자리에 놓이며, 우리는 아이의 감정을 통해 학습된 것과 타고난 것을 구분할 수 있다. 아이의 '순수함'에 투자하는 일은 이 원초적 장면의 핵심이다. '아이'의 형상이 이론적으로 생산되는 방식에 대한 탁월한 독해로는 카스타네다Castañeda(2002) 참조.

10   나는 앨리슨 재거(1996)와 엘리자베스 스펠먼(1989)의 논의를 따라서 "둔한 견해"를 비판하려고 한다. 이는 감정을 선천적이거나 생물학적이라고 가정하는

접근을 비판한다는 의미이기도 하다. 나는 생물학적 결정론과 문화적, 사회적 구성주의 사이의 논쟁에 얽히지 않으려고 노력해왔다. 한쪽에는 생물학을 두고 다른 한쪽에는 문화를 두는 구도는 (생물학적인 것을 고정되고 보편적이며 정해진 것과 연결하고, 문화적인 것을 일시적이고 상대적이며 구성된 것과 연결하는) 잘못된 대립 구도를 만들어냄으로써 논의를 제한하기 때문이다. 나는 감정이 몸의 물질성을 수반한다고 주장하고자 한다. 이를 통해 몸을 이해하는 방법으로서 '생물학적인 것'과 '문화적인 것' 사이에 그려진 경계가 불분명하다는 점을 드러내려고 한다. 감정을 이해하는 데 생물학적인 측면이 중요하다는 흥미로운 설명으로는 윌슨Wilson(1999) 참조. 나는 '생물학적인 것'과 '문화적인 것'을 분리된 영역으로 생각하지 않는다는 점에서 윌슨과는 다른 접근을 따르지만, 감정의 신체적 측면이 중요한 의미를 지닌다고 강조한 윌슨의 주장에 동의한다. 윌슨은 히스테리로 인해 신체적 증상이 나타난다고 설명한 프로이트 모델을 섬세하게 독해하면서 논의를 심화한다.

11 이런 점에서 '감정이란 무엇인가'가 아니라 '감정은 무엇을 하는가'라는 질문에 무게를 두는 나의 입장과 기능주의적 접근이 만나는 지점이 있다고 할 수 있다(Strongman 2003: 21-37). 감정을 생리학적 효과로 이해하는 기능주의적 접근에서 공포는 개인이 [위험한 상황에서] 달아나게 만드는 역할을 하며, 결과적으로 개별 개체와 종 전체의 생존에 기여한다. 그러나 나는 감정이 '하는' 일은 (행위를 수반하기는 해도) 개인의 행동으로 환원되지 않으며 인간의 재생산이라는 논리에 지배받지 않는다고 생각한다.

12 꼬마 한스 사례에서 프로이트는 아버지에 대한 공포가 말에 대한 공포로 전치됐다고 해석한다(3장 참조).

13 나의 논의와 톰킨스Tomkins(1963)의 논의를 비교해보는 일은 유용한 측면이 있다. 나는 감정과 대상의 관계에 주목하는 한편, 톰킨스는 정동 이론을 제시한다. 다른 연구자들이 지적한 것처럼 톰킨스는 정동을 충동과 반대되는 것으로 설명하면서 감정이 특정한 대상에 "얽매이지 않는다free"는 점을 강조한다(Izard 1977: 52; Sedgwick 2003: 19). 나는 감정이 대상에 내재하는 것도 대상에 의해 유발되는 것도 아니라고 생각한다는 점에서 감정이 대상으로부터 '자유롭다'라는 주장에 동의한다. 그러나 나는 '자유롭다'고 이야기하는 대신에 대상과 감정이 연관되는 일은 우연적인 동시에(이는 접촉을 수반한다) '끈적인다'고 설명하려고 한다. 감정은 대상과의 접촉으로 인해 형성된다. 대상의 순환을 설명하는 용어는 자유가 아니라 끈적임, 차단, 제약이다.

14 '안에서 밖으로' 향하는 모델에 대한 비판은 감정의 표현 모델에 대한 비판 역시

함의한다. 이 모델에 따르면 감정적 표현은 내면의 느낌이 밖으로 드러나는 것을 뜻하며, 느낌이 밖으로 드러나는 방식은 저마다 독특하면서도 정해져 있다(Zajonc 1994: 4-5 참조).

15 덴진Denzin과 셰프Scheff 모두 감정이 심리적인 형태가 아니라 사회적인 형태를 띤다고 이야기한다. 그럼에도 두 사람은 '안에서 밖으로' 향하는 모델을 활용한다. 덴진은 감정을 "자신의 느낌self-feelings"으로 부르지만(Denzin 1984: 50-1), 느낌을 경험하기 위해서는 타자가 필요하다. 한편 셰프는 감정의 사회성에 대한 매우 문제 많은 설명을 제시한다. 감정을 사회적 유대의 측면에서 살피는 셰프는 자긍심을 "튼튼한 유대"로, 수치심을 "훼손된 유대"로 이야기하면서 소외의 사례로 전쟁과 이혼을 언급한다(사회적 유대의 이상화에 대한 비판은 5장 및 결론 참조). 셰프의 모델은 사회적 유대를 이상화할 뿐만 아니라 자기the self를 "전인적 존재" "오롯한 존재"로 상정하는 자유주의 모델에 기초해서 "사회적인 것"을 조명하는 모델을 제시한다.

16 공적 감정을 분석한 그레이엄 리틀Graham Little(1996)은 군중이 다이애나 왕세자비의 죽음을 슬퍼하는 모습에 진정성이 없다는 비판이 사건을 둘러싼 공적 논의에서 현저하게 나타났음을 지적한다. 리틀이 설명한 것처럼 이러한 비판은 여성을 감정에 '사로잡힌' 존재로 해석한다는 점에서 여성성과 히스테리아에 대한 비판을 함의한다. 여기서 '군중'이 그 자체로 불안정한 대상이라는 점을 짚고 넘어가는 일은 중요하다. 군중에 관한 초기 연구는 군중을 물리적으로 '거리에' 모여 있는 무리로 간주했다. 그러나 최근 연구는 '군중'이 반드시 물리적 군집을 뜻하지는 않는다고 해석한다. 즉 물리적으로 가까이 있지 않더라도 서로를 연결하는 기술과 매체를 통해 '함께 느끼는 일'이 가능해짐에 따라 군중은 개인이 지각하는 군집으로 이해된다. 군중심리학의 논쟁을 정리한 것으로는 블랙먼Blackman 및 워커딘Walkerdine(2002) 참조.

17 '감정의 전염'을 정치적 정동을 이해하는 데 활용한 탁월한 사례로는 깁스Gibbs(2001) 참조.

18 마르크스는 초기 저작에서 "인간의 느낌"은 "그의 본질에 대한 온전히 존재론적인 확신"이라고 설명한다(Marx 1975: 375). 이에 따르면 소외는 일종의 멀어지기를 의미한다. 노동을 대상으로 전환하는 일(노동의 대상화)은 느낌의 물질적 측면으로부터 멀어지는 일을 초래했다. 마르크스와 감정에 대한 해석은 츠베트코비치Cvetkovich(1992) 참조.

19 현재 많은 학문에서 감정을 하위 주제로 삼고 있다는 점에서 학제를 넘나들며 연구한다는 것은 또 다른 도전이자 다소 두렵기까지 한 과제였다. 감정에 대한 다학제적 작업을 시도한다는 것은 우리가 참조하는 텍스트가 기대는 모든

지성사를 빠짐없이 다룰 수는 없다는 사실을 받아들인다는 것을 의미한다. 즉 오류가 발생할 가능성을 받아들이는 것 혹은 단순히 말하자면 어떤 것을 잘못 이해했다는 것을 뜻한다. 나는 이러한 위험을 감수하기로 했다. 감정은 (사회, 문화, 역사 등) 학제 구분에 맞아떨어지지 않으며, 감정에 관한 연구를 추적하는 작업은 학문의 경계를 가로지르는 일이기 때문이다.

20 감정이 사적 영역으로 격하되면서 사회적 삶을 조직하는 감정의 역할과 감정의 공적 차원이 감춰지고 말았다. 감정의 공적인 속성에 대한 탁월한 분석으로는 벌랜트Berlant(1997) 참조.

21 "영국은 이방인이 만든 법으로 고통받고 있다-더 플레임", http://www.nfne.co.uk/aleinlaws.html 2004년 1월 12일 접속.

22 사람들의 감정생활에 대한 인터뷰를 진행한 사회학, 인류학, 심리학 연구와 [내가 제시한] '텍스트의 감정적 속성' 모델을 대비하고 싶은 마음이 들 수도 있다. 이를테면 캐츠Katz(1999)가 수행한 작업이 이에 해당한다. 그러나 인터뷰 작업과 텍스트 작업의 차이가 텍스트를 살피는지 여부에 달려 있지 않다. 감정을 주제로 사람들을 인터뷰하는 작업 역시 텍스트를 수반한다는 점을 지적할 필요가 있다. 인터뷰 참여자는 인터뷰 진행자 앞에서 이야기를 하고('상호 대화'), 인터뷰 참여자의 말은 글의 형태로 번역되고 '옮겨진다'. 이때 연구자는 [글로 옮겨진] 텍스트의 독자가 되며, 텍스트를 다루는 텍스트의 저자가 된다. 인터뷰에 기초한 작업과 내가 진행한 연구가 구별되는 지점은 생산된 텍스트가 다른 속성을 지닌다는 데 있다. 내가 다루는 텍스트는 연구 자체로 인해 생산되는 것이 아니라 공적 영역이라는 '외부에' 이미 존재한다. 나는 감정에 관한 연구가, 대중문화에서든 일상생활에서든 감정이 무언가를 하는 다양한 방식을 아울러야 한다고 생각한다. 이는 (텍스트, 데이터, 정보 등) 여러 이름으로 불리는 다양한 자료를 가지고 작업을 수행해야 한다는 뜻이다. 우리는 감정이 우리가 모은 자료 '안'에 있다고(그래서 감정이 소유물로 바뀔 수 있다고) 가정하기보다 자료가 무엇을 '하고 있는지', 자료가 감정을 통해 어떻게 효과를 만들어내는지 더 섬세하게 질문해야 한다.

23 중요한 것은 특정한 감정을 나타내는 단어가 텍스트에서 해당 감정을 가리키는 것으로서 알아보기 쉽게 드러날 필요가 없다는 점이다. 감정이 '공적인 속성'을 지닌다는 것은 우리가 행동, 몸짓, 억양 등 감정의 기호를 인식하는 법을 배운다는 뜻이다. 예컨대 앞서 제시한 인용문은 분노라는 단어를 사용하지 않더라도 분노를 충분히 담아냈다. 타자의 존재를 '거부하고' 이들의 존재를 상처로 명명하는 방식을 둘러싼 물질성이 [그 자체로] 분노를 표출한 행동이기 때문이다. 나는 역겨움을 표현하는 말이 이방인으로 여겨진 몸으로부터

움츠러지는 행동이라는 점을 밝힘으로써 말이 행동을 수반한다는 점을 역겨움을 다룬 4장에서 이야기할 것이다.

24 그러나 감정을 보드라운 몸 안에서 찾으면 안 되는 것과 같은 맥락에서 감정적 대중을 특별한 종류의 대중으로 간주해서는 안 된다. 감정적 대중은 우리가 감정적이라고 인식하는 방식으로 감정을 드러내는 대중 이상의 의미를 지니고 있기 때문이다. 예를 들면 정치인이 눈물을 흘리거나 '느낌을 표현한다'고 해서 대중이 감정적으로 변하는 것은 아니다. 사고와 이성의 가치, 다시 말하면 '냉정함'이나 감정에 흔들리지 않음의 가치를 중심으로 조직되는 대중 역시 대상과 타자에 대한 감정적 지향을 수반한다.

25 아카이브의 개인적 속성에 대해 다시 생각할 수 있도록 도와준 미미 셸러Mimi Sheller에게 고마움을 전한다.

1장 | 고통의 우연성

1 이 편지를 살펴보도록 안내해준 새러 프랭클린Sarah Franklin에게 고마움을 전한다.

2 나는 단어와 단어 사이의 연상 체계가 명시적으로 드러나지 않을 때도 작동한다는 점을 이야기하려고 한다. 이와 같은 특징은 언어의 감정적 속성의 핵심을 차지한다. 2장, 3장, 4장에서는 이러한 단어를 '끈적이는 기호'라고 부를 것이다.

3 사실 정신분석학은 고통과 즐거움이 개인적이고 사회적인 '추동을 일으킨다'는 모델에 대한 급진적 비판을 제기한다. 제러미 벤덤Jeremy Bentham의 고전적인 설명에 따르면 "자연은 인류를 강력한 주인 두 명의 지배 아래 두었다. 하나는 고통이고 다른 하나는 즐거움이다. 우리가 무엇을 해야 하는지 알려주고 우리가 무엇을 할지 결정하는 것은 고통과 즐거움 단 두 가지로 충분하다"(McGill 1967: 122에서 재인용). 나는 몸의 표면이 형성되는 데 감각이 중요한 역할을 한다고 생각하지만, 고통과 즐거움을 '강력한 주인'으로 간주하지는 않는다. 또한 고통과 즐거움이 대상에 가치를 평가하는 일과 분리될 수는 없지만, 대상의 가치가 감각에 의해 결정된다고 믿지는 않는다. 고통과 즐거움은 우리가 타자를 향해 어떤 방향성을 지니는지에 영향을 줄 수도 있다. 그러나 그렇다고 해서 우리가 고통과 즐거움을 마치 재화처럼 단순히 계산한다는 의미는 아니다. 다시 말해서 고통과 즐거움이 마치 가치를 '지니고' 있다거나 더 나아가 고통과 즐거움'이' 가치인 것처럼 이해하지 않는다는 뜻이다.

감정의 문화정치

4 머수미Massumi(2002)의 연구는 감각이나 정동을 감정과 구분하는 최근의
경향을 선명하게 반영한다. 그러나 나는 이와 같은 흐름과 거리를 두고 있다.
물론 의식적으로 인식하는 순간이 찾아오기 전에 피부가 먼저 달아오른
경우처럼 감정을 '지니는' 경험은 감각이나 인상과 구별될 수도 있다. 하지만
감각이나 정동을 감정과 구분하는 모델은 의식 수준의 인식 반응과 '즉각적인'
느낌을 구분하면서, 의식적으로 경험되지 않은 것 역시 그 자체로 과거
경험에 의해 매개되었을 가능성을 부인한다. 여기서 내가 이야기하려는
것은 두 가지다. 언뜻 즉각적인 것처럼 보이는 반응도 실제로는 과거 역사를
환기한다는 것, 그리고 이와 같은 과정이 몸의 기억을 통해서 의식을
우회한다는 것이다. 감각이 의식 수준의 인식이나 명명과 관련이 없을지도
모르지만, 그렇다고 해서 시차가 없다는 의미에서 '즉각적인' 것도 아니다.
더욱이 감정은 감각과 분명히 맞닿아 있다. 분석적인 측면에서 감각이나
정동을 감정과 구분하는 일에는 몸이라는, 몸을 지니는 생생한 경험으로부터
감정을 단절할 위험이 있다. 고통은 감각과 감정의 구분에 도전하는 매우
유용한 사례라고 할 수 있다. 고통은 감각이면서 감정인 것으로 혹은 감각과
감정 사이에 존재하는 특별한 범주로 논의되고는 했기 때문이다. 고통을
감각이자 감정으로 분석한 연구로는 트리그Trigg(1970), 고통에 관한 논의에서
감각과 감정을 구분하는 경향을 비판한 연구로는 레이Rey 참조(Rey 1995: 6).
5 선천적 통각 상실증이 있는 이들처럼 고통의 감각을 경험하지 못하는
사람들은 때로는 심각하고 치명적인 부상을 입기도 한다(Melzack and Wall
1996: 3). 이는 어떤 고통의 감각은 이 세계에서 길을 찾도록 돕는 반응이자
경고로 기능한다는 점을 알려준다.
6 월경통은 실존주의나 현상학에서 조명하지 않은 고통이다. 실존주의나 현상학
전통을 따르는 페미니스트들 역시 월경통에 주목하지 않았다. 하지만 많은
여성이 삶의 선택과 실천에 영향을 주는 월경통을 겪고 있다. 체현에 관한
이론적 작업을 진행하는 데 월경통을 겪는 생생한 경험을 가져와서 살피는
일은 중요한 의미를 지닌다. 월경통과 같은 고통을 철학 체계에서 논의하는
과정에서 불편함이 생길 수도 있다. 이는 여느 불편함과 마찬가지로 월경통이
우리가 살아내는 몸(여기서는 철학 '체'계)에 들어맞지 않기 때문이다.
불편함에 대한 분석은 7장 참조.
7 물론 만성 통증처럼 강렬한 감각이 평범한 삶으로부터 멀어지는 일이
아니라 평범한 삶 자체를 뜻하는 경우도 있다(여기서 '평범한 삶'은 그로부터
멀어지는 사건을 통해 의미를 획득한다). 이때 몸의 표면에 주의를 기울이는
일은 평범한 경험 세계의 일부가 된다(Kotarba 1983 참조).

8   대상과 타자가 만들어지는 과정에서 주체의 지각과 해석을 강조하는 방식이
      극단적 형태의 주관주의는 아닌지 의문이 들 수도 있다. 그러나 내가 주장하는
      것이 주관주의가 아니라 주체와 타자의 구분을 약화하는 것임을 짚고 넘어갈
      필요가 있다. 나는 **타자와 접촉하기 전**에 존재하는 실증적 특성이란 어떤
      '대상'이나 '상대'에게도 없다고 생각한다. 주체는 타자에게 의미와 가치를
      '선사하는' 존재가 아니라 대상과 마찬가지로 접촉에 의해 형성되는 존재라고
      할 수 있다. 이때의 접촉은 무에서 유를 창조하는 방식으로 작동하지 않는다.
      대상이 그러하듯 주체 역시 시간이 흐름에 따라 특성을 '축적한다'(이
      과정이야말로 주체의 특성이 실증적인 형태로 주체에 내재하는 게 아님을
      알려준다). 이로 인해 주체가 마치 타자와의 접촉 이전에 어떤 특성을 지닌
      것처럼 보일 수는 있다. 정리하면 주체의 의식이 세계를 만들어낸다고
      가정하지 않는다는 점에서 대상에 대한 주체의 지각과 해석이 중요한 역할을
      한다는 주장이 반드시 극단적 형태의 주관주의로 이어지지는 않는다. 주체는
      타자와의 접촉이 발생시키는 효과로 인해 물질화되며, 동시에 타자와의 접촉의
      역사로 인해 이미 물질화되어 있다.

9   솔로몬이 '같은 느낌'이라고 부른 것에는 다양한 형태가 있다(Solomon
      1995; Denzin 1984, 148; Scheler 1954, 8-36 참조). 대표적으로 연민, 공감,
      동정, 안타까움이 있는데, 이들은 서로 다른 의미를 지닌다. 예컨대 스펠먼은
      타자와 **함께** 괴로움을 나누는 연민과 타자**에게** 슬픔을 느끼는 안타까움을
      구별한다(Spelman 1997: 65). 타자를 측은하게 생각하는 일feel for 혹은
      타자와 같이 마음을 나누는 일feel with이 타자의 느낌에 대한 주체의 '상상'에
      기초한다는 점에서 같은 느낌은 모두 환상을 수반한다. 즉 타자를 측은하게
      생각하는 일과 타자와 같이 마음을 나누는 일은 '타자의 마음을 헤아려보는
      일feel about'을 멈추게 하지 않는다. 먼저 타자가 어떤 마음인지를 '헤아려봐야'
      타자를 측은하게 생각하는 일도 타자와 같이 마음을 나누는 일도 가능해지기
      때문이다.

10   반응과 행동을 구분하는 접근에 대한 비판은 8장 참조.

11   브라운은 잊어버리라는 니체의 주장을 되풀이하지는 않았지만, 브라운이
      제시한 결론은 존재의 언어('나는 어떠한 존재다')를 욕망의 언어('나는 어떠한
      것을 원한다')로 바꾼 것이다. 나는 "과거와 현재는 주체를 얽매고 구속하지만
      미래는 열려 있다"는 니체의 전제에도 도전해야 한다고 생각한다. 우리는
      과거가 종결되지 않은 채로 현재까지 이어지고 있다는 점을 이해할 필요가
      있다. 이는 '나는 어떠한 존재다' 혹은 '나는 어떠한 과정을 거쳐서 현재의 내가
      됐다'라는 이야기가 주체의 미래를 [다르게] 여는 이야기라는 뜻이다. 8장 참조.

12 이 보고서는 다음 웹사이트에서 확인할 수 있다. http://www.austlii.edu.au/au/
    special/rsjproject/rsjlibrary/hreoc/stolen/ 2004년 2월 20일 접속.

13 〈[기밀문서] 사건 번호 305〉. 내가 가지고 있는 보고서 사본에는 쪽수가
    명시되지 않았다. 피오나의 증언은 사우스오스트레일리아주에 관한 8장 가장
    마지막 부분에 실렸다.

2장 | 증오의 조직화

1   http://www.nidlink.com/~aryanvic/index-E.html 2002년 1월 4일 접속.

2   이 점을 지적한 데이비드 엥David Eng에게 고마움을 전한다.

3   영국국민당은 '누구든지' 사기꾼일 수 있다는 주장을 '모든' 이주민은
    사기꾼이라는 주장으로 옮겨낸다. "우리 당은 백인을 이등 시민으로 만들어온
    '적극적 조치' 정책을 폐지할 것입니다. 또한 '난민 신청인'이 영국을 뒤덮지
    못하도록 단속을 강화할 것입니다. 이른바 난민 신청인이라고 불리는 이들은
    모두 둘 중 하나입니다. 사기꾼이거나 영국보다 훨씬 가까운 다른 나라에서
    난민 신청을 할 수 있는 이들입니다." 영국국민당 웹사이트 참조. http://
    www.bnp.org.uk/policies.html#immigration 2003년 7월 30일 접속.

4   이 지점에서 원인과 결과를 둘러싼 골치 아픈 문제가 발생한다. 나는 증오범죄
    방지법이 특정한 사회 집단을 물화하는 측면이 분명히 있다고 생각한다는
    점에서 로즈거Rosga(1999)의 주장에 동의하지 않는다. 증오범죄 방지법은
    사회 집단을 완결된 독립체로 가정하며, 증오가 그러한 독립체를 겨냥한다고
    전제한다. 한편 나는 '증오범죄'라는 범주의 효용성에 회의를 보이는
    제이콥스Jacobs와 포터Potter(1998) 같은 연구자의 주장에도 의문이 든다.
    이들은 증오범죄 방지법이 증오범죄의 원인으로 여겨지는 사회적 구분선을
    만들어낸다고 설명한다. 이러한 설명에는 증오범죄 방지법에 사회적 구분선이
    명시되지 않는다면, 이를 통해 구분선이 뚜렷해지지 않는다면, 구분선이 애초에
    존재하지 않을 것이라는 함의가 있다. 나는 이들의 주장에도 동의하지 않는다.
    나는 증오범죄가 타자에게 폭력을 가함으로써 특정한 정체성을 강제한다는
    점에서 증오범죄가 사회적 구분선을 설정하는 방식으로 작동한다고 주장하고자
    한다. 여기서 내가 말하는 증오범죄는 어떤 사회적 집단의 구성원으로 여겨진
    타자에게 폭력을 가하는 일을 가리키며, 이때 타자에게 가해진 폭력은 타자가
    속한 집단을 '겨냥한다'. 이는 타자에게 폭력이 가해지기 이전에는 타자와 특정한
    정체성이 서로 관련이 없다는 뜻(즉 타자가 그 정체성으로 정체화하지 않는다는

뜻)이 아니다. 다시 말해서 폭력을 행사함으로써 증오를 표출하는 일이 마치 무에서 유를 창조하듯이 사회적 집단을 '발명'하지는 않는다. 증오의 표출은 일종의 강제로 기능한다. 증오범죄는 범죄가 벌어지기 이전에 **이미** 정동적인 속성을 띠는 특정한 정체성에 타자를 가두는 방식으로 작동하기도 한다. 그렇기에 원인과 결과를 구분하는 일은 그다지 중요하지 않다. 증오는 타자를 특정한 집단 정체성에 가두는 일에 영향을 미치고 동시에 그러한 일에 영향을 받는다. 특정한 몸이 증오범죄의 피해자로 선택되는 이유가 여기에 있다. 증오는 우리가 특정한 타자를 **부적합한** 존재로 인식하게 만드는 폭력과 배제의 과거 역사를 다시 여는 것을 통해서 개인을 특정한 사회적 집단과 묶는다(Ahmed 2000: 38-54 참조). 그러나 1986년 제정된 영국의 공공질서법에 명시된 인종차별적 증오 선동 금지 조항은 앞서 설명한 증오범죄가 아니라 혐오발언을 규제하는 것에 가깝다(상대에게 위협을 가하거나 폭언을 하거나 모욕적인 발언을 한 경우, 그러한 표현이 담긴 매체를 출간한 경우, 그러한 행동을 저지른 경우, 이로 인해 인종차별적인 증오를 '선동'했다고 여겨질 때 형법상의 책임이 발생한다). 이 법에 따르면 인종차별적인 증오는 범죄의 원인이 아니라 결과로 해석된다. 정리하면 혐오발언 방지법은 증오를 결과의 측면에서 처벌하며, 증오범죄 방지법은 원인의 측면에서 처벌한다. 물론 어느 쪽이든 **정동과 효과의 경제**에서 증오가 어떤 일을 하는지 정확히 인식하는 데 실패한다.

5   무니어 아마드Muneer Ahmad는 다섯 명의 남성이 살해된 어느 사건에 관해 어떤 담론이 오갔는지를 조명한 매우 흥미로운 논문을 발표했다. 이를 통해 아마드는 9·11 테러 이후 '증오범죄'라는 표현이 사용되는 방식이 어떻게 달라졌는지를 분석했다. "9·11 이전에는 증오범죄에 해당하는 살인 사건이 도덕성 결여와 연관된 범죄로 간주된 반면, 9·11 테러 이후에는 분노 범죄로 여겨졌다."(Ahmad 2002: 108). 아마드에 따르면 이러한 변화는 '타자'를 겨냥하던 '증오'가 대다수 미국인이 공유하는 감정이 됐기 때문이다. 다시 말해서 '분노 범죄'라는 인식의 변화는 테러에 대한 집단적 분노가 인종적 타자를 향한 분노로 전치되었음을 보여준다. 아마드의 논문을 소개해준 데이비드 엥에게 고마움을 전한다. 9·11 테러 이후 심화된 인종 프로파일링에 대한 논의는 3장 참조.

3장 | 공포의 정동 정치

1   내가 대상이 우리를 두렵게 '만든다'고 이야기하는 지점에 주목할 필요가 있다. 여기에는 자세한 설명이 필요하다. 어떤 대상이 두렵다고 하더라도 그 대상에

대한 공포를 **필연적 결과**로 만드는 것은 대상 안에 존재하지 않는다. 스피노자는 다음과 같이 말했다. "내가 두려워하는 모든 것을 살펴보니 나를 두렵게 만드는 대상은 좋은 것도 나쁜 것도 아니라는 것을 깨달았다. 그저 그 대상으로부터 영향을 받은 나의 마음만 있을 뿐이다"(May 1977: xv에서 재인용). 〈들어가는 글〉에서 다룬 데카르트에 관한 논의와 아이와 곰의 사례 또한 참조.

2 불안을 '어딘가에 고정되지 않고 부유하는 것' '구체적으로 특정되지 않는 것'으로 이해하는 방식은 프로이트 정신분석학에서 중요한 의미를 지닌다. 나는 불안이 대상을 '지니지' 않는다는 점에는 동의하지만, 불안이 여러 대상을 만들어내고 이들 대상이 서로 달라붙게 만든다고 생각한다. 불안은 가까이 있는 대상을 한데 합친다는 점에서 벨크로와 비슷하다.

3 어떤 면에서 나는 불안이 대상을 만들어내기는 하지만 대상 자체는 존재하지 않는다고 생각한다. 이는 도미니크 라카프라Dominick LaCapra가 제시한 모델과 공통점이 있다. 라카프라에 따르면 부재가 상실로 바뀌는 과정에서 "불안은 구체적인 대상, 즉 상실한 대상"을 갖게 되며, 이를 통해 "불안이 사라질 것이라는 희망이 생긴다"(LaCapra 2001: 57).

4 프로이트의 논문 〈무의식The Unconscious〉에서 주장하는 '무의식적 감정'은 기원 모델, 다시 말해서 생각과 느낌의 '진정한 연결'에 상당 부분 기대고 있다(Freud 1964a: 177).

5 '주의하다'라는 말은 마음을 쓰는 일과 불안을 느끼는 일 사이의 관계를 일깨워준다는 점에서 흥미로운 표현이라고 할 수 있다. '조심하다'(더 나아가 '신경 쓰다')라는 말은 '돌보다'라는 의미를 지니며, 이는 세계와 불안한 관계를 맺도록 한다('신중함'). 어떤 면에서 우리는 우리가 사랑하는 대상이 우리를 불안하게 만든다는 것을 잘 알고 있다. 우리는 사랑하는 대상을 파괴할까봐 두려워하면서 마음을 써서 대상을 대한다(혹은 소중한 대상은 보관해두고 신경 쓸 필요가 없는 물건만 사용하기도 한다). 주의를 기울인다는 것은 불안을 느낀다는 뜻이다. 불안을 느낄 때, 우리는 혹시라도 무언가가 잘못되지 않을지 지나칠 정도로 염려한 나머지 어설픈 실수를 하기도 한다. 여기서 잘못될 수 있다는 '가능성'은 [불안하다는] 느낌의 대상이 된다. 이처럼 불안과 신중함은 우리가 예방하려는 사건, 즉 사랑하는 대상의 파괴로 이어지기도 한다. 이 지점에서 우리는 여성성이 마음을 쓰는 일과 불안을 느끼는 일 모두와 관련이 있다는 점에 주목할 필요가 있다. 대상과의 관계가 여성적이라는 말은 대상에 신중한 태도를 보인다는 의미로 쓰이지만, 실제로는 사적 영역과 공적 영역 모두에서 여성적인 몸의 이동성을 제한한다.

6 우리는 9·11 테러에 대응하는 방식에서 이를 살펴볼 수 있다. 조지 W. 부시는

국정 연설에서 "자유와 공포가 서로 전쟁을 벌이고 있다"고 주장했다. (http://
www.whitehouse.gov/news/releases/2001/09/20010920-8.html 2003년
7월 23일 접속) 다음 절에서 논의하겠지만 테러가 자유에 대한 공격으로,
구체적으로는 이동의 자유에 대한 공격으로 규정되면서 두려워한다는 것은
이동의 자유를 포기한다는 뜻이 됐다. 그러나 철학에서는 자유와 공포의
관계가 매우 다른 방식으로 논의되고는 했다. 예를 들어 쇠렌 키르케고르Søren
Kierkegaard는 자유와 공포를 반대되는 개념으로 이해하지 않고 서로
연결해서 살핀다. 그는 공포를 "무언가를 **할 수 있다**는 두려운 가능성"으로
정의한다(Kierkegaard 1957: 40). 그에 따르면 모든 것이 완전히 결정되지
않았다는 것은 행동에 나설 능력을 끌어내고, 이는 그 자체로 '두려운 일'이
된다. 그에게 공포는 제약이 아니라 능력을 가리킨다. 즉 우리는 행동할 수
있기에 두려움을 느낀다.

7   존 하워드의 연설이 실린 웹사이트 주소는 다음과 같다. http://
    www.dfat.gov.au/icat/pm_251001_speech.html 2002년 11월 11일 접속.

8   어떤 이들이 자유롭게 이동하는 일이 다른 이들을 구속하는 일에 달려 있다고
    분석한 내용은 사회 이론과 문화 이론에서 '이동성'을 이상적으로 묘사하는
    최근 경향을 비판한 페미니즘과 탈식민주의 논의를 참조한 것이다. 비판을
    정리한 것으로는 다음을 참조. Ahmed et al.(2003)

9   http://www.whitehouse.gov/news/releases/2001/09/20010920-8.html
    2003년 7월 23일 접속.

10 미국에 사는 무슬림, 아랍계, 남아시아계 사람들에게 미국 국기를 게양하는
    일은 단지 국가와 동일시하는 행동에 그치는 것이 아니라 차이를 나타내는
    모든 기호를 '뒤덮으려는' 노력을 뜻하기도 한다. 차이가 두려움의 원인으로
    여겨지기 때문이다. 국기와 베일이 서로 '대체되는' 상황에 대한 뛰어난
    분석으로는 다음을 참조. Ahmad 2002: 110.

11 http://www.whitehouse.gov/news/releases/2002/01/20020129-11.html
    2002년 6월 23일 접속.

12 제리 폴웰은 2001년 9월 13일 팻 로버트슨Pat Robertson의 700 클럽700 club'에
    참석해서 이렇게 발언했고, 다음 날 사과를 표명했다.

13 http://www.bnp.org.uk/article92.html; http://www.bnp.org.uk/
    article87.html 2002년 6월 30일 접속.

14 http://www.whitehouse.gov/news/releases/2001/09/20010911-16.html
    2002년 6월 23일 접속.

15 이웃 주민 감시가 '낯선 사람'을 '해당 장소에 어울리지 않는 인물'로

인식하게 하는 지식 기술을 수반하는 지점에 대한 분석으로는 다음을 참조. Ahmed(2000) 1장.

16 http://www.whitehouse.gov/news/releases/2002/01/20020129-11.html 2003년 6월 23일 접속.

17 http://www.whitehouse.gov/response/faq-what.html 2003년 7월 23일 접속.

4장 | 역겨움의 수행성

1 여성의 몸이 비체나 기괴한 것과 연관되는 방식에 주목한 페미니스트 연구자들은 특히 크리스테바의 작업을 참조하고는 한다. 여기서 이들의 주장을 자세하게 설명하지는 않겠지만, 이들의 작업이 중요하다는 점은 분명히 언급하고자 한다. 크리드Creed(1993)와 스테이시Stacey(1997) 참조.

2 내가 '파키'를 사례로 든 이유는 이 모욕적인 표현이 나를 향하는 말이었기 때문이다. 나는 이 표현이 지닌 효과를 마음 깊이 기억하고 있다.

3 http://www.urbanoutlaw.com/opinion/100901.html 2002년 10월 2일 접속. 내가 이 웹사이트를 살펴본 이유는 이곳에서 '역겨움'이라는 말을 둘러싼 복합적인 서사가 구축되었기 때문이다. 검색 엔진에서 '9·11 테러'와 '역겨움'을 함께 검색해보면 여러 토론 게시판에서 비슷한 게시물을 발견할 수 있을 것이다.

4 http://gauntlet.ucalgary.ca/a/story/7458 2002년 10월 2일 접속.

5 http://www.newyorkmetro.com/news/articles/wtc/flashpoint_speech.htm 2002년 10월 2일 접속.

5장 | 다른 이들 앞에서 느끼는 수치심

1 감춰진 것이 드러나고 알려지는 일과 수치심 사이의 연관성은 구약성서 〈창세기〉의 창조 이야기에서 핵심을 차지한다(Broucek 1991). 이러한 연관성은 수치심에 관한 프로이트의 (얼마간 한계가 있는) 설명에서도 중요한 의미를 지닌다. 프로이트는 벌거벗은 몸이 등장하는 꿈을 분석하면서 수치심에 대해 논의한다(Morrison 1989: 22-3). 프로이트의 후기 저작에서는 수치심이 죄책감이나 불안과 함께 언급되는데, 이들 감정은 노출증처럼 금기된 욕망으로부터 자아를 보호하는 반응으로 여겨진다(Piers and Singer 1971: 17;

S. B. Miller 1985: 10).

2 이 지점을 일러준 새러 프랭클린에게 고마움을 전한다.

3 수치심이 언제나 빨갛게 달아오른 피부로 가시화된다고 한다면, 수치심은
오로지 백인만 느끼는 감정일 것이다. 나도 수치심을 느낄 때 피부가
달아오르지만, 얼굴이 붉게 변하지는 않는다. 나는 얼굴을 붉혀야 부끄러워하는
것이라고 믿는 이들이 내가 느끼는 수치심을 알아차리지 못한 채 내가 자리를
피하도록 해준다는 점을 위안으로 삼기도 한다. 어떤 이들은 얼굴이 붉게 변하지
않아서 수치심이 겉으로 드러나지 않기 때문에 뻔뻔하다거나 나쁜 행동을
아무렇지도 않게 생각한다는 이야기를 듣기도 한다('부끄럽지도 않냐!'). 얼굴이
붉어지는 변화와 수치심에 관한 논의는 비들Biddle(1997)과 프로빈(2005) 참조.

4 더 자세한 논의는 6장 참조. 나는 6장에서 이상이 특정한 내용에 '관한' 것은
아니지만, 이상이 특정한 몸의 움직임에 따른 효과라는 점에서 이상이 비어
있다고 할 수는 없다는 점을 논의할 것이다.

5 퀴어 이론은 수치심을 일으키는 사회적 낙인을 정치적 행동의 조건으로
끌어안았다. 더글러스 크림프Douglas Crimp를 비롯한 연구자들은 수치심을
자긍심으로 바꾸는 방식보다 '수치심에 머무르는' 방식을 제안하면서
'비규범적인 것'과 밀접하게 연관된 감정을 끌어안아야 한다고 이야기했다(이와
같은 주장을 정리한 유용한 연구로는 다음을 참조. Barber and Clark 2002:
22-9). 수치심을 끌어안는다는 것은 규범에 동화되는 것이 아니라 '규범에
어긋난 것non'을 끌어안는다는 뜻이다. 나는 이러한 논의에 얼마간 회의적이다.
내가 생각하기에 수치심을 끌어안는 일에는 부정적 정동을 긍정적 정동으로
전환한다는 함의가 있다는 점에서 역설적인 의미가 있다. 즉 자긍심을 느끼는
이유가 규범적이지 않다는 것, 수치스럽다는 것으로 달라졌을 뿐, '규범에
어긋난 것'은 퀴어한 삶이 가까워지려는 새로운 이상이 된다(이 논의를
심화시킨 내용은 7장 참조). 다만 '퀴어 자긍심' 담론에 불편함을 느낀다는
측면에서 나는 이브 코소프스키 세지윅Eve Kosofsky Sedgwick과 더글러스
크림프와 입장을 같이한다. 나는 자긍심도 수치심도 '퀴어 느낌'이 아니라고
생각한다. 중요한 것은 규범과 관계를 유지하는 일 혹은 규범과 헤어지는
일로부터 어떤 영향을 받을 것인지, 그리고 이를 통해 다른 삶의 가능성을
어떻게 열 것인지에 있다.

6 이는 규범적인 위치에 있다는 것에 수치심을 느끼는 이들이 있을 수 있다는
뜻이다. 앞 절에서 수치심과 이성애 규범의 관계를 논의한 것처럼 어떤 이들은
자신이 이성애자라는 점에 혹은 이성애자라는 이유로 특권을 누린다는 점에
수치심을 느낀다. 이러한 수치심은 규범의 영역에서 살아가는 편안함을 불편한

것으로 느끼는 일이라고 할 수 있다. 즉 이성애를 [당연한 것으로 간주하고] '알아차리지 못하는 것'이 아니라 이성애를 일종의 특권으로 '알아차리는 것'을 뜻한다. 나는 주체로 형상화된 국가가 만들어지는 과정에서 수치심이 중요한 역할을 한다고 주장했다. 이는 수치심이 반드시 특권을 포기하는 일로 이어지지 않는다는 것을, 오히려 특권을 행사하는 일로 기능할 수 있다는 것을 시사한다. 나는 이성애 수치심 또한 이와 같은 방식으로 작동한다고 생각한다. 이성애 규범의 편안함과 불편함에 대한 분석은 7장 참조.

7   [매년 5월 26일에 열리는] 사과의 날은 《이제는 이들을 집으로》의 권고로 1998년에 지정됐다. 사과의 날은 호주 원주민에게 가해진 폭력이 과거(이면서 빼앗긴 세대에게는 역사이자 현재)를 '어둡게 만들었다'는 점에 대해 수치심과 슬픔을 함께 드러내면서 호주인들이 서로 모이는 자리가 됐다. 사과의 날에는 연대의 표시로 원주민과 비원주민이 함께 행진에 나선다. '함께 걷는 일'은 과거의 폭력이 현재 호주에 영향을 미친다는 것을 인정하는 한편, 지금과는 다른 미래가 앞으로 펼쳐질 것을 약속한다.

8   http://users.skynet.be/kola/sorry5.htm 참조. 2002년 12월 13일 접속.

9   http://users.skynet.be/kola/sorry2.htm 참조. 2002년 12월 13일 접속.

10 http://users.skynet.be/kola/sorry5.htm 참조. 2002년 12월 13일 접속.

11 http://users.skynet.be/kola/sorry5.htm 참조. 2002년 12월 13일 접속.

12 http://users.skynet.be/kola/sorry5.htm 참조. 2002년 12월 13일 접속.

13 http://users.skynet.be/kola/sorry2.htm 참조. 2002년 12월 13일 접속.

14 http://users.skynet.be/kola/sorry2.htm 참조. 2002년 12월 13일 접속.

15 http://users.skynet.be/kola/sorry2.htm 참조. 2002년 12월 13일 접속.

16 오스틴은 만족과 불만족의 측면에서 발화 행위의 성공과 실패를 판단한다. 중요한 점은 이와 같은 판단이 발화 행위의 효과를 '정동'과 연관시킨다는 것이다. 오스틴은 감정을 바깥으로 표출되는 내적 상태로 이해하기는 하지만, 그의 모델은 감정을 일종의 효과로 해석하는 방법을 제시한다. 오스틴에 따르면 이 효과는 기호가 상대에게 어떻게 수용되는지에 따라 다르게 나타난다.

17 감정의 복합성 혹은 발화 행위로서 감정표현emotives의 복합성에 대한 유용한 설명으로는 레디의 《감정의 항해The Navigation of Feeling》 참조. 레디는 감정표현이 "세계에 무언가를 한다"는 측면에서 수행문과 같다고 이야기한다(Reddy 2001: 105). 레디에 따르면 감정표현은 "그 자체로 직접 감정을 변화시키고 쌓아나가며 숨기고 강화하는 도구다. 이 도구는 얼마간 성공적으로 작동하기도 한다"(Reddy 2001: 105).

18 http://english.peopledaily.com.cn/200109/04/eng20010904_79267.html
    참조. 2002년 12월 15일 접속.

6장 | 사랑의 이름으로

1   엘레나 해스킨스Elena Haskins의 '사랑의 시선' 웹사이트. http://
    www.wakeupordie.com/html/lovewa1.html. 2003년 3월 28일 접속.
2   〈증오에 대해서〉 http://women.stormfront.org/writings/abouthate.html.
    2003년 3월 28일 접속.
3   파시즘 운동에서 여성이 하는 역할에 대한 논의는 바체타Bacchetta와
    파워Power(2002)의 탁월한 작업을 참조할 것. ·
4   〈다이애나 왕세자비의 사망에서 얻는 교훈〉 http://women.stormfront.org/
    writings/prindi.html 2002년 8월 14일 접속. '창조주 세계교회'는 명칭을
    둘러싼 법적 다툼에서 패소했고 현재는 '창조성 운동Creativity Movement'으로
    알려져 있다.
5   사랑이 다른 어떤 감정보다 사회적 유대의 핵심을 차지한다고 설명하는 여러
    이론이 있다. 사랑은 특히 사회적 위계를 수호하는 일과 정치에서 중요한
    역할을 하는 것으로 여겨졌다. 국민과 시민의 행복을 보장하지도 않고 보장할
    수도 없는 규범과 규칙에 대해서도 '지도자'에 대한 사랑이 있다면 사회적
    동의와 합의가 형성된다는 점에서 사랑은 권위를 유지하는 데 필수적인
    요소로 이해된다. 레나타 살레츨Renata Salecl은 다음과 같은 질문을 던진다.
    "사람들이 제도의 논리에 자신을 종속시키고 자신의 행복을 저해할 수 있는
    사회적 의례에 복종하는 일은 어떻게 일어나는 것일까?"(Salecl 1998: 16). 이에
    대해서 아이가 부모에게 지닌 사랑이 권위를 지닌 다른 이에게 전이된다는
    설명이 영향력 있는 패러다임으로 자리 잡고 있다. 제시카 벤저민Jessica
    Benjamin이 지적하듯이 "프로이트는 우리가 문명의 법칙에 복종하는 첫 번째
    이유가 깊은 고민을 거쳐 내린 판단이나 공포가 아니라 최초로 복종을 요구한
    힘 있는 이들을 향한 사랑임을 알려준다"(Benjamin 1988: 5). 나 역시 권위에
    대한 종속이라는 형태가 생산되는 데 사랑이 핵심적인 역할을 한다는 점에
    주목하지만, 부모를 향한 아이의 사랑이 권위 혹은 권위를 가진 이들을 향한
    사랑으로 단순하게 전이된다고 주장하지는 않을 것이다. 나는 사랑이 이상을
    만들어내는 투자이자 어떤 특성에 가까워지는 일이라고 생각한다. 어떤 특성에
    가까워지는 일은 사랑하는 사람과 사랑받는 사람을 감싼다('집단적 이상').

아이가 자신을 돌보는 사람에게 갖는 사랑에는 중요한 의미가 있지만, 이를 모든 사랑이 원천으로 삼는 근원적인 사랑으로 이해할 필요는 없다.

6 이와 같은 구분의 한 측면에는 여성이 여성을 욕망의 대상으로 삼는다는 것이 있다. 프로이트는 자기애를 남성 동성애와 연결했지만(Freud 1934a: 45) 여성이 자신을 욕망의 대상으로 삼는다는 점에서 자기애는 레즈비언 욕망과도 연결될 수 있다. 이 모델에 따르면 이성애자 여성과 레즈비언 여성이 다른 점은 사랑하는 대상이나 욕망하는 상대가 아니라 그가 누구와 동일시하는지/누구로 정체화하는지에 있다. 여성이 여성을 자기 자신으로서 욕망하는지, 대상으로서 욕망하는지가 다르다는 것이다. 여성을 대상으로서 욕망하는 일은 남성적 동일시가 필요하다고 여겨진다. 나는 여성을 사랑의 대상으로 삼는 일이 남성성을 필연적으로 작동시킨다는 가정에 동의하지 않으며, 여성을 욕망하는 여성이 자신을 사랑의 대상으로 삼는다는 가정에도 반대한다(상대 여성은 당연하게도 자신이 아니다). 오코너O'Connor와 라이언Ryan(1993: 222-3)은 레즈비언이 '같은 젠더'에 끌린다는 주장을 탁월하게 비판했고, 드 로레티스de Lauretis(1994)는 정신분석학 설명 체계에서 레즈비언 욕망을 어떻게 논의할 수 있는지에 관한 중요한 해석을 제시했다. 이들의 논의를 참조할 것.

7 버틀러의 논의에서 '젠더'라는 용어는 축약된 표현으로 활용된다. 나는 동일시, 욕망, 사랑하는 대상의 상실(애도) 사이의 차이를 논의한 버틀러의 주장에 중요한 의미가 있다고 생각하지만, 버틀러가 '같은 것'과 '다른 것'을 이미 나의 것인 젠더('나의 젠더')를 '살아낸다'는 측면에서 해석함으로써 자신의 설명이 지닌 '힘'을 제한한다고 생각한다. 아버지/어머니와 같다는 것은 그/그녀의 젠더를 받아들인다는 의미로 환원될 수 없으며, 다른 형태의 가족 유사성 역시 중요한 문제일 수 있다. 예컨대 영국 백인 어머니와 파키스탄 [아시아인] 아버지를 둔 개인적인 경험에 비춰보면 어린 시절 어머니와의 동일시는 백인성과 밀접한 관련이 있었다. 이 동일시는 백인으로, 백인 공동체와 국가의 구성원으로 보이고 싶은 욕망을 배경으로 했다. 물론 이와 같은 백인성의 이미지는 환상적인 것이었고, 환상은 동일시의 효과로서 구속력을 갖게 됐다. 더 나아가 가족 내에서 차이에 관한 구체적인 '기호'가 없는 경우에도 아이와 양육자 사이에서 복합적인 권력관계가 작동한다는 사실(특히 주요 양육자가 두 명 이상일 때)은 아이가 양육자와 (주로 일시적인) 동일시를 함에 따라 닮음과 차이의 지점이 (환상으로) 발명된다는 것을 뜻한다. 이는 아이가 자신과 세계의 관계를 조율하는 방법이라고 할 수 있다. 이때 (닮고 싶다는 의미에서) 동일시와 (곁에서 편을 든다는 의미에서) 동맹 형성 사이의 관계는 핵심적인 역할을 한다. 내가 아직 답하지 않은 질문은 다음과 같다. 내가 '나의 것'으로

삼은 것은 어떻게 '당신'과의 관계에서 '나'를 만드는가?

8 자기애에 대한 중요하고 비판적인 작업을 수행한 이모전 타일러Imogen Tyler 덕분에 마이클 워너의 글을 살펴볼 수 있었다.

9 전화를 걸고 상대의 응답을 기다릴 때의 느낌을 떠올려보자. 기다리는 시간이 길어질수록 전화를 끊기 어려워진다. 붙잡고 있는 시간이 길어질수록 그간 할애한 것(시간, 에너지, 돈)이 늘어나기에 그만두는 일은 더 힘들어진다. 물론 투자를 멈추는 일이 불가능한 것은 아니다. 우리는 투자한 것이 되돌아오지 않는 상황과 다양한 정동적 관계를 맺는다. 예컨대 평생 해온 투자를 그만두는 일은 분노, 증오, 절망으로 이어지기도 하며, 이와 같은 감정은 투자 자체를 상처의 원인으로 이해하는 회고적인 해석으로 작용한다. 또는 특정한 대상에 대한 투자를 단념하거나 투자 대상을 바꾸는 방식을 통해 투자를 지속할 수도 있다. 백인 파시스트 집단이 충성의 대상을 '백인 국가'에서 '백인 인종'으로 바꾼 것이 여기에 해당한다. 이 장의 원고를 먼저 읽고 의견을 나누어준 엘라 쇼햇Ella Shohat과 배리 손Barrie Thorne에게 고마움을 전한다. 이들은 사랑을 일종의 기다림으로 설명하는 내용을 다듬는 데 도움을 줬다.

10 이 부분은 궁정식 사랑에 대한 라캉(1984)의 해석에 기대고 있다. 라캉은 '사랑'이 가능하다는 환상이 사랑의 '방해 요소'를 통해서 지속된다는 것을 알려준다. 유대인의 형상에 '방해물'이라는 의미가 투사되는 과정을 분석한 지젝Žižek의 연구 또한 참조할 것. "사회가 온전한 정체성을 이루지 못하는 이유는 유대인 때문이 아니라 사회 자체의 적대적 속성과 내재적 방해물 때문이다. 그러나 사회는 사회 내부의 부정성을 '유대인'의 형상에 '투사한다'"(Žižek 1989: 127). 이와 같은 형상은 '방해물'과 '방해 요소'로서, 온전한 정체성이라는 환상이 지속되도록 한다.

11 다문화주의에 대한 비판적 작업을 수행한 앤마리 포티어Anne-Marie Fortier에게 고마움을 전한다. 포티어는 다문화주의 분석에서 (이)성애의 역할을 중요하게 다루며, 본문에서 인용한 《옵저버》의 기사를 인종 관점에서 살핀다.

12 혼혈 여성이 인종 간의 성적 관계를 의미하는 가시적 기호와 단절됨으로써 이상화된다는 나의 주장은 로빈 위그먼Robyn Wiegman이 자신의 논문 〈친밀한 대중: 인종, 재산, 인격Intimate Publics: Race, Property, Personhood〉(2002)에서 주장한 내용을 뒷받침한다. 위그먼은 "다문화주의적 친족관계"가 인종 간의 성적 관계로부터 "분리되고" 있다고 이야기한다. 위그먼은 새로운 재생산 기술과 관련된 법률 사건과 영화 〈메이드 인 아메리카Made in America〉에 대한 탁월한 해석에 기초해서 "문자적인 의미에서 인종 간의 섹스를 통한 재생산 실천이 없이" 다인종 가족이 가능해진 상황을 분석한다(Wiegman 2002: 873).

13 '고마움의 경제'에 관한 앨리 러셀 혹실드의 작업을 참조할 것. 혹실드가 지적한
   것처럼 고마움은 단지 감사하는 마음뿐만 아니라 채무와 같은 구조적 위치와도
   관련 있다(Hochschild 2003: 105).

7장 | 퀴어 느낌

1   당연한 말이지만 나는 강제적 이성애라는 표현을 애드리언 리치Adrienne
   Rich에게서 빌려왔다. 나는 이성애의 구조적, 제도적 속성을 밝힌 리치의
   작업에서 많은 도움을 받았다.
2   퀴어 현상학은 성적 욕망의 대상에 대해 다시 사유함으로써 '성적 지향'을
   이해하는 방법을 제시한다. 이는 특정한 대상을 '향한' 몸의 방향이 몸이 공간에,
   공간이 몸에 살아가는 방식에 영향을 미치는 과정에 주목한다.
3   퀴어 느낌을 살펴보는 일은 '퀴어'를 끈적이는 기호로 살펴보는 작업이기도
   하다. 버틀러의 주장처럼 '퀴어'라는 표현은 반복을 통해 새로운 의미를
   얻었다는 점에서 수행적인 속성을 지닌다(Butler 1997c). ('우리'가 아닌,
   이성애자가 아닌, 정상이 아닌, 인간이 아닌 것을 뜻하는) 욕설로 쓰였던 퀴어는
   대안적인 정치적 지향을 가리키는 표현이 됐다. 중요한 점은 끈적이는 기호인
   '퀴어'가 이전에 발화된 맥락과 단절됨으로써가 아니라 맥락을 간직함으로써
   새로운 의미를 획득한다는 것이다. 퀴어 정치에서도 모욕이 지닌 힘은 없어지지
   않는다. '무엇이 아닌 것'이라는 의미는 부정되지 않고('우리는 긍정한다')
   포용되며 하나의 이름으로 받아들여진다. 새로운 의미가 생겨날 가능성,
   또는 '과거의' 의미에 대한 새로운 지향이 생겨날 가능성은 집합적인 운동, 즉
   실천에 필요한 공간과 기반을 마련하기 위해 함께 모이는 과정에 달려 있다.
   다시 말해서 기호학적이고 정치적인 가능성을 열기 위해서는 하나가 아니라
   여러 몸이 필요하다. 다만 우리는 퀴어가 여전히 욕설로 쓰인다는 점, 우리가
   퀴어하다고 여기는 지향을 지닌 이들이라고 해서 모두 퀴어로 정체화하지는
   않으며 그럴 수도 없다는 점, 퀴어라는 표현을 '들을' 때면 퀴어가 상처를 입히는
   말로 활용된 역사를 떠올리는 이들이 있다는 점을 기억해야 한다. "요즘에는
   퀴어라는 표현이 사용된다. 하지만 나는 다른 사람의 말을 인용하는 경우가
   아니라면 퀴어라는 표현을 나 자신이나 다른 동성애자를 가리키는 말로 절대
   사용하지 않을 것이다. 내 세대의 사람들에게 퀴어는 동성애자를 향한 공격,
   폭력, 체포, 살해와 같은 의미를 어김없이 떠올리게 하는 표현이다(25세 연하인
   내 반려자도 비슷한 느낌을 경험한다고 이야기한다)"(Rechy 2000: 319). 우리가

'퀴어'와 같은 표현을 들을 때 무엇을 떠올리는지는 복합적인 심리적, 자전적 역사와 제도적 변화에 따라 달라진다.

4 규범적인 몸이 사회적 이상과 '동어반복적인' 관계를 맺는 방식을 설명한 5장을 참조할 것. "이들은 자신의 모습을 따라서 형성된 이상에 가까워지는 데서 자부심을 느낀다."

5 나는 이 주장을 더 밀고 나가서 일상적인 경험에서 벗어나는 것과 경이 사이의 관계에 대해 8장 두 번째 절에서 분석할 것이다.

6 퀴어 혹은 퀴어한 형태의 결합을 마주했을 때, 퀴어함을 나타내는 기호가 드러나는 사건이 발생했을 때, 이성애자 주체는 불편함을 느끼기도 한다. 퀴어 정치는 이 불편함을 포용하며, 퀴어 몸을 더욱 가시화함으로써 사람들을 불편하게 만드는 일을 추구하기도 한다. 모든 퀴어가 다른 사람을 불편하게 만들어야 한다는 정언명령에 편안함을 느끼는 것은 아니다. 특히 불편함과 관련된 퀴어 경험에서 '원가족'이 중요한 공간이라는 점을 고려할 때, 퀴어함을 나타내는 기호는 사랑이나 돌봄의 이름으로 감춰질 수도 있다. 이 논의를 구체화하는 데 도움을 준 니콜 비텔론Nicole Vittelone에게 고마움을 전한다. 가족 내에서 경험하는 퀴어 수치심과 관련된 논의는 5장 참조.

7 글로벌 자본주의는 편안함이라는 '물신을 느끼는 일'을 필요로 한다. 소비자가 편안함을 느끼기 위해서는 청소 노동자를 비롯한 육체노동자들이 열심히 일해야만 한다. 노동과 여가(그리고 육체노동과 정신노동)의 구분은 국민국가들 사이에서, 국민국가 내부에서 권력의 도구로 기능한다. 그러나 '노동' 관계는 편안함이 소유물과 자격으로 전환됨에 따라 감춰진다. 이러한 경향은 특히 관광산업에서 두드러지게 나타난다. 상품의 가치를 높인다는 이유에서 노동을 가리키는 기호는 여행 패키지와 같은 상품에서 완전히 지워진다. 상품화와 물신화를 분석한 매클린톡(1995)과 소비자의 행복을 위해서 감정노동이 요청되는 현상을 분석한 혹실드(1983: 7) 참조.

8 알다시피 이는 프란츠 파농의 개념 '검은 피부, 하얀 가면'을 변주한 것이다. 다만 이 유비에는 한계가 있다. 백인성에 동화되는 것과 이성애 규범에 동화되는 것이 같다고 할 수 없기 때문이다. 그 이유 중 하나는 인종과 섹슈얼리티가 각자 가시성의 기호와 맺는 관계가 다르다는 것이다. 로드(1984) 참조.

9 재키 스테이시와 대화를 나누는 자리에서 스테이시가 내게 준 명민한 의견 덕분에 이 논의를 정리할 수 있었다.

10 물론 이성애자로 통하는 몇몇 퀴어 몸은 이성애자 공간에 진입할 수도 있다. 일종의 기술인 통하기passing는 감추는 노동을 수반한다. 통하기는 편안함과 같은 효과를 발생시킬 수도 있지만(우리는 차이를 알아차리지 못한다), 퀴어

주체는 [나를] '누군가가 알아보거나' 간파할지도 모른다는 계속되는 불안으로 인해서 불편함을 느끼거나 걱정하기도 한다. 아메드(1999) 참조.

11 퀴어 가족을 둘러싼 논쟁 역시 동화와 저항의 대립 구도 속에서 이루어졌다(Goss 1997; Sandell 1994; Phelan 1997: 1; Weston 1991: 2; Weston 1998).

12 물론 집단적인 슬픔이 '타자'에게까지 확장되는 것을 타자가 원하는지에 관한 문제는 남아 있다. 슬픔의 대상이 아니던 이들이 슬픔의 대상이 된다는 것은 무슨 뜻일까? 타자는 내가 슬퍼하는 것을 원치 않을 수도 있다. 그 슬픔이 애초에 '가까이 있어도 된다'고 여겨지지 않았던 것을 '가져가버릴' 수 있기 때문이다. 이라크 사람들과 아프가니스탄 사람들이 자신들을 죽음으로 몰아넣는 서구인들의 슬픔을 원했을까? 이것이 또 다른 형태의 폭력적인 전유, 즉 그들의 죽음을 '우리의 것'으로 주장하면서 죽음에 대한 우리의 책임을 드러내기보다 감추는 위험을 안고 있는 것은 아닐까? 식민지 정복으로 인해 사라진 것에 대한 향수와 안타까움을 이야기하는 식민지 정복자의 모습은 쉽게 찾아볼 수 있다(hooks 1992 참조). 타자를 슬퍼하는 존재**로서**, (어떤 면에서 우리에게 책임이 있는) 상실을 경험한 존재로서 인정하는 일이 타자를 위해서 슬퍼하거나 **타자의 슬픔을 우리의 것으로 주장하는 일**보다 윤리적으로나 정치적으로나 더 적절한지도 모른다. 슬픔의 대상이 아니던 이들이 슬픔의 대상이 될 때 발생할 수 있는 부정의에 대한 분석으로는 결론 참조.

13 전미동성애자저널리스트협회는 "레즈비언, 게이, 바이섹슈얼, 트랜스젠더 이슈에 대한 공정하고 정확한 보도를 활성화하기 위해 언론계에 종사하는 저널리스트, 온라인 매체 전문가, 학생이 모인 단체다. 협회는 모든 소수자에 대한 직장 내 편견에 반대하며, 회원들의 전문적인 성장을 지원한다". 웹사이트 주소는 다음과 같다. http://www.nlgja.org/ 2003년 12월 22일 접속.

14 9·11 테러 피해 보상 절차에서 퀴어관계의 인정을 위해 정치적이고 법적으로 다투는 일은 중요한 의미를 지닌다. 그러나 현재까지 퀴어관계를 인정하는 일은 발생하지 않았다. 퀴어 상실을 인정하는 일, 퀴어를 슬픔의 주체로 인정하는 일은 퀴어 애착이 지닌 중요성을 인정하는 것을 뜻한다. 빌 버코위츠Bill Berkowitz는 보상 기금의 지급 여부를 판단하는 일을 개별 주에 맡긴 9·11피해자보상기금9/11 Victim Compensation Fund의 정책에 대해 다음과 같이 이야기한다. "상당히 복잡하고 난해한 결정에서 핵심이 되는 문제는 남겨진 동성애자 가족이 유언장을 가지고 있거나 동반자관계를 인정하는 법이 마련된 주에 살고 있을 때만(물론 대부분의 주에는 관련된 법률이 존재하지 않는다), 연방정부의 보상기금을 받을 수 있다는 점이다." '9·11 피해자와 차별' http://

www.workingforchange.com/article.cfm?ItemId=13001 2004년 1월 6일 접속.
[옮긴이] 1996년 미국 연방정부는 결혼을 여성과 남성의 결합으로 규정한
결혼보호법을 제정했다. 이로 인해 9·11 테러로 인해 자신의 동성 파트너가
사망한 사람이 연방정부의 보상기금을 받기 위해서는 개별적인 심사 과정을
거쳐야 했다. 2003년 미국 연방정부는 9·11 테러 희생자 셰일라 헤인Sheila
Hein의 동성 파트너 페기 네프Peggy Neff에게 보상기금을 지급하기로 결정했다.
이는 성소수자 동반자관계를 인정한 최초의 사례로 여겨진다.

8장 | 페미니스트 애착

1   물론 분노한 흑인 여성이라는 이미지에는 오랜 역사가 있다. 로드(1984),
    모레턴로빈슨Moreton-Robinson(2003), 토바니(2003: 401) 참조.
2   예를 들어 우리는 여성성과 페미니즘의 관계를 다시 생각해볼 수 있다. 페미니즘
    정치는 여성성을 여성의 종속과 관련된 사회 규범으로 이해하는 내용을 담고
    있다. 페미니즘은 여성성이 '자연스러운 것'으로 보이는 이유를 권력의 효과에서
    찾는다(Butler 1990). 하지만 그렇다고 해서 페미니스트로 정체화하는 일이
    여성성을 초월하거나 이를 포기하는 것을 뜻하지는 않는다. 여성성에 대한
    투자가 젠더화된 몸을 단속하는 규범적인 기능이 있음을 인식한다고 하더라도
    여성성에 투자하는 일은 이상에 투자하는 일이 **그러하듯이** 인식하는 순간에
    즉각적으로 끝나지 않는다. 우리는 투자를 가치의 증가라는 측면에서 이해할
    수 있다. 여성이 여성성을 '훌륭하게' 수행하는 일은 여성에게 가치를 부여한다.
    여성성에 투자하는 일을 그만두는 결정은 시간을 들여서 증가시킨 가치를
    없애버릴 위험이 있다. 특히 이는 여러 의미에서 자신의 가치를 제대로 인정받지
    못했다고 생각하는 이들에게 심각한 문제가 될 수 있다. 이상이 젠더화된
    주체의 가능성을 제한함에도 개인이 얼마나 이상에 부응해서 살아가는지에
    따라 개인의 가치가 결정된다는 점을 고려할 때, 자신을 종속적인 상태에 두는
    특성에 투자하는 일은 종속으로 인해 발생한 효과라고 할 수 있다. 여기서
    분명한 점은 우리가 무언가에 의식적으로 반대하더라도 우리가 반대하는
    것이 구체화된 대상에 대한 투자를 단순히 의지로서 중단할 수 없다는 것이다.
    앞으로 나아가는 일, 무언가에서 벗어나는 일에는 시간이 필요하다. 규범에 대한
    투자가 몸의 표면을 이룬다는 점에서 규범을 더 이상 같은 방식으로 체현하기를
    원치 않는 개인이 세계와 맺는 신체적 관계, 특히 사랑하는 사람과 맺는 관계는
    재조정된다.

3 　이와 같은 주장은 행위성 이론과 분명히 맞닿아 있다. 행동과 반응의 대립 구도를 해체한다는 것은 행위성이 존재하지 않는다고 주장하는 것이 아니라 행위성이 발현되는 자리를 개인으로부터 개인과 세계가 마주하는 곳으로 옮기는 것이다. 행위성은 타자와의 접촉을 통해 형성되는 우리가 어떤 행동을 할 수 있는지에 관한 문제다. 이러한 설명 방식은 고전적 자유주의 모델과 반대되는 것으로 '나'는 외부의 영향을 통해서 비로소 행위자가 된다. 다만 내게 영향을 미치는 것이 내 행동을 결정짓지 않고 내가 결정하도록 여지를 남겨둘 때, 내가 행위자가 될 수 있다. 정리하자면 정치는 몸의 표면에 새겨진 타자의 흔적에 반응하는 일과 어떤 행동을 할지 스스로 결정해야 하는 일 사이에 남겨진 공간이다. 이는 행위성을 행동의 창조성과 연관해서 설명한 로이스 맥네이Lois McNay의 주장과 대조를 이룬다. 맥네이는 행동에 나서는 능력을 개인의 성향과 본연성에서 찾을 수 있다고 설명한다(McNay 2000: 3, 18, 22). 그러나 나는 본래 그대로의 행동이란 존재하지 않는다고 생각한다. 창조적 행동이 나타날 가능성은 있지만(타자와의 접촉이 나를 형성한다고 해서 내가 행동하는 방식이 완전히 결정되는 것은 아니다), 그 자체로 반응이 아닌 행동, 타자와의 접촉이 형성하지 않는 행동은 존재하지 않는다. **무언가에 반응한다는 말과 새로운 움직임에 반대한다는 말은 서로 다른 의미다.**

4 　서로 소통하는 과정에서 감정의 차단이 발생하면 감정이 강화되기도 한다. 상대가 '알아듣지' 못한다는 점이 나를 더 화나게 할 수 있다. 차단은 방어적인 행동에 따른 결과일 뿐만 아니라 감정의 충돌로 인한 결과다. 예를 들어 내가 분노를 표출한 상황에서 상대가 논리를 따지고 냉담하게 반응하며 심지어 행복한 표정을 지을 때 화가 나는 느낌은 강화된다. 한편 분노는 절망, 실망, 착잡함 등 다른 감정으로 번지기도 한다. 〈들어가는 글〉에서 이야기했듯이 감정은 긴장감을 수반할 뿐만 아니라 긴장 상태에 있기도 하다. **감정이 서로 어긋나는 일은 감정이 강화되는 과정을 수반한다.** 이 부분을 정리할 수 있도록 도와준 미미 셸러에게 고마움을 전한다.

5 　나는 "규범은 언제 형식이 되는가?"라는 로렌 벌랜트의 질문에 기대어 논의를 전개할 수 있었다. 통찰력 있는 질문을 던진 로렌 벌랜트에게 고마움을 전한다.

6 　가산 하지Ghassan Hage는 《편집증적 민족주의에 반대하며Against Paranoid Nationalism》(2003)에서 희망의 정치경제에 대한 탁월한 분석을 제시한다. 그는 희망이나 희망에 찬 상태가 분배 가능한 [자원]이라고 설명하면서, 편집증적 민족주의에서는 희망이 충분히 배분되지 않기에 주체에게는 타자에게 건넬 희망이 없다고 주장한다(Hage 2003: 9). 나는 그의 주장이 일견 설득력이 있지만, 다른 한편으로 희망을 우리가 반드시 가져야 하는 것으로 전제할 위험이

있다고 생각한다. 그는 주체가 집에 머무르며 '서로를 끌어안으며' 보살피는
느낌을 받을 때 **비로소** 타자를 더욱 환대할 것이라고 이야기한다. 그러나 이는
국가가 **먼저** 스스로를 돌보고 넉넉히 가져야 타자에게 관용을 나타낼 수 있다고
말한다는 점에서 영국 신노동당의 다문화주의 노선과 놀라울 정도로 닮았다.
우리가 해야 하는 일은 '우리가 먼저 돌봄을 누리고 희망을 가질 수 있어야
타자에게도 너그러울 수 있다'는 주장에 도전하는 일일 것이다.

7   몇몇 페미니즘 이론은 미래를 과거나 현재보다 중요하게 다루는 경향을
보이기도 한다. 대표적으로 그로츠Grosz(1999: 15) 참조. 이러한 경향이
과거가 지닌 윤리적 중요성을 간과할 우려가 있음을 비판하는 연구로는
아메드(2002)와 킬비Kilby(2002) 참조.

결론 | 정의로운 감정

1   2003년 밸런타인데이에 어떤 '퀴어한 순간'이 펼쳐졌다. 조지 W. 부시와 토니
블레어가 분홍색 하트를 배경으로 키스하는 모습이 《데일리 미러》 표지를
장식한 것이다. 표지에는 "전쟁이 아닌 사랑을 하라"는 문구가 명시됐다.
《데일리 미러》는 전쟁에 반대하는 입장에서 평화운동의 구호를 반복하는 한편,
남성 간의 에로티시즘을 시각적으로 보여주면서 전쟁 반대 구호를 퀴어하게
만들었다. 물론 전쟁을 정당화하는 주장 역시 사랑의 언어를 환기한다는 점에서
정언명령으로 제시된 이 구호는 기대하는 효과를 달성하지 못한다(6장 참조).
우리는 사랑이 어떻게 부시와 블레어의 '유대'로 바뀌었는지, 이들의 유대가
어떻게 미국과 영국이 맺는 우정의 유대로 재현되었는지 살펴봄으로써 내가
사랑의 정치를 분석한 내용을 더 풍성하게 만들 수 있다. 부시와 블레어의
사랑은 분명 과잉 재현되었다. 동성 간의 에로티시즘이 부시와 블레어의 사랑에
중요한 것은 아니었겠지만(그래서 키스 이미지가 '웃음거리'로 사용됐겠지만),
이는 형제애가 아니라 연인관계에 기초한 남성 간의 우정을 이상화하는 작업을
분명히 수반했다. 이들의 사랑은 두 사람이 악수하는 모습을 통해 시각적으로
재현되었고 서로를 향해 반복적으로 이야기했던 찬사의 말을 통해 언어적으로
뚜렷하게 나타났다. 많은 이들에게 이는 구역질 나는 사랑의 표현 혹은 행위였고
역사적으로 비극적인 결합이었다.

2   우리가 '무엇이 나쁜지'에 대한 판단을 내릴 때, 규범과 정동을 모두 판단의
기준으로 삼는다는 점에서 우리는 규범의 영역을 우회하는 데 감정을 활용할
수는 없다. 하지만 규범적인 것이 정동적인 것을 우회할 수 없다는 점 역시

중요한 의미를 지닌다. 무언가가 나쁘다거나 잘못되었다는 결정을 내리는 과정은 정동을 수반한다. 정동적인 차원은 규범이 잠정적인 결론이라는 점을, 따라서 언제나 도전받을 수 있다는 점을 기억하도록 돕는다(Ahmed 1998: 51-8 참조). 더불어 규범적 영역의 정동적 차원은 규범적 결정을 내리는 행위자가 체현된 존재이자 역사 속에 위치한 존재라는 점을 일깨우고 합리적인 것이 감정적인 것을 초월하지 못한다는 점을 상기시킨다. 페미니즘 관점에서 소통적 합리성에 대한 비판적 논의를 전개하면서 정동적인 것과 규범적인 것을 연결한 벤하비브Benhabib(1992)와 영Young(1990)을 참조할 것.

3 퍼트리샤 윌리엄스는 다음과 같이 이야기한다. "우리는 기분이 상했다는 피상적인 수준의 이야기만 나누는 불완전한 대화의 단계를 넘어서야 한다. '우리 집 가정부가 그러는데 흑인들은 행복하대' '백인들은 악마야' 같은 이야기를 하는 시기를 넘어서야 한다"(Williams 1995: 24).

4 나는 행복을 일종의 감정으로 깊이 있게 살펴볼 시간을 갖지 못했다. 행복에 대한 철학적 논의를 탁월하게 정리한 맥길McGill(1967)을 참조할 것. 슈패만Spaemann(2000)과 섬너Sumner(1996) 또한 참조할 것.

5 니체(1969)는 징벌을 둘러싼 감정 논리를 복수에 대한 열망이라는 측면에서 설득력 있게 분석했다. 브라운(1995) 또한 참조할 것.

6 나는 이 책에서 용서를 하나의 감정으로 살펴보지 못했다. 이에 대해서는 용서가 덕과 맺는 양가적인 관계를 통해 용서를 분석한 머피Murphy(1988), 용서와 감정을 분리하고 용서를 발화 행위로 이해하는 정치적 용서를 분석한 디게서Digeser(2001), 용서의 문제를 역사적 부정의와 연결한 미노Minow(1998)를 참조할 것.

7 이성애 규범을 상처와 회복의 서사로 재해석할 수도 있다. 이성애 규범에 관한 전형적인 서사는 대체로 전통적 핵가족의 '붕괴'와 이로 인한 '아픔'에 관한 드라마에 기대고 있으며, 이는 일종의 개인적 상처이자 사회적 손실로 이야기된다. 가족 자체가 행복의 '조건'으로 재설정된다는 점에서 이성애 규범은 상처와 손실을 회복하는 이야기가 된다. 상처의 경험은 가족 간의 사랑과 낭만적 사랑의 더 나은 형태를 가능하게 만드는 계기로 재조명된다.

후기 | 감정과 그 대상

1 〈들어가는 글〉의 첫 번째 절 제목은 '감정과 대상'이었다. 여기에 '그their'를 덧붙이면서 감정의 여정이 대상의 여정과 무관하지 않다는 분석을 심화하려고

한다. 다시 말해서 여기서 '그'는 소유관계가 아니라 상호관계를 의미한다. 따라서 '감정과 그 대상'을 '대상과 그 감정'으로 바꾸어도 무방하다.

2 지금 생각해보면 〈들어가는 글〉에서 감정에 관한 방대한 학문 간 연구를 가능하고 필요한 만큼 충분히 소개하지 않았다. 특히 감정의 심리학과 사회학 논의가 지나치게 개괄적으로('안에서 밖으로' 향하는 모델과 '밖에서 안으로' 향하는 모델로) 제시되면서 독자들이 학문 분과 안에서 논쟁이 벌어진다는 사실을 인식하기 어려웠다. 다만 개별 감정을 논의의 출발점으로 삼은 장에서 다양한 문헌을 더욱 자세하게 살펴봤다는 점을 밝힐 필요는 있다. 물론 이때도 (심리학, 사회학, 인류학에서 감정을 특정한 방식으로 연구한다고 설명하는 방식처럼) 학문 분과를 구별해서 이야기하지는 않았다. 나는 여러 학문 분과를 가로지르고 넘나든 덕분에 감정을 문화정치로 분석하는 논의를 발전시킬 수 있었다고 생각한다.

3 애들레이드대학교에서 처음으로 지적 훈련을 받는 동안 관념사(와 연구사)를 배울 기회가 있었지만, 관념사를 가르치는 방식에 흥미를 느끼지 못했다(관념은 먼 곳에서 벌어진 역사 가운데 탄생한 것으로 취급됐다). 이 책을 쓰고 난 이후, 나는 관념사를 하나의 영역으로 파고들기 시작했다. 나는 한 단어로 이루어진 개념(예컨대 지향, 행복, 의지, 그리고 최근에 주목하고 있는 연구 주제인 유용성 등)을 이를 둘러싼 지적 역사 안팎에서 살펴보는 새로운 작업을 진행하고 있다.

4 여기서 한 가지를 명확하게 짚고 넘어갈 필요가 있다. 정동적 전환이 정동으로의 전환으로 이해되면서 남성 저자는 이러한 전환을 일으킨 사람의 위치를 점유하게 된다. 이는 인용 정치에서 성차별이 작동하는 방식을 알려주는 매우 익숙하고 명시적인 사례라고 할 수 있다.

5 하트가 몸에 관한 페미니즘 연구와 감정에 관한 퀴어 연구는 언급하면서도 감정에 관한 페미니즘 연구를 언급하지 않는다는 점은 그가 왜 페미니스트 연구자의 작업 가운데 어느 것도 언급하지 않았는지를 알려준다. 감정에 관한 중요한 페미니즘 작업 가운데 하트가 언급한 단 하나의 예외는 바로 혹실드의 《감정노동》이었다. 하트가 '정동적 전환'을 설명하는 방식에 따르면 페미니즘은 정동적 전환에 선행하는 것일 뿐 이내 사라지고 만다. 나는 페미니즘이 사라지는 현상이 정동적 전환을 정동으로의 전환으로 규정하는 데서 비롯했다고 생각한다.

6 다소 아이러니하게도 담을 수 없는 것을 한 단어로 이루어진 개념으로 설명하면 그 개념이 (담을 수 없는 것을) 담는 것으로 변화된다. 나는 정확하게 이런 방식으로 정동이 담을 수 없는 것을 담는 것이 됐다고 생각한다.

7 나는 〈들어가는 글〉에서 감각과 감정의 구별이 "분석의 차원에서만

존재한다"라고 이야기했다. 또한 이어서 다음과 같이 설명했다. "나는 '인상' 개념을 활용해서 신체적 감각, 감정, 사유를 분석적으로 구별하는 일을 넘어서려고 한다. 신체적 감각, 감정, 사유는 인간 '경험'의 구별된 영역으로 '체험'되지 않기 때문이다"(1장). 정동과 감정을 구별하려는 경향을 비판하는 모습은 1장 미주 4번에서 분명하게 나타난다. 나는 미주에서 '감각'과 '정동'을 같은 의미를 지닌 용어로 사용했는데, 아마도 용어를 혼용하는 것만으로는 내가 지닌 비판적인 입장이 가능한 한 명료하게 드러나는 데 충분한 도움이 되지는 않았던 듯하다. 한편 나는 《행복의 약속》에 남긴 미주에서도 정동과 감정의 구별을 비판했다(2010: 230).

8 흥미롭게도 《행복의 약속》을 살펴본 어떤 비평가는 감정이 아닌 정동이 특권적인 위치를 점유하면서 "정동이 담론의 흐름에서 승리를 거두었다"고 평가했다(Cefai 2011: 346). 이에 따르면 감정을 가지고 작업을 진행하는 사람으로 여겨지면 정동을 다루지 않는 사람이 되고, 정동을 가지고 작업을 진행하는 사람으로 여겨지면 감정을 다루지 않는 사람이 된다. 나는 감정과 정동이 서로 다른 길을 제시한다고 이해되지 않는 지적 지평이 펼쳐지기를 바란다.

9 《감정의 문화정치》에서 데카르트와 스피노자를 언급했던 것과는 달리 로크의 경우에는 그의 작업을 살펴보기는 했지만 언급하지는 않았다. 정동 연구에서는 스피노자의 《에티카Ethics》가 매우 중요한 작업으로 꼽히지만, 나는 《행복의 약속》에서 로크의 《인간지성론An Essay in Human Understanding》에 기대어 행복한 대상에 관한 논의를 발전시켰다.

10 나는 〈들어가는 글〉에서 감정이 "기본적으로" 신체적 감각과 연관된다는 설명과 인지 과정과 연관된다는 설명으로 구분된다고 이야기하면서 (1장) 흄이 전자에 해당한다고 주장했다. 엄밀히 말해서 틀린 것은 아니지만(흄은 《인간 본성에 관한 논고Treatise of Human Nature》에서 정동이 재현적 속성을 지닌다는 주장을 명시적으로 비판했다), 지금 〈들어가는 글〉을 다시 적는다면 흄의 입장을 비롯해서 감정을 이해하는 여러 방식이 신체적 감각과 인지 과정을 포괄하는 복합적인 모델이라는 점을 강조할 것이다. 감정이 기본적으로 신체적 감각과 연관되는지 인지 과정과 연관되는지 **둘 중 하나**를 선택하는 문제만큼이나 기본적으로 신체적 감각과 인지 과정 모두와 연관되는 감정이 **어떤 방식으로** 연관되는지 설명하는 문제가 감정을 이해하는 방식의 차이를 결정한다. 이는 데이비드 흄이 정념을 도덕성 및 동기와 관련된 것으로 해석한 지점에서 매우 구체적으로 드러난다. 감정의 사회성에 관해 데이비드 흄의 설명과 애덤 스미스의 설명을 비교한 내용은 《행복의 약속》(2010: 28)을 참조할 것.

11 《감정의 문화정치》 출간을 얼마 앞두고 원고를 마무리하던 시기에 (아마도 실수로 인해) 감정의 현상학을 다룬 부분을 〈들어가는 글〉에서 빠뜨린 듯하다. 원래대로라면 내가 전개한 주장이 감정을 마법과 같은 변화로 설명한 사르트르의 논의 및 기분에 관한 하이데거의 논의와 어떻게 연관되는지 분명하게 제시됐을 것이다. 나는 감정을 지향으로 새롭게 이해하는 방식을 고민하기 시작했고, 이는 지향을 주제로 하는 책 《퀴어 현상학Queer Phenomenology》(2004년부터 작업을 시작했다)의 출간으로 이어졌다.

12 나는 출판 작업을 마무리할 시기가 되어서야 이 책이 정서 상태와 지향 개념을 함께 아우르는 시도임을 깨닫게 됐다. 사실 나는 〈들어가는 글〉 미주 8번에서 이를 다음과 같은 표현으로 설명했다. "어떤 대상과 접촉했다는 것은 그 대상에 '관한' 느낌이 들었다는 뜻이다." 나는 이러한 논의를 《퀴어 현상학》(2006)과 《행복의 약속》(2010)에서 발전시켰다.

13 마거릿 웨더렐Margaret Wetherell은 《감정의 문화정치》를 비평하는 글에서 그가 최근 정동과 감정을 연구한 내용을 소개했다. 그는 감정을 논의의 출발점으로 삼은 방식이 심리학의 '기본 감정' 패러다임과 닮았다고 주장했다. "아메드가 책에서 다룬 감정의 목록은 전통적인 심리생물학의 기본 감정 개념을 많은 부분 반복하고 있다"(2012: 158). [웨더렐의 주장과는 달리] 내가 책에서 분석한 감정은 **일상에서** 감정으로 여겨지는 것이다.

14 지나치게 매끈한 구별에 몰두하는 일은 내가 '매끈한 개념'이라고 부르는 것을 만들어내고는 한다. 정동 개념은 주체를 벗어난 논의를 가능하게 한다고 여겨지지만, 실제로 정동에 관한 많은 텍스트를 살펴보면 정동을 마치 행위성을 지닌 주체처럼 다루는 일이 빈번하게 발생한다는 것을 알 수 있다. '정동은 A다' '정동은 A를 한다'와 같은 방식으로 정동을 설명하는 것이다. 그러나 개념에 행위성을 부여하면 개념을 서술하는 능력은 사라지고 만다.

15 《낯선 마주침》에서 《감정의 문화정치》에 이르는 과정은 비체화에 관한 크리스테바의 설명을 활용하는 방식의 변화로 이야기할 수 있다. 《낯선 마주침》에서는 어떤 몸이 비체(경계 대상)가 되는 과정을 다시 사유함으로써 비체화라는 정치적 모델을 제시한 한편, 《감정의 문화정치》에서는 4장 〈역겨움의 수행성〉을 통해서 비체화에 관한 크리스테바의 설명이 지닌 정동적 차원을 부각함으로써 논의를 발전시켰다.

16 이는 최근 비판 이론에서 '어둡다'라는 표현을 활용하는 방식(예컨대 이른바 '암흑 유물론')이 심각한 문제인 이유를 알려준다.

17 기능주의 모델을 비판한다고 해서 감정에 기능이 없다고 주장하는 것은 아니다. 예컨대 1장에서 지적했듯이 고통을 느끼지 못하는 이들에게 세계는 매우 위험한

곳이다. 그러나 느낌을 기능으로 환원하는 것은 느낌을 이미 주어진 목적에 구애받는 수단으로 전제함으로써 느낌을 단순한 문제로 만들어버린다. 나는 이어진 작업에서 행복이 궁극적인 목표로서, 삶이 나아가야 할 방향으로 이미 제시된다는 점에 질문을 던지면서 이 문제를 다른 측면에서 조명했다(Ahmed 2010). 한편 다마지오의 연구가 느낌을 진화론적 기능으로 환원할 뿐만 아니라 행복(혹은 윤택한 삶과 안녕)을 인간 실존의 '의미'로 가정한다는 점에 주목할 필요가 있다. 그는 스피노자의 논의를 미국식으로 재해석한다. "나는 인간은 삶을 보존하고 안녕을 추구하도록 창조됐다는 것, 행복은 이를 실현하려는 부단한 노력으로 이루어진다는 것, 덕성의 기초가 이러한 사실에 근거한다는 것을 자명한 진실로 굳게 믿는다"(2004: 171).

18 안토니오 다마지오는 "표정"이 "인간종의 선천적이고 보편적인 특징"에 해당한다고 주장한 폴 에크먼Paul Ekman의 연구(Ekman 2007: 1)에서 영향을 받았고, 에크먼은 그의 멘토였던 실번 톰킨스의 영향을 받았다. 실번 톰킨스와 폴 에크먼의 연구가 어떤 관계를 맺는지에 대한 논의는 루스 레이(2012a)와 애덤 프랭크 및 엘리자베스 윌슨(2012) 사이에서 벌어진 논쟁을 참조할 것.

19 자연과학에 개입하지 않는다는 이유에서 사회 이론가와 문화 이론가를 비난하는 경향은 어떤 면에서 유행이 되고 있다. 그러나 나는 감정에 관한 신경과학 논의를 살펴보면서 자연과학자들이 사회 이론과 문화 이론에 개입함으로써 막대한 이익을 누리고 있다는 사실을 뼈저리게 느꼈다.

20 여기서 나는 내 연구가 **몸보다는**, 더 나아가 몸이 **아니라** 기호를 다룬 것으로 여겨지는 경향을 짚고 넘어가려고 한다(Puar 2007; Wetherell 2012 참조). 푸아가 제기한 비판이 조심스럽고 신중한 것에 비해서 웨더렐의 비판(과 결론)은 상대적으로 그렇지 않다. 웨더렐은 "단순히 기호의 순환에만 몰두하다 보면 지나친 이상화에 빠질 우려가 있다"고 지적하면서 "우리가 살펴본 것처럼 역설적으로 정동 연구에서 몸이 완전히 사라지게 된다"(2012: 160)고 주장한다. 그에 따르면 《감정의 문화정치》는 "사실상 몸을 전혀 중요하게 고려하지 않은 논의"(160)에 해당한다. 그는 내가 2장 첫 번째 절에서 다룬 정동 경제를 주로 언급한다. 그러나 바로 다음 절인 '증오받는 몸'에서 나는 인종차별을 생생하게 체현된 마주침으로 설명한다. 그는 증오를 동원하는 정치적 수사가 "매일의 삶에서 일상적으로 나타나는 증오의 실천"이 아니라 "매우 다른 논리적 구조"(159)를 따른다고 주장한다. 하지만 (내가 사랑과 증오의 측면에서 조명한) 인종차별 사례는 정치적인 것과 일상적인 것을 구별된 영역으로 가정할 수 없다는 점을 알려준다. 이방인을 증오와 공포의 원인으로 만드는 일은 정치에서뿐만 아니라 **몸이 던져진** 세계에서 이방인이 증오와 공포를 의미하는

것이 되도록 만드는 일이기도 하다.

21 정동과 정동적 전염 개념의 출현에 관한 매우 유용한 계보학 연구로는
블랙먼(2012)을 참조.

22 나는 《감정의 문화정치》에서 긴장감과 분위기에 관한 논의를 처음 제시했다.
이를 발전시킨 내용은 다음을 참조. Ahmed(2010: 38-45).

23 나는 최근 출간된 《고집스런 주체Willful Subjects》(2014)에서 아르투어
쇼펜하우어Arthur Schopenhauer의 논의에 기대어 사회적 동의가 의식 수준에서
인식되지 않는 경향이 있다는 점을 다뤘다.

24 《감정의 문화정치》에서 행복을 깊이 있게 살펴보지는 않았다. 다만 결론에서
행복을 약속으로 조명하면서 행복의 실현이 연기되는 일이 행복에 대한 투자를
확대하는 일로 이어지는 과정을 설명했다. 나는 행복을 약속으로 살펴보는
연구를 이어진 작업에서 진행하기로 했다. 욕망의 대상을 '일련의 약속'이라는
의미로 새롭게 사유하는 방식에 관한 설득력 있는 분석을 제시한 로렌 벌랜트의
《잔인한 낙관》(2011) 또한 참조할 것.

25 대상이 이미 부정적인 것과 연관된다는 이유에서 우리는 어떤 대상을 마주하지
않을 수도 있다(사회적으로 부정된 것을 멀리하기). 나는 바로 이러한 이유에서
마주침(즉 영향을 주고받는 일)을 논의의 출발점으로 삼지 않았다. 일례로
들뢰즈는 스피노자에 관한 글에서 주체가 자신이 두려워하는 인물과 인사를
나누고 자신을 기쁘게 하는 인물을 바라보는 장면을 묘사하면서 두 인물과의
마주침이 좋은 것이었는지 나쁜 것이었는지, 서로가 좋은 영향을 주고받았는지
그렇지 않았는지 질문한다(1978: 6). 나는 들뢰즈의 논의를 《행복의 약속》의
결론에서 분석했다(2010: 211-14). 정동적 역사는 애초에 어떠한 몸에 영향을
미칠 만큼 충분히 가까워져도 괜찮다고 여겨지는 것이 무엇인지 혹은 그러한
사람이 누구인지를 규정해온 역사를 포함한다(다만 가깝고 먼 거리를 결정하는
기술이 언제나 반드시 성공적으로 작동하지는 않는다). 우리는 이러한 관점에서
젠트리피케이션을 설명할 수 있다. 젠트리피케이션이란 공간에 거주하는
이들이 '눈에 거슬리는' 사람이나 사물로부터 부정적인 영향을 받지 않도록 이를
하나둘 제거함으로써 공간을 점유하면서 누리는 행복을 방해하는 것과 마주칠
일이 없도록 만드는 일이다.

26 http://www.npr.org/templates/story/story.php?storyId=97831171

27 여기서 나는 감정과 기분을 지나치게 선명하게 구별하려는 시도를 경계해야
한다고 다시 이야기하려고 한다. 이러한 시도는 감정의 대상 역시 선명하지 않고
뚜렷하지 않을 수 있다는 점을 간과할 우려가 있다.

28 대니얼 스턴Daniel Stern의 《유아의 대인관계 세계Interpersonal World of the Infant》는

정동과 조율 연구에서 자주 인용되는 텍스트 가운데 하나다. 이 책은 어머니와 아이 사이의 "정동적 조율"(2000: 138-69)에 주목하는 발달심리학 연구서로 스턴은 이 책에서 조율이 어긋난 상태를 명시적으로 다룬다. 나는 스턴이 "골칫거리"(211)라고 부른 이 상태가 중요한 의미를 지닌다고 생각한다. 앞으로 출간할 책에서 나는 조율이 어긋난 상태에 관한 논의를 발전시키고 정동과 감정의 사회성을 둘러싼 문제에서 조율이 어긋난 상태가 지닌 함의를 살펴보려고 한다.

29 2011년 캐머런의 연설문은 다음 웹사이트에서 확인할 수 있다. http://www.number10.gov.uk/news/pms-speech-at-munich-security-conference/ 2014년 3월 4일 접속.

30 http://www.guardian.co.uk/news/datablog/2011/dec/01/happiness-index-david-cameron 2014년 3월 4일 접속.

31 http://www.bbc.co.uk/news/uk-politics-11791929 2014년 3월 4일 접속.

32 분노를 표출하는 행동에 담긴 힘을 누그러뜨리는 일은 집회를 보도하는 언론과 시위에 대응하는 정치적 움직임에서 중요한 부분을 차지해왔다. 대개 분노는 사람들이 집회에 참여한 이유로 이해되기보다 다른 이들을 위한 시위를 망치려는 호전적인 외부인을 향하고는 한다. 사실상 언론은 시위를 **분노한 이들의 행진이 아니라 피로한 이들의 행진**으로 만들기 위해 '애쓰는' 것처럼 보인다. 더 자세한 논의로는 《고집스런 주체》(2014) 4장 참조.

33 http://swns.com/killjoy-post-office-bosses-ban-royal-wedding-flags-281501.html 2014년 3월 4일 접속.

34 http://blogs.telegraph.co.uk/news/peteroborne/100064013/prince-william-and-kate-middleton-to-marry-we-all-have-a-stake-in-this-couple%E2%80%99s-future/ 2014년 3월 4일 접속.

35 http://www.guardian.co.uk/commentisfree/2012/jun/01/editorial-queen-jubilee-diamond 2014년 3월 4일 접속.

36 http://www.theguardian.com/commentisfree/2012/jun/01/editorial-queen-jubilee-diamond 2014년 3월 4일 접속.

Ahmad, M. (2002), 'Homeland Insecurities: Racial Violence the Day after September 11', *Social Text* 72, 20 (3): 101-15.

Ahmed, S. (1998), *Differences that Matter: Feminist Theory and Postmodernism*, Cambridge: Cambridge University Press.

―――― (1999), 'Passing Through Hybridity', *Theory, Culture and Society* 16 (2): 87-106.

―――― (2000), *Strange Encounters: Embodied Others in Post-Coloniality*, London: Routledge.

―――― (2002), 'This Other and Other Others', *Economy and Society* 31 (4): 558-72.

―――― and Stacey, J. (2001), 'Testimonial Cultures: An Introduction', *Cultural Values* 5 (1): 1-6.

―――― (2006), *Queer Phenomenology: Orientations, Objects, Others*, Durham: Duke University Press.

―――― (2010), *The Promise of Happiness*, Durham: Duke University Press. (《행복의 약속: 불행한 자들을 위한 문화비평》, 성정혜·이경란 옮김, 후마니타스, 2021.)

―――― (2012), *On Being Included: Racism and Diversity in Institutional Life*, Durham: Duke University Press.

감정의 문화정치

———— (2014), *Willful Subjects*, Durham: Duke University Press.

Ahmed, S., Castañeda, C., Fortier, A.-M. and Sheller, M. (eds) (2003), *Uprootings/ Regroundings: Questions of Home and Migration*, Oxford: Berg.

Allport, G. W. (1979), *The Nature of Prejudice*, Reading, MA: Addison-Wesley Publishing Company. (《편견: 사회심리학으로 본 편견의 뿌리》, 석기용 옮김, 교양인, 2020.)

———— (1992), 'The Nature of Hatred' in R. M. Baird and S. E. Rosenbaum (eds), *Bigotry, Prejudice and Hatred: Definitions, Causes and Solutions*, Buffalo, NY: Prometheus Books.

Althusser, L. (1971), *Lenin and Philosophy*, trans. B. Brewster, New York: Monthly Review Press. (《레닌과 철학》, 이진수 옮김, 백의, 1997.)

Angyal, A. (1941), 'Disgust and Related Aversions', *Journal of Abnormal and Social Psychology* 36: 393-412.

Aristotle (2003), 'From Rhetoric' in R. C. Solomon (ed.), *What is an Emotion? Classic and Contemporary Readings*, 2nd edn, Oxford: Oxford University Press.

Austin, J. L. (1975), *How to Do Things with Words*, J. O. Urmson and M. Sbisa (eds), Oxford: Oxford University Press. (《말과 행위》, 김영진 옮김, 서광사, 2005.)

Averill, J. R., Catlin, G. and Chon, K. K. (1990), *Rules of Hope*, New York: Springer-Verlag.

Bacchetta, P. and Power, M. (eds) (2002), *Right Wing Women: From Conservatives and Extremists around the World*, New York: Routledge.

Baird, R. M. and Rosenbaum, S. E. (1992), 'Introduction' in R. M. Baird and S. E. Rosenbaum (eds), *Bigotry, Prejudice and Hatred: Definitions, Causes and Solutions*, Buffalo, NY: Prometheus Books.

Barber, S. M. and Clark, D. L. (2002), 'Queer Moments: The Performative Temporalities of Eve Kosofsky Sedgwick' in S. M. Barber and D. L. Clark (eds), *Regarding Sedgwick: Essays on Queer Culture and Critical Theory*, New York: Routledge.

Barkan, E. (2000), *The Guilt of Nations: Restitution and Negotiating Historical Injustices*, Baltimore: Johns Hopkins University Press.

Barthes, R. (1979), *A Lover's Discourse: Fragments*, trans. R. Howard, London: Jonathan Cape. (《사랑의 단상》, 홍성태 옮김, 새물결, 2006.)

Beck, U. (1992), *Risk Society: Towards a New Modernity*, trans. M. Ritter, London: Sage. (《위험사회: 새로운 근대(성)을 향하여》, 김희영 옮김, 동문선, 2023.)

Bell, D. and Binnie, J. (2000), *The Sexual Citizen: Queer Politics and Beyond*, Cambridge: Polity.

Bendelow, G. and S. J. Williams (eds) (1998), *Emotions in Social Life: Critical Themes and Contemporary Issues*, London: Routledge.

Bending, L. (2000), *The Representation of Bodily Pain in Late Nineteenth-Century English Culture*, Oxford: Clarendon Press.

Benhabib, S. (1992), *Situating the Self: Gender, Community and Postmodernism in Contemporary Ethics*, Cambridge: Polity Press.

Benjamin, A. (1997), *Present Hope: Philosophy, Architecture, Judaism*, London: Routledge.

Benjamin, J. (1988), *The Bonds of Love: Psychoanalysis, Feminism, and the Problem of Domination*, New York: Pantheon Books.

———— (1995), *Like Subjects, Love Objects: Essays on Recognition and Sexual Difference*, New Haven: Yale University Press.

Ben-Ze'ev, A. (2000), *The Subtlety of Emotions*, Cambridge, MA: The MIT Press.

Berlant, L. (1997), *The Queen of America Goes to Washington City: Essays on Sex and Citizenship*, Durham: Duke University Press.

———— (2000), 'The Subject of True Feeling: Pain, Privacy and Politics' in S. Ahmed, J. Kilby, C. Lury, M. McNeil and B. Skeggs (eds), *Transformations: Thinking Through Feminism*, London: Routledge.

———— (2002), 'Two Girls, Fat and Thin' in S. M. Barber and D. L. Clark (eds), *Regarding Sedgwick: Essays on Queer Culture and Critical Theory*, New York: Routledge.

———— (2003), 'Capitalism and Compassion', paper presented at the 'Class Outings: Rethinking the Relation between Gender and Class' dayschool, *Institute for Women's Studies*, Lancaster University, 6 June.

———— and Freeman, E. (1997), 'Queer Nationality' in L. Berlant, *The Queen of America Goes to Washington City: Essays on Sex and Citizenship*, Durham: Duke University Press.

———— and Warner, M. (2000), 'Sex in Public' in L. Berlant (ed.), *Intimacy*, Chicago: University of Chicago Press.

———— (2011), *Cruel Optimism*, Durham: Duke University Press.

Bhabha, H. K. (1994), *The Location of Culture*, London: Routledge. (《문화의 위치: 탈식민주의 문화 이론》, 나병철 옮김, 소명출판, 2012.)

Biddle, J. (1997), 'Shame', *Australian Feminist Studies* 12 (26): 227-39.

Bird, J. and Clarke, S. (1999), 'Racism, Hatred, and Discrimination Through the Lens of Projective Identification', *Journal for the Psychoanalysis of Culture and Society* 4 (2): 332-5.

Blackman, L. (2012), *Immaterial Bodies: Affect, Embodiment and Mediation*, London: Sage.

Blackman, L. and Walkerdine, V. (2001), *Mass Hysteria: Critical Psychology and Media Studies*, Palgrave: Macmillan.

Blanchard, T. (2001), 'Model of a Modern Briton', *The Observer*, 25 November: 10.

Bloch, E. (1986), *The Principle of Hope*, vol. 1, trans. N. Plaice, S. Plaice and P. Knight, Oxford: Basil Blackwell. (《희망의 원리》, 박설호 옮김, 열린책들, 2014.)

Bociurkiw, M. (2003), 'Homeland (In)Security: Roots and Displacement, from New York, to Toronto, to Salt Lake City', *Reconstruction: An Interdisciplinary Culture Studies Community* 3 (3), http://www.reconstruction.ws/033/bociurkiw.htm.

Boler, M. (1999), *Feeling Power: Emotions and Education*, New York: Routledge.

Bollas, C. (1995), 'Loving Hate', *Annual of Psychoanalysis*, vol. 12 (13): 221-37.

Borch-Jacobsen, M. (1988), *The Freudian Subject*, trans. C. Porter, Stanford: Stanford University Press.

—— (1993), *The Emotional Tie: Psychoanalysis, Mimesis, and Affect*, Stanford: Stanford University Press.

Braidotti, R. (2002), *Metamorphoses: Towards a Materialist Theory of Becoming*, Cambridge: Polity Press.

Braithwaite, J. (1989), *Crime, Shame and Reintegration*, Cambridge: Cambridge University Press.

—— (2002), *Restorative Justice and Responsive Regulation*, Oxford: Oxford University Press.

Brennan, T. (2004), *The Transmission of Affect*, Ithaca: Cornell University Press.

Brentano, F. (2003), 'From On the Origin of Our Knowledge of Right and Wrong' in R. C. Solomon (ed.), *What is an Emotion? Classic and Contemporary Readings*, 2nd edn, Oxford: Oxford University Press.

Bringing Them Home: Report of the National Inquiry into the Separation of Aboriginal and Torres Strait Islander Children from their Families, 1996, http://www.austlii.edu.au/au/special/rsjproject/rsjlibrary/hreoc/stolen/website.

Bronski, M. (1998), *The Pleasure Principle: Sex, Backlash, and the Struggle for Gay*

Freedom, New York: St Martin's Press.

Broucek, F. J. (1991), *Shame and the Self*, New York: Guilford Publications.

Brown, W. (1995), *States of Injury: Power and Freedom in Late Modernity*, Princeton: Princeton University Press.

———— (2003), 'Women's Studies Unbound: Revolution, Mourning, Politics', *Parallax* 9 (2): 3-16.

Burke, A. (2001), *In Fear of Security: Australia's Invasion Anxiety*, Annandale, NSW: Pluto Press.

Burns, B., Busby, C. and Sawchuk, K. (1999), 'Introduction' in B. Burns, C. Busby and K. Sawchuk (eds), *When Pain Strikes*, Minneapolis: University of Minnesota Press.

Burstow, B. (1992), *Radical Feminist Therapy: Working in the Context of Violence*, Newbury Park: Sage.

Butler, J. (1990), *Gender Trouble: Feminism and the Subversion of Identity*, New York: Routledge. (《젠더 트러블: 페미니즘과 정체성의 전복》, 조현준 옮김, 문학동네, 2008.)

———— (1993), *Bodies that Matter: On the Discursive Limits of 'Sex'*, New York: Routledge. (《의미를 체현하는 육체》, 김윤상 옮김, 인간사랑, 2003.)

———— (1997a), *Excitable Speech: A Politics of the Performative*, New York: Routledge. (《혐오발언: 너와 나를 격분시키는 말 그리고 수행성의 정치》, 유민석 옮김, 알렙, 2016.)

———— (1997b), *The Psychic Life of Power: Theories in Subjection*, Stanford: Stanford University Press. (《권력의 정신적 삶: 예속화의 이론들》, 강경덕·김세서리아 옮김, 그린비, 2019.)

———— (1997c), 'Critically Queer' in S. Phelan (ed.), *Playing with Fire: Queer Politics, Queer Theories*, London: Routledge.

———— (2002), 'Is Kinship Always Already Heterosexual?', *Differences: A Journal of Feminist Cultural Studies* 13 (1): 14-44.

———— (2005), *Precarious Life: The Powers of Mourning and Violence*, London: Verso. (《위태로운 삶: 애도의 힘과 폭력》, 윤조원 옮김, 필로소픽, 2018)

Campbell, D. (1998), *Writing Security: United States Foreign Policy and the Politics of Identity*, Minneapolis: University of Minnesota Press.

Campbell, S. (1994), 'Being Dismissed: The Politics of Emotional Expression', *Hypatia* 9 (3): 46-65.

——— (1997), *Interpreting the Personal: Expression and the Formation of Feeling*, Ithaca: Cornell University Press.

Capps, D. (1993), *The Depleted Self: Sin in a Narcissistic Age*, Minneapolis: Fortress Press.

Carrington, C. (1999), *No Place Like Home: Relationships and Family Life Among Lesbians and Gay Men*, Chicago: University of Chicago Press.

Castañeda, C. (2002), *Figurations: Body, Child, World*, Durham: Duke University Press.

Cefai, S. (2011), 'Unhappy Families', *Cultural Studies Review* 17 (1): 339–48.

Chapman, C. R. (1986), 'Pain, Perception, and Illusion' in R. A. Sternbach (ed.), *The Psychology of Pain*, New York: Raven Press.

Collins, R. (1990), 'Stratification, Emotional Energy, and the Transient Emotions' in T. D. Kemper (ed.), *Research Agendas in the Sociology of Emotions*, Albany, NY: State University of New York Press.

Cowan, J. L. (1968), *Pleasure and Pain: A Study in Philosophical Psychology*, London: Macmillan.

Creed, B. (1993), *The Monstrous-Feminine: Film, Femininity, and Psychoanalysis*, New York: Routledge.

Crimp, D. (2002), *Melancholia and Moralism: Essays on AIDS and Queer Politics*, Cambridge, MA: The MIT Press.

Cvetkovich, A. (1992), *Mixed Feelings: Feminism, Mass Culture and Victorian Sensationalism*, New Brunswick, NJ: Rutgers University Press.

——— (2003a), 'Legacies of Trauma, Legacies of Activism: ACT UP's Lesbians' in D. L. Eng and D. Kazanjian (eds), *Loss: The Politics of Mourning*, Berkeley: University of California Press.

——— (2003b), *An Archive of Feelings: Trauma, Sexuality, and Lesbian Public Cultures*, Durham: Duke University Press.

——— (2012), *Depression: A Public Feeling*, Durham: Duke University Press.

Daly, K. (2000), 'Revisiting the Relationship between Retributive and Restorative Justice' in H. Strang and J. Braithwaite (eds), *Restorative Justice: Philosophy to Practice*, Aldershot: Ashgate.

Damasio, A. (2003), *The Feeling of What Happens: Body, Emotion and the Making of Consciousness*, London: Vintage. (《느낌의 발견: 의식을 만들어내는 몸과 정서》, 고현석 옮김, 아르테, 2023.)

Darwin, C. (1904), *The Expression of the Emotions in Man and Animals*, ed. F. Darwin, London: John Murray. (《인간과 동물의 감정 표현》, 김홍표 옮김, 지만지, 2014.)

Dean, J. (1996), *Solidarity of Strangers: Feminism after Identity Politics*, Berkeley: University of California Press.

Dean, T. and Lane, C. (2001), 'Homosexuality and Psychoanalysis: An Introduction' in T. Dean and C. Lane (eds), *Homosexuality and Psychoanalysis*, Chicago: University of Chicago Press.

De Lauretis, T. (1994), *The Practice of Love: Lesbian Sexuality and Perverse Desire*, Bloomington: Indiana University Press.

Deleuze, G. (1978), 'Lecture Transcripts on Spinoza's Concept of Affect', http://www.goldsmiths.ac.uk/csisp/papers/deleuze_spinoza_affect.pdf, 1-28.

———— (1992), 'Ethology: Spinoza and Us' in J. Crary and S. Kwinter (eds), *Incorporations*, New York: Zone.

Denzin, N. K. (1984), *On Understanding Emotion*, San Francisco: Jossey-Bass Publishers.

Der Derian, J. (1995), 'The Value of Security: Hobbes, Marx, Nietzsche, and Baudrillard' in R. D. Lipschutz (ed.), *On Security*, New York: Columbia University Press.

Derrida, J. (1987), *The Post Card: From Socrates to Freud and Beyond*, trans. A. Bass, Chicago: University of Chicago Press.

———— (1988), 'Signature Event Context' in *Limited Inc*, trans. S. Weber and J. Mehlman, Evanston, IL: Northwestern University Press.

———— (1992), 'Force of Law: The "Mystical Foundation of Authority" ' in D. Cornell, M. Rosenfeld and D. G. Carlson (eds), *Deconstruction and the Possibility of Justice*, New York: Routledge.

Descartes, R. (1985), 'The Passions of the Soul', *The Philosophical Writings of Descartes*, vol. 1, trans. J. Cottingham, R. Stoothoff and D. Murdoch, Cambridge: Cambridge University Press.

Digeser, P. E. (2001), *Political Forgiveness*, Ithaca: Cornell University Press.

Dillon, M. (1996), *Politics of Security: Towards a Political Philosophy of Continental Thought*, London: Routledge.

Diprose, R. (2002), *Corporeal Generosity: On Giving with Nietzsche, Merleau-Ponty, and Levinas*, New York: SUNY Press.

Ditton, J. and Farrall, S. (2000), *The Fear of Crime*, Aldershot: Ashgate.

Douglas, M. (1995), *Purity and Danger: An Analysis of the Concepts of Pollution and Taboo*, London: Routledge. (《순수와 위험》, 유제분·이훈상 옮김, 현대미학사, 1997.)

Dunant, S. and Porter, R. (eds), (1996), *The Age of Anxiety*, London: Virago.

Durkheim, E. (1966), *The Rules of Sociological Method*, trans. S. A. Solovay and J. H. Mueller, New York: The Free Press. (《사회학적 방법의 규칙들: 뒤르켐 사회학 방법론의 이해》, 윤병철·박창호 옮김, 새물결, 2019.)

———— (1976), *The Elementary Forms of the Religious Life*, trans. J. W. Swain, London: George Allen and Unwin. (《종교생활의 원초적 형태》, 민혜숙·노치준 옮김, 한길사, 2020.)

East, S. (2013), 'Tracing the Future: Child's Play and the Freefall of Imagination' in T. Winter (ed.), *Shanghai Expo: An International Forum on the Future of Cities*, Abingdon: Routledge.

Eisenstein, Z. (1994), 'Writing Hatred on the Body', *New Political Scientist*, vol. 30/31: 5-22.

Ekman, P. (2007), *Emotions Revealed: Recognizing Faces and Feelings to Improve Communication and Emotional Life*, London: Macmillan. (《표정의 심리학: 우리는 어떻게 감정을 드러내는가?》, 허우성·허주형 옮김, 바다출판사, 2020.)

Elias, N. (1978), *The Civilizing Process: The History of Manners*, trans. E. Jephcott, Oxford: Blackwell. (《문명화 과정 1, 2》, 박미애 옮김, 한길사, 1996, 1999.)

Eng, D. L. (2002), 'The Value of Silence', *Theatre Journal* 54 (1): 85-94.

———— and Han, S. (2003), 'A Dialogue on Racial Melancholia' in D. L. Eng and D. Kazanjian (eds), *Loss: The Politics of Mourning*, Berkeley: University of California Press.

———— and Kazanjian, D. (2003), 'Introduction: Mourning Remains' in D. L. Eng and D. Kazanjian (eds), *Loss: The Politics of Mourning*, Berkeley: University of California Press.

Epps, B. (2001), 'The Fetish of Fluidity' in T. Dean and C. Lane (eds), *Homosexuality and Psychoanalysis*, Chicago: University of Chicago Press.

Epstein, A. L. (1984), 'The Experience of Shame in Melanesia: An Essay in the Anthropology of Affect', *Occasional Paper* No. 40, London: Royal Anthropological Institute of Great Britain and Ireland.

Erikson, E. H. (1965), *Childhood and Society*, rev. edn, Harmondsworth: Penguin

Books. (《유년기와 사회: 유년기의 사회적 의미를 다룬 발달심리학의 고전》, 송제훈 옮김, 연암서가, 2014.)

Erikson, K. (1995), 'Notes on Trauma and Community' in C. Caruth (ed.), *Trauma: Explorations in Memory*, Baltimore: Johns Hopkins University Press.

Fanon, F. (1986), *Black Skin, White Masks*, trans. C. L. Markmann, London: Pluto Press. (《검은 피부, 하얀 가면》, 노서경 옮김, 문학동네, 2022.)

Farran, C. J., Herth, K. A. and Popovich, J. M. (1995), *Hope and Hopelessness: Critical Clinical Constructs*, Thousand Oaks, CA: Sage.

Fischer, W. F. (1970), *Theories of Anxiety*, New York: Harper and Row.

Fisher, B. (1984), 'Guilt and Shame in the Women's Movement: The Radical Ideal of Action and its Meaning for Feminist Intellectuals', *Feminist Studies* 10 (2): 185-212.

Fisher, P. (1998), *Wonder, the Rainbow, and the Aesthetics of Rare Experiences*, Cambridge, MA: Harvard University Press.

———— (2002), *The Vehement Passions*, Princeton: Princeton University Press.

Fortier, A-M. (2003), 'Making Home: Queer Migrations and Motions of Attachment' in S. Ahmed, C. Castaneda, A.-M. Fortier and M. Sheller (eds), *Uprootings/Regroundings: Questions of Home and Migration*, Oxford: Berg.

———— (2008), *Multicultural Horizons: Diversity and the Limits of the Civil Nation*, London: Routledge.

Foucault, M. (1997), *The Politics of Truth*, ed. Slyvere Lotringer and Lysa Hochroth, New York: Semiotexte.

Fowler, J. H. and N. A. Christakis (2008), 'Dynamic Spread of Happiness in a Large Social Network: Longitudinal Analysis over 20 years in the Framingham Heart Study' *BMJ*, 337: a2338 doi.1136/bmj.a2338 Last accessed 4 March 2014.

Frank, A. and Wilson, E. (2012), 'Like-Minded', *Critical Enquiry* 38: 870-8.

Freire, P. (1996), *Pedagogy of the Oppressed*, trans. M. B. Ramos, rev. edn, Harmondsworth: Penguin Books. (《페다고지》, 남경태 옮김, 그린비, 2018.)

Freud, S. (1922), *Group Psychology and the Analysis of the Ego*, trans. J. Strachey, London: The International Psycho-Analytical Press. (《집단심리학과 자아분석》, 《문명 속의 불만》, 김석희 옮김, 열린책들, 2020.)

———— (1934a), 'On Narcissism: An Introduction', *Collected Papers*, vol. 4, ed. E. Jones, trans. J. Riviere, London: The Hogarth Press. (《나르시시즘 서론》,

《정신분석학의 근본 개념》, 박찬부 옮김, 열린책들, 2020.)

────── (1934b), 'Mourning and Melancholia', *Collected Papers*, vol. 4, ed. E. Jones, trans. J. Riviere, London: The Hogarth Press. (〈슬픔과 우울증〉, 《정신분석학의 근본 개념》, 박찬부 옮김, 열린책들, 2020.)

────── (1950), *Totem and Taboo: Some Points of Agreement between the Mental Lives of Savages and Neurotics*, trans. J. Strachey, London: Routledge and Kegan Paul. (〈토템과 터부〉, 《종교의 기원》, 이윤기 옮김, 열린책들, 2020.)

────── (1961), *Civilization and Its Discontents*, trans. and ed. J. Strachey, London: Norton. (《문명 속의 불만》, 김석희 옮김, 열린책들, 2020.)

────── (1964a), 'The Unconscious', *The Standard Edition of the Complete Psychological Works of Sigmund Freud*, vol. 14, trans. J. Strachey, London: The Hogarth Press. (〈무의식에 관하여〉, 《정신분석학의 근본 개념》, 박찬부 옮김, 열린책들, 2020.)

────── (1964b), 'The Ego and the Id', *The Standard Edition of the Complete Psychological Works of Sigmund Freud*, vol. 19, trans. J. Strachey, London: The Hogarth Press. (〈자아와 이드〉, 《정신분석학의 근본 개념》, 박찬부 옮김, 열린책들, 2020.)

────── (1964c), 'Beyond the Pleasure Principle', *The Standard Edition of the Complete Psychological Works of Sigmund Freud*, vol. 18, trans. J. Strachey, London: The Hogarth Press. (〈쾌락원칙을 넘어서〉, 《정신분석학의 근본 개념》, 박찬부 옮김, 열린책들, 2020.)

────── (1964d), 'Inhibitions, Symptoms and Anxiety', *The Standard Edition of the Complete Psychological Works of Sigmund Freud*, vol. 20, trans. J. Strachey, London: The Hogarth Press. (〈억압, 증상, 그리고 불안〉, 《불안과 억압》, 황보석 옮김, 열린책들, 2020.)

Fromm, E. (1968), *The Revolution of Hope: Toward a Humanised Technology*, New York: Harper and Row.

Frye, M. (1983), *The Politics of Reality: Essays in Feminist Theory*, Trumansburg, NY: The Crossing Press.

Furedi, F. (1997), *Culture of Fear: Risk-taking and the Morality of Low Expectation*, London: Cassell. (《우리는 왜 공포에 빠지는가?: 공포 문화 벗어나기》, 박형신·박형진 옮김, 이학사, 2011.)

Gabb, J. (2002), 'Telling Tales: Troubling Sexuality within Analyses of the "Lesbian Community" and "Lesbian Families"', paper presented at 'Re-

Imagining Communities' conference, Lancaster University, May 2002.

Gaita, R (2000a), 'Guilt, Shame and Collective Responsibility' in M. Grattan (ed.), *Reconciliation: Essays on Australian Reconciliation*, Melbourne: Bookman Press.

———— (2000b), *A Common Humanity: Thinking About Love and Truth and Justice*, London: Routledge.

Gibbs, A. (2001), 'Contagious Feelings: Pauline Hanson and the Epidemiology of Affect', *Australian Humanities Review*, http://www.lib.latrobe.edu.au/AHR/archive/Issue-December-2001/gibbs.html.

Goleman, D. (1995), *Emotional Intelligence: Why It Can Matter More Than IQ*, London: Bloomsbury. (《EQ 감성지능》, 한창호 옮김, 웅진지식하우스, 2008.)

Goldberg, D. T. (1995), 'Afterword: Hate, or Power?' in R. K. Whillock and D. Slayden (eds), *Hate Speech*, Thousand Oaks, CA: Sage.

Goodman, R. T. (2001), *Infertilities: Exploring Fictions of Barren Bodies*, Minneapolis: University of Minnesota Press.

Gopinath, G. (2003), 'Nostalgia, Desire, Diaspora: South Asian Sexualities in Motion' in S. Ahmed, C. Castaneda, A.-M. Fortier and M. Sheller (eds), *Uprootings/Regroundings: Questions of Home and Migration*, Oxford: Berg.

Goss, R. E. (1997), 'Queering Procreative Privilege: Coming Out as Families' in R. E. Goss and A. A. S. Strongheart (eds), *Our Families, Our Values: Snapshots of Queer Kinship*, New York: The Harrington Park Press.

Gramsci, A. (1971), *Selections from the Prison Notebooks of Antonio Gramsci*, eds and trans. Q. Hoare and G. N. Smith, London: Lawrence and Wishart. (《그람시의 옥중수고》, 이상훈 옮김, 거름, 1999.)

Greenspan, P. (2003), 'Reasons to Feel' in R. C. Solomon (ed.), *What is an Emotion? Classic and Contemporary Readings*, 2nd edn, Oxford: Oxford University Press.

Gross, D. M. (2006), *The Secret History of Emotion: From Aristotle's Rhetoric to Modern Brain Science*, Chicago: University of Chicago Press.

Grosz, E. (1994), *Volatile Bodies: Toward a Corporeal Feminism*, Bloomington: Indiana University Press. (《몸 페미니즘을 향해: 무한히 변화하는 몸》, 임옥희·채세진 옮김, 꿈꾼문고, 2019.)

———— (1999), 'Thinking the New: Of Futures Yet Unthought' in E. Grosz (ed.), *Becomings: Explorations in Time, Memory, and Futures*, Ithaca: Cornell University Press.

Gutiérrez-Jones, C. (2001), *Critical Race Narratives: A Study of Race, Rhetoric, and Injury*, New York: New York University Press.

Hage, G. (2003), *Against Paranoid Nationalism: Searching for Hope in a Shrinking Society*, Annandale, NSW: Pluto Press.

Halberstam, J. (2003), 'What's That Smell? Queer Temporalities and Subcultural Lives', *International Journal of Cultural Studies* 6 (3): 313-33.

Hanmer, J. and Saunders, S. (1984), *Well-Founded Fear: A Community Study of Violence to Women*, London: Hutchinson.

Hardt, M. (2007), 'Foreword: What Affects are Good For' in P. Clough (ed.), *The Affective Turn*, Durham: Duke University Press.

Hartman, S. V. (1997), *Scenes of Subjection: Terror, Slavery and Self-Making in Nineteenth Century America*, New York: Oxford University Press.

Heidegger, M. (1962), *Being and Time*, trans. J. Macquarie and E. Robinson, London: SCM Press. (《존재와 시간》, 이기상 옮김, 까치, 1998.)

——— (1995), *The Fundamental Concepts of Metaphsyics: World, Finitude, Solitude*, trans. W. McNeill and N. Walker, Bloomington: Indiana University Press. (《형이상학의 근본 개념들》, 이기상·강태성 옮김, 까치, 2001.)

Heller, A. (1979), *A Theory of Feelings*, Assen: Van Gorcum.

Hennessy, R. (1995), 'Queer Visibility in Commodity Culture' in L. Nicholson and S. Seidman (eds), *Social Postmodernism: Beyond Identity Politics*, Cambridge: Cambridge University Press.

——— (2000), *Profit and Pleasure: Sexual Identities in Late Capitalism*, New York: Routledge.

Hobbes, T. (1991), *Leviathan*, Cambridge: Cambridge University Press. (《리바이어던》, 진석용 옮김, 나남출판, 2008.)

Hochschild, A. R. (1983), *The Managed Heart: Commercialisation of Human Feeling*, Berkeley: University of California Press. (《감정노동》, 이가람 옮김, 이매진, 2009.)

——— (2003), *The Commercialization of Intimate Life: Notes from Home and Work*, Berkeley: University of California Press.

Holbrook, D. (1972), *The Masks of Hate: The Problem of False Solutions in the Culture of an Acquisitive Society*, Oxford: Pergamon Press.

Home Office (2002a), *Secure Borders, Safe Haven: Integration with Diversity in Modern Britain*, London: Stationery Office.

———— (2002b), *Community Cohesion: A Report of the Independent Review Team*, http://www.homeoffice.gov.uk/docs2/pocc.html.

———— (2003), *Community Cohesion: A Report of the Independent Review Team*, http://www.homeoffice.gov.uk/docs2/comm_cohesion.html.

hooks, b. (1989), *Talking Back: Thinking Feminist, Thinking Black*, London: Sheba Feminist Publishers.

———— (1992), *Black Looks: Race and Representation*, Boston: South End Press.

———— (1994), 'Eros, Eroticism and the Pedagogical Process' in H. A. Giroux and P. McLaren (eds), *Between Borders: Pedagogy and the Politics of Cultural Studies*, New York: Routledge.

Hudson, J. and Galaway, B. (1996), 'Introduction' in B. Galaway and J. Hudson (eds), *Restorative Justice: International Perspectives, Monsey*, NY: Criminal Justice Press.

Hughes, D. and Riddell, M. (2002), 'Migrants Must Learn to Be British', *Daily Mail*, 7 February, p. 1.

Hultberg, P. (1988), 'Shame-A Hidden Emotion', *Journal of Analytical Psychology* 33: 109-26.

Hume, D. (1964), *The Philosophical Works: A Treatise of Human Nature and Dialogues Concerning Natural Religion*, vol. 2, London: Scientia Verlag Aalen. (《오성에 관하여/정념에 관하여/도덕에 관하여: 인간 본성에 관한 논고 1-3》, 이준호 옮김, 서광사, 1994, 1996, 2008.; 《자연종교에 관한 대화》, 이태하 옮김, 나남, 2008.)

Irigaray, L. (1993), *An Ethics of Sexual Difference*, trans. C. Burke and G. C. Gill, London: The Athlone Press.

Izard, C. E. (1977), *Human Emotions*, New York: Plenum Press.

Jacobs, J. B. and Potter, K. (1998), *Hate Crimes: Criminal Law and Identity Politics*, New York: Oxford University Press.

Jacoby, M. (1994), *Shame and the Origins of Self-Esteem: A Jungian Approach*, trans. D. Whitcher, London: Routledge.

Jaggar, A. M. (1996), 'Love and Knowledge: Emotion in Feminist Epistemology' in A. Garry and M. Pearsall (eds), *Women, Knowledge, and Reality: Explorations in Feminist Philosophy*, New York: Routledge.

James, S. (1997), *Passion and Action: The Emotions in Seventeenth Century Philosophy*, Oxford: Oxford University Press.

감정의 문화정치

James, W. (1890), *The Principles of Psychology*, vol. 2, New York: Dover Publications. (《심리학의 원리 1, 2, 3》, 정양은 옮김, 아카넷, 2005.)

Johnstone, G. (2002), *Restorative Justice: Ideas, Values, Debates*, Devon: Willan Publishing.

Jureidini, R. (2000), 'Origins and Initial Outcomes of the Racial Hatred Act 1995', *People and Place*, http://elecpress.monash.edu.au/pnp/pnpv5nl/jureidin.htm.

Katz, J. (1999), *How Emotions Work*, Chicago: University of Chicago Press.

Kemper, T. D. (1978), *A Social Interactional Theory of Emotions*, New York: John Wiley and Sons.

Kemper, T. D. (ed.) (1990), *Research Agenda in the Sociology of Emotions*, Albany: SUNY Press.

Kierkegaard (1957), *The Concept of Dread*, trans. W. Lowrie, Princeton: Princeton University Press. (《불안의 개념》, 임규정 옮김, 한길사, 1999.)

Kilby, J. (2002), 'Redeeming Memories: The Politics of Trauma and History', *Feminist Theory* 3 (2): 201-10.

Kiss, E. (2000), 'Moral Ambition within and beyond Political Constraints: Reflections on Restorative Justice' in R. I. Rotberg and D. Thompson (eds), *Truth v. Justice: The Morality of Truth Commissions*, Princeton: Princeton University Press.

Klein, M. (1998), *Love, Guilt and Reparation and Other Works 1921-1945*, London: Vintage.

Kleinman, A., Das, V. and Lock, M. (1997), 'Introduction' in A. Kleinman, V. Das and M. Lock (eds), *Social Suffering*, Berkeley: University of California Press. (《사회적 고통: 인간의 고통에 대한 사회학적, 의학적, 문화인류학적 접근》, 안종설 옮김, 그린비, 2002.)

Koivunen, A. (2001), 'Preface: An Affective Turn?' in A. Koivunen and S. Passonen (eds), *Affective Encounters: Rethinking Embodiment in Feminist Media Studies*, University of Turku, School of Art, Literature and Music, Media Studies, Series A.

Kotarba, J. A. (1983), *Chronic Pain: Its Social Dimensions*, Beverly Hills: Sage.

Krause, K. and Williams, M. C. (eds) (1997), *Critical Security Studies: Concepts and Cases*, London: UCL Press.

Kristeva, J. (1982), *Powers of Horror: An Essay on Abjection*, trans. L. S. Roudiez, New York: Columbia University Press. (《공포의 권력》, 서민원 옮김, 동문선,

2001.)

———— (1987), *Tales of Love*, trans. L. S. Roudiez, New York: Columbia University Press.

———— (1993), *Nations without Nationalism*, trans. L. S. Roudiez, New York: Columbia University Press.

Lacan, J. (1977), *Ecrits: A Selection*, trans. A. Sheridan, London: Tavistock. (《에크리》, 홍준기 · 이종영 · 조형준 · 김대진 옮김, 새물결, 2019.)

———— (1984), *Feminine Sexuality*, ed. Juliet Mitchell, trans. Jacqueline Rose, New York: W.W. Norton and Co.

LaCapra, D. (2001), *Writing History, Writing Trauma*, Baltimore: Johns Hopkins University Press.

Laing, R. D. (1960), *The Divided Self: A Study of Sanity and Madness*, London: Tavistock.Rachman

Laplanche, J. and Pontalis, J.-B. (1988), *The Language of Psycho-Analysis*, trans. D. Nicholson-Smith, London: Karnac Books.

Leder, D. (1990), *The Absent Body*, Chicago: University of Chicago Press.

Lee, J. (1999), 'Teaching Feminism: Anger, Despair, and Self Growth', *Feminist Teacher* 7 (2): 15-19.

Levinas, E. (1979), *Totality and Infinity: An Essay on Exteriority*, trans. A. Lingis, The Hague: Martinus Nijhoff Publishers. (《전체성과 무한》, 김도형 · 문성원 · 손영창 옮김, 그린비, 2018.)

Lewin, E. (1993), *Lesbian Mothers: Accounts of Gender in American Culture*, Ithaca: Cornell University Press.

Lewis, H. B. (1971), *Shame and Guilt in Neurosis*, New York: International Universities Press.

Lewis, M. (1992), *Shame: The Exposed Self*, New York: The Free Press.

———— (1993), 'Self-Conscious Emotions: Embarrassment, Pride, Shame, and Guilt' in M. Lewis and J. M. Haviland (eds), *Handbook of Emotions*, New York: Guilford Press.

Lewis, M. and Haviland, J. M. (eds) (1993), *Handbook of Emotions*, New York: Guilford Press.

Leys, R. (2011), 'The Turn to Affect: A Critique', *Critical Inquiry* 37: 434-72.

———— (2012a), 'Facts and Moods: Reply to my Critics', *Critical Inquiry* 38: 882-91.

———— (2012b), 'How Did Fear Become a Scientific Object and What Kind of Object is it?' in B. Lazier (ed.), *Fear: Across the Disciplines*, Pittsburgh: University of Pittsburgh Press.

Lipschutz, R. D. (ed.) (1995), *On Security*, New York: Columbia University Press.

Little, G. (1999), *The Public Emotions: From Mourning to Hope*, Sydney: Australian Broadcasting Corporation Books.

Lorde, A. (1984), *Sister Outsider: Essays and Speeches*, Trumansburg, NY: The Crossing Press. (《시스터 아웃사이더》, 주해연·박미선 옮김, 후마니타스, 2018.)

Lupton, D. (1998), *The Emotional Self: A Sociocultural Exploration*, London: Sage.

Lutz, C. A. (1988), *Unnatural Emotions: Everyday Sentiments on a Micronesian Atoll and Their Challenge to Western Theory*, Chicago: University of Chicago Press.

Lutz, C. A. and Abu-Lughod (1990), *Language and the Politics of Emotion*, Cambridge: Cambridge University Press.

Lynch, W. F. (1965), *Images of Hope: Imagination as Healer of the Hopeless*, Notre Dame: University of Notre Dame Press.

Lynd, H. M. (1958), *On Shame and the Search for Identity*, New York: Harcourt, Brace and Company.

McClintock, A. (1995), *Imperial Leather: Race, Gender and Sexuality in the Colonial Contest*, New York: Routledge.

McGill, V. J. (1967), *The Idea of Happiness*, New York: Frederick A. Praeger.

McGurran, A and Johnston, J. (2003), 'The Homecoming: It's too Painful: Martin's Sad Return to Farm', *Daily Mirror*, 9 August: 4-5.

Machiavelli, N. (1950), *The Prince and the Discourses*, New York: The Modern Library. (《군주론》, 강정인·김경희 옮김, 까치, 2015.)

McNay, L. (2000), *Gender and Agency: Reconfiguring the Subject in Feminist and Social Theory*, Cambridge: Polity Press.

Martin, B. (1996), *Femininity Played Straight: The Significance of Being Lesbian*, New York: Routledge.

Marx, K. (1975), *Early Writings*, trans. R. Livingstone and G. Benton, Harmondsworth: Penguin Books.

———— (1976), *Capital: A Critique of Political Economy*, vol. 1, trans. B. Fowkes, Harmondsworth: Penguin Books. (《자본론》, 김수행 옮김, 비봉출판사, 2015.)

———— and Engels, F. (1965), *The German Ideology*, trans. and ed. S.

Ryazanskaya, London: Lawrence and Wishart. (《독일 이데올로기》, 이병창 옮김, 먼빛으로, 2019.)

Massumi, B. (1993), 'Everywhere You Want to Be: Introduction to Fear' in B. Massumi (ed.), *The Politics of Everyday Fear*, Minneapolis: University of Minnesota Press.

──── (2002), *Parables for the Virtual: Movement, Affect, Sensation*, Durham: Duke University Press. (《가상계: 운동, 정동, 감각의 아쌍블라주》, 조성훈 옮김, 갈무리, 2011.)

Matsuda, M. J. (1993), 'Public Response to Racist Speech: Considering the Victim's Story' in M. J. Matsuda, C. R. Lawrence, R. Delgads, *Words That Wound: Critical Race Theory, Assaultive Speech, and the First Amendment*, Boulder: Westview Press.

May, R. (1977), *The Meaning of Anxiety*, rev. edn, New York: Norton.

Melzack, R. and Wall, P. D. (1996), *The Challenge of Pain*, Harmondsworth: Penguin Books.

Merleau-Ponty, M. (1962), *Phenomenology of Perception*, trans. C. Smith, London: Routledge and Kegan Paul. (《지각의 현상학》, 류의근 옮김, 문학과지성사, 2002.)

Midgley, M. (1989), *Wisdom, Information, and Wonder: What Is Knowledge For?* London: Routledge.

Miller, S. B. (1985), *The Shame Experience*, Hillsdale, NJ: The Analytic Press.

──── (1993), 'Disgust Reactions: Their Determinants and Manifestations in Treatment', *Contemporary Psychoanalysis* 29 (4): 711-35.

Miller, W. I. (1997), *The Anatomy of Disgust*, Cambridge, MA: Harvard University Press.

Minow, M. (1998), *Between Vengeance and Forgiveness: Facing History after Genocide and Mass Violence*, Boston: Beacon Press.

Mohanty, C. T. (2003), '"Under Western Eyes" Revisited: Feminist Solidarity Through Anticapitalist Struggles', *Signs* 28 (2): 499-538.

Moreton-Robinson, A. (2003), 'Tiddas Talking up to the White Woman: When Huggins et all took on Bell' in M. Grossman (ed.), *Blacklines: Contemporary Critical Writing by Indigenous Australians*, Carleton: Melbourne University Press.

Morrison, A. P. (1989), *Shame: The Underside of Narcissism*, Hillsdale, NJ: The

감정의 문화정치

Analytic Press.

Murphy, J. (1988), 'Forgiveness and Resentment' in J. G. Murphy and J. Hampton, *Forgiveness and Mercy*, Cambridge: Cambridge University Press.

Naples, N. A. (2001), 'A Member of the Funeral: An Introspective Ethnography' in M. Bernstein and R. Reimann (eds), *Queer Families, Queer Politics: Challenging Culture and the State*, New York: Columbia University Press.

Nathanson, D. L. (1987), 'A Timetable for Shame' in D. L. Nathanson (ed.), *The Many Faces of Shame*, New York: Guilford Publications.

Nicoll, F. (1998), 'B(l)acklash: Reconciliation after Wik', *Meanjin* 57 (1): 167-83.

Nietzsche, F. (1969), *On the Genealogy of Morals and Ecce Homo*, trans. W. Kaufmann and R. J. Hollingdale, New York: Vintage Books. (《도덕의 계보/이 사람을 보라》, 김태현 옮김, 청하, 1999.)

Nunokawa, J. (1991), '"All the Sad Young Men": AIDS and the Work of Mourning' in D. Fuss (ed.), *Inside/Out: Lesbian Theories, Gay Theories*, New York: Routledge.

Nussbaum, M. C. (1999), 'The Professor of Parody', http://www.tnr.com/archive/0299/022299/nussbaum022299.html.

—— (2001), *Upheavals of Thought: The Intelligence of Emotions*, Cambridge: Cambridge University Press. (《감정의 격동: 1 인정과 욕망/2 연민/3 사랑의 등정》, 조형준 옮김, 새물결, 2015.)

O'Connor, N. and Ryan, J. (1993), *Wild Desires and Mistakes Identies: Lesbianism and Psychoanalysis*, London: Verso.

Oliver, K. (2001), *Witnessing: Beyond Recognition*, Minneapolis: University of Minnesota Press.

Orbach, S. (1999), *Towards Emotional Literacy*, London: Virago Press.

Packer, G. (2001), 'Recapturing the Flag', *New York Times Magazine*, 30 September: 15-16.

Parekh, B. (1999), 'What Is Multiculturalism?', http://www.india-seminar.com/1999/484/484%20parekh.htm.

Parkinson, B. (1995), *Ideas and Realities of Emotion*, London: Routledge.

Phelan, S. (1997), 'Introduction' in S. Phelan (ed.), *Playing with Fire: Queer Politics, Queer Theories*, London: Routledge.

Pieper, J. (1969), *Hope and History*, trans. R. and C. Winston, London: Burns and Oates.

Piers, G. and Singer, M. B. (1971), *Shame and Guilt: A Psychoanalytic and a Cultural Study*, New York: Norton.

Plummer, K. (1995), *Telling Sexual Stories: Power, Change and Social Worlds*, London: Routledge.

Potamianou, A. (1997), *Hope: A Shield in the Economy of Borderline States*, trans. P. Slotkin, London: Routledge.

Probyn, E. (2000), *Carnal Appetites: FoodSexIdentities*, London: Routledge.

———— (2001), 'Affect in/of Teaching: What Can a Body Do in a Gender Studies' 'Classroom?', paper presented at the 'Interdisciplinary and Feminist Pedagogy Series', Lancaster University.

———— (2005), *Blush: Faces of Shame*, Minneapolis: University of Minnesota Press.

Prosser, J. (1998), *Second Skins: The Body Narratives of Transsexuality*, New York: Columbia University Press.

Puar, J. K. (2007), *Terrorist Assemblages: Homonationalism in Queer Times*, Durham: Duke University Press.

Pugmire, D. (1998), *Rediscovering Emotion: Emotion and the Claims of Feeling*, Edinburgh: Edinburgh University Press.

Rachman, S. (1998), *Anxiety*, Hove: Psychology Press.

Rechy, J. (2000), Comments in 'The Final Frontier: A Roundtable Discussion', moderator T. Modleski, in J. A. Boone, M. Dupuis, M. Meeker, K. Quimby, C. Sarver, D. Silverman and R. Weatherston (eds), *Queer Frontiers: Millennial Geographic, Genders, and Generations*, Madison: The University of Wisconsin Press.

Reddy, W. M. (2001), *The Navigation of Feeling: A Framework for the History of Emotions*, Cambridge: Cambridge University Press. (《감정의 항해: 감정 이론, 감정사史, 프랑스혁명》, 김학이 옮김, 문학과지성사, 2016.)

Rey, R. (1995), *The History of Pain*, trans. L. E. Wallace, J. A. Cadden and S. W. Cadden, Cambridge, MA: Harvard University Press.

Rosaldo, M. Z. (1984), 'Toward an Anthropology of Self and Feeling' in R. A. Shweder and R. A. LeVine (eds), *Culture Theory: Essays on Mind, Self, and Emotion*, Cambridge: Cambridge University Press.

Roseneil, S. (1995), *Disarming Patriarchy: Feminism and Political Action at Greenham*, Buckingham: Open University Press.

548

Rosfort, R. and Stanghellini, G. (2009), 'The Person between Moods and Affects', *Philosophy, Psychiatry and Psychology* 16 (3): 251-36.

Rosga, A. (1999), 'Policing the State', *The Georgetown Journal of Gender and the Law* 1: 145-71.

Rotberg, R. I. (2000), 'Truth Commissions and the Provision of Truth, Justice, and Reconciliation' in R. I. Rotberg and D. Thompson (eds), *Truth v. Justice: The Morality of Truth Commissions*, Princeton: Princeton University Press.

Rozin, P. and Fallon, A. E. (1987), 'A Perspective on Disgust', *Psychological Review* 94 (1): 23-41.

Sacco, V. F. and Glackman, W. (2000), 'Vulnerability, Loss of Control and Worry about Crime' in J. Ditton and S. Farrall (eds), *The Fear of Crime*, Dartmouth: Ashgate.

Said, E. W. (1978), *Orientalism*, London: Routledge and Kegan Paul. (《오리엔탈리즘》, 박홍규 옮김, 교보문고, 2015.)

Salecl, R. (1998), *(Per)versions of Love and Hate*, London: Verso. (《사랑과 증오의 도착들》, 이성민 옮김, 도서출판b, 2003.)

Sandell, J. (1994), 'The Cultural Necessity of Queer Families', Bad Subjects 12: http://eserver. org/bs/12/sandell. html.

Sartre, J.-P. (1962), *Sketch for a Theory of the Emotions*, trans. P. Mairet, London: Methuen and Co.

——— (1996), *Being and Nothingness: An Essay on Phenomenological Ontology*, trans. H. E. Barnes, London: Routledge. (《존재와 무》, 정소성 옮김, 동서문화사, 2009.)

Scarry, E. (1985), *The Body in Pain: The Making and Unmaking of the World*, New York: Oxford University Press. (《고통받는 몸: 세계를 창조하기와 파괴하기》, 메이 옮김, 오월의봄, 2018.)

Scheff, T. J. (1994), *Bloody Revenge: Emotions, Nationalism, and War*, Boulder: Westview Press.

Scheler, M. (1954), *The Nature of Sympathy*, trans. P. Heath, London: Routledge and Kegan Paul. (《공감의 본질과 형식》, 이을상 옮김, 지만지, 2013.)

——— (2008), *The Nature of Sympathy*, 5th edn, New Brunswick, NJ: Transaction Publishers.

Schneider, C. D. (1987), 'A Mature Sense of Shame' in D. L. Nathanson (ed.), *The Many Faces of Shame*, New York: Guilford Publications.

Sedgwick, E. K. (1994), *Tendencies*, London: Routledge.

———— (2003), *Touching Feeling: Affect, Pedagogy, Performativity*, Durham: Duke University Press.

Sedgwick, E. K. and Frank, A. (1995), 'Introduction' in E. K. Sedgwick and A. Frank (eds), *Shame and its Sisters: A Silvan Tomkins Reader*, Durham: Duke University Press.

Seigworth, G. and Gregg, M. (2010), 'Introduction: An Inventory of Shimmers', in M. Gregg and G. Seigworth (eds), *The Affect Theory Reader*, Durham: Duke University Press. (《정동 이론: 몸과 문화 · 윤리 · 정치의 마주침에서 생겨나는 것들에 대한 연구》, 최성희 · 김지영 · 박혜정 옮김, 갈무리, 2015.)

Sheller, M. (2003), *Consuming the Caribbean: From Arawaks to Zombies*, London: Routledge.

Silver, B. R. (1991), 'The Authority of Anger: Three Guineas as Case Study', Signs: *Journal of Women in Culture and Society* 16 (2): 340-70.

Silverman, K. (1996), *The Threshold of the Visible World*, New York: Routledge.

Silverman, P. R. and Klass, D. (1996), 'Introduction: What's the Problem?' in D. Klass, P. R. Silverman and S. L. Nickman (eds), *Continuing Bonds: New Understandings of Grief*, Philadelphia: Taylor and Francis.

Singer, I. (1984), *The Nature of Love: 1. Plato to Luther*, Chicago: University of Chicago Press.

Skeggs, B. (1999), 'Matter out of Place: Visibility and Sexualities in Leisure Spaces', *Leisure Studies* 18: 213-32.

Smith, A. (1966), *The Theory of Moral Sentiments*, New York: Augustus M. Kelley. (《도덕감정론》, 김광수 옮김, 한길사, 2016.)

Smith, A. D. (2001), 'EU Nations Left in the Spotlight over Slavery Apologies', *The Independent*, 4 September.

Smith, J. and Williams, A. (2003), 'I'm OK Now', *The Mirror*, 7 June, p. 4-5.

Solomon, R. C. (1995), *A Passion for Justice: Emotions and the Origins of the Social Contract*, Lanham, MD: Rowman and Littlefield Publishers.

———— (ed.) (2003), *What is an Emotion? Classic and Contemporary Readings*, Oxford: Oxford University Press.

Spaemann, R. (2000), *Happiness and Benevolence*, trans. J. Alberg, Notre Dame: University of Notre Dame Press.

Spelman, E. V. (1989), 'Anger and Insubordination' in A. Garry and M. Pearsall (eds), *Women, Knowledge, and Reality: Explorations in Feminist Philosophy*, Boston: Unwin Hyman.

—— (1997), *Fruits of Sorrow: Framing our Attention to Suffering*, Beacon Press: Boston.

Spinoza, B. (1959), *Spinoza's Ethics: And on the Correction of the Understanding*, trans. A. Boyle, London: Everyman's Library. (《에티카》, 강영계 옮김, 서광사, 2007.)

Spivak, G. C. (1988), 'Can the Subaltern Speak?' in C. Nelson and L. Grossberg (eds), *Marxism and the Interpretation of Culture*, Urbana: University of Illinois Press.

Spivak, G. C. (1995), trans. Preface and Afterword, *Imaginary Maps: Three Stories*, New York: Routledge.

Stacey, J. (1997), *Teratologies: A Cultural Study of Cancer*, London: Routledge.

Stanko, E. (1990), *Everyday Violence: How Women and Men Experience Sexual and Physical Danger*, London: Pandora.

Stern, D. N. (2000), *The Interpersonal World of the Infant*, New York: Basic Books.

Strongman, K. T. (2003), *The Psychology of Emotion: From Everyday Life to Theory*, West Sussex: John Wiley and Sons.

Sturken, M. (2002), 'Memorialising Absence' in C. Calhoun, P. Price and A. Timmer (eds), *Understanding September 11*, New York: The New Press.

Sullivan, A. (1996), *Virtually Normal: An Argument about Homosexuality*, New York: Vintage Books.

Sullivan, D and Tifft, L. (2001), *Restorative Justice: Healing the Foundations of Our Everyday Lives*, Monsey, NY: Willow Tree Press.

Sumner, L. W. (1996), *Welfare, Happiness, and Ethics*, Oxford: Clarendon Press.

Suttie, I. D. (1963), *The Origins of Love and Hate*, Harmondsworth: Penguin Books.

Tavris, C. (1982), *Anger: The Misunderstood Emotion*, New York: Simon and Schuster.

Terada, R. (2001), *Feeling in Theory: Emotion After the 'Death of the Subject'*, Cambridge, MA: Harvard University Press.

Thobani, S. (2003), 'War and the Politics of Truth-Making in Canada', *International Journal of Qualitative Studies in Education* (16) 3: 399–414.

Tomkins, S. S. (1963), *Affect, Imagery, Consciousness: The Negative Affects*, vol. 2, New York: Springer.

Trigg, R. (1970), *Pain and Emotion*, Oxford: Clarendon Press.

Valentine, G. (1996), '(Re)Negotiating the "Heterosexual Street": Lesbian Productions of Space' in N. Duncan (ed.), *Bodyspace: Destabilising Geographies of Gender and Sexuality*, London: Routledge.

Volpp, L. (2002), 'The Citizen and the Terrorist', *UCLA Law Review* 49 (5): 1575-1600.

Warner, M. (1990), 'Homo-Narcissism; or, Heterosexuality' in J. A. Boone and M. Cadden (eds), *Engendering Men: The Question of Male Feminist Criticism*, New York: Routledge.

———— (1999), *The Trouble with Normal: Sex, Politics, and the Ethics of Queer Life*, Cambridge, MA: Harvard University Press.

Weeks, J., Heaphy, B. and Donovan, C. (2001), *Same Sex Intimacies: Families of Choice and Other Life Experiments*, London: Routledge.

West, T. C. (1999), *Wounds of the Spirit: Black Women, Violence, and Resistance Ethics*, New York: New York University Press.

Weston, K. (1991), *Families We Choose: Lesbians, Gays, Kinship*, New York: Columbia University Press.

———— (1995), 'Forever is a Long Time: Romancing the Real in Gay Kinship Ideologies' in S. Yanagisako and C. Delaney (eds), *Naturalizing Power: Essays in Feminist Cultural Analysis*, New York: Routledge.

———— (1998), *Long Slow Burn: Sexuality and Social Science*, London: Routledge.

Wetherell, M. (2012), *Affect and Emotion: A New Social Science Understanding*, London: Sage.

White, G. M. (1993), 'Emotions Inside Out: The Anthropology of Affect' in M. Lewis and J. M. Haviland (eds), *Handbook of Emotions*, New York: Guilford Publications.

Wiegman, R. (1999), 'Feminism, Institutionalism, and the Idiom of Failure', *Differences: A Journal of Feminist Cultural Studies* 11 (3): 107-36.

———— (2002), 'Intimate Publics: Race, Property, and Personhood', *American Literature* 74 (4): 859-85.

Williams, P. J. (1995), *The Rooster's Egg: On the Persistence of Prejudice*, Cambridge, MA: Harvard University Press.

Williams, S. J. (2001), *Emotion and Social Theory: Corporeal Reflections on the (Ir) Rational*, London: Sage.

Wilson, E. A. (1999), 'Introduction: Somatic Compliance-Feminism, Biology and Science', *Australian Feminist Studies* 14 (29): 7-18.

Wittgenstein, L. (1964), *Preliminary Studies for the 'Philosophical Investigations': Generally Known as The Blue and Brown Books*, Oxford: Basil Blackwell. (《청갈색책》, 진중권 옮김, 그린비, 2006.)

Wurmser, L. (1981), *The Mask of Shame*, Baltimore: Johns Hopkins University Press.

Yancy, G. (2013), 'Walking While Black', *New York Times*, 1 September.

Young, I. M. (1990), *Justice and the Politics of Difference*, Princeton: Princeton University Press.

Young, L. (1996), *Fear of the Dark: 'Race', Gender and Sexuality in the Cinema*, London: Routledge.

Yuval-Davis, N. (1997), *Gender and Nation*, London: Sage.

Zajonc, R. B. (1994), 'Emotional Expression and Temperature Modulation' in S. H. M. Van Goozen, N. E. Van de Poll and J. A. Sergeant (eds), *Emotions: Essays on Emotion Theory*, Hillsdale, NJ: Lawrence Erlbaum Associates.

Žižek, S. (1989), *The Sublime Object of Ideology*, London: Verso. (《이데올로기의 숭고한 대상》, 이수련 옮김, 새물결, 2013.)

——— (1991), *For They Know Not What They Do: Enjoyment as a Political Factor*, London: Verso. (《그들은 자기가 하는 일을 알지 못하나이다》, 박정수 옮김, 인간사랑, 2004.)

Zolberg, A. R. (2002), 'Guarding the Gates' in C. Calhoun, P. Price and A. Timmer (eds), *Understanding September 11*, New York: The New Press.

감정의 문화정치

감정의 문화정치

감정의 문화정치

감정의 문화정치

감정의 문화정치

초판 1쇄 펴낸날　2023년 11월 6일
초판 4쇄 펴낸날　2025년 1월 27일
지은이　　사라 아메드
옮긴이　　시우
펴낸이　　박재영
편집　　　임세현·이다연
마케팅　　신연경
디자인　　조하늘
제작　　　제이오
펴낸곳　　도서출판 오월의봄
주소　　　경기도 파주시 회동길 363-15 201호
등록　　　제406-2010-000111호
전화　　　070-7704-5018
팩스　　　0505-300-0518
이메일　　maybook05@naver.com
X(트위터)　@oohbom
블로그　　blog.naver.com/maybook05
페이스북　facebook.com/maybook05
인스타그램　instagram.com/maybooks_05

ISBN　　　979-11-6873-083-0 03300

만든 사람들
책임편집　　박재영
디자인　　　조하늘